上教心理学教材系列

Research Methods for the Behavioral Sciences (Fourth Edition)

Frederick J.Gravetter Lori-Ann B.Forzano

教育部“双万计划”“应用心理学”一流本科专业建设基金资助
南京师范大学“心理学研究方法”教学团队建设成果

行为科学研究方法（第四版）

[美] 弗雷德里克·J. 格拉维特 罗妮安·B. 佛泽诺 / 著
邓 铸 / 主译 邓 铸 张 宁 邓海燕 / 审校

上海教育出版社
SHANGHAI EDUCATIONAL PUBLISHING HOUSE

关于作者

弗雷德里克·J.格拉维特

(Frederick J.Gravetter)

美国纽约州立大学布罗克波特学院心理学荣誉退休教授。在布罗克波特学院任教时,专门教授统计学、研究设计和认知心理学课程。在麻省理工学院获得数学学士学位,在杜克大学获得哲学博士学位。除发表一些研究论文之外,格拉维特博士还与其他学者合作出版了《行为科学的统计学》(*Statistics for the Behavioral Sciences*)和《行为科学的统计学精要》(*Essentials of Statistics for the Behavioral Sciences*)。

罗妮安·B.佛泽诺

(Lori-Ann B.Forzano)

美国纽约州立大学布罗克波特学院心理学副教授。在纽约州立大学获得心理学学士学位,并于1992年在该校获得实验心理学博士学位。研究兴趣在条件作用与学习领域,特别是成人与儿童的学习行为、自我控制与冲动等问题。研究成果发表在《行为实验分析杂志》(*Journal of the Experimental Analysis of Behavior*)、《学习与动机》(*Learning and Motivation*)和《心理学通报》(*The Psychological Record*)上。

丛书总序

任何一门学科的发展和繁荣都离不开一系列优秀教材的帮助，心理学也不例外。一本优秀的心理学教材，往往以其科学、合理的结构体系服务于心理学知识的传授，实现知识的时空转化，以其先进、系统的丰富内容满足学生的求知需要，激发学生的学习热情，以其注重能力培养的方法指引学生踏上学习和研究心理科学之路，并通过其深刻的思想内涵启发学生对心理现象进行不懈思考和探索。

自从科学心理学于19世纪末在西方诞生以来，经过一百多年的发展，西方心理学界在心理学高等教育方面积累了极为丰富的经验。西方心理学家不仅重视心理学的科学研究，还注重心理学的教学工作和人才培养。在教材建设方面，其经费和专家力量的投入在整个心理学学科建设的投入中也一直占据较高的比例。从目前来看，西方心理学教材在内容和形式上已普遍比较成熟。不仅如此，这些教材通常不断更新版本，及时调整内容和结构，从而能够迅速有效地跟进国际心理科学发展的前沿动态，始终支撑着高质量的心理学教学，这也是当前我国心理学工作者热衷于引进和翻译西方教材最重要的原因。在不同的历史时期，引进和翻译国外的心理学教材对于我国心理学事业的发展和心理学专业人才的培养、心理学知识在我国的传播与普及都发挥了重要作用。

我国引进和翻译国外心理学教材的历史大致有几个相对集中的时期：一是19世纪末20世纪初对西方心理学教材的初步引进和翻译。追溯历史，中国人翻译西方心理学教材比科学心理学在中国的诞生还要早。现代西方心理学在中国的传播，最初即与翻译西方心理学教材有关。1889年，上海教会学校圣约翰书院院长颜永京翻译出版了美国牧师和学者约瑟·海文的著名教科书《心灵学》。这是中国人翻译最早的一本西方心理学教科书。此后，著名学者王国维翻译了两本西方心理学教材，即丹麦学者海甫定的《心理学概论》(1907)和禄尔克的《教育心理学》(1910)。二是20世纪上半叶(尤其是至抗日战争全面爆发之前)对西方心理学教材的集中引进和翻译。随着一大批在西方学习心理学的留学生学成归国和现代心理学在中国的确立和发展，中国出现了引进和翻译西方心理学著作的一个高潮，其中当然不乏优秀的心理学教材。例如，陈大齐翻译的高五柏的《儿童心理学》(1925)，陆志韦翻译的桑代克的《教育心理学概论》和亨特的《普通心理学》(1926)，伍况甫翻译的詹姆斯的《心理学简编》(1933)，高觉敷翻译的波林的《实验心理学史》(1935)，吴绍熙和徐儒翻译的霍林沃思的《教育心理学》(1939)，等等。三是20世纪50年代初至60年代初对苏联心理学教材的集中引进和翻译。在中华人民共和国成立以后，为了响应全面学习苏联心理学的需要，中国心理学工作者又翻译了一大批苏联心理学教科书。例如，何万福和赫葆源翻译的捷普洛夫的《心理学》(1951)，高晶齐翻译的乔普洛夫的《心理学》(1951)，何万福翻译的柯尼洛夫的《高等心理学》(1952)，王燕春、赵璧如和佘增寿等人翻译的包若维奇等人的《儿童心理学概论》(1953)，朱智贤等人翻译的查包洛塞兹的《心理学》(1954)，何瑞荣翻译的贝柯夫的《心理学》(1955)，赵璧如翻译的阿尔捷莫夫的《心理学概论》(1956)，朱智贤翻译的斯米尔诺夫的《心理学》(1957)，等等。四是1978年至1999年对国外心理学教材的再次引进和翻译。改革开放以后，为了尽快恢复和发展中国的心理学事业，中国心理学者又继续进行中断已久的对外国心理学教材的翻译工作，如周先庚等人翻译的克雷奇等人的《心理学纲要》(1980)，林方和王景和翻译的墨菲和柯瓦奇的《近代心理学历史导引》(1980)，朱智贤等人翻译的彼得罗夫斯基主编的《普通心理学》(1981)，高觉敷等人翻译索里和特尔福德的《教育心理学》(1982)，赵璧如翻译的克鲁捷茨基的《心理学》(1984)，高地等人翻译的安德列耶娃的《社会心理学》(1984)，林方翻译的查普林和克拉威克的《心理学的体系和理论》(1984)，周先庚等人翻译的希尔加德的《心理学导论》(1987)，等等。五是2000年以后对西方心理学教材的系统引进和翻译。进入21世纪以来，中国心理学事业进入高速发展时期，随着心理学教学和研究的迅速发展，师资队伍和学生规模的加速增长，我国心理学事业对于高水平心理学教材的需求日益迫切。在这种形势下，国内多家出版机构与国外出版机构积极合作，系统引进和翻译西方心理学优秀教材，推出了一系列品种齐全、数量庞大、质量上乘的心理学教材，为推动我国心理学事业的繁荣，培养符合社会主义现代化建设需要的各级心理学专业人才，发挥了重要作用。在这当中，影响较大的有华东师范大学出版社的“当代心理科学名著译丛”，陕西师范大学出版社的“当代心理学经典教材译丛”，人民邮电出版社与美国麦格劳—希尔出版公司合作出版的“教育部高等学校心理学教学指导委员会推荐用书”系列，中国轻工业出版社的“心理学导读系列”“教育心理学国家精品课程指定外版教材”，世界图书出版公司的“中国心理学会推荐使用教材”系列，北京大学出版社的“心理学译丛・培文书系”，中国人民大学出版社的“心理学译丛・教材系列”，上海人民出版社的“心理学核心课程教材系列”，等等。

从目前来看，随着上述一系列国外心理学教材的引进和翻译，我国高等学校尤其是本科阶段的心理学主干课程教学所需的教材已经基本完备，心理学教材的内容体系已具雏形，并且还在不断更新完善之中。但是，我们也要看到，相对而言，某些心理学分支学科领域，特别是一些新兴学科领域、应用学科领域、专题理论领域仍然缺少一批高质量的教材，因而不能很好地满足这些专业领域的教学和学习需要，影响了心理学专业人才的培养，从某种意义上也制约了这些学科领域在我国的进一步发展。鉴于此，上海教育出版社精心策划出版“上教心理学教材系列”，以期弥补我国现有的引进和翻译国外心理学教材的不足，进一步拓展我国心理学教材的内容体系。

“上教心理学教材系列”力图体现以下几个方面的特色。

一是专题性。这个“系列”遴选的不完全是传统的心理学主干或核心课程的教材，而是根据目前我国高等学校心理学教学对教材的需求，选择了各分支学科中一些专门领域的优秀教材。这些教材是对心理学主干或核心课程教材内容的补充和拓展，有助于开阔学生的知识视野和进一步培养心理学的应用技能和理论基础，这也使得这个“系列”比较适用于高年级本科生和研究生学习使用。

二是包容性。这个“系列”包含的教材中，有的注重传授心理学的实际应用技能、技术，有的注重学科基础理论的整理和总结，涉及的学科领域既有社区心理学、生涯发展等较为新兴的应用研究领域，也有学习理论、人格理论、儿童发展理论等基础理论领域，具有一定的包容性，为广大心理学爱好者学习和研究有关领域的技能和知识提供了更多的选择。

三是经典性。收入这个“系列”的教材都是经过反复修订、多次再版，经过较长时期教学实践检验的国外优秀教材。这些教材既保持了内容和知识结构的稳定性，又及时补充各专业研究领域的最新研究成果，堪称这些领域中的经典教材。这些教材一方面为我国心理学学习者和研究者提供了优秀的参考书，另一方面也为有关领域的心理学教材的编撰提供了良好范本。

四是开放性。为了继续适应和满足国内各级各类心理学人才培养的需要，这个“系列”将努力保持开放、动态的特点，不断拓宽视野，扩大选题范围，更新书目，在坚持高质量、高规格原则的基础上，分批选译出版国外一些心理学分支学科领域中的优秀教材，并追踪翻译这些教材的最新修订版本。

我们希望通过翻译出版“上教心理学教材系列”，在现有基础上进一步充实和完善我国高等学校心理学教材的内容体系，更好地推动我国心理学教学和研究的发展与繁荣，为培养更多高质量的心理学专业人才，满足我国社会经济和文化发展对心理学日益旺盛的需求，作出自己的贡献。

郭本禹

于南京郑和宝船遗址·海德卫城

译者序

在将译稿交付出版之前，我想表达对《行为科学研究方法(第四版)》原作者的敬意！格拉维特博士，美国当代最著名的统计学家，擅长统计学、实验设计和认知心理学课程的讲授，这些课程往往是选择心理学为主修方向的学生最感头痛的。佛泽诺博士(也是一位女士)，美国纽约州立大学布罗克波特学院心理学副教授，潜心于对成人和儿童的学习行为进行细致的实验分析，这或许对当今中国心理学研究生队伍中占绝对多数的女性准心理学家有所启示。正如格拉维特博士和佛泽诺博士想告诉我们的，方法类课程并不像想象中的那么可怕。尽管美国学生和中国学生一样，大多会抱怨方法类课程难学，但其实，这在相当程度上是缘于对科学本身的“敬畏”！

通读全书，分明可以感到作者不仅对行为科学研究过程非常熟悉，而且谙熟教法，富有热情又细致周到，娓娓道来，全然不觉方法类课程的枯燥难学了。我只感到像是一次惬意的旅行，从研究的起点到论文的发表，中途偶有小憩，却是一气呵成！全书内容按照行为科学研究的实际过程来组织，将研究过程划分为十个步骤，并对研究中的伦理学问题和资料分析进行了概括性讨论。具体地说，全书内容可以分为以下五个部分。

第一部分：既是方法类课程学习的导引，又是行为科学研究的初步思想训练(包括第一章到第三章的内容)。作者首先分析了科学研究方法的性质，比较了科学研究的主要方法类型，描绘了行为科学研究的全过程，并将其划分为十个步骤。接着，作者详细分析了文献检索的过程和进行有效的课题选择时应注意的问题。毫无疑问，一个好的研究设想是研究工作取得成功的关键，而选择一个真正感兴趣的主题领域甚至是成就一个专家的关键。格拉维特和佛泽诺所描述的寻找研究设想的过程是一个由大及小、由一般到具体的过程，为行为科学研究的入门者提供了一条清晰的路线。最后，作者简明地介绍了行为科学研究中的伦理学问题。伦理学问题涉及：人类被试和非人类被试的权益保护问题；研究者的诚实问题，要求研究者公正客观地报告研究过程和结果，包括对合作者工作成绩的认可和尊重；抄袭问题，或者不客气地说，就是剽窃问题，这不仅是道德问题，而且是法律问题。

第二部分：研究设计的基本问题，主要讨论变量的界定与测量、被试的选择和研究的效度(包括第四章到第六章的内容)。研究设计的第一个基本问题是变量的界定与测量。变量测量是行为科学研究的基本技术，研究中往往需要根据研究目的确定测量目标，而为了保证测量的可操作性，需要对测量变量进行界定。行为科学研究中用于测量的量表包括称名量表、顺序量表、等距量表和比率量表四种，这些量表对行为的测量能力存在差异。研究设计的第二个基本问题是被试的选择。选择被试的目的在于以无偏的、有代表性的样本的测量结果来推断总体，保证研究结果的推广价值。研究设计的第三个基本问题是研究的效度，有较高效度的研究结果才是能够反映行为规律的，才是有价值的。作者详细讨论了研究的效度评估及其可能的影响因素，包括外部效度和内部效度。研究设计中，要充分考虑来自被试的、研究过程的、研究方法本身的等各种因素对效度可能造成的损害。

第三部分：对行为科学研究的基本研究设计进行分析和讨论，包括描述性研究设计、相关性研究设计、实验研究设计（包括第七章到第九章的内容）。描述性研究设计是一切科学研究中最常用的一种研究设计，但在行为科学领域，描述性研究设计具有其独特性，一般包括观察性研究设计、调查性研究设计和个案研究设计三种类型。相关性研究设计多是作为初步研究而出现，它可以有效地发现变量间的共变关系，却难以验证变量间是否存在因果关系。要想比较可靠地验证变量间的因果关系，需要使用实验研究设计。实验研究设计的本质在于操纵自变量，控制额外变量，观测并记录因变量，以揭示自变量和因变量之间的因果关系，因此，实验研究设计追求研究的高的内部效度，但这常常又意味着研究外部效度的降低。研究者为了克服实验研究设计的缺陷，使实验环境的现实性最大化，以增加结果的外部效度，常使用两种标准的研究，即模拟研究和田野研究。在多数情况下，研究的外部效度和内部效度存在对立，不同的研究设计也存在不同水平的外部效度和内部效度，需要研究者根据研究目的和测量性质进行权衡，选择适宜的研究设计。

第四部分：实验研究设计，主要有被试间研究设计、被试内研究设计、非实验和准实验研究设计、析因设计和单被试研究设计（包括第十章到第十三章和第十五章的内容）。被试间研究设计和被试内研究设计是单因素实验设计的两种基本类型。前者使用两个或多个独立的被试样本，验证单个因素对被试行为变量的影响，要特别留心个体差异对研究内部效度的损害；后者则使用一个样本，采用重复测量的方法验证单个因素对被试行为变量的影响，要特别留意顺序效应或时间关联因素对研究内部效度的损害。单因素实验设计的外部效度始终是值得怀疑的，因为行为变量常常受到多种因素的交互作用。在复杂统计技术变得容易的今天，采用多因素的析因设计是必要和可行的，它不仅能显示单个因素对行为变量的效应（主效应），而且也能显示多变量对行为变量的交互效应，提高了研究的内部效度和外部效度。作者对多变量析因设计中的交互效应进行了透彻解析。此外，单被试研究设计也是值得注意的，因为在某些领域，研究个案与研究成组样本同样重要和有价值，比如临床研究。

第五部分：研究资料的统计分析和研究报告的撰写（包括第十四章和第十六章的内容）。这是研究活动接近结束，但依然非常重要的阶段。实验研究本身和观测资料的意义，需要经过一系列的整理、分析和解释，特别是进行统计分析。研究资料的统计分析包括描述性统计和推断性统计，前者是对研究资料的组织与概括，后者是实现样本资料对总体规律的预测或推断。有不少研究者，由于资料统计分析的困难，研究设计与研究实施受阻。第十四章介绍了行为科学研究中最常用的统计分析方法，便于学习者和研究者快速查阅和参照。对于那些没有系统学习过统计学课程的读者来说，这部分内容提供了令人惊喜的捷径。第十六章详细介绍了《美国心理学会出版手册》中对研究报告写作的规范要求，这些要求几乎成为国际心理学界的通用写作规范格式。对中国读者来说，可以结合中国主要的心理学专业期刊《心理学报》《心理科学》等来阅读此章。

除上述十六章的内容之外，作者提供的附录 B 恰是一份简明的统计方法手册，可以帮助部分研究者快速掌握常用的统计分析技术。

格拉维特博士和佛泽诺博士的《行为科学研究方法(第四版)》显然是以心理学研究过程为主线，同时兼顾了其他行为科学领域的研究方法，比如实验法、准实验法、单被试研究、描述性研究、相关性研究等，这些都是教育学、经济学、管理学、临床医学等领域通用的研究方法，所以本书的出版可以为诸多领域的大学生(包括研究生)提供很好的方法类课程教材或自学读本。本书深入浅出的表达，使本来难学和枯燥的内容变得轻松易懂了。我很愿意将此书介绍给国内相关专业的大学生，介绍给相关领域的专业人士。

书稿的翻译是一项集体劳动，我的多位研究生参加了翻译和审校工作，他们是张宁、杨春慧、张凯璇、张嫣然、彭舒雨、吴珊，还有另一同事指导的研究生解晓娜同学、南京邮电大学外语学院的邓海燕同学也参加了此书的翻译与审校工作。具体分工是：

初译分工：

邓铸：第一章、第二章、第十五章、附录 A、附录 B、术语表；

邓海燕：第三章；

张凯璇：第四章；

解晓娜：第五章、第六章；

庄瑜璐：第七章；

杨春慧：第九章、第十章、第十一章；

张　宁：第一章、第八章、第十二章；

张嫣然：第十三章；

邓海燕：第十四章；

解晓娜：第十六章。

审校：

邓　铸　张　宁　邓海燕

初译工作完成后，由我和张宁、邓海燕分工对照原文逐章进行了审读和订正。在形成了完整的翻译文稿后，由张宁通读了全部书稿，提出了许多修订意见。

在校样形成后，研究生团队又对全部书稿进行了审校和修订，他们是刘启慧、毛思瑜、刘子星、徐天琪、张琪、吴金金、祁艳、崔晓青、康琳琳、岳茂婕、林菁、邓海燕、魏良玉等。

全部译稿最后由我审定形成定稿提交出版社，因此书中如有遗漏和翻译错误，责任全在我，我会虚心等待来自原作者、出版社和读者的批评，并在此书再版时加以更正。此书在翻译和出版过程中，得到上海教育出版社谢冬华先生、王蕾编辑的大力帮助，因为他们的辛勤和富于智慧的工作，此本好书才得以高质量地出版，在此衷心致谢！

邓　铸

2020 年 1 月

于南京师范大学随园校区

作者序

多年来，我们发现，那些选修心理学研究方法课程的学生都怀着一种与生俱来的对科学的敬畏。这些学生似乎已形成一种信念：心理学有趣而迷人，但科学枯燥而难学。许多学生甚至对不得不完成研究方法课程充满怨气："我是想成为一名心理学家，而不是科学家！"

不过，随着教学的推进，大部分学生开始摆脱恐惧，实际上，许多学生开始喜欢这门课程。这种态度的转变多半是由于这样一种认识：科学方法只不过是科学家用来收集信息和解答疑难问题的技术，只要这些疑难问题是有趣的，那么解答这些疑难问题的工作也应该是有趣的。

人们在观看魔术师那令人瞠目的表演时，常常会问："他是怎样做的？"同样的道理，当了解到一些关于人类行为的有趣事实时，你应该问："他们是怎样知道这些的？"我们的回答是：行为科学中的大部分知识都是使用科学研究方法收集起来的，如果你真的对人类行为感到好奇，那么你也应该对研究它的过程感到好奇！

这本教材形成于多年的"研究方法"的教学。我们在课堂教学过程中尝试用不同的例子和解释，同时观察学生的反应。几年之后，这门课程开始找到一种更为有趣而不那么让人生畏的方法，可以非常有效地将学生带入研究活动。在这一转变中，学生一直给予我们最大的帮助，他们的反馈帮助我们改进研究方法课程和写作本书。在许多方面，学生是我们的老师！

本书概览

《行为科学研究方法（第四版）》是为心理学或其他所有行为科学专业的大学生开设研究方法课程而编写的。我们按照研究的过程编排教材内容，使教材内容既适合单纯的课堂讲授，也适合课堂讲授与实验室实验相结合的教学。我们采用一种生动活泼的写作风格，详细讨论了实验的和非实验的研究方法，并加强了对若干专题的讨论和解说。每章配编的教学辅助内容包括章前的本章概览，穿插在全章中的学习检测，每一章的最后有本章小结、练习题、训练活动和网络资源，还有一份关键词供快速复习之用。

教材内容组织

总体上，本书内容的编排框架就是从研究开始到研究结束的一个过程，这种一个步骤接着一个步骤的编排方法突出了研究者在这个过程中的每一阶段必须采取的决定。全书分为十六章：第一章和第二章集中讨论在研究初始阶段必须考虑的问题，概括性地描述了科学研究方法，并介绍了一些寻找研究设想并将其转化为研究假设的技巧。第三章至第六章集中讨论研究开始阶段要做的预备性工作，主要包括研究中必须遵守的伦理规则、变量的界定与测量、抽样方法、研究方法的内部效度和外部效度等。

第七章和第八章介绍描述性研究设计和相关性研究设计。第九章至第十一章介绍实验研究设计，并详细讨论了被试间研究设计和被试内研究设计。第十二章介绍非实验和准实验研究设计。第十三章介绍实验研究和非实验研究中使用的析因设计。第十四章概括性地介绍了可用于对研究结果进行评估和解释的统计分析方法。第十五章介绍单被试研究设计。第十六章讨论如何交流或报告研究结果。

我们按照一个学期的教学考虑，将教材内容组织成一个系列，但不同的教师可根据需要进行调整。比如，关于统计分析和美国心理学会（American Psychological Association，APA）格式的章节也可以前移。

写作风格

我们采用生动活泼的、交谈式的写作风格，着重于各专题的讨论和解说，而不是像食谱一样罗列事实。这种风格在我们自己的教学班上一直是很成功的，在弗雷德里克·J.格拉维特（Frederick J.Gravetter）参与合著的教材《行为科学的统计学》中也获得了成功。特别是，对于包括本书在内的方法类课程等学生觉得难懂的材料，这种风格更有用处，学生感到易读，不再需要强制性了。

教学辅助

在本书的编写中，我们特别重视提供多种教学辅助材料。每一章都给学生提供了许多主动接触这些材料的机会，而不是让学生被动地接受灌输。另外，由关键词、练习题、训练活动等材料构成的"作业包"，教师可以根据教学安排使用。

每一章均包含下列教学素材：

1. 本章概览：每一章开始都有一个关于本章内容的提要，帮助学生了解该章内容结构。

2. 引论：在学生开始学习一章时，有一个本章内容的简明概括。

3. 各节：有若干界定清晰的节和目将一章内容划分为便于学习的若干板块。

4. 术语：书中出现的术语在合适的位置加粗了字体。

5. 例子：书中列举了大量例子来说明概念。这些例子中有些是虚构的，但大部分选自心理学新近的或经典的研究。

6. 专栏：专栏材料与正文内容分开，这是额外提供的有利于阐明某些关键要点的有趣信息。

7. 图：在适当位置，附有一些图示或图片以说明重要的观点。

8. 表：行文中不时会出现一些表，包含最适合以表的形式呈现的信息。

9. 学习检测：在章中间主要节的结束处，有一系列问题用来帮助学生检测自己对已学习的这部分材料的掌握程度。

10. 本章小结：每一章的后面都有一个简单的总结，帮助学生复习本章的主要内容。

11. 关键词：在每一章的后面都有一份本章使用的关键词的列表，该列表中的关键词是按照在该章中出现的顺序排列的，这就可以使相关联的词形成一组，学生也容易找到该章中自己需要复习的某个部分。

12. 练习题:每一章后面都有一系列练习题,学生可以通过应用已经学过的内容来检测自己的学习效果,教师也可根据教学安排有选择地布置给学生。

13. 训练活动:每一章后面还有一到两个训练活动,为学生提供了操练该章内容的机会。

14. 网络资源:每章最后是关于课程配套网站的提示。这个网站会有以各章教学中出现的新术语为主要内容的抽认卡,涵盖一章内容的网络测试,可进入的与该章内容有关的工作坊,以及其他可以获得的教学辅助材料。

第四版新的变化

1. 整本书中,更新了研究案例,以真实研究结果替换了假设的研究结果。对学习检测、练习题和训练活动也进行了修订或替换。

2. 第一章,增加了"科学和伪科学"部分;原来表述的研究过程的第一步细分为两步,以使内容更简明;更清晰地论述了推理法与经验法之间的区别;修订了图 1-1,也修订了图 1-2 和图 1-3,使它们更能说明归纳与演绎的概念。

3. 第二章,根据第一章关于研究过程步骤表述的改变做了相应修改;更新了表 2-1 和专栏 2-2 中的数据库信息;修订了表 2-2 和表 2-3,使之符合新版《美国心理学会出版手册》中新的要求;新增一部分以说明在文献检索时如何做好笔记。

4. 第三章,更新了关于研究中使用人类被试和非人类被试的相关研究伦理;抄袭部分的讨论有很大扩展,以表格形式给出了一些抄袭的例子。

5. 为了强调第三版专栏 4-1 中材料的重要性,将其单独列为第四章中的一节;增加了关于如何使用稳定的正相关或负相关建立信度和效度的内容;将第三版第六章中人为因素对信度和效度影响的内容移到第四版的第四章,包括实验者偏差和被试能动性。

6. 修订了第五章的引论部分,进一步阐明了抽样方法是如何影响研究结果的,增加了关于可接近总体对目标总体代表性问题的讨论。

7. 第六章,更清晰地阐述了不同的研究问题需要采用不同的研究方法的理念,同时也更频繁地坚持,在详细讨论不同方法的各章之间相互引用或相互参照;内部效度的部分,进一步强调了不同类型变量对内部效度产生的不同影响,大幅缩减关于效度和具体研究方法的讨论部分,最大程度地减少冗赘。

8. 第七章一开始,更新了引论部分描述性研究设计的实例;增加了专门讨论网络调查的内容。

9. 第八章增加了对相关性研究的介绍,引用第六章报告的一项研究来阐明相关性研究能做什么,不能做什么;扩展对正相关和负相关的描述,修改了图,以便更清晰地说明在相关系数增大或变小时方向的变化;另外,将相关分析拓展到对非数字型分数的分析中。

10. 第九章的调整使得因果关系的时间属性更为明晰,同时删除了关于随机化的多余讨论,使文本更为简洁。

11. 第十章修改了图 10-1，以更好地显示被试间研究设计的结构，以及如何将一个被试样本划分为不同的组去接受不同的实验处理；另外，简化了对方差的讨论，还分析了使用多组设计带来的问题。

12. 第十一章扩展了对抵消平衡的介绍，增加一个具体的研究案例以说明抵消平衡的程序和结果。图 11-1 用来说明被试内研究设计的结构，修改后与第十章图 10-1 更一致。

13. 第十二章中图 12-7 和图 12-8 用来说明不同类型的研究设计结构，修改后与第十章图 10-1、第十一章图 11-1 更一致。表 12-2 中也增加了发展性研究设计的内容，表 12-2 是对准实验和非实验研究设计的一个总结。

14. 第十三章修订了交互效应的分析和定义，使该概念更容易理解。

15. 第十四章修订了效应量的测量部分，以便与新版《美国心理学会出版手册》中强调报告效应量的要求一致；增加的内容中，一部分是讨论如何根据置信区间来选择效应量的测量与报告方法，还有一部分是讨论方差分析之后的事后检验，以确定平均数差异是否达到显著性水平，此外还增加了对利用独立性卡方检验来估算效应量的讨论。

16. 对第十五章进行了全面修订，强调单被试研究设计的功效在于重复验证，即重复验证处理效应是否存在；更新了研究例子及相应的图，说明不同类型的单被试研究设计。

17. 对第十六章进行了全面修订，主要是与新版《美国心理学会出版手册》一致。提供了一份新的 APA 格式的研究报告稿件，这份稿件在附录 C 中完整呈现。增加了一部分内容，呈现引用文献的格式。增加了一部分内容，专门用来说明直接引用、引用格式和可引用的文献量等问题。更新了参考文献的格式，给出电子资源的文献格式。

18. 附录 B 更新了统计表。

19. 附录 C 呈现了一份新的研究报告以说明新的 APA 写作格式。

致谢

我们感谢本书的审阅者认真阅读书稿并给予充满智慧的建议：

朱莉·斯洛维亚克(Julie Slowiak)　明尼苏达大学

马克·杜瓦尔(Mark Duva)　喜瑞都大学

杰基·布劳恩(Jackie Braun)　新泽西拉马波大学

伊夫林·玛丽·莱尔斯(Evelyn Marie Lyles)　马里兰大学谢迪格罗韦分校

珍妮弗·韦耶(Jenniefer Veilleux)　芝加哥伊利诺伊大学

伊丽莎白·希恩(Elizabeth Sheehan)　乔治亚州立大学

戴维·阿法诺(David W. Alfano)　罗得岛社区学院

我们感谢沃兹沃思出版公司的工作人员，他们为完成本书付出了艰苦的努力：

琳达·施赖伯-甘斯特(Linda Schreiber-Ganster)　出版人

乔恩-戴维·海格(Jon-David Hague)　执行编辑

蒂姆・马特雷(Tim Matray)	组稿编辑
瑞贝卡・罗森伯格(Rebecca Rosenberg)	助理编辑
艾丽西娅・麦克劳克林(Alicia McLaughlin)	编辑助理
玛丽・诺埃尔(Mary Noel)	媒体编辑
杰西卡・埃格伯特(Jessica Egbert)	市场部经理
安娜・安德森(Anna Anderson)	市场公关
塔莉娅・怀斯(Talia Wise)	市场交流总监
弗农・博斯(Vernon Boes)	高级艺术指导

特别感谢图像世界股份有限公司的迈克・埃德雷尔,他在整个过程中给予我们很多指导!

最后,向我们的爱人和孩子致以最真诚的感谢:查理・佛泽诺(Charlie Forzano)、赖安・佛泽诺(Ryan Forzano)、亚历克斯・佛泽诺(Alex Forzano)、黛比・格拉维特(Debbie Gravetter)、贾斯汀・格拉维特(Justin Gravetter)、梅利莎・莫纳基诺(Melissa Monachino)、梅根・伯克(Megan Burke)。如果没有他们坚定的支持和持久的耐心,本书是不可能完成的。

联系我们

过去几年中,学生的建议给予我们许多帮助,他们的反馈让我们受益颇多。如果您对此书有建议和批评,请给我们写信或发电子邮件。通讯方式如下:

Brockport, NY 14420

350 New Campus Drive

Department of Psychology

The College at Brockport, SUNY

E-mail:

Lori-Ann B.Forzano	Frederick J.Gravetter
lforzano@brockport.edu	fgravett@brockport.edu

目 录

第三章 54

研究中的伦理学

第四章 74

变量的界定与测量

第九章 174

实验研究设计

第十章　195

被试间研究设计

第十一章 213

被试内研究设计

第十二章 232

非实验和准实验研究设计

第十三章 251

析因设计

第一章 1

获取知识的方法

本章概览

本章介绍全书的核心内容：研究方法。首先，理解研究方法的意义，目的在于使你看到本书对你是有益的；其次，讨论人们获取知识或解决问题的多种方法，包括科学方法；再次，介绍科学方法以及将科学方法应用于具体课题的详细过程，勾画出研究的总体轮廓，为后续各章的内容提供一个框架。

◆ 引论

◆ 获取知识的主要方法

◆ 科学方法

◆ 研究过程

第一节 引论 2

请先思考以下问题：

父母离异的孩子更难以发展亲密关系吗？

女孩比男孩更容易遭遇网络暴力吗？

父母对自己体重的关注会影响孩子的节食行为吗？

玩电视暴力游戏的青少年比同龄人更具有攻击性吗？

要避免心理警觉水平下降，人每天至少要睡多少小时？

与兄弟姐妹一起成长的儿童，其社会技能方面的发展是否会更好？

也许你已经知道这些问题的答案，或者知道如何去寻找这些问题的答案。找到诸如此类问题答案的方法有很多，本书专门讨论科学家解答此类问题的方法，即科学方法。科学方法是自然科学领域最基础的标准化实践活动，而行为科学领域（如心理学、社会学或刑事司法学）的学生也应该理解这些活动是如何发挥作用的，并能对其优缺点进行评价。

在讨论各种具体研究方法之前，我们要先做一点预备性评述。希望这些评述能让你理解研究方法的意义，进而激发起你的兴趣，或者至少可以让你相信，学习研究方法是有用的。

一、为什么要学习研究方法课程？

为什么要学习研究方法课程？为什么要读本书？最直接的回答可能是，“因为这是学校要求的”。在全国范围内，学生都要学习研究方法课程，因为这是必修的。学生多半会觉得研究方法课程与自己的教育及职业目标毫无关系。比如，心理学专业的学生，他们之所以选择心理学，是因为他们想了解人，而研究方法不是关于人的科学，它当然也不是关于心理学的科学。它是关于科学的科学。

那么，为什么要学习研究方法课程呢？其实很简单，行为科学专业需要使用科学方法来搜集和解释信息。假如，一位心理学家想知道，那些由同性恋倾向父母抚养长大的孩子，是否会发展出与异性恋倾向父母抚养长大的孩子不一样的人格特质。要回答这一问题，心理学家就要对这两类不同的家庭进行观察和比较。为此，他首先要明确对这些儿童的哪些特征进行观察，像自尊、朋友关系、学业成绩、焦虑、抑郁和亲子依恋等都是可以选择的指标。心理学家需
3 要对这些特征进行客观的观察测量，而不依据主观解释，也不能依据他们的朋友和邻居的可能存在偏见的报告。这只是对科学研究的一个简约描述。我们认为，科学为解答疑难问题提供了一个开放的和严谨的体制，它可以保证得到尽可能准确和完整的答案。

二、学习研究方法课程的其他理由

现在来思考以下几方面的问题，这会使你明白：研究方法课程或许是有用的。

开展一项研究

如果在将来的某个时候，你要开展一项实际的研究，那么研究方法课程的价值就最明显地表现出来了。有些大学课程，包括独立研究课和学位论文课，可能会要求你独立完成一项研究，而你如果想在获得学士学位之后继续深造，那自然会期望进入研究院进行研究。顺便提一下，如果你在大学期间有自己的研究，那么可以增加你进入研究院的竞争筹码。当然，你也可以找一份含有研究活动的工作，比如做一名研究助手。

诚然，大部分学生不想立即进行研究，因此他们认为研究方法课程不能满足近期需要，而且很多学生永远都不打算做研究。许多心理学专业的学生感兴趣的是，确保大学毕业之后能在为人服务的领域找到一份好工作。因此，许多学生认为研究方法课程与他们的职业兴趣无关。但即使如此，研究方法课程还是有用的，为了不在工作中落伍，你需要阅读和理解最新发表的研究论文。

阅读和评估他人的研究

掌握研究的术语和逻辑使你能够阅读和理解研究论文，这使你不仅能够阅读杂志、报纸或课本上别人关于其他人研究的总结，而且能够亲自阅读原创研究论文并从中总结出你自己的结论。研究方法课程将帮助你阅读并批判性地评价杂志上那些详细记载研究过程的研究论文。许多职业都要应用研究成果，比如说你是一位生活调解员，要解决的问题是两个室友的矛盾，你可能就会翻阅研究论文以确定不同的解决冲突的方法的效果。类似地，如果你是一位小学教师，想要确定最适合学生的教学方法，你也可能会翻阅研究论文以考察不同教学方法的效

果。阅读和评估研究论文有助于你确定最适合临床患者症状的治疗方法，或最适合你的学生的教学方法。此外，其他课程的学习也需要经常性地阅读原创性研究报告。

理解研究方法也有助于你严格地评估杂志上发表的研究论文。许多研究论文都是从结果 4
部分（论文的结果部分告诉读者研究中发现了什么）过渡到讨论部分（作者在论文的讨论部分对结果进行解释并得出结论），你必须能够分析和评判这种过渡，即证据在多大程度上支持结论。因此，研究方法课程可以帮助你评估他人的研究。

理解简约的研究介绍

研究方法课程也将帮助你理解简约的研究介绍。大部分心理学课程和心理学教材会提供一些简约的研究介绍来作为支持某些结论或理论的证据。比如，向你讲述一项研究：以治疗方式作为自变量，吸烟量作为因变量，采用安慰剂控制组的组间设计进行实验，研究者发现烟碱片可以显著地减少重度吸烟成瘾者的吸烟量。正如你在这个例子中所看到的，一本教材或一位教授在向你描述他人的研究时，不会将每个细节都告诉你，而是用一种心理学家描述研究的固定模式（行话或术语），这种模式就是由研究方法学的基本原理确定的。研究方法课程会向你介绍这些固定模式（行话或术语）。

你在本书中学到的是一些最基础和最常用的原理，是任何科学研究都要遵循的。因为所有的研究都遵循这些原理，所以著者会假定他们的读者也都熟悉这些原理，因此多数研究报告对此略而不提。研究方法课程可以帮助你填补传统的研究介绍中留下的空白。如果你不理解研究方法，你就会觉得有些实验简直莫名其妙。例如，上面描述的实验中，为什么必须让一个吸烟成瘾者被试组（安慰剂控制组）服用不含尼古丁的烟碱片？研究方法课程可以帮助你更好地理解和记住一些研究，随后你就能更好地掌握课程中的其他内容。

在日常生活中收集和评估信息

可能每一天你都被信息淹没，网页的、期刊的、电视的和无线电的信息涌向我们，诸如“性虐待儿童长大后会成为有性施虐倾向的父母”，“每天喝一杯葡萄酒可以降低患心脏病风险”，或者“催眠可以唤醒创伤经验”。面对这些信息，我们应该做些什么？它们中哪些是真的？我们应该接受这些信息并改变我们的行为吗？比如，我们在决定孩子监护人的时候，是不是要调查一下父母的背景，看看孩子的父母在孩童时代是否被性虐待过，因而有可能会成为一个性施虐者呢？法院在审理案件时，是不是应该将证人催眠，以便确定他们提供的证词是真实的呢？
我们是不是要按照研究观点开始每天喝酒，还是对所见所闻置之不理？哪种选择是最好的呢？ 5
我们要想更好地利用这些研究信息，就需要接受研究方法的训练，这有助于我们找到并评估那些据称是支持某一信息的原创研究（如果确实有这些证据）。一个外行也许可以凭借批判性的和符合逻辑的思维去发现某些数据收集方面的方法缺陷。研究方法课程可以让你知道在进行研究和数据解释中的逻辑约束，以便你自己能从数据中梳理出真实的结论，而不仅仅依靠所谓的专家为你提供的结论。研究方法课程可以使你针对每天生活中的各种观点作出理性选择。

在日常生活中，你也可以使用本书中学习到的方法来作决策。不管是决定买哪一款车子，接受哪一份工作，还是判断哪一种花生酱最好吃，你的决策过程都应该从收集信息开始，这就是研究方法的全部。收集和评估信息，这是我们作出好的决策所需要的。正像我们后续讨论的，科学方法就是获取知识和回答问题的程序。这种思维方法不仅可以应用于心理学，而且可以应用于生活中的所有方面。研究方法课程将教会你像科学家那样思维。我们希望你能明白，不是只有实验室研究才需要这样的思维。

小结

通过对研究方法课程作用的讨论，我们提出了对此课程的一种看法：它是值得你选择的课程，而不只是你必须完成的课程。我们希望你在内心深处能够认识到，它是一门有用的、有趣的，甚至是能够带来快乐的课程。

学习检测

1. 简单概述研究方法课程的作用。
2. 阅读报纸上的研究声明时，需要应用研究方法学的相关知识吗？

第二节 获取知识的主要方法

正如本章开始所指出的，本书的主题是关于如何应用科学方法来解答疑难问题。不过，科学研究中使用的方法不是解答问题的唯一方法，也未必是最好的方法。一般来说，人们用来解答疑难问题（或获得新知识）的方法有很多，统称为**获取知识的方法**（methods of aquiring knowledge）。在此，我们介绍其中的几种方法，并在最后描述科学方法以及科学家共同体解答问题的一般程序。

6 本章后续部分介绍已经建立的获取知识的方法。为了更好地领会科学方法，我们先介绍惯常法、直觉法、权威法、推理法和经验法五种非科学方法，然后对科学方法进行更详细的讨论和总结。正如你所看到的，科学方法可以将其他方法的要素结合在一起，形成一般性的解答疑难问题的程序，同时避免其他方法的局限性和缺点。尽管科学方法可能比其他方法更复杂，更费时间，但其目标在于获得质量或信度水平更高的答案。最后还要提醒的是，这里所谈的科学方法只是简略地勾画出解答问题的一般程序，至于将科学方法应用于特定问题，则是本书其他各章的内容。

一、惯常法

惯常法（method of tenacity）是基于习惯或迷信的方法。习惯会导致我们继续相信过去一直相信的东西，使我们愿意将长期接受的思想看作是有效的。比如，你可能听说过这样的陈词滥调，“老狗玩不出新把式”“正负相吸”，这些句子反复呈现，而且一直被认为是正确的。总而言之，我们受某种观点影响的次数越多，就越有可能相信它。广告商成功地利用了惯常法，将信息一遍又一遍地反复呈现，希望消费者相信他们的话。一则介绍牛奶的广告与满脸大胡子的名人经常一同出现在各大杂志上——广告人希望我们获得这条信息并"购买牛奶"。

惯常法包括迷信，反映了信念对事实的反作用。比方说，人们"知道"，打破一面镜子会带来 7 年的厄运；永远都不要在梯子下边走，或者不要让一只黑猫挡住你的道；许多运动员会穿自己的幸运袜或幸运衫；许多学生一定要带上自己的幸运铅笔或幸运帽子去参加考试。

惯常法的一个缺陷是，它获得的信息可能并不准确，就拿"老狗玩不出新把式"来说，"老狗"其实是能玩出新把式的（O'Hara, Brooks, Friedman, Schroder, Morgan, & Kraemer, 2007）。关于正负相吸，研究者发现，人们会被与自己相似的人吸引（Klohnen & Luo, 2003）。另外，喝牛奶不是对所有人都好的，许多成年人患有乳糖不耐受症。惯常法的另一个缺陷是，它缺少纠正错误观 7
点的机制。即使是在相反的证据面前，基于惯常法而被广泛接受的信念也很难改变。

学习检测

"你可以把马牵到水边，但你不一定能让它喝水。"这句俗语说明了人的什么行为？

二、直觉法

在**直觉法**（method of intuition）中，因"觉得正确"而接受信息。利用直觉，一个人凭预感和本能的感觉回答问题，而不是依赖逻辑推理获取知识。无论什么时候，只要说"我知道这些事情，因为我有这种本能的感觉"，这就是在使用直觉法。例如，在赌博俱乐部，有人把钱押在赌博转盘的数字 23 处，因为他"觉得"这就是马上要出现的结果，这个人使用的就是直觉法。对于许多问题，直觉法是获得答案的最快方法。当一点可用信息也没有，无法提供支持的资料和合理的论据时，我们常常需要求助于直觉。当面临两种难以取舍的选择时，直觉会告诉我们最后的决定：今天的晚餐怎么解决，是出去吃还是在家里吃？对于远期决策，往往是借助我"觉得"想做什么来决定。许多伦理决策和道德问题也是通过直觉来解决的。比如，我们知道做某些事情是错的，因为不"觉得"它对。有些直觉可能是基于周围人的一些细微线索。尽管我们无法解释，怎么会知道一位朋友某天过得很糟，但后来得到的消息证实，那是真的。凭感觉进行的预测和描述都被认为是直觉的。直觉法的问题是，它不能提供一种将准确的和不准确的知识区分开来的机制。

学习检测

直觉法是根据预感或本能的感觉来接受信息吗？

三、权威法

人们会通过搜寻权威人士就某一主题发表的看法来解答问题，这就是**权威法**（method of authority）。也就是说，解答某一问题，可以直接向专家咨询，也可以去图书馆或登录某一网站去查阅专家的著作。在这两种情况下，你都是在依靠某个假定的专家意见。不管是什么时候，只要你参考了书籍、他人、电视、网络或报纸的意见，你使用的就是权威法。权威的人有很多，如医生、科学家、心理学家、教授、股票经纪人和律师等。

8 就许多问题来说，权威法是研究的最好起点，它通常是最快捷和最容易得到答案的方法。你所接受的大部分正规教育都是基于这样一种观点：可以从专家（教师和课本）那里得到答案。然而，权威法的一个局限性是，它提供的信息未必总是正确，权威也会有偏见。我们都曾见过法庭审判过程中那些自相矛盾的“专家证词”。信息源常常偏向某一特定的观点或方向。例如，有的父母感到他们的孩子性格暴躁、行为不良而需要寻求专家的帮助。如果去问精神病学专家，很可能会得到这样的解释：儿童的口欲期需要没有得到满足。但如果去问行为主义心理学家，很可能会得到这样的解释：父母过分满足了儿童的要求强化了儿童的不良行为。

权威法的另一个局限性是，来自权威的答案也可能代表了一种主观的、个人的意见。比如，一位专家对一部电影大加赞赏，而另一位专家却对同一部电影大加贬斥。专栏 1-1 讨论了一个历史上科学与权威之间的冲突的事例。

专栏 1-1　科学与权威之间的冲突

在确立真理和发布知识中使用权威法有一个长期的历史，而这一历史常常充满了科学家与权威之间的冲突。有时涉及神学上的权威，科学追求就会被看成对宗教教条的亵渎。比如，神学教义曾经坚持认为地球是宇宙的中心——所有天体都围绕地球旋转（地球中心说）。但是，17 世纪的天文学家伽利略（Galileo）支持天文学先驱哥白尼（Copernicus）的观点，认为地球围绕太阳旋转（太阳中心说）。当时，伽利略借助新的天文望远镜发现围绕木星旋转的卫星，那就是说神学教义是错误的，不是所有的天体都围绕地球旋转，地球也就不是宇宙的中心。不用说，他继续支持哥白尼的观点。结果在 1616 年，伽利略被天主教堂的权威判刑并受到威吓：如果他继续坚持太阳中心说，他将被关进监狱。当时伽利略的观点与神学教义针锋相对，以至于他的许多同事都不敢再使用伽利略的天文望远镜进行观测。然而，在 1992 年，也就是他被判刑的 300 多年后，罗马教皇在一份官方声明中支持伽利略的观点。尽管这不是对宗教教义的评论，但它确实能说明不同价值观、不同真理观和知识观之间是如何发生冲突的。当科学闯入由其他方法（如权威法、直觉法、推理法等）作出解释的传统领域时，常常会遇到阻力。要注意的重要一点是，获取知识的方法不同，可能会得出对宇宙特征完全不同的结论。科学与权威之间的冲突不只发生于 300 年前，比如在今天关于克隆技术的推广应用问题上，科学与社会之间也存在着相当大的争论。

权威法的一个缺陷是，因为我们假定，如果一个人是权威，那么他的专家意见就可以回答我们提出的问题。例如，广告商利用人们对名人的认可来推销他们的产品。当一名著名的足球运动员出现在电视屏幕并告诉你哪一种汤更有营养时，你难道没有因为他是一名杰出的足球运动员，而将他看成是一位营养方面的权威专家吗？广告商肯定希望你能接受他权威的建议。与此相似，当诺贝尔奖获得者、化学家莱纳斯·鲍林（Linus Pauling）①声称维生素 C 可以

---

① 莱纳斯·鲍林（Linus Pauling，1901—　），美国化学家，曾获 1954 年诺贝尔化学奖和 1963 年诺贝尔和平奖。——译者注

治疗流行性感冒时，因为他的权威性，许多人都接受了他的说法，即使后来大量科学发现证明这一观点是错误的，他的这一观点仍然被大众接受。

权威法的另一缺陷是，人们往往会不加质疑地接受权威的意见，这意味着人们不核查这些意见来源的可靠性，也根本不考虑寻找第二种意见，结果有时就会把错误的信息当真理。在有些情况下，权威意见被不加怀疑地接受，是因为这些意见看上去很有意义，以至于没有明显的理由去怀疑它。当医生说，“这个硬块不像是恶性肿瘤”，也许我们所有人都愿意相信它。但实际上，如果你再咨询其他医生，你可能会得到更好的保护。

有时，人们接受一个权威的意见只是因为他们对这个权威的身份深信不疑，因此权威法也 9
叫**信赖法**（method of faith）。比如，年幼的孩子绝对信赖来自父母的答案，宗教领域也存在这样的信赖。宗教通常都有一个神圣的教义和/或个人（牧师、阿訇、法师），这些人给出的答案会被看作是最终的答案。信赖法的问题在于它没有检验信息准确性的机制，在未经验证的情况下就接受别人的观点并将其视为真理。

最后，还要指出，有些“专家”并非真的专家，有些自称是“专家”的人其实是冒牌货。打开电视谈话节目，在最初的 45 分钟，当着无数观众的面，你看到的是人们彼此间吵闹不休——女人抱怨丈夫，父母重新与关系疏远的青少年子女团聚，两位女性为争夺同一男友而打架。然
后，在最后的 15 分钟，“专家”出场来对这些琐事进行评说。这些所谓的“专家”常常既没有学 10
历，也没有从业经历，更没有受过专业的训练，其实不能做出这样的评说。因此，被称为“专家”，未必真的就是专家。

总之，我们在这里概括性地给出两种方法，以提高依靠权威法获得信息的可靠性。第一，你要评估信息的来源。这个权威是真正的专家吗？他提供的信息是否属于他所擅长的领域？他提供的信息是客观事实，还是他的主观看法？第二，对信息要有自己的评估。这些信息看上去合理吗？它与你已经知道的信息一致吗？如果你怀疑一位专家的意见，那么最好再去咨询第二位专家的意见。如果两位独立的专家意见一致，你对这个答案就更有信心了。还比如，你在某一网站获取信息时，应该警惕不要被表面所迷惑。要考虑，你以前了解这个网站吗？这个网站的信誉怎么样？如果存在怀疑，就要去查看其他网站有没有提供同样的信息。

对于某些问题，在需要快速回答且接受错误信息不会导致严重后果的情况下，惯常法、直觉法和权威法已经足够了。比如，今天穿什么鞋子？晚上吃什么菜？使用这些方法来解答就很好了。但是在有些情况下，使用这些不严谨的方法是不够的。特别是在进行重要的经济决策，或者回答的问题可能会引起生活的重大改变，在未经严格检验或未确认其符合最起码的准确标准前，不要使用这些方法。接下来的两种获取知识的方法（以及后边介绍的科学方法），对信息及答案获取均有许多要求。

学习检测

1. 利用网络解答医学问题时，为什么要十分谨慎？
2. 描述你曾经使用惯常法、直觉法和权威法获取信息或解答问题的例子。

四、推理法

推理法(rational method),也叫作**理性论**(rationalism),是依靠逻辑推理得出答案的方法。我们从一系列已知的事实或假设出发,使用逻辑得出结论或得出问题的答案。假如,一位临床心理学家想知道来访者艾米(Amy)是否怕黑。他使用推理法,可能会这样做:

所有3岁孩子都怕黑,

艾米是一个3岁的女孩,

因此,艾米怕黑。

11 这里的**论据**(argument),即前两个句子叫作**前提陈述**(premise statements),它们是已知或假设为真的事实或假设。最后一个句子是基于前提陈述得出的逻辑结论。如果两个前提陈述在实际上是真实的,而且在逻辑上是可靠的,那么就可以保证得出的逻辑结论是正确的。因此,通过推理法获取的答案必须满足逻辑标准才可以接受。

可见,推理法从呈现前提陈述开始。比如,在前提陈述中,我们一般不会试图确定3岁孩子是否怕黑,我们只是简单地接受所有3岁孩子都怕黑这个前提陈述为真。同样,我们也不会去核实艾米是不是一个3岁的女孩,这个前提陈述也被作为事实而接受。具体地说,推理法不要求你四处去观察和收集信息,只需要你独自坐在黑暗中静静思考,在心里对前提陈述进行心理操作以决定能否从这些前提陈述的结合中得出一个逻辑结论。

上述例子(艾米是否怕黑)说明推理法可以用来解答问题,但同时也说明了推理法存在的一些局限性。尽管逻辑是正确的,但逻辑结论仍有错误的可能。也就是说,现实生活中艾米可能并不怕黑。即使两个前提陈述都为真,即使逻辑论据坚实无误,逻辑结论仍不一定正确。这里一个明显的问题在于第一个前提陈述的绝对化表述,“所有3岁孩子都怕黑”。即使对绝大部分的3岁孩子来说,这个前提陈述可能是真实的,但还是有充足的理由怀疑它对所有3岁孩子的真实性。除非前提陈述绝对为真,否则我们无法得出关于艾米的任何逻辑结论。还有,在关于艾米年龄的问题上,我们也可能被误导。如果她实际上是4岁,那么我们也不能得出任何关于她怕黑的逻辑结论。总之,逻辑结论的真实性建立在前提陈述的真实性基础上。如果基本假设或前提陈述不正确或不真实,那么逻辑结论就不具有任何的可信度。

当一个人面临要解决的问题时,一般都要先使用推理法,试图找出各种不同的问题解决办法。假如,你要去参加一个考试,但是当你正要离家去学校时,你才发现你的汽车无法启动。
12 这种情况下,你的反应可能是从逻辑上来考虑下列选择:

1. 打电话给汽车俱乐部,但就时间来说,等他们到达并修好汽车,你可能就赶不上考试了。

2. 搭乘公共汽车,但是因为没有时刻表,所以你无法确认公共汽车是否能将你准时带到学校。

3. 请邻居把她的汽车借你用几个小时。

需要注意的是,这里不是说你实际做了什么事,而是说你在考虑各种可能性和可能结果,以便能从逻辑上找到问题的解决办法。

下面这个例子也是说明推理法的好例子。在你读这个例子时，请留心其试图基于逻辑推理找到问题答案的过程：

> 想象你站在大学一幢楼的走廊里，正要到100米以外的另一幢楼去。很不幸，正下着倾盆大雨，而你又没有雨衣或雨伞。在你冲进暴雨之前，不妨让我们花几分钟时间帮你合计一下，看能否找到最好的办法，尽可能不让你淋湿。明确地说，你是应该：(a)以最快的速度从这幢楼跑到另一幢楼，还是(b)不慌不忙走过去呢？
>
> 从逻辑上讲，你在雨中穿行，淋在你身上的雨水来源有两个：
>
> 1. 落在头和肩膀上然后往下流的雨水。
> 2. 当你往前走时，在你前边的空中的雨水。
>
> 水源一淋在你身上的雨水总量完全取决于你在雨中停留的时间。你在雨中停留的时间越长，淋在你身上的雨水就越多。相反，水源二淋在你身上的雨水总量与你在雨中停留的时间无关。如果你把雨想成是悬挂在空中的，那么你就很容易理解当你从一个避雨处跑到另一个避雨处时，你的身体会在雨中扫过一条通道或穿过雨帘的一个“隧道”，这个“隧道”的雨量决定了你向前走时淋在你身上的雨水总量。但是不管你是以每小时185千米的速度冲过去，还是以每小时1.85千米的速度慢慢走过去，这个雨量都是一样的。
>
> 现在，我们可以依据这样一些事实进行一个逻辑上的推论来回答起初的问题：
>
> - 你跑得越快，从上向下落在你身上的雨水就越少(水源一)。
> - 不管你是跑过去还是散步过去，扫过的水量(水源二)都是一样的。
> - 打在你身上的雨水总量是上述两个水源的总和。
>
> 因此，如果你不想被淋湿，那么你最好还是以最快的速度跑过去。

除了说明推理法的应用外，上述例子还显示了推理法的一个局限性。在上述例子中，我们假定淋在你身上的雨水来源只有两个。实际上，当你穿过雨帘时，你可能会踩进水坑，水溅湿了衣服，或者踩到湿滑的地面失足摔倒了。因为没有考虑这些可能性，所以我们的结论可能是不正确的。总之，只有在前提陈述描述的是完整的或全部的情况下，逻辑结论才是有效的。如果前提陈述是不完整的或没有代表现实世界的全部情况，那么逻辑结论也有可能是不准确的。

推理法的另一个局限是，人们不是特别善于进行逻辑推理。请看下面的例子： 13

> 所有的心理学家都是人，
> 有些人是女性，
> 因此，有些心理学家是女性。

许多人会将这个推理看作是可靠和合理的，但是这个逻辑结论无法在逻辑上由前提陈述来证明其合理性。要是你真的不承认这一推理的无效性，那么就请你看下面这个推理，它的结构与上一个推理完全一致，只是将心理学家和女性替换成了苹果和橘子：

> 所有的苹果都是水果，
> 有些水果是橘子，
> 因此，有一些苹果是橘子。

这一次就很明显，其推理的逻辑结论不能得到逻辑上的支持。大部分人在评估逻辑推理方面都存在困难，这一事实意味着他们很容易错误地使用推理法。除非逻辑可靠，否则逻辑结论就可能是错误的。

总之，推理法是利用推理获取知识的活动。在没有严密地验证之前，不能简单地把推理法获得的答案接受为真。所有的结论必须经受检验以确保它符合逻辑规则。因为推理法不要求直接观察和主动收集信息，所以在缺乏证据时，它被称为建立真理的方法。正如你将在第三节中看到的，推理法也是科学方法的一个关键部分。第三节介绍的科学方法正好相反，它需要完全依赖直接观察，收集证据，建立真理。

学习检测

在作出实际决策之前，推理法是如何帮助你预测结果的？

五、经验法

经验法(empirical method)，也叫作**经验论**(empiricism)，试图通过直接观察或个人经验得到问题的答案，这种方法是哲学上的经验主义观点的产物。经验主义坚持认为所有知识都来源于感觉。请注意，我们在进行观察时都要用我们的感觉：看、听、闻等。

14 例如，你知道，在大多数情况下，小孩比成年人要矮一些，夏天一般要比冬天热，一千克牛排要比一千克汉堡贵。你从个人经验——从以前的观察中知道了这些事实。

许多事实和答案都可以从我们对周围世界的简单观察中得到，因此你可以使用经验法。例如，只要看一下量油尺就可以检查汽车里还有多少油，只要询问或做一份测验就可以清楚班上每个学生在班级的学业水平。在许多实例中都可看到，经验法提供了一种容易的、直接的解答问题的途径。不过，经验法有其局限性。

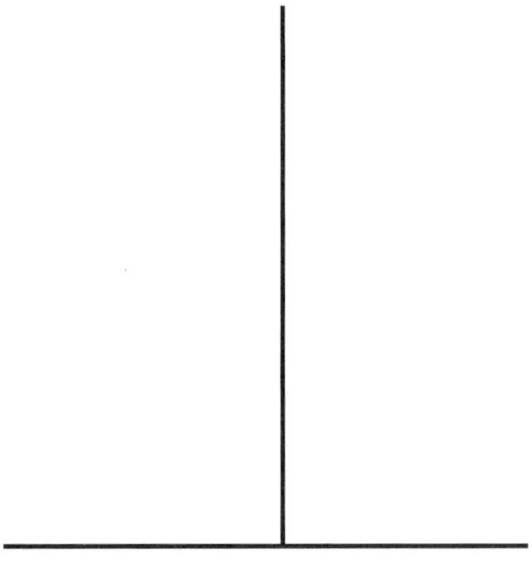

我们不禁会相信自己的观察，但你要知道，自己的观察也是具有欺骗性的。人们常说，“我只相信自己的眼睛”，这显示了我们对自己经验的信赖。但实际上，我们常常会对周围的世界产生错觉或给出错误的解释，图 1-1 用**水平—垂直线错觉**(horizontal-vertical illusion)说明这一点。大部分人会认为，垂直线比水平线长，但其实它们是一样长的(你也许想测量一下以便能证明自己的知觉)。这一错觉是直接感觉经验欺骗我们的经典例证。

图 1-1 水平—垂直线错觉

大部分人会认为，垂直线比水平线长，即使它们是一样长的。

尽管，直接经验似乎是一种获得问题答案的简单方法，但由于先前的知识、期望、感觉或信念的作用，你的知觉可能会发生彻底的改变。两名不同的观察者可能会互相证实同一件事，但也可能将同一

件事“看成”两件完全不同的事。对大部分学生来说，下面这个例子可以使人确信，感觉经验可 15
以被知识和信念改变。

> 假如现在给你两盘快餐，要求你品尝后说出你更喜欢哪盘。其中一个盘子里装的是一般的薯片，另一个盘子里装的是一种很脆的、尝起来很香的棕色面条。凭经验(品尝)，你更愿意选择面条。假如现在告诉你，这“面条”实际上是油炸的蚯蚓，你是不是更愿意选择薯片？这里的问题是：你客观的偏好(经验法)与你主观的信念——人们是不吃蚯蚓的(惯常法)相矛盾。

在作出准确的观察后，我们还可能在解释观察时出错。多少年来，人们都在观察着太阳从东方升起而从西方落下，日复一日。这样的观察分明可以得出一个结论：太阳一定是在一个极大的圆形轨道上绕着地球旋转。甚至在今天，人们还是说“太阳升起了”，而不是说“地球绕着太阳转”。

最后，经验法比较耗时，有时还存在危险。比如，当面临一个问题时，你可以使用经验法去尝试若干种可能的解决方案，或者你也可以使用推理法简单地思考各种可能性。通常，思考一个问题要比用试误法进行研究来得快捷和容易。还有，使用推理法或权威法要比亲自去体验某些事物更安全。比方说，如果我想确定后院草地的蘑菇是安全的还是有毒的，我宁可向专家咨询也不愿采用经验法去尝试。

总之，经验法是依靠直接观察获取知识的实践活动。按照经验法，证据或来自个人感官的观察还需要信息验证。要注意，在你只是想简单地了解周围的世界时，观察可能是不经意的或无计划的，在这一连续体的另一端，观察可能是系统的和目的明确的。正如第三节将看到的，有计划和系统地运用经验法是科学方法的关键组成部分。

六、小结

现在，你已经看到，知道或发现问题答案不是只有科学方法，还有惯常法、直觉法、权威法、推理法和经验法。表 1-1 对这五种方法进行了总结。我们应该指出，不同的人可以使用不同的方法来回答同一个问题，得到不同的或相同的答案。比如，如果你想知道班里一位同学的体重，你可以让她站到秤上(经验法)，或简单地问她有多重(权威法)，或者把她的体型与你自己 16
做一下比较，然后根据你的体重估计她可能有多重(推理法)。

表 1-1　获取知识的非科学方法

方　法	知道和寻找答案的途径
惯常法	来自习惯和迷信
直觉法	来自预感或本能
权威法	来自专家
推理法	来自推理得到的逻辑结论
经验法	来自直接的感官观察

学习检测

1. 请说明如何使用经验法获得问题的答案。

2. 分别说明如何使用权威法、推理法、经验法来确定两种化学药品混合是否会引起爆炸。

第三节　科学方法

科学方法(scientific method)是获取知识的一种方法,包括形成具体的问题,然后系统地找到答案。科学方法也是科学家们在各自专业领域寻求问题答案的方法。科学方法可以包含前述五种方法的许多成分。通过将若干不同方法结合在一起,我们希望它能克服使用任何单一方法可能存在的缺陷。科学方法是一个严谨开放的发现和解决问题的系统,能够尽可能保证获得准确的答案。下面介绍构成科学方法的一系列步骤。

一、科学方法的步骤

第一步:观察行为或其他现象

值得注意的是,科学研究未必要从有良好计划的、系统的调查开始,它常常从偶然的或不正式的观察开始。你只需简单地观察周围的世界,直到某些行为或事件引起你的注意。起初的观察是你个人的经验(经验法),它也许包括你对他人行为的观察或对自己行为的监测。比如,你可能注意到一群陌生人共同乘坐一台电梯时都小心地避免目光接触,或者有一天你坐在教室的后排座位,你发现周围都是不怎么注意听课的学生。在观察基础上,你开始
17 感到奇怪:为什么人们在电梯里彼此不看对方?难道好学生真的更倾向于坐在教室的前排吗?

也许,别人的观察也会引起你的注意。例如,你可能读到一篇别人的研究报告(权威法),或者听到别人正在谈论他们看到的或注意到的事情。随时随地的观察都可能会引起你的注意并开始在脑中提出问题。

人们喜欢对实际的观察进行概括,这几乎成为人们的自动反应,它被叫作**归纳**(induction)或**归纳推理**(inductive reasoning)。简单地说,归纳推理就是在一些具体实例的基础上得出一般结论。举例来说,假设你尝一个青苹果,发现它是酸的,尝第二个青苹果,发现它也是酸的,尝第三个青苹果,发现它依然是酸的,很快你就会得出一般结论——所有的青苹果都是酸的。你可能注意到,归纳推理远远超越实际的观察。在这个例子中,你只品尝了三个青苹果,可你却得出关于这个世界上存在的数以百万计的其他青苹果的结论。

接下来,我们将观察和归纳结合在一起,来说明它在科学方法的第一阶段所能发挥的作用。假如进入十月后,连续三天都是昏暗、寒冷、沉闷的天气,而且你也感到有些压抑,你并没有什么严重的临床表现,只是你意识到夏天那些阳光明媚的日子已经结束,现在你要面对长达

数月的寒冷、阴暗的冬天。正当你整天闷闷不乐时,你开始想:别人也有同样的感觉吗?于是你开始观察你的朋友和同事。很快你就得到了一个结论:人们在冬天比在夏天显得更伤感和压抑。这个时候,你可能会去图书馆(不管是现实中的还是在线的)查阅人们关于冬天和抑郁都知道些什么。多数情况下,你会找到大量信息,包括理论、观点和实际的研究。已有的知识(权威法)可能会为你的问题提供答案,而且会让你对问题有了更深入的理解。但如果你还有问题,而且对这一问题更好奇,你可能就进入科学研究的下一个步骤了。

第二步:提出一个尝试性的答案或解释(假设)

这一步往往从找到一些其他的因子或变量开始,这些因子或变量与你要进行的观察密切
联系。比如,还有其他什么变量与冬天及抑郁有关呢?你是根据常识,还是根据图书馆或网络 18
查阅的背景文献找到这些变量的?

冬天与抑郁之间可以观察到的关系也许是诸如气候与健康这些变量之间的关系。比如,冬天常常寒冷、昏暗、沉闷,人们可能容易生病和罹患流感,进而导致抑郁。快速查阅文献(见第二章)显示,气候条件、季节变化与健康状况等可能与抑郁有关的变量均得到了研究。你会注意到,人们在冬天比夏天更抑郁,至少还有两种可能的解释:

健康:人们在冬天更容易生病和罹患流感,也许是疾病导致人们更抑郁。

天气:冬天更昏暗和沉闷,也许是天气变化导致人们更抑郁。

接下来,你必须选择其中一种解释,在科学研究中去验证。你可以选择你认为最合理或你感觉更有趣的那个解释。记住,其他的解释也不要放弃,可以在以后或下一项研究中验证。

这时,你就可以为观察提出**假设**(hypothesis)或可能的解释。注意,你的假设不是最后的结论,它只是一个假想的答案,还要经受检验和严格的评估。

第三步:利用假设产生一个可检验的预测

通常,这一步包括提出假设并将其应用到一个具体的、可观察的现实情境。例如,如果你假设冬天的抑郁是由昏暗的环境导致的,那么一个具体的假设就是:把大学宿舍楼第三层的灯光亮度调低,那么住在这层的学生的抑郁水平就会上升(或调高亮度,则抑郁水平应该下降)。
还可以预测:阳光越多的城市,抑郁患病率越低。比如,英国的菲尼克斯平均每年有 211 天是 19
晴天,其中 86%是有阳光的,而美国的西雅图平均每年有 71 天是晴天,其中 43%是有阳光的。根据假设可以预测,西雅图的抑郁患病率会高于菲尼克斯。

可见,一个假设可引出若干不同的预测,而每一个预测都指向可被观察或测量的具体情境或事件。图 1-2 显示了从最初的一般假设引出的两个预测。请注意,这里是使用逻辑产生预测,而这样的逻辑过程叫作**演绎**(deduction)或**演绎推理**(deduction reasoning)。我们从一般的(广泛的)陈述开始,作出一个具体的预测。具体地说,我们将假设看作是一个具有广泛性的前提陈述,然后确定逻辑结论或预测,而逻辑结论或预测必须是这个假设正确条件下的逻辑延伸。

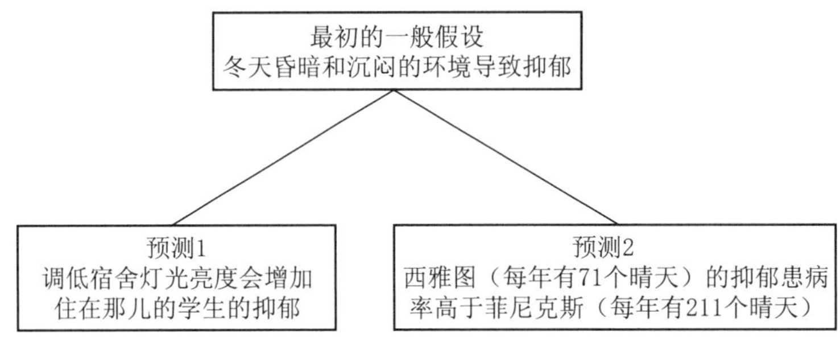

图 1-2　从一般假设引出的两个可检验的预测

归纳和演绎是相对的过程。归纳利用具体实例得出一般结论，而演绎利用一般结论得出
20 具体预测，这种关系可用图 1-3 来描述。

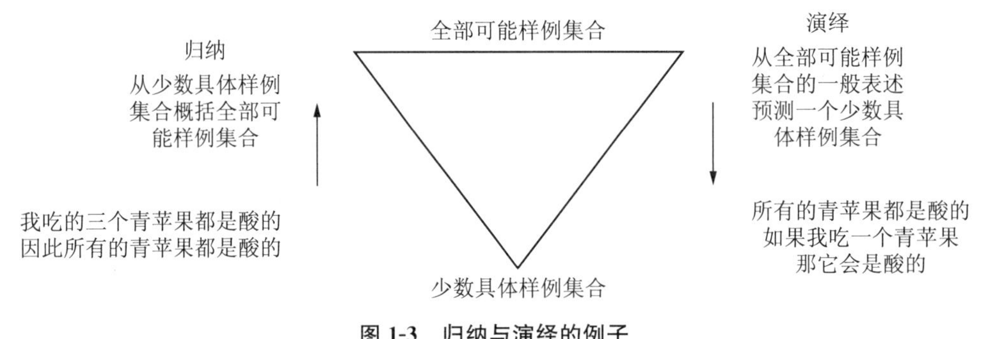

图 1-3　归纳与演绎的例子

还要注意，从一个假设产生的预测必须是可检验的。也就是说，预测必须是可以用直接观察来验证的，观察要么为假设提供支持，要么拒绝假设。一个真正的可检验的假设一定具有两种可能的结果。

第四步：通过系统和有计划的观察来评估预测

具体的、可检验的预测形成之后，下一步就是用直接观察（经验法）对预测进行评估，这是科学方法实际研究或资料收集阶段，其目的是通过观察评估预测准确与否，来为假设提供公正和无偏见的检验。研究者必须认真观察和准确记录所发生的一切，摆脱任何主观解释或个人期望。比如，研究者可以在一个楼层全部放置 100 瓦的灯管，而在其他楼层全部放置 60 瓦的灯管，6 周之后对学生进行抑郁测评并比较，以此来确定抑郁与环境照明之间的关系。注意，这里对假设的检验研究属于经验法。

第五步：利用观察支持、拒绝或重设原有假设

科学方法的最后步骤是将实际观察与根据假设得来的预测进行对照，看观察与预测在多
21 大程度上具有一致性。如果有一致性，可以说明观察支持原有假设，你可以考虑进一步提出新的预测并对之进行检验；如果缺少一致性，则说明原有假设是错误的，或者是原有假设的使用出错而导致了不合适的预测，在这种情况下，你可以考虑修正假设或者重新从假设导出预测。无论如何，你都应注意到，这时你等于又回到了第二步，即重新形成假设并准备作出新的预测。

假如，我们的研究发现灯光亮度高的楼层的学生抑郁患病率较低，这一结果就支持了原有假设且显示灯光亮度可能是解释冬天学生抑郁的一个因子。然而，如果结果还显示，在灯光亮度高的环境有学生患有抑郁，在灯光亮度低的环境也有学生并无抑郁，这就说明灯光亮度不是问题的全部解释。如果两组学生的抑郁程度没有差异，要么得出灯光亮度不影响抑郁的结论，要么得出两组照明条件差异较小，不足以带来学生抑郁程度的明显差异，或者实验持续的时间太短，不足以看到其带来的抑郁程度差异。在我们能够完全解释冬天人们更为抑郁的现象之前，还可以考虑其他因子，提出其他的假设，并对假设进行检验。

科学研究不断重复着同样的步骤：观察导致假设，假设导致更多的观察，更多的观察导致新的假设，如此循环不止。因此，科学研究不是一个从起点到终点的直线过程，而是一个循环的过程或螺旋上升的过程，不断获取知识，使知识状态达到更高水平（如图 1-4 所示）。

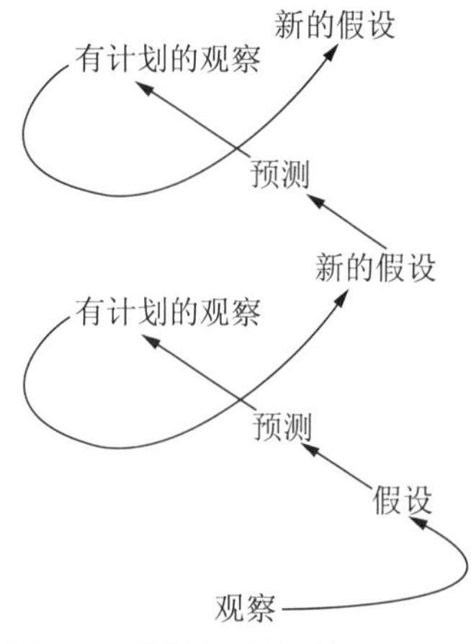

图 1-4　科学研究的过程

学习检测

1. 请说明归纳推理和演绎推理的不同。

2. 什么变量能影响你，让你觉得某人有或没有魅力？同样的变量，能否影响别人对你的魅力的判断？

3. 科学方法的五个步骤是什么？

二、科学方法的其他要素

除构成科学方法的五个步骤外，还存在三个控制科学研究的基本原则。科学方法的三个基本原则是：科学的经验性、科学的公开性和科学的客观性。

科学的经验性

如你所知，当我们说科学是经验性的，就是说问题答案可以通过观察得到。尽管预测性的答案或假设也许是通过其他方式得到的，但科学要求经验证实。从一般意义上来说，某个答案 22
可能是“显而易见”的常识，而且也可能完全符合逻辑，这个领域的专家也都支持它，但在只要它还没有得到经验证实，它就不是科学的。

然而，与前文考察的经验法不同，科学方法包括结构性的或系统性的观察。观察的结构是由研究中使用的程序和技术决定的。更具体地说，观察的目的是为假设提供经验证据，因此观察是结构性的，以便它能够为假设提供明确的支持，或提供明确的反驳。现在考虑下面这个问题：大剂量的维生素 C 能预防流行性感冒吗？

要回答这个问题，只询问人们是否定期服用维生素 C，在某一季度患过多少次感冒是不够的，这样的观察不是结构性的，无论得到什么样的结果，都不能为问题提供答案。特别是，我们没有试图确定个体服用维生素C的剂量水平，也没有试图查验那些报告的疾病是否真是普通
23 感冒，而不是某种流行性感冒、肺炎或其他疾病，更没有试图考虑被调查者的年龄、总体健康状况和生活方式(也许服用维生素C的那些人一般更倾向于健康的生活方式)。我们也没有试图减少人们关于维生素C和感冒的信念对其回答可能带来的偏差，我们没有去将那些每天都服用一定剂量维生素C的人与那些服用假冒药丸(安慰剂)的人进行比较。不需要再列出更多，你已经有了自己的认识。

在科学方法中，观察是系统的，它要在一系列特定条件下完成，以便能够准确回答我们正致力于解决的问题。就是说，在整个研究中，观察必须是结构性的，这样才能检验我们关于这个世界运作方式的假设。如果你想知道维生素C是否能预防感冒，有一种方式可以使你的观察具有结构性，从而得到问题的答案。本书的许多部分都会讨论到这种方式，以及如何控制结构化研究以得到具有说服力的可能的解释。

科学的公开性

科学方法是公开的。在此，我们的意思是说科学方法使得观察可以得到其他人，特别是其他科学家的评估。在特定情况下，其他人应该能够按部就班地重复同样的观察过程，亲自重复这一观察。**重复**(replication)，或者叫观察的重复，可以对结果进行核实。请注意，只有公开的观察才能够被重复，因此也只有公开的观察才是可核实的。

科学共同体通过将研究报告发表在专业杂志上而使观察公开化，这一行动是非常重要的，因为任何私密的事件是无法被别人重复或评估的。大部分杂志上发表的研究报告都已经得到研究者同行(同一领域的其他科学家)的评估，这是为了保证其研究方法的严密性与适合度，保证研究中不存在明显缺陷。研究报告必须符合各种标准才能被发表。当你阅读杂志上的文章时，有一件事情你要注意，那就是对研究方法描述的详细程度。一般，研究报告都有一个独立的“方法”部分，它会很详细地描述研究的是哪一类人或动物(研究被试)，用到的仪器和设备，以及所做的测量等。方法的详细程度应足以使任何人都能准确地重复该研究，以便对结果进行核实。重复和核实的理念是重要的，它们为研究提供检查和平衡机制。

就如我们将看到的，由于误差或偶然因素，存在多种导致错误结论的因素。有时，研究者故意伪造或歪曲研究结果而犯欺诈性错误。作为科学家，我们仔细审察和评估研究报告，对研究结果持一种怀疑的态度直到更多的研究证实这些发现，这是非常重要的。通过重复研究和使之接受同行专家的审阅，我们有了重要的检查和平衡机制以防止错误。

24 **科学的客观性**

科学方法是客观的，也就是说观察具有结构性，它可以防止研究者的个人偏见和错误信念影响研究结果。科学一直被称为“不动声色地搜索知识”，意思是说研究者不让个人感情污染观察。研究中容易出现什么样的个人偏见或信念呢？通常，个人偏见来自特定的理论，研究者也许会试图寻找支持他/她自己理论的证据。因为研究者一般都是在检验一个理论，他/她就

会对研究结果有一种期待。在有些情况下，期待会微妙地影响到研究结果。

减少实验者偏差发生可能性的一种方法是：不将更多的研究细节告诉进行实验观察的人，在这种情况下，我们有时说研究者对研究细节是“盲”的。以后，我们再对此进行详细讨论（见第四章）。

三、科学和伪科学

现在已经很清楚了，科学是要用严谨和开放的系统方法解答问题，尽可能提供准确和完整的答案。我们强调，科学是建立在严谨、系统而客观的观察基础上的，这是其区别于伪科学的基本特征。伪科学往往以科学的形式呈现，有系统的思想，但在本质上缺乏科学研究的关键要素。像香薰疗法、星座说等都是伪科学的例子，得不到经验证据的支持。当今社会，公众中存在大量伪科学——有些自助书籍和电视谈话节目中的心理导师传播着一些稀奇古怪的理论体系，帮助你解决亲密关系问题，消除你的抑郁或帮助你把患有自闭症的孩子带入正常生活。

尽管还没有被广泛接受的伪科学的定义，但科学和伪科学之间有一系列不同的特征（Herbertet al.，2000；Lilienfeld，Lynn，& Lohr，2004）。下面介绍其中四方面重要差异。

首先，科学和伪科学的基本区别在于是否建立在可检验和可拒绝的假设之上。具体地说，一个理论只有在详细说明可以如何被拒绝时，它才是科学的。就是说，理论必须能够准确地描述什么样的观察发现可以证明它是错误的。如果一项研究结果不支持某一理论，那么，要么放弃这一理论，要么修正理论，使之能容纳新的事实材料。但是，不管哪种情况下，否定性结果都是值得感谢和接受的。相反，伪科学对于否定性结果最典型的反应是完全忽视它的存在，要么视而不见，要么极力辩解。比如，如果研究证实，一种治疗方法无效，那么治疗的支持者常常会声
称这是由于对治疗缺乏信任或治疗师技术不到位造成的——这种疗法是好的，只是没有用好。 25

其次，科学需要收集所有可以收集到的证据来进行客观和无偏见的评估。除非一种处理总是能成功，而且这种成功又不能用其他额外因子解释，否则它都不能被看成是有效的。但伪科学相反，它倾向于依赖诸如表扬信、成功的轶事等主观证据。伪科学还喜欢选择关注成功案例而忽略失败案例。在临床实践中，几乎任何治疗方法都会有偶然成功的时候，但是只选择成功案例进行报道，并不能为一种治疗方法有效提供有说服力的证据。

再次，科学主动地检验和挑战自己的理论，而且在有新的证据出现时修正理论，使得科学理论不断得到优化。相反，伪科学倾向于忽视那些不支持的证据，把批评当作是人身攻击，结果伪科学理论是停滞的，年复一年地保持不变。

最后，科学理论以过去的科学为基础。一个用于训练自闭症儿童沟通技巧的科学系统，建立在学习理论基础上，而且使用的原理有坚实的经验基础。伪科学喜欢创立全新的理论和技术，与以往建立的理论和经验证据不发生任何联系。此类理论的支持者常常发展出他们自己的含糊其辞的所谓科学行话，或描述其与科学的联系，试图将其合法化，但实际上无任何实质性的内容。比如香薰疗法有时依靠这样的解释：气味激活味觉神经，再刺激边缘系统，释放内

啡肽和神经递质，这样，气味就会影响你的心灵和情绪。类似的表达在临床上常被用来解释各种临床功效，比如观看彩色灯的功效、听网球弹跳声的功效等。

学习检测

1. 我们说科学是经验的、公开的、客观的，这是什么意思？为什么说这里的每一条都很重要？

2. 科学与伪科学有什么不同？

第四节 研究过程

计划和实施一项研究的过程就是使用科学方法解决特定问题的过程，在这一过程中，研究者要从一般设想推进到实际的数据收集及结果的解释。沿着这一路线如何实施研究，研究者要作出一系列的决定。在这一部分中，我们概括性地描绘研究过程的基本步骤或决策要点，这一完整的系列步骤如图 1-5 所示。阅读这一部分，你会对科学方法及其如何应用有一个更好
27 的理解，也会对本书后续各章的主题有一个总体把握。最后还会提请注意，尽管在这个过程中的每一阶段都需要决定该做什么，但决定本身不存在绝对的正确或绝对的错误，你所作出的每一次选择都具有优缺点。本书后续各章的大部分材料都是集中讨论你在研究中需要作出的各种选择，并考察各种选择的优缺点。

第一步：寻找研究设想：选主题，查文献，发现待解答的问题

研究过程的第一步是寻找研究设想，我们将在第二章中详细讨论。这一任务一般包括两个部分：

1. 选择一个总的主题领域（诸如人类发展、知觉、社会交往，等等）。
2. 对该领域中的文献进行回顾性分析以便为研究找到一个新的设想。

比如，你也许打算研究肥胖症，想考察导致吃得过量的各种变量。研究设想可以有各种不同的来源，包括日常生活经验、书籍、杂志上的文章或课堂作业。不过，研究者要真正对所选择的主题领域感兴趣，这一点非常重要。研究过程是一项长期的、要求很高的过程，如果没有潜在的兴趣来支撑研究动机，研究者就很容易变得厌倦而可能中途放弃。

请记住，总的研究设想还只是一个起点，还要将其引申到一个非常具体的研究问题。你要在通读了相关领域的研究文献，知道了其他研究者已有发现之后才能提出你的研究问题或研究假设。最初的研究设想可以指引你查阅文献并帮助你确定哪些研究对你来说是重要的，哪些研究与你的兴趣无关，最后你对该领域中当前的知识状态非常熟悉，也能够确定哪些问题是尚未被研究的。到了这个阶段，你就可以确认你自己的研究问题。在第二章中，我们将讨论为寻找研究设想而要完成的文献检索任务。

当你熟悉了某一个研究领域,你就会知道其中正被研究的各种变量,也会去思考这些变量彼此是如何相互联系的。这时,你应该会找到一个待解的研究问题。

有时,发现一个待解的研究问题是很容易的。已发表的研究报告常常会提出对未来研究的建议,或者作者指出其正在报告的这项研究的不足之处。这些作者会欢迎你接受他的建议开展后续研究或以你的研究去弥补其研究的不足。不过,待解的研究问题多是通过批判性阅读发现的。阅读研究报告时,你可以自己问自己:这项研究为什么采用这种方法?也许研究者怀疑家庭收入会影响实验结果,如果这项研究只使用来自中产阶级家庭的被试会怎么样?还可以问,如果这项研究的一些特征发生改变,会怎么样呢?比如,一项研究考察人们在饭店里 28
的吃饭行为,那么它的结果也适用于在家里吃饭的情形吗?

有时,研究问题只需要对单个或多个变量进行描述,如研究者对大学生的睡眠习惯感兴趣,他们每天一般要睡多长时间,几点起床?当然,更常见的研究问题是对两个或更多个变量的关系感兴趣,比如研究者想知道食物的大小和进食量是否存在相关,即把供应的食物切的大一些,会导致进食量增加吗? 26

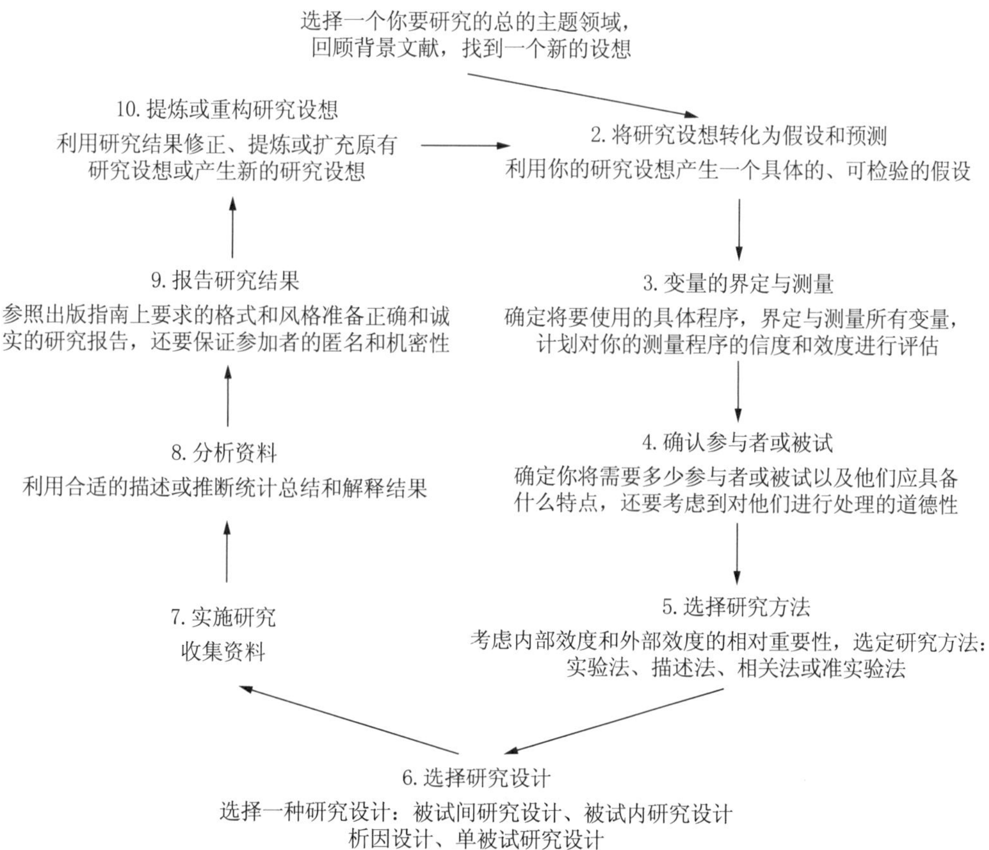

图 1-5 研究过程

第二步:将研究设想转化为假设和预测

如果待解的研究问题只需要描述一个或多个变量,你可以略过这步,直接跳到第三步。然而,如果待解的研究问题是关于变量之间的关系的,那么下一个任务就是形成假设或对问题作尝试性回答。比如,如果待解的研究问题是食物块更大会不会导致进食量增加,那么你可以这样来写假设:提供的食物块更大会导致进食量增加。

当你选择一种答案作为你的假设时,你应该选择更可能是正确的答案。要知道,研究就是为了验证你的答案或假设是否正确。一个假设正确的可能性是基于先前的研究,如果相似的研究已经证实某一变量是重要的,那么在你的研究中该变量也很可能是重要的。你也可以合理地提出一个推论来支持你的假设。如果你能合乎逻辑地提出一个推论,那么这个推论很可能是成立。

因为在提出假设时,需要识别具体的变量以及变量之间的关系,因此假设就构成了研究的基础。开展一项研究,就是要给假设提供一项实证检验,其结果要么证实假设,要么推翻假设。尽管你还需要对研究的细节做更多描述,但假设的表述往往为研究奠定了基本框架。因此,提出一个好的假设是很重要的,而一个好的假设往往需要具备以下四方面的特征。

逻辑

一个好的假设是建立在已有理论基础之上或是从前人研究的结果发展而来,特别是,一个好的假设应该是一个逻辑推论的结论。请看下面的这个例子:

前提1:学业成功就会在社会中被其他人(至少被父母和老师)高看或尊敬。

前提2:被其他人高看或尊敬会导致高水平的自我概念。

29 **结论或假设:**高水平的自我概念与高水平的学业成功密切相关。

在这个推论中,我们假定两个前提陈述是事实,或者是研究报告中已经报道的,或者是已经被证实的研究结果。一般来说,这样的事实可以从广泛的文献研究中得到。文献研究可以使你熟悉已经存在的相关知识——熟悉其他研究者做了什么,发现了什么。通过了解那些构成一个具体主题领域知识基础的基本事实、理论、预测和方法,你就会形成一个关于要研究的变量及其关系的清晰图景。逻辑推导可以为你的研究假设提供一种理论基础或理由,并在你的研究与他人已有的研究结果之间建立起联系。

可检验的假设

除了要符合逻辑以外,一个好的假设必须是**可检验的假设**(testable hypothesis),就是说,必须有可能使观察要么支持这个假设,要么拒绝这个假设。在特定情境中,假设必须包含真实的情境、真实的事件、真实的人,如果一个假设涉及想象的事件或虚假的情境,你就无法对之进行检验。例如,如果未来25年,来自太阳的热量逐渐增加,会有什么事情发生?如果JFK①没有被暗杀,那会发生什么事?然而,这两个命题都不能导出可检验的假设,这两个命题不能被

---

① JFK是约翰·菲茨杰拉德·肯尼迪(John Fitzgerald Kennedy, 1917—1963)的简称,他是美国第35任总统(1961—1963),在其总统任期内的1963年11月22日在得克萨斯州被暗杀身亡。——译者注

观察，因此作为科学假设就不适当了。

可拒绝的假设

可检验的假设的一个特征是，它必须是**可拒绝的假设**（refutable hypothesis），就是说，研究得到的结果也有可能与假设相反。例如，如果假设声称某种疗法可以提高学习成绩，那么数据一定可以证明成绩没有增加。可拒绝的假设，常常被称为可证伪假设，是研究过程的关键要素。请记住，科学方法需要一种客观和公开的证明。一个不可拒绝的假设，就是一个不能被证明为假的假设，它对于科学研究来说是不适当的。例如，有人偶尔会声称他有魔法或神奇的魔力，不过他常常还要为这一魔力附加一个条件：只有那些“真正相信者”才能看到这种魔力。当这种魔力在科学家审视的注视下不能发生的时候，这些人只需要说这些科学家是“心不诚”者。这样，你就不可能证明这一假设是错误的，因此你也不能拒绝它。

考虑下列假设，看哪些是不可检验或不可拒绝的假设： 30

假设1：一个人干过的坏事越多，他/她进入天堂的可能性就越小。

假设2：如果狗会说话，那么它们将花费大量时间去回忆每天生活里闻过的东西。

假设3：如果人会飞，抑郁患者就会很少。

假设4：人脑发出的思维波会影响其他人，但却不能以任何方式进行测量和记录。

尽管你发现这些假设是有趣的，但你却无法对其进行检验，无法证明其正误，因此不适合科学研究。总之，涉及道德或宗教问题、价值判断问题或虚假情境的假设都是不可检验或不可拒绝的假设，但这不等于说宗教、道德或人类价值被限制在科学研究之外。例如，你可以比较有宗教信仰的人和无宗教信仰的人的人格特征或家庭背景。如果谨慎地提出可检验的和可拒绝的假设，几乎任何主题都可以进行科学研究。

肯定性

可检验的假设的另一个特征是，它必须对某一事物的存在作出一个肯定性的陈述，通常涉及存在关系、存在差异或存在处理效应。看下列例子：

假设1：对高中生来说，智力与创造性之间存在关系。

假设2：3岁女孩与3岁男孩的口语技能存在差异。

假设3：这种新的治疗技术对抑郁有显著疗效。

相反，否认存在关系的假设是无法检验的。下列是一些无法检验的假设的例子：

假设4：成人的年龄和记忆力之间没有关系。

假设5：女性与男性使用的问题解决策略没有差异。

假设6：新的训练程序对学生的自我概念没有影响。

要求一个可检验的假设必须以肯定性陈述证明其存在，这是由用来检验假设的科学研究过程决定的。具体地说，科学研究的本质是假定某种事物不存在，除非你有充分的证据证 31
明它的确存在。举例来说，我们想检验智力与创造性之间存在关系的假设。在这一例子中，我们研究的目标是收集足够的证据（资料）来令人信服地证明这种关系的存在，你可以把这一过程看作是与陪审团审判一样的体制：在提供充足的证据证明被告的罪行之前，陪审团假定被告是清白的。在没有获取可信的证据的时候，使用这一体制就会出现一个关键问题，如果起诉方不能提供充足的证据，那么判决就是“无罪”。请注意，这里不是说被告真的无罪，只是还没有充足的证据证明他/她有罪。类似的，研究失败只是意味着我们还没有找到充足的证据。

因此，建立研究过程就是为了检验存在处理效应、关系和差异性的假设，而不是为了检验否认存在关系的假设。比方说，假设我们从智力和创造性之间没有关系的假设出发(请注意：这一假设是否认存在关系的，因此是不可检验的)，如果我们在研究中不能发现这种关系，那么我们是不是就证明了假设呢？应该说，很清楚，我们没有证明任何事情，我们只是没有找到任何证据，我们不能得出这种事物不存在仅仅是由于我们无法发现它的结论。因此，研究无法检验否认存在关系的假设，否认存在关系的假设也不能成为一项研究的良好基础。

学习检测

1. 请回答，下面这个假设是可检验、可拒绝和肯定性的吗？请给出你的解释。

假设：定期参加宗教活动的夫妇的婚姻关系比不定期参加宗教活动的夫妇更稳定。

第二步的第二部分一般就是用你的假设对研究中可能会发生什么作出具体的预测，这些预测也是对参加研究个体的一般描述，它应该有明确的变量，而且会描述期望的结果。比如，关于食物大小与进食量的关系的假设，有两个可能的预测：

对于同一个大学生样本，在前后两个周五的晚上，为他们提供的食物切块大小不同，则平均来看，食物切块更大的时候，大学生的进食量比食物切块更小的时候多。

对于两个小学生样本，为他们提供切块大小不同的食物，则收到的食物切块越大的小学生吃得越多。

32 需要说明的是，每一个预测都只是为具体观察情境提供一个假设。创设这样的情境并对其中的被试进行观察，构成了一项验证假设的研究。研究过程的其余步骤就是填充研究的细节，解释和呈现研究的结果。

第三步：变量的界定与测量

要对研究结果作出具体的预测，你必须决定如何界定与测量你的变量。例如，假如你假设观看电视上的暴力镜头与学前儿童攻击行为有直接关系，那么你的这一假设可以预测：观看电视上的暴力镜头导致更多的攻击行为。假如你决定以一组学前儿童为被试检验这个假设，那么你的假设预测：那些观看电视上的暴力镜头更多的儿童比那些观看电视上的暴力镜头少的儿童具有更多的攻击行为。不过，在我们对这一预测进行评估之前，我们需要决定如何准确地区分电视上的暴力镜头的多和少，以及攻击行为的多和少。特别是，我们必须决定，如何准确地界定与测量电视上的暴力镜头和如何准确地界定与测量攻击行为。这些在假设中确定的变量必须按照某种方式进行定义，以便有可能在某种形式的观察中对其进行测量。这些决定通常是在对以前研究文献进行综述之后，在明确了其他研究者是如何定义与测量这些变量之后才作出的。

通过对变量进行定义，就可对其进行观察和测量，我们将研究假设（在研究过程的第二步得到的）转换成一个具体的、良好的，可以通过经验观察进行检验的预测。需要注意的是，在我们通过实际的观察评估研究假设前，这一步是必须的。这里的一个关键思想是，研究假设是一种在经验上可检验的假设形式。

需要注意的是，如何准确地确定变量的定义和测量方法常常依赖于被测量的研究对象。例如，测量一组学前儿童的攻击行为与测量一组成年人的攻击行为，当然是非常不同的。我们将在第四章中讨论变量的界定与测量。

第四步：确定参与者或被试

为了对研究假设进行科学评估，我们可以先根据研究假设提出一个可以经观察或评估来检验的具体预测。在设计研究时，你要确定由哪些个体参加研究。参加研究的人叫作**参与者**（participant），参加研究的非人类个体则叫作**被试**（subject）。① 研究者有责任考虑被试的安全和健康，而且要将研究的有关方面告知被试，特别是其中可能存在的风险，有关对待被试的伦理性问题将放在第三章讨论。

此外，你必须确定是否对被试的特征附加限制条件。例如，你也许决定使用学前儿童，或者你对被试加上了更多限制，只使用那些来自中产阶层双亲家庭被诊断为有学习障碍的 4 岁
男孩。你还必须决定要有多少被试参加研究，计划在哪里以及如何征募被试。我们将在第五 33
章中讨论选择被试的不同方法。

你应该注意到，在完成了第三步和第四步后，你已经创设了一项可用于评估第二步所作预测的研究，它其实也是对第二步所作假设的检验。具体地说，你已经确定了那些需要界定与测量的变量，以及对哪些人进行观察和测量。通常，针对不同的个案组，要采用不同的方式对变量进行界定与测量，因此针对同一个基本假设，可以创立多项不同的研究。下面这两个具体的研究设想就是为了检验同一个基本假设的。

基本假设：糖摄入量与活动水平有关。糖摄入量高会导致活动水平升高，糖摄入量低则导致活动水平下降。

研究 1：如果给学前儿童提供高糖早餐，那么在 30 分钟的观察时段内，他们比低糖早餐儿童表现出更高的活动水平。

研究 2：如果在学校午餐中给青少年配送了苏打水，那么他们比那些午餐中只配送清水的青少年更具有活力。活动测量是通过下午给每个学生带上计步器来完成的。

需要提请注意的是，这些可能的研究都需要包括一个可被观察的事件，即通过创设实际的观察，一项研究就可以对基本假设进行检验了。

---

① 在国内外同类教科书和学术期刊上，大都不对人类被试和非人类被试的用词作严格区分，往往因研究者的习惯而选用参与者（participant）或被试（subject）。我们拟在后文中笼统地将 participant 和 subject 都翻译为“被试”。——译者注

第五步:选择研究方法

选择一种研究方法就是决定你要采取的,用来评估假设的一般方法,第六章将对一般研究方法进行介绍,在第七章、第八章、第九章和第十二章将对一般研究方法进行讨论。研究方法的选择通常是由两个方面的因素决定的:

1. 研究问题的类型。例如,考虑下面两个研究问题:

吃糖和学前儿童的活动水平之间有相关吗?

增加学前儿童糖摄入量是否会导致他们活动水平增加?

34 初一看,这两个问题似乎是相同的。然而,就研究而言,它们是非常不同的。它们需要不同的研究方法,可能会得到不同的答案。考虑下面两个问题:

对40岁的男人来说,智力与收入有关吗?

增加40岁男人的收入会提高他们的智力分数吗?

在这个例子中,你应该可以清楚看出,两个问题实际上是不同的,而且可能会得出不同的结论。

2. 伦理与其他约束。我们将在第三章讨论伦理方面的考虑,而其他方面的因素如设备的可得性会制约你在实验室里能做什么或不能做什么。这些因素常常迫使你选择某一种研究方法而不是另一种研究方法。

第六步:选择研究设计

选择一种研究设计,需要你决定在研究中使用的具体方法和程序。要解决的问题是:你研究的问题是要求你详细地考察特定的个体,还是要通过考察一组的平均行为水平来找到更好的问题答案;你是让一组被试在一系列不同条件下接受观测,还是让不同组的被试分别在不同条件下接受观测;你是在一定的时间周期对相同的个体进行一系列的观察,还是要在同样的时间周期对不同个体的行为进行比较?回答这类问题可以帮助你确定研究中要使用的具体研究设计。不同的研究设计以及它们各自的优缺点,将在第十章、第十一章、第十二章、第十三章和第十五章中讨论。

第七步:实施研究

最后,你就可以准备收集资料了。但是,这时你还必须决定这一研究是在实验室里进行,还是在现场进行(在真实世界中进行)?你是分别对单个个体进行观察,还是以小组的形式进行观察?另外,你必须应用先前所作出的决策,对研究工作中的各个方面进行操纵、观察、测量、控制和记录。

第八步:分析资料

一旦资料收集完成,你就必须使用各种统计方法对资料进行分析和评估。这一步需要作图、计算平均数或相关，并使用推断统计将从具体被试得来的结果推广到一般总体。统计方法可查阅第十四章。

第九步：报告研究结果

将观察和研究结果公开，这是科学研究的一个重要方面，这一点在相当程度上是通过撰写研究报告来完成的。研究报告要描述研究中做了什么、发现了什么以及如何解释这些发现。 35
在第十六章中论述了研究报告的标准格式和写作程序。要报告研究结果有两个理由：(1)这些研究结果是其他人回答问题或产生新的研究设想的知识基础的组成部分；(2)研究程序公开，其他研究者可以重复或核查。

第十步：提炼或重构研究设想

大部分研究引出的问题比它们能回答的问题还多。如果你的研究结果支持原有的假设，这并不意味着你找到了最后的答案，相反，你研究中得到的新信息只是意味着你有可能将原来的问题引申到新的领域或更精细的研究中。一般来说，支持假设的研究结果可通过下述两条路线引出新问题：

1. 对研究结果的边界进行检验。假如你的研究证实了小学生高水平的学业成绩与高水平的自我概念有显著相关，那么在中学生中也能发现这样的结果吗？也许这些中学生不太在意来自父母和老师的赞扬，而更在意来自同学的尊敬，或他们不看重学业成功，在这些情形下，你就不一定还会预期中学生的学业成绩与自我概念相关联。你也许会改而调查自我概念与学业以外的成功的关系，如他们在运动场上的成功与自我概念有关吗？这种研究的目标是为了确定你的研究结果能否扩展到其他区域，即你的研究结果具有多大的普适性？

2. 提炼原来的研究问题。如果你的研究结果显示学业成绩与自我概念有关系，那么接下来的问题就是“这种关系是什么引起的？”就是说，高水平的学业成绩转化为高水平的自我概念所依赖的机制是什么？原来的问题是“这个关系存在吗”，现在的问题是“这个关系为什么存在”。

不支持研究假设的研究结果也可以引出新的问题。对否定性结果(不支持研究假设的研究结果)的一种解释是研究假设的前提之一不正确。例如，我们假设学业成功被看重或尊敬也许是错误的。那么你的新的研究问题也许是：“学业成功对于父母、老师或小学生来说有多重要？”

请注意研究不是从起点到终点的直线性过程，而是一个不断地回到起点的螺旋或循环的过程，是永无终点的提出问题、收集证据的过程，而且提出新的问题也是一般科学方法的组成部分，它没有最后的答案。例如，我们看进化论，经过多年的收集证据后，进化只是被叫作一种“理论”。无论获得多少支持的证据，研究问题的答案始终是公开地迎接挑战，而且最终可能被推翻或反驳。

36 本章小结

大部分学生是由于学校要求才参加研究方法课程的。不过，现在我希望你能明白，学习研究方法是有用的。比方说，也许在将来的某个时候，你就要进行一项研究。另外，学习研究方法有助于你理解和评估杂志上的论文和研究描述。再则，每天有那么多的研究发现汹涌而至，你要有能力对那些可能影响到你的生活的发现作出更理智的选择。最后，科学家的思维方式在任何时候和任何地点都是有用的。

尽管本书专门讨论科学方法，但也有一些解答疑难问题的其他方法。权威法、直觉法、经验法和推理法都是获取知识的不同的方法，它们有各自的优缺点。科学方法将各种方法结合起来以便更有效地解答疑难问题。科学方法是经验性的、公开的和客观的。

科学方法由五个步骤组成：(1)观察行为或其他现象；(2)提出一个尝试性的答案或解释（假设）；(3)利用假设产生一个可检验的预测；(4)通过系统和有计划的观察来评估预测；(5)利用观察支持、拒绝或重设原有假设。

研究过程是将科学方法应用于解答特定问题的过程，它包括十个步骤，这为本书后续各章提供了一个框架。

关键词

研究方法　　推论　　实验者偏差
惯常法　　权威法　　直觉法
推理法或理性论　　经验法　　假设
变量　　科学方法　　可检验的假设
归纳或归纳推理　　可拒绝的假设　　被试
前提陈述　　演绎或演绎推理　　参与者
重复　　伪科学　　获取知识的方法

练习题

1. 除关键词外，还应了解以下术语的定义：重复、伪科学。

2. 从一个方面来说明理解研究方法对你的生活将是有益的，要具体些。

37 3. 假设你阅读了一篇关于一起谋杀案的报道，想更多地了解谋杀的原因，你到图书馆查阅一本由该领域的一位专家撰写的书。这是运用了哪一种获取知识的方法?

4. 查阅当前的报纸或杂志,找出一篇描述研究结果的论文,根据这篇论文总结它的研究发现。然后回答:你有没有理由怀疑这篇论文提供的信息的准确性?

5. 悲观主义者一般会说,如果你涂了黄油的面包片掉了,那么落地的可能是涂了黄油的一面。对于这种说法,你要使用哪种获取知识的方法(权威法、直觉法、经验法)来进行评估?简单说明你会如何做。

6. 一家欧洲的汽车公司声称,与其他制造商生产的汽车相比,他们生产的汽车提供了更多的保护,以防止尾部冲撞。你要使用哪种获取知识的方法(权威法、直觉法、经验法)来进行评估? 简单说明你会如何做。

7. 描述你或你认识的某人使用直觉法解答问题的一个情境。

8. 请举一个归纳或归纳推理的例子。在归纳推理中,如果前提或起始观察是真的,就能够保证结论是真的吗? 解释为什么能或不能。

9. 请举一个演绎或演绎推理的例子。在演绎推理中,如果前提或起始观察是真的,就能够保证结论是真的吗? 请解释为什么能或不能。

10. 辨析本章介绍的六种获取知识的方法,并说明它们各自的局限性。

11. 确定下面四种假设是否是可检验的和可拒绝的,如果不是,解释原因:

a. 三音节词的词表比单音节词的词表更难记。

b. 红色在男性看来和在女性看来是不同的。

c. 那些自称被外国人绑架的人的偏执症患病率高于一般人。

d. 如果在今后的 5 万年中,重力加倍,那将会出现能承受更大重力的大型动植物的进化趋势。

训练活动

1. 科学方法可以被描绘成一个由多步骤构成的环或逐渐上升的螺旋,它从一个初始观察开始,到一个假设,再到一个新的观察和新的假设。考虑下列每个观察活动:

a. 提出一个假设,使之能解释某种可观察的行为。注意,你的假设不一定要那么详实、复杂,也不一定是科学理论,只需要确定一个能够解释可观察行为中的某些差异性的变量即可。例如,我观察到有些人整个冬天从不生病,而另外一些人整个冬天不断感冒或感染流感。于是就可以假设:人在冬天里的健康差异是由其是否感染流感细菌决定的。

b. 简单说明,你的假设如何用实证方法来检验。具体地说,根据你的假设去预测,要进行一项系统的有计划的观察,你会看到什么。再强调一下,你不是要提出一个复杂的实验,只是简单描述一下,如果你的假设是对的,你会发现什么。比如,在冬季结束时,我将得到一个有
100 个人的样本的数据,记录下了每个人:(1)在整个冬天里,患感冒或流感的周数;(2)他们是 38

否感染了流感细菌。如果你的假设是对的，那么在感染流感细菌的人群中，患病人数会多一些。

观察1：有一些学生一直坐在教室的前部，而另一些学生总坐在教室后部。

观察2：在一个学习课程中，给每个学生提供一只实验猫，让他们进行训练。有一些学生在实验中感到很舒服，而另一些学生则感到很不舒服。

观察3：有一些学生会试图把他们的课程安排在一天中较早的时候，而另一些学生则尽可能避开较早的课程。

2. 从自助课本中选择一个理论，考察一下它是得到科学支持的理论，还是属于伪科学的理论。

3. 第一章介绍了各种获取知识的方法，包括权威法、推理法、经验法等。请为下列每一个问题选择一种获取知识的方法，并说明如何使用这种方法来解决这一问题。

a. 在你的班级里，挑选一个学生(不是你自己)。他或她多大年纪？

b. 亨利·土鲁斯-劳特累克(Henri Toulouse-Lautrec)是画家、音乐家，还是足球运动员？

c. 纽约布法罗市的年平均降雪量是多少？

d. 当地一家音乐商店即将倒闭，正在以9.99美元的价格兜售光盘。如果你有42.05美元，你能买多少个光盘(假定不考虑税金)？

e. 罗马皇帝尼禄有几个手臂？

f. 你的任课教师是男还是女？

g. 汤米身高94厘米，但是在当地一家游乐场，要想玩过山车，身高至少要达到102厘米。汤米能玩过山车吗？

网络资源

访问本书的网站 www.cengage.com/international 可获取学习工具，包括术语表、抽认卡和网络测试。你也会看到一个链接，点击后会进入统计和研究方法工作坊。对于本章，建议你查看以下工作坊：科学是什么？

第二章 39

寻找研究设想

本章概览

本章讨论研究过程最初的两步：第一步，寻找研究设想（选主题，查文献，发现待解答的问题）；第二步，将研究设想转化为假设和预测。如何开启我们的研究呢？首先介绍一般性的指导意见，讨论研究设想的来源和寻找研究主题时应规避的容易发生的错误。然后分析如何查找相关主题的背景文献，以及文献检索的重要性，指导如何借助背景文献找到新的研究问题，并将其转化成具体假设。最后讨论阅读和理解研究报告的任务。

- ◆ 引论
- ◆ 选择主题领域
- ◆ 搜索和使用背景文献
- ◆ 实施文献检索
- ◆ 寻找研究设想并将其转化为假设
- ◆ 阅读和理解研究报告

第一节　引论 40

寻找研究设想是研究过程的第一步，但对许多学生来说，这一步似乎很可怕。怎样才能获得好的研究设想？如何开启你的研究呢？它不需要你过去做过研究选题类的事情，也不需要你有特殊的基因和特别的努力。每年都有成千上万的人开始自己的第一次研究。下面一些建议可能会使你的研究起步更容易一些。

一、选择一个感兴趣的领域

提出和开展一项研究，是需要耗费心神的工作，肯定也需要花费时间。选择感兴趣的研究领域有助于保持积极性，减少倦怠感，也更有可能找到愿意毕生从事的研究课题。确定一个感兴趣的研究领域有多种方法可用。以下就是几个可考虑的选题角度：

- 一个特定的总体或群体，如学前儿童、猫、单亲家庭、祖母、警察。
- 一种特殊的行为，如语言发展、青少年早恋、数学焦虑、诚实、饮食过量、颜色偏好。

● 一个总的主题，如工作压力、儿童虐待、老龄化、人格、学习、动机。

这里的关键在于你确实想更多地了解这个领域。在准备、计划和进行一项研究时，你会获取许多信息和答案。如果这一研究任务对你来说是重要的，那么收集和使用这些信息就会非常有趣和令人激动，否则，你的研究热情将很快消退。

二、准备工作

很多人以为，研究就是在实验室里收集数据。实际上，这只是整个研究过程的一小部分。在收集数据还没有开始之前，你必须花费大量时间进行前期准备。确定了研究主题，接下来最基础的工作就是收集背景信息。这一步需要阅读大量的书籍和期刊论文，这使你对该主题更熟悉：哪些是已知的，哪些是已经研究过的，还存在哪些未解答的问题等。无论你选择什么样的主题，你很快就会发现：不计其数的书籍或期刊论文都包含相关的背景信息。虽然大量的出版物好像要把人压垮，但也不必担心。这里需要记住以下两点。

1. 你不需要知道关于一个主题的所有方面，而且在开始研究之前，你也肯定不需要阅读有关这个主题的所有材料。阅读足够的材料以获得对该领域最新知识的可靠把握，这一点是比较容易做到的。本章后续的一些部分会提供文献检索的建议(本章第四节)。

41 2. 阅读背景资料，主要的目的就是寻找一个聚焦点清晰的研究设想。例如，阅读一本发展心理学的书籍时，关于社会发展的一章吸引了你。在这一章中，你的兴趣指向了关于游戏与同伴关系的那一节内容。而在这一节里，关于兄弟姐妹在儿童社会技能发展中的作用的那一个段落很让你着迷。请注意，你已经充分地将你的兴趣从广泛的人类发展领域缩小到兄弟姐妹在儿童社会技能发展中的作用这一很具体的主题，你也已经大大地减少了要阅读的背景资料量。

三、保持开放的头脑

寻找研究设想的最好策略就是从一个总的主题领域开始，然后通过阅读背景资料产生一个具体设想。当你阅读或浏览材料时，寻找那些能吸引你注意力的项目，然后跟随它的指引。你最好不要从假设性的想法开始具体的研究，因为你可能会发现这一问题已经得到了解答，你也有可能发现缺少设备、时间、被试来检验设想。所以，你最好先不要在头脑中设定研究意向，保持开放的头脑才是最佳选择。任何主题领域已有的文献中都充满着未解答的问题、未检验的预测和无数对未来研究的提示和建议。

另外，要采用挑剔性阅读，即在阅读时追问：他们为什么要做这些？这个结果与我自己在生活中看到的一致吗？这一预测如何应用到不同的领域中？我真的相信这一解释吗？此类对当前知识扩展性和挑战性的提问可以引出好的研究设想。关于挑剔性阅读，本章第六节还讨论了一些其他建议。

在就某一课题考虑的整个过程中，要始终保持一种灵活性。你也许会在期刊上找到一篇新的文献，或从朋友那里得到一个新的建议。凭借这些信息，你可以修正或提升原来的研究计划。在研究过程中，经常需要调整研究计划，以保证得到更好的研究结果。

四、聚焦，聚焦，再聚焦

提出一项具体的研究设想，在很大程度上像是一个除草的过程。你可能会发现，一个小时的阅读能引出一打可能的研究设想，但你不可能在一项研究中解决一打的问题，所以你必须放弃大部分想法(至少要暂时放弃)。你的目标就是找到一个研究问题以及与这个研究问题直接有关的背景资料，其他的研究设想和背景材料也许对其他研究是合适的，但在这个阶段却只会让你想要做的研究复杂化。在一段时间内，要放弃无关的想法，聚焦在一个问题上。

五、一次只完成一步

像任何大的工程一样，计划和实施一项研究也是一个长期和艰苦的过程。一开始，因为急
于完成研究课题，你也许会感到任务量太大。但要提醒的是，你不必一次做完所有的事，每次 42
只要完成一步就行了。本章先介绍研究的第一步，余下各章将依次介绍研究的各个步骤，完成
研究的整个流程。

学习检测

1. 为什么说选择自己感兴趣的研究领域和主题是重要的?
2. 为什么说从头脑中一个具体的设想开始你的研究，未必是最好的策略?

第二节　选择主题领域

所有的研究都从研究设想开始，而研究设想来源于许多不同的方面。不幸的是，学生一开始就会觉得找到一个研究设想真是太难了。实际上，研究的起点时刻都伴随我们左右。用积极而好奇的眼光观察周围世界，这是真正必要的。你可以问自己：事情为什么会以这种方式发生？如果事情不是这个样子，那又会是什么样子？睁大你的眼睛！任何方向都有可能产生研究设想。

一、研究设想的常见来源

个人兴趣和好奇心

请根据你的兴趣和关心的事产生研究设想。你对什么感兴趣？什么事让你感到好奇？要找到这些答案，最好的方法就是回想一下你已经学过的心理学课程。你偏爱的课程是什么？在这些课程内，你偏爱的单元是什么？想想能引起你兴趣的人和行为以及你关心的各种问题。研究设想可能来自任何方面，关键是要选择你更想去了解的主题。

随时随地的观察

观察每天遇到的人或动物的行为，这是研究设想极好的来源。只需简单观察，你就会看到人们在生气，被笑话逗乐，撒谎，互相侮辱，建立友谊和关系，吃饭，睡眠，学习和遗忘，任何吸引

你注意和引起你好奇的行为都可能是一个好的研究主题。此外，你还可以体验自己的各种行为、态度和情绪。尽管这些观察可能不会带来很有深度的研究问题，但你肯定可以确认一个总的研究主题，而且你也可以就人们为什么以这样的方式来行动提出自己的假设或设想。

实际的问题或质疑

有时，研究设想也会产生于你在生活中遇到的实际问题或疑惑，诸如来自工作、家庭关系、作业或你周围世界中别的方面的问题。比如，你想探索更有效的学习习惯，考虑是把学习时间
43 集中在上午好，还是下午或晚上好？是应该把 2 个小时的学习时间集中在一个科目上好，还是对学习时间进行分割，以便能学习五个不同课程中的每一个科目？或假设你想减少飞机的飞行偏差，那么驾驶舱里的仪表和控制器如何布置可以降低飞行错误的概率呢？这样的问题都可能成为一个研究设想。

那些直接指向解决实际问题的研究被称为**应用研究**（applied research）。与之相对，那些想要解决理论问题的研究被称为**基础研究**（basic research）。每一个研究设想都有其合理的来源，而不同类别的研究，其目的也会有所不同，有时则兼具多种目的。比如，学校董事会也许会启动一项研究，以确定班级规模从 30 人降到 25 人是否会带来学生成绩的提升。而这一研究的结果也许对某一新的学习理论也有启发。同样，一名科学家开展一项与学习理论有关的基础研究，其研究结果也许可以应用到课堂教学中去。

一闪即逝的模糊思想

有时，研究设想开始于灵感。你最初的思想可能不经意地在脑海中快速闪过。当你在浴室，与朋友谈话，穿过大街或做梦时，都可能会有创造性思维出现。有些人，研究设想会非常自然地“嘭嘭”钻进他们的大脑。科学史上记载了很多著名研究者的故事：他们最初的研究设想就是以顿悟的方式出现。据说阿基米德（Archimedes，公元前 287—公元前 212）就是躺进浴缸时发现流体静力学定律（law of hydrostasics ），即浮力定律，然后他穿着浴衣跑到大街高喊“Eureka！”（希腊语，意为“我已经找到它了”）。传说中，牛顿（Isaac Newton，1642—1727）看到苹果落地，想到宇宙引力。我们不会建议你等待此类事情碰巧发生，但建议你积极地使用其他某一潜在的思想之源，保持开放的头脑，面对可能的事物，照此下去，奇迹就可能发生在你身上。

当然，我们也不想给你留下研究设想总是在不系统的、非常规的、偶然的方式中出现这样的印象，因为大部分研究设想还是基于前人的研究和理论以高度系统化的方式出现的。

阅读他人的观察报告

他人的观察报告是研究设想的另一好来源，包括像报纸和杂志上的报告以及电视节目等
44 非正式信息源。研究设想也不是必须来自“实际”报告，像谈话专栏、个人专访、滑稽剧、政治卡通片和广告也能引出研究设想。刊物上发表的信息，特别是非科学领域的信息未必都是真的，也不总是向你讲述完整的故事。但别忘了，你是在寻找研究设想，这需要挑剔性阅读和提出问题。

尽管非正式信息源能够引出研究设想，但好的研究设想更有可能来自专业书籍或杂志上

发表的研究报告，包括你以前在专业课程和教材中遇到过的材料。对于确定研究者要探究的问题和他们解答问题的方法来说，这些学术资源肯定是最好的。正像我们一直强调的，要挑剔性阅读和提出此类问题：为什么这项研究只考察 4 岁男孩？如果加大任务难度会发生什么事情？如果被试一直受到激励而更加努力，他们的成绩会一直提高吗？像这样的问题会导致对现有研究的修正或扩展，这是一条产生新研究的道路。

行为理论

查阅那些为行为提供解释或试图解释为什么不同环境会导致不同行为的理论。一个好的理论除了能解释以前的研究结果，通常还能预测新的情境中的行为。你能想到某种检验这些解释或评估来自某一理论的预测的方法吗？请仔细查看构成一个理论的不同变量（引起行为改变的因素），然后自问如果控制其中一个或多个变量，或者将其中一个或多个变量与其他变量隔离开来，情况会怎样呢？预测是理论的构成成分，对预测进行检验也是好的研究设想的源泉。有时，你会遇到两个不同的理论试图解释同一种行为，当两个理论作出相反的预测时，你可就有了研究的好机会。

学习检测

研究设想的常见来源有哪六个方面？

二、选择研究主题时的常见错误

多年来，我们看到初涉研究的学生在选择研究主题时会犯许多错误，我们指出这些错误是希望你将来能完全避免，或者犯这些错误的时候能够迅速发现并及时作出调整。

主题非兴趣所在

一个常见的错误就是选择了并不感兴趣的主题。这似乎是一个很容易避免的错误，所以你会想，怎么能发生这样的错误呢？等着瞧吧！当选择主题的思维受阻，而某种设定的期限已到时，常常就会发生这种错误。当限制时间让学生选择一个主题时，他们常会选择一个处于兴趣边缘的课题，因为感兴趣的主题不会正好就“嘭”地一声钻进大脑，它需要花费大量时间来寻 45
找。正如前文所谈，提出和进行一项研究需要投入劳动和时间。选择的主题如果不是你感兴趣的，你会发现这项任务非常令人痛苦，结果可能会失去动力，你的研究课题毫无疑问也会搁浅。所以，要尽早地开始寻找研究设想！

主题太保险或太容易

另一个常见的错误就是选择了太保险或太容易的主题。学生常常会选择他们非常熟悉的主题。为了省时省力，学生可能会拿出一篇为另一课程写好的论文，想把它改写成研究设想。然而，计划和进行研究的目的不只是让你知道研究过程，还希望你在研究过程中了解到感兴趣的主题。

主题太难

与选择太容易的主题相反，你选择了一个太难的主题。当你开始搜索文献的时候，你可能会发现所有关于这个主题的论文都是用复杂的科学术语写成的，你无法理解。如果出现这种情况，你就要灵活些了。当这个领域的大部分文献都超出了你的理解水平时，你可以考虑改换主题，因为你正从事的这项任务太具有挑战性。不要去做力所不及的事情。

主题范围太大

如果你还处在选择研究设想的早期阶段，那么选择了一个范围太大的主题还不算是错误，就像本章第一节中讨论的，寻找研究设想的最好方法就是从一个总的主题领域开始。然而在浏览材料时，就需要搜寻一个聚焦点清晰的研究设想。你不能凭借一项研究回答一个领域的所有问题，选择一个主题的最终目标还是为了通过阅读背景资料找到一个非常明确的研究设想，由此导出一个可在研究中加以检验的假设。

固守最初的研究设想

开始进行研究的学生还会犯固守最初的研究设想的错误。如果你喜欢第一个研究设想，那当然好极了。但你不能不承认，在阅读你选定的主题范围的资料时，可能会出现不同的和更有趣的研究设想。通常，第二个和第三个，有时是第四个或第五个研究设想比第一个更精炼、更简捷和更有意义。尽管你不想在研究实施的前一天改变研究范围，但你也不要过快就否决它们，给新的研究设想留点机会。

46 **所选主题的背景文献不足**

当试图阅读一个主题领域的背景文献时，你却发现找不到可读的文献。这种情况的发生往往有多方面原因：第一，心理学中有些潜在的有趣课题，已有研究还很少，你可能无意中发现了一个还没有谁想到要研究的主题。一方面，你为自己的发现而自豪；另一方面，你可能无法从中提出研究问题。第二，主题本身不能导向科学研究。例如，像“上帝存在吗?”“天使存在吗?”或“人有来世吗?”这样的问题是很吸引人的研究领域，然而，就像第一章第四节中讨论的，有些生活中有趣的问题是不适合进行科学研究的，因为你无法提出关于这些问题的可检验的和可拒绝的假设。第三，你选择的主题只是“好像”没有相关文献，因为你还没有使用正确的术语（关键词）来检索信息。我们将在本章第四节详细讨论如何使用主题词进行文献检索，包括如何确定检索时段。第四，没有找到所研究主题的相关文献，也可能只是表面现象，因为你正使用的数据库本身就没有包括多少心理学资料。大部分的学术领域（如刑事司法、心理学、社会工作等）有其专用的文献数据库，聚焦在该领域研究的主题方面。如果在一个数据库中未找到文献，明智的选择是转向另一个相关领域的数据库。比如，你正查找的文献是属于抗氧化与衰老问题的，在一个医学数据库中未找到合适的文献，那倒不如转向心理学类数据库。表 2-1 显示的是在一般的大学图书馆均能查询到的四个数据库的基本特点。

学习检测

1. 你如何知道你的研究主题太难?
2. 当你查找某个主题领域的文献时，可能找不到文献的原因是什么?

表 2-1 四个数据库 47

心理学文摘(PsycINFO)数据库包含心理学各领域 280 万条引用文献和期刊论文、书籍的章节、书籍、博士论文、技术报告的概括性材料。覆盖了从 1872 年到现在的超过 35 种语言近 2 500 种期刊的文献。该数据库每周都会更新,每年要增加超过 60 000 条文献记录。它还包括了各有关领域的心理学方面的信息,如医学、精神病学、护理学、社会学、教育学、药理学、生理学、语言学、人类学、商学和法学等。心理学文摘数据库收录的期刊,如:《孤独症研究》(*Autism Research*),《行为与脑功能》(*Behavior and Brain Functions*),《行为遗传学》(*Behavior Genetics*),《行为失调》(*Behavior Disorders*),《异常儿童心理学杂志》(*Journal of Abnormal Child Psychology*),《应用社会心理学杂志》(*Journal of Applied Social Psychology*),《行为医学杂志》(*Journal of Behavior Medicine*),《精神病学与神经科学杂志》(*Journal of Psychiatry and Neuroscience*),《精神分析心理学》(*Psychonanlytic Psychology*),《心理评估》(*Psychological Assessment*),《精神医学》(*Psychological Medicine*)等。

心理学全文(PsycArticles)数据库是心理学中有限定性来源的期刊全文数据库。该数据库覆盖了普通心理学和专业性的心理学,包括基础的、应用的、临床的和理论研究的心理学。该数据库容纳了超过 147 000 篇论文,论文来自美国心理学会主办的 71 种期刊和其他合作组织主办的 8 种期刊。它收录了上述 79 种期刊上的所有的论文、给编辑的信件以及一些勘误表。心理学全文数据库收录的期刊,如:《美国心理学家》(*American Psychologist*),《行为神经科学》(*Behavioral Neuroscience*),《加拿大心理学》(*Canadian Psychology/Psychologie Canadienne*),《发展心理学》(*Developmental Psychology*),《异常心理学杂志》(*Journal of Abnormal Psychology*),《人格与社会心理学杂志》(*Journal of Personality and Social Psychology*),《精神分析心理学与心理治疗:理论/研究/实践/训练》(*Psychonanlytic Psychology, and Psychotherapy: Theory/Research/Practice/Training*)等。有一些杂志覆盖了从 1894 年到现在的文献。

教育资源信息中心(Educational Resource Information Center, ERIC)数据库是美国教育部、国家教育图书馆、教育研究与改革办公室支持下的国家信息系统,它提供了来自期刊或有关教育文献的超过 130 万条信息记录,而且链接了超过 317 000 篇全文资源。

生物医学信息书目(Medline)数据库提供权威的医学信息,包括医学、护理学、牙科学、兽医学、医药学、健康关怀体系、预防科学等很多学科,由美国国家医学图书馆创办。该数据库是一个相当完备的关于生命科学和生物医学书目信息的资源库,收录了超过 1 100 万条信息,这些信息归属于超过 4 800 条标题索引。

第三节 搜索和使用背景文献

一旦确定了总的研究主题,下一步就要到图书馆去收集关于这个主题的背景资料。除了要获得该领域的一般知识外,还要了解这一领域的知识状态,熟悉当前的研究,特别是发现具体的研究问题。请注意,我们说"发现"(find)一个问题而不是"虚构"(make up)或"创设"(create)一个问题。当你了解该领域哪些是已经知道的,哪些是正被研究的,那么你的任务就是要把当前的研究推进一步甚至更多步。有时,这需要懂点逻辑,你可以把已知的两个或更多个事实结合起来推出新的结论或预测。研究报告的作者常常会直截了当地给出一些新的研究设想。对于研究者来说,这很常见。研究者在总结研究结果时给出一些未来研究的建议,你完全可以把这其中的一个建议转化成研究问题。在本章第五节,我们提供了一些附加的寻找研究设想的线索。现在,你最好不要带着自己的预想去查文献,而是要让文献将你引向新的研究设想！

在大多数学院或大学图书馆里，心理学方面的专著至少要占据30多米的书架，心理学杂志可能要塞满更多空间，如果把相关学科如教育学、社会学、司法学、社会工作等领域的出版物也加上，那你就要面对一个庞大的出版资料量。如此庞大的出版资料被称作“文献”(literature)，而你的工作就是要检索文献以便找到与研究设想直接有关的一系列文献。起初，这看起来简直就是一个要把人压垮的任务。不过，幸运的是，在这些文献中还包含着许多有用的辅助工具可以指导你检索。特别是，许多独立出版物通过跨领域的索引而相互连接起来，还有许多提供综述的概要指南可以使你找到明确的主题领域。通过这些指南的指引和追踪相互连接的文献，你就有可能不太费力地进行成功的文献检索。

48 **一、原始文献和二次文献**

在讨论文献检索过程之前，有几个基本术语需要交待一下。文献中的各个项目被划分成原始文献和二次文献。**原始文献**(primary source)就是作者报告他们自己观察的第一手资料，一般原始文献是发表在期刊上的研究报告，其内容是作者描述他们自己所进行的研究，包括为什么要进行这项研究，如何进行研究，发现的结果是什么，以及如何解释这些结果。原始文献包括：(1)期刊上实证研究类的论文；(2)博士论文；(3)研究结果的会议展示等。而**二次文献**(secondary source)是作者讨论其他人观察的第二手报告。二次文献包括：(1)作者描述和总结过去研究的书籍或教科书；(2)评述性文章或元分析①；(3)研究报告的前言部分，呈现的是以前的研究，也是当前研究的基础；(4)报纸和杂志上关于前人研究的文章。

需要指出的是，原始文献和二次文献之间的主要区别就是对研究结果的直接报告和二次报告。学生常常分不清这种区别，认为任何发表在期刊上的文章自然都是原始文献，而所有其他出版物都是二次文献。这种假设从几个不同层次上看都是不正确的。请看下面几种可能的情况：

● 期刊上的文章不属于原始文献。这些文章可能是对其他工作的回顾，是试图解释或建立以前若干研究之间关系的一种理论文章，或者是对一个科学领域研究的历史总结。这些都不是原始文献，因为它们不是第一手的研究结果报告。

● 一本书或其中的一个章节是原始文献。有时研究者或研究小组会出版专辑以发表一系列相关的研究，其中的每一章都是由实际进行研究的人撰写的，因此也是原始文献。

● 一篇期刊论文是关于研究结果的直接报告，但其中某些部分实际上是二次文献。
49 特别是大部分研究报告都有一个导言部分，这是对该领域当前研究的一种回顾，并构成正要报告的这一研究的基础。这种对以前研究的回顾是二次文献，因为作者描述的是他人进行的研究。请记住，作为原始文献，它必须是作者描述他们自己的研究和结果。

---

① 元分析，是对特定领域以往研究的回顾和统计分析，目的在于确定以往研究结果的一致性或稳定性。

在文献检索过程中,原始文献和二次文献都非常重要。二次文献能提供关于过去研究的简明概括。比如一本教材,它常常能以很少的段落总结10年的研究,还引用若干重要的研究。比如,元分析通过整合大量的研究结果,形成对一个领域研究的全面综述。杂志上一篇10—15页的研究报告在综述性文章中常常被概括成一两句话。因此,二次文献能节省文献检索时间。但你应该时刻注意,二次文献是不完整的,可能存在偏差,或干脆是不准确的。在一篇二次文献中,作者可能只是从原创研究中选择了只言片语。这些被选择出来的部分已经脱离其原有的背景,并可能为了附和与原作者意图完全不同的主题而被加以改造。总之,二次文献只能告诉我们部分真实结果,而且实际上还可能是被歪曲了的"真实"。为了获得完整和准确的信息,参考原始文献是非常必要的。然而,阅读原始文献可能是一个冗长乏味的过程,因为原始文献一般都比较长,它是集中对一个限定在狭小范围内的主题的详细报告。所以,可以考虑先利用二次文献获得对研究主题的总体了解,然后由此确定一些要详细阅读的具体的原始文献。二次文献为文献检索提供了一个很好的起点,但要最终解决问题,你还必须依靠原始文献。

学习检测

请定义原始文献和二次文献,说明其各自在寻找研究设想过程中有什么作用。

二、文献检索的目标

每一项研究都不是孤立存在的,都是现有知识总体的组成部分,它以过去的研究为基础,又为未来的研究奠定基础。专栏2-1和图2-1说明了当前知识是如何生长的,每一条新的信息都是从以前的知识总体中生长出来的。当你阅读文献,提出某一研究设想时,你要意识到你的研究应该是过去研究的一个逻辑扩展。

专栏2-1 研究的增长 50

整个第二章中,我们不断重复这样的观点:每一个研究都是建立在以前知识基础之上并试图对之进行扩展。头脑中有了这一思想,你就可以将现有的知识基础(文献)表示成树形结构,这一棵"树"会随着时间的推移而不断生长。图2-1是这一思想的示意图,图中的每一个点代表一项研究,分支则代表了知识"树"的生长和发展。当你开始进行文献检索时,你将进入这棵"树"并沿着分支找到你的道路。你的目标包括两个方面:第一,你必须将你的工作延伸到最高分支的某一个尖端并找到最近的研究,你的研究将从这里生长出来形成一个新的分支。第二,你必须向后搜索,沿着树向下,以确定研究工作的历史意义。你可能会发现一个领域中大部分的新近研究会引用相同的经典研究,将其作为它们的研究基础。这些经典研究通常可以为你的研究工作提供广泛的观点,有助于你将自己的研究与更一般的知识树联系起来,更好地理解和解释自己研究工作的意义。

这种树的比喻只是从概念上指导以帮助你形象地看到文献检索的过程与目标——树的概念大大地简化了这一过程。例如，许多好的研究会在以前毫无关联的研究分支之间建立连接。虽然如此，树的比喻还是可以指引你的文献检索活动的，比如，也许你发现自己找到的一些新近的研究似乎走到了死胡同，它没有为形成新的研究提供前景。如果发生这种情况，你只需要沿着树向下返回到一个较早的分支点并产生一个新的分叉，这样你就不会完全放弃你原来的研究主题

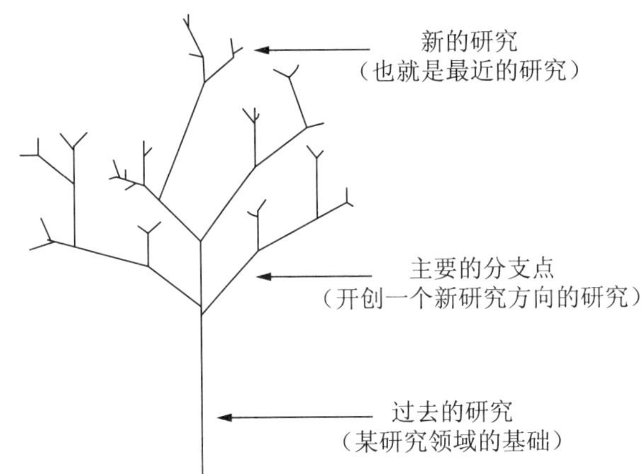

图 2-1　新的研究如何从过去的研究中产生

这个树形结构强调研究之间的关系，认为新的研究（各分支的尖端）总是建立在过去的研究的基础之上。

你进行文献检索的最终目标是找到一系列已发表的研究报告，这些研究报告显示了一个领域现有的知识状态，能帮助你在这个知识基础上找到一个待解的问题。就是说，发现知识基础的一个断裂，然后试图用你的研究去填补。最后，你去完成这一研究并撰写自己的研究报告，报告的开头要有一个导言来概括过去的研究（这来自你的文献检索），并为你的研究提供一
51 种逻辑上的理由。第十六章会专门讨论研究报告的写作，不过这里还是提及这一专题，以便你能把注意力集中到文献检索的问题上来。图 2-2 呈现的是杂志上一篇论文的开始段落（姜子云，邓铸，2008），我们以此说明利用文献回顾来介绍一个专题领域并为新的研究提供逻辑上的合理性。

虽然还无法描述研究的结果，但是你应该能够预测到研究的目的，也应该能够设想该如何去做。注意，利用背景文献建立一个逻辑推论，可以引导阅读者直接提出研究设想。文献综述
52 的目的在于为引入自己的研究提供必要的基础。特别是，你需要找到一系列研究论文，并组织成一个逻辑推论，以支持和合理解释你所要进行的研究。

学习检测

1. 请说明文献检索的目的。
2. 为什么说任何一项研究都不是孤立存在的？

从影响问题表征的因素看，主要有以下几方面：第一，问题情境，即问题的呈现方式、环境及其结构等。它决定了问题解决者所能感知到的信息和这些信息的时空结构，是表征的基本信息条件。傅小兰(1995)的研究表明，信息遗漏是导致对问题错误或不完整表征的主要原因之一。第二，问题解决者的知识经验，特别是与要解决的问题相关的专门知识经验和解决同类问题的成功经验等。这些经验直接影响知觉系统对问题情境中信息的选择和对觉察到的信息的解释。第三，问题解决者的思维品质和其他个性风格。从目前的这些研究可以看出，问题表征离不开对信息的搜索和提取，而这个过程离不开专门知识也就是领域知识的支持，那么领域知识不同的人在问题表征过程中具有哪些不同的特点呢？他们的信息提取和搜索方式相同吗？问题解决成功与不成功的人在问题表征中对信息的提取又有什么差异呢？本文在前人关于问题表征研究的基础上，通过对应用题不同类型信息的再认探讨领域知识不同的问题解决者解题过程中的表征差异。

图 2-2 姜子云和邓铸(2008)研究论文的开始部分示例

第四节 实施文献检索

一、文献检索的起点

让我们假定你对一个研究主题只有一个总的研究设想，正要开始进行文献检索。因此，你的目的就是将总的研究设想缩小以便明确所要研究的问题，并找到必要的已发表的相关信息来支持这一研究。正如你将看到的，你可以按照许多不同的方式开始文献检索。在此，我们比较几种不同的文献检索的起点，并就如何寻找这些起点提出建议。

开始文献检索的最好起点是最近发表的二次文献——例如，与你的研究设想相关联的教科书(也许是一本发展心理学或社会心理学教科书)。利用书中各章标题和小标题使你的检索聚焦到更小的领域。此外，还要注意下列项目，当你开始检索与研究主题有关的原始文献(实证性的期刊论文)时，这里的每一条都可能成为极好的起点：

- 主题词：列出用来确认和描述研究变量及被试特征的正确术语或主题词表。研究者常常提出一系列具体的词汇以描述一个主题领域。如果使用的术语正确，就很容易找到相关文献。比如，如果不使用习惯用语"看护"(poster care)，你检索有关"寄养家庭"(poster homes)的文献就会遇到困难。
- 作者姓名：在一个研究领域，大部分研究工作通常是由少数几个人负责完成的。如果你重复遇到同样的一些名字，请留意，这些人可能是当前该领域的主导研究者。

需要提醒的是，依据单一的二次文献提出关键词表和作者姓名表，必定是不完整的。根据二到三个不同的资源确定关键词表和作者姓名表才是明智的，然后你可以将这些列表结合起来，形成一个很好的项目集，帮你进行原始文献的检索。

二、使用在线数据库

尽管每一年都有成千上万的心理学研究文章发表，但在对出版物进行彻底地检索时可以使用多种工具，以帮助你找到与你的研究主题有直接关系的文献。现在，这些工具多是以在线数据库的方式存在。一个有代表性的**数据库**(database)，往往包含上百万的出版物或信息记
53 录，可以借助主题词或作者姓名交叉查找。当你输入一个主题词(或作者姓名)作为检索术语时，数据库就会自动搜索，给出一个与该主题(或作者)有关的出版物列表。有些数据库是由**全文**(full-text)构成的，这意味着其中的每一条记录都是一篇完整的、逐字逐句复制下来的原始出版物。其他一些数据库只提供出版物的简单概要，这些概要包括的信息一般有标题、作者姓名、出版物发表的期刊或书名、描述该出版物的主题词表列和一个内容摘要，其中**摘要**(abstract)是对该出版物的简单概述，篇幅通常在 100 个单词左右。

因为全文数据库中的每一项都需要更大的储存空间，所以包含的项目数会少于其他数据库。因此，我们一般会推荐学生使用非全文数据库。非全文数据库覆盖的主题领域更全面。比如，有两个数据库可以很好地覆盖心理学文献，即 **PsycINFO**(非全文数据库)和 **PsycArticles**(全文数据库)。我们在专栏 2-2 中进一步讨论这两个数据库。

专栏 2-2　全文数据库和非全文数据库

全文数据库的价值在于，无论什么时候，你找到了一篇想要阅读的研究论文，这篇论文的全部信息立即呈现在你的电脑上。不过，这种便利是需要付费的。特别是，全文数据库需要大量储存空间来容纳出版物的信息，这就限制了它能容纳的出版物的数量。相反，非全文数据库储存每一条信息只需要少量空间，这就意味着它可以容纳相对更多的信息项目。这种关系可以通过比较 PsycArticles 与 PsycINFO 得到证实。PsycArticles 包含选自 71 种期刊的大约 147 000 条记录，而 PsycINFO 包含来自 2 500 多种期刊的大约 2 800 000 条记录。

很明显，PsycArticles 只包含了 PsycINFO 中一小部分心理学出版物。如果你使用 PsycArticles 进行文献检索，你可能找不到太多有关文献，因为它们就未包含在这个数据库中。

对于心理学的文献检索来说，我们多数情况下还是推荐使用 PsycINFO。心理学中已经发表的出版物，基本上可以保证会出现在 PsycINFO 中。不过要注意，这个数据库只提供每一条引用项目的简要信息。要阅读对应项目的完整信息，你还需要去查找它最初发表的期刊或书籍。在使用任何数据库之前，你都要快速了解下该数据库的覆盖面，以确认它是否很好地覆盖了你想探索的领域。

学习检测

全文数据库与非全文数据库的区别是什么？

还需要提醒的是，使用像 PsycINFO 这样的数据库检索文献与在互联网上搜索文献很不同。每一个月，PsycINFO 的工作人员都会全面地查阅超过 2 500 种以上心理学期刊，以及广

泛的书籍和书籍中的章节，从而确定加到数据库中的新条目，所有这些条目都是从著名的科学 54
出版物中选择出来的，这些出版物大部分是由专业心理学家编辑和审阅的，可以确保它的规范性和准确性。这种专业筛选在互联网上是不存在的。比如，你在 PsycINFO 中输入关键词“健忘症”(amnesia)，你就会得到一个科学的条目集。如果你在互联网上用同样的关键词进行搜索，你可能会找到任何人的站点，这些站点对信息的质量和有效性是绝对没有保证的。

三、使用 PsycINFO

这一部分讨论使用 PsycINFO 进行文献检索的一般过程。如果你正在使用一个不同的数据库，或者你使用的 PsycINFO 的版本不同，那么这里的具体建议和例子可能不适合你直接使用。但文献检索的过程都是非常一致的，你应该结合你所使用的数据库来理解这里的例子。

进入 PsycINFO 数据库的程序与进入其他计算机系统不同。如果你在大学里不熟悉这样的数据库，建议你请老师或图书馆员帮助你进入数据库。还有，如果你猜想你的研究主题可能超出心理学的领域，你也应该向图书馆员请教以确定是否有其他更合适的数据库。

使用高级检索功能

打开 PsycINFO 数据库的开始界面，它可能会把你带到基本检索功能选项。该选项只提供了一个窗口，你可以由此输入要检索的一个主题词或作者姓名。我们建议你还是使用高级检索功能。

高级检索功能为你提供更多的控制和选项以缩小检索范围。图 2-3 显示的就是高级检索的开始界面(请注意，这个界面只是一个示例，你的版本也可能会有些不同)。记住，你最多可以输入三个不同的检索术语，而且你可以对三个检索术语有更具体的设置(像作者姓名，论文标题中的一个词，一个主题词，等等)。开始界面也有各种可以帮助你聚焦或限定检索范围的其他选项。例如，你可以输入要考察的具体年代范围，把检索限定在最近发表的文献。在点击“搜索”(search)按钮之前，要就以下几方面作好选择：

1. 出版物类型。把检索限定在所有的期刊，或是同行评审期刊。这种设置可以把你
不准备阅读的书或书中章节部分的文献，以及每年新完成的博士论文摘要等过滤掉。虽 55
然在 PsycINFO 中可以找到摘要，但不可能真的在那里获取博士学位论文全文(研究报告)。如果在检索界面加上另一个限制条件，只搜索同行评审期刊，就可以确保找到的论文更具权威性，也更值得阅读。在同行评审期刊上查到的论文，在发表之前均接受过相关领域专家的评估和完善。

2. 方法学。把检索限定在实证研究范围，就可以把检索结果集中到研究报告类，排 56
除那些评论类、讨论类和综述类文章。

3. 年龄组或总体。如果研究主题聚焦在特定的年龄组或总体，你也可以把检索限定在这个范围。

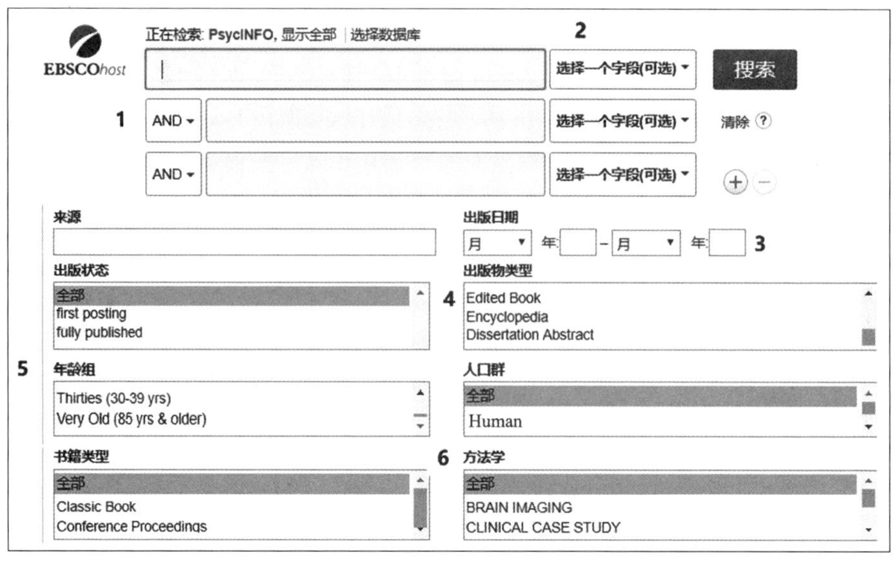

图 2-3 PsycINFO 高级检索的开始界面

界面功能特点的识别和编号:(1)最多可以输入三个检索术语;(2)检索术语可以是一个主题,也可以是一个作者姓名等;(3)可以限定文献发表的年代范围;(4)可以限定出版物的类别;(5)可以选定研究对象的年龄组;(6)可以选定研究的方法学类型。资料来源:界面功能截图已得到美国心理学会授权,被许可使用。

使用叙词表定义检索术语列表

当确定与研究主题相关的术语表后,就可以检索文献。但是,你选择的术语也可能未被美国心理学会(American Psychological Association, APA)正式使用的术语系统确认。以研究主题来说,正式术语均被列入 PsycINFO 的叙词表(thesaurus tab),你可以点击打开叙词表,该选项显示在数据库的起始页面。这些主题术语都是 PsycINFO 数据库用来对出版物进行描述和分类的具体词汇。比如,假如你对"压力"(stress)与"磨牙"(teeth grinding)感兴趣,你把这两个词输入叙词表框,你会发现"压力"是一个很合适的主题术语,而关于"磨牙"的正确术语是"磨牙症"(bruxism)。我们尝试性作了一次检索,以"压力"和"磨牙"为检索术语,检索到 20 条文献;当把"磨牙"换为"磨牙症",检索到 33 条文献。使用正式的术语检索到的结果有很大不同。

除了可以确定正式的检索术语,叙词表还可以带你找到一个概念集,帮助你拓展或限定检索范围。比如点击叙词表中的"家庭关系"(family relations),你会被带入一个主题术语表,其中有的是拓展性的,有的是聚焦性的,有的是关联性的。使用某个拓展性术语,会把你检索的范围扩大;使用某个聚焦性术语,会把你的检索集中到更小的范围;使用某个关联性术语,说不定会发现一个比最初选择的主题更让你感兴趣的主题。你也可以使用叙词表中显示的分支概念或专业概念来扩展或收缩检索范围。点击检索拓展框,你会看到其中包含所有的检索术语索引或小的分支索引。如果要查看专业方向概念,可以选择只查找这个专业方向的有关文献。

当你确定的主题术语表能够准确描述将要进行研究的领域,你就可以把它们作为文献检索的正式主题术语。在 PsycINFO 高级检索的开始页面,有三个检索术语的检索框(如图 2-3 所示）。在每个检索框旁都有缺省的选择区，你可以确定如何使用检索术语。缺省选项之一是主题，意味着你可以从 APA 正式术语表中选定主题术语。如果你使用的检索术语不是 APA 的正式术语（未包含在叙词表中），你就无法从叙词表中选择。如果你的研究兴趣直接指向当前的热 57
点，那么它也许不是 APA 已确认的正式术语。这里有一个很好的例子，路怒症（road rage），至少到我写作的这个时候，它还不是 APA 确认的主题术语，但最近有些研究对之进行了描述。快速查阅 APA 叙词表发现，其中提供了一个主题术语叫暴力性驾驶行为（aggressive driving behavior）。

四、启动一项文献检索

文献检索，通常都是从将主题术语输入数据库首页检索框开始的（如图 2-3 所示）。假如，你对暴食症（bulimia）这一主题感兴趣，你就可以在“Advanced Search”（高级检索）开始的三个对话框的第一个输入“bulimia”。如果你知道这个词是正式的主题术语，那么你也可以直接从缺省选择框中选择。当你点击“Search”（查询）按钮后，PsycINFO 就会把它全部两百多万个条目中以“bulimia”为主题术语的文献找出来（如果你选择的不是主题术语检索框，那么 PsycINFO 会使用“bulimia”在文献的标题、摘要或其他以该词作为特征描述的部分中查找）。检索完成后，计算机就会显示其查找到的文献列表的前几项，而且编有序号。一般，PsycINFO 在一个页面显示 10 条，你只需要点击“next”（下一页），就可以看到下一页的 10 条。所查找到的文献总数，也会显示在每一页面的顶端和底部。例如，最近一次以“bulimia”为主题术语检索时，首页显示了 26 610 条中的 1—10 个项目。这些项目按照发表时间顺序排列，最新发表的排在第一项。

图 2-4 显示的就是 PsycINFO 检索到的部分列表记录。你可以注意到，每个项目包括对每一出版物的基本描述，包括标题与作者姓名。筛选期刊论文的第一个层次就是审读论文标题。在这一阶段，多数论文会被筛选掉。如果找到一个感兴趣的标题，就可以点击获得更详细的信息，包括出版的一些附加信息和摘要。

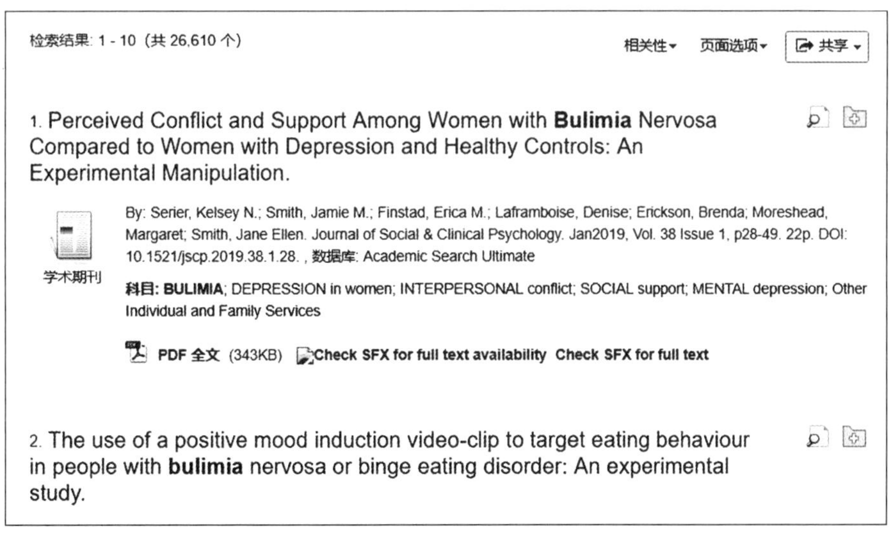

图 2-4 PsycINFO 检索结果的部分列表

图 2-5 显示了一个详细的检索记录。在每一条记录里，你会看到页面区域的编号，而每一区域都包含出版的具体信息。主要的页面分区有：

标题

作者

来源

文献类型

关键词（也包括一些描述文献内容的非正式术语）

摘要

图 2-5 显示了一个详细的检索记录，这一记录包括该出版物的所有信息。在记录内有许多不同的区域，包括特定的信息（标题、作者、来源、文献类型、关键词和摘要）。图 2-5 的每个区域都有完整的名称，但也有许多系统包括的区域名是缩写。例如，在大多数系统中，标题缩写为 TI、作者缩写为 AU、来源缩写为 SO，摘要缩写为 AB。通过阅读摘要，你可以找到用于进一步搜索的附加的关键词，你也能获得更多具体的认识，比如这篇论文写的是什么，你可以决
58 定还有没有兴趣去阅读它的全文，这是筛选期刊论文的第二个层次。如果你还有兴趣阅读这篇论文，就把这条记录打印出来，然后找到相应的期刊、图书在图书馆中的位置。如果你们的图书馆没有所需要的期刊或图书，可以申请馆际互借。馆际互借的程序很简单，通常只需要点击一些附加按钮来进行在线申请，或者要填一个表格，在这两种情况下，图书馆都会为你找到所需要的期刊或图书——一般可以在几天内完成，而且多数是免费的。

1 **Alleviating the Plunging-In Bias, Elevating Strategic Problem-Solving.**

2 **作者:** Bhardwaj, Gaurab[1]
Crocker, Alia[1]
Sims, Jonathan[1]
Wang, Richard D.[1]

来源: Academy of Management Learning & Education. Sep2018, Vol. 17 Issue 3, p279-301. 23p. 1 Diagram, 4 Charts.

文献类型: Article

3 **关键词:** ***Problem solving**
*Business education
*Decision making
*Strategic planning
Teaching methods

4 **摘要:** The plunging-in bias, not understanding the **problem** and not thinking about how best to solve it before starting to solve it, is a common but little recognized cognitive bias. Strategy education does not do enough to help students overcome it, and some teaching methods may even reinforce it. Yet, organizations highly value **problem** formulation- and **solving**-skills and complain of their paucity. By bringing together research, teaching, and practice, we present several remedies to alleviate the plunging-in bias, and thereby, elevate strategic **problem-solving** skills. We propose frameworks for framing **problems**, deciding whom to involve in **problem-solving**, and determining the best approach for **solving** it; we describe ways in which **problem-solving** and strategic management can be taught integratively, and list ideas for new course material and research. By raising awareness of an insidious cognitive bias, we hope to advance teaching and research on strategic **problem-solving**. [ABSTRACT FROM AUTHOR]

图 2-5 文献检索中的一个详细记录

请注意，文献检索的详细记录包括很多有关出版的信息，包括：(1)标题；(2)作者；(3)来源；(4)文献类型；(5)关键词；(6)摘要等。

五、实施文献检索的过程

在这一部分，我们讨论如何使用数据库检索出与你的研究直接相关的文献。文献检索过程可能会检索出数千条期刊论文。尽管这里的每一条可能都与你的研究主题有联系，但其中 59
的大部分都与你的研究主题没有直接关系。因此在你进行全面文献检索的时候，主要要考虑的一个问题就是剔除其中无直接相关的论文。在决定一篇论文是不是无关或应不应该放弃时，没有绝对的标准，你必须作出自己的选择。不过，下面有一些建议可以帮助你更有效地选 60
择或剔除一些文献。

1. 将论文**标题**(title)作为你的第一个筛选工具。在 PsycINFO 中或论文本身的开始部分，你都可以找到论文标题，仅仅依靠这些标题，你就可以排除没有直接关系的大约 90%的论文。

2. 使用论文**摘要**(abstract)作为你的第二个筛选工具。如果标题看起来是令人感兴趣的，那么你就阅读它的摘要来确定论文本身是不是真的有关。许多文章从标题看好像是令人感兴趣的，但却会在这一阶段被排除。你也可以在 PsycINFO 中或论文本身的开始部分找到摘要。

3. 如果在查看了标题和摘要之后，你还对一篇论文感兴趣，那么你就要去相应的期刊上找到这篇论文。或许你们的图书馆里没有这本期刊，你就要申请馆际互借(顺便说明的是，当你找到期刊查看具体的论文时，浏览一下期刊上的其他论文，这也常常是有用的。有时整本期刊可能都是关于一个特定主题的。在你找到的那篇论文的前后或许还会有许多相关的论文。杂志社还常常在一本期刊上刊出关于某一主题的一系列论文)。一旦你找到了想要的论文，首先略读一下，特别是要看一下它的引言部分和讨论部分。

4. 如果它看上去仍然是有关的，那么就要仔细阅读这篇论文，或者先复制下来。我们将在本章第六节讨论阅读和理解一篇论文的过程，这里集中讨论论文中能帮助你文献检索的部分。首先，你应该注意到，按照习惯做法，一篇研究报告会被安排成标准的五个部分，表 2-2 依次列出了这五个部分，并对各部分内容进行简单概述。就文献检索来说，你应该注意论文的**引言**(introduction)、**讨论**(discussion)和**参考文献**(reference)。在引言部分讨论前人的研究，它构成当前研究的基础，并给出对研究问题的清晰陈述。这有助于你确定该文献在你的研究设想的推进中是否有用，以及前人的研究是否有用。有时，论文的引言部分未被标记为引言(Introduction)。作者在摘要之后，直接就开始了正文，直到下一个"方法"部分才出现标题。接下来的两个部分分别叫作**方法**(method)和**结果**(result)。这两个部分呈现了这项研究的细节，对于文献检索来说，这两个部分很重要。紧随其后的是讨论部分，标题为"讨论"。在讨论部分，作者常常会介绍一些进一步研究的设想。你如果将其中一个研究设想作为你要开展的新研究的基础，也是受欢迎的。最后是参考文献，在论文最后列出所有引用的出版物。这些参考文献常常可以引导你找到新的主题词或其他研究者的姓名。

61 **表 2-2 标准的研究报告的五个部分**

引言

对主题领域的基础性介绍
文献回顾
研究的问题、目标或假设
方法学的简单概括
对研究的具体预测

方法

被试——对参与研究的样本的描述
程序——描述研究如何进行，包括对研究中使用的问卷或仪器的描述

结果

发现
统计分析
数据图表

讨论

结论
研究的应用
进一步研究的设想

参考文献

论文中每一条引用文献的信息

5. 利用你已经查到的论文的参考文献来扩展你的文献检索。尽管这些参考文献列表包括的都是比这一论文发表还要早的过去的研究，但它们之中肯定有一些研究与你的研究设想有直接关系。在这种情形下，你就可以找到这些有关的文章，并把它们加到你收集的文献列表中。另外，你还可以使用文章标题中新的关键词在 PsycINFO 中搜索，而且参考文献中的作者姓名也构成了你愿意研究的那个主题领域的一个研究者集合，你可以在 PsycINFO 中输入这些作者的姓名，查找他们最近发表的研究报告。如果某些人 5 年前就进行了这一主题的研究，那么今天他们继续从事有关研究的概率就比较大。总之，过去的研究是新的研究的很好的资源。从理论上讲，你应该使用过去的参考文献继续追踪新的研究，直到你找不到新的研究为止。然而，实际上你必须决定什么时候放弃搜索。有些时候，你会认识到你没有新的线索，因而应该继续使用已经找到的文献。在整个过程中，都要记住文献检索有两个基本的目标：(1)对你感兴趣的研究领域有一个总的了解；(2)找到数量有限的一系列研究成果，从而为你明确
62 研究设想提供基础。当你在感兴趣的研究领域中因知识渊博而心情舒畅，同时还找到一些与你的研究兴趣特别相关的文献时，你已经成功地完成了一个文献检索过程。

关于要使用多少论文来构成新研究设想的坚实基础的问题，我们有意含糊而不作交待。你可能会找到两到三篇相互关联的论文，它们完全集中于同一研究设想，或者你只找到一篇看上去与你的研究兴趣有直接关联的文章。在任何情况下，关键的标准是你找到的研究要为新的研究提供一些合理的解释。哪怕你的研究是唯一的，也要记住引用其他的研究以构成当前研究的基础，你引用这些研究并将其作为自己研究的基础部分，也一样是可以获得赞许的。

图 2-6 对本节中详细讨论的文献检索的过程进行了概括。

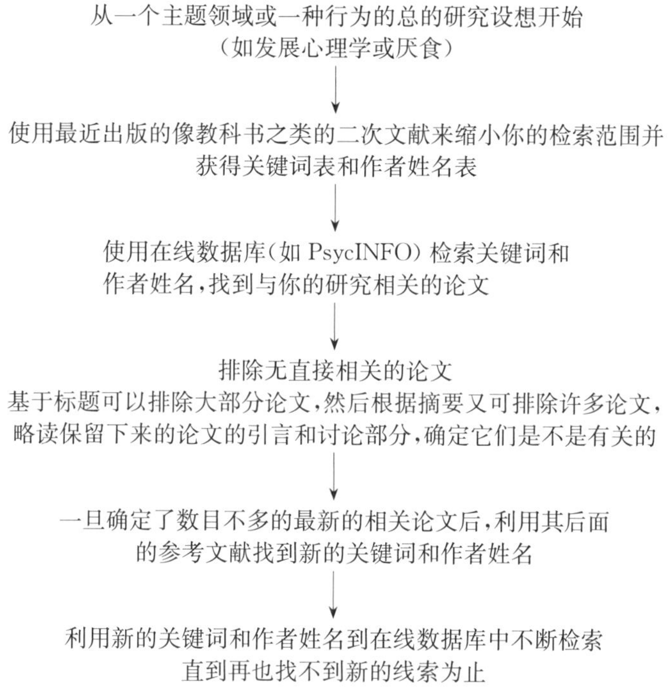

从一个主题领域或一种行为的总的研究设想开始
(如发展心理学或厌食)

↓

使用最近出版的像教科书之类的二次文献来缩小你的检索范围并
获得关键词表和作者姓名表

↓

使用在线数据库(如 PsycINFO) 检索关键词和
作者姓名,找到与你的研究相关的论文

↓

排除无直接相关的论文
基于标题可以排除大部分论文,然后根据摘要又可排除许多论文,
略读保留下来的论文的引言和讨论部分,确定它们是不是有关的

↓

一旦确定了数目不多的最新的相关论文后,利用其后面
的参考文献找到新的关键词和作者姓名

↓

利用新的关键词和作者姓名到在线数据库中不断检索
直到再也找不到新的线索为止

图 2-6　文献检索的过程

学习检测 63

1. 如何借助数据库的叙词表来限定文献检索的范围?

2. 请列举一篇研究报告通常包括的五个部分,并简单说明每一部分应包含什么内容。

六、向前搜索

文献检索一般都是通过在检索框中输入主题词开始的,但有时也可以从你感兴趣的几年前发表的一篇论文开始。在这种情况下,你的目标是找到这篇论文,它与你当前要做的研究属于同一主题范围。例如,斯坦利·米尔格拉姆(Stanley Milgram)在 1963 年发表了一篇很有争议的研究:如果是一个权威人士的命令,那么被试乐意对其他人施加令人痛苦且有危险性的电击(见第三章第二节对该研究的进一步讨论)。如果你对米尔格拉姆的服从研究感兴趣,想知道当前该领域有什么样的研究,那么你可以采取两种有效方法,从查找原来的那篇文献开始和向前搜索当前的研究。向前搜索最直接的方法是使用著名的“科学”(Science)网站的文献工具。如果你们的图书馆已经获准进入这一超强的索引系统,你就可以利用它检索引用文献,即输入该文献的原始信息,找到引用该文献的当前研究。例如,你可以在该系统的检索框输入“Milgram's obedience study”(米尔格拉姆的服从研究),找到那些把该研究作为参考文献的当前研究。你可以假设,引用了米尔格拉姆研究的那些论文也开展了服从研究。还可以使用其他方法找到当前研究,比如从原来的论文找到关键词,然后利用传统的 PsycINFO 数据库进行检索。我们使用“Milgram”和“obedience”作为关键词，查到 158 篇论文。当把检索限定在实证研究类，查到 36 篇论文，其中近十年的论文有 13 篇。

七、做好笔记

前面提醒过，如果只找到一篇与你的研究问题有关的论文，你应该仔细阅读，既要做好笔记，也要复制以备以后参考之用。如果你正在做笔记，提醒你记住几点建议：第一，要记下这篇论文的完整索引信息，包括作者姓名、出版年、论文标题、论文来源。如果论文来自一本纸质期刊，要记下期刊名称、卷号和页码范围；如果论文来自电子资源，你也要记下其数字对象识别码(digital object identifier, DOI)，它是以后继续使用这篇论文的唯一识别码。如果没有数字对象识别码，可以记下完整的网址（URL）和文章被检索到的日期，这些信息对于你或其他人将来再找到这篇论文，或者你撰写研究报告时列出参考文献都是必要的。第二，用自己的语言对
64 这篇论文的重要内容进行描述或概括，而不是照抄原文的段落或句子。用自己的语言做笔记，在你将他人的语句或思想整合进自己的论文时，就可以最大可能地避免无意中的剽窃错误。

第五节　寻找研究设想并将其转化为假设

一旦你找到了一系列最近的相关研究，最后一步就是用这些研究为你自己的研究设想或研究问题奠定基础（参见第一章，研究过程的第一步）。此前，我们将这一任务叫作“寻找研究设想”。当你了解某一领域当前的研究状况后，接下来要进行的研究应该是推进当前的研究。但是，推进当前的研究可能也不那么简单。这里给出一些建议。

一、就未来研究提出建议

找到新的研究设想，最容易的方法是查看你已经读过的那些研究报告中明确提出的未来研究设想。大部分研究报告在讨论部分结束前，都会谈到一系列对未来研究的建议。多数情况下，一项研究引出的问题比它回答的问题还要多，作者在报告研究结果的同时，通常会指出那些尚未解答的问题。你当然可以使用这些建议来作为你自己的研究设想。即使研究报告没有给出关于未来研究的建议，作者通常也会指出他自己的研究存在的缺陷或问题。你如果能针对这些问题设计一项新的研究，你就找到了新的研究设想。

二、修正或拓展已有的研究

本章第六节，我们会讨论阅读和理解研究报告的任务。不过，挑剔性阅读往往能产生新的研究设想。具体地说，在你阅读一篇研究报告时，不妨问问自己：如何改进或扩展这项研究？任何研究都使用了一系列具体的指导语、刺激、测验和被试。如果改变其中的任何一项会发生什么呢？比如说，从 8 岁男孩得到的研究结果也可以从其他青少年那里得到吗？如果某一研

究证实了一种治疗方法在特定的环境下是有效的，那么理所当然应该问：如果环境发生变化，这种治疗方法还是有效的吗？请注意，我们不是说通过简单随机地改变变量就可以提出好的研究设想，而是说我们有理由认为，基于逻辑或其他的研究结果，可以预期环境的改变会导致结果的改变。一般情况下，考察或质疑已有研究的不同方面是产生新的研究设想的有效方法。如果你正在考虑改变已有研究的一个变量，明智的做法是扩大文献检索范围，把一些新的研究变量包含进来。假如，你使用“竞争”(competition)和“游戏”(games)的检索词找到了一篇关于8岁男孩竞争性行为的研究报告，你考虑使用“青少年”(adolescents)的概念来完善这一研究， 65
你就可以把这个概念加进来作为一个新的检索词(连同原来的两个检索词一起使用)，看看有没有一些有助于你形成新的研究设想的其他研究。

三、综合或对比已有研究结果

有时，通过将两项或更多已有研究结果结合也可能找到新的研究设想。比如，一项研究报告，经历过压力事件的人比那些生活相对轻松的人更容易患病和更多去看医生(Rahe & Arthur, 1978)；另一项研究指出，安抚可以帮助人应对压力(Broadhead et al., 1983)。告诉你这两项研究的结果，你可以为新研究提出一个假设吗？(具体实例可参见 Siegel, 1990)还有一种可能是，两项研究的结果似乎彼此矛盾。在这种情况下，你可以查看这两项研究存在差异的因素和可能造成结果不同的原因是什么？

总而言之，研究不是静止的，而是不断发展的，在不断孕育新研究的过程中成长着。新的研究设想通常来自对一个研究领域发展方向的洞察。

学习检测

请说明从已有研究报告中发现或提出新的研究设想的三种方式。

四、将研究设想转化为假设

通常，研究设想包括一个对两个变量之间关系的一般性陈述。比如：

视觉表象与人类的记忆有关。

将其表达成一个假设，这一研究设想就可以写成：

使用视觉表象与人类的记忆有关系吗？

就研究过程来说，接下来的步骤(第二步)就是把研究设想转换成假设，即一个需要回答的问题。然后，利用这个假设作出一个能够凭借实证研究来检验的逻辑预测。就刚才这个关于视觉表象的例子来说，可以提出的假设是：

假设：使用视觉表象可以提高记忆成绩。

为了验证这个假设是否成立，我们首先需要从这个假设出发作出一个逻辑预测，并在一项实证研究中进行验证。如果预测被研究结果证实，我们的假设就得到了支持；如果研究结果与预测矛盾，我们必须拒绝假设，对研究问题作出其他回答。

前文提过，一个假设可作出多种预测，而每一种预测又可以用很多种方法验证。研究
66 中，你每作出一个决定，都会在根本上影响着你要进行的研究。比如，在一项视觉表象/记忆的研究中，被试可以是大学生、老年人或儿童。你可以选择即时回忆法来评估记忆，也可以在学习材料两个月之后对材料进行测量来评估记忆。关于视觉表象/记忆的假设，可以作出如下两个预测：

> 如果用指导语引导大学生在两分钟内学习 40 个单词的时候构造心理表象，则他们(平均)回忆出来的单词要比没有给予这一指导语的大学生多。
>
> 平均来说，看 20 个项目图片(如一张桌子、一匹马、一棵树)的 10 岁儿童要比看同样项目单词(如 TABLE/桌子，HORSE/马，TREE/树)的 10 岁儿童回忆得更多。

总之，将研究设想转换为特定的研究假设有许多不同的方法，选择哪一种方法则取决于各种不同的因素，包括你想研究的被试群体和可用的测量技术。不过，每一种可能的假设应该为基本的研究设想提供直接检验。

最后还请注意，同一个一般性假设可以提出若干项不同的研究，这启发我们，还有一个提出新研究的方法。具体地说，你可以从已有研究提出一般性假设和新的研究。如关于与视觉表象有关的记忆，我们已经提出了两项研究。如果你能够改变被试组，调整记忆测量方法，找到人们利用视觉表象的其他方法，那么你就可以提出自己新的研究设想。

学习检测

请说明假设和预测之间的基本区别。

第六节　阅读和理解研究报告

虽然大部分查阅过的研究报告，你都是在看过标题，读过摘要，简单浏览全文之后，就将其丢弃了，但也会有一些与你的研究兴趣直接相关的研究报告，需要你仔细阅读。本节中，我们给出一些建议，需要你在阅读研究报告时谨记。

多数情况下，阅读一篇研究报告有两个目的。首先，你想了解研究报告的具体研究内容，它的研究目的是什么？研究是如何进行的？得到了什么结果？通常，关于这个目的的内容，你可以用自己的语言进行概述。其次，你想将该研究作为自己研究课题的起点，那么改变这一研
67 究的哪一方面可以导致不同的研究结果？如何将这一研究结果扩展至一项新的课题？这一研究会带来什么新的问题？请注意，这两个目的都需要提问，这就是挑剔性阅读的本质——考察和质疑正在阅读的论文的每一部分。在表 2-2 中，我们说明了标准的研究报告的五个部分的
68 基本内容。在表 2-3 中，我们再一次给出研究报告的主要部分，以及在每一部分你应追问的问题。在阅读一篇研究报告时，如果你能就每一部分进行辨析和质疑，读完之后你就能够很好地理解研究报告，而且能够产生下一步研究工作的很好的设想。

表 2-3 研究报告的挑剔性阅读

本表标记了研究报告的主要部分，描述了在对各部分进行挑剔性阅读时应该提出的各种问题。	**结果**
引言	**统计分析（显著性和效应量）** 使用的统计和统计检验方法合适吗？ 你能理解显著性是什么或不是什么吗？ 处理的效应大到有实际意义吗？
文献综述 文献综述全面吗？包括了最新研究吗？ 与研究主题有关的研究均覆盖到吗？	**讨论**
假设或研究目标 假设或研究目标表达清楚了吗？ 假设与文献综述直接关联吗？	**与假设有关的结果** 结果确实支持或拒绝假设吗？
从假设得到的具体预测 依据假设可符合逻辑地预测什么结果？ 还能作出其他具体的预测吗？	**结论的合理性** 根据结果的显著性，得出的结论合理吗？ 从结果能符合逻辑地推出结论吗？
方法	**其他解释** 从结果可以得出其他的结论或解释吗？ 还有其他变量会影响结果吗？
被试 被试是总体的代表性样本吗？ 如果被试受到严格限制（如只有男性），合适吗？ 如果被试具有不同的特征，有理由预测会得到不同的结果吗？	**应用** 结果在现实世界有实际意义吗？
程序 变量均被清晰界定了吗？测量程序合理吗？ 对同一变量，有其他界定和测量的方法吗？ 回答问题的研究程序合适吗？ 还有其他的研究程序可用吗？	**推广的限制** 有什么理由可以猜想，在实验室之外，同样的结果可能不会出现？ 如果被试不同，实验环境不同，还能预期得到同样的结果吗？
	参考文献 参考文献是最新的和全面的吗？

本章小结

刚开始，研究好像是很可怕的，但是记住以下几点会使研究变得更容易一些。第一，选择一个自己真正感兴趣的主题，这有利于你在整个研究过程中集中注意力；第二，完成一系列准备工作，亲自收集和熟悉你要研究的领域的背景信息；第三，在确定研究主题时保持开放的头脑，通过阅读背景材料产生一个特定的研究设想；第四，阅读背景材料之后，聚焦到一个很明确的研究问题；第五，将研究计划分解成可控制的步骤，然后一次完成一个步骤。

所有的研究都开始于研究设想，所幸的是研究设想可来自许多方面。你可以从自己的个人兴趣出发获得研究设想，也可以从自己的偶然观察、实际的问题、闪现的灵感、他人的观察报告和行为理论等方面获得研究设想。不过，在选择自己的研究主题时，有犯下列常见错误的危险:选择了一个自己并不感兴趣的主题;选择一个太容易或太难的主题;选择了一个范围太大的主题;固守最初的研究设想;选择了一个缺乏背景文献的主题。

一旦确定了总的研究设想,你就要熟悉这个领域当前的研究。为了找到心理学类的期刊论文,我们推荐 PsycINFO,因为这个数据库覆盖了心理学研究的大部分文献。可以向图书管员咨询,确定一些其他可用的数据库。根据文章的标题和摘要,你可以剔除那些与你的研究没有直接关联的文献。当你阅读查找到的研究论文时,你将会发现新的研究设想。最后,你要将研究设想转换成具体的假设。

关键词

应用研究	原始文献	二次文献
基础研究		

练习题

1. 除关键词外,还应了解以下术语的定义:

文献检索	PsycINFO	方法
主题词	PsycArticles	结果
数据库	标题	讨论
摘要	引言	参考文献

2. 查找一篇论文,将其引言部分复印下来,然后用几句话为问题提出写出一个简单的、合 69
乎逻辑的推理过程。

3. 列出你在日常生活中可能观察得到的 5 种行为,针对每一种行为,确定一到两个可能对其产生影响的变量。如在教室里打瞌睡是一种可能受咖啡因摄入量和前一晚睡眠时间影响的行为。

4. 列出 5 个你感兴趣的主题领域。说明每一主题产生于哪一项文献资源?

5. 在图书馆找一个适合心理学文献检索的数据库。查找一些背景信息以确定这个数据库可以获取哪些种类出版物的参考文献。这个数据库可以检索多少种期刊?它包括其他哪些种类的出版信息?这个数据库可以检索到《异常心理学杂志》(*Journal of Abnomal Psychology*)吗?可以检索到《行为神经科学》(*Behavioral Neuroscience*)吗?

6. 在图书馆使用合适的心理学数据库,输入关键词"短时记忆"(short-term memory),然后看能查到多少参考文献。现在将"短时记忆"和"想象"(imagery)组合起来作为关键词输入,这一次使用组的关键词查到多少参考文献?

7. 使用 PsycINFO(或类似的数据库),查找关于大学生酗酒问题的研究论文,打印关于该主题的一篇研究论文的检索详细记录(包括摘要)。

8. 使用 PsycINFO(或类似的数据库),查找 5 篇关于年幼儿童抑郁问题的论文,将其记录列表页(record list page)打印出来。

训练活动

1. 从研究报告的讨论部分,常常可以获得进一步研究的设想。有时,研究者会为未来研究提出明确的建议。有时,这些建议不是很明确,它是以作者的自我批判或研究不足的形式表达出来的。例如,一项研究也许承认,它的数据只是从生活在西方社会的儿童那里获取的,很清楚,未来的研究应该考察更广泛的群体。

请使用全文数据库(如 PsycArticles),找到一篇实证研究报告(研究中使用了被试、测量、统计分析,等等)。在讨论部分,找到关于未来研究的建议(记住,你找到也许是关于未来研究的明确建议,也可能是较为含糊的提示)。

a. 给出该研究报告完整的引用信息(作者、年代、标题、期刊)。

b. 提供该研究报告关于未来研究建议的影印件(或只需要把这一部分摘录出来)。

c. 简单描述未来研究可以怎样做(被试是谁,测量什么,等等)。

2. 确定了你感兴趣而想要去探索的研究问题之后,就要去图书馆,查明研究者就该主题已经知道些什么,还有哪些问题未得到解答。此外,你需要清楚研究者是如何定义和测量研究中的那些变量的。例如,你可能对动机或自尊感兴趣,但是你不能给出这两个概念的很好的定
70 义,也不清楚如何测量。多数图书馆的数据库都允许你使用具体的术语去检索信息。比如,在 PsycINFO 中,这些术语叫作主题词(subject terms)。当你输入一个主题词后,数据库就会检索出所有有关的出版物。请选择一个你感兴趣的主题词,找到三篇与此主题有关的实证研究报告。就每一研究报告,给出:

- 完整的引用信息(作者、出版年、标题、期刊)。
- 对研究假设或目标的陈述。
- 结果的概述。

网络资源

访问本书的网站 www.cengage.com/international 可获取学习工具,包括术语表、抽认卡、网络测试等。也会看到一个链接,点击后会进入统计和研究方法工作坊。

关于本章,建议查看下列工作坊:

- 找到一个研究的设想。
- 对已发表的研究进行评估。
- 学生研究中的常见错误。

71 # 第三章

研究中的伦理学

本章概览

伦理问题是研究中必须考虑的问题。研究者的伦理责任包括两个方面:(1)对参与研究的人类和非人类被试负责;(2)对科学研究的准则负责,必须诚实和准确地报告研究。本章对这些伦理问题逐一进行讨论。

- ◆ 引论
- ◆ 人类被试与研究伦理
- ◆ 非人类被试与研究伦理
- ◆ 科学诚实与伦理问题

72 ## 第一节　引论

一、伦理考量贯穿研究过程

确定了新的研究设想,提出了研究假设,选定变量的界定与测量方法后,你也许会想:"太好啦! 现在我真的可以开始研究了。"我们当然希望看到你为开始一项研究工作而兴奋,但是现在还必须考虑研究过程中的责任要素,这是很严肃的事情。

在前述的各个步骤中,你的工作完全是私人的或个人性质的,你独自在图书馆或网站上搜集信息,提出研究设想。但是现在,你进入到这样一个阶段,其他人参与到研究过程中来:首先是被试,你要在研究中观察和测量他们的行为或反应;然后是那些能够看到你研究报告的人们,他们或许会受你研究报告的影响,你必须让这些人感受到你的诚实和你对他们的尊重。在接下来的研究阶段,你必须承担这一责任,即符合伦理地对待那些可能受研究影响的人们。总之,**伦理学**(ethics)是关于适当行为的学问(Ray, 2000),这一章专门讨论**研究伦理学**(research ethics)。

请思考下列例子:

● 假如,作为一个研究主题,你对像拳击手和足球运动员那样头部重复受到撞击而导致的脑损伤感兴趣。显然,出于伦理考虑,你不能先造成某人脑损伤,然后再考察脑损伤引发的效应。不过你可以比较两个现成的组。比如,一组足球运动员,他们的头部经常受到足球撞击；一组游泳运动员，他们虽然也是运动员，但平常头部不会受到撞击(Downs & Abwender, 2002)。

● 假如，作为一个研究主题，你对性行为感兴趣，出于明显的伦理考虑(隐私)，你不能秘密在人们的卧室里安装摄像机。但是，你可以请人完成一项关于性行为的问卷(Hammermeister & Scanlan, 2000)。

研究过程的每一步都要考虑伦理问题。伦理准则规定：(1)什么样的测量工具可用于某一 73
特定被试群体和某种特定的行为；(2)研究者如何选择参加研究的被试；(3)哪些研究方法可用于某一特定的群体和行为；(4)哪些研究设计可用于某一特定的群体和行为；(5)研究如何在被试身上实施；(6)如何处理数据；(7)如何报告结果。伦理问题是最高准则，你在研究过程的每一步作决策时都必须记住这一点。科学家的研究是受伦理约束的。

二、伦理责任的基本类别

研究者有两类基本的伦理责任：(1)要对研究中的人类和非人类被试负责，确保他们的幸福感和尊严不受损害；(2)必须诚实和准确地报告研究。

任何研究都有可能直接导致伦理问题，不管是否用人类作被试。研究情境会不自觉地促使研究者对参加研究的被试施加控制，但是研究者没有权利滥用这些控制或给被试造成生理的、情感的或心理的伤害。相反，研究者和被试的相对权力意味着研究者有责任保证被试的安全和尊严。诸如审查人类被试研究的机构审核委员会(Institutional Review Board, IRB)①和审查非人类被试研究的动物关怀与使用委员会(Institutional Animal Care and Use Committee, IACUC)等委员会帮助研究者落实这些责任。这些委员会负责审查此类研究，不管被试是否是人类。我们将在本章的第二节、第三节详细讨论研究工作中对人类和非人类被试的安全保障问题。

研究报告也存在伦理学问题。人们认为研究报告应该是对研究过程和研究结果精确而真实的描述，就像我们在第一章讨论的那样。科学方法被规定为有效的调研方法，它的目标是获得我们认为可靠的结论，任何违背这种信念的报告都涉及伦理问题。本章第四节将讨论这方面的两个伦理问题，即欺诈和抄袭。

第二节　人类被试与研究伦理

一、历史上对人类被试的高度关注

第二次世界大战结束后，研究者开始建立他们自己的伦理标准和研究中对人类被试的保

---

① 20世纪中期，美国政府制定了联邦条例和规章，以约束使用联邦机构的基金进行的研究，它要求任何由美国政府部门提供基金进行研究的机构都要设立审核委员会，即机构审核委员会。——译者注

护措施。过去人们认为，研究者受他们自己伦理品质的约束，会在研究中保证被试免受伤害。然而，不是所有的研究者都能遵守伦理准则善待被试。促成个性化伦理学转变为更正式的伦
74 理准则的主要动因在于对纳粹集中营中使用战俘进行残酷实验的揭露。在纳粹集中营中，研究者在那些不情愿的被试身上进行残酷的“医学实验”，包括将被试的骨头一次次地打断（目的是看骨头骨折多少次后就不能愈合了），将被试置于极高的海拔和极冷的水中（目的是看人在这种极端情况下能活多长时间）。由于此类暴行被揭露出来，1947 年，那些对这些罪行负有责任的人在纽伦堡①受到了审判。此次审判催生了《纽伦堡公约》（Nuremberg Code），该公约由研究中对待人类被试的十条伦理准则组成（如表 3-1 所示）。《纽伦堡公约》为今天制定心理学和医学研究的伦理标准奠定了基础。一系列相似的伦理准则如《赫尔辛基宣言》在 1964 年被世界医学协会采用，它为涉及人类被试的医学研究提供了一系列国际性伦理准则。

遗憾的是，即使在《纽伦堡公约》不断完善之后，研究者也不是总能保证人类被试的安全和尊严。自 20 世纪 40 年代末起，在生物医学研究中一直存在虐待人类被试的残酷事件。比如，1963 年，一些无戒备心的患者被注射了活性癌细胞的事件被披露出来（Katz，1972）。1972 年，一家报纸揭露了一项来自公共卫生署（Public Health Service）的研究——塔斯基吉研究，在有可用的青霉素情况下，近四百名患有梅毒的男性被耽搁很长时间才给予治疗（注射青霉素），这项研究起初是作为一项短期研究，跟踪调查未被治疗的梅毒症状。研究持续了四十年，目的仅仅是观察梅毒的后期症状（Jones，1981）。

人们一直怀疑行为研究中存在此类虐待人类被试的例子。最常引用的是米尔格拉姆的服从实验（Milgram，1963）。米尔格拉姆指导被试使用“电击”惩罚那些在一项学习任务中出错的人，“电击”的强度逐渐增加，直到“被电击”的人好像感到“严重疼痛”和有“危险”为止。实际上，研究中并未真正地使用电击（“被电击”的人是在演戏），不过，被试（那些实施“电击”的人）并不知道这一点，他们确信被他们“电击”的人正在遭受疼痛和痛苦。尽管在米尔格拉姆的研究中，被试本身并没有遭受生理伤害，但是他们因为非人道地对待同伴而感到羞愧和为难。在这一实验开始前，这些被试都自认为是正常的、体贴人的。但是完成实验之后，他们常常感到自己是残忍的、没有人性的。

表 3-1 《纽伦堡公约》的十条伦理准则

1. 人类被试自愿同意是绝对必要的。这就意味着研究中的人应该具有表达意愿的合法权利，应该具有自由行使选择的权利，不受任何外力、欺诈、诱骗、强迫、压制或其他隐蔽性约束和强制的干涉；对参与研究要做的所有事情都有足够的认识和理解，以便能作出合理的决定。后一条要求在人类被试接受实验任务之前，知道实验的性质、时间和目的；知道实验操作的方法和手段；知道所有可预期的适度不便与危险；知道所有可能来自实验的对他的健康或身体的可能影响。每一个发起、指导和参与实验的人都有责任和义务了解被试的真实意愿，这是他们必须承担的责任和义务，将其委托他人都应受到惩罚。

① 纽伦堡为德国城市名。——译者注

（续表）

2. 实验应能产生其他研究方法和手段无法实现的有益于社会的成果，而且这些成果在本质上也不是随意的和可有可无的。
3. 实验设计应该基于动物实验以及对所研究的疾病或其他问题的自然演变过程的了解，以便预期的结果能够证明实验操作的合理性。
4. 实验实施应避免一切不必要的生理、心理痛苦和伤害。
5. 当预期可能会有死亡或伤残发生时，应禁止实验，除非那些要开展实验研究的生理学家自己也一起充当被试。
6. 实验危险的最大限度由实验所要解决的问题所具有的人道主义意义来确定。
7. 准备工作要充分，要有足够的器械，尽可能避免对被试造成哪怕是可能性很小的伤害、伤残或死亡。
8. 只有那些具有科学素养的人才能进行实验，要求那些实施实验或参与实验的人在实验的每一阶段都有最熟练的技能和最大程度的人文关怀。
9. 在实验过程中，如果被试的生理和心理状态已不适合继续参加实验，那么他可以自由地退出实验。
10. 主持与领导实验的科学家要践行诚信原则，有高超的技术并能作出仔细的判断，如果他发现继续实验可能会导致被试伤残或死亡，他必须随时准备终止实验。

资料来源：Katz, J.(1972). *Experimentation with human beings*. New York: Russell Sage Foundation.

就前述的研究案例来说，我们强调其中两个重要问题：第一，这类极端性的研究尚属少数，
但我们有理由怀疑许多其他研究也存在类似问题；第二，这类研究促使我们建立了一系列适当
的伦理准则。20 世纪 60 年代后期，美国军医处长要求所有从公共卫生服务中心得到美国联
邦政府经费的研究机构对研究进行审查，以保证人类被试的安全。由于对研究伦理学的关注
越来越多，美国国会在 1974 年通过了《国家研究法案》(National Research Act)。这个法案制
定保护人类被试的准则，并让卫生、教育和福利机构成立了一个国家委员会来保护生物医学和 75
行为研究中的人类被试。1979 年，这个委员会发布了《贝尔蒙特报告》(Belmont Report)，报告
中包含了伦理原则和在研究中保护人类被试的准则。《贝尔蒙特报告》总结了美国国家委员会 76
审定的基本伦理准则，保护人类被试的联邦准则以此为基础并沿用至今。

这份《贝尔蒙特报告》确定了三个基本的伦理原则：(1)尊重原则，要求尊重人类，个体加入研究必须是自愿的。诸如儿童、认知能力不足的人、囚犯等不能表达意愿的人需要受到保护；(2)利益原则，要求研究者要有仁爱之心，不能伤害被试，使风险最小化，利益最大化；(3)公正原则，要求在选择被试时做到公平公正。

尽管对当代大学生来说，伦理原则的发展好像经历了漫长的过程，但你要知道它们只是在你们父母那一代才发展，你们的父母在他们大学的时候可能就参与了伦理学的研究。在 20 世纪 70 年代之前，几乎没有正式的伦理原则和标准，研究者通常都是凭着自己的主观判断去决定什么样的研究过程是正确的和可接受的。例如，米尔格拉姆的研究可能看起来有点怪诞和不人道，但是在它之前，其他的心理学研究也很残忍，在那些研究中，人类被试会因为研究者的

错误而受到惊吓。

学习检测

下面三个表述，哪个违反了《贝尔蒙特报告》的三个基本的伦理原则？

研究者招募贫穷的少数族裔参加有危险的实验。

研究者以参加研究可以赢得比赛为幌子来招募被试。

研究者清楚参加研究后人们会感到羞愧。

二、美国心理学会伦理指南

研究中使用和对待人类被试的伦理指南

几乎与美国联邦政府开始考虑在研究中保护人类被试同时，美国心理学会制定了第一套伦理指南(1973)，这套伦理指南至今还广为传播并被人们接受。美国心理学会道德委员会最初成立于1952年，但是直到20世纪60年代中期，才对米尔格拉姆有名的服从实验的主要批判作出反应，美国心理学会的成员才开始讨论正式的伦理准则。

也许你已经注意到“指南”一词。因为不可能预见到所有具体的研究情境，所以“指南”只能规定研究者必须慎重考虑的一般的伦理问题。美国心理学会的伦理指南已经多次更新和拓展，并定期修订，最新版是2016年发行的。《美国心理学会伦理准则》(APA Ethics Code)包括
77 十个条目。在使用人类被试进行研究之前，应先熟知这些条目(访问 APA.org 网站可获得详细信息，或登录以下网站下载完整版《美国心理学会伦理准则》：http://www.apa.org/ethics/code/index.aspx)。按照美国心理学会的说法(APA，2016)：“这套伦理准则为心理学研究者从事专业的和科学的工作提供了通用的原则和标准，它涵盖了心理学研究者可能遇到的大部分情境，基本目标就是使心理学研究者使用的个人和小组获得幸福和保护，使研究组的成员和学生获得教育，使公众关注行为准则的道德标准。”

研究中关于人类被试的伦理准则，以美国心理学会《心理学家的道德原则和行为规范》(Ethics Principles of Psychologists and Code of Conduct)(APA，2002)为基础，包括与在研究中如何使用和对待人类被试最有关的项目。美国心理学会的伦理指南不断受到来自美国联邦政府、州政府和地方政府执法部门的审核和修订，所以研究者必须经常核实以确保遵守最新的规则。

学习检测

尽管《美国心理学会伦理准则》和《纽伦堡公约》的重叠之处很多，但是它们主要有以下三个相同点：无伤害、权限和知会同意。这三点要求分别是《美国心理学会伦理准则》的第一条、第四条和第六条，那么又分别是《纽伦堡公约》的第几条呢？

主要的伦理问题

我们不准备对伦理指南中的每一条都进行讨论，只介绍对新手最重要的几个方面。

无伤害

研究者有责任保护被试，使其免受生理或心理的伤害。研究者要对整个研究过程的危险性进行评估，如果可能的话，研究者应该使这些风险最小化或把它们从研究中移除。对于任何伤害性危险，都要说明正当理由，比如研究的科学价值远远超越了可能带来的较小的、暂时的伤害，或者如果研究中没有这些轻微的伤害，那么就会造成更大的伤害（当决定是否使用一种明知道有副作用的药时，医生和患者就面临这种选择）。在任何情况下，必须告知被试所有潜在的危险，研究者也必须采取措施将可能发生的伤害降到最小。在行为科学领域（心理学与医学交叉的领域除外），生理伤害相对较少，但心理伤害却很常见。研究中或研究后，被试可能感到越来越焦虑、易怒、低自我概念或轻度抑郁，特别是在有些情况下，他们感到上当、受骗、被误导或侮辱。有时，研究者有意创设这些情境，因为这是研究过程的一部分。比如，给被试一些不可能完成的任务，以便观察他们对失败的反应。被试常常会对研究目的进行假设或猜测，给自己造成某些心理压力。在以上两种情况下，研究者可以在研究前准确地告诉被试他将要做 80
什么、为什么做（在许可的范围内），或者在研究后尽可能早地提供对研究活动的完整解释和合理性说明，这样可以打消被试的疑虑，目的是让被试在离开研究情境时的感觉像他们进入研究情境时一样好（关于欺骗和如何处理欺骗的详细讨论见下文）。最后，包含诸如身体虐待、性虐待、对妇女的暴力等敏感话题的研究，会唤醒被试先前所受精神创伤的记忆而使他们再次感受到创伤，此类研究也会给研究者带来严重的道德困扰（Fontes, 2004）。

关于无伤害伦理准则，当前争论的一个领域是**临床均势**（clinical equipoise）（Young, 2004）。临床均势的基本观念是临床医师有道德责任为患者提供最好的治疗。但是，很多科学研究通过随机地给患者指定不同的疗法来评估和比较不同疗法的优劣。如果临床医生知道甚至相信某种疗法比其他疗法都差，却不给患者最好的疗法，就违背了无伤害伦理准则。解决这种困境的办法是，只进行这样的研究——对优选出来的疗法进行比较，这就是临床均势的原则。这意味着研究者只能比较以下两种处理情况：

a. 确实不确定哪种疗法最好。

b. 关于哪种疗法最好，专家们有明显分歧。

这里需要特别指出，普遍采纳临床均势原则会限制很多有价值的研究，如那些包含空白对照组的研究或那些比较特效药和无效安慰剂的研究。以后此类研究很难被批准。

通常，无伤害伦理原则意味着研究者有责任预估和排除研究过程中任何伤害性因素。在 81
研究的过程中，研究者必须时刻关注被试的感受，只要有任何危险的迹象就必须立刻终止实验。这里有一个很典型的例子，1973 年哈尼、班克斯和津巴多（Haney, Banks, & Zimbardo, 1973）的模拟监狱实验。在这项研究中，指定任意男性大学生来扮演一个星期的囚犯和狱警。除了禁止身体虐待，这些被试没有接受过任何特定的训练。但是，在短短的几天里，那些扮演囚犯的人开始表现出沮丧和无助，而那些扮演狱警的人则表现出挑衅和丧失人性。扮演囚犯的人中有一半出现严重的情绪困扰，只有从这种角色扮演中摆脱出来才能获得健康快乐。最后，出于对其他被试安全的考虑，整个实验提前结束。尽管这只是一个极端例子，但它说明，必须在研究过程中进行持续的观察，确保始终贯彻无伤害伦理原则。

学习检测

研究中应该对哪些危险给予合理性说明？

知会同意

知会同意(informed consent)的一般含义是，人类被试在参与研究前，应该被告知关于此项研究的完整信息以及他们在其中所起的作用，他们应该理解这些信息，然后自愿决定是否参加这一研究。不过，这一点常常难以实现。下面我们考虑知会同意的三个组成部分，并考察每一部分可能存在的问题。

1. 信息。在被试参与研究前，告知被试有关这一研究的完整信息通常是困难的或不可能的。实际研究中，人们常常采用的一种方法就是保持被试对研究目的“盲”的状态。如果被试知道研究假设一种处理可以提高作业成绩，那么他们就可能在该种处理条件下调整自己的作业水平以迎合实验者。为了避免这一问题，研究者通常会清楚地告知被试怎样做，但不会告诉他们为什么这样做。在需要采取欺骗、隐蔽测量、隐蔽观察等方法的研究情境中，告知被试会破坏研究的目的。临床研究中，试验性治疗的结果(风险或收益)也许是未知的，这时研究者可能就不能准确告知被试会发生什么。尽管一些信息可能是隐蔽的、隐藏的或未知的，但有一点是必要的，那就是任何已知的潜在风险必须告知被试。

2. 理解。简单告知被试有关研究的信息也不一定就算是知会，特别是在被试根本没有能
82 力理解的时候。这种情况多半发生在一些特殊人群，如年幼儿童、智力迟滞者或精神患者身上。在这些情况下，习惯做法是不仅告知被试本人有关研究的信息，还要告知他们的父母或监护人，要这些人同意被试参加研究才行。对于特殊人群，需要提醒研究者，需要得到被试本人的同意和法定监护人的正式同意。即使是正常人，也有可能存在一些真正的理解问题，研究者必须使用被试容易理解的术语来解释，并给被试充分的机会提出问题。

3. 自愿参加。知会同意的目的是让被试根据自己的自由意志来决定是否参加实验，但是通常被试会有被强制参加的感觉，他们觉得只能作出有限的选择。例如，当研究者是教师、教授或临床医生时，他就具有特权地位或对可能的被试具有控制作用，如果这些可能的被试不合作，就会担心被报复。假设你的教授要求班里的同学自愿协助一项研究课题，你会不会感到有一些额外的压力？你的“自愿参加”是为了避免影响你的课程成绩吗？对于那些特殊机构里的人(监狱里的犯人，医院里的患者等)来说，这一问题特别重要，他们生活中的某些方面难免依赖于其他人。在这种情况下，研究者要向他们说明，他们完全可以拒绝参加，也可以在研究过程的任何阶段退出，这样做不会带来任何消极后果，他们是自由的，这一点非常重要。

在不同研究中，获得知会同意的方法各不相同，这部分取决于信息呈现的复杂性和研究的风险程度。在大部分情况下，研究者可以使用书面知会**同意表**(consent form)。同意表包括所有知会同意条款的声明和参加者和/或参加者的监护人签名之处。同意表要在研究之前提交给可能的参加者，以便他们获得所需要的全部信息，作出是否参加的有依据的决定。同意表会

根据具体研究的不同而不同，但通常包括一些共同要素（Kazdin，2003）。

尽管同意表很通用，但在危险性很小的情况下获得口头同意就可以了，不一定需要书面同意表。还有，在某些情况下（如采用匿名方式的问卷），完全摒弃同意表是允许的。

学习检测

请说明在知会同意中自愿参加的意义。

欺骗 83

研究目的通常是考察"正常"环境中的行为，研究者有时不得不使用**欺骗**（deception）。

例如，如果被试知道一项研究的真实目的，那么他们可能会改变他们的自然行为以隐瞒那些让人窘迫的秘密，或者表现得比实际更好一些。为避免发生这种情况，研究者有时不告诉被试真实的研究目的，使用**被动欺骗**（passive deception）隐匿研究的某些信息，或者采用**主动欺** 84
骗（active deception）故意给出错误的或误导的信息。简单来说，被动欺骗是保密，主动欺骗是撒谎。

例如，在一项关于人类记忆的经典研究中，克雷克和洛克哈特（Craik & Lockhart，1972）没有告知被试他们实际上已经参与到一项记忆研究中去了（被动欺骗），而是给被试一次呈现一个单词，要求被试按照不同的方式对单词作出反应。一些被试被要求回答这个单词是以大写字母书写还是以小写字母书写，另一些被试则被要求判断每个单词的意义。在对大量单词作出反应之后，意外地给被试呈现一项记忆测验，要求他们尽可能多地回忆这些单词。事先，这一研究的真实目的——测量记忆没有告知任何被试。在这种情况下，欺骗是必要的，是为了防止被试在单词呈现时试图记住这些单词。

主动欺骗会以不同的形式呈现。例如，研究者可以直接说个关于研究的谎言，可以给出错误的刺激材料信息，可以给一个被试的表现以错误的反馈信息，或利用**同伙**（confederates）来营造一种虚假的情境。尽管有一些迹象表明主动欺骗的使用正在减少，但这一方法已经成为许多研究领域的常规做法，尤其是在社会心理学领域（Nicks，Korn，& Mainieri，1997）。例如，阿希（Asch，1956）告诉被试他们正进行一项感知研究实验，被试 8 个人一组，每组被试都要找出跟标准线长度完全相同的那个刺激线。8 个人中有 7 个人是阿希的同伙。在刚开始的几次试验中，这些同伙选择了正确的刺激线，在后来的几次试验中，他们一致地选择了那些明显错误的刺激线。尽管那些真正的被试对他们的选择表现出了忧虑和困惑，但他们中有三分之一的人还是跟随小组的普遍做法，选择了那些明显错误的刺激线。通过主动欺骗他的研究被试，阿希能够论证社会性从众的程度。如果只是简单地问被试他们是否从众，绝大多数人会说"不"（Wolosin，Sherman，& Mynat，1972）。

在一项考察虚假供词心理影响的研究中，卡辛和基切尔（Kassin & Kiechel，1996）骗被试为一宗他们根本就没有犯过的罪而认罪。研究者告知被试要用计算机键盘记录他们的反应，同时警告他们其中有一个键是不能按的，因为那会损坏计算机。反应时测试进行 60 秒后，电脑突然关机了。然后，研究者指控这些被试按了那个不能碰的键导致计算机损坏。在某些情况下，一个研究者的同伙也说看见被试按了那个不能按的键。尽管所有的被试都是完全无辜的，起初也否认这一罪状，但很多被试最后都承认是他们按了那个键而损坏了计算机，并且因为损坏了计算机而觉得心里愧疚。在这项研究中，研究者在实验室控制的情况下使用了主动欺骗的方法从而引起了不可思议的行为（虚假供述），这种在实验室控制的情况下所做的研究合乎科学程序。

85 任何包含欺骗的研究都违背了知会同意的原则，因为被试并没有获取完整准确的信息。在这种情况下，研究者有保护被试安全的特殊责任。美国心理学会制定的伦理指南确定了三个具体的责任范围：

1. 必须说明欺骗的合理性，欺骗带来的好处必须超过被试承担的风险。研究者必须对所有可以使用的欺骗方法进行比较，并对不使用某些程序作出合理性解释。

2. 研究者不能向可能的被试隐瞒研究过程中可能会给被试造成严重的生理或心理痛苦的信息。

3. 被试参加研究后，尽快为他们提供关于研究的完整解释。

首先，说明欺骗的合理性，显然包括权衡研究的价值与被试的权益。通常，最后的决定不是由研究者作出的，而是要经过一个小组的审核与同意，这个小组要确保以人为被试的研究符合伦理要求，并对其负责（如后面讨论的机构审核委员会）。这个审核小组也可以建议使用一些不需要欺骗的研究程序，研究者必须对这些建议给予考虑和答复。

其次，研究者不能隐瞒研究中的危险或潜在的危害。假如在一项研究中，研究者想考察增加焦虑对工作成绩的影响，为了增加焦虑，研究者告诉被试在研究中他们有时会遭受较温和的电击，但实际上并不给予被试电击，所以研究者采用了欺骗的方法。这种没有伤害或危险的欺骗或许是可以接受的。而在另一项研究中，研究者想考察突然的、出乎预料的痛苦经历对工作成绩的影响，为了创设这种痛苦经历，研究中研究者有时在没有警告被试的情况下对被试施加轻缓的电击。为了保证这种电击是未预料到的，在知会同意中没有提及任何关于电击的事情。在这种情况下，研究者隐瞒了潜在的危险信息，这样的欺骗是不被允许的。

86 再次，研究完成后，必须给那些受到欺骗的被试提供一个**任务解释**（debriefing），完整说明研究的真正目的，包括欺骗的使用及其目的。这种任务解释具有多重目的，包括：

- 如果使用了欺骗，那么就向被试传达真正的研究目的。
- 抵消或将研究的负面影响减到最小。
- 传达研究的教育目的（即解释研究的价值和参与研究的科学贡献）。
- 解释研究中使用的所有欺骗的性质和合理性。
- 回答被试的问题。

总的来看，任务解释的目的就是抵消或降低有害影响。不幸的是，有证据显示，任务解释未必总能达到目的。尽管在有些研究中，任务解释能够有效消除危害，不留下后遗症（Holmes, 1976a, 1976b; Smith & Richardson, 1983），但也有一些研究显示，任务解释是无效的或者是不被相信的，并可能导致更严重的怀疑（Fisher & Fyrberg, 1994; Ring, Wallston, & Corey,

1970)，这些情况来自那些在向被试提供任务解释后立即对他们进行访谈的研究。有些研究者相信，被试的报告可能没有真正显示他们对任务解释的反应，特别是在告诉他们此前使用欺骗信息的时候(Baumrind, 1985; Rubin, 1985)。还有一些证据显示，任务解释只会进一步导致被试的烦恼和窘迫(Fisher & Fyrberg, 1994)——他们不仅在研究中受到欺骗，而且还不得不面对他们受到欺骗的事实。尽管如此，被试还是应该获得关于研究的完整解释，研究者也有义务尽可能保证被试的安全。下列事情可能会影响任务解释的效果：

- 被试的怀疑(被试在多大程度上认为任务解释只是欺骗的继续)。
- 欺骗的性质(欺骗是被动的还是主动的，在使用主动欺骗时，任务解释的效果更差)。
- 实验者的真诚度(被试最后需要面对的是一个真诚的实验者)。
- 研究结束到进行任务解释之间的时间间距(越短越好)。

有些研究设计允许研究者告知被试可能包含欺骗并询问他们是否接受这些欺骗。比如，在药物研究中，常常需要对服用药物组的被试和服用安慰剂(一种无效的、无活性的替代品)组的被试进行比较。实验一开始，所有被试都被告知有一个安慰剂组，但是谁都不知道他们是在 87
药物组还是在安慰剂组。这样，在他们同意参加实验之前就被告知可能会受到欺骗，这种事先暴露的方法有利于减少欺骗的负面影响——被试不大可能生气或感到被欺骗或侮辱。不过，当知道其中存在欺骗时，被试可能变得更具有防御性或对研究的所有方面都产生怀疑。还有，被试可能会采取非常的反应或行为，从而破坏研究目的。比如，在一些治疗艾滋病的新药临床前药效评价的研究中，参与研究的实验组和对照组可能会私下分享他们的药，假设这一方法能够确保每个被试至少可以得到一些真药(Melton, Levine, Koocher, Rosenthal, & Thompson, 1988)。

欺骗一般也会导致被试对实验的普遍怀疑。因为受到欺骗，被试可能会拒绝参加后续的实验，或者在以后的实验中带有防御性或敌对的态度。受到欺骗的被试可能会将他们的消极态度和意见告诉他们的朋友，因此一个欺骗实验可能会污染整个潜在的被试群体。

学习检测

1. 请解释被动欺骗和主动欺骗的区别。
2. 为了使欺骗和知会同意原则之间的矛盾最小化，应该对欺骗做什么限制?
3. 哪些因素会影响任务解释的效果?

保密性

行为科学研究的本质是研究者从参加研究的个体那里收集信息。尽管不同的研究收集的具体信息是非常不一样的，但我们可以对这些不同的信息进行如下的分类：

- 态度和意见，如政治和偏见。
- 成绩测量，如手的灵巧性、反应时间和记忆。
- 人口特征，如年龄、收入和性取向。

对有些人来说，所有这些信息可能都被看作是私人的或个人的信息，一些被试不希望公开这些信息是合理的。因此,美国心理学会伦理指南要求研究者要确保被试信息的私密性。**保密性**(confidentiality)就是确保来自研究被试的信息的私密性。保密性的约束对被试和研究者都有好处。首先,可以保护被试免受信息公开导致的窘迫和情绪紧张;其次,研究者也更有可
88 能找到乐意参加的、诚实的被试。大部分人在透露个人和私人信息之前都需要有保密性的保证。

尽管有各种不同的保密技术,但其中最基本的方法是确保被试记录的**匿名性**(anonymity),即在研究过程中或撰写研究报告的时候,从每个被试那里得到的信息和测量资料不要与被试的姓名放在一起。

为了确保数据资料的保密性,通常使用下列方法:

1. 在数据记录中不出现被试的姓名或其他身份信息。这种方法适用于不需要将单个被试与其提供的具体信息联系在一起的情况。例如,一项研究可能要被试完成一份他们对工作场所中种族歧视的态度的问卷调查,或记录校园咖啡馆里每个人的循环再利用行为。如果向被试承诺给予报酬或额外的奖励,那么研究者需要保存一份被试名单,以便能兑现承诺或以后需要的时候再联络他们。但是,这份完整的名单要与数据分离,而且要在研究结束后销毁,研究者或其他人不能将某一具体反应信息与具体的人联系起来。

2. 研究者使用编码系统来辨认哪个被试与哪个数据对应。在研究的不同阶段,需要重新把被试姓名与具体的数据联系起来时,就需要这种方法了。例如,一项研究需要在不同时间不同条件下测量同一个被试,在这种情境下,研究者想考察每个被试是如何随时间变化的。当一个被试在第三个阶段完成反应后,研究者必须能够回头查找他前两个阶段的反应。唯一的方法就是使用姓名代码或编号代码来辨认实际的数据,而且研究者要使这些代码保存在一个分离的、保险的与被试相联系的名单上,这样任何获得这些数据的人只有对应的编码而不能将任何具体的被试与具体的数据联系起来。保密的被试名单也只能用于查找特定被试以前的数据,并且在得出研究结论后,就要销毁被试名单。

89 大部分研究报告是计算并呈现一组被试结果的平均值,在任何地方都不用提及任何单个被试,甚至不使用他们的姓名代码或编号代码。在需要更详细地讨论单个被试的情况下,研究者必须特别留意要保持匿名性,在这些情况下,最多也只能使用被试的姓名代码或编号代码来分辨具体的被试,而且要对被试的描写进行编辑,清除那些能导致单个被试被识别出来的特征描述。

学习检测

为什么说加强保密性对被试和研究者均有好处?

三、机构审核委员会

尽管保护人类被试的最终责任人是研究者,但是大部分使用人类被试的研究还必须接受一个由不直接参加研究的人组成的一个小组的审核和认可。作为保护人类被试方针的一部

分，美国卫生和福利部(Department of Health and Human Services, HHS)要求对所有由政府机构或政府基金资助的研究机构从事的以人类为被试的研究进行审核，这些研究机构包括大学、学院、医院和诊所——每一个以人类为被试的研究可能发生的地方。这些审核是要确保研究符合美国联邦管理法规第 46 部分第 45 条的相关要求。普遍认为，1991 年出版的《共同准则》(*Common Rule*)以《贝尔蒙特报告》的相关原则为基础，并且为机构审核委员会保护人类被试提供了一系列联邦管理准则。

任何机构都要建立一个由科学家和非科学家组成的委员会即机构审核委员会。机构审核委员会遵照七个基本标准对所有包含人类被试的研究计划进行审核，如果某一研究计划不能满足这些标准中的任何一条，研究计划就不能通过。另外，机构审核委员会允许研究者在计划通过之前对研究计划进行修改以满足这些标准。下面列举七条基本的机构审核委员会标准并对之进行简单讨论(Maloney, 1984)。

1. 将给被试带来的危险降到最低。这一标准的目的是确保研究程序不给被试带来不必要的危险。除了要对一项研究计划的危险程度进行评估以外，机构审核委员会要对研究进行审核以保证采用的每一个预防措施都能降低危险性，这也许要求研究者说明研究计划包含危险性的合理性，机构审核委员会也可能会建议或要求研究者使用其他可能的程序。

2. 与收益相联系的合理风险。机构审核委员会要负责评估被试承受的潜在危险和研究结果的收益，这里的收益包括被试可即刻得到的好处和诸如增进知识的一般好处。

3. 公平选择。这一标准的目的在于保证在选择被试过程中不能区别对待总体中的
个体，也不能利用易受伤害的个体。比如，如果一个研究者在一个社区招募志愿者时，所 90
有的公告都是要求被试说英语，那么他在不经意间就把说西班牙语的人排除在外了。对于机构审核委员会来说，他们要关心的不是保证样本随机性的问题(虽然这对研究者来说很重要)，而是要保证所有潜在被试都有平等的机会。关心弱势群体是因为这当中的一些人(儿童、心理发育迟滞者、有精神疾病者、隶属于某些特殊机构的人)更容易被欺骗或被强迫进入"自愿者"行列，但他们对自己所要做的事并不完全理解。

4. 知会同意。知会同意的概念是所有伦理准则中最基本的要素，也是机构审核委员会关心的一个基本的方面。机构审核委员会会对获得知会同意的程序进行仔细而严格的审核，以确保研究者向潜在被试提供了他们感兴趣和关心的关于研究的完整信息。此外，机构审核委员会还要确保这些信息是以被试容易理解的形式呈现的，比如信息应该以日常用语形式呈现，并且要和具体的被试水平相适应(比如，向大学生呈现信息的方式应该与向 6 岁儿童呈现信息的方式不同)。机构审核委员会一般还要看研究者是否清楚告知被试他们有权在任何时候退出研究而不会受到处罚。这一标准的目的在于保证被试在决定参加研究之前获得完整的信息并理解这些信息。

5. 知会同意表。机构审核委员会决定被试和研究者是否有必要签署一份书面的知会同意表。

6. 资料监控。在研究过程中，研究者要准备好对资料进行监控，以防止出现未预料

到的危险或对被试的伤害。在有些研究情境，研究者应该监控每一个被试的测试过程，以便在危害或危险出现的第一时间终止测试程序。

7. 隐私和保密性。 这一标准的用意是防止研究中获取的被试信息泄漏给其他人（父母、老师、老板、同僚），这样可以避免被试因此而感到窘迫或受到伤害。机构审核委员会要考察研究中保存的所有记录：被试是如何确认的？数据是如何编码的？哪些人获得过关于被试姓名和数据的资料？这样做的目的是保护被试基本的隐私权，确保被试资料的保密性。

为了审核以人为被试的研究贯彻上述标准，机构审核委员会一般会要求研究者提交一份书面的研究方案，分别阐述七个标准。通常情况下，当地的机构审核委员会有正规的表格，要
91 求研究者填写。研究方案分为三种不同类型，每一种类型都有不同的审核方式。如果研究对成人被试没有潜在的风险，则属于第一类（免于审查），例如无伤害的、匿名的、邮件形式的调查，或对公共行为的匿名观察。这一研究方案免于知会同意，由机构审核委员会主席委员会对此作出审查。如果研究对被试造成的风险非常小，尤其是在没有心理干预和欺骗的情况下对正常成人个体或群体行为的研究，则属于第二类（快速审查）。这一类研究不需要知会同意的书面报告，但需要口头的知会同意。第二类研究方案有部分机构审核委员会成员审核。需要注意的是，通常情况下，在教室里实施的研究属于这一类。如果研究方案中存在任何可质疑的问题（如使用了特殊人群、不寻常的设备或程序、欺骗、干预、侵入式测量等）时，此类研究属于第三类（全面审查）。机构审核委员会所有成员会组织会议进行审查，并且要求研究者亲自出席会议讨论、解释和回答有关研究的一些问题。在会议讨论期间，机构审核委员会成员可能会在研究方案的发展完善过程中主动充当被试，提出建议，作出贡献，从而完善研究方案。在整个过程中，机构审核委员会关心的基本问题就是保护人类被试。

学习检测

请用你自己的语言描述机构审核委员会审核研究方案的标准。

第三节　非人类被试与研究伦理

至此，我们讨论了研究中涉及人类被试的伦理问题，但许多研究使用的是非人类被试——动物，而这里也有许多伦理问题需要考虑。

对于许多研究者来说，遇到的首要伦理问题是：在行为研究中到底该不该使用非人类被试。100 多年来，非人类被试一直是行为科学研究的组成部分，而且在可预见的未来，可能还将在研究中继续使用非人类被试。迄今，研究中使用非人类被试有各种各样的原因，包括：(1)对理解动物的兴趣；(2)理解人（因为许多过程可以从动物推广到人）；(3)开展一些无法使
92 用人类被试的研究。早在 1993 年，在《社会问题杂志》(*Journal of Social Issues*)上先后发表两篇优秀的论文考察动物权利问题的两个方面(Baldwin, 1993; Bowd & Shapiro, 1993)。关

于动物研究的争论还出现在1997年2月出版的《科学的美国人》(*Scientific American*)的两篇文章中(Barnard & Kaufman，1997；Botting & Morrison，1997)。

一、历史上对非人类被试的高度关注

为了保护动物的利益，各种组织相继成立，包括1866年在美国成立的防止捕杀动物协会(Society for the Prevention of Cruelty to Animals，SPCA)(Ray，2000)，最近的关于在研究中使用非人类被试的规定实际上起始于1962年，那是美国联邦政府发布的最早的指南。1966年，《动物福利法案》(Animal Welfare Act)颁布，其最近的一次修订是在2007年。《动物福利法案》涉及动物关怀的一般标准。《美国政府关于利用和关怀用于测量、研究和训练过程的脊椎动物的基本原则》(U.S.Government Principles for the Utilization and Care of Vertebrate Animals Used in Testing，Research，and Training)在1986年整合进美国公共卫生署关于使用人类和动物做实验的政策中，并继续为实验研究的开展提供指南(Office of Laboratory Animal Welfare，2002)。一些组织，包括美国实验动物科学联合会(American Association for Laboratory Animal Science，AALAS)、美国实验动物关怀鉴定联合会(American Association for Acceditation of Laboratory Animal Care，AAALAC)鼓励研究者监督实验室动物的关怀。

现在，美国联邦政府对研究中使用非人类被试进行管制，要求研究者在使用非人类被试时必须遵循：(1)当地动物关怀与使用委员会(与机构审核委员会相似，此处略而不讨论)的准则；(2)美国农业部(U.S.Department of Agriculture)的准则；(3)州代理机构的准则；(4)学术团体制定的各种准则(如美国心理学会制定的伦理准则)。美国农业部关于使用非人类被试进行研究的准则可以在《关怀和使用实验动物指南》(Guide for the Care and Use of Laboratory Animals)中找到(National Research Council，1966)。美国公共卫生署要求研究机构在动物实验研究中遵循这些指南。

二、美国心理学会伦理指南

研究中使用和对待非人类被试的伦理指南

美国心理学会已经制定了一套与前述有关人类被试相并列的使用和对待非人类被试的伦理指南。另外，美国心理学会动物研究和道德委员会(Committee on Animal Research and Ethics，CARE)甚至制定了更详细的使用非人类被试进行研究的指导方针，即《关怀和使用动物的道德行为指南》(Guidelines for Ethical Conduct in the Care and Use of Animals)，可以从美国心理学会网站找到这份文件，网址是：*http://www.apa.org.science/rcr/guidelines.pdf*。任何使用非人类被试的研究计划都要认真审核，以避免与这些准则相违背。像人类被试研究指南一样，美国心理学会《关怀和使用动物的道德行为指南》以及美国联邦政府、州政府和地方政府的法规也都不断进行审核和修订，研究者也应该不断查寻以确保不违背当前的规则。

主要的伦理问题 93

美国心理学会《关怀和使用动物的道德行为指南》包括许多与有关人类被试的准则同样的

准则，特别是必须由合格的研究者来操作实验，研究必须给出合理性解释，研究者有责任把不舒服和伤害降到最低等。因为大部分动物研究在进行研究之前或之后都被关在实验室里，这些法规也延伸到对实验动物的一般关怀和饲养。特别是，那些美国联邦政府、州政府和地方政府的法规对实验动物居住条件、饮食条件、环境卫生和医疗护理等方面的管理。

三、动物关怀与使用委员会

使用动物进行研究的机构有一个动物研究审核委员会，叫动物关怀与使用委员会。像机构审核委员会审核使用人类被试进行的研究一样，动物关怀与使用委员会负责审核和批准所有使用动物进行的研究，这个委员会的目的是确保所有的研究都符合已经建立的伦理准则，进而保护动物被试。在使用动物被试进行研究之前，研究者必须向动物关怀与使用委员会提交
94 研究计划并获得许可。根据《关怀和使用实验动物指南》，动物关怀与使用委员会必须包括一名兽医、至少一名有使用动物进行研究经验的科学家、一名与使用动物进行研究的机构没有从属关系的公众（National Research Council，1996）。

第四节　科学诚实与伦理问题

至此，我们已经讨论了研究者在考虑参加研究的被试（包括人类和非人类被试）的有关问题时面临的伦理问题。在研究过程的最后，为了将研究公之于众，研究者要准备一份书面报告，对研究中做了什么、发现了什么进行描述并对这些发现进行解释（见第一章中第九步），在这个阶段也存在伦理问题。这里谈两点：欺诈和抄袭。美国心理学会制定的伦理准则中有两条涉及这两个问题：

研究报告（section 8.10）

a. 心理学研究者在发表研究成果时不能捏造数据（见标准 5.01，避免错误的或欺骗性的陈述——心理学研究者对于他们的出版物和研究发现不做错误的、欺骗性的、捏造的陈述）。

b. 如果心理学研究者发现他们已发表的数据存在明显错误，就要采取适当的方法校对、撤回、勘误或采取其他公开的方式来纠正这些错误。

抄袭（section 8.11）

心理学研究者不能将别人的成果或数据中的大部分内容当作自己的研究而写入报告，即使这种引用偶尔才有也不行。

一、欺诈

误差与欺诈

区分误差与欺诈非常重要。误差是研究过程中发生的诚实错误。研究中存在许多导致误差的机会，比如收集资料，测量记分，把数据录入计算机或出版时的排版等。研究者也是人，是

人就会犯错误。不过，反复检查，将误差数降到最低也是研究者的责任。相反，欺诈明显是竭力欺骗或数据造假。如果一个研究者捏造或修改数据使其迎合假设，就构成欺诈。正像你所知道的，科学的根本目标在于发现知识和揭示真理，而欺诈是科学研究之大敌。 95

科学中为什么会出现欺诈？

尽管研究者知道，捏造数据将给他们的名誉和事业带来严重损害，但为什么在少数情况下还会发生研究者欺诈？一个助长欺诈的原因是研究者学术生涯中的竞争性。你可能已经听到如此说法："要么发表文章，要么就死亡"。研究者有很大的压力，他们必须发表他们的研究成果。比如，在一个学术机构任期和提拔的依据是研究者的研究成果。此外，研究者想要发表他们的研究成果或获得资金支持他们的研究，就必须有重大发现。另一个助长欺诈的原因是研究者过于渴望成功和由此得到的赞誉。研究者投入大量的时间和资源进行研究，如果得到的结果不能发表，他们就会很失望。

但要记住，讨论发生研究者欺诈的原因并不意味着我们会宽恕这种行为。这样的行为没有辩解的理由。我们这里所做的讨论只是让你知道可能导致欺诈的原因。

预防欺诈

所幸的是，若干预防措施已经建立起来，它可以检查科学研究报告中的欺诈行为。第一个预防欺诈的措施是重复。研究者知道其他科学家将会阅读他们的研究报告并进行进一步的研究，包括对其进行重复。一步一步地重复以前研究的过程，研究者就可以核实该研究的结果。还记得我们在第一章中说过，重复是发现研究中的错误和欺诈的基本手段之一。关键性的发现不能被重复是怀疑存在欺诈的最常见的理由。

重复是完全遵循原作中基本的研究步骤重复研究的过程。要么再现了原作的研究结果而认可原研究成果，要么论证了原作的研究结果不能被重复而质疑原研究成果。

第二个预防欺诈的措施是在研究者提交发表的研究论文时进行**同行评审**(peer review)。在典型的同行评审过程中，期刊编辑和一些同行专家会非常详细地审阅论文。评审者会从研究的合理性到数据分析的每一个方面对研究论文进行挑剔性审查。同行评审的基本目的是评估一项研究的质量和它对科学知识的贡献，评审者也会检查研究或结果中任何可疑的方面。 96

欺诈行为被发现的后果可能有利于保持研究者的诚实。如果得出一个研究者的数据有欺诈嫌疑的结论就会导致许多不良后果，包括被停职或者被解雇，取消已授予的学位，没收研究基金和退回已获取的报酬等。

学习检测

什么是研究中的欺诈？它发生的原因是什么？

二、抄袭

把别人的思想和成果作为自己的思想和成果发表，这就是**抄袭**(plagiarism)。抄袭同欺诈一样，也是一种严重的道德错误。在你的论文中，肯定有引用的参考文献(给应该得到声誉的人以声誉)，这是对你的思考和写作产生影响的他人的思想或成果。不管什么时候，直接引用了他人的作品或者诠释他人的作品，都需要标注出来以给予他们声誉。如果你的论文中包含的思想或信息不是你自己的，你就必须引用。对学生来说，因抄袭受到的处罚可能包括论文不过关或课程不过关，被学校开除等；对于职业研究者来说，抄袭受到的处罚与欺诈受到的处罚一样。

抄袭可以在几种不同的水平上发生，最极端的抄袭是逐字逐句复制一篇完整的论文，然后作为自己的作品发表，或者从别人的文章或一些网站复制粘贴成段成段的句子。在这种情况下，抄袭明显是一种完全有意识的故意行为并且很容易鉴别，尤其是使用一些很特殊的工具(例如，电子侦察软件)。但是，在更多情况下，抄袭更为隐讳，甚至在你自己还不知道时或无意中就发生了。例如，当你在做一篇论文的背景研究时，你可能受到别人思想的启发或受到别人用来表达某一个概念的语句的影响，在继续对此课题进行扩展研究之后，你可能很难把你自己的语句和思想与那些外来的语句和思想区分开了。结果导致外来的思想和表达可能出现在你的论文中，又不是以适当的引用形式出现，你就出现了抄袭。

还好，下面这些原则可以帮助你防止抄袭(Myers & Hansen, 2006)：

1. 采用完整的注释，包括对资源完整的引用。如果是文章，作者的姓名、发表的年代、论文的标题、期刊的名称、卷号和页码都要标注清楚；如果是书籍，还要列出出版者及其所在的城市。

2. 在你的论文中，标明任何不属于你自己的思想、语句或信息的来源。

97 3. 通过在引用的开始和结束处加引号而将直接引用区分出来，而且要给出引用的来源。

4. 在改述(重新叙述别人的话语)方面要格外小心。从其他来源获得的整段语句或精彩表述是很诱惑人的，但要用你自己的语言表达或以引用的形式出现，给原作者以应有的声誉。

5. 在论文的最后，要有一个完整的参考文献列表。参考文献中要包含第一条中所列的所有信息。

6. 如果拿不准某一条引用是不是必要，那无论如何还是引用为好。谨慎对待这些事没什么坏处。

会有这样的情况出现，就是你的作品直接以某一个人的思想或话语为依据，那么改述和引用那个人的作品就十分必要了。例如，你的研究观点可能源于之前发表的一篇文章里的成果或声明，为了呈现你想法的依据，有必要描述原来的作品。在这种情况下，你需要记住几点：首先，你应该知道，通常情况下不会采取直接引用的方式，除非真的很有必要获得那个表述的真实本质(记住作者的原话不是表述那种观点的唯一方式)。在一篇文章中大量引用别人的观点，会导致你懒于表达自己的观点。其次，在转述的时候，你应该标注你的引用来源，因为当你展现别人的观点或语句的时候，你要给予他们一定的声誉。再次，转述(包含改写)别人作品的意思或内容，而不是简单的重复。转述不是简单地改变每个句子里一两个单词。表 3-2 展示了一些抄袭的例子以及一个可接受的改述形式。

表 3-2 抄袭的例子

	来自奎林、卡曾和库尔(Quirin, Kazén, & Kuhl, 2009)的原文: "诸如开心、伤心或无助这样的情感体验真的能在自我报告中得到反映吗?也许很多人能相对准确地描述他们自己的情感状态或情感特征,但也有一些人报告的情感状态可能偏离了他下意识的本来的情感反应。"
a.	**逐字逐句复制一篇文章里的大部分内容明显属于抄袭,即使这些复制以引用的形式标注出来了** 人们真的知道他们自己的情感反应吗?例如,诸如开心、伤心或无助这样的情感体验真的能够在自我报告中得到反映吗?也许很多人能够相对准确地描述他们自己的情感状态或情感特征,但也有一些人报告的情感状态可能偏离了他下意识的本来的情感反应(Quirin, Kazén, & Kuhl, 2009)。
b.	**只改变一小部分文字也是抄袭,即使以引用的形式标注出来了** 诸如开心、伤心或无助这样的情感会在他们的自我报道中体现吗?尽管许多人能够相对准确地描述他们的情感,还是有一部分人提交的报告偏离了他们真实的反应(Quirin, Kazén, & Kuhl, 2009)。
c.	**改变了大部分措辞,但保持了相同的思想结构和思想次序,尽管接近于改述但仍属于抄袭,即使以引用的形式标注出来了** 人们能很容易报告出自己的情感体验吗?有些人可能是可以的,但也有些人不能准确地描述他们的感觉(Quirin, Kazén, & Kuhl, 2009)。
d.	**用你自己的语言改述,使用你自己的结构框架并以引用的形式标注文字来源是一种可接受的改述方式(这不算是抄袭)** 对多数人来说,准确描述他们的情绪反应是很难的(Quirin, Kazén, & Kuhl, 2009)。

在本书中,我们也常常使用他人的思想、图片和段落(包括上述这些原则),但你会注意到,我们总是承认和引用原作者、绘制者和出版者。一个很具讽刺意味的关于没有承认来源的例子是,美国俄勒冈大学学生手册抄袭了斯坦福大学学生手册的一部分内容(Posner, 2007)。征求他人的许可并引用他人资料,可以避免很多难堪!

学习检测

为什么说抄袭是不道德的?

本章小结

研究者有两个基本的道德责任:(1)对研究中的人类和非人类被试负责;(2)对科学的准则负责,准确和诚实地报告研究。研究者必须遵守相关的伦理准则,有责任确保被试的安全和良好感觉,而且必须对研究结果进行真实和准确的报告。在引用他人的成果和思想时,还必须以 98
适当的方式给予其声誉。

谈到任何包含人类或非人类被试的研究都会立即引出伦理问题。把对人类被试的伤害或虐待作为研究组成部分的历史事件,促使我们建立了适当的准则,美国心理学研究者使用人类和非人类被试时，会受到美国心理学会的伦理准则和美国联邦政府、州政府、地方政府的法规的约束。美国心理学会伦理准则的目的在于保护心理学家在研究中使用的个体或团体的利益和安全。此外，我们还详细讨论了对研究新手来说最为重要的几个方面，包括无伤害、知会同意、欺骗和保密性等问题。为了帮助研究者保护人类和非人类被试，机构审核委员会和动物关怀与使用委员会要对所有研究计划进行审查。

研究报告也会引出伦理问题。一般认为，研究报告要准确和诚实地描述研究中使用的程序和得到的结果。在本章中，我们讨论了报告中的两个问题，即欺诈和抄袭。

99 研究中的伦理问题是一个重大课题。本章中，我们讨论了研究者在进行研究和发表研究结果时的伦理问题。更详细的研究伦理，可参见文献：Rosnow & Rosenthal，1997；Sales & Folkman，2000；Stanley，Sieber & Melton，1996。此外，如果你对当代伦理标准发展的详细历史感兴趣，建议阅读《生物伦理学百科全书》(*Encyclopedia of Bioethics*)(Reich，1995)。

关键词

研究伦理学
知会同意
欺骗
被动欺骗
主动欺骗

任务解释
保密性
机构审核委员会
动物关怀与使用委员会

匿名性
欺诈
重复
抄袭

练习题

1. 除关键词外，还应了解以下术语的定义：

伦理学
安慰剂
《国家研究法案》
同伙

同意表
《美国心理学会伦理准则》
《贝尔蒙特报告》
《共同准则》

《纽伦堡公约》
同行评审
临床均势

2. 概述美国心理学会伦理准则中涉及的使用人类被试的要点。

3. 用你自己的语言给知会同意下一个定义并说明其目的。

4. 描述一些在没有获得被试知会同意的情况下可接受的研究情境。

5. 描述一个把对人类被试的伤害和虐待作为研究组成部分的历史事件并说明：为什么说如果研究者能够遵守像今天的伦理准则，就可以避免伤害和虐待？

6. 科学如何预防欺诈？

7. 在什么情况下，研究者在使用人类被试进行研究时采取欺骗手段是可以接受的？

8. 何谓机构审核委员会？它的目的是什么？

9. 介绍两种保持被试匿名性的方法。

10. 哪些方面的信息必须准确地包含在知会同意中？（就是说，哪些方面的信息不能使用欺骗？）

11. 研究者使用人类被试进行研究，仅仅是由于他们对研究中可能出现的现象感兴趣。这种理由可以接受吗？为什么？

12. 任务解释的目的有哪些？

训练活动 100

实验可以通过操纵环境来创设不同的处理条件，也可以巧妙地安排被试的特征。例如，研究者可以通过给出关于被试表现的错误的反馈或操纵一项任务使其简单化或不可能实现，从而给一些被试成功感，给另一些被试失败感。通过操控被试的经历来检验一个人的表现和态度是如何被成功感和失败感影响的。

有的研究可控制被试心境。放映电影、演奏音乐或者让被试读一段积极（或消极）的话，造成被试不同心理状态（积极的、消极的、中性的），研究者能够在实验室里操纵被试的心境来研究心境如何影响记忆等行为，研究面部表情识别情感的能力以及其他因素如饮酒如何影响心境等。

假如你正在准备一项研究，在这项研究中，你打算控制被试的心境，即你计划营造一组开心的被试和一组伤心的被试。例如，一组被试在实验开始前十分钟听欢快的音乐，另一组听葬礼挽歌。

a. 你认为控制被试的心境符合伦理道德吗？请解释理由。

b. 在被试参与研究之前的知会同意阶段，你会告知他们的心情会被操控吗？为什么？

c. 假定你准备采取欺骗的手段，不告诉你的被试他们的心情会被操控，那么你怎么向机构审核委员会陈述你的这一步骤的合理性呢？你准备做些什么来使操控对被试心境的负面影响最小化（尤其是那些受消极情绪控制的被试）？

d. 不同的音乐是否真的影响人们的心情，你怎么确定？（注释：这被称作操纵检查，会在第九章详细解释）。

网络资源

访问本书的网站 www.cengage.com/international 可获取学习工具，包括术语表、抽认卡和网络测试。你也会看到一个链接，点击后会进入统计和研究方法工作坊。关于本章，建议查看以下工作坊：伦理问题和有效的任务报告。

101 第四章

变量的界定与测量

本章概览

本章讨论变量的界定与测量(研究过程的第三步)。通常,要用操作定义来界定与测量变量。然后,介绍评估测量程序质量的两个标准——效度和信度,分别介绍评估效度的方法和评估信度的方法。最后讨论测量量表的种类、测量的形式及测量的其他问题。

- ◆ 引论
- ◆ 构念及操作定义
- ◆ 测量的效度和信度
- ◆ 测量量表
- ◆ 测量的形式
- ◆ 测量的其他问题

102 第一节 引论

前文已经介绍,研究工作的第一步是寻找研究设想,选择研究主题,发现待解问题。第二步是提出假设,凭借假设可以对待解问题的答案作出猜测,用假设形成一个可以用实验研究来检验评估的预测。如果结果与预测一致,研究者就有依据说明假设是正确的;如果不一致,就推翻假设,得出假设错误的结论。接下来要做的就是进行研究设计,以便在实验过程中检验研究者的预测。本章讨论各种变量的界定与测量问题。

在第一章中,研究者把变量定义为因个体差异而改变或有不同取值的特征或条件。通常,研究者感兴趣的是变量如何受不同条件和个体差异的影响。比如临床医生感兴趣的可能是经过治疗后患者的抑郁得分如何改变,而教师则关注三年级学生和四年级学生之间的阅读分数有多大差别。评估变量的差异和改变,最重要的是能够测量变量。因此,研究过程接下来的一步(第三步),研究者必须确定变量的含义和测量的方法。

尽管谁都会进行一些测量,但研究中的测量可能更复杂。为了得到对实验研究结果的合理解释,它通常会伴随一系列决策。在规划研究或阅读研究报告时,特别要注意与测量有关的两个重要方面:

1. 通常被测量的变量和实际测得的变量之间不是一一对应的关系。

2. 测量具体变量的过程常常有多种选择，选择又会影响测量质量与解释。

举一个具体的例子，假定一位教师要对一组学生进行评估，在这种情境中，基本的变量是学生对知识或课程内容的掌握情况，而教师的目标是对每个学生的知识掌握情况进行测量。但教师看不到学生头脑里有多少知识，因此通常都是给学生布置一项任务（比如进行一次考试，写一篇短文或回答一系列问题），然后评定学生对这些任务的完成情况。尽管本意上教师期望任务成绩能够反映学生的知识水平，但任务成绩与知识并不是一回事。比如，身体疾病或疲劳会影响一次考试的成绩，但可能不影响已掌握的知识。这里，教师想测量的（知识）变量和实际测量的（任务成绩）变量就不是一一对应的关系。

教师评定学生成绩的通用方式是考试，然后记录每个学生得到的分数或字母等级。这种 103
测量程序对于学生来说太熟悉不过，以至于大部分学生（和教师）都不假思索地接受它。但是，考试管理和考试评分有许多方式，如：

- 教师可以使用一个有 100 道题的考试或有 10 道题的小测验。
- 教师可以按照一个绝对等级或相对等级评定学生。比如，相对等级可以将考试成绩从最好到最差排列，将前 20%的学生成绩记为 A，紧接着的 20%记为 B，依此类推。在这种情况下，一个学生所在等级不仅取决于自己的成绩，还取决于所有其他学生的成绩。绝对等级是将那些考试分数达到 90 分以上的学生都记为 A，分数达到 80 分以上的学生都记为 B，依此类推。在这种方式下，学生的成绩完全由自己的表现决定，而不受其他学生成绩的影响。
- 教师可以根据正确回答问题的数量划分数字等级，或者根据字母等级将学生划分为几大类，也可以使用及格/不及格的方式简单地将学生分为两类。

很明显，教师可以用多种不同的方法对学生的知识或知识的掌握情况进行测量，而这些不同的方法也会导致不同的结果。例如：

- 如果学生每次考试都得到一个分数，那么就可以计算学生该门课程的平均分，像 86、92 和 74 的考试分数就可以得到 84 分的平均分。但是，从字母等级确定一个平均分就很困难了。如三次考试分别得到 A、B 和 D，其平均分是多少呢？
- 百分制考试得到的分数比十分制小测验得到的分数能更好地区分学生的成绩。例如，在百分制考试中，78 分和 82 分相差 4 分。如果将百分制的 78 分和 82 分转换为 10 分制，较为合理的结果是将二者都记为 8 分（可以认为他们都已经掌握了学习材料的 80%）。可是，这两个学生之间真的存在差异，他们应该得到相同的分数吗？
- 这一测量（考试分数）也许不是对要测变量（知识）的精确反映。一个学生可能学完了一门课程的大部分内容，然后参加的考试正好集中在他或她没有学到的那一小部分。在这种情况下，尽管学生有较高的知识水平，却得到一个较低的分数。

因此，测量程序的选择会直接影响一项研究的测量结果。本章后续部分涉及测量的一般过程、不同测量方法的选择和不同测量方法可能得到的不同结果。

104 **学习检测**

1. 有一些变量，比如高度，可以直接测量，而且测量的程序通常是非常直截了当的。而另一些变量，比如饥饿、动机或关于死刑的态度，是更难测量的。

a. 说明一种可以测量饥饿的程序。

b. 使用你描述的这一程序来解释为什么一个变量和测量它的程序之间可能不是一一对应的关系。

2. 再选一个变量，说出测量该变量的几种不同方法。

第二节　构念及操作定义

有时，一项研究涉及的变量是经过准确定义的，容易观察和测量。例如，一项关于身体发育的研究可能需要身高和体重两个变量。这两个变量都是确实的、具体的特征，可以直接观察和测量。但与此相反，有些研究包含一些无形的、抽象的特征，如动机或自尊等，这些变量是不能直接观察的，它们的测量过程就更复杂。

一、理论和构念

在尝试解释和预测行为时，科学家和哲学家常提出一些包含假设机制和模糊要素的理论。尽管这些机制和要素可能不是真实的存在，而只能假设其存在，但可将其作为真实的存在来接受，因为它们能够揭示和解释我们看得到的行为。比如，一个聪明的孩子在学校里的成绩很差，因为他的动机强度低。一位幼儿园的教师可能很不愿意批评懒散的学生，因为那可能会伤害这个学生的自尊。但是，动机是什么？我们怎样知道它是低的呢？我们能读出孩了的动机"刻度"吗？自尊是什么？首先，我们不能直接看到自尊，我们如何辨认低自尊还是高自尊呢？许多研究变量，特别是行为科学家感兴趣的变量，实际上是产生于理论或想象的假设性变量，这些变量被叫作**构念**(constructs)或**假设构念**(hypothetical constructs)。

105 尽管构念是假设的和无形的，但它们在行为理论中起着很重要的作用。在许多理论看来，构念受外部刺激因素的影响并反过来影响外部行为。

外部刺激因素→构念→外在行为

比如，奖励与强化等外部刺激因素会影响动机(一个构念)，而动机又反过来影响作业成绩。又如即将到来的考试等外部刺激因素会影响焦虑(一个构念)，焦虑也会影响行为(担忧、紧张、心跳加速、无法集中注意力)。尽管研究者也许不能直接观察和测量一个构念，但他可以测量理论上能影响这个构念的因素并研究理论上由这个构念产生的行为。

学习检测

定义一个构念，比如情绪(开心或沮丧)或疲劳(放松或疲惫)，并描述外部刺激因素如何影响它，以及它如何影响外在行为。

二、操作定义

尽管构念本身不能被直接观察和测量,但与构念相关联的外部刺激因素和外在行为是可以观察和测量的。研究者可以测量外部的、可观察的事件,将其作为测量构念本身的间接方法。一般来说,研究者确认与一个构念相联系的一种行为或一组行为,然后对行为进行测量,并以此作为构念的定义和测量,这种定义和测量构念的方法叫**操作定义**(operational definition)。研究者通常把使用操作定义的过程看作构念的**操作化**(operationalizing)。

智商测验可能是人们最熟悉的关于操作定义的一个例子,其目的是为了测量智力。请注意,智力是一个假设的构念,它是一种不能被直接观察的内部特征。但是,假定智力影响可直接观察和测量的外部行为。智商测验实际上测量的是外部行为,包括对问题的反应。这种测验包括操作定义的两种要素:特定的程序(记分和操作过程都有特定的程序)和可定义和测量的构念(得到的分数就是智力的定义和测量)。这样,尽管一个智商分数实际上是对智力行为的测量,但我们将这个分数用作智力的定义和对智力的一种测量。

另一个例子,可以以多种方式来给饥饿这一构念下操作定义。一种方式是,通过控制剥夺 106
食物的小时数操纵饥饿的程度。比如在研究调查中,让第一组人在饱餐后立即进行测验,第二组人在进食六小时后进行测验,第三组人在进食十二小时后进行测验。在这项研究中,研究者要比较三种不同等级的饥饿,也被定义为未进食的时间。另一种方式是,通过记录面对一盘可以无限享用的鼠粮时每只老鼠的进食量来测量这群老鼠的饥饿程度。每只老鼠的进食量反映了它们的饥饿程度。

三、操作定义的局限性

尽管操作定义对将抽象变量转变为一个可被观察和研究的具体事物来说是必要的,但仍要注意,操作定义与构念本身并不等同。例如,研究者可以定义和测量的变量如智力、动机和焦虑,事实上测量的是外在表现,也就是(研究者所希望的)基本变量的显示。结果就是,研究者要关注操作定义的质量和由其带来的测量过程。

一方面,操作定义很容易遗漏构念的重要成分。比如,我们很可能按照行为症状来定义抑郁(社会退缩、失眠等)。然而,行为症状仅代表整个构念的一部分,抑郁还包括认知和情感的成分,在行为症状的定义中,这些成分未被全部包含进来。减少此类问题的一种方法是,采用两种或多种不同的方法测量同一个变量。对一个变量的多种测量会在本章第六节详细说明。

另一方面,通常,操作定义会包含一些其他的并非是所测构念应包含的成分。比如,在抑郁的临床访谈或问卷调查中,关于抑郁的自我报告,可能会受被试言语能力(理解问题和表达感受并思考的能力)的影响,也会受被试暴露自认为奇怪和不受欢迎的感受或行为的意愿影响。一个有能力并愿意描述自己症状的人,可能比那些因为没有能力或不愿意表达自己而隐藏信息的人表现出更多的抑郁。

四、操作定义的使用

当研究中的变量是假设构念时，你必须使用操作定义来界定和测量这些变量。当然，这不是说你一定要建立自己的操作定义，你最好还是先参考包含相应变量的前人研究。不管变量是不是操作意义上定义的构念变量，以前研究的报告都会详细描述每个变量是如何定义和测量的。通过阅读若干涉及相应变量的研究报告，你一般会找到一个标准的、普遍可以接受的现
107 成的测量程序。当你规划自己的研究时，建议你最好使用常规的方法定义和测量你的变量。按照这种方法，你的结果与过去研究的结果就可以直接进行比较。但是要记住，任何测量程序，特别是操作定义，都只是对要考虑的变量进行分类或分级，或许存在其他的测量程序，可以更好地定义和测量这些变量。总而言之，严格地考察任何测量程序，然后问自己是否存在另外一种更好的测量程序。

第三节，我们首先介绍两个评估测量程序质量的通用标准。在后面的部分，我们将详细分析一些具体的测量细节，来看哪些因素会影响测量程序与研究问题的适合度。当你通读第三节时，请留意测量程序的选择往往需要作出一系列的决策，这里并不存在绝对错误或绝对正确。无论如何，在制订你自己的测量程序时你必须进行选择，而且你应该知道别的研究者在决定如何测量他们的变量时也会有他们的观点和选择。

学习检测

请简单解释什么是操作定义，为什么有时必须有操作定义？

第三节　测量的效度和信度

任何变量都具有多种不同的测量方法，如何判断哪种方法是最好的呢？当变量是一个假设构念时，研究者必须用一个操作定义来规定一种测量程序。从本质上说，操作定义就是那些不能被直接测量的事物的间接测量方法。我们怎样才能确信从操作定义中得到的测量真的反映了这个看不见的构念呢？一般来说，我们常常会问，一个测量程序或一种测量方法有多好？研究者提出了两个通用标准用以评估各种测量程序的质量：效度和信度。

一、测量的效度

评估测量程序的第一个标准就是**效度**(validity)。测量的效度考虑的是测量的“真实性”，即它测量的是不是它想要测量的那个变量。尽管效度的概念好像是不言自明的，但在一些情境下，使用特定的测量程序时还是要认真地问一问：这里真正测量的是什么？

不管什么时候，用操作定义测量构念时，这个问题都特别重要。比如，我们如何测量智力？答案是，我们不能测量智力。智力是假设的，不能直接观察和测量，我们所能做的充其量就是
108 测量智力行为或智力的一些其他外部表现。过去，研究者试图通过测量脑的大小(大脑袋相当

于高智力)和敲击脑壳来测量智力。根据脑的大小和敲击来给智力下操作性定义,现在看上去是荒唐的,但这些程序或方法曾经被看作是对智力的有效测量。

同样,我们可以怀疑标准化智商测验的效度。试想,一个智商为158的教授在日常生活中总是心不在焉,表现出令人难以置信的愚蠢(总把汽车钥匙放错位置,忘掉上课的时间和地点,每天要抽三包烟,粗心地在衣服上烧出些小洞)。这个人聪明吗?智商测验真的测出了他的智力了吗?这就是效度问题:这个测量程序是否准确地把握了它要测量的那个变量?

研究者已经提出了多种评估效度的方法。下面是最通用的评估效度的方法。

表面效度

表面效度(face validity)是最简单,也是科学性最少的效度定义,它所考虑的是测量程序的表面特征和表面价值。一个测量程序看上去像是测量它要测量的那个变量吗?例如,一个智商测验应该包括一些需要逻辑、推理、背景知识和好的记忆能力才能解决的问题,这些问题表面上像是适合测量智力的,因此它的表面效度就高。表面效度是建立在主观判断基础上的,所以难以量化。此外,在有些情况下,表面效度高可能会带来问题。如果测量目标明显,在研究中被试可以准确地看出要测量的是什么,那么被试就可能调整他的答案以产生更好的自我形象。因此,研究者常常努力掩饰诸如量表等测量工具的真实目的,有意编制一个表面效度很低的测量工具。

效标效度

通常,可以这样来确定一个新编制的测量程序的效度:使用该测量程序对相应变量进行测量,同时使用另一较好的测量程序也对该变量进行测量,然后计算二者所得分数的相关。以此方法确定的效度叫作**效标效度**(concurrent validity)。例如,如果你编制了一个新的智商测验,你就可以这样来证实你的测验确实可以测量智力:你用此测验在不同个体上测得的分数,与标准化智商测验测得的分数是一致的。效标效度表明了同一变量在不同测验间的一致性,基本上能说明两个测量程序测量的是同一个事物。因为其中一个测验编制良好并被公认是有效度 109
的,所以研究者可以推测另一个测验也必定有效。然而,仅凭两套测验具有直接的相关也未必就能说明它们是相同的,例如我们可以让人们站到盥洗室的秤上,用显示出来的数字来测量人的身高。注意,尽管这里声称要测量身高,但实际测量的却是体重。这种测验也可以得到某种支持,我们用称测量得到的分数与用尺子测量身高得到的分数之间存在很高的相关(越高的人越重,越矮的人越轻)。尽管这里确实可以建立测量的效标效度,但很明显测量体重并不是测量身高的真正有效的方法。特别需要说明的是:上述两种不同的测量方式,受不同因素的影响。比如控制饮食会影响体重,但对身高则很少甚至不产生影响。

相关系数

通常,测量的效度(和信度)可以通过两种不同测量工具的关系一致性来证明。比如,在评估效度时,效标效度要求一个新的测量程序与效度高的测量工具测量同一变量,并计算所得分数的相关性。为了表示相关程度,每个人的两个分数(新的测量工具测得的分数和原来效度高的测量工具测得的分数)可以呈现在散点图中。在散点图中,通过一个单独的点来显示每个人的两个分数，第一次测量得分作为横坐标，第二次测量得分作为纵坐标。图 4-1a 表示两个测量工具之间呈正相关。正相关是指两个测量工具的测量得分朝同一方向改变，在第一个测量工具上得分高的人(偏向图的右边)也会在第二个测量工具上得分高(偏向图的顶部)。同样，在一个测量工具上得分低的人，也会在另一个测量工具上得分低。图 4-1b 表示两个测量工具之间呈负相关。负相关是指两个测量工具的测量得分朝相反的方向改变，在第一个测量工具上得分高的人会在第二个测量工具上得分低。比如，数学测验的表现可以通过计算正确答案的数量(方法 1)或计算错误答案的数量(方法 2)来测量。这两种方法应该呈负相关。图 4-1c 表示两种测量工具无相关，在图 4-1c 中，有的人在两个测量工具中得分都高，而有的人在第一个测量工具上得分高却在第二个测量工具上得分低。在这种情况下，两个测量工具之间没有互为预测的、相关的关系。

通常，一致性关系取决于两个测量工具之间计算出来的相关值(见第十四章)。图 4-1a 所
110 示的正相关的相关值接近于＋1.00，图 4-1b 所示的负相关的相关值接近于−1.00，图 4-1c 所示的无相关的相关值接近于 0。相关值(相关的标志)通过测量数据形成一条直线的程度来描述相关程度。如果所有点均在一条直线上，相关值应该是－1.00 或＋1.00。如果根本没有线性匹配，相关值就为 0。所以，相关值经常用来确定测量效度高低。注意，相关值也常被用来确定测量信度。

注意，一个测量程序的信度和效度通常建立在一致的正相关或者负相关基础上，取决于变量是如何定义和测量的。比如，研究者编制了一个新的限时测验作为测量智力的方法，这个测
111 验的效标效度应该建立在它的得分与传统的智商测验有显著的相关基础上。如果研究者计算测验中回答正确的项目数，就要期待测验分数与传统智商分数有正相关(回答正确的项目数越多，智商越高)。如果研究者计算的是每个人完成测验的时间长短，就要期待存在负相关(需要的时间越多，智商越低)。如果无相关或者接近零相关，就表示测验程序没有效度。

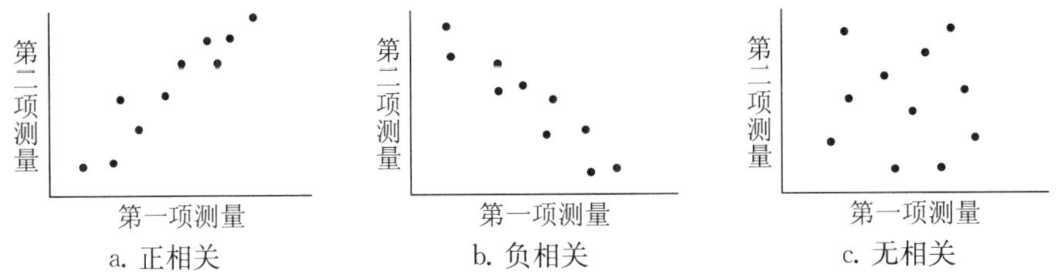

图 4-1 显示不同相关度的散点图

预测效度

大多数理论都会对它所包含的构念作出相应的预测，特别是会预测这些构念的不同水平对人们行为的不同影响。当一个构念的测量能准确地预测行为(根据理论)，我们就说这一测量程序具有预测效度。例如，不同的人成就动机的水平不同。从理论上讲，**成就动机**(need for achievement，n-Ach)是个体在有竞争或挑战的情境中，寻求成功的基本动力。根据该理论，高成就动机的个体会寻找有适度竞争和挑战的任务，以便满足他们的成就动机；相反，低成就动

机的个体将满足于非常容易（不具有挑战性）的任务，或者是非常困难的任务，在困难任务面前成功的可能性很小，但毕竟如果运气好的话也有可能成功。为了评估这一预测，麦克莱兰（McClelland, 1958）在一群幼儿园儿童中进行成就动机测验，然后为这些儿童提供一项套圈游戏（a ring toss game），游戏的目标是投掷绳圈来套住一个木桩，儿童可以自由选择木桩与他所站位置的距离。正如预测的那样，高成就动机的儿童选择中等距离，形成了具有适度挑战性的游戏；低成就动机的儿童表现出倾向于选择不大可能失败的较近的木桩，或者选择非常远而成功可能性很小的距离。这样，成就动机测验的分数准确地预测了儿童的行为，我们就说该成就动机测验具有预测效度。

构想效度

你遇到的大部分变量，都可能有许多研究对之进行探讨。这些研究是在各种不同条件下进行的，它们能证实这一变量受哪些因素的影响，以及这些因素的不同水平如何产生不同的行为。简单地说，过去的研究已经证明了特定变量是如何发生作用的。如果我们能够证实一个测量程序得到的分数与变量本身的作用方式完全一致，那么我们就建立了这个测量程序的**构想效度**（construct validity）。例如，假设你正考察一个攻击行为的测量程序，前人的研究已经证实气温与攻击行为的关系：在夏天，气温越高，人们的攻击行为越多。为了确定构想效度，你需要证实从测量程序得到的分数也与气温有关，就是说，当气温上升时分数倾向于增加。不过 112
要注意，这一次的验证只是构想效度的一小部分。要确定完整的构想效度，你需要考察过去关于攻击行为的所有研究，看测量程序得到的分数与已知的关于“攻击行为”构念的每一方面是否一致。显然，确定构想效度的难度大，往往需要许多研究，以在各种不同条件下考察测量程序。从某种意义上说，确定构想效度实际上是对其他类型效度的重复验证。

前文，我们举过一个例子，就是从人站在盥洗室的秤上得到的数字来测量人的身高。因为身高和体重相关，所以按照效标效度的概念，我们从秤上得到的数字应该算是对身高的有效测量。但是，按照构想效度的概念，体重不是身高的有效测量方法。特别明显的是，身高不会受短期内饮食剥夺的影响，而体重却恰恰受饮食剥夺的影响。因此，体重测量程序得到的数字与我们所知道的关于身高的构念不一致，这就意味着这一体重测量程序不具有构想效度。

汇聚效度和发散效度

研究者还常常通过同时证实汇聚效度和发散效度来确定构想效度（Campbell & Fiske, 1959）。一般说来，**汇聚效度**（convergent validity）需要使用两种不同的方法测量同一个构念，然后看得到的两组测量分数是否具有高相关，这样做的目的是证明不同的测量程序在同一构念上汇聚；相反，**发散效度**（divergent validity）则需要证实我们正测量的是一个特定的构念，而且在相同的测量过程中两个不同的构念是相互分离的。下面这个假想的情节说明了汇聚效度和发散效度的概念。

假如你对测量学前儿童的攻击行为感兴趣，你的测量程序包括在操场上对一群儿童的行为进行观察。因为你知道你观察的只是儿童全部生活环境的一小部分，并且你怀疑你测量的攻击行为是否有效度，所以你还要求这些儿童的老师对每一个儿童的攻击行为进行等级评定。

注意，你创制了两个关于攻击行为的操作定义：一个是基于你的观察；另一个是基于老师的评定。如果你的观察分数与老师评定的等级存在密切相关，你就会很有信心地认为，你对攻击行为的测量是有效的。使用两种不同的方法测量同一个变量并证实两个测量之间有密切关系（通常是相关系数），这就是汇聚效度。

113 这里要注意汇聚效度和效标效度的区别，二者都试图通过一个测量工具与另一个测量工具测量同一变量的结果具有相关性来建立效度。但是，汇聚效度是用两种方式测量变量，而效标效度是用一个标准化的测量程序和你的新工具来测量。

当你建立了汇聚效度，你仍会怀疑自己是否真的在测量攻击行为而不是其他的变量。假如现在，你所担心的是你测量的攻击行为可能实际上反映的是每个儿童一般的活跃性水平。例如，非常活跃的儿童看起来可能比他们不太活跃的同伴攻击行为更多，这是可能的。要解决这一问题，你需要证实攻击行为和活跃性这两个构念是互相独立的、不同的。因此，现在你需要在操场上观察儿童以获得对儿童活跃性水平的测量，你还要再一次就每个学生的活跃水平询问老师以检测你测量的效度。至此，你有了关于两个不同构念（攻击行为和活跃性）的两个不同的测量（自己的观察和老师的评定），你已经可以对发散效度进行评估了。

确定发散效度的第一步是证明两个构念的汇聚效度。即：

- 观察到的攻击行为分数与攻击行为的评定等级应该具有高度正相关，如图 4-1a 所示。
- 观察到的活跃性分数与活跃性评定等级应该具有高度正相关。

第二步证明两个构念是相互分离的、不同的，要实现这一步，你需要证实：

- 相对而言，观察到的攻击行为分数与观察到的活跃性分数之间相关很小，如图 4-1c 所示。
- 相对而言，攻击行为的评定等级与活跃性的评定等级之间相关很小。

证实了针对同一构念的两种测量分数存在高相关（汇聚效度）和两个针对不同构念的测量分数不存在相关（发散效度），你就可以为构想效度提供强有力的和可信的证据。就是说，你不用再怀疑了，你实际测量的构念很可能正是你想测量的。

114 **学习检测**

1. 一位研究者想评估一种新的生长激素。在一组老鼠样本的食物中掺激素，而在另一组老鼠样本的食物中没有掺激素。6 个月后，研究者给每个老鼠称体重以确定一组老鼠是不是明显地比另一组老鼠重。另一位研究者测量一组 10 岁女孩的温柔度，这组女孩的母亲都有工作，然后将这组女孩的测量分数与另一组母亲为家庭妇女的女孩的测量分数作比较。该研究希望看到一组女孩明显比另一组女孩温柔。请解释为什么第一位研究者可能不考虑测量效度，而第二位研究者可能要考虑测量效度？（提示：每位研究者测量的是什么？）

2. 一位研究者编制了一种新的社会焦虑测验，他想知道该测验的效度。用新的测验和一个良好的社会焦虑测量工具对同一批被试进行施测，说明得到什么样的结果可以证明该测验具有效标效度。

3. 说明研究者如何评估测验程序的构想效度。

二、测量的信度

评估测验程序的第二个标准就是**信度**(reliability)。如果在相同条件下对同一个体进行重复测量得到相同的(或相近的)值,就说这一测量是可信的。例如,如果今天测量一个人的智力,然后下一周相似条件下再测一次,我们应该可以得到相近的智商分数。实际上,信度就是测量的稳定性或一致性。

信度概念是建立在所测变量稳定的基础上。比如,人的智力并不会在几天之内有显著的 115
改变,而是处于一个平稳的值上。但是测量变量时,测量程序会带入一个误差成分。用一个方程表示就是:

$$测量分数 = 真分数 + 误差$$

如果我们想用一个智商测验测量你的智力,得到的分数主要是由你实际的智力水平决定的(你的真分数),但也会受其他各种因素的影响,比如你当前的情绪、疲劳水平、总体的健康状况、对你不知道答案的题目进行猜测的运气等,这些因素结合在一起导致误差,这类误差也是任何测量都普遍存在的一个组成部分。

一般假定,从一次测量到下一次测量,误差成分的变化具有随机性,因此也导致你的测量分数发生随机变化,有时偏高,有时偏低。重复测量很多次,误差引起的偏高部分和偏低部分的平均值应该为 0。比方说,在你休息得好并感觉不错时测量得到的智商分数可能比你在疲劳和压抑时测量得到的智商分数高,即使你的实际智力不发生变化,但是误差成分会使你这一次测量的智商分数与下一次测量的智商分数不同。

只要误差成分相对较小,你的测量分数在多次测量时就会保持相对一致,因此说测量是可信的。如果你感到特别高兴,休息得好,它可能对你的智商分数有一点影响,但它不会马上将你的智商分数从 110 提升到 170。

相反,如果误差成分相对较大,你会发现这一次测量与下一次测量相比,变化很大,这种测量就是不可信的。反应时就是一个有较大误差成分的测量的常见例子。比如,假设我们让你坐在桌边,把你的手指放在一个按键上,在你的前边有一个灯泡,你的任务是当灯泡亮时尽快把键按下去。在一些实验中,你可能完全处在警觉状态,注意力集中在灯泡上,你的手指处在紧张状态并随时准备按键;而在另一些实验中,你可能正在做白日梦或注意力涣散,注意到别的方面去了,以至于当你将注意力集中到任务上并作出反应时,一段额外的时间已经过去了。一般,在反应时实验中,一些实验的反应时达到另一些实验反应时的 2 倍是很常见的。当这一次测量与下一次测量的分数变化太大时,我们就说这个测量是不可信的,我们也不确定哪一次
测量能为个体的真分数提供参照。在反应时测量情境下,大部分研究者采用多次测量并计算 116
其平均值的方法来解决这一问题,平均值提供了一个更稳定的、更可信的测量结果。

测量不一致来源于误差,误差源又可能是多种多样的,较常见的误差源有:

- **观察者误差。**实施测量的观察者会将个人的误差带进测量过程。设想有 4 个观察者使用手动秒表来记录百米短跑优胜者的时间,4 个观察者很可能会得到 4 个不同的时

间。从某种程度上说,每个观察者记录的时间都受这个观察者对比赛开始和到达终点的判断的影响,也受这个观察者按下秒表上按键的反应时间的影响。因此,每个观察者记录的时间都包含了由这个观察者导致的误差。

● **环境变化。**尽管目标是要在同样的环境下对同一个体进行测量,但达到这种理想的目标比较难,这一次测量与下一次测量的环境相比,常常会有一些小变化,而且这些小变化可能会对测量产生影响。环境变量有那么多(如一天中的时间、气温、天气情况和光线等),要营造两个完全相同的环境基本上是不可能的。

● **被试变化。**被试在两次测量间会有变化。比方说,一个人的情绪甚至体温在仅仅几个小时内就会发生巨大的变化,这些变化可能会导致测量结果不同,使得测量表现出不一致或不可信。比如,饥饿可能不会导致智力下降,但它可能会引起分心而导致智商测验的得分降低。

总而言之,任何的测量程序都包含误差成分,误差的大小决定了测量的信度。误差大时信度低,误差小时信度高。

学习检测

1. 给大学生提供的考试是为了测量大学生的知识:

a. 分析误差可能会导致大学生考试分数提高的一种途径。

b. 分析误差可能会导致大学生考试分数降低的一种途径。

2. 请说明较大的误差成分为什么会导致测量程序不可信。

信度的类型和测量

依据两次或更多次独立测量之间的一致性来评估信度,显然主要是讨论先后连续测量的情境。其实,通过同时测量也可以评估信度。我们还可以依照构成测验或问卷的各项目间的内部一致性来评估信度。

117 **连续测量。**通过对两个先后测量的分数进行比较来评估的信度通常被称为**重测信度**(rest-retest reliability)。研究者可以在不同的时间按照同样的标准程序将同一测量应用于同一组个体,也可以使用一个测量工具的修订版本(如智商测验的另一个可用版本)来进行两次不同的测量。当不同版本的工具用于测验和重测时,测量的信度叫作**复本信度**(parallel-forms reliability)。一般,我们是通过计算这两次测量分数系列相关来确定信度的,如图 4-1 所示。

同时测量。当测量直接来自行为观察时,通常是让两个或更多个观察者同时并独立地进行记录。比如,两个心理学家同时观察一组学前儿童的社会行为,各自记录(测量)他或她的观察,两名观察者的一致性程度叫作**交叉评估者信度**(inter-rater reliability),本书第七章将对此作详细讨论。交叉评估者信度可通过计算两名观察者记录的分数的相关(图 4-1 和第十三章)或二者一致的比例来测量(第十四章)。

内部一致性。通常,使用包括多个项目的测验或问卷来测量像智力或人格这样的复杂构念，这里包含的一种思想是，单个的项目或问题不足以为这样的复杂构念提供完整的测量。举一个最常见的例子来说，在学校中，人们通常使用多个项目的考试来评估学生普通课程的学习成绩，每个学生的最后成绩由其对这一系列项目反应的总和或平均值来确定。这里实际上包含了一个基本假设，那就是每个项目(或一组项目)测量整个构念的一部分。如果确实如此，那么在不同项目或项目组之间就应该存在一致性。为了测量这种一致性程度，研究者将全部项目划分成两半，计算每一半项目各自的总分或平均分，再评估这两个总分或平均分间的一致性程度，这就是**分半信度**(split-half reliability)。要注意，计算分半信度时，有很多不同的方式将全部项目分成两半，你获得的值取决于你分半的方式，克龙巴赫 α 系数和库德—理查森公式20是处理这一问题的两种统计技术，将会在第十四章进行讨论。

学习检测 118

1. 假设研究者编制了一份10个项目的问卷来测量诚信，你如何评估该问卷的信度？
2. 请说明如何建立交叉评估者信度。

三、信度和效度的关系

虽然信度和效度是评估测量程序的两个标准，但二者既相互联系又相对独立。它们彼此的关系是：信度是效度的必要条件，就是说，一个测量首先必须可信，然后才可能有效。如果对你的智商进行两次测量，得到的结果分别是75和160，我们就说不清你的智商到底是多少。如果测到了你的真实智力水平，那么这两次结果不可能有这么大的差距，因此我们只能说测量存在的误差太大，以至于得到的数据没有任何意义。

当然，测量可信，却未必有效。比方说，我们可以测量你的身高并声称这是关于你的智力的测量，尽管测量是无效的，但它却是非常可信的，因为一次测量的分数与另一次测量的分数是一致的。因此，测量的一致性不能保证测量效度。

有些测量已经建立了标准的测量单位，在这种情况下，就有可能确定测量的准确性。例如，我们可以以一米、一千克、一千米或一秒等来确定测量的标准或准确性。测量的准确性是指得到的结果与已建立的测量标准的一致性程度。有时一个测量得到的结果会保持一个恒定的误差，呈现出前后连续测量的一致性。比如汽车的速度表上显示的数据可能总是比实际车速多出16千米每小时，在这种情况下，速度表上显示的读数并不准确，但它却既有信度又有效度(注意：一个测量的过程可能既是可信的又是有效的，但却未必是准确的)。当汽车以64千米每小时行驶时，速度表显示的是80千米每小时(可信的)。当汽车以48千米每小时行驶时，速度表显示的是64千米每小时。速度表准确地区分了不同的速度，这意味着它对速度的测量是有效的。在行为科学中，经常会遇到未建立测量标准的变量，在这种情况下，就无法得到准确的测量值。比如，抑郁的测验就不能对抑郁作准确性的评估，因为没有可供参照的标
准的抑郁单位。对于这样的测验，准确性问题就没有实际意义，只需要考虑这个测量的效度 119
和信度。

学习检测

1. 请解释为什么不能确定某种测量的准确性。

2. 一位研究者认为，测量人的右手无名指的长度可以测出人的智商，请解释为什么这一测量程序是可信的，但不是有效的。

第四节　测量量表

从一般意义上说，测量是一种对个体进行分类的程序，而用于分类的类别系列被称为**测量量表**(scale of measurement)。因此，测量过程包括两部分：类别和将个体进行分类的程序。

本节我们集中讨论测量量表。传统上，研究者确认了四种不同的测量量表：称名量表、顺序量表、等距量表和比率量表，这四种量表的差异在于构成量表的类别之间关系不同。

一、称名量表

构成**称名量表**(nominal scale)的类别只代表被观测变量质的(而非量的)差异，这些类别可以有不同的名称，彼此之间可以不存在系统的量变关系。比如，你观测一组大学生的主修专业，其类别应该是艺术、化学、英语、历史、心理学等，可根据每个大学生的主修专业将其归为某一类。依据称名量表进行的测量，可以确定个体之间是不是存在差异，但无法进行定量比较。例如，如果一个人主修艺术，另一个人主修英语，可以说这两个人的主修专业不同，但却不能确定这种差异的量变方向(能说艺术比英语“更”什么吗)，也不能确定这种差异的量。称名量表还有许多其他例子，如种族、性别、职业类别等。

二、顺序量表

构成**顺序量表**(ordinal scale)的类别按照一定的顺序组织且有不同的名称，顺序量表通常包含一个像赛马结束时第一、第二、第三等的排序。有时使用一些语词作为标签来区别不同类别，如快餐店用“小”“中”“大”来区分一杯饮料的量。在任何情况下，按照规定的顺序进行分类意味着各类之间具有定向的变化关系。使用顺序量表进行测量，不仅可以确定个体间是否有差异，而且可以确定这种差异的方向，但不能精确测量个体间的差异量。例如，如果把彼利分在低阅
120 读组、蒂姆分在高阅读组，我们就知道蒂姆的阅读水平好于彼利，但并不知道他比彼利好多少。

顺序量表的例子很多，比如社会经济的阶层分类(上、中、下阶层)和T恤的尺码(小、中、大)。另外，顺序量表经常用于难以用数字记分的变量，比如，人们可以把自己喜欢的食物进行排序，却很难说清比起汉堡，他们更喜欢牛排多少。

三、等距量表和比率量表

等距量表(internal scale)和**比率量表**(ratio scale)中的各种类别是按照顺序组织的，各类

别均有相同的标准单位。因此，这类量表是由一系列像尺子上的厘米一样的相等单位组成。等距量表或比率量表的其他常见例子如以秒为单位的时间测量①，以千克为单位的重量测量，以摄氏度为单位的温度测量等。请注意，这里每种情况下，一个单位（1 厘米、1 秒、1 千克、1 度），不管在量表上的什么位置，都是等值的。

类别的等值性就使得确定量表上两点的距离成为可能。比如，你知道 10 厘米比 7 厘米长些，而且你也准确知道它长出 3 厘米的距离。

等距量表和比率量表之间的差异在于零点的特征。等距量表有一个相对零点，即规定量表的某个位置取值为 0，这也只是出于便利或参照的考虑。特别要说明的是，0 不是指测量变量的完全缺失。比如，0 摄氏度不代表没有温度，它也不代表最低的温度。有相对零点的等距量表比较少见，最常见的例子是摄氏温度表和华氏温度表。其他例子包括打高尔夫球的得分（高于或低于标准）和降水量的测量，比如高于或低于平均降水量。

相反，比率量表的零点不是随意规定的一个位置，而是一个意义丰富的点，代表被测变量“没有”（完全缺失）。存在一个绝对的、非随意规定的零点意味着我们可以测量变量的绝对量，即可测量其离开 0 的距离，这就使得按照比例比较测量值成为可能。比方说，一个人解决一个问题需要 10 秒钟（比 0 多 10 个单位），另一个人解决这个问题只需要 5 秒钟（比 0 多 5 个单位），那么前者花费的时间是后者的 2 倍。有了比率量表，我们不仅可以比较两次测量的差异量和差异方向，而且可以按照比例关系对差异进行描述。比率量表比较常见，如包括身高和体重在内的生理测量，以及像反应时或正确率这样的测试变量。

等距量表与比率量表的区别关键看零点的界定。用厘米为单位测量身高和用千克为单位测量体重都可以是比率量表或等距量表，主要取决于零点的位置。比如，传统的体重测量的零 121
点为 0（没有重量），测量构成比率量表。在这种情况下，一个重 36 千克的儿童（比 0 大 36 千克）是一个重 18 千克儿童（比 0 大 18 千克）体重的 2 倍。你也可以对每个儿童的体重与这一年龄组儿童体重的平均值进行比较。一个高出平均值 5 千克的儿童计分为＋5，一个低于平均值 2 千克的儿童计分为－2。这种测量就构成等距量表，高于平均值 5 千克的儿童（＋5）的体重并不是高于平均值 2.5 千克的儿童（＋2.5）体重的 2 倍。两种量表都提供了关于两次测量的距离的相同信息。对于比率量表，38 千克比 36 千克多了 2 千克。对于等距量表，高出 4 千克的分数比高出 1 千克的分数多 3 千克。对于大多数应用来说，距离测量的功能比比例测量的功能更为重要。因此，多数情况中，等距量表和比率量表之间的区别没有太大的实际意义。

模棱两可测量的处理

尽管等距量表和比率量表之间的区别没有太大的实际意义，但是顺序量表和等距量表及比率量表之间的区别却很大。我们记得，顺序量表是不测量任何距离的。比如，排名第一比排名第二好，但你不知道到底好多少。而等距量表和比率量表确实测量了距离。比如测量知道

---

① 这里的“时间”是指时刻，不是指时距。时刻测量是等距量表的测量，而时距测量是比例量表的测量。——译者注

8 秒比 3 秒时间长，并精确地知道长了 5 秒。这些不同的量表，测量得到的结果不同，这一点很重要。特别是，等距量表和比率量表的分数与基本计算是兼容的，而顺序量表的分数则不然。为了说明这一差异，来看表 4-1 三大顶级棒球联盟的福布斯年终市场值报表(Badenhausen，Ozanian，& Settimi，2010)。

表 4-1 三大顶级棒球联盟的福布斯年终市场值报表

排名	市场值(美元)	团　队
1	1 600 000 000	纽约洋基队
2	870 000 000	波士顿红袜子队
3	858 000 000	纽约大都会队

这些数据的排名形成了顺序量表，市场值形成了比率量表。注意，如果我们计算纽约洋基队和纽约大都会队排名(1 和 3)的平均值，得到 2。因为 2 正好是 1 和 3 之间一半的位置，那就可以尝试得出结论：排名第二的波士顿红袜子队的市场值一定是纽约洋基队和纽约大都会队市场值间距一半的位置。然而，这肯定是错误的。试图用简单的算术处理顺序量表的数据会出现问题，而用算术处理等距量表和比率量表的数据是没有问题的。通过这些数据，纽约洋基队和纽约大都会队市场值的均值是 1 229 000 000 美元，也正是纽约洋基队和纽约大都会队市场值间距一半的位置。

122 因为等距量表和比率量表与基本算术是兼容的，而顺序量表不是，所以不同测量量表不是都同样地兼容于不同的数据分析方法。比如，等距量表和比率量表的测量数值可用于计算平均值和方差，也可以使用 t 检验或方差分析进行假设检验。顺序量表一般不能得到可用于计算平均数和方差的数值，其测量数值也不适用于假设检验。因此，这可以成为你在考虑采用顺序量表，还是比例量表或等距量表时的一个标准。

尽管许多测量量表可以很清楚地划分为顺序量表或等距量表，但也有一些测量量表不太容易归类，其分类特征不明显。比如智商分数，是数值构成的等距量表。但关于智商分数的大小还是存在问题的。智商 86 与智商 85 之间的差别和智商 146 与智商 145 之间的差别一样吗？如果回答"是"，那么智商分数就构成了等距量表。但是，如果不能确定量表不同位置上的一分都是相等的，那智商分数必须归类为顺序量表了。在行为科学中，研究者经常使用等级量表来测量变量。比如要求被试用 1—5 的等级量表评估他们对一些争议性陈述同意(或不同意)的程度。通常使用五分标签，如：

强烈同意	有些同意	中立	有些不同意	强烈不同意
1	2	3	4	5

尽管选项以等距的连续数字表示，似乎构成了一个等距量表。但是，"强烈同意"与"有些同意"的距离和"中立"与"有些不同意"的距离相等吗？这个量表是顺序量表还是等距量表？

幸运的是，区分顺序量表和等距量表的测量问题已经得到了解决。首先，研究者通常把模棱两可的量表，比如智商测验和等级量表归为等距量表。传统和常规上，这些分数像常规数值一样可以进行加减乘除，也可以计算平均值。另外，在过去50多年中，科学家已经确信对顺序量表的数据进行这种算术处理是合适的(Lord, 1953)。关于这一问题的历史，见诺曼(Norman, 2010)发表的一篇综述。

四、测量量表的选择

四种量表的不同明显表现在它们测量差异性的能力方面：使用称名量表只能告诉我们存
在差异，使用顺序量表可以确定差异的方向(哪个大和哪个小)，使用等距量表可以确定差异的 123
方向和差异量，使用比率量表则可以使我们能够确定差异的方向、差异量和差异的比例关系。量表的测量能力直接影响到它对变量关系的描述。比如，当一个研究使用称名量表，其结果只能建立变量间的定性关系，因为使用称名量表，我们能够看到一个变量伴随着另一个变量的变化而变化，但是我们不能确定这种变化的方向(增加或减少)，也不能确定变化的量。相反，使用等距量表或比率量表，我们就可以对变量关系作更复杂的描述，比如我们可以确定一个变量增加1分(如药物剂量)导致另一个变量下降4分(如心率)。

学习检测

请确定使用哪一种测量量表可以得到下列结论：

a. 汤姆的分数比比尔多，但是我们说不清多多少。

b. 汤姆的分数比比尔的分数多三倍。

c. 汤姆和比尔的分数不同，但是我们不知道谁的分数多，也不知道差异量是多少。

第五节 测量的形式

虽然像动机、智力等构念是假设的，不能直接观察，但是它会以各种不同的外部表现显示其自身的存在，这些外部表现可被观察和测量。对于研究者来说，关键是要确定这些外部表现中的哪一方面可以为它所依赖的构念提供最好的参照。关于对构念的测量，存在着不同的看法和操作方法，我们将其归为三类：自陈式测量、生理学测量和行为测量。比如，就恐惧来说，假如研究者想评估一种用来减少飞行恐惧的治疗程序。在治疗开始前，研究者必须知道如何测量恐惧，以便在治疗之后对这种恐惧再进行测量并比较。尽管恐惧是一个内部构念，不能被直接测量，但观察和测量其外在表现是可能的。比如，一个人觉得害怕(自我报告)，他的心率会加速(生理上)，或者拒绝坐飞机旅行(行为上)。在提出测量程序之前，首先要做的是确定应该使用哪种外部表现来界定和测量恐惧。

一、自陈式测量

测量构念的一种方法是要求每位参加研究的人描述或估量他或她自己的构念。比如，研

124 究者可以简单地问:“你坐飞机时感到害怕吗?”或者要求参加者在一个从1—10的10点量表上,估计他所感到的恐惧程度,或者向他们提供一个关于航空旅行的详尽问卷,研究者可以根据他们在问卷中的一系列项目反应得到一个测量飞行恐惧的总分。

自陈式测量的基本优点是:它可能是评估一种构念的最直接的方式。每个人在知识和意识性方面都是独一无二的,大概没有谁比自己更了解自己的恐惧了,一个直接的问题及其答案显然比其他间接测量更有效度。但是从消极的方面来说,被试要给出歪曲的自我报告也是很容易的,一个被试也许会故意撒谎以便给人留下好印象,或者其反应会微妙地受研究者在场、问题表述或其他情境因素的影响。临床心理学家观察到一种叫作**你好—再见效应**(hello-goodbye effect)的现象。患者在治疗开始时倾向于夸大他们的症状,结束时又淡化症状,像是在尽力让主治大夫高兴。当一个被试不能真实地报告他们的反应时,测量的效度就被损害了。

学习检测

请说明自陈式测量的主要优缺点。

二、生理学测量

测量构念的另一种方法是考察依赖于这一构念的生理表现。比如,恐惧本身会通过心率增加和出汗表现出来,可以通过**皮肤电流变化**(galvanic skin response, GSR)来测量。测量飞行恐惧的研究者可以将电极附着在一个被试的皮肤上,在其登上飞机时和飞行途中监控他的心率,或者是在实验室里要求被试想象一次飞行的经历,这时对其皮肤电流和心率进行监控。

其他的生理学测量包括脑成像技术,如**正电子成像**(positron emission tomography, PET)和**磁共振成像**(magnetic resonance imaging, MRI)。这些技术让研究者监控不同种类活动时特定脑区的活跃度。比如,注意的研究者已经发现,当任务难度增大,需要更多注意资源时,特定脑区的活跃度会增加(Posner & Badgaiyan, 1998)。其他一些研究者使用脑成像技术研究大脑的哪些区域会与不同种类的记忆任务有关(Wager & Smith, 2003),或与疼痛信息的进程有关(Wager et al., 2004)。

生理学测量的优点是:它非常客观。使用设备可以提供准确的、可信的和定义明确的测量,它不依赖于研究者和被试的主观解释。生理学测量的一个缺点是它一般需要设备,而这些设备往往是昂贵的或者无法找到的。此外,监控设备的存在会造成研究情境的不自然性,这时
125 被试的反应可能不同于常态下人的反应。不过,这里有一个更重要的应该考虑的问题:这样的心理测量是不是对某一构念的有效测量?比如说,心率与恐惧有关,但是心率和恐惧并不是一回事,由焦虑、激动、害羞或用力等引起的心率增加与恐惧引起的心率增加一样,那我们如何能够确信心率的测量就是对恐惧的测量呢?

学习检测

请说明生理学测量的优缺点。

三、行为测量

构念常常在可被观察或测量的外显行为中表现出来。行为可能是完全自然的表现，诸如笑、玩、吃、睡、争执或讲话等，也可能是结构性的，就像研究者在一项设计好的任务中测量的表现那样。在后一种情况下，研究者通常会设计一项具体的任务，在理论上看，成绩依赖于所要测量的构念。例如，可以测量反应时以确定某种药物对心理警觉是否有影响；而从一个词表中回忆的单词的数量可以作为记忆力的测量；智商测验的成绩是对智力的测量。要测量飞行恐惧，研究者可以构建一个可能的行为层次（访问机场，到飞机上走一走，飞机停在登机口空转时乘坐飞机，飞机在跑道上滑行时乘坐飞机，乘飞机实际飞行），然后测量一个人愿意完成到哪一步。

行为测量可以为研究者提供大量选项，使他们可以选择那些最能界定或测量某种构念的行为。例如，“心理警觉”的构念可以通过诸如反应时、阅读理解、逻辑推理能力或注意集中能力等来进行操作定义。根据具体的研究目的，这些测量中的某一方面可能比其他方面更恰当。在临床情境中，研究者要与单个患者合作，就每一个患者来说，像抑郁这样的构念可能表现为一种个别的、独一无二的行为问题，因此在这种情况下，临床医生可以构建一个独特的抑郁行为定义以适合每一个患者。

在其他情况下，行为本身也是一个有趣的变量，而不仅仅是某一假设构念的一个参数。对于一个学校心理学家来说，他试图减少班级里的捣乱行为，捣乱行为实际上就是研究者要研究和测量的行为。在这种情况下，就不使用外显行为作为模糊构念的操作定义，而是将捣乱行为本身作为研究的对象。

从消极方面来说，一个行为或许只是一种内部构念暂时的或情境性的参数，一个捣乱的学生可能在观察期行为表现很好，或者其不好的行为表现的时间从教室转到回家的校车上。通常最好的办法是测量一组相关的行为而不是依赖单个参数。例如，一个捣乱的学生对治疗采 126
取消极反应，在教室里不乱讲话了，但他这种捣乱行为又被另一种捣乱形式取代。捣乱行为的完整定义需要多方面的行为参数。

学习检测

1. 请解释为什么对一些特定行为来说，进行自陈式测量比进行行为测量容易？
2. 请说明行为测量的优缺点。

第六节 测量的其他问题

在讨论了测量的信度和效度、测量量表、测量的形式之后，我们还应该考虑选择测量程序的其他有关问题。关于这些问题的正确决策可以提高研究成功的概率。本节进一步讨论与测量过程有关的其他问题：多重测量、灵敏度和全距效应、人为因素（如实验者偏差和被试能动性)以及选择测量程序。

一、多重测量

要获得对一个构念更完整的测量,方法之一就是对同一构念使用两个或更多个测量程序。比如,我们可以记录心率和行为来测量恐惧。这种多重测量的优点是可以提高效度测量的可靠度。但是,多重测量也会导致一些问题。首先是统计分析和结果解释,尽管有统计技术可以对多变量数据进行评估,但大部分研究者对这些方法并不是很理解。更严重的问题是两个变量可能不是按照相同方式变化的。例如,一个治疗恐惧的程序可能会立即导致行为上很大的改变,但却没有在心率上表现出影响效应;在治疗之后,被试可能更愿意接近原来害怕的东西了,但是他们的心跳很快,这两个变量间的不一致叫作时间不同步,它会引起结果解释的混乱(治疗减少恐惧了吗?)。时间不同步可能是由于一个测量比其他测量更灵敏造成的,或者它表明在处理期间,变量的不同维度发生改变的时间不一致(行为改变可能很快,但是恐惧的生理变化则需要更多时间)。总之,与多重测量有关的问题可能会比较突出,除非能将多重测量整合成一个分数。

二、灵敏度和全距效应

一般,研究者在研究开始都会对变量如何变化有所预期,特别是对可能观察到的变化的方
127 向和幅度。对于测量程序来说,一个重要的问题是它是否有足够的灵敏度,以反映研究者预期的质的变化或量的变化。比如,如果预期一种药物对反应时只有很小的影响,那么反应时测量就需要在很小的单位上进行以反映这种变化。如果我们以秒为单位测量时间,而且预期时间的变化是在 1/100 秒的单位进行,那么我们可能测量不到这种变化。总之,如果我们预期变量的变化相当小,相当细微,那么测量程序必须灵敏到足以探测到这种变化,而且测量量表也必须有足够的类别以能区分不同个体。

当得到的分数集中在测量量表的一端时,就出现了另一种特殊的灵敏度问题。假如,一位教育心理学家想评估一种新的教学程序,他在这种教学程序实施前后对一组学生的阅读理解进行测量。如果新的教学程序开始实施之前,学生的成绩都在 95 分左右,那么可能就没有提高的空间了,即使教学程序可以改进学生的阅读理解,但是测量程序也可能探测不到分数的增长。在这种情况下,测量量表的有效范围受到制约,而且测量程序对可能的某一方向的变化不敏感。简单地说,这种灵敏度问题叫作**全距效应**(range effect),当测量分数集中在高分端时,这个问题就叫作**天花板效应**(ceiling effect)(测量分数都冲上天花板且集中在高分端)。相似地,如果分数都集中到量表的低分端则产生**地板效应**(floor effect)。

总而言之,全距效应指出了测量程序与被测量个体不匹配的基本问题,这通常因为测量程序是建立在对被试太容易的任务(因此导致高分)或太难的任务(因此导致低分)基础上。请注意,这种错误不在于测量程序本身,而在于将这一程序应用于某一特定人群。比如,如果将适合 4 岁儿童的测量程序应用于青少年,可能就会产生严重的全距效应。因此,在怀疑可能存在

全距效应时，对测量程序进行预先测试是明智的做法，可以只测量一个小的代表性样本，然后确认获得的分数是否远离量表的极端值，以使要测量的变化在两个方向上都有变化的空间。

学习检测

请说明全距效应问题。

三、人为因素：实验者偏差和被试能动性

人为因素是施测过程中可能引入的非自然特征。对于研究内容，人为因素是可能影响或歪曲测量结果的外部因素。比如医生冰凉的听诊器凉到你，就可能会影响他测得的你的心跳 128
的准确性。人为因素会影响测量效度，因为你并不是在测量你真正想测的，同时也会影响信度。尽管人为因素有很多，其中有两个方面需要特别说明：实验者偏差和被试能动性。

实验者偏差

典型的例子就是研究者知道了研究的预期结果并有意无意地影响结果，比如一位研究者对被试说明指导语时表现得友好、温暖、鼓励，就很可能产生良好的效果，而如果表现得冷漠、严肃则被试表现会相对较差。实验者影响了被试的动机，这一影响就会歪曲结果。当实验者以这种方式影响结果时，就会产生实验者偏差。

罗森塔尔和佛得(Rosenthal & Fode, 1963)提出实验者可能影响被试行为的一些途径：

- 通过副语言线索(音调改变)影响，让被试呈现实验者期待的或想要的答案。
- 通过肌肉线索(身体姿势和面部表情)。
- 通过言语强调想要的回答。
- 为了想要的结果错误判断了被试的回答。
- 为了想要的结果没有准确记录被试的回答(记录数据错误)。

在实验者偏差的经典案例中，罗森塔尔和佛得对学生志愿者进行了一项学习研究。学生的任务是训练老鼠走迷宫。一半的学生被告知并使他们相信他们的老鼠被养得很聪明，很会走迷宫；另一半的学生被告知他们的老鼠被养得很笨，不会走迷宫。事实上，两组学生拿到的老鼠来自同一品种和群体，没有聪明与愚笨之分。然而，实验结果显示，两组实验者的老鼠表现有所区别。被认为聪明的老鼠学习走迷宫学得更好，学生的期待影响了研究结果。他们的期待是怎么起作用的呢？很明显，两组学生对待老鼠的方式是不同的，从而影响了老鼠的行为。

注意，实验者偏差的存在意味着研究者并没有获得有效的测量，相反，行为和测量被实验者歪曲了。另外，实验者偏差也破坏了信度，因为被试在同一情景下由不同实验者施测会获得 129
不同的得分。

减少实验者偏差的一种方法是将实验标准化或自动化。比如，研究者可以将准备好的指导语读给被试听，这样可以确保所有被试接受到完全相同的指导语，或者将指导语印在纸上，通过录音磁带或电视来呈现。这样做的目的是限制实验者和被试之间直接接触。减少实验者

偏差的另一种方法是使用"盲"(blind)实验。如果研究是由那些不知道预期结果的实验者(或助手)来操作,那么实验者就不能对被试产生影响,这种研究叫作**单盲研究**(single-blind research)。还有一种可选方法是建立一种研究情境,使实验者和被试都不知道预期的结果,这种研究叫作**双盲研究**(double-blind research),这种方法常常被用于药物研究,研究中有一些患者得到真正的药物,而另一些患者得到的是安慰剂。使用这种双盲研究的设计,研究者和被试都不知道哪些患者得到了药物。

学习检测

请说明单盲研究是如何降低可能的实验者偏差的。

需求特征和被试能动性

对有机体的测量,特别是对人的测量会给测量过程带来另一个可能影响测量效度和信度的因素。有机体的特殊性在于他的能动性,他的行为或反应可能会造成测量结果错误。如果我们测量一个诸如桌子或木块等非能动性物体,我们不会期望他有诸如"哦!有人在看着我,我应该做得更好!"等反应,但人类被试就会有此类反应。

那些知道自己正被观察或被测量的被试可能会以预料不到的方式来反应。此外,研究情境常常会暗示被试表现出某种适当的或主试期望的行为,此即研究的需求特征。需求特征与被试能动性结合会改变被试的正常行为,因此对研究者所希望获得的变量或测量产生影响。

130 奥恩(Orne, 1962)认为,参与一项研究,就像社会体验一样,实验者和被试都有要扮演的角色。特别是实验者明显处于主导地位并需要向被试说明指导语,而被试也被期待着服从指导时。事实上,大多数被试都会努力成为一个好被试,努力配合实验者做好工作。尽管这也许对实验者有好处,但也可能会引起两个严重的问题。首先,被试经常会尝试找出研究的目的,然后改变自己的反应来验证他们所认为的研究目的;其次,被试在实验研究中表现得很好、很细心,而在平时的情景中他们并不会这么细心。为了说明这一现象,奥恩指导被试完成了一份由224道题组成的问卷。每完成一页,被试选择一张卡片,卡片上有指示,告诉被试下一项任务。每一张卡片上写有相同的指导语,告诉被试完成任务后将刚才的那页问卷纸撕成32片,并继续完成下一页问卷纸上的问题。几小时内,被试持续答题并一遍遍撕纸,没有任何疲惫和沮丧。

很明显,这是一个无聊的任务,在正常情况下,没有人会这么做,然而被试却愿意这么做。显然,参与实验的行为"要求"人们去合作并服从指令,而不管其合理与否。但是,因为被试的活动并不符合常理,所以就有理由怀疑测量程序的效度和信度。当被试隐藏或歪曲他们真实的反应时,研究者测量的就不是他想要测量的东西。

尽管被试通常努力想成为一名负责任的被试,但他们会根据实验线索,根据他们对该情境中适宜角色要求的判断,采取不同的反应。这些反应方式被称为**被试角色**(subject roles)或**被试角色行为**(subject role behaviors)。通常,被试角色包括以下四个方面(Weber & Cook,1972)。

1. 好被试角色。这些被试看出了研究的假设,并试图作出支持研究假设的行为。这听上去很不错，但研究者不希望被试采用这种被试角色，因为不知道这一结果能否推广到不接受这一角色的个体上。

2. 抗拒被试角色。这些被试知道了研究的假设，并试图表现出与研究假设相反的行为。显然，研究者也不希望被试采用这种角色。

3. 焦虑被试角色。这种被试过分担心自己在研究中的表现会被用于评估他们的能力和个人特质。他们尝试以社会渴望的方式来反应，而不根据自己的真实情况作出反应，把自己置于理想的光环下。同样，研究者也不希望被试采用这种被试角色，因为他们提供的是不真实的反应。

4. 忠实被试角色。这些被试尝试服从指导语的指导，避免在对研究目的有任何猜测的基础上反应。两种类型的被试采取这样的角色：那些想要支持科学的人，他们知道不应 131
该让他们的猜测进入反应；那些对研究无动于衷，没有对研究进行过多思考的人。这样的被试是研究者真正想要的。

被试能动性是在实验室进行研究时的重要问题，在实验室中，被试能够完全意识到他们在参与研究。尽管阻止被试注意一项研究的研究特征并调整自己的行为几乎是不可能的，但研究者还是有一些办法来减少被试能动性的影响。通常，在被试没有意识到的情况下进行观察和测量是有可能的。比如，田野研究中，在自然环境中观察被试，被试几乎不知道自己被研究，因此他们不会有什么能动性反应。尽管这一策略是可行的，但有些变量还是无法直接观测（比如态度），而且在有些情境下，研究者秘密进行观察可能会存在道德问题。一种方法是伪装或隐瞒测量的真实目的，比如将一些关键问题隐藏在一个较长的不相关的项目集中，或者有意使用一些有低表面效度的问题等。另一种方法是（巧妙地或公开地）提示被试他或她正在完成一种任务操作，而实际上对他或她的其他方面进行观察或测量。上述两种方法，都包含某种程度的欺骗，这可能会引起伦理问题（见第三章）。限制被试能动性的最直接的方法还是向被试保证他们的表现或反应是完全保密和匿名的，鼓励他们诚实、自然地反应。只要向被试保证并使他们放松，就可以减少被试能动性的影响。

四、选择测量程序

正如在第五节所看到的，选择一种测量程序需要作出多方面的决定，因为每一个决定对于研究结果来说都是有意义的。在决定一个测量主题之前或阅读他人研究报告时，必须考虑问 132
题的各个方面。

选择一个测量程序的最好起点是翻阅过去与要考察的变量或构念有关的研究报告。最常使用的程序已经接受过信度和效度评估。此外，使用已有的测量程序，意味着获得的结果可以和该领域以前的文献进行直接比较。

如果界定和测量某一变量的程序不止一种，你就要对这些程序进行比较，确定哪一种是最适合的。特别是要考虑哪一种测量程序的灵敏度更适合你所期望观察的个体间或小组间的差异性，还要确定测量的类型（称名量表、顺序量表、等距量表、比例量表）是否适合你所想得到的结论。如果只是确定差异是否存在,称名量表也许就够了;如果要确定差异量的大小,你就需要使用等距量表和比率量表。

如第二章强调的,批判或挑战一个已发表的测量程序可能会引发新的研究思想。当你阅读已发表的研究报告时,总是就其测量程序问:为什么这一变量要如此测量?另一种不同的测量量表是不是更好?这一结果是否因为缺少灵敏度或存在全距效应而有偏差?如果这一变量按照不同的方法来测量,情况会怎样?如果你能合理地预测到采用不同的测量方法结果可能会有所不同,那么你就有了开展一项新研究的基础。不过请记住,如果你提出自己的操作定义或测量程序,你需要检验其效度和信度,这会是一项非常繁琐和耗时的任务。有的研究者把整个职业生涯都投入到一套测验的发展中。

本章小结

本章主要讨论研究者如何界定和测量变量。因为许多研究变量是假设构念,因此本身是不能被直接观察和测量的,需要提出操作定义以对之进行界定和测量。就每一变量来说,有多种测量程序可用,研究者要通过效度和信度评估来确定使用哪一种。效度能确定一个测量是否真的测到了它想要测量的变量。常用的效度评估方法有表面效度、效标效度、相关系数、预测效度、构想效度、汇聚效度和发散效度。如果一个测量得到的结果是稳定的、一致的,则其是可信的。信度评估方法主要有重测信度、交叉评估者信度和分半信度。

测量过程中需对个体进行分类,而这套能对个体进行分类的类别系列叫作测量量表。测量量表有四个类别:称名量表、顺序量表、等距量表和比率量表。研究者常常面临的一个主要
133 决策是使用哪一种测量的形式,一般有三种选择:自陈式测量、生理学测量和行为测量。每一种形式都有各自的优缺点。此外,还需要考虑多重测量、灵敏度和全距效应、人为因素和选择测量程序。

关键词

理论	构想效度	分半信度
构念或假设构念	汇聚效度	天花板效应
操作定义	发散效度	地板效应
效度	信度	实验者偏差
表面效度	重测信度	单盲研究
效标效度	复本信度	双盲研究
预测效度	交叉评估者信度	需求特征

能动性　焦虑被试角色　实验室
好被试角色　忠实被试角色　田野研究
抗拒被试角色

练习题

1. 除关键词之外，还应了解以下术语的定义：

准确性　比率量表　全距效应
测量量表　自陈式测量　人为因素
称名量表　生理学测量　被试角色
顺序量表　行为测量　被试角色行为
等距量表　不同步

2. 选出一种假设构念，说明它是如何充当一个内部中介变量，如何受外部刺激的影响，又对哪一种行为产生影响的。

3. 研究者如何确定测量的预测效度？

4. 研究者如何确定测量的效标效度？

5. 操作定义的缺点是什么？

6. 什么是测量的信度？

7. 什么是测量的效度？

8. 如何确定分半信度？

9. 如何确定重测信度？

10. 对一个变量进行多重测量的优点是什么？缺点是什么？

11. 描述测验中误差的概念，说明误差是如何与信度相关的？

12. 简单说明天花板效应(或地板效应)是如何影响研究结果的？

13. 设想你在一个研究中充当被试。就下列每一种情形，你会怎样反应？解释你的能动性对你的反应有什么影响？

a. 一位研究者告诉你要完成的任务与智力有直接关系。聪明的人通常会发现任务是非常容易的，而且完成得很好。

134 b. 研究者告诉你研究的目的是测量你对竞赛的态度和偏见。首先假设研究者要在访谈中向你提出问题，然后假设研究者交给你一个问卷要求你独自填写。

14. 下列变量更适合采用哪一种测量量表？

a. 职业　b. 年龄
c. 性别　d. 社经阶层(上层、中层和底层)

训练活动

1. 说明下列每个操作定义是否有效度并解释原因，说明它是否有信度并解释原因。

a. 一位研究者将学习动机定义为，依据学生在 24 小时内（周一正午至周二正午）课外时间中，在课程相关的材料上花费的时间。

b. 按照较高的智商需要较大的头来推论，一位研究者通过测量每个人的头围（紧靠耳朵上方一圈）来测量智商。

c. 一位运动心理学家通过测定每个人可以将棒球扔多远来测量他们的身体健康程度。

d. 一位教授根据开学第一周学生在课堂讨论中的参与程度把学生分为内向或外向。

2. 选择一个主题并利用全文数据库（如 PsycArticles）来查找一篇有实证研究报告检验该主题研究结果的论文，最好其中包含对被试样本的测量。然后，据此回答下列问题：

a. 测量对象和测量方法（如果是测量多个变量则选择其中一个）。

b. 变量是直接测量的（比如身高和体重），还是使用操作定义来测量的构念（比如动机）？

c. 如果使用了操作定义，操作定义是什么？

d. 使用了哪一种测量量表（称名量表、顺序量表、等距量表、比率量表）？

e. 研究者使用的是生理学测量、行为测量，还是自陈式测量？

3. 研究者编制了一种新的人格测验，为了评估信度选取了 8 名被试。每名被试都在周一早晨接受测验，两周后又接受一次测验。8 名被试两次人格测验得分如表 4-2 所示。

表 4-2　8 名被试两次人格测验得分

被试	第一次测验	第二次测验
A	13	15
B	5	4
C	12	13
D	11	11
E	9	10
F	14	13
G	8	8
H	8	6

请制作散点图显示第一次测验和第二次测验结果的相关（参考图 4-1）。通过散点图，描述该人格测验的重测信度（比如是高或是低?）。

4. 从下列构念中选择一个：自尊、女子气/男子气、创造力、饥饿、动机、恐惧。简要描述如 135
何用以下方式对之进行测量。

a. 基于自陈式测量(如问卷)的操作定义。

b. 基于行为测量(如你期望在高自尊的个体身上看到什么行为)的操作定义。

网络资源

访问本书的网站 www.cengage.com/international 可获取学习工具,包括术语表、抽认卡和网络测试。你也会看到一个链接,点击后会进入统计和研究方法工作坊。关于本章,建议查看以下工作坊:构念的具体化、操作定义、信度和效度。

第五章 137

抽样方法

本章概览

本章讨论研究被试的抽取问题，这是第一章获取知识的方法中所说的研究过程的第四步。任何实际的研究中，都只能有很少的个体参与，但研究者都期望将结果推广到参与研究的较小群体之外的较大群体，因此必须有计划地选择被试，为某一较大群体建立一个合适的代表性样本。本章将介绍几种抽取被试的方法。

- 引论
- 概率抽样法
- 非概率抽样法

第一节　引论 138

在形成研究思想、假设和预测之后，你要对研究进行计划，选择并界定需要测量的变量及对其进行测量的方法。不过，这里有一个最关键的问题就是研究被试的选择（见第一章研究过程的第四步）。比如，如果你有兴趣调查高中生对随意搜查他们抽屉的态度，那么你应该让哪些人来完成问卷呢？是这个国家所有的高中生吗？不可能——因为那是一个庞大的群体，成本太大。你会选择一个相对较小的学生群体作为整体的代表。这里还会有一些其他现实的限制因素，意味着你只能从你所在的地区选择学生。洛杉矶与肯塔基州的研究者选择的作为被试的学生群体可能有很大差别，得到的研究结果也可能因此而完全不同。总之，任何研究都不可能让所有人参加，研究结果就可能会受被试选择的影响。

一、总体和样本

在研究设计的概念体系中，研究者感兴趣的大群体被称为**总体**(population)，实际参加研究的小群体被称为**样本**(sample)，二者的关系如图 5-1 所示。一般来说，总体是庞大的，它包含了太多研究者想要测量或探究的个体。比如，一个研究者可能对青少年、学前儿童、男人、女人或所有人感兴趣，这几种情况下总体都太大，研究者不可能对其中所有个体进行考察，只能依靠一个较小的群体，即一个样本来提供关于总体的信息。研究工作的目标就是考察样本，然后将结果推广到整个总体。因此，样本选自总体，又要能代表总体。即使几位研究者的工作始于同一问题，涉及的是同一总体，但由于他们各自使用了特定的被试组，每一研究都是独一无二的。

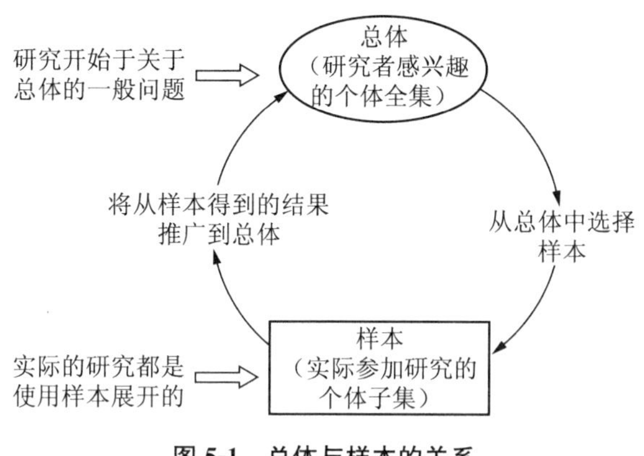

图 5-1 总体与样本的关系

学习检测

请说明总体与样本的关系。

在进一步讨论之前，需要对各种不同的总体进行区分。总体有时被叫作**目标总体**（target
139 population)，是由研究者的兴趣规定的个体全集。目标总体中的个体通常具有某一共同特征，如所有父母离异的孩子，所有早期学龄儿童，所有被诊断患有**易饿病**（bulimia nervosa)的青少年等都是目标总体的例子。多数情况下，获取一个目标总体并不容易。比如，一位研究者对患有易饿病的青少年的治疗感兴趣，他的目标总体应该是世界上所有被诊断患有该病的青少年。显然，这些人中的大多数都是该研究者无法接触的，他也无法将他们招募为被试。不过，这位研究者可以去访问本地许多治疗饮食疾病患者的诊所或医疗机构，从那里找到的本地患者

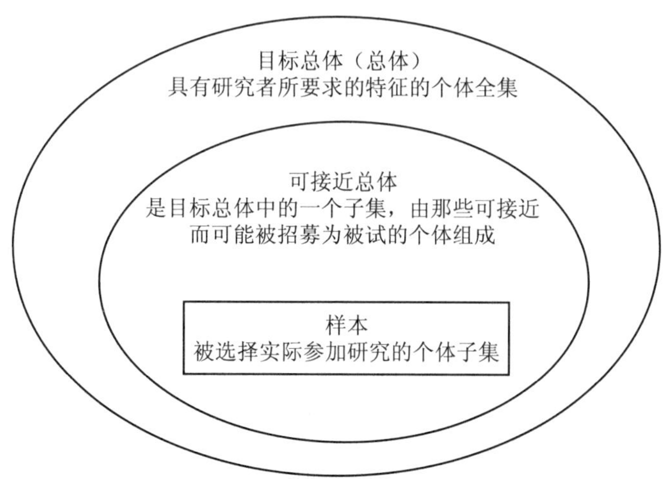

图 5-2 目标总体、可接近总体与样本的关系

(被诊断患有易饿病的人)就成为他的一个**可接近总体**(accessible population),他可以从中选取样本。大部分研究者都是从可接近总体中选取样本的。因此,在将研究结果推广到可接近总体时需要谨慎,在将结果推广到目标总体时更要小心。我们可以用图 5-2 来描述目标总体、可接近总体和样本的关系。后文中,当我们使用“总体”时,也多是指“目标总体”。

二、代表性样本 140

前文说过,研究工作的目标是考察一个样本然后将结果推广到总体,而这种将特定样本的研究结果推广到总体所能达到的准确性取决于样本的**代表性**(representativeness)。一个样本的代表性程度就是指其能在多大程度上反映或近似于总体。因此,研究者通常会面临一个问题:如何才能获得一个有代表性的样本呢?要将研究结果推广到总体,研究者就必须选取一个能代表总体的样本,即**代表性样本**(representative sample)。

开始选择样本前,首先需要评估可接近总体能在多大程度上代表目标总体。具体来说,有时可供选择的个体子集可能无法完全代表更大范围的总体。比如,独特的文化背景可能会使美国东南部的老年人与世界其他地区的老年人存在差异。因此,一项研究的结果能否推广到总体,可能会受可接近总体特征的制约。许多时候,研究者只能期望得到可接近总体的代表性样本。

损害样本代表性的主要因素是选择偏差。**有偏样本**(biased sample)是指在某些特征上与 141
总体有明显差异的样本。假如样本中的个体比总体中的个体更时尚(更年长或跑得更快),那么这个样本可能就是有偏差的。有偏样本的形成可能具有偶然性,就像投掷一枚质地均匀的硬币也会出现正面连续 10 次朝上的情况。但更多情况下,有偏样本是**选择偏差**(selection bias,也叫作**抽样偏差**/sampling bias)造成的,即抽样程序更偏向于抽取其中一些个体而不是另外一些个体。比方说,我们感兴趣的总体是成年人,如果到大学里去招募被试,可能会得到一个平均智商高于总体的样本;如果从 Facebook① 社交网站招募被试,得到的样本可能比总体要年轻。能否得到有代表性的样本取决于所使用的抽样方法。本章将考察两类基本的抽样方法和一些通用的抽样策略或技术。

学习检测

1. 一名关注中学生网络欺侮现象的研究者,对当地的一群中学生进行了访谈,调查他们的网络欺侮经历。为开展此项研究,应如何确定目标总体、可接近总体和样本?

2. 为什么说获取代表性样本是重要的?

三、样本容量

如前所述,研究多是用从相对较小的样本得到的结果来解决较大总体的问题。研究者先

---

① Facebook 是由哈佛大学几位学生在 2004 年创建的社交网站。——译者注

要从总体中抽取一个代表性样本。那么,多大的样本才具有代表性呢?这个问题没有确定的答案,这里只能介绍一些通用的规则帮助你确定**样本容量**(sample size)。

一个大的样本往往要比小的样本具有更好的代表性。在统计学中,这被称作**大数定律**
142 (law of large numbers),即样本容量越大,从样本得到的数值越接近于总体的真实值。简言之,样本越大,其对总体的代表性越高。大样本虽然好,但进入实际研究过程的被试数量也存在一个合理性的问题,研究者往往需要综合考虑大样本的优点和测量更多被试所需要的条件,寻求一个平衡点。根据统计学的研究,随着样本容量平方根的增大,样本统计量与总体参数值之间的差距逐渐缩小,这一规律对确定样本容量是有帮助的。例如,图 5-3 显示的就是样本平均值与总体平均值之间的平均差随样本容量增加而减小的趋势。增加样本容量,可使样本能够更加准确地代表总体。但同时还应注意到,样本容量从 4 增加到 16 再增加到 25 时,样本代表总体的准确度都有大幅提升,而样本容量一旦接近 30,样本代表总体的准确度的提高明显减缓。就是说,当样本容量超过 25 或 30 后,样本容量增加所带来的增益非常有限,所以研究者在制订研究方案时,通常会将 25 或 30 作为样本容量考量的标准。

尽管每一组或每一实验处理条件下有 25 或 30 的样本容量是比较理想的,但有时考虑到其他一些因素,这样的样本容量又可能会显得太大或太小。比如,一项研究要比较 10 种或 15 种不同的实验处理,如果每种处理下需要 25 个独立被试,那就意味着需要 250 或 375 个被试。要招募如此多的被试,许多时候是非常困难甚至是不可能的。因此,研究者可能会将每种处理下的被试数减少到 10 或 12。相反,有的研究对于准确性有明确要求。比如,调查两名候选人的公众支持率,要求误差量在±5%之间,经计算,样本容量至少要达到 384 才能保证由样本计算的支持率与相应总体支持率的误差量不超过 5%。

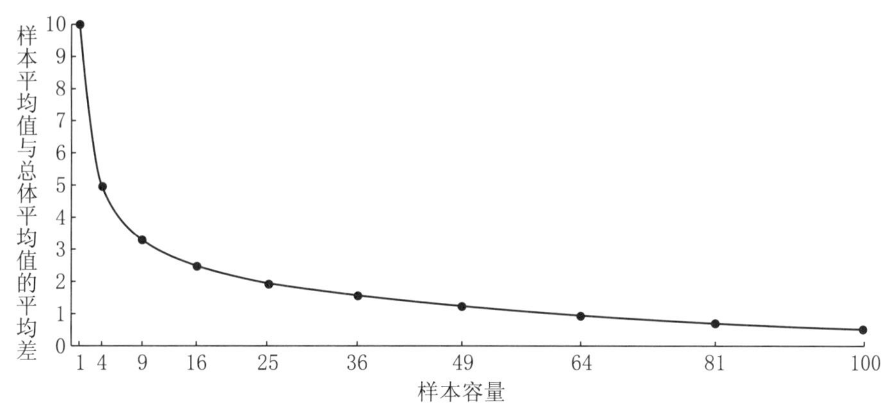

图 5-3 样本平均值与总体平均值的平均差随样本容量变化的函数曲线

注:样本越大,其代表总体的准确度越高,该准确度与样本容量的平方根有关。

143 总之,样本应该有多少被试,不好一概而论。不妨查阅已发表的类似研究报告,看看以前的研究者使用多少被试。可别忘记,样本越大代表性越好,研究成功的概率就越大。

四、抽样基础

为一项研究选择个案的过程叫作**抽样**(sampling)。研究者发展出多种抽样方法(也叫作抽样技术或抽样程序),这些方法可以概括为**概率抽样**(probability sampling)和**非概率抽样**(nonprobability sampling)两大基本类型。

在概率抽样中,特定个案被选中的概率是可以计算出来的。例如,从 100 个人的总体中抽取一个人,每个人每次都有 1/100 的相等的被抽中概率。概率抽样有三个重要条件:

1. 必须能准确把握总体大小并列出总体中的所有个体。
2. 必须确保总体中每一个体有相等的被抽中概率。
3. 为保证所有个体被抽中的机会均等,抽样过程必须是无偏差的。使用随机的抽样方法,可使每种可能的抽样结果具有相同的发生概率。就像每次投掷一枚硬币,两种可能的结果(正面朝上和反面朝上)具有同样的发生概率。

在非概率抽样中,研究者不知道总体的大小即总体中成员的总数,因而无法确定特定个案被选中的概率,他就无法使用无偏抽样。例如,一位对学前儿童行为感兴趣的研究者也许会访问本地的一个日托中心,那里有一个学前儿童群体。这位研究者未能保证所有学前儿童相等的被选中概率,其抽样会增加形成有偏样本的概率。假如,这个日托中心只有中产阶层白人的孩子,将其作为样本肯定不能代表学前儿童的总体。总之,非概率抽样比概率抽样更有可能导致有偏样本。

值得提醒的是,概率抽样需要对总体有全面了解,必须能列举出总体中的每一个体,而这一点又常常是研究者无法办到的。因此,在实际的行为科学研究中,概率抽样使用较少。不过,概率抽样为提出代表性这一概念提供了良好的基础,也便于我们说明如何利用各种不同的抽样技术获取代表性样本。

在接下来的几部分中,我们讨论五种概率抽样法(简单随机抽样、系统抽样、分层随机抽 144
样、按比例分层随机抽样、整群抽样)和两种非概率抽样法(便利抽样和定额抽样)。不管采用哪一种抽样方法,总的目标都是为了获取所在总体的一个代表性样本。然而,不同的研究类型对代表性的要求不一样,因此有多种不同的抽样程序供选用,每一种抽样程序都作了很明确的规定以便能得到有一定代表性的样本。

学习检测

一位研究者想要从以下的总体中分别抽取一个样本。其中哪个可能是概率抽样,哪个可能是非概率抽样?

a. 当地一所大学的新生组成的总体。

b. 12 个月大的婴儿组成的总体。

第二节 概率抽样法

一、简单随机抽样

大多数抽样方法都是以**简单随机抽样**(simple random sampling)为起点派生出来的。随机抽样的基本要求就是总体中的每一个体具有相等且独立的被选中概率。概率相等意味着任何个体都不比其他个体更有可能被选中；相互独立则意味着选择一个个体不会影响研究者对另一个体的选择。

试设想，一位研究者感兴趣的总体是居住在某城市的所有成年人。为了得到一个样本，研究者打开一本该城市随机排列的电话号码簿，手指"啪"落在一个人姓名上，就选择这个人进入样本；研究者接着翻到下一页，将手指落在这一页的某个名字上，这就是第二个进入样本的名
145 字了……就这样不断的翻页和挑选，直到完成样本的选择。这是一个简单随机抽样的例子吗？不是，因为相等性的要求没有得到满足：总体中个体被选择的机会不相等，其中有些人没有任何被选择的可能，因为他们的名字根本不在这个电话号码簿上（比如一些人的电话号码未编入册，一些人的电话号码在他人名下，还有一些人只使用手机）。另外，名字的选择也不是相互独立的：研究者在每一页只选择一个，于是这一页上的其他名字都被排除了。因此，每选择一个名字就给同一页的其他名字带来了选择上的偏差（零概率）。

很明显，简单随机抽样的目的在于防止选择程序有区别地对待个体而导致非代表性样本。随机抽样的两个主要方法是：

1. 复位抽样。这种方法要求已经被选择加入样本而被标记为样本成员的个体，在下一次选择之前再回到总体（复位）。这种选择程序可以保证在整个选择序列中个体被选中的概率不变。比如，从一个 100 人总体中进行选择，任何一个人每次选中概率为 1/100。要保证在第二次选择时选中概率不变，有必要在选择之前让第一次选出来的个体再回到总体中。因为选中概率保持不变，这项技术保证了选择的独立性。

2. 不复位抽样。顾名思义，这种方法是在下一次选择前将已被选择的个体从总体中移出。尽管每一次选择的概率发生了变化，但这种方法可以避免某一个体在抽样中多次被选中的情况。因为每次选择的概率都会变化，这项技术不能保证选择的独立性。随着被选择个体离开总体，剩余个体被选中的概率不断增加。

复位抽样是许多数学模型的一个假设前提，它构成统计分析的基础。不过，在大部分研究中，个体实际上无法复位，因为如果复位的话，一个被试可能会在一个样本中重复出现。就好比，要进行一项民意调查，你不能对同一个人做 10 次访问，然后说有一个 10 人样本。现实当中，大部分目标总体都很大，即使已被抽中的个体不复位，也能保持选取概率基本不变。通过使用大的总体，研究者就可以采用不复位抽样方法，这既能保证个体在抽样中不重复出现，也能满足统计分析的数学假设。比如，1/1 000 的概率和 1/999 的概率之间的差别就可以忽略不计。

简单随机抽样的过程包括三个步骤：

1. 明确界定你要选取样本的总体。
2. 列出总体的所有成员。
3. 使用随机过程从成员列表中选择个体。

146 通常，先将总体中的每一个体编号，然后使用随机过程选择号码。例如，一位研究者要从

当地学区 100 名小学三年级儿童中抽取一个 25 人的样本。他可以先将这些孩子的名字列成一个表，编上从 1—100 的号码，然后将 1—100 的号码分开写在纸片上并将顺序打乱，最后随机捡出 25 张纸片并以纸片上的号码确定 25 个被试。

如上所述，研究者一般使用诸如投掷硬币或从帽子中捡号码纸片的随机过程来进行抽样。但是，从帽子中捡号码纸片时，如果纸片的大小不同或纸片洗牌不充分，情况会怎样呢？研究者可能会选择那些用较大纸片写号的被试或表列最后的那些被试，因为这些被试的号码纸片可能在纸堆的上部。有一种更无偏抽样的过程是使用随机数表，附录 A 给出了“随机数表”及其用法说明。

简单随机抽样背后的逻辑是：通过简单随机抽样的选择程序，排除了选择偏好，应该可以得到代表性样本。但是，需要注意的是，简单随机抽样是通过把每一次的选择都置于随机性的规则之下来消除偏好的，它可以在较长的抽样过程中得到一个平衡的、有代表性的样本，就如投掷几千次硬币，最后的结果会是正面朝上和反面朝上各占 50%。但如果抽样过程较短，就难以保证这一点了，因为用随机性决定每一次选择时，有可能得到有严重偏向的样本(即使你不愿意看到这一点)。就像投掷一种质地均匀的硬币 10 次，可能会得到 10 次都是正面朝上的结果一样。也许，我们会从一个男女人数相等的总体中得到一个由 10 名男性组成的随机样本。要避免这种非代表性样本，研究者常常对随机抽样过程加以限制，就像我们后文要介绍的分层随机抽样和按比例分层随机抽样那样。

学习检测

为什么使用简单随机抽样还可能会得到有偏样本？

二、系统抽样

系统抽样(systematic sampling)是一种与简单随机抽样非常相似的概率抽样，它的第一步是将总体中的所有个体随机排成一个表，第二步是从这个表中随机挑选一个个体作为第一个被试进入样本，第三步是沿着表列，以第一个被挑选的个体为起点，按顺序挑选每 n 个个体中的第 n 个个体进入样本。可以看到，系统抽样在选择第一个被试上与简单随机抽样相同(都是分三步进行的)，但此后，研究者就不再继续使用随机方法选择其余被试了，而是沿着表列等距选择每 n 个个体中的第 n 个个体进入样本。n 的大小是用总体大小除以想要的样本大小计算出来的。比如研究者要从本地学区 100 名小学三年级学生中抽取一个 25 人的样本，可先将每个学生的名字写在一个表上并编上从 1 到 100 的号码，然后使用诸如随机数字表等随机过程 147
选择第一个被试，比如选择的被试是 11 号。这个例子中 $n=100/25=4$，于是从 11 号个体之后每 4 个号中第 4 号个体(第 15 号、19 号、23 号等)就被选择出来。

这种方法的随机性确实小于简单随机抽样，因为抽样时每一个体的独立性未得到保证。拿刚才这个例子说，如果首先选择了 11 号被试，就等于要隔过 12 号、13 号、14 号而选择 15 号作为被试。不过作为一种概率抽样法，它能保证样本较高的代表性。

三、分层随机抽样

一个总体通常可以被划分为各种不同的**子群**(subgroup)。例如,在加利福尼亚登记的选民总体可以划分为男性和女性、共和党和民主党、不同种族、不同年龄的子群等。不同子群也可以被看作是不同的层,就像悬崖上的岩石层一样(如图 5-4 所示)。要保证在一个样本中,各子群都能得到代表,建议使用**分层随机抽样**(stratified random sampling)。为得到代表性样本,首先要确认样本中应包括哪些具体的子群或层,然后按照简单随机抽样的方法从每个子群中选择容量相等的子群随机样本,最后把这些子群随机样本合并构成总体样本。比如,我们计划从心理学的入门课程班上抽取 50 人,要求其对男生和女生都具有代表性,那么可以首先从这个班的男生中随机抽取一个 25 人样本,再从女生中随机抽取一个 25 人样本,最后将这两个子群样本合并起来就构成了想要的分层随机样本。

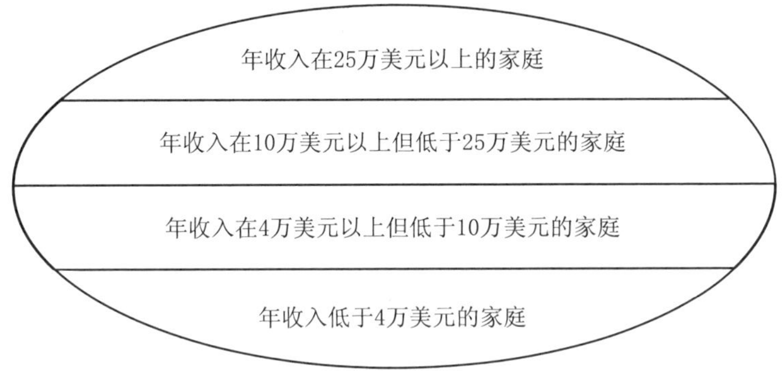

图 5-4 按照家庭年收入划分的不同阶层

148 当研究者想对总体中的各个部分进行描述,或对各个部分进行比较时,分层随机抽样方法就显得特别有用了。采用这种方法,样本中的每一子群必须包含足够的个体以便它能代表总体中与其对应的部分。请思考下面这个例子:

> 一位社会学家在一座大城市进行一项民意调查。计划要对 4 个不同种族的人的意见和看法进行比较。这些人是:非裔美国人、西班牙人、亚洲人、白种人。如果研究者使用简单随机抽样选取 300 名被试,这个样本也许会出现某一(或某几个)种群的人很少的情况。如果只用少数人代表某一特定种族,研究者就不能对该种族的意见作出任何确定性的描述,也不能与其他种族作任何有意义的比较。一个分层随机样本,可以通过确保每一子群都包含预定的人数(由研究者设定)来避免出现上述问题。就这里 300 人的总体样本来说,研究者可以从已经确定的 4 个种族中各选择 75 人作为每一子群的代表。

分层随机抽样的最大优势在于,它能确保每一子群在样本中都有足够的个体数,从而能很好地代表这一子群。因此,当考察并比较各具体子群时,这种方法比较恰当。但是分层随机抽样也存在一些缺点。首先,这一方法可能会导致对总体歪曲的描述。比如,我们按照分层随机抽样的方法,从 50 名男性和 250 名女性组成的总体中抽取 50 人的样本(其中男 25 名、女 25 名),那么男性和女性在样本中的代表性是均等的。可是,总体中男性、女性所占的比例却不相等。男性在总体中所占比例不到17%，在样本中所占比例却达到了50%。还有，你应该已经注意到，分层随机抽样与简单随机抽样并不等效：总体中的不同个体被选中的概率不相等。在上述例子中，每一男性被选中的概率是25/50或说1/2，而每一女性被选中的概率是25/250或说1/10。尽管所有女性被选中的机会均等(1/10)，所有男性被选中的机会也均等(1/2)，但男性与女性被选中的机会却不同。接下来要讨论的抽样方法将对代表性样本作出不同的界定，以便获得真正的随机样本。

学习检测

与简单随机抽样相比，分层随机抽样的优势是什么？

四、按比例分层随机抽样

有时研究者有意对样本进行构造以期提高样本与总体的一致性，使其构成成分与总体匹配。像使用分层随机抽样一样，首先区分出总体的一组子群或成分，接着确定总体中相应子群 149
所占的比例，最后就可以得到一个比例关系与总体比例关系完全匹配的样本。这种抽样就叫作**按比例分层随机抽样**(porportionate stratified random sampling)，简称为**按比例随机抽样**(porportionate random sampling)。

就一个包括75%的女性和25%的男性总体来说，要使样本准确反映总体中的性别比例，样本也要像总体那样，包括75%的女性和25%的男性。首先确定期望的样本容量，然后从总体的女性中随机选择被试至样本容量的75%，最后从总体的男性中随机选择被试以组成样本剩余的25%。按比例随机抽样通常被用在关于某项政策的民意测验和其他重要的公众意向调查方面，为了用相对较小的样本可靠地代表一个大的和多种人群组成的总体，研究者可以对样本进行构建以使样本中诸如年龄、经济状况和政治依属等结构关系与总体中的存在比例相同。

按比例随机抽样会带来许多额外的工作，这一点又依赖于我们想要样本中的比例与总体中的比例匹配到何种程度。很明显，首先必须确定总体中的比例，这也许需要你到图书馆去查资料或到一个研究中心去访问，然后还必须找到与已经确定的类别匹配的个体。当然，这里也有技巧可循，你可先找到一个非常大的样本(要比最后需要的样本大得多)，为样本中的每一个体进行各种测量，然后再从中随机选择出符合比例标准的被试数(或随机排除不符合比例要求的多余被试)。不过，这一过程需要在研究实际开始之前进行许多初测，而且它会放弃许多已被抽取来的被试。另外，按比例随机抽样使得研究者不能对总体中不同的子群进行描述或对比。比如，如果一个特殊的子群只占总体的1%，他们在样本中也只能占1%。这意味着在100人的样本中只有一个人属于这个子群。显然，你是不能用一个人去代表一个子群的。

学习检测

1. 与按比例随机抽样相比，分层随机抽样的优势是什么？
2. 与分层随机抽样相比，按比例随机抽样的优势是什么？

五、整群抽样

至此,我们讨论的抽样方法都是基于从总体中一次只选择一个个体。但有时个体是以现成
150 的整群形式存在,研究者可以随机选择整组。比如,研究者想从某个城市的学校中抽取由 300 名小学三年级学生组成的较大样本,他不采用一次选择一个学生的方法,而是随机地选择了 10 个班(每个班大约有 30 名学生),最后得到 300 人的样本,这一过程就叫**整群抽样**(cluster sampling)。只要感兴趣的总体是以很多个界定清楚的整群存在的,就可以使用这一方法。它有两个明显的优点:第一,相对快捷,而且容易得到大样本;第二,对被试的处理和测量常常以整群方式进行,可以大大加快研究进程。在整群抽样中,研究者不是选择单个被试,不是对单个被试施加处理,不是每次只测量到一个数据,而常常是针对整群施加处理,每次可以考察和测量一群人,从一次实验中就能很便利地取得 30 个被试的数据。

整群抽样的缺点是,它可能会引起与被试分数独立性有关的问题。对一个有 300 人的样本进行测量,是假定其包括了相互独立的 300 次测量。如果因为是整群测量,样本中的一个被试分数对另一个被试的分数产生了直接影响,那么这两个分数实际上是有关联的而不应该再被计作两个独立个案。举一个极端的例子来说,假如有一个孩子完成了调查问卷后,另一个孩子只是将其答案全部抄过去。很明显,这两份问卷不应作为两个独立个案来对待。另外,如果在一个群体内的个体间存在可能影响被测变量的共同特征,研究者就需要考虑来自该群体的测试分数实际上反映的不是相互分离的、独立的个案情况。

学习检测

整群抽样可能存在什么问题?

六、联合策略抽样

有些情况下,研究者会将两种或两种以上的抽样方法结合使用。比如,学校负责人可能首先将其管辖范围划分为不同区(如南、北、东、西),这里包含了分层抽样;然后他又从每个不同的区选择两个三年级的班,这里包含了整群抽样。一般来说,将抽样方法结合使用可以提高从一个分散的、成分复杂的总体中得到代表性样本的可能性。例如,在一个广泛的市场调查或政治民意测验中,就需要采用**联合策略抽样**(combined-strategy sampling)。

七、概率抽样法小结

由于包含随机选择过程,采用概率抽样法得到代表性样本的可能性更大。但正如我们在讨论简单随机抽样方法时谈到的,这些方法不能保证总能获得代表性高的样本。为了避免这一问题,研究者通常对随机抽样过程加以限制。分层随机抽样可以保证不同的子群在样本中被均等的代表,按比例分层随机抽样则可以保证样本的结构与总体相匹配。另外,这些方法有
151 时是非常消耗时间且单调乏味的(即它要将总体中所有成员列成一个表,要完成随机的无偏选择过程),它还要求研究者"知道"整个总体并能够接近它。由于这些原因,实际操作中,很少真

正使用概率抽样法，除非研究中使用较小的封闭总体（如某学校的学生、某管教所的劳教人员）或者进行大规模的调查。

第三节 非概率抽样法

一、便利抽样

一般在心理学研究中最常用的抽样方法可能是**便利抽样**（convenience sampling）。在便利抽样中，研究者只使用那些容易得到的个体作被试，被选的人必须是那些找得到的、乐于参加研究的人。比如说，用心理学入门课的学生或者当地日托中心的儿童进行研究。在纽约州立大学布罗克港学院教书并用大学生作被试的研究者，很可能使用这所学院的在籍学生，而在加利福尼亚大学伯克利分校工作的研究者，则可能使用那里注册的学生。

便利抽样被看作是一种比较弱的抽样方法。研究者不试图去了解总体，在选择被试时也不使用随机过程，对样本的代表性很少控制，所以得到有偏样本的可能性很大。像人们热衷参加的广播电台听众热线电话调查或杂志社使用通信方式进行的调查，都是特别值得怀疑的。这些情况下的调查样本应该是存在偏差的，因为只有那些乐于收听这个电台节目或阅读这个杂志又对调查主题感兴趣的人才会去花费这些时间，这些人不可能是一般人群的代表。

尽管存在明显缺点，但便利抽样可能还是被使用最多的方法。与那些需要详细了解总体中所有成员情况，又需要采用费时费力的随机过程来选择被试的方法相比，便利抽样更容易、更廉价、更快捷。

便利抽样虽然不总能保证得到有代表性的无偏样本，但也不能就草率地将其看作是一种毫无补救希望的抽样方法。大部分研究者都知道，可以使用两种策略来纠正便利抽样中的主要问题：第一，研究者尽可能确保他们的样本具有相对的代表性而无大的偏差。例如，虽然一位研究者的样本可能全部来自亚特兰大一个规模较小的学院里参加心理学入门课程的学生，但如果他能谨慎而广泛地选择具有不同特点的学生（不同性别的、不同年龄的、不同学业成就水平的，等等），那么他就有理由预期这一样本与来自其他专业或周围其他学院的大学生样本 152
很相似。除非研究包含一些像冲浪、冬季驾驶等特殊技能，通常可以合理地假设来自一个地区的样本与来自其他地区的样本具有同样的代表性，像佛罗里达州立大学的学生与爱达荷州州立大学的学生可能是非常相似的，西雅图一所日托中心的孩子与路易斯大街日托中心的孩子也可能是相似的。当方便样本来自一些特殊领域或地区，就不能简单地将其看作有广泛代表性的样本了，如为特殊才能的学生开办的音乐学院，或为有天赋儿童开办的私人日托中心等。

第二，详细地说明样本是如何得到的，参加研究的被试是哪些人。比如，一位研究者可以报告说：一个由 20 名 3—5 岁儿童组成的样本，这些儿童来自休斯敦市区一所日托中心；或者说：一个由 100 名学生组成的样本，其中女 67 人，男 33 人，年龄在 18 到 22 岁之间，都是来自美国中西部一所较大的州立大学选修心理学入门课程的学生。尽管这里的每一个样本可能存在偏差，也许不完全算是一个较大总体的代表，但至少每个人都清楚这个样本大体是什么样子，可以借此对其代表性作出自己的判断。

学习检测

请说明便利抽样的优缺点。

二、定额抽样

可以使用一些与概率抽样类似的方法来控制便利样本的组成，如**定额抽样**(quota sampling)能像分层抽样那样确保不同子群在便利样本中得到均等的代表。例如，通过设置从每一子群中抽取个体的定额，研究者就能确保一个由 30 名学前儿童组成的样本中男孩和女孩人数均等。你可以设定男孩和女孩的定额各为 15 人，而不是不分性别地简单选择前 30 名同意参与研究的儿童。当 15 个男孩定额抽满后，就不再抽取其他男孩了。在这个例子中，定额抽样保证了特定的子群在样本中有足够的代表。

定额抽样的另一种变体有点像按比例分层抽样。研究者可以设置样本中各子群代表的定额以保证样本的构成比例。例如，研究者可以确保样本包含 30%的男性和 70%的女性，使之与实际总体中的比例一致。需要说明的是，定额抽样与分层随机抽样、按比例分层随机抽样都不相同，因为其抽取个体的过程不具有随机性，而是在定额内根据便利来完成的。

最后需要指出的是，在抽样方法的术语使用方面，不同研究者也不完全一致。比如，我们
153 阅读过一篇研究报告，研究者称使用了**便利分层抽样**(convenience stratified sampling)方法抽取三个被试组(McMahon, Rimsza, & Bay, 1997)，这一研究的被试组是按照便利抽样得到的，并要求每个组的被试中只会说西班牙语的人占一半，既会说西班牙语又会说英语的人占一半。我们将这种方法叫作定额抽样——不过，称作便利分层抽样也能非常清楚地说明他所采用的具体做法。总之，关键还是看抽样的具体做法而不是其使用了什么名称。

在便利抽样中也可以借用系统抽样和整群抽样的方法。例如，要得到一个当地商场的顾客样本，研究者就可以系统地从进入该商场的人中每五个人选择一个(第五个人)作为被试。这一技术可以确保研究者得到更具代表性的样本，而不是仅集中在那些易于接近的人群。同样，从当地学校选择儿童(出于便利)的研究者仍然可以选择班级整体而不是学生个体。

表 5-1 总结了概率抽样与非概率抽样的各种方法。

表 5-1 抽样方法汇总

抽样类型	概念描述	优缺点
概率抽样		
简单随机抽样	从总体的名单表中随机选择个体进入样本，随机过程保证了每一个体被选择的机会均等且相互独立	选择过程公平且无偏差，但并不总能保证样本具有代表性
系统抽样	随机确定起点后，依次选择总体列表中每 n 个个体中第 n 个个体进入样本	基本可得到随机样本的方法，但选择过程并不完全随机和相互独立

（续表）

抽样类型	概念描述	优缺点	
分层随机抽样	将总体划分为子群后，从每一子群中选择相等数目的个体进入样本	保证每一子群有足够的代表，但总样本通常不能很好地代表总体	
按比例分层随机抽样	将总体划分为层并随机从每层中选择一定数量的个体进入样本，每层在样本中所占比例与其在总体中所占比例一致	保证了样本组成（根据确定的层）完全能代表总体的组成，但对一些层在样本中的代表性有所限制	
整群抽样	通过每次从总体的一系列整群中随机选择一个整群（已存在的群体）获得样本，而不是每次抽取一个个体	可得到一个较大且相对随机的样本的简单方法，但选择过程并不完全随机和相互独立	154
非概率抽样			
便利抽样	通过选择容易得到的个体获得样本	是获得样本的简单方法，但得到的样本可能会存在偏差	
定额抽样	通过区分总体所包含子群并为每一子群设置便利抽样定额获得样本	允许研究者控制便利样本的组成，但这一样本可能存在偏差	

本章小结

研究的目标在于通过测量样本将结果推广以描述总体，因此研究者应该仔细选择样本使其能作为总体的代表。本章介绍了一些获得样本的通用方法。

概率抽样和非概率抽样是两种基本的抽样方法。概率抽样包括简单随机抽样、系统抽样、分层随机抽样、按比例分层随机抽样和整群抽样等五种形式，抽样中，一个特定个体被选中的概率是确定且可计算的。非概率抽样包括便利抽样和定额抽样两种形式，抽样中，一个特定个体被选中的概率是无法计算的，因为研究者不清楚总体的大小和总体中的成员。每一种抽样方法都有优缺点，而且它们在获取样本的代表性方面存在差异。

关键词

总体	选择偏差/抽样偏差	抽样
有偏样本	随机过程	非概率抽样
概率抽样	代表性	代表性样本
样本		

155 练习题

1. 除关键词外，还应了解以下术语的定义：

目标总体	简单随机抽样	整群抽样
可接近总体	系统抽样	便利抽样
大数定律	分层随机抽样	定额抽样
抽样方法/抽样技术	按比例分层随机抽样	

2. 概率抽样和非概率抽样有什么不同？

3. 有偏样本会带来什么问题？

4. 目标总体和可接近总体有什么不同？

5. 吉姆博士想对住疗养院者的记忆进行一项研究，他联系了本地一家疗养院并从他们的住院名单上选择了 50 人参加研究。

a. 这一研究的目标总体是什么？

b. 这一研究的可接近总体是什么？

c. 吉姆博士采用了何种抽样方法？

6. 请辨认在下列每一情境中使用的是何种抽样方法：

a. 某州立大学正在对学生的态度和意见进行调查，计划从所有注册学生名单中随机选取一年级、二年级、三年级和四年级学生各 50 名组成样本。

b. 一位教育心理学家从本地一所公立学校选择了一个由 40 名小学三年级儿童组成的样本。为确保样本组成均等，其中包括 20 名男孩和 20 名女孩。

c. 地方民主党委员会想确定该地区注册的民主党员最关心什么问题，他们使用党员注册名单选择了一个 30 人的随机样本进行电话访谈。

d. 关于(1)中大学调查的第二种做法是：根据资料报告，学校每年都接受大量转学生，结果使得三年级和四年级的班级人数达到一年级和二年级的两倍。为了确保样本能反映这种班级规模的差异性，先确定每个班的学生人数，然后再选择样本。每个班在样本中的人数是根据这个班的人数占全校学生的比例来确定的。

e. 一位心理学系的教员在校园的教学楼中张贴了一则通知，招募乐于参加关于人类记忆研究实验的人，要求感兴趣的学生留下姓名和电话号码。

7. 请说明将研究结果推广到总体如何受所采用的样本抽样方法的影响。

训练活动

1. 一个总体中只有四个个体：A、B、C 和 D。你的任务是从这个总体中选择一个两人的随机样本。

a. 假设你使用不复位抽样，列出所有可能得到的随机样本。（提示一：系统地列出样本。156
例如，所有样本都以 A 为第一个选中个体开始；提示二：如果相同的人按不同顺序被选中，则算作两个样本。例如，如果 A 先于 B 被选中，这与 B 先于 A 被选中算作不同的样本；提示三：你应该能得到 12 个不同的样本。）

b. 假设你使用复位抽样，列出所有可能得到的随机样本。注意：与(1)的提示相同，但这次你应该得到 16 个不同的样本。

网络资源

访问本书的网站 www.cengage.com/international 可获取学习工具：术语表、抽认卡和网络测试。你也会看到一个链接，点击后会进入统计和研究方法工作坊。关于本章，建议查看抽样方法工作坊。

第六章 157

研究方法的内部效度和外部效度

本章概览

本章讨论研究方法的选择，以及对研究方法和研究设计很重要的效度问题，介绍内部效度、外部效度及其各自可能受到的主要威胁，并对研究方法、研究设计、研究程序进行辨析。

- 引论
- 量化研究
- 内部效度和外部效度
- 对外部效度的损害
- 对内部效度的损害
- 对内部效度、外部效度的进一步讨论
- 研究方法、研究设计与研究程序

第一节　引论 158

本章主要介绍研究方法和研究中的效度问题，重点关注量化研究。展开之前，先对量化研究和质性研究的概念进行区分。**量化研究**（quantitative research）所考察的变量通常能在数值（大小、量级、持续时间或者频数）上发生变化。第四章曾讨论对这些变量进行测量的各种方法，而测量所得结果或数据，通常都可以使用标准统计程序进行汇总、分析和解释。

质性研究（qualitative research）是收集、解释和发布信息的另一种方法。质性研究与量化研究的最大区别在于所得到的资料类型：量化研究主要得到数值结果，而质性研究通常是形成叙述报告（即对观察的文字描述或讨论）。质性研究包括对被试的详细观察（大多还包括与被试的互动），通常伴随大量记录，然后通过叙述报告对观察和记录进行总结，并尝试描述和解释所研究的现象。例如，对青少年抑郁进行质性研究时，研究者会与青少年进行简单交流，提一些问题并听取回答，然后对观察到的行为和态度做出文字描述。相反，量化研究者会编制测验来测量每个被试的抑郁程度，然后使用平均值来描述不同青少年群体的抑郁情况。

社会人类学家常使用质性研究，沉浸于特定文化场域，对被试的行为进行观察，这有利于理解和描写不同文化中的某种社会结构和习俗。这里有一些质性研究的例子：福西（D.

Fossey)对山地大猩猩的观察(报道于《迷雾中的大猩猩》/Goriilos in the Mist, 1983),西格彭和克莱克利(Thigpen & Cleckley)对一位患有多重人格障碍女性的详细描述(报道于《三面夏娃》/The Three Faces of Eve, 1957),以及皮亚杰对其子女的观察成为其儿童发展理论的基础。上述研究者都没有测量个体的数据,却进行了更加全面的行为观察,由此产生的是细节性描述,而不是一个平均数。

159 量化研究与质性研究并非数字与非数字之间的区别那么简单。事实上,通过量化研究获得的数据偶尔也有质性研究的价值。第四章提到,称名量表获得的数据并不区分数据等级而是简单地将个体划分到互斥且性质不同的类别中。例如,研究者要考察性别与色盲的关系,他可以将被试按照性别(男/女)和是否色盲(是/否)进行分类,由此产生的是质性而非量化资料。然而,通过计算男性色盲比例,并与女性色盲比例进行比较,研究结果就转化成了数字。因此,这一研究也可以被看作量化研究。

第二节　量化研究

有了新研究设想,就要提出假设和预测,确定变量的定义和测量手段以及被试类型,并考虑如何按照伦理要求对待被试。接下来,就要选择研究方法(研究过程的第五步,参见第一章第四节)。**研究方法**(research strategy)是指一项研究的基本方式和目标,它通常取决于待解问题的类型和预期结果的类型——概括地说,就是希望达到什么目的。

举个例子。请考虑下列三个问题:

1. 一般来说,两岁儿童平均能说出多少个单词?
2. 儿童早餐的品质与其学业成绩的水平有关系吗?
3. 改变儿童早餐的品质能否引起他们学业成绩的变化呢?

请留意,第一个问题是关于单个变量(单词数量);第二个问题是关于两个变量的关系(早餐品质与学业成绩),更明确地说,是关于一个关系是否存在的问题;第三个问题也是关于一个关系是否存在的问题,但它是寻求对关系的一种解释,该问题是要以这种形式去了解,早餐品质上的差异是否有助于解释儿童学业成绩水平的差异。这三个问题需要采用不同的研究方法。本章介绍了五种方法,可用来解决不同类型的问题。

160 前文提到,本书主要关注量化研究。这里介绍的量化方法,都旨在考察变量的测量和变量间的关系,并以量化的形式呈现。不过,量化研究与质性研究也有许多交叉重叠,有些研究方法既可用于量化研究,也能用于质性研究。例如,第七章详细讨论了描述法在量化研究中的应用,但该方法也可以成为许多质性研究的基础。

一、描述法

描述法要说明特定群体的某个变量的当前状态。例如,某所大学的学生每天收到信息的数量一般是多少？每天睡眠的时间平均是多少？上一次总统选举中参加投票的比例是多少？要回答这些问题，研究者会调查短信数量、睡眠时间、每个学生的投票记录，然后计算变量的平均值或比例。描述法对个体变量进行描述而不关心变量间的关系，其目标是获得特定群体某一特征的简单介绍（一种描述）。第七章将对描述法进行详细讨论。

二、变量的关系

描述法仅对个体变量的自然状态进行描述，然而大多数研究旨在考察变量关系。比如，小学生的早餐品质与学业成绩有无关系？大学生的起床时间与学年平均成绩（grade point average, GPA）有无关系？考察变量关系有很多方法，图 6-1 就是分析和描述变量间的几种关系。

先简单说说变量相关的含义。变量相关，意味着一个变量的改变总是伴随着另一个变量可预见的变化。比如，图 6-1a 显示了青少年的自尊水平与性别之间的一般关系：当性别从男性转为女性时，自尊也从相对较高的水平降到相对较低的水平（Kling, Hyde, Showers, & Buswell, 1999），此例两个变量中，只有一个变量（自尊）是用数值测量的。如果两个变量都用数值或者等级进行测量，则有许多方法可以分析二者的关系。比如，图 6-1b 和图 6-1c 为线性相关：两个变量值的变化所确定的坐标点可以形成一条直线。而图 6-1d 为非线性相关（正曲线相关）：两个变量之间也有相伴且可预测的关系，但坐标点形成了曲线。正如第四章提到的，
图 6-1b 和图 6-1d 显示的是正相关关系，即一个变量的增大伴随着另一个变量的增大。相反， 161
图 6-1c 显示的是负相关关系，即一个变量的增大伴随着另一个变量的减小。最后，记住这些描述变量关系的方式只针对两个变量都是用数值或等级组成的情况。比如，图 6-1a 显示了性别和自尊水平相伴且可预测的关系，但这一关系不能用线性、非线性或者正、负相关来界定。

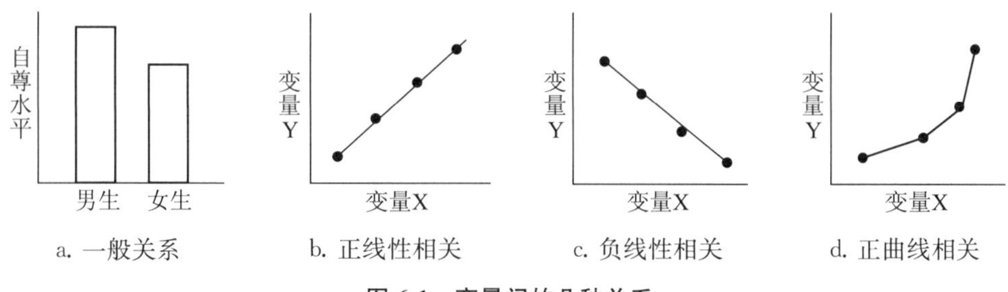

a. 一般关系　b. 正线性相关　c. 负线性相关　d. 正曲线相关

图 6-1　变量间的几种关系

图 b 和图 d 中，变量 X 的值从左往右递增，而变量 Y 的值从下往上递增。

研究者为了确定变量间的关系必须进行观察，也就是测量两个变量。不同的测量手段产生截然不同的数据结构，不同的数据结构也可以帮助区分不同的研究方法。

三、相关法

在自然状态下对一组个体的两个变量进行观察是考察变量相关的方法之一，这要对每个个体的两个变量进行测量。例如，研究者发现大学生的学年平均成绩与睡眠习惯，尤其是起床

时间有关(Trockel, Barnes, & Egget, 2000)。

162 获得一组8名大学生的起床时间与学年平均成绩。从获得的数据中,可以注意到一种趋势,大学生早晨起床越迟,学年平均成绩越低。用散点图展现数据,较容易看清起床时间与学年平均成绩间稳定的关系模式。在散点图中,每个点代表一个个体,点的横坐标对应起床时间,纵坐标对应大学生的学年平均成绩。散点图显示,随起床时间的推迟,学年平均成绩逐渐降低。

注意,相关法仅尝试描述变量间的关系(如果存在的话),并不试图解释这一关系。尽管起床时间与学年平均成绩之间可能有关系,但这并不意味着越早起床的学生越能得高分。第八章将会对相关法作更详细的讨论。

四、两个以上数据集的比较

考察两个变量之间关系的第二种方法是比较两组及以上的数据,其中一个变量是分组变量。比如,一组学生选自高收入家庭,另一组学生选自低收入家庭。接着测量第二个变量即每个学生的学年平均成绩来获得每个个体的数据。如表6-1所示,研究者比较了来自高收入家庭与低收入家庭的高中生的分数。两组数据的差异为家庭收入与学年平均成绩的相关提供了证据。

163 **表6-1 高收入家庭与低收入家庭高中生的成绩**

	高收入家庭	低收入家庭
	72	83
	86	89
	81	94
	78	90
	85	97
	80	89
	91	95
学年平均成绩	81.9	91.0

依据上表,有三种方法考察上表中两个变量之间的关系。这些方法的区别在于所提问题,以及得到确切答案的能力。

五、实验法

实验法旨在探求两个变量间的因果关系。例如,增加锻炼强度能否引起胆固醇水平降低?要回答这个问题,研究者可以通过改变运动负荷来创设两种情境:低运动负荷和高运动负荷。然后把两组相似的个体分别安排在两种情境中,测量并比较他们的胆固醇水平,就可以确定运动负荷的变化是否引起胆固醇水平的改变(见表6-2中a列)。实验法旨在通过寻找决定性的原因来解释关系,它通过严格的条件控制来保证因果关系的确定性。第九章将对实验法进行详细讨论。

六、准实验法

准实验法通常试图解决两个变量间的因果关系问题，但永远无法得到确定性的解释。例如，为了确定某种治疗方案能否引起吸烟行为减少，研究者可以选择一组被试实施该治疗方 164
案，然后测量该组被试治疗前后的吸烟行为；接着测量尝试戒烟但未施加治疗方案的被试组，最后对两组数据进行比较（见表 6-2 中 b 列）。与实验法类似，准实验法虽然也有较严格的实验控制，但总有一些缺陷妨碍研究者得出明确的因果结论。例如，尽管使用这一治疗方案的人戒烟更为成功，你却未必能得出治疗增强了戒烟效果的结论，因为即使治疗方案对戒烟无效，但吸烟者因为受到激励，更容易戒烟成功。顾名思义，准实验法差不多是但不完全是实验法。第十二章将对准实验法进行详细讨论。

七、非实验法

非实验法旨在证明变量间的关系但不尝试对关系进行解释，尤其不会得出因果关系的解释。例如，要确定 6 岁女孩与 6 岁男孩的言语技能有无差异（即言语技能与性别是否有关系），研 165
究者可以对一组男孩和一组女孩分别进行言语技能测量，并比较两组分数（见表 6-2 中 c 列）。非实验法没有实验法和准实验法的严谨性和实验控制，也不会得出因果解释。例如，一项研究可能证明了女孩的言语技能比男孩高，但却解释不了原因。非实验法只能证明关系存在但却无法用因果关系来解释。第十二章将对非实验法进行详细讨论。

表 6-2　实验法、准实验法和非实验法举例

a. 实验法		b. 准实验法		c. 非实验法	
低运动负荷	高运动负荷	未施加治疗	施加治疗	女孩	男孩
168	122	仍吸烟	戒　烟	27	14
196	210	仍吸烟	仍吸烟	30	16
175	130	戒　烟	戒　烟	19	18
210	124	仍吸烟	戒　烟	27	15
226	146	仍吸烟	戒　烟	24	21
183	133	仍吸烟	戒　烟	23	23
142	158	戒　烟	仍吸烟	18	18
198	122	戒　烟	戒　烟	15	14
207	140	仍吸烟	仍吸烟	29	21
195	135	仍吸烟	戒　烟	28	20
比较胆固醇水平（毫克）		比较吸烟行为		比较言语分数	

八、研究方法小结

表 6-3 是对五种研究方法的总结，可按照其基本目的将其分为三大类：

1. 描述单个变量而非变量间关系的方法。

2. 通过测量被试两个（及以上）变量来考察变量间关系的方法。

3. 通过比较两组(及以上)数据来考察变量间关系的方法。

其中,由于解释变量关系的能力和目的不同,类型 3 中三种方法构成了一个等级层次:实验法能够证明因果关系,即通过证明一个变量的变化引起另一个变量的改变得出确切结论;准实验法试图证明因果关系,但不能完全达到这一目标;非实验法仅仅证明关系存在,并不试图做出解释。另外,相关法与非实验法使用的数据不同,但目的一致且得到相同的结论。

166 **表 6-3 根据数据结构区分五种研究方法**

类型 1:描述单个变量的方法

描述法
目的:得到自然状态下特定组群中个别变量的描述。
数据:通过对目标组群进行测量得到数据列表。
例如:当地大学生每周课外学习时间平均为 12.5 小时,每夜睡眠时间平均为 7.2 小时。

类型 2:通过测量被试两个(及以上)变量来考察变量间关系的方法

相关法
目的:得到两个变量间关系的描述,但不尝试解释。
数据:对目标组群中的每个个体测量两个变量(即两个分数)。
例如:起床时间与学年平均成绩有关,但我们不知道为什么。

类型 3:通过比较两组(及以上)数据来考察变量间关系的方法

实验法
目的:得到两个变量间因果关系的解释。
数据:改变一个变量的水平,创设两种处理条件,然后在每一种条件下测量个体的另一变量。
例如:增加运动负荷导致胆固醇水平降低。

准实验法
目的:试图得到因果关系的解释,但不能完全实现目的。
数据:分别对有实验处理的一组和没有实验处理的一组进行前测和后测。
例如:吸烟行为的减少可能是治疗引起的,也可能是其他因素引起的。

非实验法
目的:得到两个变量间关系的描述,但不尝试解释。
数据:测量两组不同的被试,或者在不同时间对同一组被试测量两次。
例如:性别与言语技能有关,女孩的言语技能通常比男孩高,但我们不知道为什么。

学习检测

1. 实验法、准实验法与非实验法在严谨性和实验控制上有何区别?
2. 描述法与另外四种研究方法有什么区别?

九、数据结构和统计分析

实验法、准实验法和非实验法都包含分组数据的比较(如表 6-2 所示),通常包括平均数差异的比较和比例差异的比较。例如:

- 高运动负荷组的胆固醇平均值为 142 毫克，而低运动负荷组的胆固醇平均值为 190 毫克。
- 实施治疗方案组的个体 70%戒烟成功，而未实施治疗方案组的个体只有 30%戒烟成功。
- 女孩的言语平均分为 24，而男孩的言语平均分为 18。

三种方法得到类似的数据，因此也使用相似的统计方法。[①] 例如，用 t 检验和方差分析评估平均数差异，用卡方检验对比例进行比较。

相关研究不比较数据组，而是对一组被试测量两个变量（得到两组不同数据），然后找出数据的关系模式。相关研究得到数值型数据后，通常会计算相关系数（如皮尔逊相关），如果得到 167
非数值型的分类数据，则通常使用卡方检验。

描述性研究旨在总结特定群体的单个变量。对于数值型资料，通常用一个平均值或平均分数来概括。如果是非数值型资料，通常是以各类别所占比例（或百分比）来概括。例如，学生平均每天睡 7 小时，每周吃两个比萨。或者报告 58%的学生至少有一门课不及格。

十、小结

研究总是从问题出发，不同的方法适合不同的问题，而且具有各自的优缺点。虽然我们将研究方法分为五种，但也经常有人将其划分为实验法和非实验法（或非控制性实验法）两类。这种二分法也有其道理：实验法能够证明因果关系，非实验法则不能确认因果关系。

学习检测

哪种研究方法包含对几组数据的比较？

第三节　内部效度和外部效度

上一节就每种研究方法进行了讨论，现在要分析一个根本问题：研究在多大程度上解决了目标问题？这是关于研究效度的问题。“效度”在词典中被定义为“真实性的质量或状态”。在研究情境中，效度影响研究的可靠性或结果的精确性。通常，研究者会把效度作为研究质量的评估标准。你或许听说过有些研究是“有缺陷”的，有些研究是“设计粗劣”的，或者有些研究结果是“有限的或不可用”的，这都是在说研究的效度问题。在这一节，我们将分析科学家是如何界定效度的，以及在不同研究类型中效度的概念。学习目标是如何设计一个有效的研究，以及如何识别他人研究的效度（或缺乏效度）。

“效度”一词的使用可能存在一定的混乱。在第三章，我们介绍了测量学中的效度。测量程序的效度是指它在多大程度上能够测量到所要测量的变量。但这里所介绍的是指应用于一 168
个完整调查研究的效度，特别是指当我们关注实验进程的真实性和质量以及结果精确性时的

---

① 统计方法将在第十四章进行讨论。

效度。同样是效度一词，可应用于测量和研究两种情境，因此我们要认真地区分这两种情况下的效度。在你自己的观念中也应仔细区分这两个概念。

所有研究者的目标都可以用“发生了什么，为什么会发生”来总结，任何能引起对研究结果或结果解释异议的因素即为**对效度的损害**（threat to validity）。

尽管研究效度有多种定义方法，但传统上将研究效度分为外部效度和内部效度两类。

一、外部效度

每一项研究都是在特定时间和地点进行的，有特定的被试、指导语、测量技术和实验程序。尽管研究本身具有特异性，但研究者通常假定他们的研究结果不是特异的，而是可以推广到研究情境之外的。**外部效度**（external validity）是指在脱离具体研究情境后，研究结果还能成立的程度。这种结果可以推广到其他人群、其他背景、其他测量吗？例如，斯特拉克、马丁和斯特普（Strack, Martin, & Stepper, 1988）主持的一项研究表明，在牙齿间放一支笔（迫使人微笑）的人和在嘴唇间放一支笔（迫使人噘嘴皱眉）的人相比，前者认为卡通片更有趣。尽管这项研究是 1988 年以伊利诺伊州大学的学生为被试的，但今天仍然被认为是有效的，即如果从其他学校抽取当代的大学生来进行同样的实验，应该会得到同样的结果。

外部效度关注的是，当研究的某些特征发生改变时，还能不能得到同样的结果。研究中制约结果普适性的因素都是“对外部效度的损害”。例如，使用 50 岁男性作为被试得到的结果不一定能推广到女性群体或其他年龄层。其中被试特征的有限性就是对外部效度的损害。

169 结果的推广至少有三种类型，每一种都涉及外部效度问题。

1. 从样本推广到总体。多数研究关注的是总体，比如有人对学前儿童或者成人的饮食失调感兴趣，那么总体将包括上百万的个体。但实际是用相对较少的个体所组成的样本进行研究。比如研究者可能用 50 名学前儿童组成的样本进行研究。要关注研究的外部效度，就要关注样本的代表性，使得从该样本中得到的结果可以推广到总体。比如，如果研究者使用样本发现电视噪声影响学前儿童的行为，那么他可能得出电视噪声影响全体学前儿童行为的结论。

2. 从一项研究推广到其他研究。如前所述，每项研究都是特殊事件，在特定的时间由特定的主试使用特定的被试得出的结论。这种情况下，对外部效度的担心是，一项特定的研究得到的结果能否在类似的其他研究中得到。例如，如果我使用 25 名大学生组成的样本进行研究，与两年后使用不同的大学生样本进行重复研究得到的结果是否相同？如果我在纽约进行研究，在加利福尼亚的研究者使用相同的程序能否得到同样的结果？如果我使用《斯坦福比内智力量表》测量智商，其他研究者使用《韦克斯勒成人智力量表》进行测量能否得到同样的结果？

3. 从实验研究推广到现实情境。大多数研究是在实验控制的情境下，由知道自己在参与实验研究的被试完成的。这种情况下，对外部效度的担心是，在一个相对隔离的环境中得到的结果，能否在现实情境中得到。例如，研究者发现一种新的计算机程序对三年级儿童学习算术很有帮助，但是，这一实验研究的结果能在真实的三年级教室中得到吗？

二、内部效度

采用实验方法开展研究的目的是得到两个变量间因果关系的解释，而许多其他研究希望为因果关系的解释提供支持。例如，考虑以下的研究问题：

- 增加运动负荷能使胆固醇水平下降吗？
- 某种特定的治疗能减缓抑郁吗？
- 某种教学策略能提高学生学业成绩吗？

上述例子中，有效的研究应该能够证明，一个变量（如运动负荷）的变化能引起另一变量 170
（胆固醇水平）的改变，而且这种结果的原因没有其他解释。这种效度叫作**内部效度**（internal validity）。内部效度与研究中影响结果或结果解释的内部因素有关。当一项研究的结果有且只有一种解释时，我们就说这一研究具有内部效度，导致研究内部对结果有其他解释的任何因素都是“对内部效度的损害”。比如，临床医生测量了一组抑郁症患者的抑郁水平，然后对他们施用一种治疗方案，并在三周后测量抑郁水平。如果抑郁水平出现了明显下降，那么临床医生就会认为治疗减轻了抑郁。但是，假如研究开始时天气又冷又糟糕，而三周后研究快结束时阳光明媚。这个例子中，天气提供了对结果的另一种解释：有可能是天气变化导致抑郁减轻。其中，天气就是对研究内部效度的损害。

学习检测

1. 一位研究者发现，大学生在接近期末考试的12月比学期开始的9月更焦虑，但是不清楚这种焦虑是考试引起的还是换季引起的。该研究是否存在内部效度或外部效度问题？

2. 一位研究者以计算机夏令营中6岁儿童为被试进行一项研究，这些儿童都具有较高天赋。该研究者猜想，如果以普通的6岁儿童为被试进行研究会得到不同的结果。这一研究是否存在内部效度或外部效度问题？

三、效度和研究质量

任何一项研究的价值和质量，都取决于其内部效度和外部效度的高低。一项研究总的目的是解决具体的研究问题，而良好设计的实验得到的结果能准确反映被测变量的关系，并能对结论的合理性进行验证。任何引起结果准确性及结果解释异议的因素，都是对效度的损害。

优秀的研究者在规划研究时会意识到这些影响因素，因此在真正开始研究之前，他们会在 171
实验设计中加入一些因素，以便排除或减少对内部效度的损害。我们在本节中简单区分并介绍一些损害内部效度和外部效度的因素，接下来的几章将介绍各种不同的实验设计，详细说明每种设计对效度的损害。此外，我们还介绍了一些用以改进或扩展实验的方法，以限制对效度的损害。

最后提醒：一项研究想要排除损害效度的所有因素基本上是不可能的。具体研究中，研究者必须确定哪些是最主要的影响因素，并格外留意这些因素。那些无关紧要的影响因素则可以忽略或作轻微处理。实际研究中,对设计进行调整时,可能排除了一种不利因素,但同时也可能引入了另一种不利因素。尽管研究者总是努力做出最好的决定,开展最好的研究,但大多数研究仍存在缺陷,这种现实给我们两点启示。

1. 不同研究的效度不同。有的研究内部效度和外部效度较高,其结果和结论也就更可信。有的研究只有中等的效度,而有的研究效度很低甚至毫无效度可言,永远不要仅仅因为一项研究结果或结论被"科学地论证过"而接受它。

2. 留心于效度的损害因素可帮助你对一项研究做出严格评判。当你阅读研究报告时,思考下文介绍的这些因素,看其是否存在于这篇研究报告。学习本书的主要目的是使你成为一个有见地的研究"享用者",你应能对实验的效度和质量做出自己的判断。

第四节 对外部效度的损害

如前所述,外部效度是指研究结果可以推广到实验情境以外的程度,即对不同的总体、情境、测量方式等,能否得到同样的(或类似的)结果?当研究结果可以被推广到实验情境以外时,我们说研究具有外部效度。研究的一些制约结果普适性的特征是对外部效度的损害。如下是一些常见的对外部效度的损害因素,可以分为三类。

一、跨被试的推广性

研究结果一般都是借助一组具体的被试得到的,这就给外部效度带来一个问题:研究结果对那些与实际参加实验的被试不同的人来说,是否具有普遍性?

172 **1. 选择偏差。**在第五章,我们将有偏样本定义为具有与总体明显不同特点的样本。有偏样本通常来源于选择偏差,即抽样程序使得一些个体比其他个体更容易被选中。要明确,选择偏差是对外部效度的损害。就是说,如果一个样本不能准确地代表总体,那么从该样本得到的结果就不能推广到总体。如果研究者选取被试时图方便而未采用无偏抽样,就会影响外部效度。我们在第五章中详细讨论了被试的选取。但现在,有一种常见的情况值得注意,大部分研究者倾向于选择定义宽泛的被试,如美国的青少年。然而,考虑到研究的成本问题,这些研究者很可能只选取当地的青少年作被试。因此,身处旧金山、加利福尼亚的研究者,很可能只从旧金山湾区的地方高中里选取被试,而堪萨斯州的研究者则在堪萨斯州选取被试。问题在于,从两个海岸城市的青少年中得到的结果能否适用于中西部或美国其他城市的青少年?从一个地区或环境中的被试获得的结果可能含有"选择偏差",因此不能适用于其他地区或环境中的人群(市区、郊区、农村)。

2. 大学生。大学生是最容易被选为被试的群体,然而越来越多的证据表明,大学生的许多特性会限制研究结果向其他成年人群的推广。如西尔斯(Sears, 1986)的研究证实,大学生系统化的自我意识很少,顺从权威的倾向性较强,同伴关系不太稳定,并且与非大学生的成年人相比，他们的智商较高。因此，在推广用高度选择性的被试得到的结果时要慎重。

3. 志愿者偏差。在很多研究中，被试是自愿参加的。像第三章提到的，美国心理学会的准则要求，(在大多数情况下)人类研究的被试必须是志愿者。这就产生了一个特殊问题——**志愿者偏差**(volunteer bias)，因为志愿者不能完全代表广大人群。这又给外部效度带来一个问题，从志愿者得到的结果多大程度上能应用于那些可能不愿意参加这一实验的被试？在一项关于志愿者被试的广泛研究中，罗森塔尔和罗斯诺(Rosenthal & Rosnow, 1975)界定了一些可区分志愿者被试和非志愿者被试的特征，表 6-4 列举了其中一些特征。需要注意的是，没有哪一个特征能完全可靠地预测志愿行为，只能说其中有些特征比其他特征预测效果要好一些。在对以往研究进行全面考察后，罗森塔尔和罗斯诺将这些特征分门别类，以说明这些特征事实上与志愿行为有联系。

表 6-4 与志愿行为有关的被试特征 173

a. 最有可能的	b. 较有可能的	c. 有可能的
受教育程度较高	探索欲望较高	来自小城镇
社会地位较高	比较保守	对宗教比较感兴趣
智商较高	很可能是女性	比较无私
积极性较高	不太顺从权威	比较容易自我暴露
乐群性较高	不太墨守成规	比较容易心理失调
		是年轻人的可能性较大

注：根据被试特征与志愿行为的关联程度进行分组(Rosenthal & Rosnow, 1975)。①

通读表 6-4，然后对自己进行归类，看看自己会做志愿者的可能性有多大。你会发现在这些特征中，有的恰好与你符合，有的则完全不符合，还有的看上去根本就不适用。你也许受到良好的教育，智商较高(意味着你有可能会做志愿者)，但你也许并不是一个喜欢探索的人(意味着你不会做志愿者)，这在一定程度上解释了为什么不能精确地预测哪些人会做志愿者，哪些人不会。另一个复杂因素就是我们正在讨论的研究类型，例如，通常女性更有可能成为志愿者，但是对那些任务艰巨的研究来说，男性则最有可能成为志愿者。同样，高智力常常与志愿行为相关联，然而如果研究涉及一些异常的经历，如催眠、感觉剥夺或性，就未必了。

因此，表 6-4 中所列只是志愿者的几点普遍特征，并不是说它们适用于每一个个体或每一种情形。尽管如此，这一资料仍然可以清楚地表明，按平均数计算，志愿者和非志愿者之间存在差异。因此，对那些用志愿者被试进行的研究来说，其效度存在争议。

4. 被试特征。当研究被试之间具有某种共同特征时，研究的外部效度同样会受到削弱。人口学特征如性别、年龄、种族、民族以及社会经济地位都会限制结果的推广。例如，在郊区共和党人社区中，对学龄前儿童进行实验，得到的结果可能并不适用于别的人群，你当然不能期望它适用于城市或西班牙青少年。有些研究结果通常与有着某些特殊性的被试相对应，它当 174

① 删除原文中个别涉及宗教问题的项目。——译者注

然不能适用于其他被试。

5. 跨类推广。将从动物实验得到的结果推广到人类，其外部效度会存在争议。在考虑从一个物种研究得到的结果能否应用于另一物种之前，必须留意这两个物种生存机制与过程的异同。例如，老鼠很适合用于对进食行为的研究，老鼠的进食行为和人类的进食行为在生理上和行为上都很相似(老鼠和人拥有相似的消化系统、进食方式和食物偏好)，因此研究者可以很有把握地把研究老鼠得到的结果应用于人类；相反，研究苍蝇得到的结果则不能应用于人类，因为苍蝇与人类很不一样，苍蝇的进食行为是一种无需学习的先天性反射活动(Logue, 1991)。举这个例子，并不是说动物研究毫无意义，也不是说动物研究的结果均不能适用于人类。在认识人类时，许多重要的科学成果都是从动物实验获得的，但不能据此就认为，所有动物研究的成果都能直接应用于人类，这类推广必须谨慎。

学习检测

请说明选择偏差为什么会降低研究结果的外部效度。

二、跨程序的推广性

每一项研究都是由一组特定个体完成的，除此之外，还要看到一项研究的结果也是由一套特定实验程序来实现的，这就引发了关于外部效度的另一个问题：这一研究结果在多大程度上能推广到以其他方式测量的研究中呢？

1. 新奇性效应。对大部分被试来说，参加研究是一次新奇的、令人兴奋的或使人焦虑的经历。这种情况下，被试的知觉和反应可能不同于平时，这叫**新奇性效应**(novelty effect)。此外，对被试施加的处理通常是定义明确的、不同寻常的，因此被试的表现(得分)会不同于他在其他更平常的、日常生活情况下的表现(得分)。

2. 多重处理干扰。如果被试参与一系列实验处理，其中一种处理会对被试产生影响，并影响其在后续实验处理中的反应。典型的例子是**疲劳效应**(fatigue effect)和**练习效应**(practice effect)。疲劳效应是指被试在一种处理下变得疲劳而在之后的处理中表现不佳，练
175 习效应是指被试在一种处理下的经历会提高其在之后处理中的表现。这两种情况下，接受之前的处理就是对外部效度的损害，即如果被试参与了先前的实验，得到的结果也许不能推广到没有先前经验的个体。再次强调，任何限制结果普适性的因素都是对外部效度的损害。此例中，先前实验的潜在影响叫**多重处理干扰**(multiple treatment interference)。

3. 实验者特征。已经说过，每项研究都有一组特定的被试和一套特定的实验程序。另外，研究结果是通过特定的实验者得出的。带来的外部效度问题是，这一研究结果能在多大程度上推广到其他实验研究？**实验者特征**(experimenter characteristics)可能损害外部效度，因为研究结果是与某个特定的实验者相联系，这名实验者又有一系列具体特征。实验者的人口学特征和人格特征都会降低研究结果的可推广性。人口学特征包括性别、年龄、种族以及种族认同，人格特征包括友好程度、威望、焦虑以及敌意等。例如，一个充满敌意的实验者和一个和

蔼的实验者主持实验得到的结果很可能会有所不同。

三、跨测量的推广性

现在我们知道，每一项研究都有一组特定的被试、一套特定的实验程序以及特定的实验者。此外，一项研究的结果是使用一套特定的测量得到的，这里存在的外部效度问题是：这一研究结果在多大程度上能被推广到采用其他测量方式的研究？

1. 过敏。有时，测量过程，也就是测量程序本身会改变被试，进而影响被试的反应，这种现象叫作**过敏**或**测量过敏**（sensitization or assessment sensitization）。过敏会影响研究的外部效度，因为它使得伴随测量程序的观测结果与被试在现实世界中的行为表现不同。例如，一所学校儿童的自尊课程，可能在一项测量自尊水平的研究中进行了检验，但是之后，该课程在没有任何测量的情况下被推广到整个学区。在实验处理前，先进行行为测量，施以实验处理后，再进行测量时，通常会发生过敏。与外部效度有关的问题是，前测（处理前的测量）可能使被试变得敏感，对自己的态度或行为有更多了解，进而可能导致被试在实验处理下的行为有所不同。这种对外部效度的损害叫作**前测过敏**（pretest sensitization）。

在使用自我监控的研究程序中，也常出现测量过敏。哈尔摩、纳尔逊和哈耶斯（Harmon, 176
Nelson, & Hayes, 1980）的实验证明，自我监控过程会明显减少人的消极情绪。在意志消沉的患者中，与那些不接受任何临床处理和治疗的患者相比，观察和记录自己行为的患者有显著改善。这也是测量程序（并非实验处理）影响得分的一个例子。你也许已经了解到，自我监控作为减肥和戒烟计划的常见组成部分，它只不过使人们养成一种自我观察的习惯而已，这种习惯会使人们对自己的行为更在意，从而改变它。

2. 反应测量的普遍性。有些变量可以通过许多不同的方法来定义和测量，如“害怕”这一变量，可以通过生理学测量（如心率）、自我陈述或行为表现来定义。在一项研究中，研究者会选择典型的定义和测量程序，这时，研究结果对应特定的测量，可能不能普遍应用到其他的定义和测量中。例如，一项研究可能发现一种特殊的治疗恐怖症的有效方法，这里的“恐怖”通过心率来定义和测量，然而实际上，这种治疗方法很可能对恐怖症患者的行为没有任何帮助。

3. 测量时间。个体在研究中的得分通常是在处理后某一特定时间（或处理时）测得，但实验处理的实际效应会随时间的变化而变化。例如，如果在戒烟程序结束时立即进行测量，该程序会非常成功，但是在六个月后进行测量，成功率就会大大降低。因此，在一个特定的时间对被试施测得到的结果会不同于在另一个时间施测得到的结果。

学习检测

请说明影响研究外部效度的两个测量方面的问题。

表 6-5 概括了影响研究结果外部效度的三方面因素。

表 6-5 影响外部效度的主要因素

影响来源	说明
被试	研究所用被试的独特性会降低研究的外部效度。如以大学生为被试得到的研究结果可能不能推广到那些非大学生的成人
研究的特征	研究程序的独特性会降低研究的外部效度。如果研究中被试意识到自己正在受测，那么所得的结果就不能推广到那些不知道自己正在受测的被试的研究，实验结果也不能推广到实验者不同的研究
测量	测量方法的独特性会降低研究的外部效度，使研究结果不能推广到使用不同测量方法的研究。如实验处理后立即施测得到的结果，不能推广到实验处理三个月后才施测的研究

第五节 对内部效度的损害

一、额外变量

如果研究对得到的结果有且只有一种解释，则说明它具有内部效度。任何能引起另一种解释的因素都会导致研究内部效度的降低。

较为典型的是，研究通常着眼于两个变量，并试图证明二者之间存在某种联系。例如，哈勒姆，普赖斯和卡萨鲁（Hallam，Price，& Katsarou，2002）进行的研究，考察背景音乐（变量1）对小学生任务成绩（变量2）的影响。结果显示，在完成算术任务时，学生在相对平静舒缓的音乐环境比没有背景音乐时的成绩更好。尽管这项研究只关注两个变量，但研究过程中仍然
177 存在许多其他的可变因素。也就是说，每一项研究都有很多额外变量（研究的两个变量之外的变量）成为研究过程的一部分。其中，有些变量与参加实验的被试有关，如不同的被试具有不同的人格特征、智商水平、性别、技能或能力，等等，有些变量与研究的环境有关——比如，有的被试可能是在上午受测，有的则在下午受测；一部分实验是在阴暗而沉闷的星期一进行，另一部分则在晴朗的星期二进行。研究者对被试智商水平的差异或天气变化并不感兴趣，但这些因素仍然作为研究中的变量而存在，属于研究的构成部分但不直接被研究的那些变量就是**额外变量**（extraneous variable）。

二、混淆变量

有时，不经意允许额外变量进入到研究中会以某种方式影响或歪曲研究结果。这时就会存在一种风险，即使可以观测到两个变量间的关系，但这种关系却也有可能是额外变量引起的。下面这项研究中，研究者试图证实背景音乐与学生成绩的关系。

178 假如，研究者一开始，在一个有平静舒缓音乐的房间里，用一组学生进行实验，这是第一种处理条件；然后，把音乐关掉，这是第二种处理条件。在两种处理条件下，都让学生解决算术问题并记录成绩。结果显示，音乐关掉后，学生的成绩下降。尽管音乐可能影

> 响学生的成绩，但也有可能是因为被试疲劳造成。他们在第一种情况下成绩好（有音乐），但在第二种情况下，由于时间的推移，他们变得疲劳了。这一研究中观察到的成绩下降，也可以解释为疲劳的影响。这样，研究结果就有了其他解释：算数成绩下降，既可能是没有音乐造成的，也可能是疲劳造成的。尽管实验结果是清楚的，但结果解释是值得怀疑的。

前面已经说过，任何导致对实验结果其他解释的因素都是对内部效度的损害。此例中，第三变量——疲劳——可解释学生算术成绩的变化。这个变量被归为**混淆变量**（confounding variable）。

当三个变量相伴发生系统性变化时，就不可能得到关于其中任意两个变量间关系的简单的、清晰的结论。因此，当存在混淆变量时，研究的内部效度受损。我们再看一下音乐和问题解决的研究，应该能说明这一点。现在，我们假设一组被试上午 9 点在有音乐的房间内接受问题解决能力测试，而另一组被试下午 4 点在没有音乐的房间内接受测试，最后结果显示，有音乐的第一组成绩好于第二组。请注意这一研究包含了三个变量，且这三个变量是同时发生系统性变化的：在实验背景从有音乐变为无音乐时，时间也从上午变为下午，学生的成绩也由好变差。

> 研究者希望用背景音乐与成绩的关系来解释结果：背景从有音乐变为无音乐导致成绩由好变差。

然而，时间（上午或下午）是一个额外变量，变成了混淆变量，并给实验结果提供了另一种可能的解释。也可以认为，不同时间与成绩有关系，这就形成了对结果的另一种可能的解释：

> 时间从上午变为下午导致成绩由好变差。

再强调一次，混淆变量会损害内部效度。任何可能对研究结果形成其他解释的因素，都会 179
损害研究的内部效度。

三、额外变量、混淆变量和内部效度

一项研究要想具有内部效度，其结果的解释必须有且只有一个。如果研究包含混淆变量，结果就有了其他不同的解释，也损害了内部效度。因此，保证内部效度的关键就是要确保额外变量不能成为混淆变量。因为每一项研究都包含许多额外变量，避免出现混淆变量是一项很难的任务。不过，如果把混淆变量划分为少数的几个类别，那么就更容易对其进行监控而不允许其进入研究过程。在考察各类混淆变量之前，再仔细分析一下研究的结构，并关注其中的内部效度问题。

当研究的目的是解释两个变量的关系时，它一般会使用一个变量创设不同的**处理条件**（treatment conditions），然后在每一种处理条件下观测第二个变量并获得一个数据集。例如，哈勒姆、普赖斯和卡萨鲁（Hallam, Price, & Katsarou, 2002）的实验二，创设了三种处理条件：一个房间内有愉快的、平静舒缓的音乐；一个房间有不愉快的、暴躁的音乐；一个房间没有音乐。然后，分别在每个房间测量一组被试的问题解决能力（变量 2）。他们发现，在不同房间，测试的结果存在差异，研究者成功地证实了问题解决受背景音乐的影响，即两个变量之间存在关系。这个研究的一般结构如图 6-2 所示。

180
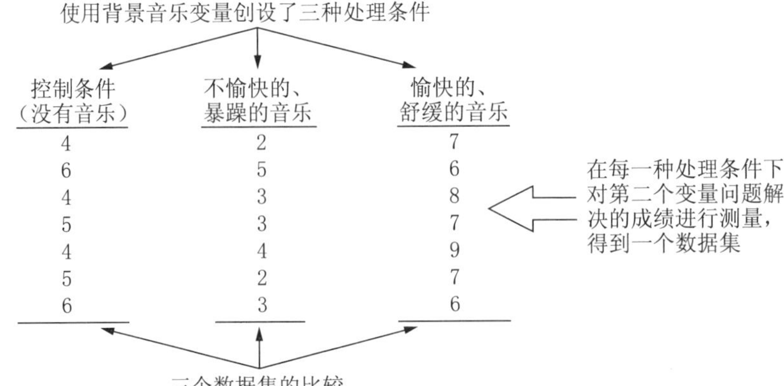

图 6-2　解释两个变量之间关系的研究结构

在这个例子中，研究的目的是要证实背景音乐的改变会导致问题解决成绩的变化。

要确保研究的内部效度，就必须保证处理条件之间的唯一差异就是用来界定处理条件的那个独特变量。比如在图 6-2 中，三个房间的唯一差异就是背景音乐。如果还有任何其他因素造成了处理条件的差异，那就有了混淆变量，内部效度就下降。例如，有舒缓音乐的房间被漆成绿色，没有音乐的房间漆成黄色，有暴躁音乐的房间漆成红色，那就有了混淆，这种情况下，房间颜色就成了混淆变量。在不同房间测试的问题解决成绩差异，既可以解释为背景音乐差异造成的，也可以解释为房间的不同颜色造成。下面，我们确定损害内部效度的三种不同方式，即我们考察三类混淆变量：环境变量、个体差异变量和时间关联变量。

学习检测

1. 假设你早晨醒来时发现自己感冒了，你吃了感冒药并喝了一大碗妈妈煲的鸡汤，中午感冒症状消失了，你感觉好多了。你能说是鸡汤治好了你的感冒吗？请说明理由。

2. 混淆变量是怎样损害内部效度的？

四、环境变量

研究中一般的环境变量，如房间大小、时段或主试性别，可能会影响内部效度。如果一种处理在宽敞的、使人愉快的房间进行，另一种处理在拥挤的、使人郁闷的房间进行，房间类型（并非处理）可能会引起两种处理情境之间的得分差异。类似的例子如口味测试研究，用来比较消费者对可口可乐和百事可乐的偏爱程度。研究中，给被试提供两杯可乐，让被试品尝并报
181 告他更喜爱哪一种。未告知被试哪个杯子装哪种可乐，但在这些杯子上分别标一个字母 Q 和一个字母 M，以便研究者记录反应。不过，装可口可乐的杯子上总是贴有字母 Q，而装百事可乐的杯子总是贴有字母 M。尽管结果显示，人们更喜欢百事可乐，但这个结果也可以解释为

人们更喜欢贴有字母 M 的杯子(Huck & Sandler, 1979)。在此研究中,标签随可乐品牌的变化而发生了系统性的改变,字母 M 和字母 Q 就成了混淆变量。为了避免混淆变量,保障研究的内部效度,在不同的实验处理之间不能存在环境变量的系统变化。只要存在对研究结果的另一种解释,研究的内部效度就受到了削弱。

五、个体差异变量

身高、体重、性别、年龄、智商和人格等个体特征是能将个体区分开来的变量,通常被称为**个体差异**(individual differences)变量。因为不存在完全相同的两个人(或动物),个体差异是每一项研究的组成部分。如果要比较的每一种处理条件下使用的是不同的被试组,那么各组之间就可能存在差异。比如,你选择两个人,要测量反应时间,一个快些,一个慢些;要测量年龄,一个年长些,一个年轻些,等等。然而,如果要把被试分派到不同处理条件下,又总是把反应快的被试分到一种处理条件下,反应慢的被试分到另一种处理条件下,这就会出现一个**分组偏差**(assignment bias)的问题,这会对内部效度造成损害,因为它会带来对观察到的两组之间差异的其他解释。具体地说,一种处理条件下的得分比另一种处理条件下的得分高,可能是因为两种处理条件间确实存在差异,也可能是因为一种处理条件下的被试比另一种处理条件下的被试更敏捷(更聪明、更年长或动机更强)。

六、时间关联变量

研究中,可以让不同的被试组接受不同的实验处理,但也可以让同一组被试接受所有的实验处理。例如,如图 6-2 所示,研究者也可以让同一组被试在三种音乐背景下接受测试。这类研究的问题是,它不仅是不同处理条件下获得的数据的比较,也是不同时间获得的数据的比 182
较。比方说,一组被试星期一在愉快的、舒缓的音乐背景下接受测试,星期二在不愉快的、狂躁的音乐背景下接受测试,接着星期三又在没有音乐背景下接受测试。尽管,音乐背景随时间而发生改变,但许多其他变量也随时间改变而变化。这些其他的时间关联变量,就可能成为混淆变量。就是说,在第一种处理和最后一种处理之间的时间内,各个被试或他们的分数可能会受处理条件之外的其他因素的影响,任何处理条件之外的影响数据的因素,都会损害研究的内部效度。请留意,时间关联变量可能是环境变量,如天气或一天中的时间,也可能是被试变量,如情绪或身体状态。这里,我们来了解五个影响内部效度的时间关联变量。

1. 历史因素。历史因素是指实验处理之外的环境事件,它随时间而变化,可能在不同实验处理条件下,对测试结果产生不同的影响。被试在家里、学校或工作中的生活事件,可能影响他们在实验不同阶段的成绩或行为。假如一组学生要参加一项需要持续数日的实验,他们每天都要接受一种不同的处理条件,假如正好有一件额外的、可能对被试的许多方面产生影响的事,在某一天发生,而在另一天却没有发生,那么这件事可能就为被试在那天不寻常的成绩提供了一种可能的解释。比方说,在研究中期一天午夜,校园宿舍响起火警,学生们跑出宿舍,在外面站了好几个小时。第二天,学生接受测验,得到的记忆分数很差。很明显,这可能并不是因为处理条件，而是因为前一天夜里缺少睡眠所致。

注意，历史因素通常是发生在研究过程中的事件，但研究也可能会受研究过程之前事件的影响。刚才讨论过的，午夜火警会对被试第二天的成绩产生影响。如果火警发生在研究开始之前的那个夜晚，它可能影响被试在研究第一天的成绩，但未影响后续各天的成绩。这种情况
183 下，尽管这个事件是发生在研究开始之前的，它还是会损害内部效度。要成为混淆变量，历史因素必须至少在一种处理条件上产生了不同影响，并且影响了足够多的被试，以致对总体成绩产生影响。

2. 成熟因素。在研究实施期间，对测试分数产生影响的被试生理或心理的系统性改变叫作成熟因素。当研究被试是小孩或老年人时，尤其要关注成熟因素的影响。例如，小孩能在相对较短的时间内掌握新知识、新技能或长大、变得强壮。结果，在一系列处理条件结束后，他们的成绩可能与开始前有很大不同，成绩上的改变未必都是处理引起的，也可能是成熟因素引起的。对年长的被试而言，成熟因素的影响通常是负向的，即随着年龄增长，老人可能出现视力或听力下降，导致他们在研究中的成绩下降。一般而言，成熟因素会损害跨时间比较研究的内部效度，因为它使我们无法肯定可观测到的因变量的变化是由不同处理条件引起的。当研究持续的时间过长，经历的测量太多时，尤其要留心成熟因素。

3. 设备因素。设备因素是指随时间推移，测量设备发生的变化，有时也叫**设备偏差**（instrumental bias）或**设备破损**（instrumental decay）。例如，测量被试体重的秤在研究过程中可能逐渐破损。这会导致研究过程中测量的变化不是因处理而是因测量工具的变化引起。与其他类型的测量相比，行为观测（第四章和第七章讨论）更易受设备因素影响。例如，从一次测验到另一次测量，实施观察的研究者可能越来越熟练，可能调整观察所依据的标准，可能变得更有技巧，或者可能变得更疲劳——结果可能会出现：同样的行为在不同次的观察中被判断为不同。应该注意到，这里的变化可能不是由处理引起，而是由测量工具的变化引起。像历史因素和成熟因素一样，在系列处理条件要经历相对长时间的研究情形下，也要特别注意设备因素。

184 **4. 测试效应。**前文已经谈到，多重处理的干扰是损害内部效度的一个潜在因素。就是说，如果个体要在一系列处理条件下接受测试，而接受一种处理条件可能会对被试后续处理条件的测试分数产生影响。例如，接受一种处理后变得疲劳，就会造成下一种处理条件下测试的成绩较差，你应该能够认识到，这会损害内部效度。具体来说，一种处理条件下接受测试的经验，也许能解释被试在另一种处理条件下测试分数的变化，研究者就不能确定观察到的变化是由不同处理条件引起，还是由疲劳引起。任何可能由先前测试引起的分数变化叫测试效应，通常包括练习效应、疲劳效应和延续效应。测试效应提供了对结果的一种可能解释，损害了内部效度。

也有可能某种特定的处理导致被试发生某种变化，这种处理的后续效应可能会延续到下一种（或几种）处理，影响被试的分数。比如，在记忆研究中，被试在一种处理条件下，可能学会一种复述策略，在后续的处理条件下继续使用这种策略，提高了记忆成绩。这些效应被称为延续效应。请注意，在参加研究时，通常会产生诸如疲劳这类的测试效应，而延续效应则是由某种特定处理引起。

只要被试依次参加一系列实验处理，他们在一种处理条件下的成绩，可能就会受此前处理

经验的影响。因此，疲劳效应和延续效应通常被统称为**顺序效应**(order effect)。

5. 统计回归。统计回归或平均数回归是指当重复使用测量程序时，测量上的极端值逐渐 185
向平均数靠近或回归的倾向。在第一次测验中得极端高分的被试，在第二次测验中可能得分降低。相反，在第一次测验中得极端低分的被试，在第二次测验中可能得分升高。

统计回归的发生是因为测验中被试的分数是稳定因素(如技巧)和不稳定因素(如偶然性)的函数。尽管从一次测量到另一次测量稳定因素保持恒定，但不稳定因素随机变化。例如，测验中你的分数是知识和运气的结合。许多答案你的确知道，也有一些是你猜的。在第一次测验中得高分的学生可能是知识和好运结合的结果，而在第二次测验中，学生的知识不变，但运气可能改变了，这样，这个学生在第二次测验中可能得分降低，这就是向平均数回归。

在研究中，只要被试因他们异常高(或低)分被选出，就要注意回归。假如一位临床心理学家考察某种特殊的治疗方法对孤独症儿童社交技能的影响。在实验研究之初，他通过预实验选出一组社交技能分数特别低的孤独症儿童为样本，实施一项治疗处理，然后再测他们的社交技能。由于在研究的开始阶段，孤独症儿童在社交技能上的分数特别低，所以孤独症儿童的分数很有可能会提高，这并不是因为治疗的效果，而是因为他们的分数向平均数回归。一般而言，统计回归影响研究的内部效度，因为它造成这种可能性，即观察到的因变量上的改变是由回归而不是由处理引起。如果被试因他们的极端分数被选出，那么统计回归就是一个严重的问题。在表 6-6 中总结了影响内部效度的因素。

表 6-6　影响内部效度的主要因素

影响来源	说　　明
	所有设计的一般威胁
环境变量	如果两种处理在所处环境方面有明显差异，内部效度就会受到威胁。例如，如果上午实施一种处理，晚上实施另一种处理，那么所得结果的差异可以看作由时段引起，而不是由处理引起。
	被试相关威胁存在于不同组的比较设计中
分组偏差	如果两种处理下的被试具有明显的特征差异，内部效度就会受到影响。例如，如果一种处理下的被试比另一种处理下的被试年长，那么两种处理间的差异也可认为是由年龄引起而非实验处理引起。
	时间相关的威胁存在于随时间变化的设计中
历史因素	如果两种处理下外部事件对被试的影响不同，内部效度就会受到威胁。任何两种处理下的差异都可以用外部事件的影响而不是处理条件来解释。
成熟因素	如果不同处理之间被试经历了生理或心理的变化，内部效度就会受到影响。任何处理下的差异都可以用变化而不是处理条件来解释。
设备因素	如果在不同处理下，设备发生了改变，就会威胁内部效度。任何处理下的差异都可以用测量设备而不是处理条件来解释。
测量效应	对同一被试施加一系列不同的处理时，存在潜在的对内部效度的损害。例如，如果被试先接受第一种处理，后接受第二种处理，则他从第一种处理中获得的经验可能会影响在第二种处理中的得分。因此，两种处理间所得结果的差异可以看作由经验引起而非由处理引起。
统计回归	如果被试在第一次处理中有极端分数，内部效度就会受到威胁。在之后的处理中，平均分数的变化可以用回归而不是处理条件来解释。

学习检测

1. 比较不同组被试的研究，损害内部效度的主要因素有哪些？
2. 比较同一组被试在不同时间接受处理的研究，损害内部效度的主要因素有哪些？

第六节 对内部效度、外部效度的进一步讨论

每一项研究都期望达到最高的内部效度和外部效度，就是说，每位研究者都想确保研究结果的可靠性，并确保在排除研究使用的被试、情境以及方法等因素的特殊性后，这种可靠性仍
186 然存在。然而，要设计和进行这样一项完美的研究几乎是不可能的。事实上，有些方法可以减少或排除对效度的损害，但往往又因此增加别的影响。为了尽量提高研究效度，并为研究问题提供最好的解答，研究设计和执行通常是一种充满选择和折中的平衡行为。在后面介绍具体
187 研究设计的章节中，我们将更详细地讨论研究设计中的各种选择及其后果，还具体分析了各种研究设计中，影响内部效度和外部效度的特殊因素。现在，我们只是简要地介绍在策划和理解研究的过程中，制约研究效度的一般因素，并讨论内部效度和外部效度间必要的权衡。

一、内部效度和外部效度间的权衡

为了获得较高的内部效度，研究者必须严格控制条件，防止或减少混淆变量的影响。不过，对研究条件的控制会使研究情境带有更强的人为性，以至于得到的结果在这种实验环境之外可能不成立。因此，提高内部效度的方法可能会导致外部效度降低。一般来说，对严格控制条件下得到的研究结果，也可以这样理解：在不对其他变量进行控制的外部环境中，它可能会发生，但也可能不会发生。

相反，为了获得较高的外部效度，研究者通常会设计与现实世界非常相似的研究环境，这种研究的风险在于，与实验室非常标准化的实验环境相比，现实世界往往有太多混乱的、不受控制的变量，努力提高外部效度会使额外变量（潜在的混淆变量）进入研究过程，从而损害内部效度。

从整体来看，内部效度和外部效度之间存在着一种权衡关系，如果研究的一种效度较高，那么另一种效度可能会相对较低。在规划研究或评价别人的研究时，必须考虑到这种基本关系。究竟哪一种效度比较重要，要注意控制哪一种损害效度的因素，往往要看研究的目的。

二、人为因素

在第四章，我们把人为因素描述为影响或干扰测量的外部因素。因为它会损害测量的效度或信度，也会威胁研究的内部效度和外部效度。实验者偏差与被试能动性是多种潜在的人为因素中的两个方面。

实验者偏差

当研究发现是由于实验者对结果的期待或信念所致，即发生了实验者偏差。研究的结果

受研究者期待的影响，会损害研究的外部效度，因为这一结果可能与那些没有此类偏差的实验
者所得结果不同；实验者偏差也会损害内部效度，因为实验结果可能不是真正处理效应所致， 188
而是实验者的期待效应。第四章所讨论的单盲研究和双盲研究就是为了将实验者偏差降到最低。

需求特征和被试能动性

第四章也讨论过，需求特征和被试能动性会改变被试的正常行为，借此影响研究结果。再回忆一下，需求特征是指研究的一些潜在线索与特征：(1)向被试暗示研究的目的与假设；(2)以某种方式影响被试的反应或行为。被试的能动性是指被试在参加研究或接受知识测试时，改变了他们的自然行为。有些被试会假定主试的任务，变得过分迎合或不配合，或存在一定的防御性。第四章对此做了附加讨论。如果被试不采用自然的行动，研究的内部效度就会受到损害，因为实验的结果可以解释为被试能动性所致而不是实验处理条件所致。需求特征和被试能动性也会影响研究的外部效度，因为它会影响研究结果向其他研究情境的推广。第四章讨论过，在实验室情境，被试清楚知道他们正在参加实验。而在田野研究中，被试很少知道他们正在被观察和研究。我们将在第九章第六节，专门对实验研究和田野研究进行讨论。

学习检测

1. 实验者偏差为什么会损害研究的内部效度？
2. 被试的能动性为什么会影响研究的外部效度？

三、虚夸变量

大部分研究是为了证明两个变量之间存在关系而进行的。为了达到这个目的，研究者经常夸大其中某一个变量的差异，从而增加它与另一个变量之间存在关系的可能性，即拉大两种
处理间的差异，从而使两种情境下被试的得分有更明显的差异。例如，为了研究温度对学习能 189
力的影响，研究者不太可能对21摄氏度和22摄氏度的房间进行比较。如果对21摄氏度和31摄氏度的房间进行比较，研究就更可能获得预期成功。尽管这种较大温差可以说明温度和学习能力存在关联，但研究者在将研究结果推广到正常的教室环境时必须注意：通常情况下是不可能发生10度温差的变化的。

四、效度与不同研究方法

因为不同的研究方法有不同的目标，它们对内部效度和外部效度也有不同的期望水平。比如，描述性研究、相关性研究和非实验性研究要在自然的、现实的背景中考察变量，因此，就期望有相对较高的外部效度。相反，实验研究需要有更严格的监控，因此，就期望有较高的内部效度。准实验研究介于上述二者之间，它模仿真实验的控制方法，有助于提高其内部效度；它又是发生在应用性的现实场景中，有助于提高外部效度。

第七节 研究方法、研究设计与研究程序

规划一项研究的过程,通常包括三个阶段:选定研究方法、进行研究设计和编制研究程序。尽管这三个阶段之间的界限不太清晰,但我们将它们作为不同的研究阶段来加以区分,以便确定在每一个阶段要作出的选择与决策。

一、选定研究方法

研究方法是指研究的总体方式和目标(见第六章第二节)。通常是由研究所要解决的问题种类以及想要得到的结果决定。基本的研究方法有五种:**实验法**(experimental strategy)、**准实验法**(quasi-experimental strategy)、**非实验法**(nonexperimental strategy)、**相关法**(correlational strategy)和**描述法**(descriptive strategy)。一般来说,研究的方法与研究想要获得的结果有关,第七章、第八章、第九章和第十二章中将详细讨论这五种不同的方法。

二、进行研究设计

选定研究方法之后,就要进行研究设计,说明如何实施研究方法。确定一项研究设计需要考虑三方面的基本问题。

190 **1. 小组和个人。**实验是研究一组被试,进行总体的描述,还是研究单个被试?尽管小组研究的外部效度较高(用大批被试所得的结果比单个被试获得的结果更具代表性),但对单个被试的研究通常能得到一些在小组研究中容易忽视的细节。

2. 相同被试和不同被试。有些研究考察同一组被试在接受不同处理时的变化,有些研究则让不同组的被试参加不同实验处理并比较各组间的差异。在规划研究时,必须权衡各种设计的优缺点。

3. 变量个数。最简单的实验研究要考察两个变量间的关系,但有些实验则包括三个或更多变量。例如多重相关研究。有的实验可能研究两个变量,但同时也考察它们的关系如何受其他变量的影响。因此,确定研究设计时必须确定观察、操纵或控制几个变量。

研究设计是实施研究的总体框架。不同研究设计及其优缺点将在第七章、第十章到十三章和第十五章中详细讨论。

三、编制研究程序

接着,要将实验过程细致化、完善化,明确说明要如何完成实验。这种最终确定的、详细的步骤叫作研究程序。它包括明确确定:

如何操纵、管理和测量变量。

有多少被试。

个体或被试如何参与研究。

在确定研究设计后，研究程序虽然包含了对所有选择的最终决定，但仍然没有结束，后面仍可根据总体设计进行修改。第四章中讨论了对变量的界定与测量；第五章中讨论了选择被试的方法。在已完成的研究报告中，方法部分通常会对研究程序进行描述。参见表 2-2 和第十六章的简单讨论。

概括地说，研究方法是根据所要解决的问题类型来分类，而研究设计则是根据研究如何进 191
行来分类的。需要注意的是，不同的研究可以有相同的研究方法，也可以采用相同的研究设计，但是研究程序则是独一无二的。有时研究者会故意使用与另一项研究相同的程序，但这种直接的复制很少见，只有在不确定这两个“相同的”研究是否会得出同样的研究结果时，才会采用这种方法。正常情况下，每一个研究都有自己独特的程序。

学习检测

请说明“研究方法”“研究设计”和“研究程序”这三个术语之间的区别。

本章小结

基本的研究方法包括五类：实验法、准实验法、非实验法、相关法和描述法。实验法考察两个变量是否存在因果关系。准实验法试图获取两个变量间因果关系的证据，但难以得到确定性的结论。非实验法通过证实两个组或两种处理条件间的差异来考察变量间的关系。相关法通过对每一个体的两个变量进行测量，以考察二者之间是否存在相关或联系。描述法是对自然存在的变量进行评估。

选择何种研究方法和研究设计，关键看效度，效度关系到研究的真实性或结果的准确性。任何导致对研究结果或结果的解释产生异议的因素，都会对研究效度造成损害。涉及研究效度的问题一般从两个类别来区分：外部效度和内部效度。如果一项研究的结果能够推广到研究情景以外更多的人群、环境、时间、测量和其他特征，那么这项研究就具有外部效度。一项研究发现的推广度也许是该项研究全部特征的函数。如果一项研究得到了对两个变量关系唯一的、毫不含糊的解释，那么它就具有内部效度。任何可能导致对结果另一种解释的因素，都是对研究内部效度的损害，对内部效度最常见的威胁来自混淆变量，而研究中的人为因素，也会损害研究的内部效度和外部效度。

这里存在内部效度与外部效度的权衡问题。研究中，过于强调一种效度，往往就会削弱另
一种效度。计划一项研究或评估他人研究时，必须考虑这一基本关系。研究方法不同，对效度 192
的考虑也会有所不同。描述法、相关法和非实验法，通常具有较高的外部效度和相对较低的内部效度；实验法通常具有较高的内部效度和相对较低的外部效度；准实验法，通常置于二者之间。研究方法是指一项研究的总的方法，研究设计强调如何运用研究方法的问题，研究程序则对一项具体研究准确地、分步骤地描述。

关键词

质性研究
量化研究
研究方法
效度
对效度的损害
外部效度
对外部效度的损害
内部效度
对内部效度的损害
额外变量
混淆变量
分组偏差
历史因素
成熟因素
设备因素
设备偏差
设备破损
测试效应或顺序效应
统计回归
研究设计
研究程序

练习题

1. 除关键词以外，还应了解以下术语的定义：

描述法
线性相关
曲线相关
正相关
负相关
相关法
实验法
准实验法
非实验法
选择偏差
志愿者偏差
新奇性效应
多重处理干扰
过敏
测量过敏
前测过敏
个体差异变量
时间关联变量
疲劳效应
练习效应
延续效应
人为性
实验者特征
单盲研究
双盲研究
需求特征
被试能动性
实验室
田野

2. 分别描述五种研究方法的目的。

3. 请辨析，下列四种情景中使用了以下哪种研究方法：描述法、相关法、实验法、非实验法（注：目前，我们还没有区分非实验法与准实验法，这个区分留待第十章再讨论）。

a. 琼斯博士开展了一项研究，考察5岁男孩的攻击行为。研究者每天下午对某托管中心一组男孩的30分钟户外活动进行观察，记录期间发生的攻击行为，观察持续一周时间。 193

b. 琼斯博士开展了一项研究，考察5岁男孩观看暴力电视节目与其攻击行为的关系。研究者先对每一位儿童进行访谈，获取他们电视节目偏好的资料。然后根据访谈结果把男孩分成两个组：偏爱暴力节目组和偏爱非暴力节目组。最后，依据对户外游戏的观察，测量他们的暴力行为，以确定两组之间是否存在差异。

c. 琼斯博士开展了一项研究，考察5岁男孩观看暴力电视节目与其攻击行为的关系。研究者通过访谈获取每一位儿童节目偏好的资料，通过户外游戏观察，获取他们攻击行为的资料。

d. 琼斯博士开展了一项研究，考察5岁男孩观看暴力电视节目与其攻击行为的关系。将一组男孩随机分开，给其中一半男孩播放暴力电视节目，而在相同时间内给另一半男孩播放非暴力电视节目。然后通过观察他们的户外游戏测量暴力行为，以确定两组之间是否存在差异。

4. 什么是新奇性效应？它对研究的外部效度有怎样的影响？

5. 测量过敏是如何损害研究发现的外部效度的？

6. 为什么说使用大学生被试可能会限制研究发现的外部效度？

7. 想象一下，你是一项研究的被试。在下列情境中，你会怎样反应，你的能动性可能会对你的反应结果产生怎样的影响？

a. 研究者告诉你，这项研究要测量你的态度和种族偏见。首先，他在访谈中问了你一些问题，然后递给你一份问卷要你独自填写。

b. 研究者告诉你，你将要完成的任务与智力有直接关系。智力高的人通常会觉得任务容易且完成得更好。

8. 实验者可能会以什么样的方式损害一项研究发现的外部效度？举例说明。

9. 提出一项含有混淆变量的研究实例。

训练活动

1. 在第一次为大学新生上美国史课时，教授确认了班上最焦虑的10名学生，并根据他们的外部行为，按照10点量表为每位学生的焦虑打分。下课后，为这10名学生提供一套为期两周的免费按摩治疗课程。10名学生均接受了治疗。治疗结束后第一次上课时，教授再根据观
194 察，按照10点量表为每一名学生的焦虑打分。结果显示，学生在两周治疗后，焦虑有明显下降。请简单说明：

a. 历史因素如何提供了焦虑降低的另一种可能解释。

b. 向平均数回归如何提供了焦虑降低的另一种可能解释。

c. 设备因素如何提供了对焦虑降低的另一种可能解释。

网络资源

访问本书的网站 www.cengage.com/international 可获取学习工具，包括术语表、抽认卡和网络测试。你还可以找到统计与研究方法工作坊的链接。关于本章，建议去“混淆——对效度的损害”工作坊。

195 第七章

描述性研究设计

本章概览

描述性研究设计是描述现成的单个变量。本章详细讨论描述性研究设计的方法，即描述法，介绍三种描述性研究设计：观察性研究设计、调查性研究设计和个案研究设计。

◆ 引论

◆ 观察性研究设计

◆ 调查性研究设计

◆ 个案研究设计

196 第一节　引论

第六章中，根据研究变量及其关系，我们明确了五种基本的研究方法：实验法、准实验法、非实验法、相关法和描述法。本章将专门介绍描述法(相关法在第八章中讨论，实验法在第九章中讨论，非实验法和准实验法在第十二章中讨论)。

描述性研究设计通常是对自然存在的一个或一组变量进行测量，它不关心变量间的关系，只关心对单个变量的描述，目的是描述单个或多个变量。描述性研究设计的方法适用于研究的初始阶段，了解某一新现象的第一步就是要获取感兴趣变量的描述信息。此外，描述性研究设计可以帮助我们获取那些自然情境中发生的行为的有趣资料。

在正式介绍描述性研究设计前，请先看些实例。下面是我们在当地报纸和网络上找到的2010年春发生的一些事件：

● 皮尤研究中心(pew research center)报告，12—17岁的美国少年中，有一半每天至少会发50条短信，三分之一的少年每天会发100多条短信。

● 研究结果表明，61%的美国成年人最近在饮酒。

● 脸书代替了谷歌，成为美国的第一大网站。

● 凯撒家庭基金会(kaiser family foundation)报告，8—18岁的美国人中，平均每天有7.5小时在使用某种电子产品，如智能手机、MP3或电脑等。

● 大学生年自杀率约为0.075%。

虽然以上事例没有特别震撼的事情或者深刻的洞察(我们甚至不能确保他们的真实性),但他们都是描述性研究设计的案例,也就是在每个例子中,仅描述某种现象。这种研究无须解释什么事情与其相关,也不需要探究它为什么会发生或找出潜在的原因。虽然这些网络或新闻报道好像无足轻重,但是这种研究方法在行为科学中却是举足轻重的。很多关于人类与动物行为的知识,都是依靠这种方法获得。

现在,我们来介绍三种描述性研究设计:**观察性研究设计**(observational research design)、**调查性研究设计**(survey research design)和**个案研究设计**(case study design)。在观察性研究 197
设计中,我们记录在自然状态下发生的行为;在调查性研究设计中,我们描述人们对一些行为与态度问题的回答;在个案研究设计中,我们要详细描述个案。

第二节 观察性研究设计

在观察性研究设计中,研究者通过系统观察和记录来描述被试行为。例如,鸟类的交配行为、广场上亲子间互动行为或者商场里青少年的购物行为。在第四章中,我们曾把行为观察(也就是行为观察和记录)作为一种测量技术,这种技术被应用于实验研究与相关研究。只将观察方法用于描述行为的研究,被称为观察性研究设计。下面是行为观察的详细过程。

学习检测

行为观察与观察性研究设计有什么不同?

一、行为观察

行为观察(behavioral observation)是对自然情境中发生的行为进行直接观察和系统记录的过程。例如,研究者可能对广场上的儿童或热带雨林里的鸟类进行观察。然而,这种测量技术带来两个测量方面的难题:

1. 由于行为观察是为了观察自然发生的行为,所以必须保证行为没有因观察者的存在而受到影响。但这可能会使需求特征与能动性的问题更为突出(见第四章)。

2. 观察与测量具有主观性。当我们看到两个学前儿童发生冲撞,就需要判断冲撞是不小心造成的还是故意的。如果是故意的,那我们需要判断是谁先引起的,以及这次冲撞是因为挑衅还是因为玩耍。所以,这种观察一定程度上会受观察者主观判断的影响,这就引出信度问题(见第四章),即同一种行为是否会因为观察者的不同而有不同解释。

第一个问题可以通过让观察者以隐匿方式进行观察来解决,这样被试就会在自然状态下 198
开展活动。只要我们是在公共场所观察公众行为,就不会出现伦理问题。还有一种解决办法,那就是让被试先习惯观察者的存在。**习惯化**(habituation)是指观察者重复出现,直到被试不再将其看成新异刺激。例如,在正式观察开始前一周,观察者每天到教室坐一个小时。头两天，观察者对学生来说是新异刺激，可能会对他们的行为产生影响。但几天过后，学生们就习惯了观察者的存在，恢复正常行为。

为了解决第二个问题，也就是主观性问题，研究者通常使用三种彼此相关的方法，以确保行为观察的客观性。第一，列出要观察行为的清晰类别表；第二，使用训练有素的观察者；第三，使用多位观察者，评估测试者间的一致性。需要强调的是，这个过程的第一步是确定一系列的行为类别。就是在观察开始前，先确定需要观察的行为类别（如群体游戏、单独游戏、攻击和社会交往），然后列出这一类别包括的具体行为。根据前期的表单，观察者就很清楚，需要观察哪些行为，以及如何对这些行为进行归类。例如，在攻击行为研究中，观察者只需要判断观察到的行为是否属于前期所列攻击行为的表单，而没有必要对观察到的行为是否属于攻击行为作出主观判断。此外，一系列的行为类别也为每一个想要研究的构念提供了一个清晰的操作定义（如攻击行为被定义为表单上的一系列具体行为）。

一般，在观察阶段，只有一位观察者参照行为类别所列行为表单观察和记录行为。不过，为了使结果更可靠，也可以请两位或两位以上的独立观察者对被试行为进行连续观察和记录（见第四章）。不同观察者记录结果的一致性可以通过两种方法计算：一是计算两个观察分数的相关（见第四章），二是计算一致性记录的占比（见第十四章），范围从 0.00 到 1.00，即从完全一致到完全不一致。这种计算出来的分数就是评估者信度。

定量观察

行为观察也涉及把观察到的行为转化成可以描述个体和团体的数据，这种数据转换通常有三种方法可选：

1. 频次法（frequency method）。计算在特定观察阶段每个具体行为出现的次数。例如，在30 分钟内，某一儿童有 3 次攻击行为。

199 **2. 时长法**（duration method）。记录在特定观察阶段被试从事某一具体行为的持续时间。例如，在 30 分钟内，某一儿童单独游戏的时间为 18 分钟。

3. 时段法（interval method）。把观察时间分成若干个小的时间段，然后记录在每个小的时间段内这一具体行为是否出现。例如，把 30 分钟分成 30 个 1 分钟，某一儿童在 12 个小的时间段里是参加群体游戏的。

前两种方法适用于具体行为，但是在某些情境下易歪曲测量结果。例如，一只鸟在 30 分钟的观察期间一直都在歌唱，我们得到的频数只是 1；另一只鸟唱了 25 次，每次持续 2 秒，我们得到的持续时长为 50 秒。在这种情况下，时段法可以平衡频次法和时长法的缺点，得到更有代表性的数据。

抽样观察

当观察者面对一个复杂情景时，他需要同时观察多个个体，记录多种行为。这时可以采取摄像的方法，把该情景完整记录下来，以便观察者可以重复播放来获取信息。另外，还可以采用抽样的方式进行观察，不要求记录场景中的全部信息。抽样观察的第一步是把观察时间划分为一系列小的时间间隔。然后可以按照以下三个程序来操作：

1. 时间抽样(time sampling)。在一个小的时间段内进行观察,随后暂停,完成记录,接着再进入下一个小的时间段,依次进行,就形成观察——记录——观察——记录……的模式。

2. 事件抽样(event sampling)。在第一个小的时间段里选取一个具体的事件或行为进行观察记录,然后在第二个时间段里选取另一事件或行为进行观察记录,如此交替进行。

3. 个体抽样(individual sampling)。在第一个小的时间段里选取一个个体进行观察,然后在第二个时间段里选取另一个体进行观察,如此交替进行。

学习检测

1. 请简单说明为什么在行为观察前要确定一系列的行为类别?
2. 在行为观察中,哪种情况下需要采用抽样技术(时间抽样、事件抽样、个体抽样)?

二、内容分析与档案研究

行为观察法也可用于对行为的非直接观察情形。例如,分析电影和书籍中记录的行为,也 200
可以研究文献中记录的发生在很久以前的行为。如此,研究者可以观察和记录电影和电视节目中的暴力事件,也可以探究人格紊乱的成年人在儿童时期是否已表现出异常症状。当研究者评估书籍、电影或其他媒体中记录的行为或事件时,这种评估过程被称为**内容分析**(content analysis)。也许,我们最熟悉的内容分析案例就是比较电视节目中的暴力事件。例如,有研究发现,星期六早间动画节目里的攻击行为要比其他节目多(Jeffres, 1997)。从历史文献中发现、记录行为的方法被称为**档案研究**(archival research)。例如,琼斯等(Jones, Pelham, Carvallo, & Mirenberg, 2004)借助档案完成的四项研究发现,人们更愿意与自己第一个名字或者最后一个名字相似的人结婚。这四项研究均来自互联网,涉及出生记录(父母的名字)、结婚记录和联合电话清单。

为了确保研究的客观性和可靠性,内容分析和档案研究的过程同样要遵守行为观察的规则。具体来说,这一观察过程包括以下三点。

1. 通过确定行为类别来精确定义哪些事件是需要研究的。例如,列出一系列具体的行为事件来定义电视暴力。

2. 通过频次法、时长法、时段法来获取每种行为类别的量化资料。例如,在30分钟的电视节目里暴力事件发生的次数,或者个体在学校记录中出现的违纪行为次数。

3. 至少在部分测量过程中使用多位观察者,以获得评估者信度。

三、观察类型与示例

动物学家和人类行为研究者通常使用的观察性研究设计,主要包括以下三种基本类别:自然观察、参与观察、人为观察。

自然观察 201

研究者在无任何干扰的自然情境下观察和记录行为,这种方法被称为**自然观察**

(naturalistic observation)或**非参与观察**(nonparticipant observation)。自然情境是指行为自然发生,不因任何目的而进行调整或者修改。在自然观察中,研究者尽可能隐蔽、被动地进行观察。

自然观察可用于记录和描述任何行为,如教室里学生的行为,游行示威中抗议者的行为,酒吧中顾客的行为。珍·古多尔(Jane Goodall, 1971, 1986)的研究是采用自然观察法研究非人类行为的经典案例。在 20 世纪 60 年代,古多尔长期居住在坦桑尼亚贡贝的黑猩猩区,观察黑猩猩的特殊行为(如工具使用行为等),此项研究是史无前例的。她观察到黑猩猩剥光树枝的嫩芽,把树枝插到有白蚁的土丘上,然后取回树枝吃掉上面的白蚁。

自然观察特别适用于洞察现实世界中的行为。运用自然观察法得到的研究结果具有很高的外部效度,因为这种结果来自现实情境而非实验室。另外,自然观察也适用于那些由于实际或者伦理原因,不能进行人为操作的行为。例如,研究者想考察父母体罚儿童的行为,很显然,不能因为研究的需要真的要求父母体罚孩子,可以在商场等公共场合观察父母体罚儿童的行为。

自然观察的第一个局限是无法预测行为发生的时间。例如,为了观察某一鸟类的交配行为,研究者需要等待两个性别相异的鸟儿同时出现。此外,还需要它们有求偶和交配的意愿。同样,运用自然观察法研究广场上亲子互动行为,意味着我们需要等待那些年龄、性别与研究样本相符的父母和孩子出现,然后对想要观察的行为进行观察。自然观察的第二个局限是,观察者需时刻注意避免干扰或影响想要观察的行为,因为研究目的就是要观察自然发生的行为。

学习检测

请简单陈述研究者在自然观察中的观察步骤。

202 **参与观察**

在**参与观察**(participant observation)中,研究者不是尽可能远离情境,而是参与到被观察对象的活动中,成为他们中的一员,然后进行观察和记录。这种观察无需观察者隐匿。例如,在游行示威活动中,研究者可以参与其中,他们的出现并不会改变游行者的行为,或者说这样观察的行为完全是自然发生的。

参与观察的一个著名案例是罗森汉(Rosenhan, 1973)观察精神病院中患者的行为以及医患间的互动的研究。在这个研究中,罗森汉让他的 8 位助手改名换姓,说自己可以听到各种外界的奇怪声音,假扮成患者住进医院。这些假扮的患者可以观察医院环境、治疗状况,还有医生与患者的行为。这 8 位助手前后住进 12 家医院,显然没有任何一家医院发现他们是假扮的。

参与观察使研究者可以对那些不便进行科学观察的行为进行考察,如超自然行为,这种行为无法从外部观察获得信息。此外,由于观察者与被观察者相同的经历,参与观察可以获得独特的视角,更深入地了解研究对象的行为,而这是远距离观察不能得到的。参与观察还有良好的外部效度,因为行为发生在自然环境下,而非实验室中。

首先，参与观察的不足在于浪费时间，例如罗森汉的研究，观察者要在医院待 7—52 天不等。其次，对观察者来说，参与观察存在潜在危险。再次，观察者在与被观察者的互动中，可能会无意改变被观察者的行为。最后，由于和被观察者的亲密互动，观察者可能会丧失客观性。

学习检测

请简单描述适合参与观察的情境。

人为观察

第三种观察类型是**人为观察**（contrived observation），也叫**结构观察**（structured observation）。与自然观察相比，人为观察可以人为的设置情境来诱发想要观察的行为，从而对其进行观察，所以不必被动等待行为的发生。人为观察的目的是：诱发自然但不频繁发生的行为发 203
生，创造一个可以进行多次观察的情境。

人为观察一般是在实验室里进行。例如，一位研究者想要研究亲子活动，他可以把父母与孩子带到实验室，给他们布置任务，然后对其进行观察或录下视频。这种方式要比在广场上等待父母与孩子出现等自然观察便捷得多。为了研究干扰行为，休斯等人（Hughes et al.，2002）对儿童进行配对分组，让他们玩竞技卡片游戏（事先对这一游戏进行操纵，确保每一位儿童都会经历一次失败），在 5 分钟内，观察儿童由于输牌而出现的生气、沮丧行为。

发展心理学家经常使用人为观察，最著名的案例是让·皮亚杰（Jean Piaget，1896—1980）。皮亚杰的很多研究都是给儿童一个待解决的问题（例如，哪个圆柱里装的水多），观察者观察和记录儿童如何解决问题，这些观察提供了儿童认知能力方面的大量信息，为皮亚杰的认知发展阶段论提供了实证基础。

人为观察也可以发生在较为自然的设置情境下：研究者设置一个场景（被试认为这是一个真实的场景）来观察和记录行为。例如，为了研究鸟类的啄食行为，研究者可以给鸟类喂食。人为观察是纯自然观察与实验设计（第九章中讨论）的折中。动物学家经常使用人为观察来研究动物的行为反应。如诺贝尔奖获得者康拉德·劳伦兹（Konrad Lorenz）通过灰腿小鹅的行为发现了印刻现象。印刻是动物在某一关键期对它见到的客体形成的一种强烈的、稳定的偏好或依恋。通常，小鹅在孵化后会与母亲形成印刻关系。劳伦兹发现小鹅追着他，就好像他是它们的母亲，通过对小鹅这种行为的自然观察，劳伦兹偶然发现了印刻现象。后来，他与其他研究者通过人为观察来了解小鹅是否会与其他物种建立印刻关系。结果发现，小鹅几乎可以和任何可以移动的物体形成依恋。

人为观察的优点在于，研究者可以诱发行为的发生而不必等待行为的自然出现。然而，人 204
为观察的缺点在于观察到的行为并不是在自然环境中发生的，可能会受人为设计的影响。

学习检测

与自然观察相比，人为观察的优缺点是什么？

四、观察性研究设计的优缺点

表 7-1 总结了观察性研究设计的优缺点。与其他研究设计相比，观察性研究设计的优点可以概括为：第一，观察性研究设计的主要优点是研究者可以观察和记录真实行为，而调查性研究设计依赖于被试对自己行为的报告，被试可能会歪曲或隐藏他们的某些行为，导致结果的准确性和真实性下降，不能反映他们的真实行为；第二，观察性研究设计通常有很好的外部效度，除了人为观察是在实验室内进行外，大多数观察是在自然情境下进行的，所以有很好的外部效度；第三，观察性研究设计具有灵活性，研究者可以对前因、行为以及行为后果进行综合的观察，而其他研究设计考察的都是单一的非连续行为。

观察性研究设计的潜在缺点是关于观察他人的伦理问题。如果被试不清楚自己的行为正被观察，研究者有可能会冒犯他们的隐私和是否成为研究对象的选择权（第三章讨论过，什么时候可以在被试未被告知的情况下获取其信息）。包括所有的观察性研究设计类型在内的描述性研究设计还存在一个缺点，它仅仅描述行为而没有研究行为背后的原因。

表 7-1　观察性研究设计的优缺点

观察类型	优　点	缺　点
自然观察	行为发生在真实世界 适用于不能被操纵的行为 观察和记录真正的行为	费时 观察者可能会对被观察行为有影响 可能存在主观解释
参与观察	当自然观察不适用时可使用参与观察 用其他方式无法获得信息时可以使用 观察者可以获得独特视角	费时 可能会失去客观性 加入了观察者的影响
人为观察	不需要等待行为的发生	缺乏自然性

205 第三节　调查性研究设计

调查和问卷作为获取信息的有效方法，被广泛应用于行为科学研究。这些方法通过向人们呈现若干精心设计的结构性问题，来获得他人态度、观点、个性、行为的自我报告。言外之意，调查不需要我们直接观察，只需要询问即可。例如，人们在哪儿购物，喜欢什么食物，每晚睡几个小时等。在调查性研究设计中，研究者无需花费时间等待某一行为或反应出现。例如，我们无需等到选举之后才观察人们对候选人的态度，我们可以在任何时间去询问他们。尽管调查性研究设计可以用来获得各种研究资料，但它往往是关于一个样本的描述。仅仅把调查结果用来进行描述的研究，被称作调查性研究设计。

调查性研究设计是为了获得研究对象精准的“图像”，它提供了特定时间某一群体的“快照”。有时它关注某一具体事情，如饮食行为、政治态度等，有时也会关注各种行为和观点的复杂“图像”，如研究者可以运用调查性研究设计考察某一地区高中生的饮酒情况，比如，多少学生喝酒？喝了多少酒？什么时候喝？在哪儿喝？同时还可以设置一些问题来了解学生对同龄人饮酒的态度。

调查性研究设计最常见的应用是：公司通过调查获得顾客的精准信息。例如，当你买一个电子产品时，通常会填写一张保修卡，除了姓名、地址、产品序列号之外，还会有一些人口统计学问题：

年龄多大？

职业是什么？

收入多少？

了解本产品的途径是什么？

显然这些问题是为了获得顾客的信息，也就是把这些信息汇聚在一起，看看哪类人更可能买这款产品，这样公司就可以更有针对性地投放产品广告了。

在调查性研究设计中，为了获得准确和有意义的结果，我们必须注意四个问题。第一，调 206
查问题必须是发展性的；第二，调查问题的排列组合具有很好的结构性；第三，要有明确的调查对象，抽样要有代表性；第四，明确调查性研究设计如何施测，是纸质问卷还是通过邮件，是电话调查还是互联网调查等。下面，我们进一步讨论这四个问题。

一、问题类型

获取被试自我报告信息的方式有很多。有时你可能会满足于是或否的回答（你是否经历过……），有时你想获得数量信息（多少、频次）。不同类型的问题可以获得不同的答案，同样，不同类型的问题还可以限制被试回答的自由度。例如，有的问法会严重限制被试的反应（下列三种口味的冰激凌，你更喜欢哪一个？），有的问法可以给被试完全自由的选择（你喜欢哪种口味的冰激凌？）。最后，不同类型的问题使用不同的数据分析和解释类型。例如，在称名量表中，答案是非数字的类别，不能计算平均数。这里，我们介绍三种自我陈述问题的一般类型，每种类型都有各自的优缺点及适用范围。

开放性问题

开放性问题仅提出一个话题，让被试运用自己的语言回答问题，例如：

1. 你对学校食堂提供的食物有什么看法？
2. 你认为影响大学选择的最重要因素是什么？

开放性问题的最大优点是允许被试以最大的灵活性自由作答，几乎对被试无任何限制或要求，因此，可以真实地反映被试的想法和观点。被试可以从任何一个方向自由回答，但这也是它的一个缺点。例如，不同的被试可能从不同的视角回答问题，从而无法对这些回答进行比较和总结。如校园食物问题，有人可能罗列一系列关于食物的建议，有人可能回答贩卖食物的
新地点，还有人可能仅仅说现在的状况还不错。这三个答案可能都有用，但很明显它们彼此之 207
间是不兼容的，也有可能和研究者关心的问题风马牛不相及。

开放性问题的另一个缺点是运用传统的分析方法很难对之进行总结和分析：第一，还拿食

物问题来说，每个被试稀奇古怪的回答无法汇总，也无法用统计方法计算平均值；第二，研究者需要对问题做一些解释，这通常会有主观性，如对一些杂乱无章的回答进行分类，将其看作是正性的还是负性的；第三，对开放性问题的回答会受被试能力和意愿的限制，如不善表达或疲劳的人回答可能会很简短，而这些回答不能完全表达出他们思考的宽度与深度。

限定性问题

限定性问题是给被试呈现几个反应选项，从而限定其反应。就像多项选择题一样，限定性问题通常让被试从一系列选项中选出最恰当的选项。例如：

1. 若今天进行选举，你会投票给谁？

A. Mr. Jones　　B. Ms. Smith　　C. Mr. Johnson

2. 下列哪项是对你现在职业的准确描述？

A. 蓝领　　B. 白领（销售、服务）　　C. 专业人士

D. 管理阶层　　E. 学生　　F. 未就业

由于这些问题事先已经限定了选项，所以很容易分析与总结。通常，用表格来呈现这些数据，计算出选择每个选项的百分数或者比例。限定性问题也可以通过事先设定选项来获得数量信息。例如：

1. 你一周通常有几次在快餐店就餐？

A. 根本不会　　B. 一次　　C. 两次

D. 三次　　E. 四次或以上

208 对于这样的问题，可以计算被试群体的平均数。最后，在限定性问题中，可以设置开放性选项，如在选项中设置一个空白项让被试自由填写。例如：

1. 下列当地购物中心，你最喜欢哪一个？

A. Jones & Bedetman　　B. Macy's　　C. Marx

D. McReynold　　E. 其他（请具体填写）________

学习检测

请简单陈述与辨析开放性问题与限定性问题的优缺点。

等级量表问题

等级量表问题，需要被试从预先设定好的量表数值中选择一个数值。如电影评论通常会采用这类等级量表，用1—10的等级来评价电影，这些数字一般表示从积极到消极的评价，用来刻画被试对每个问题的反应。5点量表是最常用的，被试可以在“非常同意”到“非常不同意”之间进行选择，例如：

1. 非常同意　2. 同意　3. 中立　4. 不同意　5. 非常不同意

等级量表通常用一条水平直线呈现，然后将直线分成几段，这样被试就可以在代表他反应的地方圈出一个数字，或者标出“×”（见图7-1）。这种类型的等级量表通常被称为**利克特量表**（Likert scale），因为利克特发明了5点量表（Likert，1932）。值得注意的是，这个量表每个选

项间的距离是相等的，也就是说，从等级量表中获得的反应，可以被视作从等距量表中获得的反应。这样，从同意到非常同意的距离被视作为 1 个点的距离，而且这 1 个点的距离与这个量表上其他 1 个点的距离是等值的。

等级量表的等级选择没有绝对的规则，研究者一般会使用 5 点量表到 10 点量表，这是因为：

1. 被试通常会避免两个极端选项，特别是这两个选项代表极端的态度与观点。这样，实际上量表上有两个选项是无效的。

2. 当有 9 个或 10 个水平时，被试会出现辨别困难，若量表有 10 个以上的水平，被试 209
通常会把这些水平混合然后产生自己的 10 点量表。

对不同水平的标识也没有绝对的规则。通常，量表两端的两个水平会被标识出来，被称为**锚定**(anchors)；中间水平表示中立时，一般会被标识出来；其他水平可标可不标。

问　卷

使用以下量表（从1到5的数字）来描述你对下边每种说法的感觉。就每个陈述，你圈定一个最能表达你感觉的数字。

非常不同意	不同意	不确定	同意	非常同意
1	2	3	4	5

1. 我有数学天赋。	1	2	3	4	5
2. 我是擅长数学的学生。	1	2	3	4	5
3. 我喜欢数学。	1	2	3	4	5
4. 我比其他大部分学生更觉得数学容易学。	1	2	3	4	5
5. 我将来在工作中可能会用到数学。	1	2	3	4	5

图 7-1　利克特量表和一系列考察小学生对数学态度的问题

被试的回答由五个问题的数值评分组成。数值评分可以相加和取均值，并且符合大多数的一般统计程序。

等级量表的一个弊端是，对全部或大部分问题，被试可能选择一样的答案，这种倾向被称为**反应定势**(response set)。例如，在利克特量表中，有些被试会全部选择中立(#3)。一种合理化的解释是他们对其他选项确实没有任何感觉而选择中立(但他们更可能是为了更快地回答问题)。等级量表的另一个弊端是，被试会使用同意范畴，除非是那些非常不同意的项目才
会做出负向选择。为了尽量避免这些问题，我们建议每个选项的正向和负向选项应包括一些 210
相同的可替换的表达方式。例如：

一项是：现在的青少年是粗鲁的和无礼的。

另一项是：现在的青少年是礼貌的和谦恭的。

这样做的目的是为了让被试在两个相反的选项中来回进行比较，避免出现单一反应定势。

另一个常用的量表是**语义区分**（semantic differential），呈现几对两极形容词（如快乐—伤心、无聊—兴奋），然后让被试在这两个形容词之间选出代表某一个人的最佳位置。例如：

整齐————————————————混乱

1　　　2　　　3　　　4　　　5

等级量表问题的第一个优点是，它得出的数值可以当作从等距量表上获得的数值（第四章讲过，等距量表是由一系列等值的类别组成，这样可以测得它们之间的距离）。例如，图 7-1 中 5 点量表，将被试在五个问题中得到的分数相加，可以得到一个总分。如果一个被试每个问题都选择 1（非常不同意），他的总分就是 5；另一个被试每个问题都选择 5（非常同意），他的得分就是 25。于是，我们可以知道每个被试对数学的态度。运用这种方法，可以对不同被试进行比较，计算出平均数来描述不同的被试群体。总的来说，等级量表得到的结果可以使用一般统计程序进行分析和解释。

等级量表的第二个优点是易于理解和回答。由于量表允许不同程度的回答，不强迫被试做出是或否、全或无的选择，这样被试便可以标识出同意或者赞成的程度。同样，被试能够较为轻松地完成一份很长的问卷，我们可以轻松地从一份问卷中获得大量关于不同问题的数据。

学习检测

与其他自我陈述问卷相比，等级量表的优点是什么？

二、问卷编制

问卷问题确定之后，下一步是将这些问题整合，形成一个被试易于理解和完成的问卷。问卷编写的细节不在本书讨论的范围，但本书就如何编制一份优质问卷给出五点概括性的指导建议。

211 1. 人口学问题（如年龄、性别、受教育水平等）应放在问卷的最后。因为这些问题很无聊，放在最后可以避免被试因前几个问题无聊而在一开始就想离开。此外，一开始就涉及年龄、性别、种族等问题可能会影响被试对后续与此有关问题的作答。

2. 易造成尴尬和不舒服感觉的敏感问题或选项应放在问卷中间。因为当被试遇到这些问题时，可能已热身完成，对主题变得适应，能继续完成问卷。

3. 同一维度的问题或同一测试类型的问题应放在一起。对测试问题进行分组可以简化问卷，使被试不至于有跳跃感和混乱感。

4. 问卷页面的版式应相对简单和整齐。若页面密密麻麻地挤满问题，会吓到被试。

5. 问卷用词及语言风格应易于理解。一份专门为大学生设计的问卷是不能用在小学生身上的。

这些建议只是编写一份问卷需要考虑的部分问题。如果你想编写一份问卷，需要得到更多指导，推荐去查阅两个很好的文献：Rea & Parker（2005）；Dillman，Smyth，& Christian

(2009)。

三、样本选择

研究者通常希望可以从研究样本推论到目标总体(见第五章关于样本的选择),而样本对总体的代表性会影响研究的外部效度(见第六章)。调查性研究设计介绍几个关于抽样需注意的问题。第一,很多调查关注的只是总人口中一小部分人的具体问题。像这样的调查,必须选择与问题相关的样本。例如,关于儿童保育的调查,需要的被试是有小孩的父母,可以考虑对幼儿园门口接送孩子的父母进行调查。同样,关于购物的调查,可以考虑在购物中心选择被试。关于教育问题的调查,可以在当地学校选择被试。第二,尽管有些研究关注具体问题或者小样本,但也有些研究想要描述一般人群的广泛的跨领域问题。这种情况,被试的样本选择就 212
不能局限于某一群体。例如,关于心理班同学政治态度的调查,就不能准确代表这个社区群体的政治态度,研究者需要特别注意想要获取的样本是什么,然后努力选择具有代表性的样本。也就是说,参加调查的样本不一定是最容易获得的样本。

有时,一些研究者也会找专业人士来帮他们准备调查和选择被试。在多数大城市,都有设计、管理、分析调查的公司,他们通常可以获得关于某个特殊群体的研究资料。研究者提供特定的人口统计学信息,电脑筛选出符合这一标准的群体。例如,20—29 岁年收入超过 35 000 美元的单身妈妈。通过这种方法可以增加获得合理数据的可能性。

四、实施调查

编好问卷,确定被试后,下一步就是如何将问卷分发给被试,这里有多种方式,但每种方式都有利有弊。这里讨论几种常用方式:信件调查、电话调查、面对面调查,当然还有现在越来越普及的互联网调查。

信件调查

第一种常用的调查方式是信件调查,即把问卷寄给大量的样本。对被试来说,邮寄问卷是非常方便且没有威胁的方式。被试可以在自己方便的时候完成问卷,并且这些问卷是匿名的。相反,调查的匿名性也决定了我们不知道是家庭中哪一位完成并寄回问卷的。

尽管信件调查是一种相对简单和容易的方法,但印刷问卷、寄送问卷、支付邮费是一件费时费力的工作。而且,信件调查的应答率低,一般在 10%到 20%之间,也就是说,至少需要发出 5 倍以上的问卷。

除应答率低外,在那些回寄与未回寄问卷的被试间也存在差异。一种可能是回寄问卷的被试对问卷话题更感兴趣。这种偏差我们称为**无反应偏差**(nonresponse bias):回寄问卷的被试不能代表所有收到问卷的被试。例如,一份关于图书馆机房屏蔽网站的调查。虽然问卷寄 213
给每一位图书馆读者,但可能只有那些热衷于言论自由的人或偏执于色情文学的人才有反馈。这两个团体不能代表所有去图书馆的人。因此,无反应偏差会限制总体推论以及研究的外部效度。

虽然不能完全避免无反应偏差，但是我们可以通过增加调查的回馈率来降低偏差。

第一，写一封高质量的说明信可以显著增加回馈率。说明信应介绍调查并要求被试完成问卷，同时需注意以下五点。

1. 强调这一调查内容的重要性。例如，一份关于电视节目偏好的调查，你需要指出电视节目在我们娱乐和教育中扮演着重要作用。

2. 强调调查结果的重要性。通常，一项调查的结果可以影响未来的规划或决策。这就有必要在说明信中告诉被试，他们提供的信息可能真的会对他们的未来产生影响。

3. 强调每一个体反应的重要性。这一目的是鼓励所有被试都作出反应，无论他是否对这个调查问题感兴趣。说明信就要指出总体（不仅仅是对某一问题感兴趣的小群体）反应结果的重要性，以及每一个体反应的重要性。

4. 附有联系人的信息（名字、地址、电话）。告诉被试当他们有任何疑问或建议时，都可以联系这些人。其实很少有人联系，但是一个真实的名字和地址可以增加这份问卷的可信度。

5. 有样本被试可能认识和尊重的人物签名。人们通常更喜欢对那些他们认识和喜欢的人提出的问题作出回答。

第二，可以通过提供礼物或者酬金来提高调查的回馈率（James & Bolstein, 1992）。最常用的礼物就是笔（请用这支笔填写问卷，然后将这支笔作为礼物送给你）或者酬金。一些调查会附带一些钱和一张纸条，这张纸条上写着：请用这些钱买杯咖啡（请坐下一边享用咖啡一边完成问卷）。

第三，可以事先提醒被试，稍后继续提醒被试来提高问卷的回收率（Dillman, Clark, & Sinelair, 1995）。通常，我们会在问卷寄到前一周给被试电话或信件提醒。这种事先提醒会给
214 被试一种特殊感，让他们期待问卷的到来。在收到问卷一周后，可以再打一个电话或寄一张明信片，提醒被试完成问卷或者回寄这份问卷，并感谢他们的参与。这种事先、稍后的提醒给被试一种尊重感，会大大提高问卷的回收率。

电话调查

第二种调查方式是电话调查，但电话调查是一件极其费时的事情。很明显，电话调查需要被试与研究人员直接、点对点同时进行。为了十分钟的调查结果，研究人员需要打十分钟的电话。因此，大多数电话调查需要很多人共同完成这一任务。

电话调查也有许多优势。第一，可以在家、办公室等任意地点进行。第二，若问卷比较简单，几个人可以在短时间内获得大量信息。现在，你若想进行一份电话调查，需注意以下四点：

1. 问题尽可能简短，提供多种可替换反应。由于在电话调查中被试没有任何书面参与，因此调查结果的获取需要依赖被试的记忆。若一个被试对一个长的复杂问题感到困惑，陷入沉思，就无法获得一个直接的反应。

2. 练习大声朗读问题。听的问题可能与读的问题不同。在电话调查中，被试看不到标点符号和其他可视化线索帮助他们理解问题。一个办法就是预先将你的问题读给你的几位朋友听，以确保他们能听懂你想表达的问题。

3. 注意访谈者偏差。研究人员与被试直接接触，即使通过电话接触，都可能存在研究人员影响被试反应的风险。在电话调查中，最主要的是通过语调和重新表述问题来施加影响，标准解决方法就是练习用一致的、中立的语调去读调查问题，并且从不改变调查问题。如果重新表述一个问题或者解释一个问题，就有可能改变被试对问题的理解，从而改变被试的回答。我们来看看提问同一个问题的两个不同版本，第一个版本使用中性的词语，问的是有关图书馆的开放时间；第二个版本使用引导的语气，就好像是被邀请参加一个快乐的小团体一样（尤其是用非常友好的语气来读问题时）。

- 你认为周末图书馆的开放时间应该延长吗？ 215
- 难道你不认为我们应该延长图书馆在周末的开放时间吗？

4. 电话调查首先要从介绍你自己和你的调查开始。人们通常会挂掉那些陌生人轰炸式的“垃圾”电话，所以你首先需要马上介绍你自己和你的问题，说明你正在进行一份调查而不是推销东西，以免电话被挂。电话的开场白和邮寄调查的说明信相似，需要注意的要素也相同。

学习检测

请比较电话调查和信件调查的优缺点。

网络调查

第三种调查方式是网络调查。现在越来越多的调查通过网络进行。有时，你会在公司、机构的网页上看到一些调查链接。以前，人们通常是发送电子邮件或者其他邀请，请他们访问调查网页。现在，在网页上进行一个调查非常方便和快捷，有大量程序软件包和在线调查服务机构（Wright，2005）。猴子调查（Survey Monkey）就是这样的一家公司，他们按月收费，提供创造和编写调查问卷的软件服务。这些调查在他们的服务器上进行，他们还提供其他服务。

网络调查可以经济高效地获得大量的被试群体。网络调查的一个优势，就是研究者可以找到特定特质的被试（Mckenna & Bargh，2000；Wright，2005）。与信件调查和电话调查相比，网络调查可以很容易地找到有特定兴趣、信仰、性格的被试。

网络调查的另一个优势是呈现问题和答案的灵活性。例如，一个调查询问在过去 7 个月你是否乘过飞机，可以根据被试的回答来选择下一个问题。若被试回答“否”，这个调查可以进入到下一个话题，忽略掉所有关于飞行的问题。若被试回答“是”，这个调查就可以进入一系列关于飞行经历的问题。例如，下一个问题是“你乘坐的是哪家航空公司的飞机？”然后提供 20 个选项。这种根据被试回答跳过不相关问题，直接进入相关问题的能力，可以使调查个性化，最大化获得每个被试的信息。

然而网络调查在抽样上存在诸多问题。因为这些被试通常是论坛、聊天室或者其他特定 216
网站的用户，这些样本可能与网络用户总体或其他不上网的人存在差异。网络调查和信件调查一样，也存在无反应偏差（Wright，2005）。另外，很难控制反应者样本。例如，没有单一的系统来组织邮箱地址。许多家庭有多台电脑，也有多个用户，他们都有不同的邮箱地址。此外，很多人有不止一个邮箱，这样就很难辨别并选择参加调查的个体或家庭成员。

控制网络调查的最佳办法是对邮箱相近的群体，如有相同地址的大学或其他机构进行调查。例如，一封指导人们进入调查网页的邮件，可以通过大学服务器发到每位学生的手里。若调查链接只是发布在某个网页上，那么你就不能确定谁浏览了这个网页，参加了这个调查。虽然浏览这个网页的被试可能对这个内容感兴趣，但你不能控制，甚至决定样本的组成。

面谈调查或访谈法

将所有被试组织起来，同时接受调查，这可能是最高效的调查方法。你可以让被试在预先确定的时间参加调查，也可以让志愿者们在特定的时间、地点集合。还有一种方法是利用现有小组，像学校班级里的学生或企业午餐厅里的员工。如果调查前你能找到一些自愿参加的被试，就能确保100%的应答率。如果同时对所有的被试宣读指导语，或同时收集所有被试的调查问卷，那么调查效率就比较高。

对单个被试进行访谈也是一种可行的调查方法，这时调查成为一对一的面谈。虽然看上去，这种方法收集信息效率较低，但它是非常有价值的。从小组中被特别挑选出来进行访谈的被试通常被称为关键信息员(key informants)。通常，这些人都有独特的视角或信息来源(如大学校长、警察局长或市长)，如果你愿意接受被试少这一局限性，来换取有深度的信息，那么访谈法就变得非常有用了。访谈法可以提一些后续的补充问题，与单独的纸笔测验相比，它能更充分地挖掘那些复杂问题。最后，访谈法可以从那些无法阅读或回答书面问题的个体(如小孩、文盲或智力低下者)那里获得信息。

访谈法中需要留意的主要问题是：研究者偏差可能导致错误结论。如果研究者一直微笑
217 或点头，被试会以为研究者赞同或鼓励自己继续当前话题，因此被试的反应会受研究者细微动作的影响。这种因素不可能完全排除，但如果访谈者在整个过程中始终保持中立态度，就可以减少这种问题。常见的方法是对被试的任何观点都采取平常的、中立的态度。

五、调查性研究设计的优缺点

表7-2总结了每一种调查性研究设计的优缺点。一般来说，调查性研究设计的主要优点在于它的灵活性，利用调查可以得到很多不同变量的信息，包括态度、观点、爱好及行为。事实上，这些变量，有些是很难通过其他方法来获取的。此外，在收集大量信息时，调查法是一种典型的、相对方便而高效的方法。

我们已经知道，调查性研究设计有应答率低和无反应偏差的缺点。除此之外，分析和总结调查问题的答案，难度也比较大，这在开放性问题中尤为突出。在开放性问题中，被试可以用自己的话来回答问题，例如，如果要学生谈在他们的大学生活中最美好的事情是什么，你很可能会得到多种不同的答案，用任何系统的方法都很难对这些答案进行分类。调查性研究设计
218 的最后一个缺点是，答案通常是自陈性质的，而调查的质量主要取决于被试反应的精确性和真实性。但是，在回答问题时，有些被试很可能会歪曲或隐瞒一些信息，有的甚至根本不理解调查主题。因此，如果你的调查结果显示，43%的中学生每月至少喝一次酒，你要记住，这个结果实际上是说，有43%的中学生"声称"自己每月至少喝一次酒。

表 7-2 调查性研究设计的优缺点

	优 点	缺 点
信件调查	方便性和匿名性 对被试不具威胁性 便于实施	代价大 低应答率和无反应偏差 不能确定谁完成了调查
电话调查	可以在家中或办公室里进行 被试可以待在家中或办公室里	耗费时间 可能会有访谈者偏差
网络调查	适用于大样本研究 可以获得相同特质的样本 可根据被试回答有针对性地调查	费用高 样本可能缺少代表性 无法控制样本的组成
面谈调查	成组进行调查，效率较高 100%的应答率 灵活性（可以进行成组或逐个的面谈）	逐个面谈比较耗费时间 可能会有访谈者偏差

学习检测

请说明用调查性研究设计代替观察性研究设计的好处在哪里？相同条件下，调查性研究设计的缺点有哪些？

第四节 个案研究设计

行为科学的研究通常强调研究成组被试而不是单个被试。研究成组被试可以观察一种处理对具有不同人格特征的人的影响，可以为研究结果的归纳打下良好基础。但同时，有些行为科学领域更侧重于个体行为研究，特别是在临床心理学领域，临床心理学家关注对个体的治疗及结果。对临床心理学家来说，将一群不同个体的得分加以平均而得到的研究结果，可能不如从单个患者那里获得的结果有意义。事实上，有证据表明，就临床研究来说，对个体的精细研究（被称为**个案研究法**/idiographic approach）与对被试的成组研究（被称为**共性研究法**/nomothetic approach）同样重要（Allport，1961）。

尽管在实验研究设计中，也可以使用单个被试（见第十五章），但大多数单个被试参与的研究被归为个案研究设计。个案研究设计描述单个被试，通常是对某一临床患者接受诊断和治疗时的观察及经验的详细描述，包括个体的独特特征与反应，这种描述通常以报告形式呈现。个案研究设计中的信息可以通过多种方式获得，如与患者或其至亲交谈，对患者进行观察、调查以及档案资料分析。

学习检测 219

请说明用单个被试代替团体被试进行研究的好处。

一、个案研究设计的应用

个案研究设计最常应用于临床心理学，但它在行为科学研究中已经有了很长一段成功应用的历史。尽管团体(成组)研究是发现一般行为法则的直接方法，但它也有局限性，因为它忽视了个体的重要性。通过强调单个变量，个案研究设计能提供一些有价值的见解，从而补充并提高团体研究结果的可靠性。有时，个案研究设计能直接发现一些普遍的法则或理论。例如让·皮亚杰的认知发展理论，主要是基于他对自己孩子的详细观察。个案研究设计的具体应用将在下面介绍。

罕见现象和临床特殊案例

研究者们通常利用个案研究设计来了解一些罕见现象或特殊现象——如多重人格，即在同一个体身上出现两个或更多分离的、紊乱的人格特征。尽管多重人格在电视和流行小说中很普遍，但它其实是非常罕见的。也正由于它罕见，你不可能召集一组合乎要求的被试来参加你的任何种类的实验调查。因此，我们对多重人格及其治疗的了解大多来源于个案研究设计。最著名的一个案例是，一个比较安静和温顺25岁的女人(白色夏娃)，又展现出有点调皮和恶作剧(黑色夏娃)的一面，此外，还表现出比较成熟和自信的人格特征(简)(Thigpen & Cleckley, 1954, 1957)。你可以在1957年的刊物中找到这则曾经引起公众高度关注的案例，名为“三面夏娃”(Three Faces of Eve)。

一些比较少见的脑损伤案例经常被用于研究人类记忆及心理过程的内部神经机制。H.M.的病例是个案研究设计的一个很经典的例子(Scovill & Milner, 1975)。为了控制癫痫发作，医生将H.M.左右脑半球的海马切除，手术后，H.M.对手术前发生的事件记忆正常，他的总体智力也没有改变。此外，他的瞬时记忆(短时记忆)也正常。例如，他能复述一串阿拉伯数字(如一组电话号码)。然而，他不能记忆任何新的材料。你可以向他自我介绍，并和他进行简短的对话，然后离开房间，此时他又接受其他任务，几分钟后你回到房间，他会完全不记得曾经
220 见过你以及和你的对话。总的说来，手术后，H.M.无法学习新材料，这一著名的个案研究设计完全改变了心理学家们对记忆的看法。在此个案之前，心理学家把记忆看作是人脑内的一个确定区域，而现在记忆被看成一个过程。H.M.所受的伤看起来并没有破坏它的具体记忆，而是破坏了这一过程。H.M.案例的结果可以证明，海马在将当前经验转化成长时记忆的过程中有重要作用。值得注意的是，研究报告中用H.M.的首字母是为了保护亨利·莫莱森(Henry Molaison)的隐私，他的真实姓名在2008年12月去世后才公布出来(Bhattacharjee, 2008)。在过去50年里，莫莱森先生参加了数百个研究人类学习和记忆的研究项目。

作为反例的个案研究设计

个案研究设计还可以通过对某一个体的详细描述来证明一种“规则的例外”。尽管个案研究设计不足以证明某一实验处理的普遍有效性，但它可以通过个案来表明某一处理并不总是有效。

曾经有一个个案研究设计，通过上述逻辑揭露一种颇具争议的恐惧症疗法的缺陷。最初的研究(Valins & Ray, 1967)声称，发现了一种新的治疗技术，叫作认知脱敏。这种技术主要

是诱导患者,让他们觉得自己的恐惧症已经治好了。其理念就在于:患者相信自己已经痊愈的信念会使他们产生一种新的思维方式,这种思维方式会使患者真正的痊愈。这一研究采用了一组怕蛇的人作被试,让被试看一些蛇的图片,同时让他们听喇叭里传出来的他们的心跳声。然而,事实上研究者呈现的是虚假心率,使被试觉得他们在看到蛇的图片时已经不再害怕。后来有一项研究(Kent, Wilson, & Nelson, 1972)明确证明了这种治疗根本无效,从而反驳了这种观点。除实验证明外,研究者还提供了一份临床个案报告:24岁的H小姐患有蜘蛛恐惧症,她也接受了那种虚假反馈的"治疗",不同的是,把蛇的图片换成蜘蛛的图片。接受治疗后,H小姐自述她对蜘蛛的恐惧没有任何改变或减轻,尽管她把虚假的反馈当成是她自己的心率,但她仍然"吓瘫了",而且再也不会参加这种治疗了。

二、个案研究设计的优缺点

个案研究设计的主要优点在于它能充分地包含个案信息。个案研究设计揭示了许多在实验中可能被忽略或有计划地排除(控制)的变量,因此,它可以发现可能会引起某个特定结果的 221
变量,从而为将来的研究提出假设。

正如我们在前面引用的虚假心率研究(Kent, Wilson, & Nelson, 1972)中看到的,个案研究设计还可以用来证明一种"规则的例外"。它只要提供一个否定证据、一个反例,就可以证明行为的普遍"法则"并不总是成立。个案研究设计使研究者有可能发现"规则的例外",因此常被用于为某种理论提供反证或批评。这种批评往往都是建设性的,它能通过引入新变量,使理论进一步延伸和发展,同时也能帮助确认某种处理的界限或局限。绝对的行为法则几乎是不存在的,大多数理论都有例外、缺陷以及限定条件,而个案研究设计通常能发现这些限定条件。

虚假心率的研究还说明了个案研究设计的另一个优点:个案研究设计往往非常有权威和令人信服。与传统实验研究得到的"冷冰冰"的事实和数据相比,个案研究设计中的详细描述显得更人性化,更生动,也更富有情感。实验证明,这些因素对记忆有强烈的、积极的影响(Tversky & Kahneman, 1973),这表明个案研究设计比实验研究设计更令人难忘、印象深刻。比较一下你亲眼看到一起车祸与你读一篇关于车祸统计文章的不同感觉,亲眼看到一起车祸所产生的影响,往往比看上一年全国车祸统计的影响大。此外,个案研究设计是对临床心理学家日常工作中典型事件的记录,给人一种写实主义的感觉,这一点是"人为"的实验室研究无法具备的。因此,个案研究设计看起来比较可靠,它被接受的程度远远超出了对它内部效度和外部效度的客观评估。

和所有描述性研究设计一样,个案研究设计也必有其局限性,因为它只描述行为而不探讨行为的内部机制。例如,个案研究设计可以详细描述被试的特征(年龄、性别、家庭背景,等等),但它无法阐明这些特征如何影响被试对实验处理的反应。个案研究设计可以描述一个具有特定特征的特定被试对某一特定实验处理的反应,但不能解释其原因。尽管个案研究设计也许可以提供对结果的某些解释,但通常也存在另外一些解释,用专业术语来说,就是个案研究设计缺乏内部效度。

不只缺乏内部效度，个案研究设计的外部效度也较低。因为个案研究设计报告的是特定
222 情况下特定个体的结果，所以它很难被合理地推广到其他情况下的其他被试。个案研究设计涉及的是独特个体生活中的独特事件，因此，我们没有理由期望在研究限定的条件之外，能够得到同样的结果。不过，个案研究设计的外部效度也与研究描述的深度和详细程度有关。如果研究描述的是一个比较典型的患者和一种比较典型的治疗过程，我们就可以将结果推广到更广大的人群；相反，如果研究包括异常的实验环境、奇特的历史背景、古怪的行为或比较个性化的处理程序，那么我们就不宜将研究结果推广到被试以外的人群。

最后，个案研究设计也会产生误差，使结果及其解释出现错误或模糊不清。首先，在决定报道哪些个案时，经常会产生选择偏差。很明显，研究者当然要汇报那些最成功的和令人印象深刻的案例，他不可能针对一个根本无效而复杂的新处理做一份详细的报告(杂志不会发表这样的报告)。个案研究设计中隐藏着更多偏差。记住，个案研究设计由研究者的观察组成，这些观察受解释、印象和暗示的支配。被试的报告一般要经过研究者的筛选，由他们决定哪些重要，哪些不重要。此外，患者会提供带有偏见的或虚假的报告，报告的内容可能是他们夸大、缩小、撒谎或纯粹想象的事。

尽管个案研究设计的内部效度和外部效度均受严重损害并受偏差的影响，但通过对试验进行重复可以减少这些问题。个案研究设计很少单独进行，它通常伴有一些相似的报告。不同研究者用不同被试所做的重复试验，如果发现相同的结论，就可以为研究结果的效度和可靠性提供支持。表 7-3 总结了个案研究设计的优缺点。

表 7-3　个案研究设计的优缺点

优　　点	缺　　点
不是多组的平均	概括性不强
描述详细	可能有选择偏差
生动、权威、可靠	可能有主观解释
适用于临床研究	
可以研究罕见现象	
可以发现“规则的例外”	

学习检测

请说明个案研究设计的内部效度和外部效度是怎样受到影响的。

223
本章小结

描述性研究设计是为了描述自然存在的研究变量。本章讨论了三种描述性研究设计：观察性研究设计、调查性研究设计、个案研究设计。

在观察性研究设计中，研究者观察、描述自然情境中发生的行为。观察性研究设计分为三

种：自然观察、参与观察、人为观察。在自然观察中，研究者尽可能地隐藏自己来观察自然情境中的行为。虽然自然观察有很高的外部效度，但研究比较费时。在参与观察中，研究者在与被观察者之间的互动中观察和记录被试的行为。当不能用自然观察时，可使用参与观察，但参与观察也存在费时的问题。在人为观察中，研究者创造一个情境，这个情境可能产生想要观察的行为。观察性研究设计的主要优点是：研究者观察并记录真实的行为。

在调查性研究设计中，我们描述被试对有关行为和态度问题的回答。四种最常用的调查方法是：信件调查、电话调查、网络调查和面谈调查。四种方法各有利弊。调查法相对容易施测，可以获得不同种类变量的信息，但是存在应答率低、无反应偏差、自我报告真实性等问题。

在个案研究设计中，研究者详细描述单个被试。个案研究设计可以用来提供关于一些较罕见行为的信息，并可以用来证明例外的情况。另外，个案研究设计还可以发现一些会引起特殊结果的新变量，从而为将来的研究提出假设。但是，个案研究设计的内部效度和外部效度都比较低。

总体来说，描述性研究设计特别适于在研究的起始阶段获得研究的基本信息。但是描述性研究设计只是获得行为的描述，没有研究因果关系。

关键词

观察性研究设计	参与观察	调查性研究设计
内容分析	人为观察或结构观察	个案研究设计
档案研究	自然观察或非参与观察	个案史

练习题 224

1. 除关键词外，还应了解以下术语的定义：

描述法	行为观察	习惯化	行为类别
评估者信度	频次法	时长法	时段法
时间抽样	事件抽样	个体抽样	利克特量表
锚定	反应定势	语义区分	无反应偏差
研究者偏差	个案研究法	共性研究法	

2. 描述性研究设计和其他类型的研究设计的主要区别是什么？例如，调查性研究设计与其他使用调查法进行测量的研究设计的主要区别是什么？

3. 简述三种描述性研究设计。

4. 比较三种观察性研究设计，并辨析它们的优缺点。

5. 大多数描述性研究设计都是从一组被试中收集信息，但个案研究设计重点研究单个被试，与研究一组被试相比，个案研究设计有什么优缺点？

6. 以下哪一种研究适合采用描述性研究设计：

a. 研究同伴的建议对重度抑郁青少年的影响。

b. 研究学前儿童在公园游戏时的社会互动。

c. 研究州立大学生的学习习惯。

训练活动

1. 下列研究运用调查法来收集数据，但是并不都是调查性研究设计。根据每个研究提供的信息，判断它们是否是调查性研究设计，并简单陈述理由。

a. 郭等人(Kuo et al., 2002)根据对 12 344 名美国大学生与 6 729 名加拿大大学生的调查得出，加拿大大学生比美国大学生更常饮酒，但是美国大学生重度饮酒情况(男性连饮五杯或以上，女性连饮四杯或以上)显著多于加拿大学生。

b. 李、彭茨和周(Li, Pentz, & Chou, 2002)调查了 57 所中学 1 807 名学生，发现父母与朋友都滥用药物的学生更可能存在药物滥用现象，但是当父母不是药物滥用者，朋友是药物滥用者时并不会影响青少年药物滥用。

c. 沃拉克、米切尔和芬克霍(Wolak, Mitchell, & Finkelhor, 2002)调查了 1 501 名青少年以研究他们的网络交友情况，结果发现 14%的青少年报告他们在过去一年里存在亲密网络交友情况，7%的青少年报告他们和网友见过面，2%的青少年报告他们和网友谈过恋爱。

2. 休斯、卡廷和邓恩(Hughes, Cutting, & Dunn, 2001)与休斯等人(Hughes et al., 2002)的两项研究展示了一种新的评估儿童破坏性行为的观察技术，即设计一款确保能引发儿童体验连续失败的竞技类纸牌游戏(SNAP)，这种失败体验会引发儿童沮丧情绪(赢的儿童不会体验到这种情绪)，这种沮丧情绪可能会导致破坏性行为，然后研究者就可以观察儿童的破坏性行为。

a. 简单解释自然观察与人为观察的不同。SNAP 游戏是自然观察还是人为观察？人为观察的优点是什么？

b. 列举五个你认为是 SNAP 游戏中儿童破坏性行为的具体例子。

网络资源

访问本书的网站 www.cengage.com/international 可获取学习工具，包括术语表、抽认卡和
225 网络测试。

第八章 227

相关性研究设计

本章概览

相关性研究设计旨在考察和描述变量间的相关关系。本章详细介绍相关性研究设计，并讨论其应用及优缺点。

- 引论
- 相关性研究设计的数据
- 相关性研究设计的应用
- 相关性研究设计的优缺点
- 两个以上变量的相关

第一节　引论 228

第六章已经谈到，有五种研究变量及变量关系的基本方法：实验法、准实验法、非实验法、相关法和描述法。本章详细介绍相关法（描述法的详细内容在第七章讨论，实验法在第九章讨论，非实验法和准实验法在第十二章讨论）。

相关性研究设计旨在考察和描述变量间的关系，更具体地讲，是确定变量间的相关关系并描述这种关系的本质。值得注意的是，相关性研究设计并不对这种关系做任何解释，也不试图操纵、控制或干扰任何变量。

相关性研究设计的数据由两个及以上变量的数据组成，一般来自同一样本。比如，研究者测量某大学生群体中每个人的智商和创造力水平，或记录小白鼠的食物消耗和运动量。这些测量可以在自然环境中进行，也可以在实验室中进行。关键是，他们只需测量这些研究变量，然后对数据进行分析以确定它们是否存在一致性变化关系。

在第六章，我们介绍了关于大学生学年平均成绩与睡眠习惯，尤其是与起床时间的关系的研究（Trocker, Barnes, & Egget, 2000）。研究者测量了大学生群体的学年平均成绩和起床时间，发现大学生起床时间越早，学年平均成绩越高。这个研究证明了这两个变量存在相关，但并没有给出这种相关的任何解释，也就是说，这个结果并没有告诉我们，是起床时间早导致学年平均成绩高，还是学年评级成绩高导致起床时间早。

相关性研究设计一般需要获得每一个体两个或两个以上的分数，这里的个体是指一个人。
229 但在下面这个例子中，个体就不是指一个人。例如，一位研究者考察了母亲的智商与孩子智商的关系，他需要测量一个学生群体的智商分数，还需要测量他们母亲的智商分数。这样，研究者拥有了每个学生两个不同的分数，一个来自母亲，一个来自孩子。在这个研究中，每一个体指的是一个家庭而不是一个人。

学习检测

1. 相关性研究设计的目的与实验研究设计的目的有什么不同？
2. 在相关性研究设计中，每一个体需要测量几个不同的变量？

第二节 相关性研究设计的数据

相关性研究设计需要测量两个或两个以上变量，但研究者通常更关注两个变量间的关系。因此，有多个分数时，也往往采用成对分析。这一节先集中讨论两个分数的相关，第五节再讨论两个以上变量的相关。

通常，我们把成对的数据一个记为 X，一个记为 Y。这些数据可以用表格呈现，列出每一个体的两个分数；也可以用图形来呈现，这种图被称为**散点图**(scatter plot)。散点图中，每一个体用一个点来表示，横坐标代表 X，纵坐标代表 Y。在图 8-1 中，表和图表示了一个相关性研究设计的数据。散点图的优点是，可以直观地看到两个变量间存在的关系。

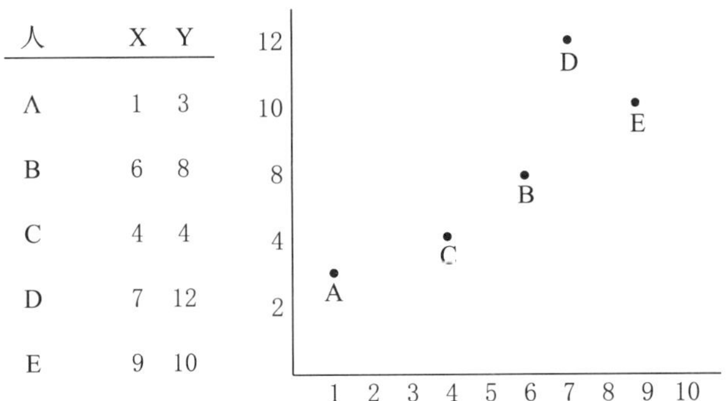

人	X	Y
A	1	3
B	6	8
C	4	4
D	7	12
E	9	10

图 8-1 相关研究的数据

在表和散点图中展示 5 个人的两个分数 X 和 Y。

230 ### 一、关系测量

研究者通常用**相关**(correlation)或**相关系数**(correlation coefficient)来测量和描述两个变量间的关系。相关描述了关系的三方面特点。

1. 相关的方向。一种情况，从图 8-1 中可以清楚看到，X 值增大时 Y 值也增大，X 值减小时 Y 值也减少。这种相关被称为**正相关**(positive relationship)。例如，大学生的身高与体重存在正相关，即一般来说，个高的学生体重也重些。正相关的相关系数用正数（大于 0）表示。在散点图中，正相关的数据大致呈现为右端向上的直线。另一种情况，X 与 Y 变化方向相反，X 增大时 Y 减小，这种相关被称为**负相关**（negative relationship）。例如，在很多测试任务中，速度与准确率存在负相关，即速度快通常伴随准确率低。负相关用负值（小于 0）表示。在散点图中，负相关的数据大致呈现为右端向下的直线。

2. 相关的形态。通常，研究者期望在两个变量间寻找到一种稳定的预测关系。多数情况下，研究者期望找到一种线性相关，线性相关的数据在散点图中可大致连成直线。例如，在正线性相关中，每次 X 变量增加 1 个点，Y 也会随之增加，并且增加的大小是稳定可预测的。图 8-2a 就是正线性相关的一个例子。有的变量关系是稳定可预测的，但也不都是线性的。例如，在练习与成绩之间存在稳定的关系，对大多数技能而言，随着练习的增加，成绩都会不断提高，但每周成绩提高的量并不是恒定的，所以这种相关不是线性相关。在最初的几周，成绩提高比较明显，但在练习了几年之后，每周练习很难再提高成绩。稳定的单向相关，不管是正向的，还
是负向的，可称为**单调相关**（monotonic relationship）。在正向单调相关中，随着一个变量的增 231
加，另一个变量也增加，这种增加不一定是恒定的。图 8-2b 表示的是正向单调相关的例子，类似练习与成绩的关系。

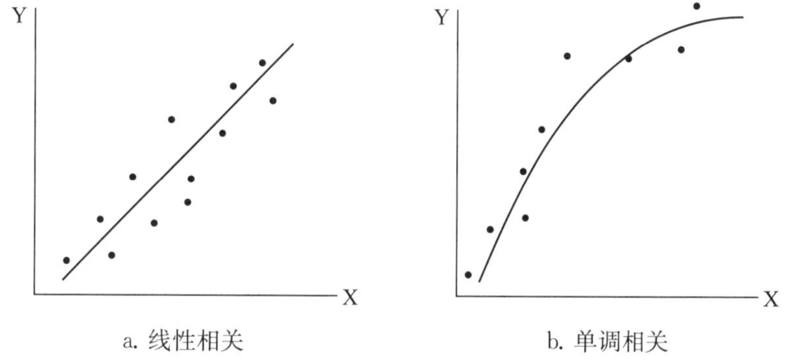

a. 线性相关　　b. 单调相关

图 8-2　线性相关和单调相关

a.线性相关，所有的点分布在一条线周围；b.单调相关，所有的点随着一个方向变化，随着 X 值从左向右增加，Y 值从下向上增加。

不同的相关类型测量的是不同的相关关系。例如，**皮尔逊相关**（Pearson correlation）测量线性相关，**斯皮尔曼相关**（Spearman correlation）测量单调相关（见第十四章）。大多数相关性研究设计都是在寻找线性相关，因此测量线性相关的皮尔逊相关是行为科学研究中最常用的相关。如果报告中没有特别说明，可以默认是皮尔逊相关。

3. 相关的大小。从图 8-2 中可以看到，散点并不是完全分布在线上，数据并没有构成完美的线性相关或单调相关。图 8-2a 中，散点不是完全落在一条直线上，图 8-2b 中，散点也没有完全落在一条直线上（表现出与正相关相反的趋势）。事实上，在行为科学领域，并不存在完美的稳定相关，而是表现出一定程度的稳定性。在相关性研究设计中，相关的大小用相关系数来表

232 示,+1.00 或者-1.00 表示完全相关,0 表示完全不相关,中间数值表示不同程度的相关。例如,皮尔逊相关系数+0.8 或-0.8 表示一个接近完全线性的相关,对应的散点大致分布在直线的附近。每次随着 X 的增加,Y 也呈现可预测的增加;相关系数 0.2 或-0.2 表示一种非常弱的相关,随着 X 的增加,我们预测 Y 变化的可能性比较小,数据对应的散点分布在直线两边比较大的范围。值得注意的是,相关的符号(+或者-)与数值独立,+0.8 与-0.8 表示的相关程度是一样的,两种相关都表示这些数据可以紧密的连成一条直线。图 8-3 里的散点图表示不同程度的线性相关和相应的相关值。这里必须指出,相关系数仅仅描述了两个变量的相关大小,即使相关系数是+1.00 或-1.00,也不能代表两个变量存在因果关系。

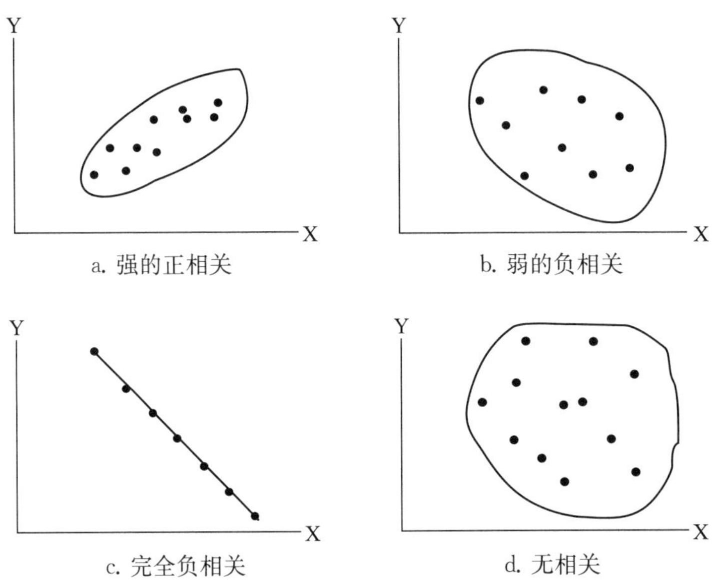

图 8-3 不同程度的线性相关举例

a.强的正相关,相关系数约为+0.9; b.弱的负相关,相关系数约为-0.4;c.完全负相关,相关系数为-1.00; d.无相关,相关系数为 0。

233 **学习检测**

1. 请描述相关系数 $r=-0.9$ 和 $r=+0.3$ 时,散点图的分布特征。
2. 请解释线性相关和单调相关的不同。

二、非数值型分数相关的评估

有的时候,在相关性研究设计中,从个体获得的两个或更多数据中,有一个或更多的非数值型资料。如研究性别(男、女)和问题解决成败(成功、失败)的关系,从每一个体测得两个值,但都不是数值,不能计算相关,因此上述方法就不能用了。下面介绍几种新的在这种情境下评估相关的方法。

1. 如果一个分数是数值型,如智商,另一个是非数值型,如性别,最常用的方法是把非数值型变量分成不同的组。例如，将数据分为男性智商分数组和女性智商分数组，然后对这两组进行独立样本 t 检验。第十四章将详细讨论这种方法。需要注意的是，这种方法通常被称为差异性检验，而不是相关(见第十二章)。

如果非数值型变量只有两个类别，那么还可以计算相关。首先，将这两个类别用 0 和 1 进行赋值，如男性＝1 和女性＝0，这样数据就由两个分数组成了，一个是智商分数，一个是赋值分数，这种相关被称为点二列相关。获得的数值表示相关的大小，但符号无任何意义(因为 0 和 1 是人为赋值的)。

2. 如果两个变量都是非数值型变量，那么就把数据用矩阵表示，一个变量类别形成行，另一个变量类别形成列，矩阵的格表示频数，用卡方检验进行计算(见第十四章)。图 8-4 表示性别与问题解决成败的数据。

如果这两个非数值变量都有两个类别，都可以用 0 和 1 赋值编码，如男性＝0 和女性＝1； 234
失败＝0 和成功＝1。用皮尔逊相关进行计算，得到的相关系数被称为 *phi* 相关系数，获得的数值表示相关的大小，但符号和线性相关的概念是无意义的。

	结果	
	成功	失败
男性	12	8
女性	17	3

图 8-4　性别与问题解决成败相关性研究设计的假想数据

数值是每类中的人数，例如，12 名男性成功完成任务，8 名男性失败。

三、相关性研究设计、实验研究设计和区分性研究设计的比较

实验研究设计是为了证明两个变量间存在因果关系，为了证明这种因果关系的存在，实验研究设计需要操纵其中一个变量，创设不同的实验处理条件，然后测量另一个变量在各种处理条件下的分数。所有其他变量都得到控制，研究者可以比较不同处理条件下的分数，如果不同处理条件下的分数存在差异，研究者就可以认为变量间存在因果关系。具体来说，研究者可以得出如下结论：操纵一个变量可以引起另一个变量的变化。需要注意的是，实验研究设计仅测量一个变量，期望找到两组或多组分数之间的差异。

相关性研究设计是为了证明两个变量间存在相关关系，它并不解释这种关系。为了实现这个目标，相关性研究设计没有控制、操纵，仅测量每一个体的不同变量。研究者期望在这些分数中找到关系。

在第十二章讨论的区分性研究设计，是非实验设计的一种特殊情况，类似于相关性研究设计。二者的差别是相关性研究设计把数据看作是两个分数，X 和 Y，根据成对分数的形态来决定是否存在相关；而区分性研究设计是通过证明群组之间存在差异来确定存在相关。具体来说， 235
区分性研究设计用其中一个变量创设多个群组，然后测量第二个变量在每一个群组内的分数。

例如，研究者把学生分成两个群体，高自尊组和低自尊组，然后测量这两个组的学业成绩。如果这两个组之间存在显著差异，那么就可以得出自尊和学业成绩存在相关的结论。相关性研究设计会首先度量自尊分数和学业成绩分数，然后寻找两组分数是否存在相关。相关性研究设计中，只有一个组，两个分数，关注两个变量是否存在相关；区分性研究设计中，包括两个组的分数，关注两个组是否存在差异。但是，两种研究设计都集中于一个基本问题，"自尊和学业成绩是否存在相关?"

学习检测

虽然相关性研究设计和区分性研究设计的研究目的相同，但使用的数据不同。请确定这两类研究的目的，然后解释两类数据之间的差异。

第三节　相关性研究设计的应用

之前说过，相关性研究设计是为了确定和描述变量间的关系，接下来介绍相关性研究设计的三种应用。

一、预测

相关性研究设计的一个重要应用就是预测。例如，研究者表示，学术能力测试分数与未来大学的学年平均成绩存在正相关(Camera & Echternacht，2000；Geiseer & Studley，2002)。大学管理者就可以运用这种相关来预测哪一位申请者未来会成为一名成绩优异的学生。高学术能力测试分数的高中生会在大学里取得优异成绩，低学术能力测试分数的高中生在大学里成绩可能会偏低。

相关性研究设计不止预测未来行为，只要两个变量间存在一致的相关，就可以用其中一个变量来预测另一个变量。例如，因为父母智商和孩子智商之间存在一致的正相关，所以我们就可以用其中一个分数来预测另一个分数。就是说，高智商的父母可能会有一个高智商的孩子。通常，两个变量间会有一个变量更容易测量，另一个变量的值不容易获得，那么就可以通过容易获得的那个变量信息来预测另一个不容易获得的变量信息。通过确定和描述变量间存在关系，相关性研究设计可以为预测提供基本依据。

236 在相关性研究设计中，调查的两个变量是等价的，通常会把其中一个变量称为**预测变量**(predictor variable)，把另一个变量称为**标准变量**(criterion variable)。在用来预测的相关性研究设计中，两个变量的名称是非常清晰的。大学管理人员可以用研究生入学考试分数来预测学生未来的学习成绩，研究生入学考试分数是预测变量，研究生阶段的学习成绩是标准变量。显然，是用预测变量来预测标准变量。

用一个变量预测另一个变量的统计过程被称为**回归**(regression)。通常，回归的目的是找出X值(预测变量)准确预测Y值(标准变量)的等式。例如，额和杰弗瑞(Ng & Jeffery，2003)通过回归，用压力预测工人的健康行为。结果显示，高压力工人更易有高脂肪的饮食行为和吸烟行为,但压力并不能有效预测酗酒行为。

当相关性研究设计不用于预测时,研究者仍使用预测变量和标准变量来区分这两个变量。在这种情况下,变量的标签通常由研究目的决定。通常,两个变量中有一个变量是我们相对熟悉和了解的,另一个变量是我们不太熟知的。这样,研究的目的就是为了通过证明两个变量间存在相关,来更好地了解我们不熟知的变量。在这种情况下,可以把熟知的变量定为预测变量,不熟知的变量定为标准变量。例如,研究者发现在各种知觉和认知任务中,智商和加工速度存在正相关(Eysenck, 1999)。在这个任务中,智商就是预测变量,加工速度就是标准变量。

学习检测

假设学年平均成绩与高中男生玩电子游戏的时间存在负相关,那么一个玩电子游戏时间超过平均时间的男生,你预测他的成绩如何?

二、信度和效度

在第四章,我们介绍了评估测量的两个标准:信度和效度。用一般性术语来讲,信度是指测量的一致性和稳定性;效度是评估测量在多大程度上测量了想要测量的内容。无论是信度 237
还是效度,都是通过相关性研究设计建立起来的。例如,重测信度通过计算首次测试和再次测试的相关来确定。如果同一组个体在相同条件下先后测量两次,这两次测量存在稳定的正相关,我们就可以说这个测试是可信的。

效度也可以通过相关来确定。例如,对一个关于侦测早期阿尔兹海默症的测试,我们可以通过计算这个测试的分数和已确定有高效度的测试分数的相关来确定其效度。这里有一个例子,是伊朱林等人(Ijuin et al., 2008)进行的一个测试。他们用一个新的 7 分钟测试来代替原先普遍采用的掩蔽测试来侦测阿尔兹海默症。计算 7 分钟测试的分数和掩蔽测试分数的相关,得到的相关系数为 0.7,这表示二者之间存在较高的正相关,意味着这项新的 7 分钟测试有很好的效度。

学习检测

如何用相关性研究设计来计算人格测试的信度?

三、理论评估

很多理论产生那些可以通过相关性研究设计来解决变量关系的研究问题,一个很好的例子就是从古老的先天/后天理论延伸出来的问题:智力到底是先天的,还是后天的?采用相关性研究设计来回答这个问题,就是比较两个在出生时就分开抚养的双生子的智商。由于他们具有相同的遗传因素和不同的后天环境,这就实现了先天和后天两个因素的分离。这一工作最初是由英国心理学家西里尔·伯特(Cyril Burt)进行的,他发现双生子的智商之间存在很高的相关,就是说,在智力的发展中,遗传因素的作用高于环境因素(Burt, 1972)。不过,后来发现,伯特可能编造了数据(Kamin, 1974)。但是,相关性研究设计还是表明双生子的智商之间存在高相关。可见,相关性研究设计可用来解决一些理论问题。

四、相关的解释

相关系数从 0.00 到 1.00 之间变化，1.00（或−1.00）表示完全相关，0.00 表示完全不相关。
238 但在解释相关强度时我们还需要考虑另外两个因素，一个是决定系数，它是相关系数的平方；另一个是相关的统计意义。接下来我们将分别介绍。

相关的强度

测量两个变量相关强度最常用的方法是计算**决定系数**（coefficient of determination），它是相关系数的平方，是我们需要考虑的第一个因素。相关系数通常用字母 r 表示，决定系数用 r^2 表示。决定系数的含义是，其中一个变量能在多大程度上解释另一个变量。例如，随机选择两个学生，他们的学年平均成绩不同，你可以找到很多原因来解释这种差异，智商的差异就是其中一个解释。一般来说，高智商意味着高成绩，如果知道智商与学年平均成绩的相关系数，然后计算其平方，这个结果就是指，学年平均成绩的变异中有多少是可以由智商变异来解释的。当相关系数 $r=0.80$ 时，决定系数 $r^2=0.64$（或 64%），就意味着学年平均成绩的变异中有 64%可由智商差异来解释；当相关系数 $r=0.30$ 时，决定系数 $r^2=0.09$（或 9%），就意味着学年平均成绩的变异中只有 9%可由智商差异来解释。

在行为科学研究中，个体差异很大，有时也难以预测或解释，因此，很小的决定系数也意味着很大的解释力。如表 8-1 所示，决定系数是我们用于解释相关强度的一个常用标准（Cohen，1988）。

表 8-1 所列标准是行为科学研究中用于解释相关强度的一个基本参照，但很多时候，0.50
239 也并不算是很大的相关。例如，当用相关来测量信度时，研究者通常期望有很大的值，最好能大于 0.50。但在理论研究中，即使是 0.10 这样很小的决定系数，也被认为可能存在潜在相关。

表 8-1　决定系数的解释力

相关程度	相关系数，决定系数
小	$r=0.10$，$r^2=0.01$
中	$r=0.30$，$r^2=0.09$
大	$r=0.50$，$r^2=0.25$

相关的显著性

在相关强度的解释中，**相关的显著性**（significance of a correlation）是我们需要考虑的第二个因素。在相关性研究设计中，“显著性”意味着样本的相关不是由随机因素带来的。如果从样本获得的相关是显著的，那么就可以推论在总体中也存在相关。

在小样本中，可能得到很大的相关系数，但两个变量之间实际上可能并不相关。例如，一个样本只有两个个体，那么这两个数据点就可以形成一条完美的直线。在这个样本中，无论变量如何变化，得到的相关系数都为 1.00 或−1.00。随着样本中个案数量的增加，样本中获得的相关越来越能代表总体的关系情况。在大样本中获得的显著相关，更可能表示总体中确实存在相关。所以要记住，统计学意义上的相关未必意味着真正的强相关。例如，在大样本中，相关系数 0.10 或更小都可能有统计学上的显著性，显然，这种相关并不大。

第四节 相关性研究设计的优缺点

相关性研究设计通常是对没有充分研究的领域的预研究，它通过发现变量、描述变量间的关系，为考察因果关系的实验研究设计打下基础。此外，相关性研究设计还可以让研究者对那些不能操纵的变量或者违反伦理原则的研究进行研究。例如，相关性研究设计可以探索特定行为或技能与营养缺失或者环境污染之间存在怎样的关系，研究者不可能在实验室中创造这样的环境来观察和记录营养缺失或环境污染的影响，这样是不道德的，但研究者可以在自然环境中进行观察和记录。其他很多变量如家庭规模、个性、酗酒量、受教育水平、收入、颜色喜好等都是行为研究感兴趣的变量，但也都是我们在实验研究设计中不能操纵和控制的变量，不过，它们在相关性研究设计中都是容易测量和描述的。

相关性研究设计的一个主要优点就是研究者只需记录自然存在的事物，由于研究者不需 240
要操纵、控制变量，因此这个研究和相关系数可以准确地反映自然存在的关系。用专业术语来讲，相关性研究设计具有良好的外部效度。相关性研究设计可以建立和描述变量间的关系，但它不能提供关于这种关系的清晰明确的解释，其内部效度较低。相关性研究设计在解释结果上存在两个问题：

第一，第三变量问题。虽然相关性研究设计可以建立两个变量间的关系，但这并不意味着这两个变量存在直接关系，可能存在能控制这两个变量的第三变量，这就是**第三变量问题**（third-variable problem）。例如，最近电视新闻节目经常报道参加公司健身训练的员工会有更高的工作效率和更少缺勤的情况，但这个公司并不能得到健身训练给公司带来收益这一结论，因为可能是参加健身训练的员工本来就比不参加健身训练的员工更健康。因此，第三变量（之前的健康水平）可能同时控制了参与情况和工作效率，所以才出现这种相关（如图 8-5 所示）。

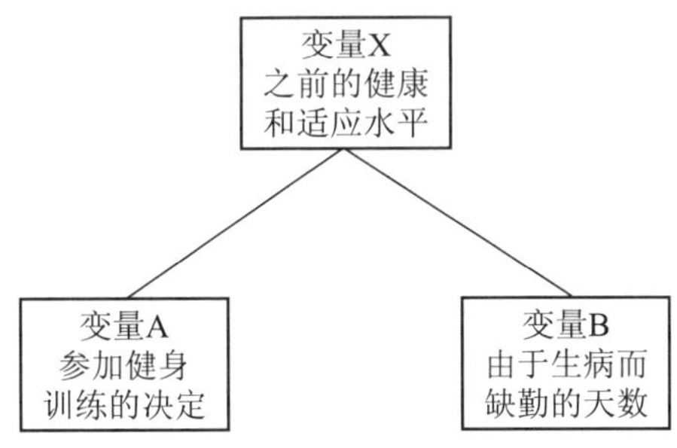

图 8-5 第三变量问题

尽管参加健身训练的决定（变量 A）和缺勤的天数（变量 B）似乎同时发生，其实这两个变量之间并没有直接联系，相反，这两个变量都受第三变量的影响。在这个例子中，员工之前的健康水平（变量 X）会影响他是否参加健身训练，也会影响员工可能会因为生病而缺勤的天数。

241 **第二，方向性问题。**相关性研究设计可以建立两个变量间的关系，也就是说，随着一个变量的变化，另一个变量也会改变。但是，相关性研究设计并没有确定哪个变量是因，哪个变量是果，这就是**方向性问题**(directionality problem)。例如，一项研究发现青少年接触色情电视节目与性行为之间存在相关(Collins, Elliott, Berry, Kanorse, Kunkel, Hunter, & Miu, 2004)。考虑到这种相关，大概会得到这样的结论，青少年观看色情电视节目引起性行为。但也可能正好相反，青少年有了性行为才选择观看色情电视节目(见图 8-6)。

色情电视节目与性行为关系的研究，又一次让我们认识到相关性研究设计不会确定变量间的因果关系。这项研究调查了 1 792 名 12—17 岁的青少年，让他们报告自己观看电视节目的习惯和性行为。注意，这是一项相关性研究设计，具体来说，就是没有操纵变量。研究报告的题目是《观看色情电视节目可以预测青少年的性行为》。然而，新闻报道却将这个研究结果说成是观看色情电视性节目引起青少年性行为，甚至是减少色情电视节目可以减少青少年性行为。同样，足球季可以预测秋天和冬天的到来，但是，没有人会说推迟足球季的到来可以推迟秋天和冬天。

图 8-6 方向问题

尽管相关研究证明，青少年选择观看色情电视节目与发生性行为存在相关，但是这个研究不能确定到底是电视内容影响了行为，还是行为影响了对电视节目的选择。

表 8-2 总结了相关性研究设计的优缺点。

242 **表 8-2 相关性研究设计的优缺点总结**

优　点	缺　点
描述两个变量间的相关 非干预性——自然行为 外部效度较高	不能评估因果 存在第三变量问题 存在方向性问题 内部效度较低

学习检测

试述第三变量问题和方向性问题是如何限制相关性研究设计结果解释的。

第五节 两个以上变量的相关

到目前为止，我们讨论的都是两个变量间的相关。但实际上，个体变量，尤其是行为变量，是和多个变量存在相关的。例如，学业成绩除了和智商存在相关外，可能还和其他认知变量如学习动机、自尊、社交能力和各种其他个性特征等存在相关。研究多变量间相关常用的一种统计方法是**多元回归**(multiple regression)。其潜在含义就是,一个标准变量如学业成绩可能由一组预测变量如智商和学习动机来解释和预测。智商预测部分学业成绩,若用智商和学习动机一起来预测学业成绩的话,预测可能会更准确。例如,科林斯和埃里克森(Collins & Ellickson, 2004)评估了四种心理学理论对十年级学生吸烟行为的预测能力。尽管四种心理学理论都可以独立进行预测,但是把四种心理学理论用多元回归整合起来进行预测,会比单一心理学理论预测精准得多。

多元回归的一项有趣应用就是控制其他潜在变量,调查两个具体变量间的关系。通过在回归分析中一次增加一个新变量,可能会看到新变量增加预测准确的程度。前面,我们讨论过青少年观看色情电视节目与性行为关系的研究(Collins, Elliott, Berry, Kanorse, Kunkel, Hunter, & Miu, 2004)。由于被试的年龄范围从 7 到 12 岁,研究者意识到被试的年龄可能会引起第三变量问题。具体来讲,被试的年龄越大,就越有可能观看色情电视节目和发生性行为。这样,被试的年龄作为第三变量,在色情电视节目和性行为之间建立了联系,年龄小的被试观看色情电视节目和发生性行为的数量较少,年龄大的被试观看色情电视
节目和发生性行为的数量较多。但是,研究者可以用多元回归来避免这一问题。在回归分 243
析中,可以移除年龄的作用,结果还是发现观看色情电视节目是青少年发生性行为的一个显著的预测变量。

最后,需要特别指出,在讨论和报告由多元回归得出的研究结果时,要注意使用的语言,否则会出现错误。例如,在研究报告中,有时你会发现预测变量解释了标准变量的差异。比如,一项报告显示,回归分析证明智商、个性、学习动机等变量解释了学生分数的差异。这些预测变量只能预测学生的分数,而不能解释预测变量,想要得到因果解释必须用实验研究设计。所以说,除非一项研究运用实验研究设计(包括控制和操纵),否则只能描述变量间的关系,不能解释它们之间的关系。

本章小结

相关性研究设计的目的是考察两个变量间的关系,并测量相关的大小。数据通常由每一个体的两个测量变量组成。如果存在相关的话,散点图可以大致看出存在何种相关。通常,研究者关注相关性研究设计的三个特点:相关的方向、相关的形态和相关的大小。

相关性研究设计可以用于预测、计算信效度和评估理论。然而,由于第三变量和方向性问题,相关性研究设计不能用于确定行为的因果关系。

相关性研究设计作为预研究,在获得基本信息方面发挥重要作用。但是,相关性研究设计只能描述变量间的关系,不能更进一步地解释因果关系。

关键词

相关性研究设计　相关系数　预测变量　标准变量
正相关　负相关　决定系数

练习题

1. 除关键词外，还应了解以下术语的定义：

散点图　线性相关　单调相关　皮尔逊相关
斯皮尔曼相关　回归　相关的显著性　第三变量问题
方向性问题　多元回归

244 2. 以下研究都是调查三年级学生早餐质量和学业成绩的关系。请辨别哪一个是相关性研究设计，哪一个是实验研究设计，哪一个是非实验研究设计？

研究一：研究者获取 100 名三年级学生样本，了解他们的早餐情况以及营养水平，同时还从学校了解他们的学业成绩。结果表明，学业成绩高的学生，早餐的营养水平通常也高。

研究二：研究者获取 100 名三年级学生样本，将这些学生随机分成两组，一组早上吃高营养的早餐，另一组吃低营养的早餐，六个星期后，测量他们的学业成绩。结果表明，早餐营养水平高的学生，学业成绩也高。

研究三：研究者获取 100 名三年级学生样本，根据学业成绩将学生分成两组，一组是高学业成绩组，一组是低学业成绩组，然后了解每个学生早餐的营养水平。结果表明，学业成绩高的学生，通常早餐的营养水平也高。

3. 如第二题描述的相关性研究设计，试回答第三变量如家庭收入、父母受教育水平如何解释学业成绩和早餐质量的关系。同时解释为什么在实验研究设计中不存在第三变量问题。

4. 散点图的优势是可以直观地看到相关。在散点图中，什么样的数据分布模式是正相关，什么样的数据分布模式是负相关？

训练活动

1. 以下列出的是大学生调查的几个变量：外貌吸引力、智力、饮酒量、害羞、考试焦虑、每晚睡眠时间、每周看电视的时间、姓的字母位置（A=1，B=2，等等）。

a. 从中选择一个变量，然后找出和这个变量存在正相关的变量（可以是上面列出的变量，也可以不是），简要回答如何进行一个相关性研究设计来检验这一关系。

b. 从中选择一个变量，然后找出和这个变量存在负相关的变量（可以是上面列出的变量，也可以不是），简要回答如何进行一个相关性研究设计来检验这一关系。

2. 从训练活动 1 中选择一个相关性研究设计，如果改用非实验研究设计或区分性研究设计的方法（见第十二章），如何进行研究？

网络资源 245

访问本书的网站 www.cengage.com/international 可获取学习工具，包括术语表、抽认卡和网络测试。

247 第九章

实验研究设计

本章概览

本章详细讨论实验研究设计。实验研究设计的目的是发现和说明两个变量之间的因果关系。为此,必须操纵其中一个变量,隔离或控制其他额外变量。

◆ 引论

◆ 实验的构成要素

◆ 额外变量的控制

◆ 控制组

◆ 操纵检查

◆ 提高外部效度:模拟研究和田野研究

248 第一节　引论

在第六章中,我们介绍了研究变量及其关系的五种基本的研究方法:实验法、准实验法、非实验法、相关法和描述法。在本章中,我们将详细探讨实验法(非实验法和准实验法在第十二章讨论,相关法在第八章讨论,描述法在第七章讨论)。

实验研究设计的目的是寻找变量间的因果关系。有时看到两个变量存在关联,但这种关联也可能只是一种巧合。例如,一组 6—12 岁儿童的体重和数学能力之间存在高相关,儿童体重增加,数学能力也趋于增长。然而,这并不意味着体重增加导致数学能力增长,年龄可能才是数学能力增长的原因。通过证明一个变量的变化是另一个变量变化的直接原因,试图建立某种因果关系,这个实验就被称为**真实验**(true experiment)。为此,实验研究一般包含四方面要素(如图 9-1 所示)。

1. 操纵(manipulation)。研究者通过操纵或改变一个变量的值来创造两个或两个以上的处理条件。

2. 测量(measurement)。在每一处理条件下,测量一组被试在另一个变量上的得分以获得数据样本。

3. 比较(comparison)。比较各处理条件下测量得到的另一个变量的得分,如果处理间出现了测量结果的稳定差异，则证明操纵引起了另一个变量得分的变化。

4. 控制(control)。对所有其他可能的影响变量进行控制，以保证它们不影响对两个研究变量关系的考察。

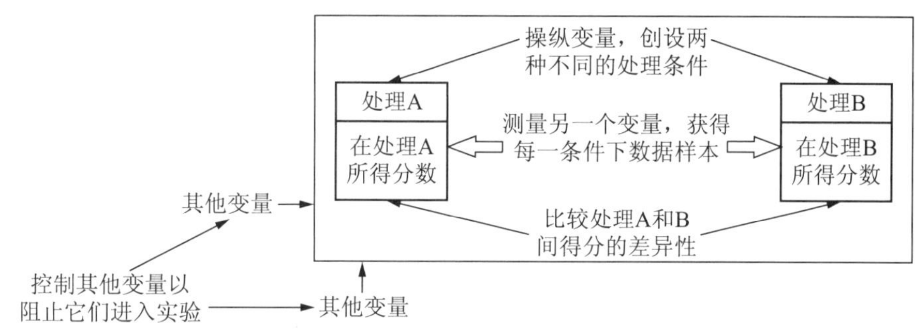

图 9-1　实验研究的基本要素

一个实验中包含一个操纵变量，测量另一个变量，比较处理间得分和控制其他变量。

例如，恰尔迪尼，雷诺和卡尔格伦(Cialdini，Reno，& Kallgren，1990)为了调查社会规范感知如何影响人们扔垃圾行为而进行了一系列实验研究。在一项研究中，他们通过提供完全干净或者堆满垃圾的停车库，创设一组实验处理环境。研究者通过使地面由干净到脏乱，从而操纵变量。他们的目的是创设一种让扔垃圾行为看上去可接受的环境和不可接受的环境。随后他们观察，人们回到车里发现驾驶座前的挡风玻璃上贴有广告传单后的行为。传单上写有“现在是汽车安全周，请小心驾驶”。这个传单大到足够遮挡司机的视野，司机在开车前必须将它撕下。因为附近没有垃圾桶，所以司机撕下传单后或是将其扔在停车场地面，或是将垃圾放在车上。研究者测量司机是否扔垃圾。研究者给扔垃圾下的操作定义为：将传单扔在停车场地 249
面。研究者比较司机在干净环境中扔垃圾的行为和在脏乱环境中扔垃圾的行为。在这项研究中，研究者通过每 2 个小时交替改变干净和脏乱条件控制其他变量，通过随机选取每一天从哪种条件开始来确保两个条件间平衡了外部变量。结果表明，人们在脏乱环境下扔垃圾的行为比干净环境下更为频繁。

专栏 9-1　统计显著性

无论何时，比较不同时间和不同人的得分时，两个集合永远不可能完全相同。一个人与另一个人(或者一个时间与另一个时间)之间较小的差异通常会产生两个得分集合间较小的差异。只要差异比较小或者是随机(一组的分数没有一直比另一组高)，未达到显著性，那么就可以将其视为无意义或解释为偶然。例如，如果你在教室中心画一条直线，左右两边学生的平均年龄会有所不同，但这种年龄差异仅仅是偶然的，不能解释为存在神秘力量将年龄较大的学生吸引到教室的一边。

一项实验研究通常会对不同处理条件下的得分进行比较。然而，如果分数之间存在差异，你不能自动将其归结为处理条件差异造成的。正如我们早就注意到那样，这种差异可能只是一个偶然的结果。在你确定是因果关系导致这种差异之前，你必须先通过假设检验来证明差异具有统计显著性。一个显著的差异结果意味着，差异足够大或足够稳定，可以可靠地排除偶然发生的可能解释，因此得出差异是由处理条件变化导致的结论。第十五章将呈现假设检验和统计显著的详细内容。在这里，应该意识到，在得出差异来自于处理的结论之前，处理条件间的任何差异都必须要经过统计学评估。

250 一、实验法的术语

在一项实验中，将研究者操纵的变量称为**自变量**(independent variable)。通常，研究者通过创设一系列**处理条件**(treatment conditions)来操纵自变量。实验中用到的具体条件叫作自变量的**水平**(level)。在每种处理条件下被测量的变量被称为**因变量**(dependent variable)。研究中其他的变量统称为**额外变量**(extraneous variable)。以扔垃圾实验为例，自变量就是停车场地面上已有的垃圾量，有两个水平：干净和脏乱。因变量是在每一种处理条件下观察到的扔垃圾行为。像被试的年龄、性别和人格，以及如季节或天气状况等环境因素则是额外变量。

251 最后，应该注意到，本书在严格定义的层面上使用实验和真实验这两个词。明确地说，只有当一项研究满足本章详细论述的一系列具体条件时，才能被称为实验。因此，一些研究符合真实验研究设计标准，而另一些则相反，比如相关性研究就不是真实验研究设计。在非正式交谈中，人们倾向于将任何一类研究都看成实验（“科学家”在“实验室”做的“实验”）。尽管这种对研究活动的非正式的描述在某种程度上是可接受的，但应仔细辨别实验与其他研究。因此，无论何时，只要在本书中使用实验这一词语，都是具有精确的科学和技术的意义。本章也介绍了一些区分真实验研究设计和其他类型研究设计的特征。

二、因果关系与第三变量问题

对于研究者来说，实验研究的第一个困难在于：研究变量很少单独存在。在自然环境下，一个变量的变化经常伴随很多其他相关变量的变化。例如，在前面描述的扔垃圾实验中，研究者操纵了停车场里垃圾的总量。然而，在正常环境中，停车场地面上垃圾总量与一天中的时间点、停车场的位置和顾客使用停车场的特征有关。结果表明，在自然环境下，研究者通常面临一些紊乱的、复杂的、相互关联的变量。尽管说明一个变量与另一个变量有关相对容易，但揭示隐藏在这种关系背后的原因就比较困难了。为了确定变量间的关系本质，尤其是确定一个事件对另一个事件的因果影响，实验将研究变量分离和孤立就非常有必要。实验法的核心是将一系列相互作用的变量隔离，然后测量。下面这个例子说明了相关联变量的基本问题。

252 罗纳德·弗里德曼(Ronald Freedman)和他的同事研究了1960年至1970年中国台湾的计划生育、生育控制和经济发展趋势。在研究过程中，他们记录了各种行为和环境变量，目的是探究哪些因素决定人们对家庭成员数的偏爱以及是否控制生育。研究者评估了计

> 划生育行为与每一个体行为和环境变量之间的关系。尽管他们认为很多变量都与计划生育行为有关，但结果清晰表明收音机数量和计划生育行为之间具有高相关（Freedman, Coombs, & Chang, 1972）。在过去几年里，随着收音机数量的增加，采取避孕措施也随之增加，家庭期望拥有孩子的数量也趋于减少。研究结果虽然表明收音机数量和避孕之间存在相关，但你可能不认为这是一种因果关系，也就是说，拥有更多的收音机不一定会导致避孕行为增加或想拥有孩子数量减少。很明显，这与其他变量，如年龄、家庭收入和教育都有关。因此，有时两个变量存在相关，即使是高相关，也不足以证明因果关系。

这个例子就说明了第三变量问题。虽然一项研究建立了两个变量间的相关，但并不一定意味着两个变量之间有直接的（因果的）关系。通常可能是第三变量影响了这两个变量，导致观察到的相关出现。例如，尽管研究者证明了采取避孕措施和收音机数量有关，但常识告诉我们这不是因果关系。对于这一结果的更多合理理解存在于其他方面，比如家庭收入可能引起生育控制和收音机数量同时增加。

三、因果关系与方向性问题

下面的例子说明了研究者要证明因果关系的第二个困难。

> 很多研究者研究电视暴力和儿童攻击行为之间的关系。研究结果表明，看暴力电视节目越多的儿童倾向于表现更多的攻击行为。根据这一相关和常识，似乎可以得出观看暴力电视节目和攻击行为之间存在因果关系的结论，可能是观看暴力电视节目导致了儿童的攻击行为。但同样可以假设，先天具有攻击性和暴力倾向的儿童只选择和他们的人格品质一致的电视节目。那就是说，攻击性人格导致了儿童观看更多的暴力电视节目。

这个例子说明了方向性问题。虽然一项研究可能建立了两个变量间的相关，但问题是何为因，何为果？

四、控制自然变量 253

前面的例子说明，仅仅测量两个变量难以确定因果关系。特别需要指出的是，研究者为了证明因果关系，必须理清各变量间自然存在的复杂关系。为此，实验必须控制自然变量，创设出非自然的情境，使研究变量不受其他变量影响，这样才能清楚地看到变量间关系的本质。

研究者必须对自然现象进行干预，才能更好地理解自然，这在某种程度上是似是而非的。在人为的、严格控制的实验情境中进行观察，如何能揭示出自然的真相呢？简单地说，实验的人为性是必需的，因为要看到事物的本质，就必须拨开事物的表面现象。不过，从更严密的意义上说：实验情境和实验结果是两回事，不能仅仅因为实验是在非自然的情境中进行的，就一定认为它的结果也是不真实的。

例如，大家熟知的万有引力定律认为，所有的物体，无论质量大小，从同一高度开始自由下降的速度是一样的。毫无疑问，你肯定也熟知另一现象：如果你从大楼顶部同时向下扔一块石头和一根羽毛，它们不会以同样的速度降落。自然界中的其他因素，如空气阻力掩盖了重力场的实际作用。为了证明万有引力定律，必须创设一个人为的、有良好控制的环境——真空环境，排除像空气阻力之类的因素，这一措施不但没有使万有引力定律被推翻，反倒可靠地说明了重力场的潜在作用，并解释了物体的下降规律。如此看来，可以通过控制自然因素来揭示可能被自然因素掩盖的自然法则。同样，任何一个实验的目的都是为了揭示可能被某种因素掩盖了的潜在的自然机制及关系。当然，也可能由于实验情境的人为性太强而使结果产生疑问，用第六章讲到的专业术语来说，就是由于实验者热衷于提高研究的内部效度而降低了结果的外部效度。研究者们已经认识到了这一问题，并提出了提高外部效度（自然性）的方法，在本章第六节中讨论这类技术。

学习检测

1. 研究表明，高自尊的学生比低自尊的学生学习成绩好。这是不是意味着高自尊导致了好的学业表现？或者意味着好的学业表现导致了高自尊？请回答并解释你的答案，同时说明阻碍因果关系解释的一般问题。

2. 研究者喜欢比较两种教三年级数学的教学方式，他抽取两个三年级样本进行研究。琼斯先生（Mr. Jones）在一个班级里使用A教学方法，史密斯先生（Mr. Smith）在另一个班级
254 里使用B教学方法。学期结束时发现，来自B教学方法班级的学生获得较高的数学分数。这个结果是不是说明B教学方法产生了比A教学方法更高的成绩？请解释和说明阻碍得出因果关系结论的一般问题。

第二节　实验的构成要素

实验研究的目标在于确定变量间的因果关系，即要证明一个变量的变化（或变异）是否会直接引起另一个变量的变化（或变异）。这一目标可以分解为两个子目标：

1. 证明因果关系的第一步是要说明“原因”在“结果”之前发生。在实验环境中，这就意味着，必须展示因变量随自变量变化而变化。为此，研究者首先操纵自变量，随后观察因变量是否也随之发生改变。

2. 为了揭示特定变量的影响，实验者必须排除其他变量导致变化的可能性。

此前，我们描述了实验研究包含的四个基本要素：操纵、测量、比较和控制。测量和比较这两个要素同样也是很多其他研究方法的构成要素。操纵一个变量和控制其他额外变量，这两个要素对于实验是必需的，也是与其他研究方法的唯一区别，随后还会继续讨论。

一、操纵

实验法的第一个突出特征是：研究者在实验中要操纵一个变量。操纵首先是要确定你想研究自变量的哪些特殊值。随后，你要创设一些与这些特殊值相一致的处理条件。结果表明，

从一个处理条件到另一个处理条件，自变量发生了变化。例如，想测量温度（自变量）对食欲（因变量）的影响。首先要决定你想研究什么水平的温度。假设 20 摄氏度是一个正常的温度，你或许想比较 15 摄氏度、20 摄氏度和 25 摄氏度，来看比正常温度高或者比正常温度低的温度对人的食欲有什么影响。随后，你可能会将室温设定为 15 摄氏度作为一个处理条件，将室温设定为 20 摄氏度作为第二个处理条件，将室温再设定为 25 摄氏度作为第三个处理条件，然 255
后观察一组被试在三种处理条件下的食欲。

操纵和方向性问题

操纵的第一个目的是为了发现变量间关系的变化方向。举一个假设的例子，在美国职业棒球大联盟的赛场上，温度和冰激凌的销量存在直接关系，以至于温度和冰激凌的销量同起同落。这种关系如图 9-2 所示。然而，我们注意到，仅仅观察一种关系的存在不足以解释这种关系，也不能确切辨别这种关系的方向性。操纵一个变量（使其增加或减少），观察第二个变量是否受操纵的影响，这是决定关系方向的一种方式。例如，可以选择密闭的棒球场，通过空调系统操纵温度，同时监控冰激凌的销量情况。在这种环境下，预期温度升高将增加冰激凌销售是合理的。也可以操纵冰激凌的销量（免费发放冰激凌）并监测温度。在这种情况下，冰淇淋销 256
量增多并不会导致温度更高。你会注意到，操纵个别变量可以说明关系的方向，即改变温度会引起冰激凌销售的变化，反之不成立。一般来说，只要两个变量之间存在关系，研究者都可以通过操纵验证哪个是因，哪个是果。

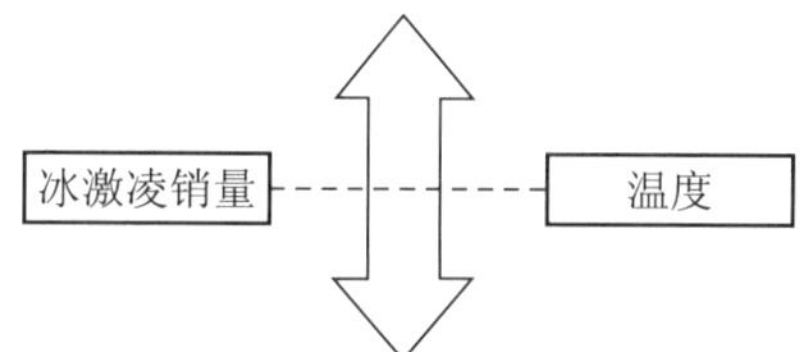

图 9-2　用操纵来决定因果关系的方向

冰激凌销量和温度同起同落。操纵温度（升高或降低）引起冰激凌销量的变化。然而，通过免费发放冰激凌增加冰激凌销量对温度没有任何影响。

举一个与心理学有关的例子，考察抑郁症和失眠之间的关系。很多观察发现，抑郁症患者经常失眠。然而，这种观察无法回答因果性问题：是抑郁症导致失眠，还是失眠导致抑郁症？探究二者关系的研究中，不好操纵抑郁，但可以控制睡眠量。例如，让实验组被试每晚睡 4 个小时，另一对照组被试每晚睡 8 个小时。一周后，测量并比较两组被试的抑郁性得分。如果每晚睡 4 个小时的实验组比较抑郁，就可以说明睡眠剥夺会导致抑郁。

操纵和第三变量问题

操纵的第二个目的是帮助研究者控制额外变量。在实验中，研究者必须直接操纵自变量而不能等待自变量自己发生改变。如果任由自变量自己变化，其他变量可能也会跟着改变，这就可能影响到正在被研究的变量关系。前文我们推测了冰激凌销量和温度的关系，即温度升高与冰激凌销量增加有关。同样，温度与犯罪之间也有关系（Cohn & Rotton, 2000）。二者的关系如图 9-3 所示。请注意，温度升高与冰激凌销量和犯罪率的增加都有关系。如果研究者仅仅观察冰激凌销量和犯罪率，那么结果将揭示一种很强的相关，即冰激凌销量的增加伴随着犯罪率的上升。然而，存在相关并不意味着两个变量之间有直接的联系。如在图 9-3 中，可能有第三变量或外部变量影响这种表面上的关系。操纵可以证明变量间没有任何直接的联系。在这个例子中，可以操纵冰激凌的销量(如发放免费冰激凌)并监控犯罪率。假定增加冰激凌的销量对犯罪率没有任何影响。同样，可以操纵犯罪率(如开展大规模的警方行动)同时监控冰激凌的销量，你会发现改变犯罪率对冰激凌销量也没有任何影响。注意，我们是通过操纵变量来展示犯罪率和冰激凌销量之间没有直接的因果关系。具体来说，也可以操纵犯罪率或冰激凌销量中的任何一个，可以发现它将不会对另一个变量产生任何影响。

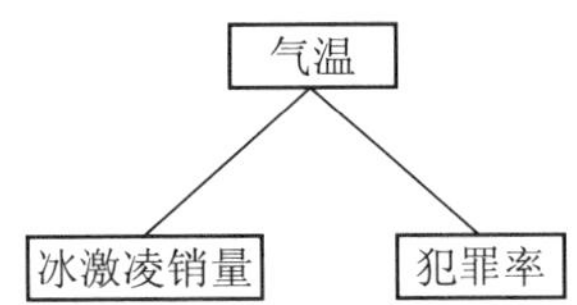

图 9-3 操纵和第三变量问题

冰激凌销量和犯罪率都随着温度的升高和降低而同时增多和减少。然而，冰激凌销量和犯罪率之间并没有直接的关系，操纵两个变量中的任何一个对另一个没有任何影响。

257 在实验中，研究者直接操纵自变量，让自变量发生变化。用这种方法，研究者可以自信地认为，因变量的改变不是由可能会影响研究结果的额外变量(第三变量)引起的。因此，操纵有助于消除实验中第三变量对结果的影响。

二、控制

实验的第二个突出特征是：控制其他变量，即控制除自变量和因变量之外的变量。为了准确评估两个具体变量之间的关系，研究者必须保证观察到的关系没有受其他变量的污染。

控制和第三变量问题

一般而言，实验的目的是操纵自变量使因变量发生可观察的变化。为此，实验必须排除所有可能解释这些观察到的变化的变量，即消除所有混淆变量。在第六章中，我们将混淆变量定义为：始终伴随着两个研究变量变化的第三变量。在实验环境中，尤其要注意辨别和控制随自变量变化并可能影响因变量的第三变量。

258 一项探讨幽默影响记忆的研究可以说明控制混淆变量的重要性。1994 年，施密特(Schmidt)进行了一系列实验来调查幽默对记忆的影响。他先制造了基本内容一致的成对幽默句和非幽默句。例如：

幽默句：如果一开始你没有成功，那么你可能和老板没有关系。

非幽默句：那些和老板有关系的人通常一开始就很成功。

给被试呈现一系列这样的句子，随后进行一项记忆测试，从而知道被试可以回忆多少句子。

结果表明，被试能够回忆的幽默句要比非幽默句多。然而，研究中包含了第三变量，即潜在的混淆变量。施密特关心的幽默对记忆产生的积极作用很可能是由惊奇造成的，被试可能对一项枯燥的记忆实验中出现的幽默句感到惊奇，这种惊奇可能会让被试更注意这些幽默句。因此，惊奇水平和幽默水平始终相伴，并可能成为混淆变量。这项实验无法说明到底是惊奇还是幽默导致了句子回忆的差异。在图 9-4 中可以看到这个实验的结构，包括混淆变量。

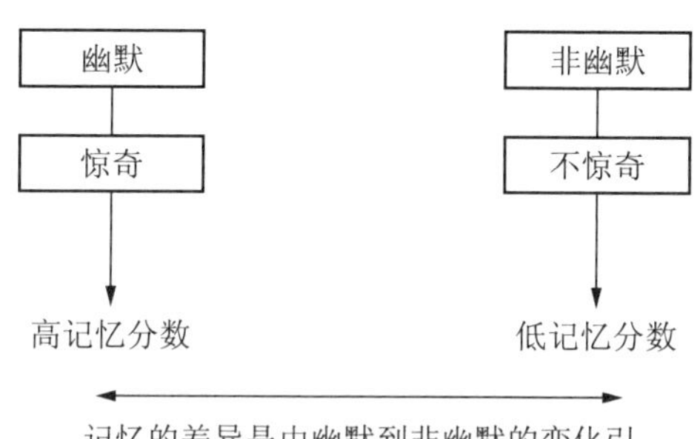

图 9-4　混淆变量

因为幽默水平和惊奇水平一起系统地变化，它们就混淆在一起，并且可能会决定哪一个变量对记忆分数差异有影响。

为了在幽默和记忆之间建立一个清楚的因果关系，有必要消除混淆变量的潜在影响。施密特(Schmidt, 1994)选择完全消除惊奇这个变量。在句子呈现之前，提醒被试一半将会是幽默句，一半是非幽默句。此外，告知被试，每个句子都标记为幽默或非幽默，从而让他们知道在阅读句子前将有什么期望。一个被控制的实验结果如图 9-5 所示。在这个控制实验中，混淆变量被消除，从而可以观察到幽默和记忆表现之间的真正关系。

施密特的这项研究为另一个重要观点提供了证据。具体来说，实验中的自变量是由假设决定的。一方面，如果施密特旨在研究幽默对记忆的影响，那么自变量就是幽默水平。另一方面，如果施密特正在研究惊奇对记忆的影响，那么自变量就是惊奇水平。在自变量为惊奇的研究中，句子幽默水平便成为混淆变量。因此，自变量和混淆变量的区分取决于研究假设。

259

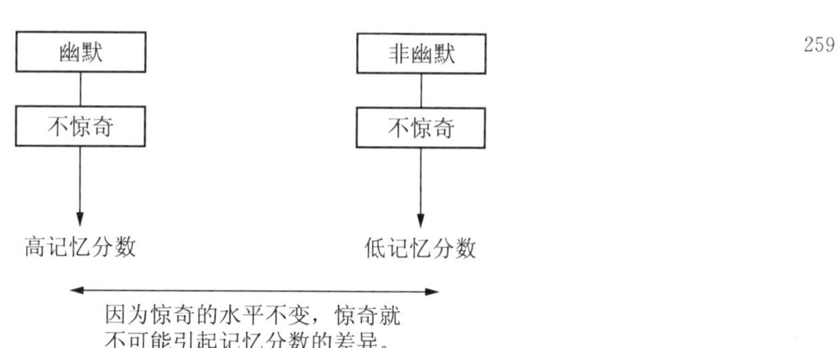

图 9-5　消除混淆变量

因为惊奇水平没有随着幽默水平系统地变化，两个变量就不会混淆。在这项研究中，可以自信地认为，幽默水平(不是惊奇水平)导致了记忆分数的差异。

学习检测

1. 一项研究成为实验研究必需的两个特征。

2. 在研究人类记忆的实验中有两组被试，要求一组被试5分钟内学习40个单词，要求另一组被试10分钟内学习同样多的单词。然后，两组被试参加一项记忆测验，研究者记录每一组被试正确回忆的单词数量。请找出这个实验中的自变量和因变量。

第三节　额外变量的控制

实验要集中研究两种变量：自变量和因变量。然而，每个实验都会有许许多多其他的因素或变量在不断发生变化，如参加实验的被试有不同的背景，年龄、性别、身高、体重、智力水平、人格特征等方面也不同；随着时间的推移，室温、环境亮度也发生了改变；天气变了，人也变得疲劳、厌倦、兴奋或高兴，他们忘记一些事或记住一些事；由于痒、疼痛而无心完成任务。这些自变量和因变量之外的所有其他变量统称为额外变量，它们充斥在每个实验过程中。

260 研究者必须防止额外变量成为混淆变量，这是实验控制的基本目的。不过，要控制或检测实验研究中许许多多潜在的混淆变量并非易事，甚至是不可能的，但更严格地检查混淆变量的定义，总会发现一些有用信息。重新分析混淆变量的定义，会发现混淆变量有两个重要特征。

1. 只有当额外变量影响因变量时，才会成为混淆变量。与因变量完全无关的变量不是混淆变量，例如，在施密特的幽默与记忆实验中，参加研究的被试很可能穿着各种不同类型的鞋子（帆布运动鞋、平底鞋、高跟鞋、休闲鞋、拖鞋等），但是鞋的类型不可能对记忆成绩产生任何影响，因此没必要对此采取任何措施（施密特在他的报告中根本没有提到鞋子）。

261 2. 混淆变量必须与自变量同时发生系统性变化，那些随机变化的、与自变量无关的变量不能成为混淆变量。随机变化与系统变化相对，主要是由误差控制的。

控制额外变量的第一步是辨别哪些变量可能影响因变量，这一过程主要依靠常识经验、简单的逻辑推理、以前实验研究中的控制经验等。例如，如果测量记忆成绩，智商很可能会成为混淆变量；如果测量中使用的是非常年轻或非常年长的被试，那么年龄也可能会影响记忆成绩；如果在不同环境、不同时间测量记忆成绩，那么这些变量也都有可能影响成绩（嘈杂的、拥挤的房间会使人分心，从而使成绩较低；安静的、宽敞的房间，则结果相反）。因此，对于你确认的变量，必须给予特别注意并加以控制，同时，其他变量也不能忽略，但控制的要求相对较低。从第六章中可知，确认额外变量时，基本可将额外变量分为三大类。

1. 环境变量。我们可能在不同的环境，不同的时间，不同的房间，由不同的实验者，在不同的灯光和不同的温度条件下，对被试进行观察。

2. 个体差异变量。参加实验的被试在很多方面都是彼此不同的，比如性别、年龄、智商、教育程度、兄妹人数等。

3. 时间关联变量。当我们在不同处理条件下观察被试时，随着时间的推移，处理条件以外的其他因素也随时间发生了变化。比如天气的变化，被试变得疲劳或变得更有经验等。这些因素都影响观察结果，因而变成混淆变量。

一、保持恒定或匹配

确定了一系列可能的混淆变量之后，就可以对它们施加一些控制。有三种控制额外变量的标准方法，其中两种是积极干预的方法，即保持变量恒定或匹配不同处理条件下的值。第三种方法是随机化，这将留在下一部分讨论。现在，我们来讨论两种控制额外变量的积极方法。

保持变量恒定

保持变量恒定就可以完全排除额外变量对实验的影响。例如，在同一个房间，同一个时间段，由同一名主试观察所有被试，由于在每次观察中，这些因素都相同，所以它们本身就不再是 262
变量，也就无法混淆了。通过使环境和实验程序标准化，大多数环境变量都能保持恒定。这种方法也适用于被试变量。例如，只选 6 岁男孩参加实验，就可以使年龄和性别保持恒定。

通常情况下，保持变量完全恒定是不太合理的。例如，为使智商恒定，要求所有被试都有 109 的智商是不现实的。同样，也不可能为求年龄恒定而要求所有被试都在 1992 年 6 月 13 日出生。因此，研究者通常无法保持变量的绝对恒定，而只能限定其范围。例如，可以要求被试的年龄在 18 到 21 岁之间，智商在 100 到 110 之间。这里，尽管年龄和智商没有绝对恒定，但限定范围可以保证一种处理条件下的被试不会比另一种处理条件下的被试明显更年长或更聪明。

保持变量恒定可以排除额外变量成为混淆变量的可能，但它同时也会降低实验的外部效度。例如，如果一个实验完全采用女性做被试（保持性别恒定），该研究结论就不能适用于男性。第六章中提到过，任何降低研究结果普遍性的因素，都会损害外部效度。

匹配不同处理条件下的值

将不同处理条件下的变量水平进行匹配是控制额外变量的一种常见的方法。例如，可以给每个处理条件都分配 10 名男性和 10 名女性。虽然不同处理条件仍存在性别差异，但不同处理条件间的性别变量却是平衡的、不存在差异的。另一种常见的匹配形式是确保所有处理条件的变量平均数相同（或接近相同）。例如，分配被试时，可以让所有处理条件下被试的平均年龄都相同，这样，各组被试的年龄得到了平衡，也就不会成为混淆变量。匹配也可用于控制环境变量，例如，如果研究是在两个不同的房间内进行，就可以通过让每一种处理条件下，一半被试在一个房间里受测，另一半被试在另一个房间里受测来匹配不同处理条件下的房间条件。最后，匹配还可以运用到控制与时间有关的变量上。通过改变两个处理条件（处理 1 和处理 2）的顺序，一些被试先接受处理 1，另一些被试后接受处理 1。同样，一些被试先接受处理 2，另一些被试后接受处理 2。通过这种方法，与时间有关的变量就在不同处理条件间达到匹配了。这类在时间方面匹配处理条件的过程叫作抵消平衡，将会在第十一章中详细讨论。

显然，通过匹配或保持变量恒定来实施控制，需要一些时间和研究者的努力，而且可能会影响到实验被试。例如，若想匹配个体的智商，则可能会要求研究者收集被试参加实验前的智

263 商。尽管通过匹配和保持变量恒定可以控制一些变量，但要求用这些技术控制所有额外变量就显得不切实际了。因此，匹配或保持变量恒定这种积极的控制方法，只推荐在有限的、可能会严重威胁实验结果的特殊变量上使用。

学习检测

请简述防止额外变量成为混淆变量的两种积极的干预方法。

二、随机化

由于根本不可能通过积极干预来控制数以千计、可能会干扰实验的额外变量，所以实验者经常依赖更加简单、被动的控制方法，这个方法被称为**随机化**(randomization)。随机化的原则是破坏额外变量和因变量之间任何系统的关系，从而阻止额外变量成为混淆变量。

随机化采用不可预测的、无偏的方法(如扔硬币)来分配每个额外变量的不同值，这种程序叫作**随机化过程**(random process)，意味着各种不同结果的发生概率相等。例如，抛硬币时，可能有两种结果——正面和背面，它们朝上的概率相等(见第五章)。

随机化常被用于被试的随机分组，即采用一些随机化的方法(如扔硬币)或随机数表(见附录A)来把被试分配到不同的处理条件中。在比较两种不同处理条件的实验中，研究者可以用扔硬币来分配被试，由于被试的分配是建立在随机化基础上，可以认为被试的特征(如年龄、性别、身高、智商等)也被随机分到各处理中去了，尤其是，使用随机分组可以确保被试变量在各种处理间不会发生系统性变化，因此也不会成为混淆变量。

随机化也可以用来控制环境变量。如果研究计划需要在早晨和下午的几个小时内进行一些观察，可以用随机的过程将被试分配到不同时间的处理条件中。例如，每天扔一枚硬币来决
264 定早晨实施处理1还是处理2。用这种方法，早晨的一小时分配给处理1或处理2的概率是相等的。因此，一天中的时间是随机分配到处理中的，对结果不会产生系统影响。

随机化是控制额外变量的一种很有用的方法，它的主要优点在于能同时控制许多变量，而不需要对每个变量都给予特别关注。然而，随机化并不能保证对额外变量的完全控制，它只是利用随机化过程来控制额外变量。例如，如果你扔10次硬币，你能得到正面和背面的随机组合结果，随机组合是随机化的精髓。但是，也有可能出现10次都是正面朝上的情况，这就是有偏差的(或系统的)结果。随机化方法也可能把所有智商高的被试分到一种处理条件，而将智商低的被试分到另一种处理条件中。在长期研究中，当被试数很大(即大样本)时，随机化可以确保结果平衡；但在短期研究中，尤其是当被试数很少(即小样本)时，随机化可能根本不起作用。因此，不能完全依靠随机化来控制额外变量，对那些极有可能影响结果的变量必须给予特别关注，并采用匹配法和恒定法加以控制。然后，其他变量的随机化可以采用概率控制，但是随机化的危害是：可能无法提供充足的控制。

学习检测

1. 请简述随机化方法，并说明它是怎样被用于被试分配过程的。

2. 请简述把被试随机分配到处理条件的过程中，应如何阻止被试变量（如年龄或性别）变成混淆变量。

三、对照组

实验目的是要显示两种处理条件下的得分具有稳定的差异，而且这种差异是由实验处理引起的。用实验设计的术语来说，实验目的是要证明自变量的变化造成了因变量的差异。因此，控制就是为了防止自变量以外的其他变量引起因变量的差异。

我们分析了三种控制额外变量的方法，现在用表 9-1 对其作进一步说明。表中的信息反映了被试性别是如何成为混淆变量，以及如何使用三种控制方法来防止性别混淆。

表 9-1　混淆变量和三种防止混淆的方法 265

a. 性别混淆		b. 性别恒定		c. 性别匹配		d. 性别随机化	
处理		处理		处理		处理	
1	2	1	2	1	2	1	2
M	M	F	F	M	M	M	F
M	M	F	F	M	M	F	M
F	M	F	F	M	M	F	F
F	M	F	F	M	M	M	F
F	M	F	F	F	F	F	M
F	M	F	F	F	F	M	M
F	M	F	F	F	F	M	F
F	M	F	F	F	F	F	F
F	F	F	F	F	F	M	M
F	F	F	F	F	F	F	M

注：M 为男性；F 为女性。

在表 9-1 中，在 a 列两种处理条件中，每一种都有 10 个被试。在 a 列中，性别（M 和 F）与处理是混淆的，处理 1 中 80％的被试都是男性，但处理 2 中只有 20％是男性。如果这个实验发现处理 1 和处理 2 所得分数不同，那么这个分数差异可能是性别差异引起的。

在 b 列中，性别保持恒定。处理 1 和处理 2 中所有被试都是女性。在 b 列中，两个处理条件完全没有性别差异，所以性别不会引起分数的差异。

在 c 列中，性别通过处理匹配了。在处理 1 和处理 2 中，40％都是男性。在 c 列中，两种处理条件对性别进行平衡，所以两种处理分数的任何差异都不会是由性别产生。

最后，在 d 列中，性别随机分配到两个处理条件中。通过随机过程将男性和女性分配到处理条件中，期待性别在处理条件中得到平衡是合理的。如果处理条件中没有实质的性别差异，那么性别就不会导致一个处理条件的得分与另一个处理条件的得分不同。

四、控制法的优缺点

两种积极的控制法(保持变量恒定和匹配不同处理条件下的值)会给被试带来额外的负担或测量,因此,一般只有当一个或两个特定变量确有可能产生变量混淆时才使用。此外,保持
266 变量恒定会制约实验结果的可推广性(外部效度),而随机化虽然可以同时控制很多变量,但它不能确保成功,要平衡不同处理间的变量也要靠机遇。虽然如此,随机化仍是在实验中控制大量额外变量的重要方法。

第四节　控制组

实验研究通常都包含比较。实验法要对不同自变量水平下因变量的测量值进行比较,也就是比较不同处理条件下的观察所得。但有时,研究者只对一种实验处理条件进行测量,而不是对一系列处理条件进行比较。在这种情况下,仍然可以进行实验研究。解决办法是:将处理条件与无处理的基线条件进行比较。用实验术语来说,处理条件被称为**实验组**(experimental group),无处理条件被称为**控制组**(control group)。对这里的"组"可以有不同的理解。例如,在处理条件和无处理条件观察同一组被试。在这种研究设计中,只有一"组"被试,但得到两"组"分数用于比较。尽管用"控制条件"可能更准确,但我们仍使用常规说法,把它叫作"控制组"。

实验中,创建控制组的方法可以分为两大类:无处理控制组和安慰剂控制组。

一、无处理控制组

顾名思义,**无处理控制组**(no-treatment control group)就是指被试不接受任何实验处理而被评估的处理条件。无处理控制组的目的是提供正常行为的标准或基线水平,以便将处理条件与之进行比较。比如,为了研究药物疗效,可以采用两组被试进行实验,一组被试使用药物,而另一组被试不使用。要评估培训效果,可以让实验组接受培训,而控制组不接受培训。

267 第一眼看上去,在处理与无处理实验中好像不包含自变量,但实际上,研究者还是通过控制处理变量值而创设了不同的实验条件。可以将无处理实验条件看作是自变量取"0"的水平,于是,实验将"全"或"无"的两种处理条件进行对比。自变量仍然存在,它包括"全"或"无"两种水平,或者说由"处理"与"无处理"组成。

二、安慰剂控制组

安慰剂是一种无效也无害的药物,或者是本身没有任何医疗效果的虚假药物,如糖衣片或注射用生理盐水。尽管没有任何生物学或药理学的理论说明安慰剂有效,但它确实对人体健康和行为产生一种戏剧性的作用(Shapiro & Morris, 1978)。有人认为**安慰剂效应**(placebo effect)是心理效应,是心理(心灵)而不是安慰剂本身对身体(肉体)有影响。如果个体坚信药物有用,这一信念本身足以产生药物效应。

安慰剂效应的概念虽然起源于医学研究,但也已被用于其他一些情境,其中假定无效的处理产生了效果。行为研究中最典型的例子如使用"无效药物"(特别是那些使被试相信他们吃的是能治疗精神疾病的药物)、不含酒精的饮料(被试觉得是酒)、非特异的心理治疗程序(没有治疗成分的治疗)等。

在实验研究中,安慰剂效应会导致结果解释方面的诸多严重问题。当研究者观察到处理条件和无处理控制条件间显著的差异时,他能肯定观察到的这种差异真的是由实验处理条件引起的吗？其中是否包含部分(或全部)安慰剂效应呢？关键要看实验研究的目的。为此,研究者经常要区分结果研究和过程研究。

结果研究(outcome research)只调查处理的效应,目的是要确定实验处理能否产生重要的或实质性的(临床的)显著效果。这种研究关心的是实验处理的总体效应,而不太关注哪些成分产生了处理效应。

过程研究(process research)力图确认实验处理中发挥作用的主导成分。所以,在过程研究中,必须将安慰剂效应与实验处理中其他的主导成分分离开来。

为了把安慰剂效应与真实的处理效应分离开来,研究者在实验中要使用一组或更多**安慰剂控制组**(placebo control group),安慰剂控制组中的被试只接受安慰剂而不接受真正的实验 268
处理。将安慰剂控制条件与处理条件相比较,能揭示除安慰剂效应之外有多少处理效应存在。研究者有时还采用第三个无处理控制组,将安慰剂控制组与无处理控制组进行比较以揭示安慰剂效应的大小。如果研究者发现有若干不同的处理成分,那么研究者可能会使用多个控制组,进行因素分析或分解处理,在每个条件下包含或排除选定的因素(或因素组合)。

最后要提醒的是,应该意识到采用一个控制组和控制额外变量是实验的两个完全不同的方面。控制额外变量对所有实验来说都是必要成分,并且需要阻止额外变量成为混淆变量并威胁到一项研究的内部效度。然而,控制组是一些实验(而非全部实验)的可选成分。尤其是,一项研究并不需要一个控制组才能成为真正的实验研究。

学习检测

1. 控制额外变量的理由是什么？设计控制组的目的是什么？

2. 一项研究没有控制组能成为实验研究吗？一项研究没有控制额外变量能成为实验研究吗？

第五节 操纵检查

在实验中,研究者通常都要操纵自变量。尽管研究者很清楚这些操纵及其可能的后果,但这些操纵究竟对被试产生了什么影响，有时还会存在一些疑义。特别是这样一些问题：被试实际上意识到操纵了吗？如果意识到，他会对此作何种解释？如果这些问题对结果或实验的解释很重要，研究者就应在研究中附加对操纵的检查。**操纵检查**(manipulation check)就是测量自变量是否对被试产生了预期的影响。

269 操纵检查有两种方式。第一种操纵检查的方式是直接对自变量进行测量。假如研究者想考察心境如何影响人的行为，他就要对心境进行操纵(也就是说，心境是自变量)，还要对被试的心境进行测量以确保实际诱发出来的心境确实是快乐或悲伤。

第二种操纵检查的方式是请被试参加完实验后，再完成一个问卷，问卷中包含一些有关操纵的特定问题。例如，实验完成后，向被试呈现如下问卷：

- 参加实验让你感到愉快吗？
- 实验大概花费了你多长时间？
- 你感到累吗？
- 你认为这一实验的目的是什么？
- 你有没有怀疑自己受骗？

问卷中包含关于操纵的具体问题。研究者可以直接问被试是否注意到操纵。比如，如果在实验期间，调整了室内亮度，那么你可以直接问“在实验开始 15 分钟内，你是否注意灯光变暗了？”或“在实验过程中，你发现灯光变化了吗？”如果研究者是通过言语“表扬”或“批评”被试来操纵实验，那么就可以问：“如果你没能完成第一个任务，研究者会有什么反应？”注意，操纵检查的目的是确定被试是否知觉到操纵以及/或者如何理解或解释操纵。

一般来说，任何研究都可以使用操纵检查，尤其是以下四种情况：

1. 被试操纵。尽管研究者通常有信心成功操纵环境(如改变环境的亮度)，但若想操纵被试则容易引起疑议，这时需要对操纵进行检查。例如，研究者想要研究挫折感对作业成绩的影响，研究者可以让被试完成一系列不可能完成的任务，从而引发他们的挫折感。为了确定被试是否真的产生了挫折感，研究者可以对挫折感进行测量以检查操纵。

2. 细微的操纵。在有些情况下，被操纵的变量不太明显，被试未必能注意到。例如，研究者可能在指导语的措辞或情绪表现(笑或不笑)方面稍作改变。不种处理条件中的细微改变可能会被完全忽视，尤其是没有告诉被试做出这样的改变时。

3. 模拟。在模拟研究中，研究者试图通过操纵实验情境内的因素来创设一个较真实的环
270 境，但模拟的效果取决于被试的理解和接受能力。操纵检查可以衡量被试对模拟的理解和反应。

4. 安慰剂控制。和模拟研究一样，安慰剂的效果取决于它的可信度。人们必须相信这些安慰剂是“真的”，这一点很重要。如果被试怀疑自己被骗，安慰剂控制就是失败的，所以要检查安慰剂控制给予被试的“真实感”。

学习检测

操纵检查的一般目的是什么？

第六节 提高外部效度:模拟研究和田野研究

实验法的目的在于证实两个变量间的因果关系,研究者为此要创造人为的、控制的环境,在没有其他变量影响的情况下,对这两个变量进行研究。在创设的非自然环境中得到的研究结果,也许不能有效地反映现实世界中的事件及关系,因此实验通常在实验室环境进行,施加了控制的实验室环境能提高研究的内部效度(见第六章)。用第六章提到的术语,实验室研究会损害研究的外部效度。假如研究中出现需求特征,其外部效度就会下降。需求特征是无意传达给被试的一些线索,这些线索可能暗示被试以特定方式表现。需求特征、能动性以及其他一些损害外部效度的方面,都可能成为实验室研究所要解决的难题。一些研究问题对外部效度的损害是非常严重的,尤其当研究者寻找对真实世界情境中行为的因果解释时,就有必要将实验结果推广到实验室以外。在这些情境下,研究者常常努力使实验环境的现实性最大化,以此来增加结果的外部效度。为了实现这一点,有两个标准的方法可以使用,即模拟研究和田野研究。

一、模拟研究

模拟(simulation)是在实验中创设情境,模拟要研究的自然环境或让情境与想要研究的自然环境几乎完全相同。“自然环境”这个词用得比较广泛,它不仅指环境的物理特征,更重要的是指环境的氛围或气氛。很多人对飞行模拟器很熟悉,它是由飞机的驾驶员座舱复制而来,并允许飞行员在安全、控制的环境中训练和试飞。和飞行模拟器复制飞机自然环境的方法一样,研究者通常也用模拟来控制“自然环境”以观察人们在“真实世界”中的行为表现。

研究者常常将模拟情境划分为世俗现实和实验现实(Aronson & Carlsmith, 1968)。**世俗** 271
现实(mundane realism)指的是对环境表面特征,主要是物理特征的模拟,它对研究的外部效度几乎没有促进作用。例如,将实验室改造成一个模拟的独立酒吧,恐怕对促进被试的“自然行为”不会有太大帮助,因为实际上会有许多被试把它看成是假的环境,从而采取表演性的行为反应。相反,**实验现实**(experimental realism)关心的是模拟的心理层面,也就是被试能否真正融入模拟情境,而不在意其所进入的是实验营造出的情境,以及其表现出的行为与常态的接近程度。显然,成功模拟更多地是依靠实验现实而不是世俗现实,所以在模拟研究中应尽量减少或消除模拟中的世俗特征。

在模拟研究方面,一个最著名、最详细的例子是1973年由斯坦福大学的研究者进行的研究(Haney, Banks & Zimbardo, 1973)。这一研究的目的是考察监狱守卫人员与犯人之间的人际互动及关系。他们在原有心理研究所的基础上,改建了一所真实的监狱。该监狱有三个木栅栏式的牢房,一个单独的监禁室,还有军营及会客室。被试是24个正常的、成年的、情绪稳定的男大学生。将24名被试随机分成相等的两组,一组被试扮演“守卫”,另一组被试扮演

"犯人"。"守卫"穿着卡其布制服，佩带警棍和太阳镜；"犯人"的制服前后都绣着身份证号码，他们被公开"逮捕、审讯、追缉、上铐并送入监狱"。在狱中，还采集他们的指纹、拍照、换服装、喷除虱子的药，最后发制服并将其锁上。除了明确禁止对"犯人"进行身体惩罚和攻击外，没再给"守卫"和"犯人"任何别的什么指导语。"犯人"和"守卫"几乎立即进入角色，他们之间的互动变得消极、有害、非人性化，而且没有感情。研究者不得不提前释放五名"犯人"，因为他们变得沮丧、号哭、愤怒和焦虑。实验仅进行了 6 天就早早结束，余下的"犯人"也全都被释放了。然而，"守卫"们感到很痛苦，因为他们觉得自己失去了控制和权力，这都曾是他们角色的一部分。显然，这一模拟实验是非常成功的，甚至过于成功了！

斯坦福监狱研究是模拟研究的极端例子，它包括角色扮演和详细的模拟情境。然而，成功的模拟也不一定要如此详实。博登斯和霍罗威茨(Bordens & Horowiz, 1983)研究了陪审团对案件做出裁定时的决策过程，他们并没有详细模拟真正的审判过程，而是让大学生被试听一
272 场审判的总结录音带，并据此对案件做出裁定。尽管这个研究致力于再现一个真实的审判环境，但它重点强调实验现实而不是世俗现实。

监狱研究和模拟法庭的研究都致力于模拟特定的现实情境，而且都包括某种程度的世俗现实。但是，对模拟实验来说，很有可能只是创设一种整体氛围，而不是一种特定情境，甚至可能完全忽视世俗现实的概念。很多研究使用的"囚徒困境"游戏就是这类模拟研究的很好的例子。"囚徒困境"游戏基于一种设想：两个人都被逮捕并接受警察审讯。想象一下你和你的同伴都犯了罪并被逮捕，警察并没有搜集到有关你们的可靠的犯罪证据，他们只能依靠你们的招供来结案。你和你的同伴被单独监禁，所以你不知道他说了或做了什么。游戏规则如下：如果两人都招供，则两人都被判有罪；如果两人都不认罪，则两人都被释放；然而，如果只有一个人招供并牵连了他的同伴，那这个招供者将会被释放，并受到奖励。很明显，如果你认罪而你的同伴不认罪，你个人的结局最好；但如果两人都不认罪，你们的共同结局最好。如何做决定呢？这就形成了两难困境。究竟是选择合作的方式都不认罪，还是选择冲突的方式认罪？

在实验研究中使用囚徒困境游戏，可以创设一种人际冲突的情境，对现实世界中的情境进行模拟。在现实情境中，人们往往必须在奖与惩、合作与冲突之间做出选择。在实验室中，合作与冲突的两种选择通常伴随金钱利益：如果两人合作都不招供，就会都得到 2 美元；如果都招供，则两人都失去 2 美元；如果他们做出相反的反应，则"招供者"得到 5 美元，不招供者会失去 1 美元。囚徒两难游戏是一种通用的模拟范式，可以营造一种整体的竞争气氛，可以用来再现现实生活中多种冲突情境。例如，研究者已经借此成功调查了种族偏见(Tyson, Schlachter, & Cooper, 1987)、性别刻板印象(Ferguson & Schmitt, 1988)以及商业圈中员工的冲突与合作(Tomer, 1987)。

学习检测

请定义并区分实验现实和世俗现实。

二、田野研究

可以把模拟研究看成是把现实世界带到实验室以提高实验结果外部效度的过程，相反，另有一种研究则是把实验室带到现实世界中去，其目的也是为了提高研究结果的外部效度，这种研究就是**田野研究**(field study)。研究者通常用“去野外”的委婉说法来表示将实验带出实验室。第三章和第六章已简单提及田野研究，这里再作详细讨论。

尽管很难像在真实验中那样实施必要的控制，但是田野实验仍然是可以进行的，如调查紧 273
急情况下的助人行为或“旁观者冷漠”的田野研究。在这些研究中，研究者制造出一种紧急情况，然后操纵紧急事件中的变量并观察旁观者的反应。研究者故意制造出很多紧急事件如爆胎(Bryan & Test, 1967)、丢钱包(Hornstein, Fisch, & Holmes, 1968)或有人摔伤(Piliavin, Rodin, & Philiavin, 1969)等。在一项比较有代表性的研究中，一个拄拐杖的受害者在弗罗里达州地铁车厢里摔倒(Piliavin & Piliavin)，研究者设置了两种处理情境：第一种处理情境是受害者嘴角“流血”；第二种处理情境是受害者没有流血。结果显示，旁观者对“流血”受害者的帮助明显更慢、更少。

恰尔迪尼，雷诺和卡尔格伦(Cialdini, Reno, & Kallgren, 1990)主持了一项现场实验，考察“扔垃圾”这一自然现象和社会服从的理论问题，他们想确定一个人扔垃圾的倾向是否取决于所在地由已有垃圾数量确定的“社会规范”。研究者在很多自然环境，包括停车场、游乐园、图书馆和大学宿舍邮箱旁观察人的行为。在每一种情境中，研究者都操纵这个区域先前存在的垃圾总数，并移除所有垃圾桶。被试进入每一个区域后，都向其发放一张传单，然后观察确定他们是否会把传单当垃圾扔掉。结果表明，行为受社会规范的影响，当存在很多垃圾暗示接受扔垃圾的社会规范时，人们非常有可能扔垃圾。

学习检测

在实验研究中使用模拟研究或田野研究的主要目的是什么？

三、模拟研究和田野研究的优缺点

尽管模拟研究和田野研究可以增加实验的现实性，但这两种方法既有优点又有缺点。这两种方法的优点在于，它们使研究者能在更加生活化的情景中观察人们的行为，因而研究结果更能精确地反映自然事件。而缺点在于，使自然事件进入实验研究通常意味着研究者放弃对研究情境的控制，由此会降低实验的内部效度，这种问题在现场实验中尤为突出。例如，在“流血的受害者”实验中，研究者无法控制谁在乘地铁以及有多少乘客在场，尽管“流血”与“不流血”条件之间的随机变动可以将被试变量随机分配到不同条件，但这也是无法保障的。例如，可以想象， 274
四点钟时，地铁里挤满了上班族，而两点钟时，地铁里可能只有三四个人，这种无法预测和控制的变化可能会对结果产生显著影响。相反，模拟研究确实能使研究者控制被试的分组过程，但模拟研究完全依赖于被试接受模拟的意愿，无论模拟多么接近于现实，被试仍然知道这只是一个实验，他们知道自己的行为正在受到观测，这一认识会影响其行为表现并降低研究结果的外部效度。

本章小结

实验研究设计的目的是确定两个变量间是否存在因果关系，为此实验者必须操纵其中一个变量，创设一种情境，使被研究的两个变量不受其他变量的影响。本章重点讨论了操纵和控制。

一般来说，实验研究设计旨在证明一个变量的变化能否直接引起另一个变量的变化，所以与描述性研究设计相比，实验研究设计有两个基本特征：(1)操纵一个变量同时测量另一个变量；(2)控制其他额外变量。在实验中，研究者操纵自变量，测量因变量，并控制所有其他变量以防止它们影响实验结果。

为了确定自变量和因变量之间是否存在因果关系，必须排除混淆变量的影响。当额外变量与自变量同时发生系统性变化时，它就成了混淆变量。在明确一些可能会变成混淆变量的额外变量后，就可以积极的或被动的对这些变量进行控制。其中有两种积极干预的标准方法：(1)保持变量恒定；(2)匹配不同处理条件下的值。被动控制方法则是将变量随机分配到不同实验处理条件中去。

实验通常要对不同自变量水平上观测到的因变量进行比较，为此要创设一个处理条件(即实验组)和一个无处理条件(即控制组)。无处理条件是评估处理效应的基线。控制组又包括两种：(1)无处理控制组，是指没有实验处理的观测条件，被试接受自变量的 0 水平处理；(2)安慰剂控制组，在这种条件中，看上去是包括了处理成分，但这些处理中有效的、积极的成分实际上都被排除了。

实验中，研究者一般都要操纵自变量。有时研究者会加入操纵检查来测量被试是否意识
275 到操纵过程，这是评估操纵是否成功的附加措施。在使用被试操纵、细微的操纵、模拟或安慰剂控制时，操纵检查是尤为必要的。

为了证明两个变量间的因果关系，实验必须创设一种人为的、控制的环境，使被研究的两个变量不受外界影响，这种高度控制会降低实验的外部效度。为提高研究的外部效度，研究者可以使用模拟研究或田野研究。模拟研究通常是在实验室中创设一种现实的气氛，来再现自然事件或情境；田野研究则是将实验从实验室带到现实环境中。

关键词

实验法
实验或真实验
自变量
处理条件
水平
因变量

额外变量
操纵
随机化
随机分配
实验组
控制组

无处理控制组
安慰剂效应
安慰剂控制组
操纵检查
模拟研究
田野研究

练习题

1. 除关键词外，还应了解以下术语的定义：

第三变量问题	方向性问题	混淆变量
随机化过程	世俗现实	实验现实

2. 琼斯博士进行了一项研究，探讨儿童饮食中糖摄入量与儿童活动水平之间的关系。研究样本是当地幼儿园 30 名 4 岁儿童。通过与父母访谈，了解儿童的饮食情况。根据访谈结果，将每一个儿童分配到两个不同的组：高糖摄取组和低糖摄取组，通过观察儿童在一个正规学前班下午的活动来测量儿童的活动水平。最后，琼斯博士比较了高糖摄取组和低糖摄取组的活动水平。解释为什么琼斯博士的研究不属于实验研究。

3. 定义并描述第三变量问题和方向性问题。解释实验为了避免这两个问题用到的措施。

4. 琼斯博士在研究分心对记忆的影响。他准备一个由 40 个双音节单词组成的词单，选取 50 名 18—22 岁的被试，向所有被试呈现这一词单。然后将被试随机分成两组，其中一组在安静的房间里接受词单记忆效果测试，另一组在嘈杂的(有敲打、锯东西等施工噪声)房间里接受 276
词单记忆效果测试。

a. 分析这个研究的自变量和因变量。

b. 解释为什么琼斯博士认为被试年龄不是混淆变量。也就是，为什么一组被试在记忆任务上表现好，不是因为他们比另一组被试年龄大。

c. 尽管被试与被试人格不同，但琼斯博士并不担心人格成为混淆变量，为什么?

5. 对于以下每一项研究，解释为什么它是或不是实验法的一种：

a. 为了评估压力和健康的关系，研究者选择 50 岁男人组成随机样本。在两个月的时间里，要求每一位被试记录经历的压力事件(比如和妻子打架，与老板争吵或发生交通事故)。两个月后，医生检查每一位被试的身体并记录总体健康水平。这个研究的目的是确定压力总量和被试总体健康之间是否有关系。

b. 在一项检测自尊和不诚信行为间关系的研究中，先给大学生一份自尊问卷，根据问卷调查结果将他们分成高自尊组和低自尊组。随后，记录被试修改试卷时的作弊行为。这个研究的目的是发现两组间的差异。

c. 在研究膳食纤维和胆固醇的关系时，将一个 50 岁男性被试样本随机分为两组。在两个月的时间里，两组被试吃完全一样的饮食。除此以外，其中一组被试每天还要喝 2 杯燕麦片。两个月后，测量每一位被试的胆固醇水平。研究者希望在两组之间发现差异。

6. 在实验研究中，常常将被试随机分配到不同处理条件，解释为什么要用随机分配。

7. 给额外变量和混淆变量下定义。简述阻止额外变量成为混淆变量的两种方法。

8. 描述和辨别无处理控制组和安慰剂控制组。

9. 阅读以下例子并回答后面的问题。

琼斯博士研究一种能减少酒瘾的新药效果。他在临床上选取一组酗酒被试，其中一半被试在接受正规治疗期间服用这种药物，另一半被试接受的是安慰剂。琼斯博士记录每一个被试 6 个月后是否依然酗酒。

a. 找出这个研究的自变量。

b. 找出这个研究的因变量。

c. 辨别自变量的水平。

d. 假设研究被试的年龄在 18—62 岁之间，以下哪一个能最精确地描述这个研究中的年龄变量？自变量、因变量、额外变量、混淆变量？

e. 如果药物组的被试年龄明显比安慰剂组的被试年龄大(平均)，那么以下哪个能最精确地描述这个研究中的年龄变量：自变量、因变量、额外变量、混淆变量？

10. 解释为什么要用模拟研究和田野研究。

277 ## 训练活动

1. 一位研究者调查一组小学生的早餐质量和学业表现间的关系。对每一个儿童，研究者访谈儿童的父母获得儿童通常早餐的状况，并用学校里的成绩衡量儿童的学业表现。

a. 解释这项研究为什么不是真实验研究。

b. 简述这项研究可以怎样改进，使其能够成为调查小学生早餐质量对学业表现是否有直接影响的实验(注意：你的实验如果产生伦理问题，研究将会被禁止)。

2. 要形成真正的实验研究，一项研究至少需要操纵一个变量。事实上，一些不能(或不应该)被操纵的变量限制了实验研究的主题。如果你正在进行以下主题的检索，请指出哪个主题更可能是实验研究，哪个不太可能，并给出解释。

a. 数学教学。

b. 饮酒和学业表现。

c. 厌食症的治疗。

d. 青少年自尊。

网络资源

访问本书的网站 www.cengage.com/international 可获取学习工具，包括术语表、抽认卡和网络测试。你还会发现一个关于统计和研究方法工作坊的链接。关于本章，建议你查看以下工作坊：实验方法、真实验、实验研究中的对操纵的检查、控制。

第十章 279

被试间研究设计

本章概览

研究过程的第六步是选择一种研究设计。本章详细讨论实验研究设计的类型之一：被试间研究设计，并分析其优缺点及各种变化形式。

- ◆ 引论
- ◆ 作为混淆变量的个体差异
- ◆ 减少个体差异造成的变量混淆
- ◆ 个体差异和变异
- ◆ 其他影响被试间研究设计内部效度的因素
- ◆ 被试间研究设计的应用和统计分析

第一节　引论 280

一、实验研究设计回顾

第九章介绍了实验研究设计及其主要目标，即证明两个变量间的因果关系。为了实现这一目标，实验研究设计需要具备以下几个基本特征：(1)操作一个变量从而创建一种或多种处理条件；(2)测量另一个变量，获得每一种处理条件下的分数；(3)比较不同处理间的分数；(4)控制所有其他变量，不让它们成为混淆变量。

在研究的最后，研究者将每种处理条件下的分数和其他处理条件下的分数进行比较。如果有一致的差异，研究者可以得出这样的结论，即差异由处理条件所致。比如，研究者可能会比较单音节单词的记忆分数和双音节单词的记忆分数。如果两组分数间有一致的差异，那么研究者就可以证明记忆与单词的音节数有关(也就是，音节数引起记忆差异)。

可以用以下两类基本的研究设计来获得实验分组，以便在实验中对各组分数进行比较。

1. 各组分数都来自同一个被试样本。例如，用单音节词表对一组被试样本进行记忆测验，然后再用双音节词表对同一组被试样本进行记忆测验。这样，研究者得到两组分数，这两组分数来自同一样本。这种方法叫作**被试内研究设计**(within-subjects research design)，我们将在第十一章对此进行讨论。

2. 另一种方法则是从每一个独立的被试组获得一组分数。例如，一组学生被分派到教学方法 A 下，另一组学生被分派到教学方法 B 下。开展一段时间的教学后，对这两组学生的学习成绩进行比较，这种设计叫作**被试间研究设计**（between-subjects research design），本章将详细介绍被试间研究设计的特点。

二、被试间研究设计的特征

被试间研究设计的本质特征是对独立的被试组进行比较。在实验背景下，研究者操纵自变量，创设出不同的处理条件，并尽量用能产生相等组的分组程序得到独立的被试组。然后将独立的被试组安排在不同的实验条件下，对他们进行观测得到因变量。最后对不同组的分数进行统计分析，寻找组间差异（见图 10-1）。

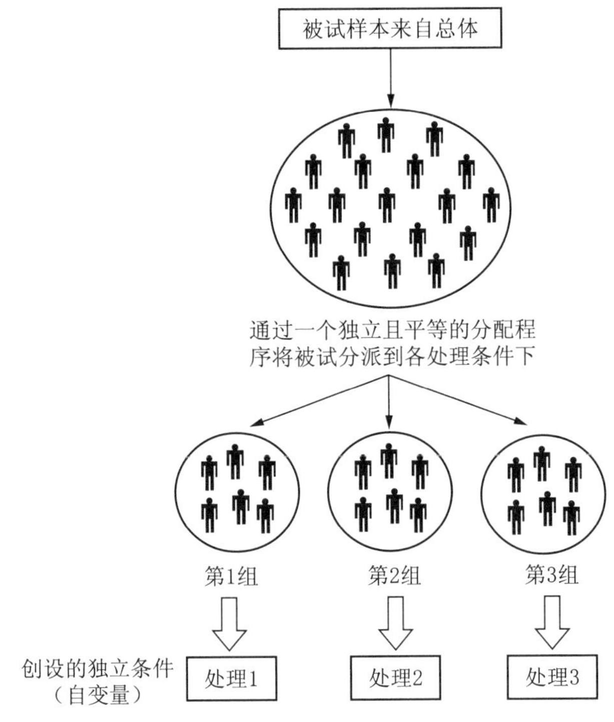

图 10-1 被试间研究设计的结构

关键要素是将各独立被试组分派到不同的处理条件。

本章集中讨论被试间研究设计，该研究设计是研究者通过操纵自变量来确定两个或多个
281 处理条件是否有差异。例如，研究者想比较两种教学方式（两个处理），确定哪一种更有效。在这种情况下，研究者会采用两个独立的被试组，每组对应两种教学方式中的一种。但是，我们应该注意，被试间研究设计还常用于其他研究设计中，比如非实验设计和准实验设计。其他这些研究设计将在第十二章中讨论。

个案分数的独立性 282

需要特别强调的是，被试间研究设计的一个突出特点：每个被试只能有一个分数。每个个体的分数代表一个独立的、唯一的被试。如果一项被试间研究设计需要在处理 A 和处理 B 分别产生 30 个分数，那么实验必须招募 60 名被试，将 60 名被试分为两组，每组各 30 名，一组参与处理 A，一组参与处理 B。在被试间研究设计中，每个自变量的每个水平都对应一个不同的被试组，每一个被试只出现在自变量的一个水平下。

有时，研究者会采用若干办法让每个被试都有一个分数。尤其当测量变量不是很稳定时（比如，反应时），研究者会选择多次重复测量，然后计算平均分，从而获得一个单独的、更可信的分数。最终的结果通常是一个分数对应一个被试。

学习检测

请分析被试间研究设计的基本特征。

三、被试间研究设计的优缺点

被试间研究设计的一个主要优点是被试分数相互独立。因为每个被试只参加一项测量，所以研究者能充分相信测量结果的纯洁性，未受其他处理因素的污染。正因如此，被试间研究设计也常被称为**独立测量设计**（independent-measures design）。例如，在一个比较不同气温条件下作业成绩的实验中，每个被试仅接受一种实验处理条件。这样，被试的分数就不会被以下因素影响：

- 在其他实验处理中习得的练习和经验。
- 参加一系列不同实验处理导致疲劳和厌烦。
- 从一种实验处理与另一种实验处理的比较中产生的对比效应（在一个 70 度的房间待过后再进入一个 60 度的房间可能会感到冷，而在一个 50 度的房间待过后同样进入 60 度的房间却可能会感到暖和）。

此外，很多研究问题都可以使用被试间研究设计。很多比较两个（或多个）处理条件的实 283
验可能会在不同处理条件中使用不同被试组，因此，许多研究会选择被试间研究设计，也许它不是最好的选择，但它是可用的选择。

被试间研究设计的一个缺点是它需要的被试量相当大。每个被试只给最终数据贡献一个分数。如果要比较 3 种不同的实验处理，每种实验处理有 30 个分数，那么采用被试间研究设计就需要 90 名被试。对于潜在被试相对较少的特殊群体，这可能是一个问题。例如，研究具有特定学习缺陷的学前儿童时，找到大量被试来参加实验就比较困难。

个体差异

被试间研究设计最主要的缺点来自现实，即每个分数来自唯一的被试，他有和其他所有被试都不同的人格特征。请看下面对参加同一个研究的两个被试的描述：

约翰

约翰身高178厘米，体重81.65千克，蓝眼金发，白人，男性，21岁，智商110。他出身于中产阶层家庭，有一个姐姐。约翰主修化学，因为庆祝化学考试成功，凌晨2点才睡觉。他来做实验前只睡了4小时，还处于轻微的半睡眠状态。

玛丽

玛丽身高160厘米，褐眼黑发，黑人，女性，20岁，智商142。她是独生女，父母都是医生。玛丽主修历史，懂点心理学。昨天她有点头疼，晚上8点就睡了。她来做实验时休息充分，感觉很好，但她没吃早饭，有点饿。

很显然，这两个人在很多方面存在差异。我们肯定可以找到许多区分二者的变量。在实验前两个被试间存在的差异（如性别、年龄、人格、家庭背景等）被称为预先存在的个体差异或简单叫作**个体差异**（individual differences）。

284 有时，研究设计需要检测一个具体的个体差异。例如，有的研究可能想要比较男性和女性行为或态度之间的差异（这类研究在第十二章中讨论）。但是，大多数情况下，个体差异只是额外变量，这些变量在研究设计中不直接说明。对于被试间研究设计来说，要特别关注个体差异，因为它会引起严重问题。特别要关注如下两个主要方面。

1. 个体差异可能成为混淆变量（参见第六章）。假设研究者发现接受实验处理A的被试比接受实验处理B的被试得分高，研究者可能会得出这样的结论：实验处理A导致高分。但组间的个体差异也可能造成分数不同。虽然你知道两个被试间总会有差异，但如果被试分配到处理条件时产生了组间个体差异，就会产生问题。正如第六章中提到的，这会损害内部效度，并被称为分组偏差。

2. 个体差异会产生很大的分数变异性，很难确定处理是否有任何效果。个体差异引起的不可预测的变异性使数据变化模式不明显，研究结果模糊。

混淆变量和高变异性问题将在随后部分详细讨论。不过，回头看一下我们假设的两个被试——约翰和玛丽，可以进一步说明个体差异引起的问题。假设约翰接受实验处理A，得45分，玛丽接受实验处理B，得51分。研究者发现二者有6分之差，这就必须明确是什么因素导致这6分的差异。分数的差异可以由不同的处理条件产生，但也可以由明显不同的事实来解释，即约翰和玛丽是有不同特点的人。我们不会希望两个不同的人有完全相同的分数，因此，这6分的差异可能是个体差异所致。

学习检测

在被试间研究设计中，每一个被试分数都来自一个独立的被试。

a. 简要解释为什么这是优点。

b. 简要解释为什么这是缺点。

第二节　作为混淆变量的个体差异

被试间研究设计，一个独立组代表自变量的一个水平（一个实验处理）。因此，此类设计首

先要关注的是，各组之间除自变量外，其他方面要尽可能保证相近。任何在组与组之间系统变 285
化的额外变量都会成为混淆变量。例如，在比较两种实验处理（处理 1 和处理 2）的被试间研究设计中，一组被试接受实验处理 1，另外一个独立组接受实验处理 2，如果一组被试与另一组被试相比，年龄更大（或更聪明、更高或更胖等），那么这个实验就存在混淆变量（见图 10-2）。

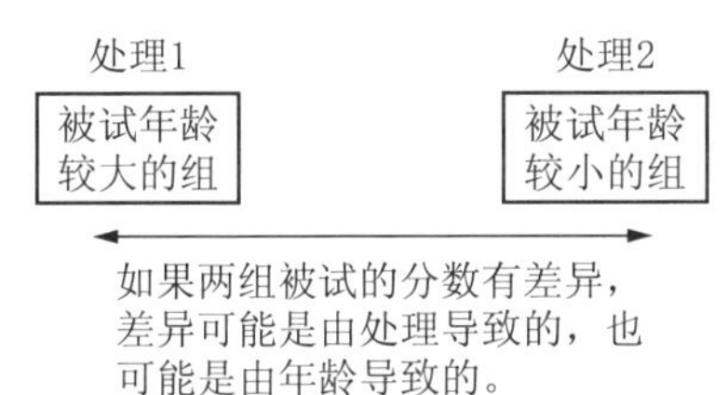

图 10-2　实验中个体差异（被试年龄）成为混淆变量

图 10-2 展示了被试年龄成为实验混淆变量的一个例子。在图 10-2 中，两组实验处理（处理 1 和处理 2）和被试年龄（一组比另一组大）都不同。如果这个例子的结果表明，一组被试的分数始终比另一组高，那么就无法确定是处理还是年龄导致了组间差异。因为实验是混淆的，得不出任何清晰的结论。在第六章中，我们将这种问题认定为分组偏差，并且发现它只存在于比较不同组的研究设计，即被试间研究设计。只要分配被试到处理条件的过程导致组间特征差异，就会影响研究的内部效度。

一、其他混淆变量

除了分组偏差外，被试间研究设计还必须考虑影响内部效度的环境变量，也就是从一个处理到另一个处理系统变化的环境变量。因此，被试间研究设计主要有以下两个混淆来源。

1. 来自个体差异的混淆，也就是分组偏差。个体差异是指被试与被试之间的任何特征差
异。如果组与组之间在这些特征方面不同，那么实验中就存在分组偏差。例如，一组被试与另 286
一组被试相比，年龄更大，更聪明，更高或有更高的社会经济地位，也可能一组的男性或离异者比另一组更多。这些变量都会产生组间差异并影响研究结果。

2. 来自环境变量的混淆。环境变量是可能导致环境差异的任何特征。如果这些变量在组间不同，那么实验就被环境变量混淆了。例如，一组被试在大房间里进行测试，另一组被试在小房间进行测试，或者一组被试在早晨测试，另一组被试在下午测试。任何此类变量都可能会引起不是自变量导致的组间差异。

二、相等组

在第九章中，我们识别了三种控制混淆变量的基本方法：随机化、保持变量恒定和匹配不同处理条件下的值。这三种方法可以保护一项研究免受个体和环境变量的混淆。但是，研究者也必须防止分组偏差。幸运的是，研究者在被试间研究设计中可以控制被试在组间的分配。因此，研究者有机会，也有责任创设相等组。具体地说，这些独立组必须是：

1. 同等创设。所有被试组，被试的获得程序应尽可能相似。

2. 同等对待。所有被试组应接受完全一样的处理(除实验需要的不同处理外)。

3. 有同等的被试。不同组被试的特征应该尽可能相似。

这些技巧对建立相等组是有效的，在随后的部分中将对此进行讨论。

学习检测

请简要解释在被试间研究设计中，被试的特征(比如人格)如何成为混淆变量。

第三节　减少个体差异造成的变量混淆

被试间研究设计的第一步就是把被试按同样的程序分配到不同的处理条件。如果分配过程有偏差，就会导使被试组间有特征差异，这项研究就会受个体差异的混淆，那么组间的任何
287 分数差异都有可能是分组偏差而不是处理所致。因此，最初每组被试应尽可能相等或相似。为了达到这一目的，研究者通常采用下面三种程序来建立被试间研究设计的相等组，这也是实验中控制潜在混淆变量的三种方法。

一、随机分配(随机化)

建立相等组的最常用方法是随机化。在第八章中，随机分配只表示一个分配被试的随机过程(就像投掷硬币一样)，目的是确保每个被试被分到各组的概率相同。因为分配是建立在随机程序基础上，所以就有理由预测像年龄、智商和性别等特征也会随机分配到各组，因此降低了混淆的可能性，因为任何一组个体不可能总是比另一组更年长、更聪明或更女性化。

显然，简单随机过程如投掷硬币或从帽子中捡纸条可能产生大小不等的组。如果希望所有组大小相等(n 相等)，那么可对这个过程进行修改，使其能保证等组。例如，为把 90 个被试分为 3 个等组，研究者在一开始时写 90 张纸条，其中 30 张 1 号，30 张 2 号，30 张 3 号，然后让每个被试从中抽取一张来分组，这就是**有限的随机分配**(restricted random assignment)，其限定条件就是各组必须大小相等。

随机分配的优点是建立公平且无偏差的被试组，类似于足球比赛中用投掷硬币来决定哪一方先开球，它消除了决策过程中的偏见。但是，随机过程并不一定能保证各组完全相等。例如，当投硬币时，在较长时间内(大样本中)，我们能够期望正反两面朝上的概率为 50 比 50，但在短时间内(小样本中)就难保证这一点了。假如一个样本仅能投 10 次，那么 8 次或 9 次正面朝上，仅有 1 次或 2 次反面朝上的情况一点也不稀罕。我们相信，任何随机过程都可能产生相等的分组，特别是在长时间(大样本中)，概率可能是公平的，但在短时间(小样本中)，任何情况都有可能发生。因为完全随机并不是获得平衡且相等组的可靠过程，所以研究者经常通过制定一些限定条件或对结果施加控制来修改随机过程。刚才已经讨论的使各组大小相等的方法，就是对随机过程的一种修改。下面我们还将讨论其他两种方法。

学习检测 288

1. 简单说明被试间研究设计中，随机分配方法如何防止被试特点（如年龄或性别等）成为混淆变量。

2. 解释随机分配在阻止个体差异成为混淆变量时，为什么有时不成功。

二、匹配分组

在许多情况下，研究者能确定一些可能影响被试分数的具体变量。例如，在学习实验中，有理由认为智力是影响学习成绩的一个变量。在这种情况下，研究者不能让一组被试的智力显著高于另一组而使智力成为混淆变量，这一点很重要。研究者可以用配对组保证不同组被试在智力上相等（或大致相等）。

例如，一位研究者想对五年级数学教学的两种方法进行比较。为保证两组被试智商大体相等，他利用学业成绩记录来确定被试的智商水平，将学生分为高智商、中等智商、低智商三个等级。将高智商的被试平均分为两组。中等智商、低智商的被试也同样平均分为两组。结果使两个独立组被试的智力水平大体相等。

类似的匹配过程可以用于按比例建立相等组。如果一个样本由60％的男性和40％的女性组成，则可以使用有限的随机分配在不同组中平均分配男性，然后采用相同的过程将女性平均分配到各组中。这样分配的结果就是，各组在性别上是匹配的，每组只包含60％的男性和40％的女性。

注意，匹配分组过程需要三步：

1. 确认组与组之间要匹配的一个（或多个）变量。
2. 测量每一个被试的匹配变量。
3. 用有限的随机分配过程将被试分配到不同组，以保证组间平衡。

匹配分组在确保变量不变为混淆变量方面，为研究者提供相对容易的方法。然而，匹配需要付出代价，也存在一些局限性会制约这一过程的有效性。为了使各组在某个具体变量上匹 289
配，研究者首先必须对这个变量进行测量，这个测量程序可能是乏味的、昂贵的，而且为研究增加一些额外的工作。此外，测量过程会很困难或不可能同时在很多变量上匹配被试组。要在智力、年龄、性别方面进行组间匹配，可能需要相当复杂的手法才能实现三个变量的理想平衡。最后，不可能在每一个可能造成被试差异的变量上都实现组间平衡。因此，研究者通常只对那些被认为很可能会造成混淆的变量进行匹配。例如，在学习实验中，智力可能是影响学习成绩的一个变量，但眼睛的颜色可能与学习无关。在这种情况下，我们用智力进行组间匹配才是有意义的，而不是对眼睛颜色进行匹配。

三、保持变量恒定或限定变化范围

防止个体差异成为混淆变量的一种方法是保持变量恒定。例如，如果研究者怀疑组间性别差异可能混淆研究，一种方法是使性别不成为变量。通过只用女性或只用男性被试，即所有组都是女性或都是男性，一项研究就可以保证不同组的所有被试在性别方面是平等的。

保持变量完全恒定的另一种方法是限定变化范围。例如，如果研究者担心组与组之间可能存在智商差异，那么研究者可以将被试的智商限定在 100 到 110 之间。因为所有组的智商范围相同，所以就有理由认为所有组在智商上大体相等。

尽管保持变量恒定(或限定变化范围)是研究中防止变量混淆的有效方法，但这种方法有一个严重的缺点。只要保持变量恒定，研究的外部效度都会受到影响。例如，仅有女性参加的一项研究，其结果不能推广到包括男性和女性的整个总体。同样，在有限的智商范围内获得的结果，也不能推广到整个总体。正如我们在第六章提到的，为提高内部效度而在研究中实施控制，会危及研究的外部效度或结果的普适性。

四、总结与建议

分组偏差(或组间个体差异)一直是被试间研究设计的潜在混淆变量源。因此，对研究者来说，在研究开始阶段尽可能建立等组是很重要的。大多数情况下，研究者试图通过随机分配建立等组，因为它相对容易，不需要任何测量，也不需要直接控制额外变量。会造成组间差异
290 的变量(个体差异)数量本来是无限的，而随机分配提供了对它们进行组间平衡的简单方法，并无需对每一个体变量进行处理。但是，随机分配不是完美的，当使用小样本时，它并不能保证组间相等，因此，纯粹依靠随机性不是获得等组的可靠过程。

当确认一个或两个特定变量可能影响因变量时，既可通过匹配分组来控制这些变量，也可通过保持变量恒定来控制这些变量。但是，匹配需要提前测量出被控制的变量，它也很难同时匹配若干变量。保持变量恒定可以确保变量不混淆研究，但这个过程降低了研究结果的外部效度。

学习检测

请简单说明在被试间研究设计中保持变量恒定是如何防止被试个体差异成为混淆变量的。

第四节　个体差异和变异

在实验研究中，个体差异除了会成为混淆变量外，还会导致数据变异增大。正如前文所述，数据变异增大可能会掩盖本来存在的处理效应，因此影响研究目标的实现(如影响或限制内部效度)。一般而言，很多研究是要证明两个或多个处理间有差异。例如，一项研究设计要验证一种治疗方法比另一种更有效。为了实现这一目标，在一种条件下获得的分数与另一种条件下获得的分数明显不同(高或低)是很有必要的。通常，处理间差异是通过计算并比较每一种处理的平均分来描述。但是，仅仅比较两个平均分不足以证明一个明显的差异。如果同

题来自一些实际情景，那么 10 分之差看上去是比较大的。但在某些情景下，10 分之差实际上是很小的。差异的绝对大小必须用分数的方差来评估。方差是一个统计值，用来测量一个分数与另一个分数的差异大小（见第十四章）。如果一组分数值都很接近，方差就小；如果分数间差异很大，则方差很大。下面的例子说明了个体差异如何影响方差，以及方差如何影响研究结果的解释。

两个截然不同的总体，其中一个总体个体差异相对较小，另一个总体个体差异相对较大，详细情况见表 10-1。表中每个数字代表一个单独个体。可以看到，在总体 A 中，数字都比较接近，表明个体差异相对较小；在总体 B 中，数与数间差别较大，表明个体差异较大。现在，我 291
们先使用总体 A 模拟一个研究过程，再使用总体 B 模拟同样的研究过程。

表 10-1 两个模拟总体

总体 A					总体 B				
42	39	41	39	39	32	48	28	24	20
41	40	41	41	40	24	32	56	60	44
40	38	38	40	40	44	20	40	52	40
42	39	40	41	40	44	36	36	48	60
40	42	40	38	39	36	56	56	52	28
38	41	40	39	38	56	32	60	24	28
38	42	41	42	39	36	52	48	40	20
41	38	42	39	40	48	28	20	60	40
40	39	41	40	40	40	44	32	24	48
41	40	40	42	39	40	32	36	44	52

总体 A 中个体差异很小，而总体 B 中个体差异很大。

模拟的研究过程如下：

1. 从总体中选取 20 名个体（数量）组成一个随机样本，并把这个样本随机分为两组，每组 10 名。

2. 一组分派到对被试的分数无任何影响的控制条件，另一组分派到会使每个被试的分数提高 10 分的处理条件。为了模拟这个处理效果，我们只在每个被试的原始分数上加 10 分。

对总体 A 来说，这个假设研究的结果如图 10-3 所示。无论是表中数字还是图中摞起的方块，都容易看出两个条件有 10 分的差异。记住，总体 A 中个体差异小，意味着分数的方差小。方差小，处理间 10 分的差异可以清晰地呈现出来。

我们再从总体 B 中选取被试重复这一假设的研究过程，结果如图 10-4 所示。这次结果就很难看到两个条件有什么明显差异。总体 B 个体差异大，方差大，10 分的处理效应完全被淹没了。尽管图 10-3 和图 10-4 的例子说明了方差增大（或减小）的影响，但你应该意识到，方差对结果的统计学解释也有很大影响。图 10-3 中处理间差异显著，而图 10-4 中的差异就不 292
显著。

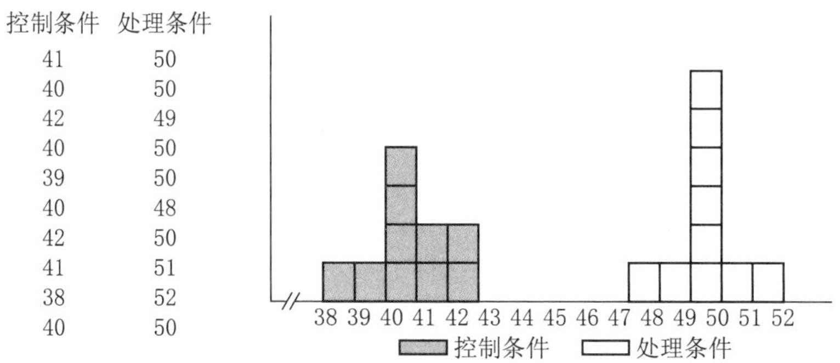

图 10-3　从个体差异小的总体 A 中选取被试，模拟两个条件比较的实验结果个体差异小，方差也较小，10 分的处理效应容易显现出来

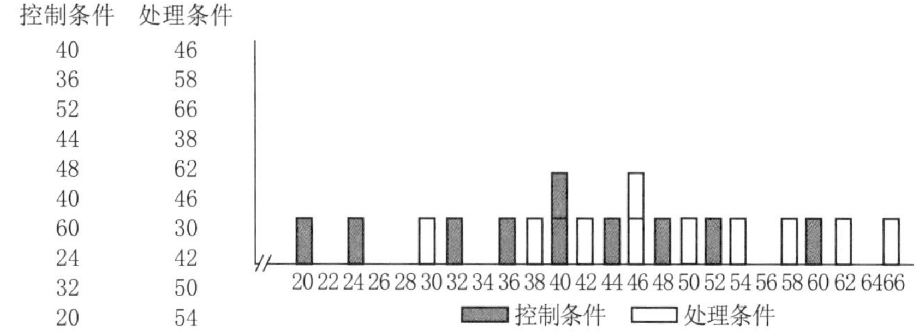

图 10-4　从个体差异大的总体 B 中选取被试，模拟两个条件比较的实验结果个体差异大，方差也较大，10 分的处理效应很难显现出来

把组内变异比作背景噪声或收音机的静电噪声，也许能帮助我们理解这一问题。当有许多背景噪声时，我们很难得到清晰的信号。同样，当一项研究有许多变异，我们就很难看清真
293 正的处理效应。在被试间研究中，许多变异是由个体差异造成的。要注意，每个被试分数代表一个不同的个体，不管什么时候，个体差异大就会造成很大的变异。

一、处理间差异和处理内变异

一般而言，被试间研究的目的是，通过证明一种处理条件下获得的分数与另一种处理条件下获得的分数显著不同（更高或更低），来确定处理效果的存在。例如，如果能够证明在一个明亮的黄色房间里的人，比在昏暗的褐色房间里的人感到更幸福，有更好的心情，那么就有理由得出这样的结论：房间的色调（处理）对人的心情有影响。因而，处理间差异大是好的，因为它提供了不同处理效应的证据。相反，处理内差异大就不好了，因为处理条件内部存在的差异决定了分数的变异，正如我们在图 10-4 中展现的那样，变异大掩盖了数据的变化趋势。

现在，再对处理间差异和处理内变异（差异）进行区分。一般来说，研究者会设法增加处理间差异，减少处理内变异。例如，如果要考察房间色调对人心情的影响，那么比较只有一点轻微差异的绿色背景房间是不明智的。如果两个房间的背景色调只有细微的差异，就很难发现人心情的明显变化。最好的办法是改用两个颜色背景差异大的房间，其目的是增加处理间的

差异，这样可以增加发现处理效应的机会。与此同时，还要减少处理内的变异。因为被试间研究设计每种处理条件有一个独立的被试组，因此处理内变异也就是组内变异。下面介绍一些能减少或降低处理内变异的方法。另外，我们还要考量一些研究者在制定被试间研究设计时必须作出的决策，看一下这些决策对处理内变异的影响。

二、降低处理内变异

正如我们已经指出的，个体差异大可导致处理条件内变异大，这就会降低被试间研究成功的可能性。因此，真诚建议研究者尽可能采用各种方法来减少每个处理条件内的变异。这里介绍一些具体的方法。

标准化程序和处理背景

在被试间研究设计中，每个被试组代表一个单独的处理条件。减少组内变异的一个有效方法是保证组内所有被试接受相同的处理。尽管原有的个体差异没有减少，但可以尽量不再增加新的差异。因此，研究者应让被试都接受相同的处理背景或程序，避免被试接受的处理背 294
景或程序有差异。只要两个被试接受不同处理，就有可能增加他们的分数差异，进而增加组内变异。一般而言，当两个被试在同一组(相同的处理条件)，研究者就不应做任何可能引起他们分数差异的事情。标准化程序也使其他研究者更容易准确理解你的研究怎么做的，并且可以用他们自己的设备重复你的研究。

限制个体差异

在第十章第三节，我们提出，保持被试变量恒定或限定变化范围是限制组间被试差异的有效方法。这种方法也能减少被试组内变异。例如，众所周知，如果性别是与被试分数有关的一个变量(如女性比男性更易得高分)，那么男女混合组将比男性组有更高的变异。在混合组中，性别差异(男性和女性)将增加组内变异。通过保持性别恒定(仅有男性)可消除性别差异，减少组内变异。

同样，把被试变量限定在一个狭小范围内，可消除许多由被试变量引起的分数差异。例如，将一组被试限定在18—20岁之间，那么被试间的年龄差异对组内分数变异几乎不起作用。一般来说，任何降低组内被试间差异的尝试都可降低组内变异。

随机分配和配对分组

在第十章第三节，我们建议采用随机分配或配对分组帮助降低组间差异。不过，这些方法不会影响组内变异。例如，如果我们将男性和女性随机分配到每组，我们可期望组间性别差异较小，但每组仍是男性和女性的混合(性别不同)。同样，配对使每组都有50%的男性，但也不能消除或减少组内的性别差异。

样本大小

尽管样本大小不直接影响个体差异或变异，但大样本有助于制约与高变异有关的问题。样本大小对统计分析有影响，所以在统计分析上可用大样本来克服高变异的许多负面影响。但是，这种方法有局限，因为样本大小的效应与样本大小的平方根有关。平方根关系意味着样

295 本量要大幅增加才能产生实际效果。例如，要想使某变异效应减少四分之一，那么样本容量就要增加 16 倍，如果样本容量为 20，那么样本容量需增加为 320。通常，标准化程序或直接限定个体差异都是很有效的控制变异的方法。

三、总结和建议

降低高变异负面影响的最好方法是标准化程序和减少被试间个体差异，这些方法有助于消除造成分数差异的某些因素，从而增加实验的处理间效应。通过保持变量恒定或限制变化范围降低个体差异的方法有两大优点：(1)有助于减少组间差异，从而减少混淆变量的影响。(2)有助于减少组内变异，从而更容易看到处理效果。

但是，正如我们先前指出的，限制个体差异有很严重的不足，即限制了外部效度(既不损害外部效度，又能减小个体差异的方法将在第十三章介绍)。

学习检测

请简要说明在被试间研究设计中，为什么处理内变异较大会是一个问题。

第五节　其他影响被试间研究设计内部效度的因素

被试间研究设计的目标是寻找因变量的组间差异，以及证明已观测到的差异是由不同的处理(也就是由自变量操纵)引起的。如果组间差异可归因于其他额外因素而非处理，那么这项研究就被混淆了，无法明确解释得到的结果。回忆一下第六章所讲到的，允许对研究结果作多种可能解释的任何因素都会对内部效度造成损害。前面我们讨论了可能会损害被试间研究设计内部效度的两个因素：分组偏差和来自环境变量的混淆。现在讨论与被试间研究设计密切相关的其他潜在混淆变量。

一、被试流失

“流失”是指被试在研究结束前退出了研究。只要一组与另一组的缺席率一致，通常不会
296 影响内部效度。不过，如果组间缺席率有较大差异，可能会造成问题。不同组在建立之初应尽可能相似，然而如果一组有大量被试退出，那么这一组与另一组就不再相似了。还有无论何时，只要组间被试显著不同，研究就被混淆。**流失差异**(differential attrition)是指一组与另一组在被试流失率上有差异，这种差异可能影响被试间研究设计的内部效度。

例如，研究者想检测减肥计划的效果。在被试间研究设计中，研究者建立两个特征(如体重、性别、减肥史等)大体相同的组。接着，一组被试接受为期 10 周的减肥计划，另一组被试不接受处理(回忆第九章，这组是无处理控制组)，10 周后比较两组的体重。不过，在 10 周里，有些被试可能中途退出研究。如果一组退出的被试比另一组多，那么两组被试就有可能不再相

似。比如,在减肥计划组中,有些被试可能觉得要求太多而决定退出研究。结果,只有那些减肥心切的人才留了下来。尽管这项研究以两个大体相等的被试组开始,但最后减肥计划组中留下来的被试比控制组的被试有更高的动机水平。在这种情景下,两组被试平均体重的差异,也可由流失差异来解释。流失差异对内部效度有影响,因为我们不知道获得的处理条件之间的差异是由处理引起的,还是由流失差异引起的。只要被试退出研究,研究者就必须考虑,可能是流失差异产生的处理效应。

二、组间扩散

如果允许一种处理条件下的被试与另一种处理条件下的被试交谈,会产生许多问题。比如,研究者想测查一个新治疗方法治疗抑郁的效果。在被试间研究设计中,研究者随机将住院病房中一半的被试分派接受新治疗方法,另一半被试接受抑郁治疗的标准治疗方法。但是,如果被试间彼此进行交谈,那么接受标准治疗方法的被试可能会知道新治疗方法,并开始使用新治疗方法中的一些元素。**扩散**(diffusion)是指处理效应从实验组蔓延到控制组,这会减少两种条件之间的差异,对被试间研究设计的内部效度造成损害,因为真正的处理效应可能被分享的信息掩盖了(也就是,看上去似乎没有组间差异,因为两组实际上接受的处理大致相同)。

一种可能是,无处理组听说另一组接受了实验处理,要求自己也接受相同或同等的处理,这就是**补偿性均等**(compensatory equalization)。例如,在比较观看暴力电视对男孩的影响时, 297
研究者可能会面临这样的问题:无暴力电视组的男孩知道另一组男孩可以看暴力电视剧《蝙蝠侠》(*Batman*),也要求看《蝙蝠侠》(Feshbach & Singer, 1971)。在医学和临床研究中,当一组患者接受药物治疗而另一组患者不接受时,这种情况也常发生。与此类似,当研究者试图评价大规模教育发展计划时(包括诸如改进教室中的计算机),也会出现同样的问题。没接受改进的班级或学校(控制组)的家长及教师,听说其他班级或学校(实验组)接受了一项特殊的教育计划,也要求他们的孩子接受同样的教育计划或等值的活动。如果满足了这个要求,研究就不再是处理组和无处理组间的对比了。强调一下,这会损害被试间研究设计的内部效度,因为它能消除处理的真正效应(使因变量看起来好像没有组间差异)。

另一种可能是,无处理组的被试了解到另一组被试接受了特殊处理,无处理组的被试也改变了他们的正常行为,这就会造成很多问题。一种可能是,无处理组的被试特别努力来证明他们的表现可以和接受特殊处理的被试一样好,这就是**补偿性竞争**(compensatory rivalay)。在这种情景下,研究者观察到的被试表现,要比正常情况好很多。另一种可能是,无处理组的被试得知另一组被试接受了特殊处理后,轻易放弃了,这就是**抱怨性怠工**(resentful demoralization)。在这种情景下,无处理组的被试由于抱怨处理组的预期优势而变得缺乏动力,结果处理效应看起来比实际更强。

在上述每种情景下,组间观察到的差异可以用处理效应以外的其他因素解释,因而降低了内部效度。减小每种情景下因组间交流导致的对内部效度的影响的最好方法是,让被试组尽可能孤立,让他们根本不知道另一组存在。不过,这些问题可能只在采用不同被试组,比较不同处理条件的被试间研究设计中存在。

学习检测

在被试间研究设计中，如果允许不同处理条件下的被试相互交流，可能会产生哪些问题？

第六节 被试间研究设计的应用和统计分析

一、两组平均数的比较

被试间研究设计的最简单形式是只比较两个被试组——研究者操纵一个二水平自变量。
298 这种设计通常叫作**单因素两组设计**(single-factor two-group design)，简称为**两组设计**(two-group design)。这种类型的设计通过比较实验组和控制组来评估一种处理的效应。当测量的结果是数值时，典型的方法是计算每组被试的平均数，然后进行独立组 t 检验以确定平均数间是否存在显著性差异(见第十四章)。

两组设计的主要优点是它的简单性。建立一个两组研究很容易，而且结果的解释也很明确或简单——要么两组有差异，要么两组无差异。此外，两组设计提供了将两组间差异最大化的最佳机会，即你可以为自变量选择两个极端值。例如，在比较两种治疗方法的研究中，可以通过增加甚至夸大这两种治疗方法之间的差异来实现，或者在比较有处理组和无处理的控制组之间的差异时，可给予处理组最高强度的治疗。这种方法增加了两组分数显著性差异的可能性，从而证明有显著的平均数差异。

两组设计的主要缺点是它提供的信息相对较少。因为仅有两个组，所以研究者只能获得两个可比较的真正数据点。尽管两个数据点也足以证明差异，但它们通常不足以提供自变量和因变量间全面关系的完整或详细的描述。图 10-5 显示了药物剂量水平(自变量)和平均活动水平(因变量)的假设关系。请注意，代表 5 种药物剂量水平的 5 个数据点很好地描述了药物剂量如何影响平均活动水平。现在，考虑用有限数据——如果研究者仅用两种不同的药物
299 剂量，例如，只比较 0 剂量和 1 剂量(图中的点 A 和点 B)，数据可能表明：增加药物剂量引起平均活动水平增加。但是，如果研究者只比较 2 剂量和 4 剂量(点 C 和点 E)可能会得到完全相反的结论。尽管这两组研究都是准确的，但两者都未提供完整的描述。一般而言，为获得自变量和因变量间良好的函数关系，用几个组(多于 2 个)是必要的。

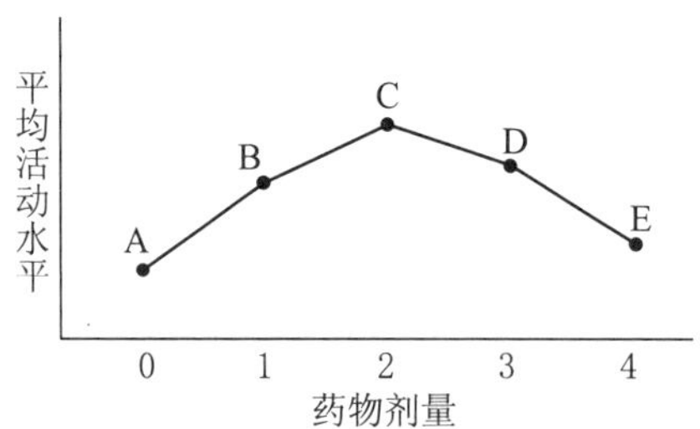

图 10-5 以假设数据显示 5 种药物剂量水平下，平均活动水平与药物剂量的关系

当研究者希望比较处理组和控制组时，两组研究也有局限性。为获得处理效果的完整描述，通常有必要用几个控制组。正如第九章中讲过的，常用的两个控制组是无处理控制组和安慰剂控制组。用这两个控制组，研究者就能从安慰剂效应中分离出真正的处理效应。安慰剂效应很容易发生，因为被试认为他们在接受处理。但是，正如在第三章中提到的，在临床研究中，使用无处理组或安慰剂组必须考虑一些伦理问题。建议使用已成熟的标准治疗程序作为控制比较组，而不是拒绝给一些被试提供治疗(LaVaque & Rossiter, 2001)。

学习检测

与两组以上的设计相比，两组设计的优点是什么？

二、两组以上平均数的比较

正如上面提到的，研究问题常常需要两组以上以评估自变量和因变量的函数关系，或在一项单独研究中包括几个不同的控制组。在这种情况下，就要用**单因素多组设计**(single-factor multiple groups design)。例如，一位研究者可能想比较三种电话条件下的驾驶行为：正在用手机通话，正在用手机发信息和不使用手机。另一位研究者可能想检验五种不同的药物剂量对实验室老鼠活动水平的影响。在第一个例子中，自变量是三种不同的电话条件。在第二个例子中，自变量是五种不同的药物剂量水平。对这两个研究来讲，首先计算每组被试的平均数，然后进行单因素方差分析(独立检测)以确定平均数间是否有显著差异(见第十四章)。当方差分析结果表明存在显著差异时，就应进一步做事后检验来确定哪一组和其他组存在显著差异。

另外，为了揭示变量间完整的函数关系，多组设计比两组设计更能获得真实因果关系的有力证据。用多组设计，研究者改变几个不同组的处理条件(自变量)，来证明几种不同处理条件的表现存在差异。相反，两组设计只改变一次处理条件，只观察一种表现差异。 300

关于多组设计的忠告

尽管超过两个组的研究能给我们提供关于自变量和因变量关系的清晰图示，但这类研究设计可能会有许多问题。简单的两组设计的优点是：它允许研究者为自变量选择极端值来加大组间差异，而超过两组的设计会减少或降低组间差异。甚至在一些情况下，有可能会因为组间差异减少太多，以至于差异不再显著。因此，当设计单因素多组研究时，必须确定自变量的水平足以引起因变量的巨大差异。

学习检测

请分析在被试间研究设计中使用多组设计的优点。

三、两组或两组以上比例的比较

在一项研究中，常常还采用称名量表或顺序量表来测量因变量。在这种情况下，研究者就得不到每个被试的数值型资料，也就不能计算和比较不同组的平均分。但是，可以把每一被试归入不同的类别，得到每一类别中被试的频数，这些频数就组成了量表数据。

用称名量表进行测量的例子：

- 性别（男性、女性）
- 大学生的主修专业
- 职业

用顺序量表进行测量的例子：

- 大学年级（大一、大二等）
- 出生顺序（第一个出生、第二个出生等）
- 任务成绩高、中、低

因为没法计算这些变量的平均数，就不能用独立样本 t 检验或方差分析（F 检验）来比较平均数的组间差异。但是，可以用独立样本的卡方检验来比较不同组的比例（见第十四章）。和其他的被试间研究设计一样，不同的被试组代表不同的处理条件（由研究者操纵）。例如，洛夫特斯和帕尔默（Loftus & Palmer，1974）进行了一个经典的实验来证明语言怎样影响目击者的记忆。150 名学生被试观看了一场交通事故的电影，随后就他们所看到的内容进行提问。
301 一组被试被问到，“当两辆车撞碎时，行驶的速度有多快?”另一组被试接受同样的提问，但将“撞碎”改成“撞击”。第三组是控制组，不需要回答任何有关车速的问题。一周后，再次提问被试与事故相关的问题，包括他们是否记得在电影事故中看到碎玻璃（其实，在电影中根本没有碎玻璃）。研究者操纵最初的提问形式，并在一周后的后续问题中，测量被试的是/否回答。图 10-6 用矩阵展示了这个设计的结构，矩阵的行表示自变量（不同组），矩阵的列表示因变量的两个类别（是/否）。矩阵中每一个单元格中的数字表示有多少被试被归到这一类别中。例如，听到单词是“撞碎”的 50 名学生中，有 16 名（32%）宣称记得看到过碎玻璃，即使电影中没有任何碎玻璃。通过比较发现，听到单词是“撞击”的 50 名学生中，只有 7 名（14%）宣称记得看到过碎玻璃。卡方检验比较了矩阵中一行（一组被试）与另一行的比例。结果表明一行的比例与另一行的比例显著不同，如果没有系统处理效应，差异会比预期的更大。洛夫特斯和帕尔默发现，那些被提问引导性问题（两辆车撞碎）的被试比没有问到引导性问题的被试更有可能回忆到碎玻璃。因变量是被试对是否记得看到碎玻璃的回答。需要注意的是，因变量不是一个数值型分数，因此不能对每个处理条件计算平均数。

对“你看到有任何破碎的玻璃吗？”的回答

提问车辆速度时使用的动词		是	否
	撞碎	16	34
	撞击	7	43
	控制（无提问）	6	44

图 10-6　用三种不同方式提问对目击者记忆的影响
（Loftus & Palmer，1974）

本章小结

本章讨论了被试间研究设计的特征。被试间研究设计的主要目的是确定两个或两个以上 302
处理条件是否存在差异,其本质性特征是对相等的独立组被试进行比较。

被试间研究设计的主要优点是每个被试的分数与其他被试的分数是独立的,因为每个被试仅被测量一次。这种设计的主要缺点是存在个体差异,这种个体差异可能会成为混淆变量,也可能产生高变异性。

个体差异可能会产生潜在的混淆影响,这是被试间研究设计的一个特殊问题。因为被试间研究设计比较的是不同的被试组,这里通常会有分组偏差,也就是一组的特征与另一组的特征大不相同。建立等组的方法包括随机分配、匹配分组和保持变量恒定或限定变化范围。个体差异也可能导致组内或处理条件内分数上的高变异,而组内高变异可能会掩盖原本存在的处理效应,因此需要用一些方法减小处理内变异(差异)。

除了个体差异,还有其他因素对被试间研究设计的内部效度造成损害,本章也对这些潜在的混淆因素进行讨论。最后讨论的是被试间研究设计的不同应用与相应的统计分析。

关键词

被试间研究设计或独立测量设计	个体差异
有限的随机分配	匹配

练习题

1. 除关键词外,还应了解以下术语的定义:

被试内研究设计	独立测量设计	分组偏差
随机分配	处理内变异或组内变异	流失差异
扩散	补偿性均等	补偿性竞争
抱怨性怠工	单因素两组设计或两组设计	单因素多组设计

2. 说明被试间研究设计的优点。 303
3. 说明被试间研究设计的缺点。
4. 在被试间研究设计中,个体差异会产生怎样的问题。
5. 说明被试内研究设计和被试间研究设计在比较三个处理条件的实验中的基本不同。

6. 在被试间研究设计中，匹配分组是如何阻止被试特征成为混淆变量的？

7. 为什么说被试间研究设计中，尽可能保持不同被试组相似非常重要？

8. 简述补偿性均等、补偿性竞争、抱怨性怠工这三种因素是怎样损害被试间研究设计内部效度的？

9. 与单因素两组设计相比，单因素多组设计的优缺点有哪些？

10. 在被试间研究设计中，使被试变量保持恒定以防止其成为混淆变量时，外部效度受到了怎样的影响？

11. 与单因素多组设计相比，单因素两组设计有哪些优缺点？

12. 为了限制处理内的变异性，研究者可以采取哪些措施？

训练活动

1. 一家大公司近期做的一项调查发现，定期参加公司健身项目的员工比没有定期参加健身项目的员工病假天数少。然而，因为此项研究不是真实验，你不能得出定期参加健身项目会使员工病假天数减少的结论。

a. 你能不能找到其他因素（混淆因素）来解释参加健身项目的员工病假天数少这一结果？

b. 如果要确定参加健身项目能导致病假天数减少，如何进行一个被试间研究设计？

c. 请说明怎样控制你在 a 中找到的混淆因素。

2. 有一项研究，样本是 30 只克隆老鼠。30 只克隆老鼠基因相同，并且从出生就在几乎完全相同的环境中饲养长大。研究者进行了一项实验，随机将 10 只克隆老鼠分配到处理 A 中，10 只分配到处理 B 中，10 只分配到处理 C 中。请解释，在这一研究中，为什么使用克隆老鼠比普通老鼠更好。换句话说，使用克隆老鼠怎样消除了被试间研究的基本问题？

304

网络资源

访问本书的网站 www.cengage.com/international 可获取学习工具，包括术语表、抽认卡和网络测试。你还会发现一个关于统计和研究方法工作坊的链接。关于本章，建议你查看以下工作坊：被试间研究设计与被试内研究设计。

第十一章 305

被试内研究设计

本章概览

本章详细讨论被试内研究设计，涉及其优缺点、不同形式等。

- 引论
- 被试内研究设计对内部效度的损害
- 时间关联因素和顺序效应的控制
- 被试内研究设计的应用和统计分析
- 被试内研究设计与被试间研究设计的比较

第一节　引论 306

一、被试内研究设计的特征

上一章讨论了被试间研究设计，其基本特征是创设多个相等的独立被试组，分别接受不同的实验处理，然后进行比较。本章介绍另一种研究程序——**被试内研究设计**(within-subjects research design)，它的本质特征是只用一组被试，在需要比较的所有处理条件下，观察、测量同一组被试的每一个体。因此，在被试内研究设计中，不需要对被试样本进行分组，而是将被试样本作为单独的一个组，接受所有处理条件。这样，每一个被试都要接受自变量所有水平的实验处理。

被试内研究设计自然是满足等组原则的，因为各种处理条件下观测的是同一组被试，所以被试内研究设计也叫**重复测量设计**(repeated-measures design)，因为研究考察同一被试在不同条件下接受重复测量的情况，其结构如图 11-1 所示。

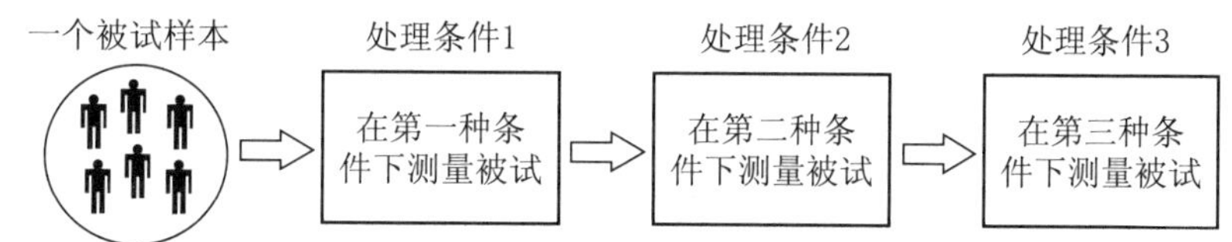

图 11-1　被试内研究设计的结构

同一组被试参加所有条件下的测试，也叫重复测量设计。注意：所有被试接受了一系列完整的处理，但顺序不一定相同。

使用被试内研究设计开展实验研究，可对不同处理条件进行比较。不过，它也适合其他一些非实验研究，如考察同一组被试随时间发生的变化。例如，人类发展研究，就经常对同一组被试，在不同年龄段进行观察，以检测被试的发展情况。非实验的被试内研究，将会在第十二章中讨论。

307 **学习检测**

请说明被试内研究设计的基本特征。

二、被试内研究设计的优点

与被试间研究设计相比，被试内研究设计的一个优点是它需要的被试相对较少。比方说，对三种处理条件进行比较，每种处理条件需要 30 名被试，那么采用被试间研究设计共需 90 名被试（3 个独立组，每组 30 人），而采用被试内研究设计只需要 30 名被试（30 名被试作为一组接受 3 种处理条件）。因为被试内研究只需要一组被试，所以在被试较少或比较难找的情况下，这种设计尤其有用。例如，为一个研究招募大量 80 岁以上的双胞胎被试可能就比较困难。

不过，被试内研究设计主要的优点是它能从根本上消除源于个体差异的问题，而个体差异正是被试间研究设计的缺点。回忆第十章讨论的被试间研究设计，个体差异能引出两个主要问题：(1)组与组之间存在的个体差异可能会成为混淆变量。如果接受一种处理条件的被试与接受另一种处理条件的被试有显著差异（例如，更聪明、跑得更快、更胖或年纪更大），那么观察到的组间差异未必都是实验处理引起的，也可能是个体差异带来的。(2)每种处理条件内的个体差异能产生高变异，这会掩盖处理间的差异。

在被试内研究设计中，这些问题会减小或消除。首先，被试内研究设计只用一组被试，接受处理 1 的组与接受处理 2 的组完全相同，显然就不存在组间差异，因此组间无混淆变量。其次，每个被试接受所有处理条件，因此就可以作为自己的控制基线，这就有可能测量
308 并消除由个体差异引起的变异。下面举例说明被试内研究设计是如何克服与个体差异有关的问题的。

表 11-1　为说明被试间研究设计与被试内研究设计结果而假想的数据

（使用完全相同的两组数据来进行比较）

a. 被试间研究设计：三个独立被试组

处理 1		处理 2		处理 3	
约翰	20	休	25	贝斯	30
玛丽	31	汤姆	36	鲍勃	38
比尔	51	戴夫	55	道恩	59
凯特	62	安	64	佐伊	69
平均数	41	平均数	45	平均数	49

b. 被试内研究设计：一组被试接受三种处理

处理 1		处理 2		处理 3	
约翰	20	约翰	25	约翰	30
玛丽	31	玛丽	36	玛丽	38
比尔	51	比尔	55	比尔	59
凯特	62	凯特	64	凯特	69
平均数	41	平均数	45	平均数	49

表 11-1 是两组假想的数据。第一组数据来自典型的被试间研究设计，第二组数据来自被试内研究设计。每个分数旁标有被试名字，因此可以考察个体差异的影响。被试间研究设计，每个分数代表一个不同的人。被试内研究设计，同一组被试接受所有三种处理条件，每一被试对应三个分数。这两种实验设计的差异有着重要意义。

第一，表 11-1 中两个研究数据完全相同，都显示出相同的处理间差异，研究者都有可能得出处理间差异是由处理引起的结论。然而，在被试间研究设计中(见表 11-1a)，处理 1 的被试可能与处理 2 的被试有完全不同的特征。比如，处理 2 的四个被试可能比处理 1 的被试更聪明，他们智商较高可能是他们得分较高的原因。这样的问题在被试内研究设计中就不会出现(见表 11-1b)，不同处理条件下的被试没有差别，因为所有处理中使用的都是同一组人。 309

第二，尽管两组分数由完全相同的数据组成，但在个体差异对变异性的影响方面，二者有很大不同。对被试间研究设计来说，个体差异和处理效应结合在一起，无法分开。例如，约翰比休低 4 分，可是无法确定这 4 分之差是由处理引起的，还是二人的差异引起的(约翰和休不同)。个体差异是被试间研究设计无法消除的部分，它们自然会成为分数变异的一部分。然而，就被试内研究设计而言，处理效应与个体差异无关。例如，为了比较处理 1 和处理 2 的差异，我们无需比较约翰和休，只要比较约翰在处理 1 和处理 2 中的表现差异，比较玛丽在处理 1 与处理 2 中的表现差异。在被试内研究设计中，因为处理效应与个体差异无关，我们可以将个体差异从其他变异中分离出来。

现在再来看被试内研究设计(见表 11-1b)。尽管个体差异是数据变异的一部分(例如，约翰的分数与玛丽不同)，但我们可以确定个体差异引起多大程度的变异。例如，约翰和玛丽在三种处理条件下都一致地有 10 分以上的差异。同样，约翰和比尔有 30 分左右的差异，约翰和凯特有 40 分左右的差异。当处理条件间的个体差异比较一致时，我们就有办法将个体差异从其他变异中分离出来。因此，在被试内研究设计中：

可以在不包含任何个体差异的情况下，测量处理间差异。因为在所有处理条件中被试都是相同的，处理效应和个体差异无关。

可以测量被试间差异。因为个体差异在每一种处理条件上都是一致的，可以从数据其他变异中将它分离出来，并对其进行测量。这可以大大减少变异大带来的负面影响。

为说明个体差异与其他变异分离的实际过程，我们再看表 11-1b 中被试内数据。凯特的分数在每一个处理条件中都是最高的。特别是，三种处理条件中，四名被试的平均数都在 45 左右，而凯特三次测试结果的平均数是 65。显然，凯特与其他被试很不同，这就是个体差异。 310

不过，只要将凯特的每个分数都减掉 20 分，差异就消除了，凯特就变成更“正常的”被试了。

同样，约翰的平均数比组内平均数低 20 分，给他的每个分数都加上 20 分，约翰就变成更“正常的”被试了；给比尔的每个分数减 10 分，给玛丽的每个分数加 10 分。最后，数据就变成如表11-2 所示的样子。我们通过让四个被试相同(所有四个被试现在的平均分都是 45)的方式，消除了他们的个体差异，但我们并没有改变处理效应。例如，约翰的分数从处理 1 到处理 2 还是增加 5 分，从处理 2 到处理 3 还是增加 5 分。此外，在我们增加或减少分数时，所有处理条件的平均分还是跟以前完全一样，这样产生的新数据保留了原有数据所有重要的特征，即不管是单个被试还是整组被试，改变(处理效应)还是与原来一样。然而，表 11-1b 中被试与被试之间的差异现在看不到了，最后的分数显示，被试间只有 1 分或 2 分之差。消除个体差异大大减小了分数的变异性，并且使处理间的平均数差异更容易被看到。图 11-2 直观反映了表 11-1b 中原始的被试内数据和表 11-2 中经调整后的数据。可见，消除个体差异，处理效应更容易看见。

表 11-2　从被试内研究设计数据中消除个体差异

处理 1		处理 2		处理 3	
约翰	40	约翰	45	约翰	50
玛丽	41	玛丽	46	玛丽	48
比尔	41	比尔	45	比尔	49
凯特	42	凯特	44	凯特	49
平均数	41	平均数	45	平均数	49

此表数据来自表 11-1 中的被试内研究设计，但消除了其中的个体差异。如将凯特的每个分数减 20 分，给约翰的每个分数加 20 分，这样，他们的分数就都更接近“平均”了。消除个体差异后，处理效应更容易被看到。

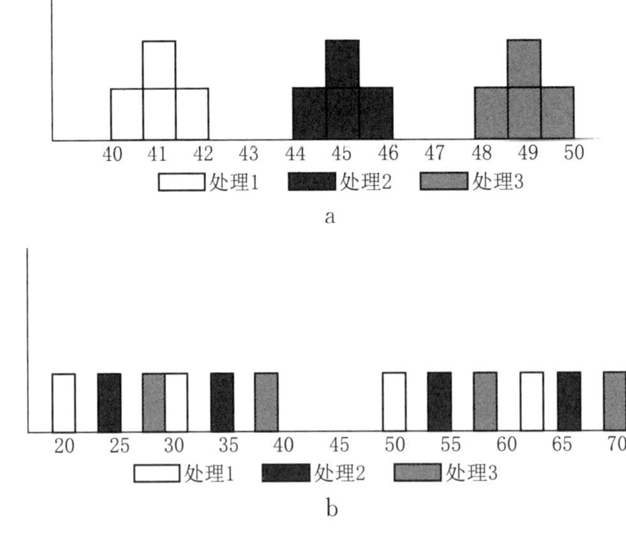

图 11-2　从被试内实验数据中消除个体差异

a. 包含四个被试个体差异的原始数据(来自表 11-1)；
b. 经调整，消除了个体差异后，处理间差异更显而易见(来自表 11-2)。

通过调整和消除个体差异，被试内研究设计减小了变异，揭示了被试间研究设计中可能不明显的处理效应。从统计学角度考虑，被试内研究设计普遍好于被试间研究设计，原因之一就是被试内研究设计比被试间研究设计更有可能检测出处理效应。 311

在刚刚讨论的例子中，通过使所有被试分数相等，我们消除了被试的个体差异。在正常的研究过程中，这种平均的过程是通过统计手段完成的，而不是操纵数据，但结果是一样的：由个体差异导致的变异被消除了。专栏 11-1 介绍了消除个体差异的统计学方法。值得注意的是，在被试间研究中，你无法用平均的过程来消除个体差异。因为在被试间研究设计中，每一分数来自一个独立的被试，如果试图将被试平均成表 11-2 所示的样子，那么在消除被试个体差异的同时，也会消除处理效应。

专栏 11-1　在被试内研究设计中消除个体差异的统计结果 312

从被试内研究设计的方差中消除个体差异的过程是通过统计分析来完成的。为了说明这一现象，我们对表 11-1 中的两部分数据进行统计学评估。两部分数据的分数和平均数完全相同：三种处理条件下平均数分别是 41、45、49。统计分析的目的是确定这些处理条件的平均数差异是否具有统计学意义，即这些差异是否大到可以得出这些处理不会在纯粹偶然的情况下发生，可能体现的是处理间的真实差异(见专栏 9-1)。

有三种处理条件时，差异性检验可使用方差分析(analysis of variance, ANOVA)。方差分析先计算体现平均数差异大小的方差，差异越大，方差就越大。接着计算第二个方差，即误差方差，误差方差是预期的在没有处理效应情况下的平均数差异，会受个体差异的影响。最后，通过比较两个方差来确定实际的平均数差异(方差 1)是否显著大于没有任何处理效应、期望得到的平均数差异(方差 2)。

对于表 11-1 中的数据，被试间和被试内两种设计的平均数差异完全相同，产生的方差 1 也完全相同，$V_1=64$。在被试间研究设计中，误差方差包括个体差异，根据表 9-1 的数据得出 $V_2=334$。在这种情况下，真实平均数差异($V_1=64$)明显没有比无处理效应的期望平均数差异大($V_2=334$)，我们认为没有显著差异。但是，在被试内研究设计中，被试个体差异从误差方差中分离出来。结果，使误差方差(V_2)降低。表 11-1 中的数据，误差方差 $V_2=1$。在被试内研究设计中，真实平均数差异($V_1=64$)显著大于没有处理效应时期望得到的平均数差异($V_2=1$)，我们认为平均数差异显著。

此外，要说明的重要一点是：被试内研究设计消除了数据中的个体差异，减小了误差方差，大大增加了发现处理条件间显著差异的可能性。

学习检测

1. 说明个体差异(如年龄或性别)在比较两种处理条件的被试内研究设计中，为什么不会变成混淆变量。

2. 在被试内研究设计中，消除由个体差异产生的变异的好处是什么？

三、被试内研究设计的缺点

尽管与被试间研究设计相比，被试内研究设计有明显的优点，但它也有缺点。被试内研究
313 设计的一个主要的缺点在于每个被试通常要经历一系列在不同时间实施的处理条件。只要处理发生的时间不同，与时间相关的因素（如疲劳或天气）就会影响被试的分数。例如，如果被试在一系列处理条件中表现出有规律的下降，你就无法确定这种下降是由不同的处理条件引起，还是由被试逐渐变得疲劳引起。应该知道，这是一个混淆变量的例子，它会威胁实验的内部效度。当结果有了其他可选择的解释时，实验就被混淆了。第六章介绍了可能会威胁到被试内研究设计内部效度的一系列与时间有关的因素。接下来，还会讨论到一些与时间有关的因素，这些因素可能也是被试内研究设计的主要缺点。

被试内研究设计的另一个潜在问题是**被试流失**（participant attrition）。简单地说，参加研究的被试，有些可能会中途退出。因为被试内研究设计通常要求被试在不同条件下重复接受测量，然而在第一次测量和最后一次测量之间，有些被试可能已经流失了。当研究进行一段时间后，必须让被试回来参加更多测量，这时流失的问题就变得很突出。被试可能会忘记约定，失去兴趣，退出，搬家或甚至死亡。除了样本量逐渐减小外，大多数情况下，只有那些最具奉献精神的志愿者才会由始至终地参加研究，这可能会夸大志愿者偏差。正如第六章提到的，志愿者偏差会损害研究的外部效度。

被试流失的情况是可以预期的。比较明智的做法是，研究一开始就抽取比实际需要更多的被试。这样，当研究结束时，我们有可能还有一定数量的被试。

第二节　被试内研究设计对内部效度的损害

在被试内研究设计中，必须留意那些在处理间有系统性变化的环境变量和可能影响被试分数的时间关联因素，它们会损害研究的内部效度（见第六章）。对被试内研究设计来说，混淆变量可能主要来自以下两方面。

1. 环境变量的混淆。环境变量是指在不同处理条件下可能改变的环境特征。例如，一种处理条件在早晨进行评估，而另一种处理条件在下午进行评估，或者将两种不同的处理条件安排在两个不同的房间进行。诸如此类的差异可能会引起处理间分数的差异，为处理间差异提供另外的可能解释。

314 **2. 时间关联因素的混淆。**被试内研究设计要特别留意时间带来的混淆，因为它需要在一段时间里完成一系列测量。在第一项测量和最后一项测量之间，除了处理条件外，被试还有可能受很多其他因素的影响，这些因素可能会影响被试的分数。如果发生了这种情况，那么研究的内部效度就会受到损害，因为被试分数的变化也有可能是外在因素，而非实验处理条件引起的。第六章中，我们指出五种可以损害被试内研究设计内部效度的时间关联因素。这里可简要回顾一下，它们是：

- 历史因素：在研究进程中，外部事件的改变可能会影响结果。
- 成熟因素：被试身心发生的变化可能会影响结果。
- 设备因素：测量设备的更换可能会影响结果。
- 测试效应：先前的处理条件可能会影响后续测量。
- 统计回归：统计回归可能使极端分数变得不那么极端。

一、区分时间关联因素和顺序效应

即使把影响内部效度的时间关联因素归为一类，研究者还是难以区分哪些因素只与时间有关，哪些因素与研究顺序有关。具体地说，历史因素、成熟因素、设备因素和统计回归方面的损害肯定只与时间有关，而与研究顺序没有直接关系。相反，测试效应与研究顺序有直接关系。例如，被试在一种处理中可能学到新的技能，这会影响其未来行为。或者，被试在参与一种处理时变得疲劳了，这会影响其在后续处理中的结果。因此，研究者通常会将测试效应与其他时间关联因素区分开，而将其称为**顺序效应**(order effect)，强调被试按照一定顺序接受实验处理时，其在任何一种处理下的表现可能会受到先前处理的影响。

当顺序效应由某个具体的先前处理引起时，常被称为**后延效应**(carryover effect)。后延效应是指参加一种处理条件下的测量可能会让被试产生持续的变化，并且被试会将这种变化带入下一种处理条件，从而影响后续测试结果。例如，当被试进入第二种处理条件时，第一种处理条件时使用的药物还残留在被试的身体中。这种情况下，第一种处理条件下的药物可能影响被试在第二种处理条件下的测试结果。后延效应的一个常见的例子是**对比效应**(contrast effect)。对比效应是指与前面处理条件的比较影响了后续处理条件的主观感受。 315
例如，如果被试在第一种处理条件进入的是明亮的房间，在第二种处理条件进入的是中等亮度的房间，他会觉得灯光变暗了。然而，如果被试先进入灯光昏暗的房间，再进入同样中等亮度的房间，他会觉得灯光变亮了。

其他的顺序效应和具体处理之间可能没有直接关系，却依赖于研究中积累的一般经验，这种变化被称为**累积误差**(progressive error)。累积误差的常见例子是练习效应(即当被试经历一系列处理条件，获得一些经验时，他的表现逐步提高)和疲劳效应(当被试经历一系列处理条件，表现逐步下降)。在这种情况下，研究者不知道第二种处理条件下被试表现的变化是由不同处理引起的，还是由疲劳效应或练习效应引起的，因此产生混淆。

后延效应和累积误差是两种不同的现象。后延效应是由前面实施的处理直接引起的，处理的持续后效影响下一个处理(或多个处理)并改变被试的行为。相反，累积误差是随时间的推移而引起的被试变化。因此，累积误差是由一般经历或参加研究引起的，而后延效应是由特定的经历或参加特定处理引起的。但是，累积误差和后延效应都会造成被试测试分数的变化，造成变量混淆，导致内部效度下降，在这一点上，二者是相同的。为简化以后的讨论，我们把后延效应和累积误差合并称为顺序效应。

二、作为混淆变量的顺序效应

顺序效应会引起处理间变化，但这种变化与处理无关，并且会混淆研究结果。为说明这一点，我们来看一个假想的实验。实验中，研究者用被试内研究设计比较两种处理条件，样本由8名被试组成。我们设想两种处理条件本身无差异，被试在处理1和处理2上的得分均值相
316 等，结果如表11-3a所示。从表中可以看到，两种处理条件下，被试分数有些许升高或降低，表明任何测量过程都会产生误差（见第四章的信度讨论）。不过，平均而言，两种处理条件并无差异，二者的平均分都是20分。

表11-3　为说明顺序效应如何歪曲研究结果而假想的数据

a. 没有顺序效应的原始数据		b. 加上5分顺序效应分后的数据	
处理1	处理2	处理1	处理2
20	21	20	26
23	23	23	28
25	23	25	28
19	20	19	26
26	25	26	30
17	16	17	21
14	14	14	19
16	18	16	23
平均分＝20	平均分＝20	平均分＝20	平均分＝25

现在我们看表11-3b的数据。设想每个被试先接受处理1，再接受处理2。参加处理1导致每个被试发生了变化，出现了5分的顺序效应，因此接下来的处理，每个被试的分数会比正常多5分。但是，每个被试增加的这5分并不是由第二个处理引起的，而是由先前参加处理1的顺序效应引起。表11-3b的结果说明了以下两个重要方面。

第一，顺序效应随处理发生系统性变化，就是说，它总是影响第二个处理而不是第一个处理。只要某些因素随自变量发生系统性变化，它就成为混淆变量，研究结果被顺序效应混淆了。

第二，在这个例子中，由顺序效应产生的混淆变量使处理间有5分差异。由于顺序效应在第二个处理中，每个被试的分数和平均分都一致地增高了。这些数据使研究者得出这样的结论，即处理间存在显著差异。事实上，这种差异并不存在（请记住，我们在构建这些原始数据
317 时，组间无差异）。因此，顺序效应像其他混淆变量一样，能歪曲研究结果。在这个例子中，顺序效应可能导致了并不存在的处理效应。在其他一些情况下，顺序效应也能减小或夸大真正的效应，因此对研究的内部效度造成真正的损害。

学习检测

请简单说明被试内研究中，诸如疲劳这样的顺序效应是如何成为混淆变量的。

第三节 时间关联因素和顺序效应的控制

在控制环境变量对内部效度的损害方面，被试内研究设计和被试间研究设计使用的方法相同。具体地说，环境因素比如房间、实验者或实验时间，都可以通过随机化、保持恒定或在处理条件之间进行匹配来控制。但时间关联因素和顺序效应则需要新的方法来控制。

与被试间研究设计相比，被试内研究设计有明显的优点，在实际研究中更多被研究者使用。但选用被试内研究设计时，要特别注意顺序效应和时间关联因素对内部效度的损害。目前，研究者已提出各种方法来控制这些潜在的损害。现在，我们来讨论克服顺序效应和时间关联因素的一些方法，以便更好地使用被试内研究设计。

一、时间控制

一项研究受时间关联因素（如历史和成熟因素）影响的可能性，与完成该研究所需时间长短有直接关系。例如，如果被试在实验室中连续接受 2 或 3 种实验处理，需要的时间是 45 分钟，那么时间关联因素就不太可能对结果产生影响。相反，如果接受不同实验处理需要几周的时间，那么外部事件（历史因素）、成熟因素或测量设备的变化等对结果产生影响的可能性就会大大增加。通过缩短处理的持续时间，研究者可以对损害内部效度的时间关联因素有一些控制。

尽管缩短处理时间可减少时间关联因素的损害，但这种方法通常会增加顺序效应影响结果的可能性。例如，有时我们希望顺序效应是短暂的，那就可以增加处理条件间的时间，使顺序效应消失。例如，如果允许被试在处理间有充分的休息和恢复的时间，那么就会有效减少疲劳带来的问题。但是，这些方法会增加整个研究过程的时长，正如我们提到的，增加处理时间 318
会增加时间关联因素对内部效度的损害。

二、变为被试间研究设计

通常，研究者在开始一项研究之前，已经拥有了相关的知识或经验，对顺序效应的大小也有估计。如果研究测量的是一系列处理条件下的技能或成绩，那么有理由假定先前处理获得的练习效应，很有可能对后续处理的成绩产生影响；如果研究是在不同条件下重复乏味的、令人厌烦的任务，那么在研究过程中出现疲劳或厌烦情绪的可能性就较大。许多情况下，由于明显存在顺序效应，所以研究者就不考虑使用被试内研究设计。例如，想要对两种教一年级孩子阅读的教学方法进行比较，就不宜采用被试内研究设计。在用第一种教学方法教学生后，学生会发生永久性的改变，你无法抹去他们所学到的知识，再用第二种方法教他们。在这种极端情况下，克服顺序效应的最好方法是采用被试间研究设计。通常情况下，被试间研究设计（一个独立组代表一种处理）是可用的，它可以完全消除顺序效应引起的变量混淆。尽管顺序效应可能并不总是像在学习阅读中那样明显，但当研究者预测可能存在顺序效应时，被试间研究设计通常是最好的选择。

三、抵消平衡：进行时间匹配

在第九章中，我们讨论了防止变量成为损害内部效度因素的处理间匹配法。那时，我们还提到了可以用类似的过程，帮助控制时间关联因素的损害。在时间方面匹配处理的过程叫作**抵消平衡**(counterbalancing)。在抵消平衡中，不同的被试按不同的顺序接受处理条件，这样，处理在时间方面得到了匹配或平衡。例如，有两种处理条件，一半被试先接受处理 1，再接受处理 2；另一半被试先接受处理 2，再接受处理 1。结果显示，两种处理被匹配了：在两种处理中，均有 50%的被试先接受处理 1，50%的被试先接受处理 2。这种方法打破了时间和处理顺序之间的系统关系，消除了时间关联因素或顺序效应带来的潜在混淆。

例如，斯蒂芬斯，阿特金斯和金斯顿(Stephens, Atkins, & Kingston, 2009)用抵消平衡的重复测量设计检验了咒骂在疼痛反应中的效果。尽管咒骂是疼痛的常见反应，问题是咒骂是会将注意力集中在疼痛上，因此增加疼痛的强度，还是会分散注意力，进而减轻疼痛。实验要
319 求被试将手放在冰水中，只要被试能忍受刺骨的疼痛，就不把手拿出来。要求一半被试在把手放在冰水里时，重复说他们最喜欢的咒骂的词，另一半被试重复说一个中性词。休息一会后，两组在将手插入冰水时交换说的词，因此两组被试都经历了同样的两种处理条件(说咒骂的词和说中性词)，一半被试第一次手插冰水时说咒骂的词，另一半被试第二次手插冰水时说咒骂的词。结果显示，咒骂增加了人们忍受疼痛的时间，降低了疼痛强度的评价等级。

为更好地理解抵消平衡的效果，我们先来看处理顺序未被抵消的情况。未采用抵消平衡，所有的被试先接受处理 1 再接受处理 2，处理 2 总是发生在处理 1 之后。在这种情况下，时间关联因素如历史或成熟因素就只会影响处理 2 的分数，也即顺序效应仅影响处理 2 的分数。因此，不用抵消平衡时，处理 2 的分数可能被与处理无关的其他因素影响。这样，研究就被混淆了。但是，使用抵消平衡时，时间关联因素会使一半被试的分数在处理 1 受影响，另一半被试的分数在处理 2 受影响，于是将这种影响均分到两种处理中，在两种处理间达到了平衡。因为外部因素不再会造成两种处理间的差异，也就不再对内部效度产生影响。

你可能已经注意到，抵消平衡需要独立的被试组，每组以不同的顺序接受一系列处理。独立组的存在好像与被试内研究设计的基本定义矛盾。解决这一明显矛盾的方法是将每种处理条件下的观测汇总，尽管各组以不同的顺序接受处理，但他们都接受了整个系列的处理。这样，我们使用的仍是被试内研究设计，即一个组合的被试组接受所有不同的处理条件。在第十三章，当我们重新考察作为被试内研究设计(一个组接受所有处理)和被试间研究设计(不同组接受不同的处理)结合的抵消平衡时，再来讨论这一问题。

抵消平衡和顺序效应

尽管抵消平衡对时间关联因素和顺序效应有完全相同的作用，但抵消平衡的过程通常在
320 顺序效应中讨论。因此，下面这一部分，我们集中讨论抵消平衡和顺序效应。但要记住，抵消

平衡在控制如历史和成熟等时间关联因素方面，与控制顺序效应一样有效。

表 11-4 中假想的数据为抵消平衡提供数值演示，我们可以看到它如何控制对效度的损害。表中展示的结果来自一项实验，在这项实验中，研究者用被试内研究设计比较两种处理。他采用抵消平衡的设计方法：8 个被试中 4 个被试先接受处理 1，再接受处理 2；另外 4 个被试以相反顺序接受处理。表 11-4a 显示的是无顺序效应时的数据。

这一数据中两种处理条件有 6 分的差异(平均分 1＝20，平均分 2＝26)。表 11-4b 中调整后的数据则说明了顺序效应是如何影响数据的。在这个例子中，我们假设接受一种处理条件获得的经验产生的顺序效应，会让他们在接受下一处理时增加 5 分。

表 11-4　为说明顺序效应均衡分布是如何平衡其影响而假想的数据

a. 没有顺序效应的原始数据		b. 出现顺序效应，其带着 5 分增量					
处理 1	处理 2		处理 1			处理 2	
20	27		20	顺序	⇨	32	(27＋5)
23	29		23	顺序	⇨	34	(29＋5)
25	29		25	顺序	⇨	34	(29＋5)
19	26		19	顺序	⇨	31	(26＋5)
26	31	(26＋5)	31	⇦	顺序	31	
27	22	(17＋5)	22	⇦	顺序	22	
14	20	(14＋5)	19	⇦	顺序	20	
16	24	(16＋5)	21	⇦	顺序	24	
平均分＝20	平均分＝26		平均分＝22.5			平均分＝28.5	

因为这是一个抵消平衡设计，前 4 个被试先接受处理 1，再接受处理 2 时，分数增加了 5 分；后 4 个被试以相反顺序接受处理，因此由于顺序效应，他们的处理 1 增加了 5 分。可以看到，抵消平衡的结果使顺序效应在两种处理间实现了平衡，就是说，在不同处理条件下，顺序效应相等。尽管处理的平均数受顺序效应影响，但不同处理所受的影响是均等的，两个处理的平均数仍有 6 分差异，就像没有顺序效应一样。这一例子表明，顺序效应能改变被试分数和平均 321
数，但当采用抵消平衡设计时，这种变化不会影响处理间的差异。因为处理间差异不受影响，所以顺序效应不会影响研究的内部效度。

被试内研究设计采用抵消平衡的价值在于，它避免了顺序效应累积在某一种处理条件上。相反，顺序效应被平等地分配在所有处理条件上，因此处理间的比较是公平的、没有偏差的(没有哪种处理有特别的优势或劣势)。其实，抵消平衡并未消除顺序效应，它们仍存在于数据中，而且，顺序效应隐藏在数据中以至于研究者不能看清它们是否存在或它们的影响有多大。在表 11-4 中，我们以假想的方式呈现顺序效应来说明它们是如何影响分数的。但是，在真实的研究中，你看到的是最终的分数，它们可能包含也可能不包含顺序效应。

学习检测

1. 如果研究者使用了被试内研究设计，顺序效应（如疲劳）怎样才不会成为混淆变量。
2. 说明抵消平衡过程及其在被试内研究设计中的作用。

四、抵消平衡的局限性

如表 11-4 所示，抵消平衡可防止顺序效应（或其他时间关联因素）混淆被试内研究的结果。正如在被试间研究中，随机分组是保证效度的一种常规方法一样，抵消平衡是被试内研究设计的常规方法。但是，这种简单又有效的方法有明显的局限性。

抵消平衡和变异

抵消平衡的目的是在不同的处理条件间实现顺序效应的均衡分布，但是这一过程并未消除顺序效应。尤其是，顺序效应仍是数据的一部分，它们仍产生问题。首先，它们能歪曲处理的平均数。在表 11-4 中，在两种处理条件中都存在顺序效应，处理平均数也都增加了。通常，研究者不关注这种歪曲，因为研究者一般对处理间差异量感兴趣，而不关注平均数的绝对值。当抵消平衡像预期一样有效时，平均数间的差异不会受到影响，但当成绩的绝对水平（真正的平均数）变得重要时，抵消平衡过程可能会掩盖处理平均数的真值。

其次，就一种处理条件来说，抵消平衡为部分被试，而不是所有被试增加了顺序效应。在
322 表 11-4 的例子中，处理 1 中有些被试增加 5 分，有些被试没有。结果表明，处理条件内分数间差异增加，就增加了处理内的变异量。回忆第十章，处理内变异很可能会掩盖处理效应。在统计学方面，高变异降低了研究在处理间获得显著差异的概率。因此，在顺序效应较大的情况下，抵消平衡过程可能会降低实验成功的概率。

不对称的顺序效应

在表 11-4 中，不论被试先接受处理 1 还是先接受处理 2，我们都用了相等的顺序效应增量（5 分）。也就是说，我们假设顺序效应是对称的。但在实际中，一种处理可能比另一种处理产生更多或更少的顺序效应。例如，一种处理条件可能比另一种处理条件有更多的练习机会，或者一种处理条件可能比另一种处理条件要求严格，更容易导致疲劳。在这种情况下，顺序效应不是对称的，抵消平衡并不能真正平衡顺序效应。

抵消平衡和处理数

为了对一系列处理实现完全平衡，有必要以所有可能的顺序呈现处理条件。**完全抵消平衡**（complete counterbalancing）是指一系列具体的处理条件可能产生独特的顺序效应。例如，依次接受处理 2 和处理 3，可能产生一个独特的效应，这一效应会被带入到下一个处理中；依次接受处理 1 和处理 3，可能产生另一个不同的顺序效应。为完全平衡这些组合效应，研究者应该使用处理条件的全部可能组合顺序。

仅有两种处理条件，完全抵消平衡很容易实现：只有两种可能的顺序。但是，随着处理条件增多，完全抵消平衡变得复杂起来。如果处理条件的数量为 n，那么顺序数就是 $n!$（n 的阶乘）。

$$n! = n(n-1)(n-2)(n-3)\cdots(1)$$

例如，有四种处理条件，就有 4! ＝4×3×2×1＝24 个不同顺序。如果这四种处理条件分别为 A、B、C 和 D，那么 24 种顺序就是：

ABCD	BACD	CABD	DABC
ABDC	BADC	CADB	DACB
ACBD	BCAD	CBAD	DBAC
ACDB	BCDA	CBDA	DBCA
ADBC	BDAC	CDAB	DCAB
ADCB	BDCA	CDBA	DCBA

注意：ABCD 的顺序表示，A 是第一个、B 是第二个、C 是第三个、D 是第四个。

为完全抵消平衡一个有四种处理条件的被试内研究设计，研究者必须把被试分成 24 个相 323
等组，然后让每一组被试接受上述 24 种顺序中的一种。显然，这项研究至少需要 24 个被试（每组一个人的话），这可能会超出研究者预计使用的被试数。如果处理数再多些，完全抵消平衡的要求会让人感到无法忍受。例如，处理数 $n=6$，就有 6! ＝720 种不同的处理顺序，这就意味着这项研究最少需要 720 个被试。

解决这个问题的方法之一是使用**部分抵消平衡**(partial counterbalancing)。部分抵消平衡不使用全部可能的顺序，只使用那些可能造成较大差异的顺序，并且要保证每一种处理条件都能够在第一组中第一个出现，在第二组中第二个出现，在第三组中第三个出现，依此类推。例如，有 4 种处理条件，仅需要 4 个不同的顺序，即 ABCD, CADB, BDAC, DCBA。用部分抵消平衡法设计一个有 4 种处理条件的研究，研究者需要把被试划分为 4 个等组，然后让每组依次接受 4 种顺序。第一组被试先接受处理 A，第二组被试第二个接受处理 A，第三组被试第三个接受处理 A，第四组被试第四个接受处理 A。同样，其他处理在按顺序排列的每个位置上也只能出现一次。

因为部分抵消平衡效应没有用所有可能的顺序，所以到底选用哪些顺序，这是一个问题。选择顺序的一个简单且无偏的程序是构建拉丁方。为了建立一个有 4 种处理条件的拉丁方，首先要建立一个 4×4 矩阵，然后把字母 A、B、C 和 D 填入，具体如下：

A	B	C	D
D	A	B	C
C	D	A	B
B	C	D	A

拉丁方是指包含了 n 个元素（或字母）的矩阵，其中每一元素在每一行每一列只出现一次。

拉丁方中，每一行就是给一组被试提供的一个处理顺序。在这个例子中，第一组被试以 ABCD 的顺序接受 4 种处理，第二组被试以 DABC 的顺序接受处理，等等。

然而，拉丁方并不是特别好的设计，因为它没有平衡处理条件的所有可能顺序。例如，前三组被试在接受处理 A 后，随之接受的都是处理 B。相反，没有哪一组被试先接受处理 B，随

后再接受处理 A。拉丁方应尽可能确保能代表每一种可能的处理顺序。要想对前面这个拉丁
324 方进行改进，可以先采用随机过程安排列（例如，用投硬币的方法来决定每一列是否移动），然后再用随机过程安排行，这样得到的拉丁方能为部分抵消平衡研究提供一个更好的顺序。

学习检测

1. 什么是不对称的顺序效应？为什么这类效应会产生抵消平衡的问题？

2. 为什么有时只能用部分抵消平衡？

第四节　被试内研究设计的应用和统计分析

被试内研究设计通常要计算平均数并比较不同处理平均数的差异。在一项研究中，研究者操纵一个自变量，创设出两个或更多水平的处理条件，然后观察同一组被试接受所有处理的情况，计算每种处理条件下的组平均分，并比较它们之间是否存在显著差异。

通常，与被试间研究设计相比，人们更喜欢选用被试内研究设计，因为这种研究类型有其优势。例如：

1. 当很难甚至不可能找到大量被试时，通常会用被试内研究设计，因为它只需要一组被试。如果研究的是一个特殊群体（如奥林匹克运动员、有多重人格障碍者、身高超过 213 厘米的女性等），被试内研究设计就很有效，因为它需要的被试相对较少。

2. 被试内研究设计能减少或消除由个体差异引起的变异。当研究者发现被试间差异使数据变异较大时，他们会选择被试内研究设计。

一、两处理设计

被试内研究设计的最简单应用是评估两种处理间的差异。两种处理的被试内研究设计也具有像第十章中讨论的被试间研究设计的两组设计一样的优缺点。在优点方面上，这种设计容易实施，结果也容易解释。当只有两种处理条件时，研究者可以选择有明显差异的两种处理条件，这很容易增大处理间差异，通常也增加获得显著差异的概率。此外，只有两种处理条件时，很容易平衡这种设计以减少时间关联因素或顺序效应引起的变量混淆，减少对研究内部效
325 度的影响。在缺点方面上，仅有两种处理的研究只提供两个观测点，这虽然容易证实处理间差异，但却不能提供自变量和因变量间完整的、确定的函数关系。也就是说，我们不能确定因变量如何随自变量小幅地、渐进地变化而变化。

对于等距量表或比率量表测得的数据，最常用的数据分析方法是计算每种处理条件下的平均数。平均数用于描述（总结）各个处理，平均数的差异也可用来描述不同处理的不同效应。两种处理条件下，重复测量 t 检验或方差分析（重复测量）可用于评估平均数差异的统计显著性，也就是说，确定所得平均数差异是否大于由抽样误差（见第十四章）推测出的平均数差异。

如果得到的数据不能计算平均数，可采用另一种统计方法评估处理间差异。如果这些数据是用顺序量表（或按顺序排列）测得的，可用符号秩和检验（Wilcoxon 检验）来评估显著性差异。有时，比较两种处理的被试内研究获得的数据仅表明两种处理间差异的方向。例如，临床医生能根据患者接受治疗后表现出的改善或恶化把患者分级，在这种情况下，可用符号检验（sign test）对数据进行统计分析，以确定处理间变化是否有方向上的一致性（是否满足统计上的显著性）。

二、多处理设计

正如我们在第十章讨论的，多于两种处理条件的设计主要优点是数据更易揭示被研究变量间的函数关系。研究者可以操纵一系列处理条件（自变量），然后观测当被试接受这一系列处理条件时，他们的行为（因变量）如何变化。与两处理设计相比，多处理设计还为因果关系提供了更可信的证明。重复展现因变量对每一次自变量变化的反应，为自变量是因变量变化的原因提供了有力的证据。

被试内研究设计中多处理实验的缺点与第十章讨论的一样。如果研究者操纵的处理条件太多，处理间差别可能会变得太小，因而看不到被试行为上的显著差异。此外，被试内研究设计中，多处理一般会增加被试完成处理所需的时间，这会增加被试流失的可能。最后，由于处理条件数增加，完全平衡设计也变得更困难。

对于等距量表或比率量表测得的数据，一般的统计分析是计算每个处理的平均数，然后用 326
重复测量方差分析检验处理平均数间的差异显著性（见第十四章）。对于更复杂的被试内研究设计，研究开始前应参考高级统计学教材，以明确是否有更合适的统计方法。

学习检测

请说明两处理设计的优点。

第五节　被试内研究设计与被试间研究设计的比较

现在应该清楚，与被试间研究设计相比，被试内研究设计有明显的优点和独特的缺点。同样也应该清楚，一个设计的缺点往往与优点并存，无法避免。这两种设计有以下三点不同。

1. **个体差异**。个体差异成为混淆变量并增加变异可能是被试间研究设计的主要缺点。这个问题在被试内研究设计中就不存在，因为被试内研究设计减小了变异，可能比被试间研究设计更容易发现处理效应（如果存在处理效应）。如果估计个体差异较大，最好使用被试内研究设计。

2. **时间关联因素和顺序效应**。这些潜在的因素随时间而变化，会打乱被试内研究设计的结果。这个问题在被试间研究设计中不存在，因为每个被试只参与一种处理，只接受一次测试。因此，当估计一个(或多个)处理有较大的时间关联因素或顺序效应，且该因素或效应会影响后续条件的测量结果时，最好用被试间研究设计。

3. **被试较少**。被试内研究设计有不少优点，但需要的被试数量较少显然是它最大的优点。因为被试内研究设计每个被试有多个分数，可以从很少的被试中获得很多的数据。与此相反，被试间研究设计，每个被试只有一个分数，因此需要很多被试才能得到足够的分数。当招募被试比较困难时，最好采用被试内研究设计。

此外，被试内研究设计与被试间研究设计的选择受到具体研究问题的制约。比如，施密特(Schmit，1994)使用被试内研究设计和被试间研究设计来检验幽默如何影响人类记忆。他先为每一个设计准备一系列幽默句与非幽默句。例如：

幽默句：我收到了手术账单——现在我知道为什么医生都戴口罩了。

327 非幽默句：我收到了手术账单——那些医生像强盗一样收费。

在被试内研究中，每一个被试接受10个幽默句和10个非幽默句，这些句子混在一个列表里。给被试10秒时间学习这些句子。学习完成后，让被试参加5分钟的分散注意力任务(算术)，然后要求被试尽可能回忆他们记住的句子。每个被试有两个分数：(1)回忆幽默句的数量；(2)回忆非幽默句的数量。结果表明，被试对幽默句的回忆，比非幽默句的回忆效果好。但施密特注意到，对这个结果可以有两种不同的解释：

1. 幽默句可能比非幽默句更好记。

2. 两类句子竞争有限的记忆空间。由于幽默句更有趣，更让人感兴趣，所以幽默句进入记忆，同时以牺牲非幽默句为代价。

为了区分两种解释，施密特将实验转换为被试间研究设计。在实验部分，第一组被试学习幽默句，第二组被试学习非幽默句。请注意，每组被试只看一种类型的句子，不允许他们选择自己喜欢的记忆类型。在回忆测试前，同样给两组被试一个分散注意力任务。这次，两种类型句子的回忆没有差异。显然，幽默句并没有更容易被记住，只是如果你给被试选择，被试会选择记幽默句，而不是非幽默句。

施密特的幽默句研究说明了被试内研究设计的一些问题。我们曾说过，被试内研究设计通常包含一系列处理条件，这些处理条件按时间顺序排列，因此可能会混淆时间关联因素。但是，处理条件并不总是按时间排序进行的。例如，在施密特的实验中，两种处理条件同时呈现。特别是，他把幽默句和非幽默句随机混合在一个列表中。这类研究不可能有顺序效应或时间关联因素影响数据，因此没必要用传统的抵消平衡。实际上，因为两种类型的句子随机混合，处理就自动抵消平衡了。

有时，研究者想要通过**被试匹配设计**(matched-subjects design)来评估被试内研究设计和
328 被试间研究设计的优点。被试匹配设计为每一种处理条件安排一个独立的被试组，但组与组的被试是一一匹配的。匹配的变量要与特定的研究有关。比如，假设研究者想比较三年级数学的不同教学方法，研究者可能会先对大样本被试进行数学成绩测试，然后根据被试分数进行匹配。因此，如果汤姆和比尔的数学成绩相同，那么他们可以被视为一对匹配被试，让汤姆接

受一种数学教学方法，比尔接受另一种。如果研究比较三种处理，研究者需要寻找三对匹配被试。尽管被试匹配研究中每种处理条件下没有完全相同的被试（像被试内研究设计那样），但每种处理中的确有相等的（匹配的）被试。

被试匹配设计的目标是复制被试间研究设计和被试内研究设计的所有优点并克服二者的缺点。例如，被试匹配设计通过在所有处理条件中都使用“相等的”被试来模仿被试内研究设计。被试内研究设计中，“相等被试”是完全相同的一组被试，而被试匹配设计中，“相等被试”是匹配的多组被试。因此，研究者不需要担心一种处理的被试与另一种处理的被试明显不同。此外，和被试内研究设计一样，可以用统计学来评估被试匹配设计。被试匹配设计还通过让每种处理条件对应一个独立组，每个被试只接受一次测试，模仿被试间研究设计。因此，时间关联因素和顺序效应不影响分数。

在多变量情况下，也可能匹配被试。研究者可以根据年龄、性别、种族和智商匹配被试。例如，一组智商为 118 的 22 岁白人女性可与另一组智商为 118 的 22 岁白人女性匹配。但是，随着匹配变量数目和组数增加，匹配会变得非常困难。

一般而言，被试匹配设计的目的是消除与被试间研究设计（个体差异）和被试内研究设计
（顺序效应）有关的问题。然而，这类研究永远不能完全匹配被试，它只能在某种程度上匹配。 329
仅在一个或两个变量上匹配被试是现实中被试内研究设计的权宜之计。因为两个被试在智力上相同或相近并不能保证他们在其他变量上也相同或相近。因此，被试匹配设计在消除个体差异方面没有被试内研究设计有效。

学习检测

1. 请说明被试间研究设计中个体差异会带来什么问题，被试内研究设计是如何解决这些问题的。

2. 请说明被试内研究设计中顺序效应会带来什么问题？被试间研究设计是如何解决这些问题的。

本章小结

本章考察了被试内研究设计的特点。被试内研究设计的基本目的是确定两种或多种处理条件间是否存在差异。被试内研究设计的典型特征是它用一组被试接受所有要比较的处理条件并对其进行观察和测量。

被试内研究设计的主要优点在于，它能从根本上消除被试间研究设计的最大问题，也就是个体差异及相关问题。第一，被试内研究设计组间无被试差异，它仅有一组被试，所以接受处理 1 的被试组与接受处理 2 的被试组完全相同，因此组间没有个体差异混淆研究。第二，每个被试在每种处理条件下都只出现一次，所以每个被试可作为自己的控制或基线。这样就有可

能测量和消除个体差异引起的变异。

被试内研究设计的主要缺点在于，一种处理条件下得到的分数与其他处理条件下得到的分数有直接关联。处理间分数的这种关系产生了一种可能：先前的处理、先前的测量或先前的经验会影响随后处理条件下测得的分数。

这种问题被称为顺序效应，因为当前的分数可能受此前处理的影响。顺序效应是被试内研究设计的混淆变量。顺序效应主要包括后延效应和累积误差两种，解决这一问题的方法是抵消平衡处理条件。

除了顺序效应，在介绍被试内研究设计的其他形式时，我们对可能影响被试内研究设计内部效度的其他因素进行了讨论。

330

关键词

被试内研究设计或重复测量设计　　顺序效应　　抵消平衡

后延效应　　被试匹配设计　　累积误差

练习题

1. 除关键词外，还应了解以下术语的定义：

被试内研究设计　　被试流失　　历史因素　　成熟因素

设备因素　　测验效应　　统计回归　　对比效应

练习效应　　疲劳效应　　完全抵消平衡　　部分抵消平衡

拉丁方

2. 说明被试内研究设计和被试间研究设计的主要区别。
3. 说明被试内研究设计的优缺点。
4. 解释被试匹配设计如何拥有被试间研究设计和被试内研究设计的所有优点。
5. 解释统计回归和设备因素如何损害被试内研究设计的内部效度。
6. 解释在被试内研究设计中，抵消平衡的过程如何阻止顺序效应成为混淆变量。
7. 解释在被试内研究设计中顺序效应会带来什么问题。
8. 说明被试内研究设计中，与两处理设计相比，多处理设计的缺点。

训练活动

1. 在拉丁方中，每种处理条件第一个发生、第二个发生、第三个发生，等等。理想情况是，两种处理条件的每种可能顺序，都应该只发生一次。例如，如果两种处理为 A 和 B，顺序 AB 和 BA 应该在拉丁方中只发生一次。

2. 研究者用 30 只克隆老鼠作为样本。30 只克隆老鼠基因相同，并且从出生开始，就一直在相同的环境中饲养长大。研究者进行一项实验，随机将 10 只克隆老鼠分配到处理 A 中，10 只分配到处理 B 中，10 只分配到处理 C 中。解释为什么这个使用克隆老鼠的实验比在三种处理条件中使用 10 只常规老鼠的被试内研究设计更好。换句话说，请解释克隆实验怎样消除了被试内研究的基本问题。

a. 尝试构建一个有四种处理条件的理想拉丁方实验，假定四种处理条件分别为 A、B、C、 331
D。虽然这可能需要花费一点时间，但能完成。

b. 现在，尝试构建一个有三种处理条件的理想拉丁方实验。你可能很快就发现，这是不太可能的。

网络资源

访问本书的网站 www.cengage.com/international 可获取学习工具，包括术语表、抽认卡和网络测试。你还会发现一个关于统计和研究方法工作坊的链接。关于本章，建议你查看以下工作坊：被试间研究设计与被试内研究设计。

333 # 第十二章 非实验和准实验研究设计

本章概览

那些与真实验相似但又不能满足其严格要求的研究设计,一般称作准实验或非实验研究设计。准实验与非实验研究设计的区别在于,准实验会努力减少对研究内部效度的损害,而非实验一般不会这样做。由于这两种研究设计不能完全消除对内部效度的损害,所以它们无法建立变量间明确的因果关系。本章详细讨论非实验和准实验研究设计,以及它们的不同形式,同时介绍与非实验研究设计关系密切的发展性研究设计。

- 引论
- 被试间非实验和准实验研究设计:不等组设计
- 被试内非实验和准实验研究设计:前测—后测设计
- 发展性研究设计
- 非实验、准实验和发展性研究设计中的术语

334 ## 第一节 引论

在第六章,我们区分了五种基本的研究方法:实验法、非实验法、准实验法、相关法和描述法。本章将详细讨论非实验法和准实验法。记得在第九章介绍了能建立变量间因果关系的实验法。与其他研究方法相比,实验法有两个基本要求:操纵一个变量,同时控制其他额外变量。

但在许多情况下,研究者很难或不可能完全满足上述要求,对自然情境下的应用性研究来说,尤其如此,如教师进行的教学研究和真正面对来访者的临床研究。在这些情况下,研究者采用的数据收集方法通常与实验法相似,但没有完全满足真实验的要求(至少有一方面未满足),即所谓的准实验法。尽管准实验研究一般也想证明因果关系(例如,临床医生想证明治疗让患者病情好转),但它们通常包含混淆变量或影响内部效度的其他因素,这些变量或因素成为研究设计不可消除的组成部分。由于存在混淆变量,所以这些研究无法得到变量间因果关系的确定结论,因此,它们不属于真实验研究。

非实验法与准实验法的主要区别在于,对损害内部效度的混淆变量的控制程度。如果一项研究很少甚至没有试图降低对内部效度的损害,可将其归为非实验研究。相反,准实验研究

会尽量减少对内部效度的损害，带有真实验的严格性。正如其字面所指，准实验不完全是真实验，但几乎就是真实验。本章中，我们会介绍几种非实验研究设计，其中有一些与准实验研究设计联系紧密。我们会指出每一种研究设计因为哪方面问题不能成为真实验。非实验与准实验不是真实验，但实际上，这并不意味着它们是没有价值的或是低级的研究方法。在某些具体问题上，必须采用这些方法才能达到研究目的。

本章最后，我们考察了发展性研究设计，包括调查年龄如何与其他变量发生关联的研究设计。因为年龄是一个不能被操纵的变量，所以发展性研究设计不属于真实验研究设计，可将其归为非实验或准实验研究设计。但是，发展性研究设计通常有自己的表达术语，多半是作为独立组研究设计来介绍的。在介绍基础的发展性研究设计时，我们分析它是怎样与其他类型的非实验研究设计发生关联的。

学习检测 335

为什么不能将考察年龄效应的研究看作是真实验？

非实验与准实验研究设计的结构。从一般的研究结构来看，非实验与准实验看起来像实验。例如，在实验中，研究者通过操纵自变量来创设处理条件，然后测量被试在每一种条件下的分数。如果一种条件下的分数与另一种条件下的分数不同，研究者会得出这两种处理条件有不同效应的结论（如图 12-1 所示）。同样，非实验或准实验研究设计一般也要比较组间分数。一个变量用于创设组或处理条件，然后测量第二个变量以获得每一种处理条件下的分数。但是，在非实验和准实验研究设计中，不同组或不同处理条件不是通过操纵自变量产生，而是根据现成的被试变量（例如，男/女）或时间（例如，处理前和处理后）来确定。这两种分组方法产生了非实验和准实验研究设计的两种基本类型：

1. 被试间研究设计，也称为不等组设计。
2. 被试内研究设计，也称为前测—后测设计。

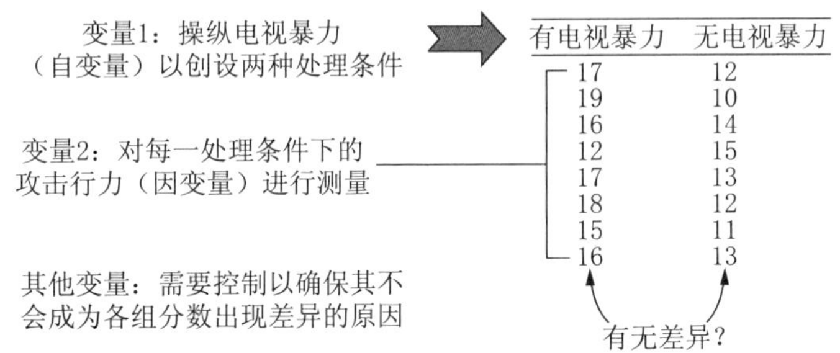

图 12-1 实验研究的结构

操纵一个自变量（本例为电视暴力）创设两种处理条件，然后在每一种条件下对被试进行观测以获得分数。本例中，观测每一被试在学校自由活动时间内出现的攻击行为并用分数表示。在两种条件下，如果这些分数存在稳定差异，这些差异应该是不同处理引起的。在这个例子中，一个稳定的差异量显示，电视暴力对儿童的攻击行为有影响。

336 非实验与准实验研究设计的两种基本类型如图 12-2 所示，下面我们来讨论这两种类型。

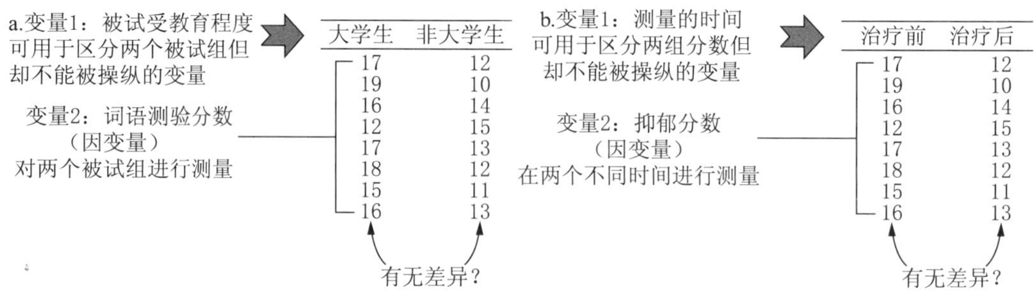

图 12-2 非实验或准实验研究设计的两种基本类型

a. 用现成被试变量（教育程度）确定两个被试组，然后测量每个组的因变量（词语测验分数）；
b. 按照测量的时间区分出两组分数，在每一时间点测量的是因变量（抑郁分数）。

337 **学习检测**

当采用非实验研究设计而不是真实验研究设计时，我们为什么不能得出变量间存在因果关系的确定结论？

第二节 被试间非实验和准实验研究设计：不等组设计

在第十章，我们介绍了被试间研究设计，它是比较两种或更多处理条件的方法，每种处理条件有一组被试。被试间研究设计的一个共同要素就是：通过将被试分配到特定处理条件，控制个体差异，其目的在于通过随机过程或有意匹配过程，平衡或均衡各处理条件间的被试差异。要注意，研究者试图通过积极分配，决定哪些被试到哪组来创建相等的被试组。但有时需要考察现成的被试组。例如，研究者想对一项预防青少年怀孕的计划进行评估，采用的方法是比较实施这一计划和未实施这一计划的高中学生的怀孕率。在这项研究中，研究者并未操纵被试的分组，两个被试组是早就存在的现成组。因为研究者不能用随机分配或匹配来平衡组间的被试差异，所以无法保证两组相等。在这种情形下，研究设计就属于不等组设计。

不等组（通常是已经存在的组）
研究者无法操纵被试的分组
每组接受不同的处理条件

	组1（条件1）	组2（条件2）
获得各组中每一被试的分数	23	14
	21	19
	28	13
	25	20
	18	19
	22	19
	26	13

有无差异？

图 12-3 不等组设计的一般结构

一、不等组设计对内部效度的损害

不等组设计的结构如图 12-3 所示。我们可以看到，组与组是通过特殊的区分因素区分开的。在对预防青少年怀孕的计划进行评估的例子中，区分因素是计划实施与否：一所高中实施这一计划，另一所高中未实施这一计划。研究目标是证明分组因素是否引起两组被试测量分数的差异。例如，预防青少年怀孕计划的实施与否，有没有带来两所学校学生怀孕率的差异。

但是，不等组设计本身就损害研究的内部效度，对其结果也不能作出确定的因果关系解释。我们在第六章中提到，当分组程序导致一组被试与另一组被试有不同特点时，就会出现分 338
组偏差。例如，在预防青少年怀孕计划的研究中，两所高中的学生可能在智商、社会经济地位、种族构成、动机等方面存在差异。这些差异都是潜在的混淆变量，因为它们所有不同的方面，都可以用来解释组间分数差异。由于在不等组研究中，我们不能控制被试的选择和分配，所以这种类型的研究总是受分组偏差影响。你也许注意到，不等组研究与第十章介绍的被试间研究设计有些相似。但是，实验研究设计总能用一些随机程序来保证被试组相等。在不等组研究设计中，不能采用随机分组，所以无法保证被试组相等。

下面，我们介绍不等组研究设计的三种常见例子：**区分性研究设计**(differential research design)、**不等控制组后测设计**(posttest-only nonequivalent control group design)、**不等控制组前测—后测设计**(pretest-posttest nonequivalent control group design)。前两种研究设计没有试图控制或减少分组偏差，因此不能达到真实验研究设计的严密性，被称为非实验研究设计。第三种研究设计叫准实验研究设计，因为它试图减少分组偏差的影响。

二、区分性研究设计

在绝大多数被试间研究设计中，个体差异是必须要借助随机分组、匹配分组或其他过程来加以解决的问题。但有的研究本身就对个体差异感兴趣。例如，有时研究者对性别差异如何 339
影响行为或年龄差异如何影响成绩等问题感兴趣，他们就会依据性别或年龄等个体特征变量区分出不同的被试组。这些研究没有操纵变量，只是对根据特定的被试特征区分出来的现成被试组进行比较。例如，有研究者想对双亲家庭儿童和单亲家庭儿童的自尊分数进行比较，他当然不能操纵被试分组，只能根据现成的被试特征区分出被试组。在这个例子中，儿童在哪个组，是由其来自单亲家庭还是双亲家庭决定。尽管这类研究对不同被试组进行比较(很像被试间设计)，但它不是真实验，因为研究者不能操纵处理条件，不能控制被试分组。

只对现成被试组进行比较的研究叫区分性研究设计，它的目的是确定现成被试组之间的差异性。这类研究有时也被称为事后探索(ex post facto)，因为它考察的是既成事实(after the fact)的差异性，即早已存在的组间差异。区分性研究设计不试图控制分组偏差，属于非实验研究设计。在一项有趣的研究(DeGoede, Ashton-Miller, Liao, & Alexander, 2001)中，主试在被试面前摆动钟摆，测量被试伸手阻止正接近自己的物体的反应时。这项研究考察被试的性别差异和年龄差异，比较的也是现成组。

在社会心理学和人格理论研究领域，许多研究关注的是不同组或不同人群之间的差异。比如，人格理论研究者常常根据依恋类型对人群进行分组，然后考察不同类型之间的个体差异性。许多研究已经证实，婴儿期照料形成的母婴关系，对人的个体发展及成年后的亲密关系影响很大(Brennan & Morris, 1997; Feeney, 2004)。

340 **区分性研究和相关研究**

许多研究者将区分性研究与相关研究归为一类。确实,在许多方面,区分性研究与第六章、第八章讨论的相关研究很像。在区分性研究中,研究者仅观察两个未受任何干预或操纵的自然产生的变量,就如相关研究一样。区分性研究和相关研究的细微差别在于,是否用其中一个变量来确定要比较的独立组。区分性研究往往用被试在一个变量上的差异来区分不同的独立组,然后测量每组被试另一个变量(将其作为因变量),比较因变量的组间差异,采用的方法多是对各组平均数进行比较(如图 12-4a 所示);而相关研究则把所有被试作为一个独立组,只是测量每个被试的两个变量(如图 12-4b 所示)。尽管区分性研究和相关研究得到了不同类型的数据,需要采用的统计分析方法也不同,但是应对它们的结果作相同的解释。这两种研究都能帮助研究者确认变量间是否存在关系,并描述这些变量间的关系,但都不能对变量间的关系作因果解释。

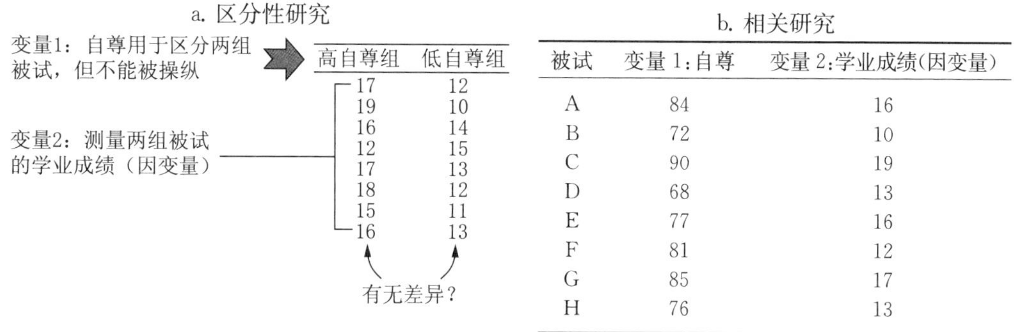

被试	变量 1:自尊	变量 2:学业成绩(因变量)
A	84	16
B	72	10
C	90	19
D	68	13
E	77	16
F	81	12
G	85	17
H	76	13

图 12-4 区分性研究与相关研究的比较

a.考察自尊与学业成绩关系的区分性研究。自尊变量用于区分被试组,学业成绩作为被测量的因变量;b.考察自尊与学业成绩关系的相关研究。只有一个被试组,自尊和学业成绩均为被测量的变量。

学习检测

研究者测量减肥计划中成功者的人格特点,并将其与减肥计划未成功者的人格测量分数进行比较。这个研究是区分性研究吗?为什么?

三、不等控制组后测设计

不等组设计通常用于应用性研究,目的是评估对现成被试组实施某种处理的有效性。为了进行对比,需要一个相似但不相等的被试组作为控制组。在一些特殊情况下,研究者根本不能随机分配被试,只能使用现成被试组。例如,斯乔韦兰(Skjoeveland, 2001)用不等组研究考察街道公园对邻里交往的影响。一个地区建有街道公园,于是研究者将该地区居民的邻里交往与另两个未建街道公园地区的控制组居民进行比较。同样,戈尔迪,施瓦兹,麦康尼和莫里森(Goldie, Schwartz, McConnachie, & Morrison, 2001)对给医科学生开设的一门新道德课程进行评估,他们将选修这门新开设课程的一组学生与未选修这门新开设课程的不等组学生
341 进行比较。此类研究被称为**不等控制组设计**(nonequivalent control group design)。

不等控制组设计的常见形式是不等控制组后测设计，这类研究也叫**静态组比较**(static 342
group comparison)。按照这个设计，首先对一组被试施加处理，然后对其进行测量(即后测)，将测量结果与另一个未接受处理的不等组(即控制组)的测量结果进行比较。这种设计可以用若干 X 和若干 O 来表示每组经历的事件。在这个由坎普克和斯坦利(Campkeu & Stanley, 1963)提出的符号系统中，字母 X 表示处理，O 表示观察或测量。所以，处理组先接受第一次处理(X)，紧接着接受观察或测量(O)，控制组不接受任何处理，只接受观察(O)。两组经历的事件可大致表示成如下形式：

X	**O**	(处理组)
	O	(不等控制组)

如果设计中包含对被试的随机分组，可以用 R 代表这一事件，并放置在每一行的最前边。上图中没有 R，表明使用的是现成被试组，就像不等控制组设计一样。

当研究一组定义明确的独立群体(如一间教室里的学生或一家诊所里的病人)时，通常采用不等控制组后测设计。在这些情况下，通常选择另一组独立群体(如另一间教室里的学生或另一家诊所里的病人)作为不等控制组。前面讨论的预防青少年怀孕计划的研究是不等控制组后测设计的典型例子。在一所高中实施这一计划，另一所未实施这一计划的高中就成为不等控制组，然后通过比较两所学校学生的怀孕率是否存在差异来反映这项计划的实施是否有效。

尽管这种研究设计似乎在提出因果问题(是处理导致差异吗?)，但它没有排除分组偏差。正如先前提到的，两所学校除了在实施计划方面存在差异外，还可能在许多学生变量上存在差异，这些变量差异都可能导致怀孕率不同。由于不等控制组后测设计没有排除分组偏差的影响，所以它仍是非实验研究设计。

学习检测 343

前面描述的斯乔韦兰(Skjoeveland, 2001)考察街道公园对邻里交往影响的研究，即使结果显示在建有街道公园的地区邻里交往更多，也不能得到建设街道公园可以增加邻里交往的确定结论，为什么？

四、不等控制组前测—后测设计

不等控制组设计的另一形式就是通常所称的不等控制组前测—后测设计，其形式如下：

O	**X**	**O**	(处理组)
O		**O**	(不等控制组)

在这种情形下，两组被试在处理前都接受测量(前测)，然后对一组施加处理，施加处理后，再同时对两组进行测量(后测)。

增加前测能使研究者解决存在于所有不等组研究中的分组偏差问题。具体来讲，研究者可以比较处理前的观测值，以确定两组是否真的相似。如果发现两组处理前很相似，研究者可明确地证明一组被试与另一组被试在本质上无差异，这样分组偏差的影响就大大减少了。要注意前测分数只能使研究者保证两组在一个特定变量上相似，并不能测量或控制其他重要的潜在变量。因此，只能减少分组偏差的影响，但不能消除它们。

在这种研究设计中，研究者还可以比较两组的前测分数和后测分数，从而确定到底是处理还是其他因素导致测量分数改变。例如，如果被试处理前相似，但处理后不同，研究者能自信地认定存在处理效应。相反，如果从前测到后测，两组显示出来的变化程度相同，那么研究者肯定会得出这样的结论：是其他因素而不是处理导致了变化。因此，不等控制组前测—后测设计减少了分组偏差的影响，并提供支持因果关系的证据，所以把这种类型的研究叫作准实验研究。

344 **差异效应的影响**

在不等控制组设计基础上加入一个前测，虽然能降低对内部效度的损害，但却不能完全消除。而且，被试组不等可能又会引发其他因素，进而对效度产生影响。具体来说，影响效度的时间关联因素，对各被试组的影响可能存在差异，一组被试受某一外部事件影响，这一外部事件对其他组被试却不产生相同的影响。比如，一所高中的学生可能沉浸在赢了足球比赛的欢乐中，而另一所高中的学生可能因为他们球队每场比赛都输而感到沮丧。在第六章，我们把外部事件的影响看作是历史因素，而当历史因素对各被试组的影响不同时，就出现了历史差异效应。这种**差异效应**(differential effect)成为混淆变量，成为组间观测结果差异的可能解释。同样，其他如成熟、仪器、测验效应和统计回归等时间关联因素的影响，也可能会存在组间差异，这些差异效应也会影响不等组研究的内部效度。

学习检测

1. 在不等控制组前测—后测设计中，为什么前测可减少分组偏差对内部效度的影响？
2. 在不等控制组前测—后测设计中，历史差异效应如何影响内部效度？

第三节　被试内非实验和准实验研究设计：前测—后测设计

非实验与准实验研究设计的第二大类，主要采用在一段时间里多次观测的策略，其中最有名的是**前测—后测设计**(pre-post design)。典型的前测—后测设计，会在实验处理或事件发生之前和之后对一组被试进行观察(测量)。通过比较前测与后测的结果来评估引入的处理或事件是否产生了影响。

你也许已经注意到，前测—后测设计与刚刚讨论过的不等控制组前测—后测设计相似，不过，前测—后测设计中没有控制组。另外，不等控制组前测—后测设计关注的是对处理组与控
345 制组的比较，而不是前测与后测分数的比较。因此，我们还是把不等控制组前测—后测设计归

入不等组设计类型中。

一、前测—后测设计对内部效度的损害

不管什么时候，在时间序列中对同一组被试重复进行观测，时间关联因素都可能会损害内部效度。正如我们在第六章和第十一章所说，这里的时间关联因素包括五类：历史因素、成熟因素、设备因素、测验效应、统计回归。显然，前测—后测设计很容易受这些因素的影响，因为前测—后测结果出现的任何差异都可以用它们来解释。你还可能注意到，前测—后测设计与第十一章中介绍的被试内研究设计有相似之处。但你要知道，实验研究设计使用了抵消平衡法来控制顺序效应和时间关联因素对效度的影响，而在前测—后测设计中无法对处理顺序进行平衡。具体地说，处理前的观测必然会在先，处理后的观测必然会在后。

总之，前测—后测设计的内部效度会受各种与时间相关的因素影响。在第一次与最后一次观测之间的任一因素都可能会影响被试并导致其分数改变。除非能采用某种设计结构来控制这些因素，否则前测—后测设计就不能达到真实验的内部效度水平。下面，我们介绍两个前测—后测设计的例子：单组前测—后测设计和时间序列设计。前一种没有设法控制内部效度受到的损害，可将其归入非实验类；后一种试图对损害内部效度的最主要因素进行控制，可将其归入准实验类。

二、单组前测—后测设计

时间序列设计的简单形式是引入处理或事件前仅有一次观测，实施处理后也只有一次观测。这种设计可以简单地表示成如下形式：

O X O

这种类型的研究被叫作**单组前测—后测设计**（one-group pretest-posttest design）。例如，一位政治顾问通过评估投票人观看政治商业电视节目前后对候选人的态度来评价一个新的政治商业电视节目的有效性。研究结果可能证明态度有变化，但是因为它没有控制影响内部效度的其他因素，所以这项研究不能得出观看商业节目让投票人态度改变的确定结论。因为单组前测—后测设计不能得出因果关系结论，所以被称为非实验研究设计。

三、时间序列设计 346

一个真正的**时间序列设计**（time-series design）是处理或事件前后都有一系列的观测，它的形式如下：

O O O X O O O

研究中引入的处理或事件（X），可能是研究者操纵的，也可能不是。例如，一名医生可能会在放松训练前后记录一组管理人员的血压。或者，一名研究者为了评估诸如地震、洪水等自然灾害对一组学生健康的影响，会记录灾害发生前和发生后数月这些学生看校医的次数。在

第一个例子中，研究者操纵了一个处理（放松训练），而在第二个例子中，研究者研究的是一个非操纵的事件（地震）。研究中引入的事件不是由研究者操纵的，这样的设计有时被称为**中断时间序列设计**（interrupted time-series design）。

有时，时间序列设计是用来研究一个可预见的事件的影响，例如法定饮酒年龄或速度限制的改变。这种情况下，研究人员可以在事件实际发生之前就开始收集数据。但通常不可能预测地震等事件的发生，因此，研究人员不可能在事件发生之前就开始收集数据。在这种情况下，研究人员往往依赖档案数据如警方记录或医院记录，来为时间序列设计提供观测值。

学习检测

单组前测—后测设计与时间序列设计的特征有什么不同？

在时间序列设计中，处理或事件前后均有一系列观测，这有多方面作用。一方面，前测观测值使研究者能够看清引入处理前可能早已存在的数据变化趋势，该趋势可以显示数据受一些与处理无关的因素的影响。例如，练习或疲劳可能引起一段时间内分数上升或下降。同样，仪器、成熟或回归也会造成处理前观测值的明显变化。另一方面，如果实施处理前数据没有表现出任何趋势或大的波动，那么研究者有理由确信，这些对内部效度的潜在损害没有影响到被
347 试。因此，系列观测可以让研究者将大部分对内部效度的损害最小化。因此，时间序列设计被称为准实验研究设计。

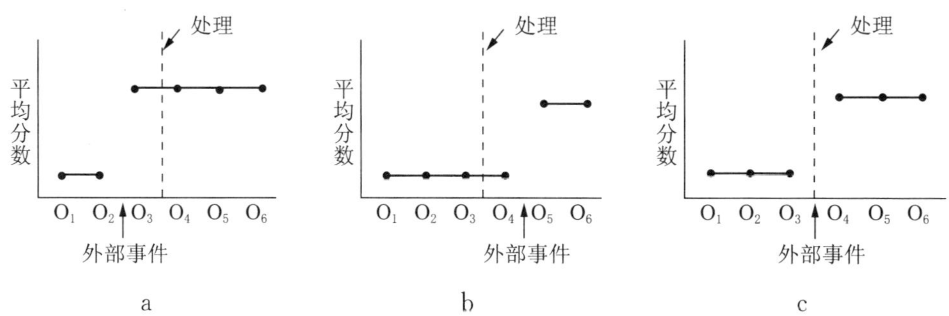

图 12-5 时间序列设计中的数据如何受到外部事件的影响

a.引入处理前的外部事件影响分数；b.引入处理后的外部事件影响分数；c.事件和处理同时发生，无法确定何者影响分数。

时间序列设计中，如果外部事件（历史因素）与处理同时发生，就会对内部效度产生损害。如果外部事件不是发生在引入处理时，就很容易把处理效应与历史因素的影响区分开。例如，如果被试在接受处理前受外部事件的影响，这种影响就会在处理前的观测值中表现出来。如
348 图 12-5 所示，在处理没有效应的情况下，外部事件带来影响的三种可能结果。当处理和外部事件完全重合时，我们要注意，这时无法确定行为变化是由处理引起，还是由外部事件引起。因此，只有当事件发生和处理引入完全同步时，历史效应（外部事件）才会对内部效度产生严重影响。假如一位临床研究者使用时间序列设计评估一种治疗抑郁的方法，在治疗前对一组抑

郁症患者进行为期一周的系列观测，治疗后又对他们进行为期一周的系列观测，结果显示患者症状有明显改善。比方说，非常巧合的是，在治疗开始时，天气突然改变，持续数周的湿冷、阴暗的天气突然放晴，阳光灿烂，非常温暖。因为天气改变与治疗同时发生，就无法确定患者症状改善是因为治疗有效，还是因为天气转晴。

处理或事件后的一系列观测也使研究者观察到处理后的一些趋势。例如，可能处理只有很短暂的效应，这种效应很快消失。我们可以通过处理后的一系列观测来看清这种趋势。很明显，处理前后的系列观测比只有一次观测提供的信息更多。如图 12-6 所示，处理前的分数持续增长，处理后的增长趋势似乎没有明显变化。这种情形下，一般认为处理对分数可能没有产生影响。但如果处理前和处理后都只观测一次（O_3 和 O_4），那么你就会看到，处理前后分数 349
有实质性的增长，你可能就会得出存在处理效应的结论。

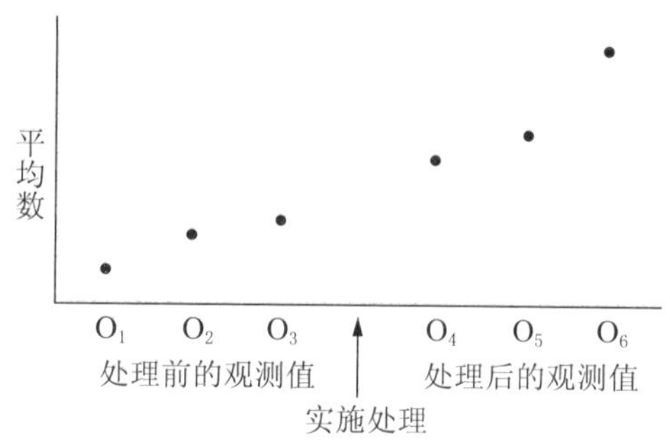

图 12-6　处理前后进行系列观测的时间序列研究

四、时间序列设计在个案研究中的应用

时间序列设计需要在一系列时间点对一组被试进行观测。不过，这种设计也可以应用到对一个被试或一个组织的研究中。比如，要在一所高中评估愤怒情绪管理课程的效果，研究者在课程开设之前三个月和开设之后三个月，连续监测学生冲突的次数。这是一个时间序列设计的例子，但它是对一所学校的观测，而不是对很多单个被试的观测。类似地，治疗师也可以在治疗前三个月和治疗后三个月，观察一位患者的强迫行为。这是把时间序列设计应用于单个被试的例子。这种直接针对单个个案而不是一组被试的研究设计，有时被称为个案时间序列设计，更多时候称其为单被试研究设计或个案设计。第十五章还将对单被试研究设计作专门介绍。

第四节　发展性研究设计

发展性研究设计（developmental research design）是非实验（或准实验）研究的另一种类型，它可用于研究与年龄有关的行为变化。发展性研究设计的目的是描述年龄和其他变量的关系。例如，如果研究者对语言能力如何随年龄变化感兴趣，那么发展性研究设计是最好的选择。

发展性研究设计的两种基本类型是**横断发展性研究设计**(cross-sectional developmental research design)和**纵向发展性研究设计**(longitudinal developmental research design),这两种方法各有其优缺点。

一、横断发展性研究设计

横断发展性研究设计是一种被试间设计,指在同一时间测量并比较不同年龄的被试组,具体来讲,就是对不同年龄组被试的因变量进行测量和比较,以确定是否有年龄差异。例如,想考察智商和年龄关系的研究者,选择三个不同年龄组的人——40 岁、60 岁和 80 岁,然后测量每一组被试的智商,如图 12-7 所示。

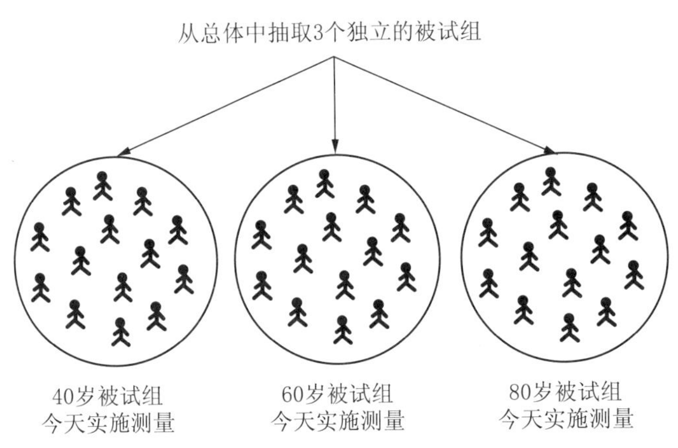

图 12-7　横断发展性研究设计的结构

抽取三个独立的被试组代表三个不同的年龄段。

350 例如,奥本海默(Oppenheimer, 2006)使用横断发展性研究设计考察从 12 岁到 22 岁的成长过程中,人们关于公正世界信念的变化。他比较从初中到大学的六个年龄组的学生,结果显示,学生关于公正世界的信念,随年龄增长而下降。

横断发展性研究设计是被试间非实验设计的一个例子,具体地说,是不等组设计的一个例子。不等组不是由研究者操纵自变量构造的,而是由现成的被试变量(年龄)确定的。而且,研究者也不能随机分配被试到各组,组的安排是由被试年龄决定的。在本章前面部分,我们把这种研究叫作区分性研究设计。然而,当评估的差异与年龄有关时,这种设计就属于典型的横断发展性研究设计。

横断发展性研究设计的优缺点

横断发展性研究设计的一个明显优点是研究者无须等待被试成年,在一天当中就能考察人成长过程中的行为变化。在图 12-7 所示的研究中,为了观察智商的年龄差异,我们不需要对一组人追踪 40 年。用横断发展性研究设计,我们可在短时间内收集数据。此外,横断发展
351 性研究设计中,研究者和被试间不需要长期合作,也就是说研究者不需要付出长时间和代价来

追踪被试 40 年并鼓励他们继续参加研究。

横断发展性研究设计并非没有缺点。缺点之一就是研究者不能说明被试是如何成长的,因为没有对被试作追踪研究。更严重的问题是,年龄以外的其他因素可能导致组与组之间的差异。例如,40 岁妇女不仅比 80 岁妇女年轻,而且成长环境和 80 岁妇女也不同。这两组妇女受教育机会、工作和社会期望都不同。通常,年龄相同且生活在相似环境中的被试叫作同代人(cohort)。比如,今天的学前儿童、今天的青少年、今天的大学生,就构成三个不同的同代人集合。除了年龄不同外,这三组也经历了不同的社会和文化环境。环境变化导致一个年龄组被试与另一个年龄组被试存在差异,这种现象叫作世代效应(cohort effect/generation effect)。可能是世代效应(而非年龄)造成了组间差异,因此,世代效应成为横断发展性研究设计中损害内部效度的第三变量。在横断发展性研究设计中,这组被试与那组被试的生活年代不同,所以年龄与其他变量间显而易见的关联,可能实际上是由世代差异引起的。例如,假设你比较了三组人的计算机素养:一组人 40 岁,一组人 60 岁,另一组人 80 岁。几乎可以肯定的是,随着被试年龄的增长,他们的计算机素养会下降。然而,你不能认为这种差异应归因于年龄。具体来说,你不应该得出这样的结论:计算机素养的下降是年龄增长造成的。80 岁被试的计算机素养并没有随着年龄的增长而下降,相反,他们在一个没有计算机的环境中度过了大半生,并且他们一开始就不具备计算机素养。

世代效应会影响横断研究的结果,一项关于智商和年龄关系的研究能很好地说明这一点(Baltes & Schaie, 1978)。很多研究表明,在 20 岁到 50 岁之间,人的智商呈下降趋势。相反,也有其他一些独立研究表明,20 岁到 50 岁之间,智商呈轻微下降趋势或无下降趋势。这两组研究结果为何如此不同?答案在于研究的设计不同。得到智商随年龄增长而下降这一结果的研究,一般都采用横断发展性研究设计。横断发展性研究设计的问题在于世代效应可能影响结果,因为组与组之间不仅年龄有差异,而且他们生活的年代也不同。各组被试生活、成长在 352
不同的环境,这必然会影响他们的智商,这可能就是研究发现智商存在组间差异的原因。组间年龄差异越大,世代效应就越会产生问题。其他一些研究发现智商随年龄增长变化不大,可能是在较长一段时间内对同一组被试进行追踪得到的结果,这种研究设计叫作纵向发展性研究设计,下一部分将对此进行讨论。

学习检测

在横断发展性研究设计中,为什么世代效应会成为一个问题?

二、纵向发展性研究设计

纵向发展性研究设计是指在一段时间内(如每隔几个月或每隔几年)重复测量同一组被试的某个变量。被试通常都是同龄人,有差不多相同的年龄,在相似的环境成长。对被试的某个特定变量测量两次或更多次,以考察变量与年龄之间的关系。如用纵向发展性研究设计考察智商和年龄的关系,研究者可能会测量一组被试在 40 岁时的智商,然后再测这组被试在 60 岁和 80 岁时的智商，如图 12-8 所示。

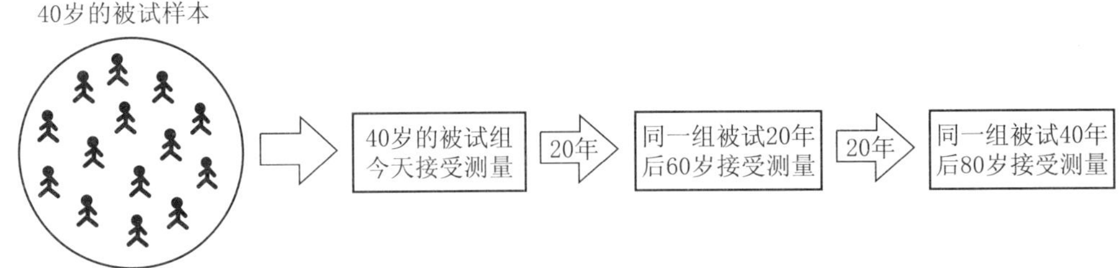

图 12-8　纵向发展性研究设计的结构

同一组被试在与不同年龄对应的时间接受多次测量。

353 纵向发展性研究设计是被试内非实验设计的一个例子，具体地说，它是一个单组前测—后测设计。不过，在纵向发展性研究设计中，不施加处理，它的处理实际就是年龄。也就是说，你可以把纵向发展性研究设计看作是先进行一系列观测，紧接着是一段时间的发展或年龄增长，然后再进行另一系列的观测。首次观测和末次观测之间的差异是发展的作用。因此，纵向发展性研究设计可被看作是一种前测—后测研究设计，只不过是，当这种类型的研究设计用于评价发展或年龄的作用时，通常被称为纵向研究。

纵向发展性研究设计和时间序列设计的区别并不总是很明显。例如，孙(2001)考察一组青少年在其父母离婚前后一段日子里的幸福感。这可被看作是一项纵向发展性研究设计，因为它考察一组被试在较长时间里的变化。但是，它也可以被看作是前测—后测时间序列设计，其过程是把事件(父母离婚)发生前的一系列观测与事件发生后的一系列观测进行比较。

纵向发展性研究设计的优缺点

首先，纵向发展性研究设计的一个主要优点是没有代间效应，因为研究者在较长时间内对同一组被试进行考察，而不是对不同年龄组被试进行比较。其次，对纵向发展性研究设计而言，研究者可以讨论被试的行为是如何随年龄而变化的，但对被试(持续参加研究需要很强的责任感)和研究者(研究者必须一直对研究有兴趣，并等待好多年才能看到最终结果)而言，纵向发展性研究设计极其耗时。此外，这些研究在具体实施上也是有代价的，因为研究者需要对被试进行跟踪，必要时还要说服被试重新回来参加研究。如果研究历时多年，那要付出额外的代价，即不断训练实施这项研究的主试。再次，这些研究也受被试高流失率的影响，比如人们对研究失去了兴趣，离开了或死亡了。被试退出研究，通常称为被试流失，这无疑会降低研究的内部效度。特别是，如果退出的被试与留下来的被试有系统性差异时，研究接近尾声时的被试组与研究刚开始时的被试组可能有很大不同。例如，如果动机性差的被试退出，那么坚持到结束的被试组要比开始时的被试组有更高的动机水平。高动机水平(不是年龄)也许能解释观测值在较长时间内的变化。(被试流失问题在第十一章中有详细讨论)。最后，纵向发展性研究设计的最后一个缺点是重复测量同一个被试。研究后期获得的分数可能部分受被试先前接受测验的影响(在第六章我们讨论了测验效应对内部效度的损害)。

表格 12-1 总结了横断发展性研究设计和纵向发展性研究设计的优缺点。 354

表 12-1 横断发展性研究设计和纵向发展性研究设计的优缺点

	横断发展性研究设计	纵向发展性研究设计
优点	研究效率高 不要求被试长期合作	无世代效应 可以评价被试行为的变化
缺点	无法评估被试的发展 有世代效应	耗费时间 被试可能中途流失带来偏差 存在练习效应

学习检测

1. 纵向发展性研究设计是非常耗费时间的，但横断发展性研究设计就不存在这一问题，为什么？

2. 对横断发展性研究设计来说，世代效应是一个严重的问题，但对纵向发展性研究设计来说，它却不是一个问题，为什么？

横断—纵向研究设计

从用词来看，横断—纵向研究设计好像有些自相矛盾，但确实有一些研究用这种表述最合适。具体地说，有许多研究是对不同样本（像横断研究设计）在不同时间（像纵向研究设计）的观测结果进行比较。通常，这类研究考察的是现象的发展而不是个体的成熟。举个例子，在一个研究中，波普，伊涅斯库—皮奥吉和波普（Pope，Ionescu-Pioggia，& Pope，2001）为了研究药物使用和生活方式在过去 30 年中的改变，他们每隔 10 年都要回到同一所大学去测量新生的态度和行为。因为波普和他的同事，每隔 10 年就要去研究不同的个体，这一研究结合了横断研究设计和纵向研究设计的元素。在另一个类似的研究中，米切尔，沃拉克和芬克霍（Mitchell，Wolak，& Finkelhor，2007）考察了年轻人对网络上强行弹出的色情图片报告的趋势。这一研究使用一个调查问卷，分别在 2000 年和 2005 年对 10 至 17 岁网络使用者样本进行调查，并对结果进行比较。这一研究既有横断研究的成分，也有纵向研究的成分。你可能会发现，这类研究，有时被归为横断研究，有时被归为纵向研究。因为不好明确地判定这种研究属于哪一类，我们就将其称为横断—纵向研究设计。

最后，我们对准实验和非实验研究设计，包括发展性研究设计进行总结（见表 12-2）。

表 12-2 准实验和非实验研究设计

被试间不等组设计		
设计名称	简单描述	所属类别
区分性研究设计	比较现成的被试组	非实验
不等控制组后测设计	一个组接受处理后，比较现成被试组	非实验
不等组控制组前测—后测设计	一个组接受处理前后，比较现成被试组	准实验
横断发展性研究设计	比较不同年龄的现成被试组	非实验

（续表）

被试内前测—后测设计		
设计名称	简单描述	所属类别
单组前测—后测设计	对单组被试在处理前后进行观测比较	非实验
时间序列设计	对处理前后两个序列进行观测比较	准实验
纵向发展性研究设计	在不同的时间点对一组被试进行观测比较	非实验

355 **学习检测**

在下面的例子中，研究者想考察孩子教养方面的发展变化，请指出，下述例子中，哪一项是典型的纵向研究或横断研究，哪一项是二者的结合？

a. 每隔3年，研究者就联系当地的学校，以获得最新注册的幼儿园学生样本。研究者与学生的家庭取得联系并要求他们完成一张问卷，这张问卷涉及他们如何教养孩子，以及他们通常采用何种教养方式。

b. 研究者联系当地的学校，以获得最新注册的幼儿园学生样本。研究者与学生的家庭取得联系并要求他们完成一份问卷，这份问卷涉及他们如何教养孩子，以及他们通常采用何种教养方式。每隔3年，研究者就重回那些家庭并要他们再次完成问卷。

c. 研究者找到一个幼儿园新生样本，一个小学二年级学生样本，一个小学四年级学生样本。研究者与学生的家庭取得联系并要求他们完成一份问卷，这份问卷涉及他们如何教养孩子，以及他们通常采用何种教养方式。

356 第五节 非实验、准实验和发展性研究设计中的术语

在真实验中，研究者操纵自变量创设处理条件，然后测量每一种处理条件下的因变量（分数），将不同处理条件下的分数进行比较。在非实验和准实验研究设计中，不需要操纵自变量，但是，也需要比较不同的分数集。比如，在不等组设计中，要将从一组被试得到的分数与从另一组被试得到的分数进行比较；在前测—后测设计中，要对处理前后测得的分数进行比较。一般来说，区分被试组或分数集的变量类似于实验研究中的自变量，所以也常常被称为自变量，但更准确地说，这个变量应该叫作**准自变量**（quasi-independent variable）。与实验研究一样，测量被试得到的分数被称为**因变量**（dependent variable）。

例如，在不等控制组设计中，一组接受处理而另一组不接受处理。组与组不同，处理和无处理不同，这样就确定了准自变量。在时间序列设计中，研究者把处理前的一组观测值（分数）与处理后的一组观测值进行比较。对于这些研究，将准自变量定义为“处理前和处理后”。

同样的术语也经常用在非实验和准实验研究中。例如，在区分性研究设计中，用于区分组的变量被叫作准自变量。在比较双亲家庭和单亲家庭孩子自尊分数的区分性研究设计中，父

母数是准自变量，自尊是因变量。在考察记忆随年龄增长而改变的发展性研究设计中（既有纵向的，也有横断的），被试的年龄是准自变量，记忆分数是因变量。

学习检测

大学为所有学生提供了一个记笔记和培养科研技能方面的研讨会，学生可以选择参加，也可以选择不参加。假如研究者对那些选择参加研讨会的学生和选择不参加研讨会的学生的人格分数进行比较，那么这一研究中，准自变量和因变量各是什么？

本章小结 357

在许多研究情境中，研究者很难或不可能完全满足实验的严格要求，尤其是在自然情境下的应用研究。在这些情境中，研究者可能要用非实验和准实验研究设计。非实验和准实验研究设计通常包含混淆变量，这些混淆变量是设计的组成部分并且无法被消除，因此这两类研究设计无法建立明确的因果关系。准实验研究设计试图控制对内部效度的损害，而非实验研究设计通常不能做到这一点。

准实验研究设计和非实验研究设计常常看起来像实验研究设计，也常常需要对不同的分数集进行比较，但是它们与实验研究设计不同。准实验研究设计和非实验研究设计比较的组不是由操纵变量或操纵自变量创设的，而是根据现成的被试变量（例如男和女）或时间（例如处理前和处理后）确定。划分组的这两种方法产生了准实验和非实验的两种基本类型：不等组设计和时间序列设计。

在不等组设计中，研究者不能控制各组被试的分配，因为被试组是早已存在的。因此，不能保证各组在额外变量及由此而产生的潜在混淆变量上相等，研究的内部效度可能会受分组偏差的损害。本章讨论了不等组设计的三种类型：(1)区分性研究设计；(2)不等控制组后测设计；(3)不等控制组前测—后测设计。其中前两种没有试图控制分组偏差对效度的损害，属于非实验研究设计；不等控制组前测—后测设计试图减少分组偏差的影响，可归入准实验研究设计。

前测—后测设计一般是通过对处理或事件前后测量分数的比较来评估引入处理或事件的效应。前测—后测设计有两种基本类型：(1)单组前测—后测设计；(2)时间序列设计。第一种设计没有试图降低时间关联因素对效度的损害，属于非实验研究设计；第二种属于准实验研究设计。

发展性研究设计是非实验研究设计的另一种类型。发展性研究设计的目的是描述年龄和其他变量之间的关系。有两种类型的发展性研究设计。横断发展性研究设计主要是对代表不同年龄的被试组进行比较，这种设计的明显优点在于研究者不需要等待被试成年再去考察年龄和其他变量间的关系。不过，它的主要缺点是存在世代效应。纵向发展性研究设计中，在不同时间对同一组被试进行追踪和测量，因此不存在世代效应，但它极其耗费被试和研究者的时间，同时，被试中途流失可能会造成有偏样本。

358

关键词

非实验	准实验	不等组设计
区分性研究设计	不等控制组设计	不等控制组后测设计
不等控制组前测—后测设计	单组前测—后测设计	时间序列设计
发展性研究设计	横断发展性研究设计	同代人
世代效应	纵向发展性研究设计	准自变量
因变量		

练习题

1. 除关键词外，还应了解以下术语的定义：

分组偏差	差异效应	前测—后测设计
历史因素	设备因素	测验效应
成熟因素	统计回归	中断时间序列设计
被试流失		

2. 举出一个研究例子(除性别)，在这个例子中研究者必须考察现成的组。

3. 实验研究设计与非实验和准实验研究设计很相似，因为它们都要比较不同的分数集。试说明实验研究设计和准实验研究设计的主要区别。

4. 被试间和被试内发展性研究设计，通常还称为什么设计？为什么说它们都属于非实验研究设计？

5. 发展性研究设计的目的是什么？

6. 不等组设计中影响内部效度的基本问题是什么？

7. 给出被试间非实验研究设计和被试内准实验研究设计的例子，解释它们为什么是非实验研究设计和准实验研究设计。

8. 说明时间序列设计如何降低时间关联因素对效度的最主要影响。

9. 针对下列每一个研究目标，假如实验研究设计、相关研究设计和描述性研究设计均不能用，请确定哪种非实验或准实验研究设计最合适(注：就每一个研究目标来说，也许不止有一种合适的研究设计)。

a. 当一组学前儿童在城市公园玩耍时，描述他们小组内社会交往的性别差异。

b. 描述一组婴儿从 12 个月到 18 个月运动技能的发展变化。

c. 描述小学生阅读训练新课程(与老课程比)的教学效果。

d. 描述大学生酗酒量与学年平均成绩之间的关系。

训练活动 359

1. 列出日常生活中不断变化的一些因素，可能包括你的情绪、健康、环境、日程表、职责、成功和失败，以及社会交往的品质等。现在，设想你要做一项前测—后测研究以考察你的幽默感如何受针灸治疗的影响。在某个下午进行前测，在第二天上午进行治疗，接着在当天下午进行后测。

a. 从你列出的因素中挑出两个在两天间发生变化的因素，说明它对你的研究产生什么影响？

b. 说明为什么在这项研究中，无法得到针灸导致人们幽默感变化的结论？

2. 我们都有将人机械归类的倾向。如果你环顾校园里的学生，你会看到科学怪人、艺术狂、体育健将、"壁花"①、啦啦队队员、喜欢聚会的人，等等。刻板印象的部分假设是某一特定群体中的所有人都具有一些共同特征，这些特征使他们不同于其他人。这些假设的差异可以作为研究的基础。

a. 找出一种描述某一群大学生的刻板印象，并列出一种可能使他们有别于其他学生的特征。

b. 描述一项研究，该研究可以用来确定刻板印象是否准确。也就是说，描述一项研究，该研究可以确定你所鉴别出的特征是否确实是刻板印象群体的独特之处。

c. 你怎样划分你的研究类型？它是实验、准实验，还是非实验？尽可能具体回答。

3. 在心理学数据库或类似的数据库中，查找出一项准实验或非实验研究设计（注意：尝试运用一种特定研究设计，如不等控制组设计或横断—纵向研究设计，或寻找一个比较不同人群的被试的研究主题，例如，把性别差异作为研究主题来比较男性和女性的不同）。如果找到这样的文章，请回答下列问题。

a. 描述这一研究的结构。比如，测量了什么变量？有多少组被试？被试接受测量是一次还是多次？

b. 这一研究符合本章介绍的准实验研究设计中的哪一类？（注意：你可能会发现你的研究比文中讨论的例子要复杂得多。在这种情况下，一个简单的准实验研究设计可能只是一项更复杂设计中的一小部分。如果你有一个复杂的设计，试试看找出研究中与准实验研究设计相符合的部分。）

c. 找到这一研究中，妨碍它成为真实验研究设计的一个因素。也就是说，为什么研究者不能说一个变量的变化必然导致另一个变量的变化？

---

① 舞会中没有舞伴而坐着的人。——译者注

360

网络资源

访问本书的网站 www.cengage.com/international 可获取学习工具，包括术语表、抽认卡和网络测试。你还会发现一个关于统计和研究方法工作坊的链接。关于本章，建议你查看以下工作坊：非实验研究。

第十三章 361

析因设计

本章概览

研究过程的第六步是选择研究设计。有时，我们遇到的研究问题需要采用比简单实验、准实验和非实验更复杂的研究方法，比如超过一个自变量或准自变量的研究设计，以及真实验与非实验的结合或组间设计与组内设计结合的研究方法。研究的自变量或准自变量超过一个时，研究常被称为析因设计。本章集中介绍析因设计的特点、类型和各种应用。

- 引论
- 主效应和交互效应
- 对交互效应的进一步讨论
- 析因设计的类型
- 析因设计的应用

第一节　引论 362

为考察两个变量间的关系，研究者通常将这两个变量与研究情境中的其他变量隔离开来，目的在于消除或减少一些外部影响，避免这些影响掩盖或者混淆被研究变量间的特定关系。比如，在实验研究设计（见第八章、第九章、第十章）中，一般集中考察的是一个自变量（预期可能对行为产生影响的变量）和一个因变量（对行为结果的一种测量）。类似地，第十二章中讨论的非实验和准实验研究设计，考察的是一个准自变量与一个因变量间的关系。例如，发展性研究设计一般都是考察行为（因变量）与年龄（准自变量）有怎样的联系。然而，现实生活中，变量很少孤立存在，就是说，行为通常受各种不同变量，以及变量间交互作用的影响。例如，学业成绩可能受智商、动机、父母受教育水平、健康以及各种其他变量的影响。为了考察现实生活中这种更复杂、真实的生活情况，研究者通常会设计出包含两个或更多自变量（或准自变量）的实验。这些研究被称为析因设计。

为了简化对析因设计的讨论，我们特地从实验研究，也就是那些需要对两个或更多自变量进行操纵的研究开始。当然，析因设计也可用于研究像年龄和性别这些不需要操纵的准自变量。例如，研究者考察男女员工（因子 A）在不同温度条件下（因子 B）的工作效率。这里性别是一个因子，但它不能被操纵。第四节中，我们将专门讨论包含准自变量的析因设计。下面这个例子介绍的是实验的析因设计。

> 在聚会快要结束时，主人为那些喝过酒的客人送上一杯咖啡，这种做法很普遍。据说，咖啡能解酒，这样做的目的是确保客人在回家途中头脑清醒。我们大多数人都认为我们对咖啡和酒对人头脑的作用已经很了解，所以每天早晨必定要喝杯咖啡，然后才开始一天的生活。到了晚上则要喝杯酒，以帮助放松，消除一天的疲劳。然而，我们真的清楚咖啡和酒在紧急情况下会对我们的反应产生怎样的影响吗？如上所述，在聚会结束时喝杯咖啡真能帮助我们提高反应速度吗？利果里和鲁宾逊(Liguori & Robinson, 2001)进行了一项研究专门来解决这一问题。他们设计了一项实验，对一天中酒精和咖啡的摄入量进行控制，然后观察酒精或咖啡摄入量不同的被试在模拟驾驶测试中的刹车速度。
> 363 表 13-1 显示了这一实验的大体结构，它包含两个自变量：一是酒精摄入量，有两个水平，分别是未摄入酒精、摄入酒精(摄入酒精量为每千克体重含 0.6 毫克乙醇，相当于 45 千克体重喝了差不多 236 毫升白酒)；二是咖啡摄入量，有 3 个水平，分别是：未摄入咖啡、摄入 200 毫克咖啡、摄入 400 毫克咖啡。这两个变量构成了 2×3 矩阵，其中，咖啡摄入量为列，酒精摄入量为行。这一矩阵表明，自变量结合产生了 6 种需要考察的实验条件。实验的因变量是被试在 6 种不同实验条件下，模拟紧急刹车的反应时间。

表 13-1　二因素设计的结构

	未摄入咖啡	摄入 200 毫克咖啡	摄入 400 毫克咖啡
摄入酒精	摄入酒精但未摄入咖啡被试的反应时间	摄入酒精和 200 毫克咖啡被试的反应时间	摄入酒精和 400 毫克咖啡被试的反应时间
未摄入酒精	未摄入酒精和未摄入咖啡被试的反应时间	未摄入酒精和摄入 200 毫克咖啡被试的反应时间	未摄入酒精和摄入 400 毫克咖啡被试的反应时间

研究中，酒精摄入量和咖啡摄入量均得到操纵，其目的在于考察酒精与咖啡的不同结合对模拟驾驶中紧急情况下反应时间的影响。

为了进一步讨论这一研究，我们需要先掌握一些基本的专业术语和定义。在一项研究中，如果有两个甚至更多相互结合的自变量，那么这些自变量通常被称为**因子**(factor)。例如，在刚才的例子中，有两个因子分别是酒精摄入量和咖啡摄入量，而包括两个或更多因子的研究设计叫**析因设计**(factoral design)。这种设计通常根据因子数来命名，如**二因素设计**(two-factor design)或**三因素设计**(three-factor design)。刚才举的例子属于二因素设计。如果研究中只有一个自变量，则叫**单因素设计**(single-factor design)。

通常，一个因子用一个字母(如 A、B、C 等)来表示，而一个析因设计可以用一个符号系统来表示，既包括构成的因子数又包括每个因子的取值或水平数(见第九章)。前面这个例子中，酒精因子(因子 A)有 2 个水平，咖啡因子(因子 B)有 3 个水平，于是可以将该设计表示为 2×3 析因设计。析因设计中，实验条件数由各个因子的水平数相乘来确定，比如，一个 2×2 析因设
364 计(最简单的析因设计)表示第一个因子有 2 个水平，第二个因子也有 2 个水平，其实验处理条

件共有 4 种；一个 2×3×2 设计表示一个三因素析因设计，每个因子的水平数分别为 2、3 和 2，相应的共有 12 种实验处理条件。超过两个自变量的析因设计，我们将在本章第四节讨论。

我们曾经谈到，析因设计的优点之一就是它能创设比隔离并考察单一因子的设计更接近"现实"的研究情境。行为通常受到各种因子的共同作用，因此在一个实验研究中同时考察两个或更多因子更加合理。粗略地看，实验设计好像没有必要搞得这么复杂，为什么不把它分解成两个简单的研究来考察每个因子各自所起的作用呢？答案很简单，因为在一个研究中把几个因子结合起来，就可以为研究者提供一个机会：不仅可以考察每个因子对行为的影响，而且可以考察各因子彼此间的影响或交互效应。我们再来看关于酒精和咖啡作用的实验，研究者只操纵酒精摄入量就只能观察酒精对行为的影响。同样，只操纵咖啡摄入量就只能观察咖啡对行为的影响。可是，如果将两个自变量结合起来，研究者就既可以考察酒精对行为的影响，又可以考察酒精的影响如何因咖啡摄入量的不同而不同。两个因子共同发生作用，就创设了不同于两个因子单独发生作用的实验条件，这是析因设计的根本价值。

学习检测

假如研究者想考察情绪和食物剥夺对饮食的影响。实验中，研究者让女性被试听两种音乐中的一种，来引起高兴或悲伤的情绪，接着剥夺食物 19 个小时（早饭和午饭都被取消）或者不进行食物剥夺，然后在进食过程中测量所有被试的进食量。

a. 这个实验中共有多少个自变量或因子？它们分别是什么？

b. 用符号系统来表示这个研究，要显示出各个因子以及各因子的水平数。

第二节 主效应和交互效应

析因设计使研究者有机会考察因子的独特组合是如何共同影响行为的，这是它的优势所在。为了更详细地说明这一点，我们集中讨论只有二个因子的设计，即最简单的析因设计。在 365
第四节中，我们再介绍包含三个或三个以上因子的更复杂的研究情境。

二因素设计的结构可以用矩阵来表示，一个因子的水平构成矩阵的列，另一个因子的水平构成矩阵的行（如表 13-1 所示），矩阵中每一单元格对应一种特定的因子组合，即一个独立的实验条件。研究过程中，主试要在每一单元格描述的条件下对一组被试进行观测。

学习检测

假如要研究情绪和食物剥夺对进食的影响，请用矩阵来图解这一研究设计。

二因素设计的数据可以提供三组不同的、相互分离的信息，以描述两个因素各自对行为产生的影响，以及二者结合对行为产生的影响。为了说明这三组不同的信息，我们再一次提到关于酒精和咖啡作用的实验的结构。如表 13-2 所示，表中数据是假想的，它显示了被试在每种实验条件下测得的平均反应时间（以毫秒为单位）。

表 13-2 一项二因素设计的假想数据 (单位:毫秒)

	未摄入咖啡	摄入 200 毫克咖啡	摄入 400 毫克咖啡	平均成绩
未摄入酒精	M=625	M=600	M=575	M=600
摄入酒精	M=675	M=650	M=625	M=650
平均成绩	M=650	M=625	M=600	

显示在模拟驾驶紧急情况下的反应时间如何受到酒精和咖啡不同结合情况的影响。

这些数据提供了以下信息:

1. 矩阵中的每一列对应咖啡摄入量的某个水平。比如,第一列中(包括两组成绩),所有参加实验的被试都是在未摄入咖啡的情况下接受测量的。通过计算每一列的平均成绩,得到三种咖啡摄入水平下的平均成绩,代表了三种不同咖啡摄入水平(因子 1)下的行为水平,三个平均成绩之间的差异则反映了咖啡摄入量对被试行为的影响,这叫作咖啡摄入量的主效应。按照更一般的概念来表述,列间平均成绩差异决定了一个因子的主效应。这里要注意的是,计算每列平均成绩时要将两种酒精摄入水平下(一半被试的成绩是在摄入酒精的情况下获得的,
366 另一半被试的成绩是在未摄入酒精的情况下获得的)的测试成绩平均,这样,酒精摄入量在 3 种咖啡摄入水平下保持平衡或匹配,因此列间平均成绩差异就不能用酒精摄入量不同来解释。

根据表 13-2 中的数据,被试未摄入咖啡条件下的平均成绩是 650 毫秒,这个值是通过将未摄入咖啡条件下的两组被试的测试成绩平均(M=625、M=675)得到的。以同样的方法,我们可以得到其他两列的平均成绩,分别是 625 毫秒和 600 毫秒。这三个平均成绩表明,人的反应时间一般随咖啡摄入量的增加而缩短,即喝咖啡越多反应越快。咖啡摄入量和反应时间的关系体现了咖啡摄入量的主效应。必须使用统计检验,以便能确定各列平均成绩之间的差异是否显著。

2. 就像通过表 13-2 中数据计算列平均成绩以确定咖啡摄入量的主效应一样,我们也可以用相似的方法来确定酒精摄入量的主效应。比如,第一行中的被试在实验中都是没摄入酒精的,他们的平均成绩(共有 3 组成绩)是在未摄入酒精情境下测得的反应时间;第二行的平均成绩描述了被试在摄入酒精情境下测得的反应时间。这两个平均成绩之间的差异体现了酒精摄入量的主效应。如前所述,我们应注意到,每一行的平均成绩是将 3 种不同咖啡摄入水平下的成绩进行平均得到的。因此,每行的平均成绩包含完全相同的咖啡摄入条件,因此,每行的咖啡摄入水平是匹配的,不能用它们来解释行间平均成绩差异。概括地说,列间平均成绩差异决定一个因子的主效应,行间平均成绩差异决定第二个因子的主效应。

表 13-2 的数据表明,第一行(未摄入酒精)的平均成绩是 600 毫秒,它是通过计算第一行三种实验条件下成绩(M=625, M=600 和 M=575)的平均数得到的。同样,在摄入酒精条件下,被试反应时间的平均成绩是 650 毫秒。两行平均成绩的差异是 50 毫秒,反映了酒精摄入量的主效应。在这项研究中,摄入酒精导致反应变慢,反应时间增加了 50 毫秒。

3. 析因设计还使研究者有机会考察不同因子间的共同作用是如何影响行为的。在有些

情况下，一个因子的效应与另一个因子的水平没有任何关系，二者没有直接的相互作用。就酒精和咖啡作用的实验来说，因子间的相互独立意味着酒精对反应时间的影响不依赖于咖啡摄入量，那么饮酒带来的 50 毫秒反应时间增量适用于三种咖啡摄入水平。然而，有些时候，一个
因子对另一个因子的效应确实会发生影响，导致因子间的交互作用。还拿关于酒精和咖啡作 367
用的实验来说，如果存在交互效应，那就意味着酒精对反应时间的影响依赖于咖啡摄入量。在咖啡摄入量不同时，饮酒带来的反应时间增量也会有所不同，数据中出现的平均值差异量不能单独由因子的主效应解释。我们最熟悉的二因素间交互效应的例子可能是药物的交互效应。在一些情况下，一种药物可以加强另一种药物的疗效；而在另一些情况下，一种药物可能会减弱甚至完全阻断另一种药物的疗效。不管在什么条件下，当一种药物的疗效被另一种药物修改时，就发生了交互效应。

要想确认在一个析因设计中是否有交互效应，你需要看因子矩阵中各单元格中的平均数与主效应预测的平均数有无差异。如果没有差异，说明两个因子是独立的，无交互效应；如差异明显，则存在交互效应。为了说明这一概念，我们先来看表 13-2 中的数据，因为其中没有交互效应。数据显示，酒精因子带来 50 毫秒的主效应。从平均数看，第二行的平均反应时间比第一行多 50 毫秒。请注意，这 50 毫秒的差异在咖啡摄入量的三种条件下是一致的，两个因子不存在交互效应。比如，表 13-2 的数据表明，酒精产生的主效应是 50 毫秒，在第一列，咖啡摄入水平是 0，未摄入酒精时平均成绩是 625 毫秒，摄入酒精后平均数增加到 675 毫秒。在第二列，咖啡摄入量为 200 毫克，平均数从 600 毫秒增加到 650 毫秒。同样，在第三列，咖啡摄入量是 400 毫克，从未摄入酒精到摄入酒精条件同样有 50 毫秒的增加。在这种情况下，数据中所有平均数差异都和主效应一致，因子之间没有交互作用。

现在，我们来看，如果因子之间存在交互效应，那么主效应与单元差异是什么关系。为了
说明这种情况，我们构建了一组新的数据，如表 13-3 所示。这些数据的主效应与表 13-2 完全 368
一致。具体地说，酒精变量的主效应是 50 毫秒，即饮酒导致反应时间增加 50 毫秒；咖啡变量的主效应是 25 毫秒，即咖啡摄入量增加一个档次，反应时间减少 25 毫秒。但是，这里的数据，我们已经修改了单元格中的平均数，构建出因子之间的交互效应。现在，主效应不能解释单元格中平均数之间的差异。比如，在被试未摄入咖啡的情况下，是否饮酒带来的反应时间差异量是 80 毫秒，这与酒精因子 50 毫秒的主效应不相等，显示存在交互效应。

表 13-3　假想的数据以说明交互效应的存在　　（单位：毫秒）

	未摄入咖啡	摄入 200 毫克咖啡	摄入 400 毫克咖啡	平均成绩
未摄入酒精	M=610	M=600	M=590	M=600
摄入酒精	M=690	M=650	M=610	M=650
平均成绩	M=650	M=625	M=600	

显示在模拟驾驶紧急情况下的反应时间如何受到酒精和咖啡共同作用的影响。

因此,二因素设计的结果既能揭示每一因子单独影响行为的主效应,也能考察两个因子的交互效应是如何影响行为的。表 13-3 的数据表明,酒精摄入的主效应解释了在三种咖啡摄入水平下,酒精对被试反应时间的总体影响;咖啡摄入的主效应解释了在不同酒精摄入水平下,咖啡摄入水平对被试反应时间的总体影响。与酒精或咖啡摄入量单独作用的情况不同,二者的交互效应解释了酒精和咖啡摄入量的结合对反应时间的影响。具体来说,酒精对反应时间的影响要视咖啡摄入量而定。同样,咖啡对反应时间的影响也要视酒精摄入量而定。

总之,当把二因素设计的数据按表 13-2 和表 13-3 的格式组织时,列之间平均成绩的差异说明了一个因子的主效应,行之间平均成绩的差异说明了另一个因子的主效应。主效应反映
369 的结果也可以通过各因子的单独实验获得。矩阵中各单元格之间其他的差异(不能用主效应解释的部分)则说明了变量之间的交互效应,这是在一项研究中将两个因子结合之后才出现的特有信息。

学习检测

表 13-4 的数据是利果里和鲁宾逊(Liguori & Robinson, 2001)的一项研究的结果,显示的是酒精因子与咖啡因子结合形成的不同条件下的平均反应时间。对于这些数据:

a. 酒精因子有无主效应?

b. 酒精因子与咖啡因子有无交互效应?

c. 对于那些摄入酒精的人来说,摄入咖啡能否提高反应速度?

d. 摄入咖啡能否消除酒精对反应时间的影响?

表 13-4 酒精因子与咖啡因子结合形成的不同条件下的平均反应时间 (单位:毫秒)

	未摄入咖啡	摄入 200 毫克咖啡	摄入 400 毫克咖啡	平均成绩
未摄入酒精	M=620	M=600	M=590	M=603
摄入酒精	M=720	M=700	M=690	M=703
平均成绩	M=670	M=625	M=640	

第三节 对交互效应的进一步讨论

上一节介绍了交互效应的概念,它是指两个因子共同作用产生的独特效应。现在,我们给其下一个更正规的定义,并对析因设计这个独特成分进行详细考察。为便于讨论,我们继续在二因素设计的范畴内进行,暂不涉及更复杂的设计(包括更复杂的交互效应)。

一、对交互效应的不同定义

对交互效应概念存在的一点不同观点集中在与两个因子之间相互依赖相反的独立的概念上。更具体地说,如果两个因子互相独立,那么其中任何一个因子的效应都不会受另一个因子

的影响，因此也就不存在交互效应。相反，如果两个因子相互依赖，那么一个因子会对另一个因子的效应产生影响，这样才会产生交互效应。相互依赖的概念与我们前面对交互效应的讨论一致，如果一个因子会对另一个因子的效应产生影响，那么两个因子的结合就会产生独特的交互效应。

交互效应的这一定义使用了不同的术语，但与第一个定义是等价的。当一个因子的效应因另一个因子的水平而变时，两个因子正在结合以产生独特的效应，即交互效应。回到表 13-3
的数据，我们发现酒精的效应（第一行减去第二行）受咖啡摄入水平的影响。比如，在未摄入咖 370
啡的情况下，酒精效应是 80 毫秒，但在摄入 200 毫克咖啡的条件下，酒精效应是 50 毫秒，在摄入 400 毫克咖啡的条件下，酒精效应又成了 20 毫秒。一个因子（酒精）的效应受另一个因子（咖啡）不同水平的影响，这表明存在交互效应。相比之下，表 13-2 的数据表明酒精效应与咖啡摄入量无关，无论酒精水平如何变化，在 3 种咖啡摄入水平条件下，它表现出来的主效应都是 50 毫秒。因此，酒精对因变量的作用不受咖啡摄入量的影响，这里就没有交互效应。

交互效应的第二个定义关注的是模式，也就是当我们将二因素析因设计的结果用图呈现时，产生的交互作用模式。图 13-1 中的数据来源于表 13-2，前面我们已经说明表 13-2 中不存在交互效应。我们用咖啡摄入量为横坐标，反应时间为纵坐标。在这个例子中，自变量即咖啡摄入量的三个水平都在图中呈现出来。请注意，该图由两条线组成，上面一条直线代表在摄入酒精条件下咖啡摄入量与反应时间的关系，下面一条线代表未摄入酒精条件下二者的关系。总体来看，这个图与数据矩阵的结构匹配，矩阵中列的数据出现在 X 轴，行的数据就是图中的两条线。

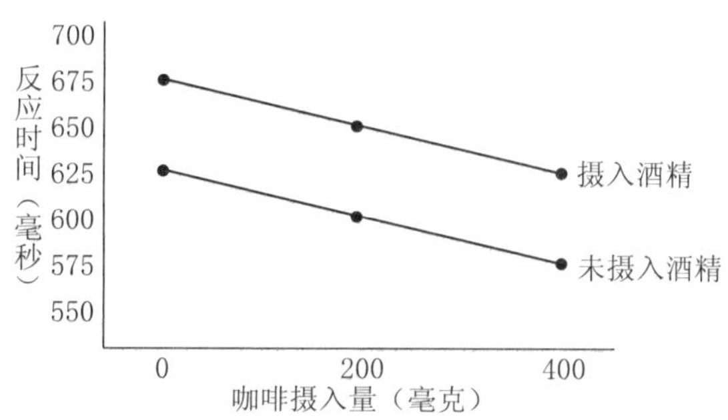

图 13-1　以表 13-2 中的数据所作的线图

构造的假设性数据以表现两个因子的主效应，但无交互效应。

用这个特定数据作出的图（图 13-1），图中的两条直线是平行的。从左向右移动时，两条线之间的距离是恒定的。就本例数据来说，两条线间的距离就是酒精的效应，即在有无酒精摄入条件下反应时间的平均数差异。平均数差异恒定显示酒精的效应不依赖于咖啡摄入量，二者不存在交互效应。

现在我们来看两个因子存在交互效应的数据。图 13-2 的数据来自表 13-3。在这个例子 371
中，两条线不平行，从左向右移动时，两条线之间的距离会发生变化，显示酒精的效应在咖啡摄入量不同时存在差异。就这些数据来说，酒精的效应依赖于咖啡摄入量，二者存在交互效应。

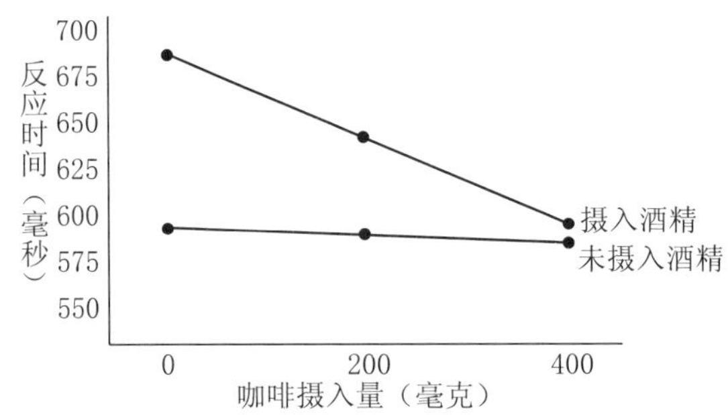

图 13-2　以表 13-3 中的数据所作的线图

构造的假设性数据以表现两个因子的主效应和交互效应。

学习检测

计算表 13-5 中的平均数：

表 13-5　性别因子与处理因子结合形成的不同条件下的平均数

	处理 1	处理 2
男	M=10	M=30
女	M=20	M=50

a. 有证据显示处理因子存在主效应吗?

b. 有证据显示性别因子存在主效应吗?

c. 有证据显示存在交互效应吗?（提示：把表中的数据画成图）

二、主效应和交互效应的解释

正如我们已经论述的，在一个二因素设计中，列间平均数差异和行间平均数差异代表二因素析因设计的因了主效应，除此之外，单元格间其他的平均数差异则说明两因子间的交互效
372 应。但是，还需要注意的是，这些平均数差异仅仅是描述性的，是否显著还需进行统计学的假设检验。也就是说，我们得到的平均数差异可能不能代表实际存在的实验处理效应，它也有可能仅仅是由随机误差或错误造成。除非对数据进行假设检验，否则我们无法对二因素设计的结果做准确的解释(见专栏 9-1)。

当统计分析证明存在显著性差异时，你在解释结果时仍要谨慎。特别是，如果分析结果表明因子间的交互效应达到了显著性水平，那么不管它的主效应是否达到显著性水平，得到的主效应都有可能是错误的，有可能是对实际结果的歪曲。我们应该还记得，一个因子的主效应是通过对另外一个因子所有不同水平下观测分数进行平均而得到的。由于主效应是求平均的结果，因此它可能很难准确地反映每种具体实验处理的效应。为说明这一点，我们用图 13-3 来描述一个二因素设计得到的结果，这个研究检验的是 5 岁儿童看电视的习惯与其后来在高中

的学业成绩之间的关系。

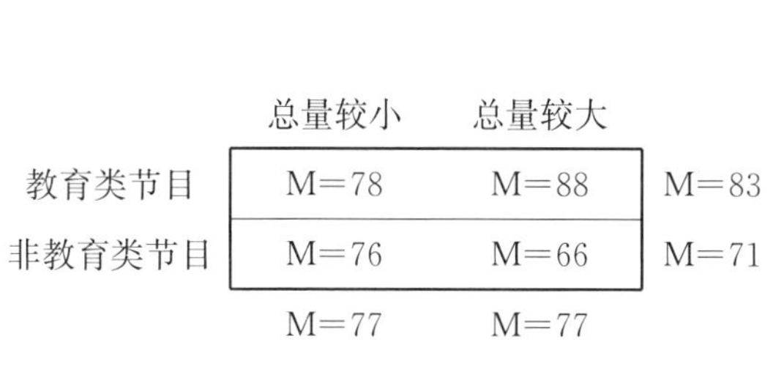

	总量较小	总量较大	
教育类节目	M=78	M=88	M=83
非教育类节目	M=76	M=66	M=71
	M=77	M=77	

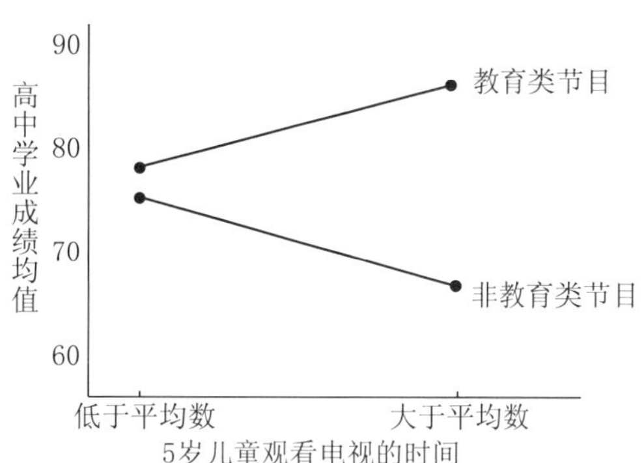

图 13-3　5 岁儿童观看电视节目的习惯与其后来高中学业成绩的关系

资料来源：Anderson, Huston, Wright, & Collins, 1998

概括来看，研究结果显示，观看大量教育类节目（如芝麻街）的 5 岁儿童后来在高中的学业成绩好于他们的同学（Anderson, Huston, Wright, & Collins, 1998），而那些观看大量非教育类节目的 5 岁儿童后来在高中的学业成绩低于他们的同学。图 13-3 显示了一个结果的数据矩阵和一个线图。从图中可以看到，儿童观看节目的时间这一因子没有主效应，不管儿童观看 373
电视节目多或少，后来的学业成绩大体相同。然而，从图中的线条来看，两个因子存在交互效应，观看电视节目的时间效应依赖于观看电视节目的类型，教育类节目与其学业成绩提高有关，而非教育类节目与其学业成绩下降有关。将这两个结果求平均数则得到观看电视节目时间的主效应为 0。但这个主效应并不能很好地描述研究的结果，特别是，它可能还会得出儿童看电视的时间与其高中学业成绩无关的错误结论。

总之，交互效应可能会掩盖或歪曲两个因子的主效应。因此，只要交互效应达到了统计学上的显著性水平，在你得出任何可信的主效应结论前，你应该再仔细查看一下数据的变化情况。

三、主效应和交互效应的独立性

二因素设计可以帮助研究者考察三组独立的平均数差异：(1)来自因子 A 主效应的平均数差异；(2)来自因子 B 主效应的平均数差异；(3)因子间交互效应的平均数差异。这三组平均数差异不仅是相互分离的，而且是完全独立的。这样，从一项二因素研究中就有可能得到主效应和交互效应相互结合的所有可能结果。

图 13-4 中的数据显示出二者之间可能存在的几种关系。为简化讨论，我们用 A、B 分别代表两个因子，用因子 A 代表数据矩阵的行，用因子 B 代表数据矩阵的列。

图 13-4a 显示，因子 A 的不同水平间存在平均数差异，但因子 B 的不同水平间没有平均数差异，也不存在交互效应。为了确认因子 A 的主效应，请注意第一行的总平均数比第二行多 10 分。这 10 分之差就是 A 的主效应，或者简单地说，就是 A 的效应。为了评估因子 B 的主效应，请注意两列的总平均数完全相同，说明 B 的不同水平间没有总平均数差异，因此没有 B 的

主效应。最后，由于在两列中，A 的主效应（10 分之差）一致，这说明，A 的主效应不依赖于 B 的水平（或者也可以说，因子 B 的主效应在每行中都是恒定的）。因此，这里没有交互效应。

图 13-4b 显示，因子 A 和 B 均有主效应，但二者之间没有交互效应。因子 A 的主效应表现为两行之间 10 分的平均数差异，因子 B 的主效应表现为两列之间 20 分的平均数差异。实际上每列都有 10 分的因子 A 主效应，说明没有交互效应。

图 13-4c 显示，因子 A 和 B 之间有交互效应，但没有主效应。矩阵中两行之间的平均值没有差异（没有 A 的主效应），两列之间的平均值也没有差异（没有 B 的主效应）。但在数据矩阵
374 中，每一行（或每一列）都有平均数差异，这种行内或列内的额外平均数差异，不能用总的主效应来解释，因此表明存在交互效应。

a. 数据显示：因子 A 有主效应，但是因子 B 没有主效应，也没有二者的交互效应

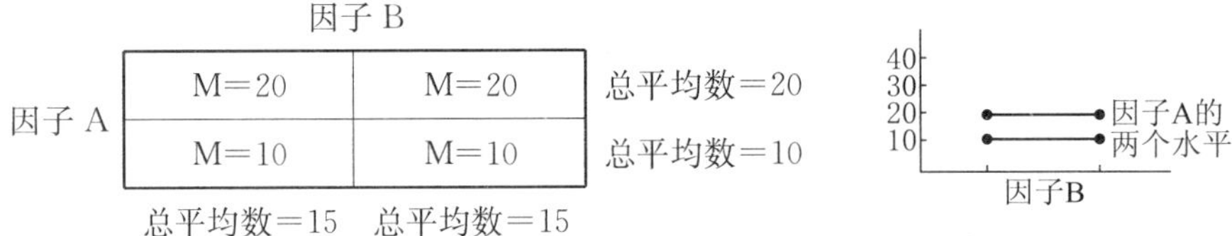

因子 A \ 因子 B			
	M=20	M=20	总平均数=20
	M=10	M=10	总平均数=10
	总平均数=15	总平均数=15	

b. 数据显示：因子 A 和 B 均有主效应，但是二者之间没有交互效应

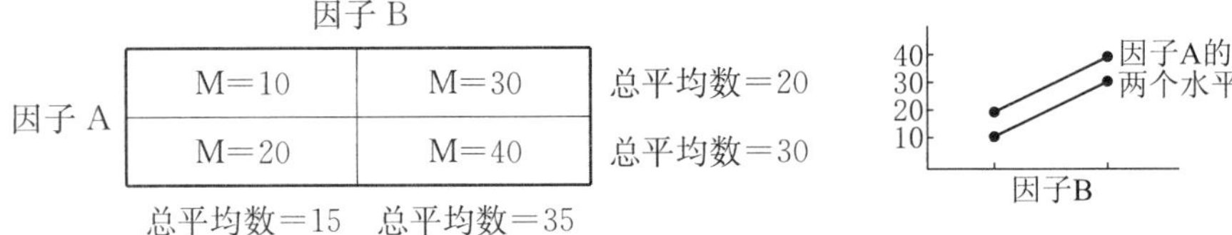

因子 A \ 因子 B			
	M=10	M=30	总平均数=20
	M=20	M=40	总平均数=30
	总平均数=15	总平均数=35	

c. 数据显示：因子 A 和 B 之间有交互效应，但没有主效应

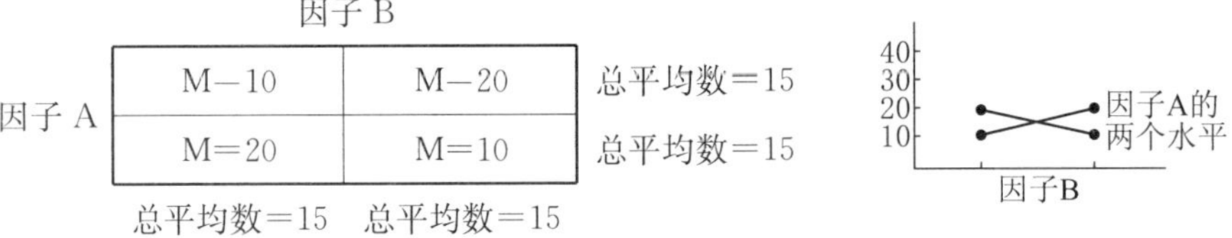

因子 A \ 因子 B			
	M—10	M—20	总平均数=15
	M=20	M=10	总平均数=15
	总平均数=15	总平均数=15	

图 13-4　二因素研究中主效应和交互效应的三种可能组合

第四节　析因设计的类型

至此，我们考察的还只是多种析因设计中的一种类型，特别是：

● 我们考虑的所有设计中，每种具体的处理条件或实验单元都使用一个独立的被试
375 组。按照研究方法学术语，我们考察的只是被试间设计。

● 前面考察的例子中，使用的因子都是真正的自变量，也就是研究者能够操纵的因子，所以这些例子实际上都属于实验法。

我们既可以让每一组被试只接受一种实验处理（被试间设计），也可以让同一组被试连续接受所有不同水平的实验处理（被试内设计）。而且，析因设计中的自变量既可以是研究者可以操纵的变量，也可以是研究者不能操纵的准自变量（见第十二章）。最后，析因设计可以将多个因子结合在一起。因此，析因设计兼有实验设计和非实验设计的成分。比如，一个二因素设计可能包含一个被试间因子（因子的每个水平对应一个独立的被试组）和一个被试内因子（一组被试连续接受所有的实验处理）。当然，析因设计也可以包含一个实验因子（有一个可被操纵的自变量）和一个非实验因子（现成的不能被操纵的变量）。混合设计使研究者可以在一项研究中将不同的方法结合在一起。科学研究中，如果采用某些结构单一的实验设计，有些问题就很难得到解决。但如果改用混合设计，问题可能会迎刃而解。接下来我们就来考察一些可能的混合或综合析因设计。

一、被试间设计和被试内设计

析因设计可以是纯粹的被试间设计，即一组被试只接受一种实验处理。正如我们在第十章中提到的，这种类型的设计有很多优点但也有不足，它的一个典型的不足是需要大量被试。比如，一个 2×4 析因设计有 8 种不同的实验条件，如果每一种实验条件需要 30 名被试，那么一共就需要 240 名被试。它的另一个不足是个体差异可能会成为混淆变量，增加了分数的变异。从积极方面来说，由于各组数据都是完全独立的，因此能避免顺序效应带来的问题。被试间设计一般适用于下列情况：第一，被试较多；第二，个体差异相对较小；第三，实验过程很可能产生顺序效应。

当然我们也可以构造纯粹的被试内析因设计，实验中一组被试要连续接受所有实验处理条件。正如我们在第十一章提到的，这种类型的实验设计也有一些明显的优点和不足。它最 376
明显的不足是一组被试要连续接受所有不同的实验处理。以一个 2×4 析因设计为例，每个被试必须在 8 种不同的实验条件下接受测量，而数量众多的不同实验处理会占用很多时间，因此被试在实验结束前退出实验（被试流失）的概率增加了。除此之外，一位被试接受时间很长、数量众多的实验处理，也会导致顺序效应的增加（如疲劳、练习效应），这使得通过抵消平衡设计控制其他顺序效应变得更加困难。被试内设计的两个优点是：它只需要一组被试；它能消除或在很大程度上减少由被试个体差异带来的问题。因此，被试内设计一般适用于个体差异相对较大、顺序效应较小的情况。

混合设计：被试间和被试内

研究者经常会遇到这样的情况：第一个因子适合用被试间设计，第二个因子适合用被试内设计。比如说，研究者更喜欢用被试内设计，以便使用较少的被试。但如果有一个因子可能会存在较大的顺序效应，那最好还是采用被试间设计。这样，就需要用混合设计，设计中同时包含被试间因子和被试内因子，用矩阵表示的话，则可以用被试间因子为行，被试内因子为列，每一行对应的一组被试必须接受列的所有不同处理。

图 13-5 显示的是假想的考察情绪与记忆之间关系的混合实验设计的结果。在这个研究领域中，最具代表性的研究结果是：人们倾向于回忆那些与他们当前的情绪一致的信息。因此，心情愉快时，人们就会回忆快乐的事情；心情沮丧时，人们就会回忆悲伤的事情。在一项如图 13-5 所示的研究中，克拉克和泰斯代尔（Clark & Teasdale, 1985）首先给一组被试呈现一系列越来越轻松、高兴的词汇（如有用、友好、漂亮、希望等）和一些越来越悲伤、沉闷的词汇（如粗鲁、荒芜、战争、悲伤等）。因为每一位被试要看到所有的词，所以词汇类型（正向情绪词、负向情绪词）就成了一个被试内因子，对应于图 13-5 中的两列。然后研究者给一组被试听快乐的音乐，给另一组被试听悲伤的音乐，并要求被试进入与所听音乐一致的情绪状态，从而操纵了情绪，这样就创设了一个被试间因子，区分出快乐情绪和悲伤情绪，与图 13-5 中数据矩阵中的
377 行对应。音乐听完后，要求所有被试尽可能多地回忆前面看到的词汇，由研究者记录每位被试能回忆的正向情绪词的数量和负向情绪词的数量。

	负向情绪词	正向情绪词
快乐情绪	M=70	M=23
悲伤情绪	M=48	M=35

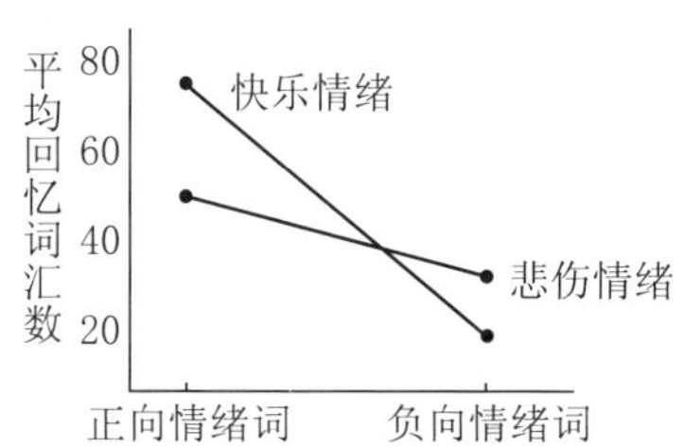

图 13-5 假想的由一个被试间因子和一个被试内因子构成的混合实验设计的结果

学习检测

1. 在一个二因素实验设计，因子 A 有 3 个水平，因子 B 有 2 个水平。对于下面每种情境来说，如果想要在每种实验处理条件中获得 5 个观测值，那么共需要多少被试？

a. 两个因子都是被试间因子。

b. 两个因子都是被试内因子。

c. 因子 A 是被试间因子，因子 B 是被试内因子。

2. 研究者打算用析因设计对两个移动公司提供的服务进行比较。首先要被试对服务质量进行评价，包括基本的通话、短信以及网络连接情况。然后，两家移动公司构成了一个因素，两类服务构成了第二类因素，被试的评分是因变量。对于这个研究来说，哪一个因子应该是被试间因子，哪一个因子应该是被试内因子？请给出答案并说明理由。

二、实验法和非实验法或准实验法

本章开始部分，酒精和咖啡研究的例子是一个析因设计，也是一个真正的实验研究设计。
378 其中，两个因子都是真正的自变量，能够被研究者操纵。我们也可以设计一种纯粹的非实验设计，其中所有因子都是不可操纵的准自变量。比如，巴赫里克和哈尔（Bahrick & Hall, 1991）让被试回忆高中的代数和几何，以此来考察他们记忆的持久性。实验比较两组被试，一组被试

在大学阶段上过高等数学课，一组被试在大学阶段没有上过高等数学课。实际上，这两组不是通过操纵自变量形成，而是现成的不等组，因此构成了一个准自变量。实验的第二个因子是时间，研究者在不同的时间间隔测量被试的回忆情况，时间间隔从高中毕业 3 到 55 年不等。因此，时间变量也是不可操纵的变量，也构成了另一个准自变量。因为这个实验有不可操纵的变量，所以是一个纯粹的非实验设计。结果显示：没有学过高等数学的一组被试，在经过一段时间后，其数学知识呈现系统下降趋势；而学过高等数学的一组被试，即使高中毕业数十年后，仍能较好地回忆出学过的数学知识。

混合设计：实验和非实验或准实验

在行为科学研究中，对析因设计来说，一个实验因子用实验法，另一个实验因子用准实验法或非实验法是非常常见的。这类研究就是混合设计。混合设计中，一个因子是真正的自变量，包括一系列可操纵的实验条件；另一个因子是准自变量，通常属于以下两个类别：

1. 现成的被试特征，如年龄或性别等。例如，研究者想考察实验处理条件对男性和女性是否有同样的效应，或者想知道实验处理的效应是否会随着年龄变化而变化。现成的被试特征将被试自然分成两个不等组，因此是一个准自变量。有时，加上一个被试特征作为第二个因子的设计也叫"人×环境"(P×E)设计或"人×情境"设计。

2. 时间。在上例中，研究者关注的研究问题是不同实验处理效应会持续多长时间。比如，两种不同治疗技术在治疗结束后会立即产生相同的作用，但经过一段时间后，其中一种治疗技术能继续产生效应，而另一种治疗技术的效应随时间推移而逐渐消失。请注意，时间是不受研究者控制或操纵的，因此它是一个准自变量。

比如，史劳格(Shrauge，1972)考察了有无观众对人们行为的影响。在概念形成实验任务 379
中，一半被试独自工作(无观众)，另一半被试在有观众的情境中工作，当然观众必须饶有兴趣地观看这个实验。第一个因子是有无观众，是由研究者控制的，因此这个因子是真正的自变量。第二个因子是自尊水平，根据测量将被试分为高自尊和低自尊。自尊是预先存在被试身上的特征，因此它是一个准自变量。图 13-6 展示了这个实验的结构，包括与史劳格的真实数据接近的结果。

结果表明，两个因子之间有交互效应。具体地说，有观众对低自尊被试有明显作用，但对高自尊被试几乎没什么影响。

	无观众	有观众
高自尊	M=2.1	M=2.2
低自尊	M=6.1	M=9.5

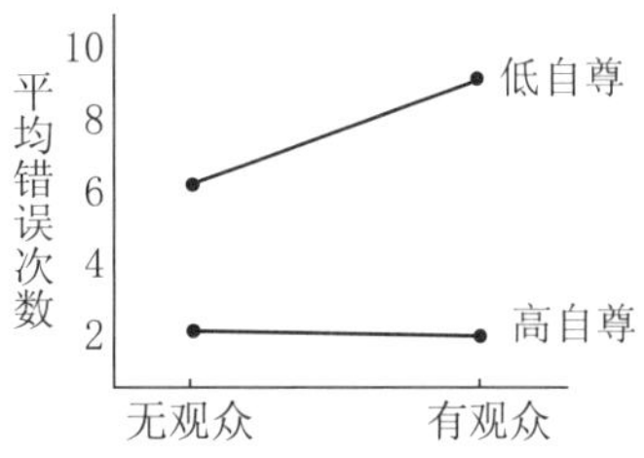

图 13-6　假想的一个实验因子和一个准实验因子结合成的混合设计

380 **学习检测**

1. 研究者想对两种治疗抑郁症的技术进行比较。他假设：一种技术只有暂时的作用，另一种技术有长期或持续的作用。请采用析因设计以验证上述假设，并查明治疗效果的持续时间。这个设计中，哪个因子是自变量，哪个因子是准自变量？

2. 研究者想对两种治疗抑郁症的技术进行比较。他假设一种技术对轻度抑郁症有效，另一种技术对重度抑郁症有效。请采用析因设计以验证上述假设，并回答对不同程度的抑郁症，分别适合采用哪一种治疗技术。这一设计中的两个因子，哪一个是自变量，哪一个是准自变量？

三、控制组前测—后测设计

我们在第十二章介绍过一种不等控制组前测—后测的准实验设计。这个设计包含两组被试，一组叫实验组，在接受实验处理前、后各接受一次测量；另一组叫控制组，接受两次测量（前测和后测），但其间不接受实验处理。按第十二章的方法，该设计可表示为：

O X O （实验组）
O   O （控制组）

其中 O 代表观察或测量，X 代表实验处理，每一行对应一组被试经历的一系列事件。

你也可以将这一设计看作是二因素混合设计中的一种，其中一个因子分为有实验处理和无实验处理两个水平，是被试间因子；另一个因子分为前测和后测两个水平，是被试内因子。如图 13-7 所示，可用矩阵形式表示这一设计。

	前测	后测
有实验处理	接受处理前的测量成绩	接受处理后的测量成绩
无实验处理	控制组的前测成绩	控制组的后测成绩

图 13-7 类似于二因素设计的不等组前测—后测设计结构

注：处理或控制因素是组间因子，前测—后测因素是被试内因子。

我们将第十二章介绍的设计称为准实验研究设计，因为它用了不等组（比如，两个不同高中的学生或两个诊所的患者）。相反，如果研究者有一组被试，并且可以将被试随机分配到两组，那这个设计就是混合设计，其中一个是实验因子（处理/控制），一个为非实验因子（前测—
381 后测）。这个版本的控制组前测—后测设计也可表示为：

R O X O （实验组）
R O   O （控制组）

其中，字母 R 表示随机分配被试，即研究者操纵被试分组，使之成为相等组。

四、高阶析因设计

二因素设计的基本概念可以拓展到更复杂的三因素或更多因素的设计中，我们把这些设计叫作**高阶析因设计**(higher-order factorial designs)。比如，一项三因素研究考察了一年级和二年级(因子 C)的男生和女生(因子 B)接受两种不同教学方法(因子 A)而取得的学业成绩。在这个析因设计中，研究者要评估每一个因子的主效应，一组二元交互效应：A×B、B×C 和 A×C。此外，还有可能存在的三元交互效应：A×B×C。

我们可以按照二元交互效应的逻辑来定义和解释高阶交互效应。比如，二元交互效应 A×B 表明因子 A 的效应取决于因子 B 的不同水平。扩展这个定义，三元交互效应 A×B×C 则表明 A 和 B 间的二元交互效应，取决于因子 C 的不同水平。比如，两种教学方法对一年级的男孩和女孩产生了相等的效果(在一年级，方法和性别间没有二元交互效应)。但在二年级，一种教学方法对男孩产生了较好的效果，另一种教学方法对女孩产生了较好的作用(在二年级，教学方法和性别产生了交互效应)。由于教学方法×性别模式产生的结果在两个年级间不同，因此这里存在三元交互效应。尽管三元交互效应的基本概念很容易掌握，但很多人却难以理解四元或更复杂的交互效应。

当然，研究者可以根据需要增加因子，但有三个或更多因子时就会产生非常复杂、难以解释的结果，并因此影响研究结论的实际价值。

第五节　析因设计的应用

析因设计为研究者建构实验设计提供了巨大的灵活性和自由性。如前所述，析因设计最主要的优点是使研究者可以同时考察两个(或更多)变量的主效应和交互效应。因此，析因设计应用非常广泛。但在本节，我们将集中分析三种情况，在这三种情况下，我们可以在已有研究基础上增加一个因子，以进一步深化某一研究课题或解决一个具体的研究问题。

一、重复并扩展已有研究 382

如果想在已有研究结果基础上开展一项新的研究，通常可以通过建构析因设计来进行。比如，一项发表过的研究报告可能对一系列处理条件进行比较，或者通过处理条件和控制条件的比较证实了某一特定变量的效应。但是，有批判意识的读者可能会问诸如此类的问题：

- 如果实验在另外一种不同条件下实施，也能得到这样的结果吗？
- 如果不同特征的个体参加这一实验，实验结果会有所不同吗？

设计一项研究来回答这些问题，往往需要析因设计。比如，要回答第一个问题，研究者就需要在原有实验处理(第一个因子)的基础上，改变有关条件(第二个因子)，拓展研究情境。开展这一拓展性研究的假设前提是：这两个因子间存在交互效应。也就是说，研究者预测，原有实验处理的效应可能依赖于另一条件的改变。同样，要解决第二个问题，就要求研究者在一个新的析因设计中，既包括原有实验处理（第一个因子），又要增加被试类型（增加另外一个被试变量作为第二个因子），其前提假设也是这两个因子有交互效应。

当前的研究往往都是以先前的研究为基础的，这使得析因设计大有用途。在一项研究中，研究者可能会重复并扩展已有研究。重复要使用与先前研究相同的因子或自变量，扩展则要根据新的处理条件或被试特征追加第二个因子，以探明先前研究报告的效应是否也能推广到其他情境或其他人群。

这里有一个研究的例子，是关于未来奖金的价值觉察问题。在一项典型的研究中，要求被试做出一个选择：是愿意等待 5 年获得 1 000 美元奖金，还是愿意立即得到但数额较少的奖金？总的结果是：对于 1 000 美元奖金来说，等待的时间越长，愿意等待的人越少，选择立即得到奖金的人越多。比如，有的人愿意立即得到 500 美元而不是等待 5 年得到 1 000 美元。但是，同样是这个人，如果要他等 10 年得到 1 000 美元的话，他愿意立即得到 200 美元，而不愿意等待。此类现象被称为延迟折扣，是指未来支付的价值由于延迟时间而被打折。格林，弗莱伊和迈尔森（Green, Fry, & Myerson, 1994）的研究要回答的问题是，延迟与折扣的关系是否受被试年龄的影响。研究者假设，年轻人可能更冲动，不愿意等待，年长者则相反，更加自控而给未来奖励更高的价值预期。为了回答这一问题，研究者把年龄作为第二个变量加进去，结果就形成了一个二因素研究。其中，第一个因子只是重复标准的折扣实验，在七个不同延迟时间上
383 评估 1 000 元的价值折扣，延迟时间的范围为 0—25 年不等，0 表示立即得到奖励。第二个因子包括三个年龄组：小学六年级学生、大学生、年长的成年人。这个研究的主要假设是：延迟时间与被试年龄存在交互效应，随着延迟时间变长，被试越年轻，对未来奖励的价值判断下降得越快，而年长的成年人对奖励的价值估计下降较慢。这一研究的结构如图 13-8 所示。

延迟时间（原有研究有的因子）	被试年龄（加入的新因子）：小学六年级学生	大学生	年长的成年人
没有延迟（立即支付）			
50 个月的延迟			
100 个月的延迟			
150 个月的延迟			
200 个月的延迟			
250 个月的延迟			
300 个月的延迟			

图 13-8 在已有研究基础上增加一个因子而创建一个新的研究

学习检测

已有研究证实，一种新的没有竞争的体育教育项目能显著提高幼儿园孩子的自尊。

a. 在原有实验基础上，研究者将被试的性别作为第二个因子，会获得哪些新信息？

b. 在原有实验基础上，研究者将被试的年龄（三年级、五年级等）作为第二个因子，会获得哪些新信息？

二、降低被试间设计中的变异量 384

第十章中，提到个体差异如年龄、性别会给被试间设计带来很多问题。首先，在同一种处理条件下，被试间差异会导致观测分数较大的变异性，而较大的变异性会使研究者很难确定实验条件有显著差异。通常，研究者有理由怀疑被试特征（如年龄）是导致观测分数变异的主要因素。在这种情况下，研究者可以通过保持恒定或控制变化范围的方法尽量消除或降低这些特征对实验效度的影响。假如，研究者在每一种条件下使用一组独立的儿童被试来对两种实验处理进行比较，而且在每一组被试中，儿童的年龄 6—14 岁不等（如图 13-9a 所示）。年龄大的孩子也许比年龄小的孩子得分高，这时，研究者就要注意，他们的分数较高可能仅仅是由于他们更成熟。如果分数真的与年龄有关，那么组内就可能会出现较高的变异性。针对这种情况，研究者应设法保持被试的年龄一致来使研究更严密（比如，被试都是 10 岁）。这种分组方法可以使被试的同质性更高、变异性更小，当然它也会制约研究结果的推广价值，降低研究的外部效度。幸好，我们有一种相对简单的方法能解决这一矛盾，即将某一变量作为第二个因子来构造一个二因素设计。在这个例子中，研究者把年龄作为第二个因子，把每一种处理条件下的被试均分为三个小组：最小年龄组（6—8 岁）、中等年龄组（9—11 岁）、最大年龄组（12—14 岁）。结果形成了一个二因素实验（如图 13-9b 所示）。

a. 在比较两种处理条件的研究中，每一组内被试有较大的年龄差异

处理 A	处理 B
12 名被试组成 年龄在 6—14 岁	12 名被试组成 年龄在 6—14 岁

b. 将被试年龄作为第二个因子，被试被分为较小的、同质性更强的组
每一组内较小的年龄差异应该能够降低观测分数的变异性

	处理 A	处理 B
年龄最小组 （6—8 岁）	4 名被试组成 年龄在 6—8 岁	4 名被试组成 年龄在 6—8 岁
年龄中等组 （9—11 岁）	4 名被试组成 年龄在 9—11 岁	4 名被试组成 年龄在 9—11 岁
年龄最大组 （12—14 岁）	4 名被试组成 年龄在 12—14 岁	4 名被试组成 年龄在 12—14 岁

图 13-9 在一项研究中，将被试年龄作为第二个因子以降低分数的变异性

将两组被试分解为 6 组，研究者大大降低了组内被试的个体差异（年龄差异），同时还保留原有研究的年龄范围。在这个新的二因素设计中，虽然年龄差异仍然存在，但它现在成了组间差异而非组内差异。这样，研究者在不牺牲研究外部效度的情况下有效降低了变异性。更重要的是，研究者利用析因设计的所有优势，考察了不同实验条件如何影响记忆，还考察了年龄（新因子）和记忆之间存在的关系，同时又能鉴定年龄和实验处理之间是否存在交互效应。

学习检测

在比较两种实验处理的被试间设计中，什么情况下研究者可以通过将性别作为新增的第二个因子来降低分数的变异性？

385 三、评估被试内设计中的顺序效应

第十一章中，顺序效应是被试内设计的一个严重问题。具体来说，在被试内设计中，每一个被试要按照一种特定的顺序接受一系列实验处理，这种情况会导致较早出现的处理对较晚出现的处理产生影响。因为顺序效应会掩盖或歪曲某种实验条件的真实效应，所以它们通常被视为混淆变量，在研究中应该将其消除。然而，在有些情境中，研究者可能想要研究顺序效
386 应（它们存在于何处，效应有多大）。例如，研究者可能对处理顺序如何影响处理效应（处理Ⅰ在处理Ⅱ之前还是之后更有效？）特别感兴趣。或者，研究者只想消除顺序效应，以便获得对数据更明确的认识。不管是哪一种情况，研究者都有可能创设一种研究设计，既能真实地测量顺序效应，又能将其与其他数据分离开来。

把处理顺序作为第二个因子

为了测量和评估顺序效应，我们必须使用抵消平衡的方法（如第十一章所讨论的）。这种方法需要将每组被试分解，然后每个组都按照不同的顺序接受实验处理。最简单的例子就是比较两种处理 A 和 B 的被试内设计。这种设计采用抵消平衡的方法，使一半被试先接受处理 A，再接受处理 B；另一半被试先接受处理 B 再接受处理 A。我们可以用矩阵的形式表示抵消平衡设计的结构，用两种处理构成列，处理顺序构成行（如图 13-10 所示）。

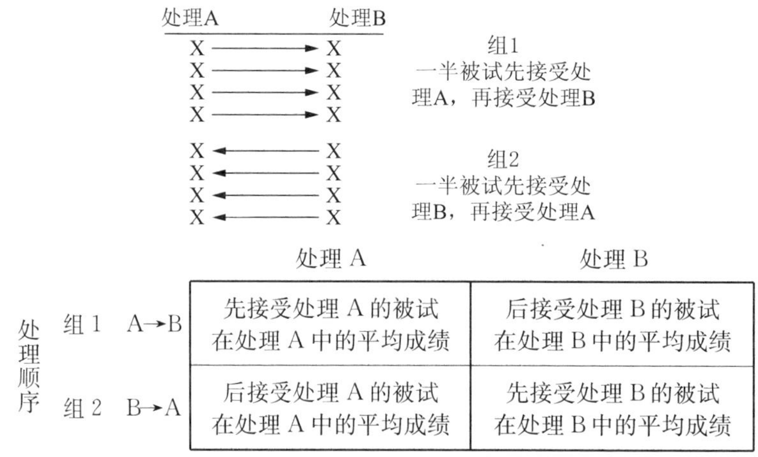

图 13-10 在一个被试内设计中把处理顺序作为第二个因子

你可以将图 13-10 中的矩阵结构看作是一个二因素研究设计，也可以将其看作是一个混 387
合设计的例子。处理因子（A 和 B）是被试内因子，处理顺序（AB 和 BA）是被试间因子。处理顺序作为第二个因子，有助于我们评估可能存在于数据间的顺序效应。这里存在三种可能的结果，每种都有其各自的表现形式。

1. 没有顺序效应。当没有顺序效应时，也就不存在处理先后顺序的问题了。这种结果的例子如图 13-11 所示。就图中数据看，先接受处理 A，平均值是 20（组 1）；后接受处理 A，平均值还是 20（组 2）。同样，处理顺序也没有影响处理 B 的平均值。结果，对于两组被试来说，处理间差异是 10 分。因此，处理效应（第一个因子）并不随处理顺序（第二个因子）的变化而变化，二者之间无交互效应。在没有顺序效应的情况下，数据也没有表现出交互效应。处理呈现的先后顺序没有产生任何效应，平均成绩在两种处理顺序下保持不变。

388

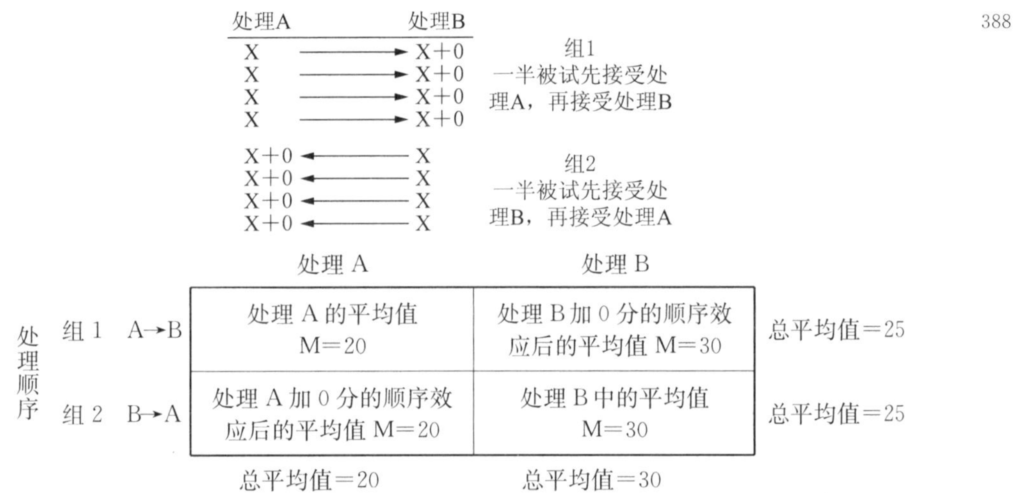

图 13-11　将处理顺序作为第二个因子构成二因素设计可显示处理及其顺序效应

2. 对称的顺序效应。当顺序效应存在时，被试后接受处理的成绩受先接受处理的影响。图 13-12 说明了这种结果，其中顺序效应是 5 分。当处理 B 在处理 A 后出现时，第一组被试的平均成绩提高了 5 分。同样，当处理 A 在处理 B 后出现时，第二组被试的平均成绩提高了 5 分。

在这种情况下，处理效应（处理 A 对处理 B）依赖于顺序。这样一来，一个因子的效应依赖于另一个因子。这实际上是一种交互效应。当有顺序效应存在时，以析因设计进行分析就会看到处理和处理顺序之间的交互效应。

从这些数据中，你可以发现，顺序效应是对称的，也就是说无论是处理 A 还是处理 B，后出现的处理都会增加 5 分。顺序效应的对称性也表现出一种对称的交互效应。比如，图中两条直线在中点相交。同样，两组接受处理 A（左边）产生的差异和两组接受处理 B（右边）产生的差异相同，都是 5 分。这种对称仅在顺序效应对称的情境中存在。

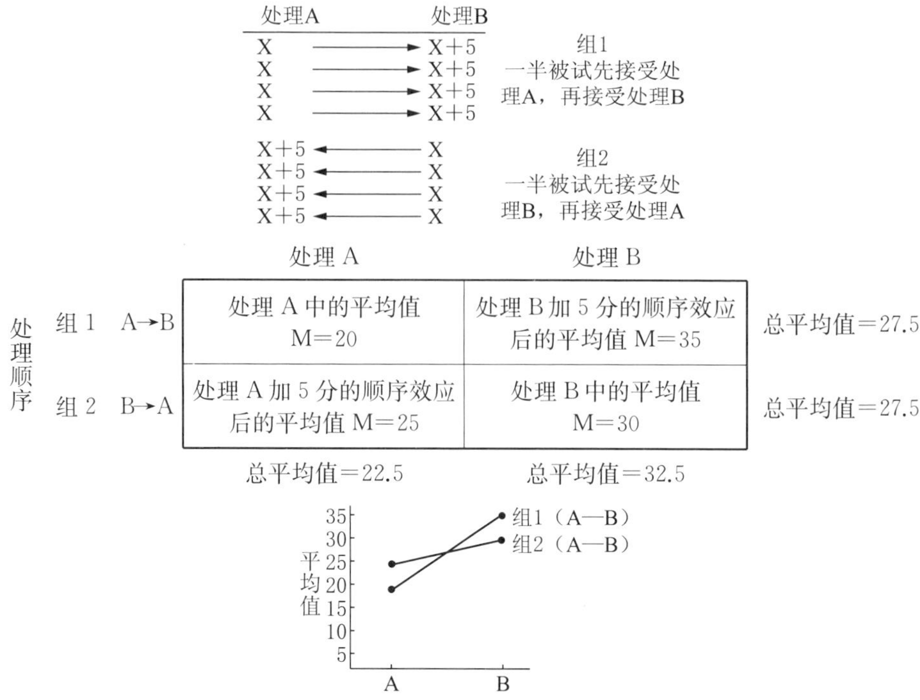

图 13-12　将处理顺序作为第二个因子构成的二因素设计显示的对称的顺序效应

389 **3. 不对称的顺序效应。**通常，顺序效应是不对称的。例如，不同处理条件下的被试，疲劳或练习的程度也不同。如图 13-13 所示。图 13-13 的数据特点如下：(1)第一组被试以 AB

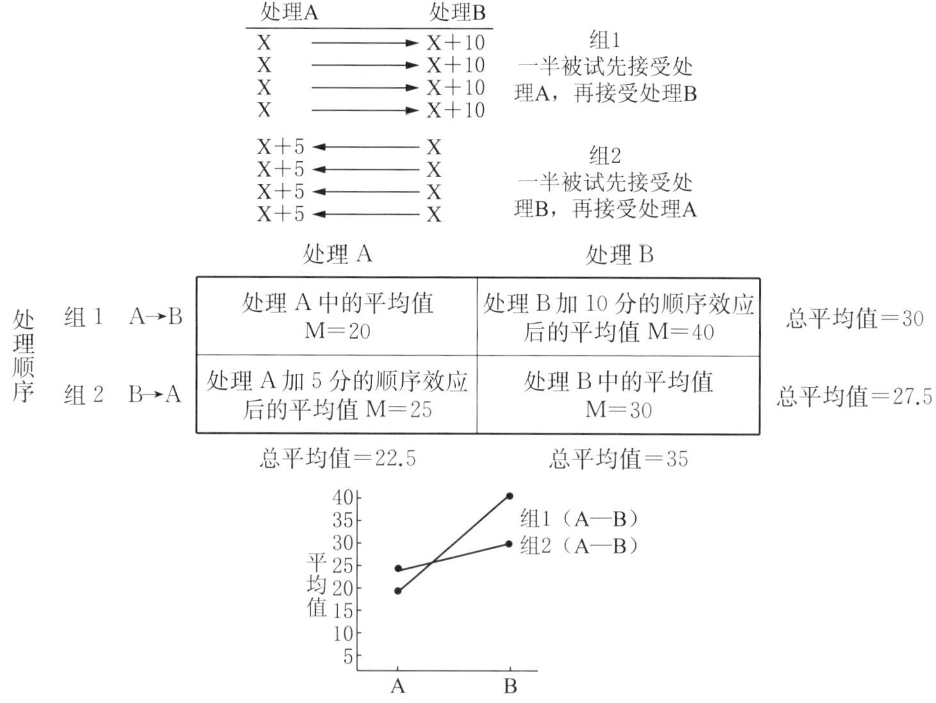

390 **图 13-13　将处理顺序作为第二个因子构成的二因素设计显示的不对称的顺序效应**

顺序接受处理，产生的顺序效应是 10 分，因此处理 B 的平均值增加 10 分。(2)第二组被试以 BA 顺序接受处理，产生的顺序效应是 5 分，因此处理 A 的平均值增加 5 分。

就像对称的顺序效应一样，图 13-13 中线图也显示出了交互效应。在这种分析中，如果存在交互效应，则暗示着顺序效应存在。不过，这里的交互效应不对称，两条直线没有在中点相 391
交。同样，两组在处理 A 上的差异也比在处理 B 上的差异小。通常，不对称的顺序效应在处理和顺序间会产生一种不平衡的或不对称的交互效应。

在前面举的例子中，我们构造了顺序效应并通过具体的数据加以说明。在人为假设的情境中，我们知道了顺序效应的存在和重要性。然而，在实际的实验研究中，研究者并不能轻易就发现顺序效应。正如在三个例子中证明的，必须把处理顺序作为第二个因子，才能从数据中检查出顺序效应的存在，然后可以通过交互效应来评估它们的大小和特点。由此，研究者就能观测到数据中的顺序效应，并将其与处理效应分离。

学习检测

1. 什么是对称的顺序效应或不对称的顺序效应？

2. 当将顺序效应作为实验的第二个因子进行二因素分析时，如何显示出以下三种可能的结果？

a. 没有顺序效应。

b. 对称的顺序效应。

c. 不对称的顺序效应。

本章小结

为了适应现实生活的复杂情境，研究者需要设计出包含多个自变量的实验设计，叫作析因设计。析因设计通常可以借用一个符号系统来表述，通过该符号系统，不仅能够说明设计中的因子数，而且也能说明各个因子的水平数，比如一个 2×3 析因设计就包含 2 个因子，第一个因子有 2 个水平，第二个因子有 3 个水平。

析因设计为研究者提供了丰富的信息，如每一个因子如何影响行为(主效应)，不同因子的结合如何影响行为(交互效应)。析因设计的独特价值在于能帮助研究者考察因子间的结合如何共同影响行为结果。当一个因子的效应随另一个因子水平的变化而变化时，这意味着两个因子的结合产生了独特的效应，即因子间交互效应。

在析因设计中，既可以每一种实验条件下都有一个独立组(被试间设计)，也可以同一组被试接受所有不同的实验条件(被试内设计)。此外，我们也可以构造一种析因设计，其中的因子是不可操纵的，相当于准自变量。最后，一个析因设计可以让因子自由结合，创设一系混合设计。一个析因研究可以将实验设计和准实验设计结合在一起，也可以将被试间设计和被试内 392

设计结合在一起。

尽管，析因设计的应用范围很广，但我们只讨论了三种具体的应用：(1)在已有实验研究的基础上增加另外一个因子，从而构建一个新的实验研究；(2)用被试的变量，比如年龄或性别作为第二个因子，将被试分成许多同质组，从而降低被试间设计的变异；(3)在抵消平衡的被试内设计中，把处理顺序作为第二个因子，使研究者能测量和评估顺序效应。

关键词

因子　　主效应　　混合设计
析因设计　　交互效应

练习题

1. 除关键词外，还应了解以下术语的定义：

二因素设计　　单因素设计　　三因素设计
水平　　高阶析因设计

2. 如果研究者发现在两个处理条件之间存在差异，那么通过增加被试性别作为第二个自变量，可以获得哪些更多的信息？

3. 什么是主效应？

4. 为什么在研究中，析因设计比两个独立研究设计好？

5. 在 4×2×2 析因设计中有多少个自变量？

6. 一项考察抑郁治疗疗效(行为的、精神分析的、认知的)和治疗师经验(有经验和无经验)的研究中，有多少主效应？

7. 假如研究者开展了一项二因素研究，比较两种处理下被试反应的性别差异。研究的结构可以表示成如下矩阵。

	处理	
	Ⅰ	Ⅱ
女		
男		

a. 如果结果显示，在处理Ⅰ条件下女性分数高于男性，处理Ⅱ条件下，男女分数相等，那么是否存在性别主效应，以及交互效应？

b. 如果结果显示，在处理Ⅰ条件下女性分数高于男性，处理Ⅱ条件下，女性分数低于男性，那么是否存在性别主效应，以及交互效应？

8. 用下面矩阵的数值回答问题 a、b、c：

	处理前	处理后	
男性	M=20	M=24	总平均值=22
女性	M=22	M=32	总平均值=27
	总平均值=21	总平均值=28	

a. 哪个数等同于处理的主效应。

b. 哪个数等同于性别的主效应。

c. 哪个数等同于交互效应。

9. 下面矩阵是一个 2×2 析因设计的结果(平均值),其中有一个平均值空缺。 393

a. 空缺的平均值是多少,因子 A 没有主效应?

b. 空缺的平均值是多少,因子 B 没有主效应?

c. 空缺的平均值是多少,没有交互效应?

	A1	A2
B1	40	20
B2	30	

10. 考察下图的数据：

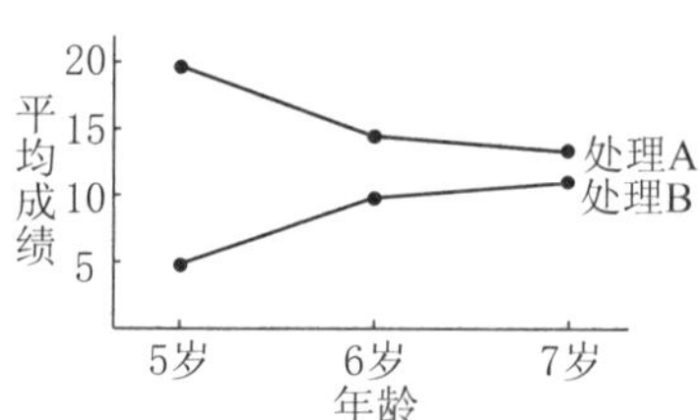

a. 处理因子有主效应吗?

b. 年龄因子有主效应吗?

c. 年龄和处理间有交互效应吗?

11. 说明因子间相互依赖和独立的问题,这和交互效应有什么联系?

12. 研究者设计了一个 2×3×2 析因设计,每一种实验条件下有 20 名被试。

a. 如果研究者仅采用被试间设计,整个研究共需多少名被试?

b. 如果研究者仅采用被试内设计,整个研究共需多少名被试?

13. 析因设计中,什么情况下,主效应不能对结果提供准确的描述?

14. 研究者想比较两种治疗抑郁症的技术在青年人和成年人中的治疗效果,其中哪个是实验因子,哪个是准实验因子?

15. 在什么情境中,被试间设计增加第二个因子性别,不会降低其变异?

16. 假设研究者证实了一种特殊的处理对减少成人压力是有效的。请采用某种方法,增加第二个因子来扩展这个结果。

394 训练活动

1. 查询心理学数据库或类似的数据库，找到一项用析因设计开展的研究(注意：你可以通过关键词检索来查找感兴趣的领域，但是找析因设计的最直接方法是搜索“2×2”或“2×3”)。如果找到了这样的文章，请回答下列问题。

a. 确定每一个因子和因子的具体水平数。

b. 确定每一个因子是自变量，还是准自变量。

c. 确定每一个因子是组间设计，还是组内设计。

d. 用主效应和交互效应描述研究结果(哪个主效应显著? 交互作用显著吗?)。然后用研究变量描述研究结果。

2. 图 13-4 显示 2×2 析因设计的主效应与交互效应的三种结合。用 2×2 结构，以因子 A 定义行，因子 B 定义列，构建一组平均数，并产生如下模式。

a. 因子 A 和因子 B 都有主效应，但没有交互效应。

b. 因子 A 有主效应和交互效应，因子 B 没有主效应。

c. 两个因子都有主效应和交互效应。

网络资源

访问本书的网站 www.cengage.com/international 可获取学习工具，包括术语表、抽认卡和网络测试。

第十四章 395

统计分析

本章概览

本章讨论研究过程的第八步——数据的统计分析，主要包括描述性统计和推断性统计两部分。此外，也论及某些特殊研究资料的处理。

- 引论
- 描述性统计
- 推断性统计
- 假设检验实例
- 研究中的特殊统计量

第一节　引论 396

资料搜集完成后，研究者通常会面对大量数据，主要是研究过程中记录的分数、测量值或观测值。接下来要做的是用统计学方法分析这些数据，使其意义显现出来。数据的统计分析主要有两个基本目的：

1. 帮助研究者组织和概括资料，以便能更好地理解研究中发生的现象，并将研究结果与他人交流。

2. 通过确定研究结果能证实的研究结论，帮助研究者回答研究开始时提出的一般问题。

这两个基本目的与两种基本统计方法相对应：描述性统计和推断性统计。**描述性统计**(descriptive statistics)是对一组数据的特点进行描述，通常是将数据组织成图或表，计算值，如用于描述数据整体情况的平均数。描述性统计的作用就是组织、概括和简化数据。

推断性统计(inferential statistics)是利用来自样本的有限信息去回答关于总体的一般问题。第五章谈到过关于总体的研究问题，但是研究结果却是来自相对较小的样本。虽然这个样本是从总体中抽取出来的，并且可以代表总体，但并不能确保每一个样本都能准确地反映总体情况。因此，研究者必须慎重考虑，从样本得到的结果能否反映总体的普遍情况。推断性统计就是帮助研究者决定，何种情况下能够用样本去推断总体。

一、先期准备

虽然使用统计学方法来评估资料是在研究过程的第八步才出现，但在研究开始之前，你就应该考虑到统计分析的问题，特别是应该考虑你想怎样描述结果以及需要何种描述性统计方法，这关系到如何规划测量过程，以及确定要获取什么类型的资料。例如，如果想计算平均数，
397 就需要获得数值型资料。你还需要估计将使用哪种推断性统计方法，包括确定要得出何种结论，并确保采用恰当的推断过程来证明你的观点。

一般来说，研究初期一旦确定了研究变量的界定方式，选定了变量测量的方法，也就相应地规定了数据统计分析方法。你应能估计到研究资料的大概情况，选定适当的描述性统计方法来呈现资料，使他人能看清并理解研究结果，同时考虑使用何种推断性统计方法对结果进行解释。

二、统计学术语

在讨论描述性统计和推断性统计方法之前，我们先介绍两个术语。最常用的描述性统计方法就是计算一或两个能概括整组数据情况的数值。当这组数据构成一个样本时，这个概括值叫作**统计量**(statistics)。

样本统计量有两种作用：

1. 对样本中的数据整体进行描述或概括。例如，一个 $n=100$ 人的样本的平均智商，就可以描述这个样本的平均智力水平。

2. 为总体提供相应概括值的信息。例如，一个 $n=25$ 的一年级学生样本的阅读平均分，就可以反映一年级全体学生的一般阅读水平。

再强调一下，样本中的概括值被称为统计量，对应总体的概括值被称为**参数**(parameter)。例如，如果一个有 20 名学生的样本是从一所有 1148 名学生的高中抽取出来的，那么这 20 名学生的平均年龄是统计量，1148 名学生的平均年龄是参数。

每个统计量(从样本计算出来的)都有一个对应的参数(从总体计算出来的)。在本章的后续部分你将看到，大部分推断性统计分析方法，都是以样本统计量为基础推断相应的总体参数。

学习检测

1. 请说明统计学的两个基本目的以及对应的统计方法。
2. 统计量和参数有什么不同？

398
第二节 描述性统计

如前文所述，描述性统计的目的在于组织或概括一组数据。为此常采用两种技术：

1. 把全部数据整理成一个表或图，以使研究者（和其他人）能看清整组数据的情况。

2. 计算一或两个概括值（如平均数）以描述整组数据。

下面我们对这两种技术进行讨论。

一、频数分布

简化或组织一组数据的方法之一就是把它们排列成一个有序的组以反映整组数据的情况，这种排列被称为**频数分布**（frequency distribution），它根据个体在测量等级的每个种类上的频数来制作表格。因此，一个频数分布表包括两部分信息：

1. 测量等级的数量。

2. 测量值在每一测量等级中的频数。

频数分布是用来显示测量等级及其频数的方法，它可以是表，也可以是图。频数分布的优点在于，能使研究者清楚地看到整组数据的分布情况。不足在于，建立一个频数分布表或频数分布图比较繁琐，尤其是在数据量很大又没有计算机协助的情况下。

频数分布表

一个频数分布表包括两栏信息。第一栏呈现测量的等级或者简单列出测量系列的种类，也就是分配个体的种类；第二栏呈现频数或者是个体数，将其登记到每个等级或种类当中。表14-1就是一个频数分布表，它给出了一个有15名学生的班级，在五点量表中得分情况的频数分布情况。第一列按顺序列出了从0到5的所有可能的测验得分（测量种类）；X表示这些所有可能出现的得分。第二列表示每个分数的发生频率。在这个例子中，有一个人在测验中得到最高分5，有3个人得分为4，等等。

表 14-1　频数分布表

X	f
5	1
4	3
3	4
2	3
1	2
0	2

表中数据显示的是来自5点量表分数的分布。

频数分布图

频数分布表中的信息也可以表示在频数分布图中。在频数分布图中，以测量等级或种类为横坐标，以每一测量等级或种类发生的频数为纵坐标。第四章曾提到四种不同性质的测验量表：称名量表、顺序量表、等距量表、比率量表。当测量等级或种类（分数）是由数值型资料（来自等距量表或比率量表）组成时，则可以使用下面两种方法来制作频数分布图：

1. 直方图（histogram）。用直条表示一组分数，并以直条的长短表示该组分数的出现 399

频率。相邻的直条之间不留空隙。

2. 多边图(polygon)。在每个分数相应的位置上点一个点,点位置的高度表示其出现的频率。然后把相邻的点用直线连接。此外,还要画直线与水平轴的两端相连,以形成一个完整的多边图。

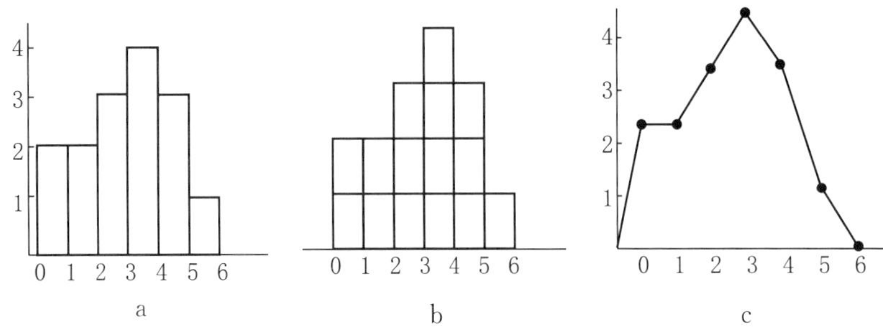

图 14-1 频数分布图

同一批数据:a. 在传统的直方图中的表示;b.在调整了的直方图中的表示;c.在多边图中的表示。

在调整的直方图中,每出现一次用一个组块表示,所以不必再作一个纵轴来表示每个分数的出现频数。

图 14-1 是两个直方图和一个多边图,它们与表 14-1 呈现的信息相同。图 14-1a 是传统的直方图,每类上方有一个直条。在图 14-1b 中,我们对直方图做轻微调整,把每个直条分成若干信息块。这种做法更能加强我们对频数分布概念的理解。每一块代表一个个体,图就显示了个体如何按测量等级或种类分布(堆起来)的。最后,图 14-1c 用多边图呈现一样的数据。这三幅图都描述了整组数据的概况,让人一目了然地看出数据在测量等级或种类上的分布情况。

当测量等级或种类不是数值型资料(而是来自称名量表或顺序量表)时,频数分布就以**条形图**(bar graph)表示。条形图与直方图相似,但条形图在相邻直条之间留出空隙。如图 14-2 就是一个条形图,它反映了某入门性大学课程选修人数的频数分布情况。由图可知,每个直条的高度代表相应科目被选的频数。在这个例子中,有 10 人选修心理学,6 人选修生物学,等等。

频数分布,特别是频数分布图,是整理大批数据的一种非常有效的方法。频数表明数据是聚集在一起,还是分散在不同等级上。从频数分布图上,你很容易看出分数的普遍高低状况,也就是可以看到分布在哪里集中。当然,如果有一个或两个极端值(与组中的其他值相差很大),那么这些值在图中很容易就能被看出来。不过,频数分布通常被看作是统计分析的一种
400 初步方法,很少出现在正式的研究报告中。尽管如此,在分析一组数据之初,建立频数分布图
还是很有好处的。一旦完成了数据收集,建立一个频数分布图就能使你清楚地看到这组数据
401 的分布情况,帮助你对数据作进一步思考。无论何时,只要遇到"样本"或者"一组数据"的概
念,我们建议把这些数据在频数分布图中表示出来,这样你既能了解整组数据的概况,又能了解每一个数据的具体情况。

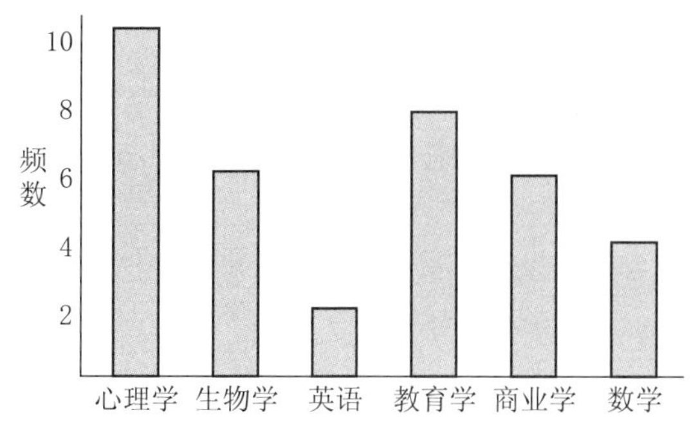

图 14-2　某入门性大学课程选修人数的频数分布情况

注：在相邻直条之间存在空隙。

学习检测

1. 用频数分布整理数据有哪些优缺点？
2. 哪种类型的数据用直方图表示？哪种类型的数据用条形图表示？

二、集中量

虽然频数分布表和频数分布图具有表示一组数据整体情况的优势，但还有更加简单的数据描述方法，其中最常用的就是计算一组数据的平均值。用统计学的术语来说，这个过程就是计算**集中量**(central tendency)。计算集中量是为了确定数据分布的集中情况，找出一个最能反映数据整体情况的代表量，它可以是算术平均数，也可以是其他能代表整体情况的最典型的数据。

集中量的测量可以用来描述或概括一组数据。例如，如果研究报告中指出，参加研究的孩子平均智商是 124，那么你应该认识到，这些孩子明显比一般孩子(平均智商是 100)聪明。除此之外，计算集中量是比较两组(或更多组)不同数据最常用的方法。比如，一项研究报告指出，那些接受特别辅导的学生的测验得分比那些没有接受特别辅导的学生平均高出 12 分。

虽然集中量的概念比较简单，但在使用这个概念时也会出现一些问题。集中量的作用就是用一个客观的、定义清楚的程序来确定一组数据的集中情况，以便使其他研究者知道如何计算一个样本的平均数，并能重复这个过程。但糟糕的是，不存在一个绝对通用的计算程序。因此，研究者们提出了三种计算集中量的方法，每种方法都有其适用的特定情况或数据类型。这三种计算集中量的方法分别是计算平均数、中位数和众数。

平均数

当个体分数是用等距量表或比率量表测得的数值时，最常用的集中量是**平均数**(mean)。平均数是所有观测值的总和除以总频数所得之商。从概念上讲，如果将所有观测值的总和进 402
行平均，那么平均数就是均分后所得之数。在研究报告中，通常用字母 M 表示样本的平均数，用符号 μ(希腊字母，读作 mu)表示总体平均数。正如前面提到的，平均数是一种最常用的集中量。然而，有些情况下，平均数并不是最好的集中量，或者数据本身不能计算出平均数。通常包括如下几种情况：

- 当一个样本包含几个极端值——通常极大或极小时，平均数常受这些极端值影响，以致它不能很好地代表这组数据的典型集中水平。例如，一个或两个极大值可以提升平均数，这样它就不落在这组数据的中间了。
- 有时，样本资料是用称名量表测量得到的，不是数值型资料。例如，研究者对一组学生的性别、职业、主修专业或眼睛颜色等变量进行测量，因为其中不包含数值型资料，所以不可能计算其平均数。有时，称名测量也用数值编码，如研究者用 0 表示男性、1 表示女性。这种情况下，计算平均数就毫无意义。

当不能计算平均数或者计算出来的平均数不具有代表性时，应该选择其他的集中量：中位数或众数。

中位数

中位数（median）是把按顺序排列的一组数据一分为二的那个数值，这样，在整组数据中，恰好有 50%的数据大于或等于中位数，有 50%的数值小于或等于中位数。通常，当平均数不能很好代表数据组时，可考虑用中位数。例如，在有几个极端值的一组数据中，这些极端值会影响平均数，使其不能成为一个中间值。这时，中位数成为一种更能反映集中量的指标。因此，当平均数不能很好地发挥作用时，可以认为中位数是反映集中量的一种补救方式。有时，在人口统计学报告中，如家庭收入、单户型住宅价格等都包含一些极端值。这时中间收入或中间价格可作为描述平均水平的典型指标。

众数

众数（mode）是出现频率最高的数据或类型。在一个频数分布图中，众数确定了数据分布顶点（最高点）的位置。当数据由非数值型资料（如从称名量表中测得的值）组成时，是不可能
403 去求平均数或者中位数的，这时众数是唯一可得的反映集中量的指标。如果数据是数值型的，众数也经常和平均数一起被列出来，因为众数有助于描述频数分布的形状。虽然一组数据只有一个平均数和一个中位数，但却可能出现多个顶点，也就是可能有多个众数。有两个顶点的数据分布被称为**双峰分布**（bimodal），有两个以上众数的数据分布被称为**多峰分布**（multimodal）。

平均数、中位数和众数的计算实例见附录 B。

学习检测

1. 为什么要计算集中量？
2. 哪种情况下使用平均数反映集中量最好？哪种情况下又应该选择别的方法？
3. 举例说明在哪种情况下中位数比平均数能更好地反映集中量。

三、差异量

差异量（variability）反映一组数据的离散程度。差异量越小，表示数据分布越集中；差异

量越大，表示数据分布越分散。与集中量一样，描述或测量差异量也有几种不同的方法，其中最常用的是标准差和与之相联系的方差。

标准差和方差

通常，只要用平均数反映集中量，就用**标准差**（standard deviation）反映差异量。标准差以平均数作为参照点，以每个数据与平均数的离差来测量差异量。从概念上讲，标准差是离差的平均值：当数据集中于平均数附近，标准差就小；当数据分散于平均数周围，标准差就大。

虽然标准差的概念相当简单，但实际计算却有些复杂。首先，要计算所有数据离差平方的平均值，这个平均的平方值叫作**方差**（variance）。虽然方差不是一个有直接意义的概念，但它 404
是一个很重要的统计量数，特别是在推断性统计中。概括来讲，方差和标准差的计算有以下几个步骤：

1. 计算每个数据与平均数的距离，通常将这个距离叫作离差。例如，若平均数是 80，其中一个数据是 84，那么这个距离或离差就是 4。

2. 把每个离差加以平方，再计算离差平方的平均值，这就是方差。我们需要注意，一个样本的离差平方和的平均值是通过离差平方和除以 $n-1$ 得到的。这里的 n 代表样本容量，$n-1$ 叫作自由度，用 df 表示。通过除以 $n-1$ 得到离差平方的均值或方差才是正确的，可以无偏差地估计总体的方差。

3. 方差测量了离差平方的均值。只要把方差开方就可得到标准差，因此方差和标准差是平方和开平方的关系

$$\text{标准差}=\sqrt{\text{方差}}$$

$$\text{方差}=\text{标准差}^2$$

在统计学书中，样本标准差常用字母 S 表示，样本方差用 S^2 表示。有些研究报告也用 SD 表示标准差。

一方面，因为标准差是一种距离测量，是一个很容易理解的概念，所以标准差被认为是描述差异量的最好方法。实际上，标准差就是距离求平均后的标准距离。标准差小，表明数据集中在平均数附近；标准差大，表明数据分散在平均数周围较大范围。我们还可以用标准差来描述数据之间的距离。例如，若标准差较小，表明数据之间的差异或距离也较小。

另一方面，方差用来衡量平方后的距离。因为平方的距离并不是一个简单的概念，所以通常不用方差来描述差异量。然而，方差也确实是测量距离的一种好方法。方差小，表明数据分 405
布集中；方差大，表明数据比较分散。

样本方差和自由度

尽管样本方差被描述为是离差平方的均值，但实际上，计算过程中需要将离差平方和除以 $n-1$（而不是 n）。正如前文提到的，$n-1$ 叫作自由度（df）。除以 $n-1$ 是一个必要的调整，它可以保证样本方差可以准确地反映总体方差。如果不加以调整，样本方差将会低估总体的实际方差。经过调整，样本方差能更准确、无偏地反映总体方差。

虽然自由度概念的理解并非关键性问题，但是几乎所有统计分析及其结果的报告都会提

及自由度(df)。大多数情况下，你应该清楚研究结构与自由度计算之间的关系。例如，在一项研究中，有 20 名被试，那么样本方差的自由度就是 $df=19$。有关自由度的话题在后面假设检验的部分还会出现(见本章第四节)。标准差和方差的计算实例见附录 B。

学习检测

1. 请说明方差和标准差的关系。
2. 请说明标准差和平均数的关系。

四、等距量表和比率量表数值型资料的描述

在本章中，我们已经介绍了频数分布，这是显示一组数据分布状态的最好方法。当数据是来自等距量表或比率变量的数值型分数时，平均数和标准差是描述一组数据的最好方法。事实上，这三个统计概念(频数分布、平均数和标准差)有内在联系。

在频数分布图中，平均数可以用穿过这组数据中心的一条垂线表示。依照定义，平均数代表一组数据中心所处的位置。同样，标准差可以用两个矢量表示，从平均数指向频数分布的两端。这两个矢量应该是等长的(与标准差相等)，其长度大约是平均数与极端值距离的一半。图 14-3 是一组数据的频数分布图，其中平均数和标准差被标示出来。从图中可以看出，标准差是离开平均数的距离，代表标准距离。有些数据离平均数近，有些数据离平均数远，但矢量代表标准或平均的距离。一般来说，大约 70%的分数分布在平均数加减一个标准差的范围内，大约 95%的分数分布在平均数加减两个标准差的范围内。

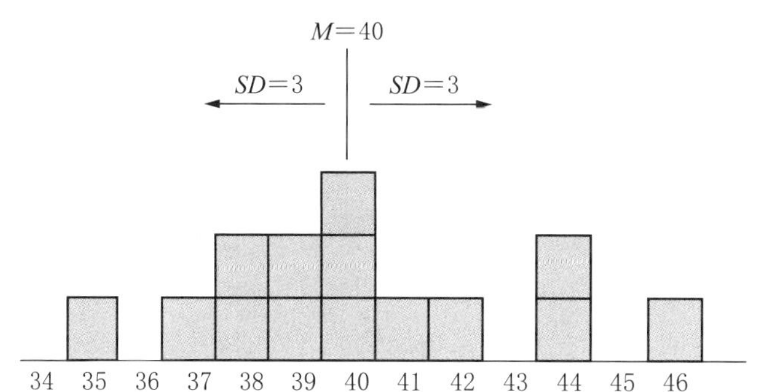

图 14-3 一组数据的频数分布图(平均数 $M=40$，标准差 $SD=3$)

平均数用 40 分位置上的一条垂线表示，标准差(离开平均数的标准距离)用两个矢量表示，这两个矢量中的一个延伸于平均数以上 3 分，另一个延伸于平均数以下 3 分。

当你观察图 14-3 时，你会发现平均数和标准差在描述整组数据分布中的地位。显而易
406 见，平均数确定了整组数据中间的数值，标准差显示了数据在离平均数多远的范围内分布。在图 14-3 中，平均数是 40，标准差是 3。所以，平均数位于分数为 40 的地方，而矢量向右延伸至 43，向左延伸至 37。对于这个分布来说，大部分数据在 37 和 43 之间。

图 14-4a 是一组数据的频数分布图。在一项研究中，当你收集完数据后就可以着手制作

这种分布图。单是观察分布情况,就可以对平均数和标准差做一个相当准确的估计。你可以试一试,对于这组数据,实际平均数为 16.88,标准差为 2.33,你的估计值是否与之接近?

在文献中,平均数用字母 M 表示,标准差用 SD 表示。这两个值在描述统计中可能是最常报告的,它们应能提供足够的信息反映整组数据的情况。假如一项研究报告这样描述一组数据,$M=45$, $SD=6$,你应该能根据这些信息想象或勾画出一幅反映这组数据情况的频数分布图。你可以试一试,你的结果应该和图 14-4b 接近。

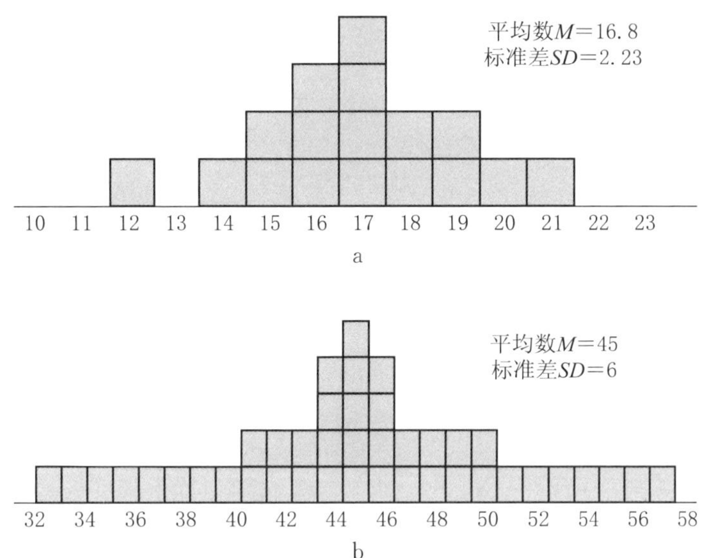

图 14-4　两个频数分布中的平均数与标准差

五、称名量表和顺序量表非数值型资料的描述

有些情况下,研究者测量或观察得到的结果并不是数值型资料。相反,研究者可能只是简单地按照称名或顺序划分被试。这种测量的例子包括:

- 按性别分类:男或女
- 按态度分类:同意或不同意
- 按自尊分类:高、中、低

上述资料不是数值型资料,没有用来计算平均数或标准差的数值。在这种情况下,研究者 407
必须寻求其他方法来描述资料。

描述称名资料和顺序资料的一种最简单的方法是计算每种类型的比例或百分数。这些值可用来描述一个独立样本或比较几个独立样本。例如,一项研究报告是这样描述投票者样本的:43%的人支持候选人格林,28%的人支持候选人布朗,还有 29%的人弃权。这种方法也可用于比较两个组,如有 80%的 6 岁儿童能完成某项任务,而只有 34%的 4 岁儿童能完成这项任务。

除比例或百分数外,你还可以用众数来反映称名资料的集中趋势。但要记住,众数只是简单地指出最常发生的类型,因此它描述的是一个样本中最具代表性的个体。假如,对一个调查

问题的回答最多的是“无所谓”，你可能认为被调查的人们对该问题不太关心。但是，分数之间的距离在非数值型资料中是无意义的，因此也就不能计算出有意义的差异量。

六、用图示概括资料

当研究要比较几个不同的处理条件(或几个不同总体)时，通常可以用图反映被比较的所
408 有组的统计情况。将各组的统计值同时呈现在一个图上，观察者就很容易看出它们之间的差异。例如，我们可以列出八个不同处理条件下测量值的平均数，如果把它们放在一个图中，就更容易比较了。

最常用图来表示的统计量是样本平均数，但样本中位数或百分数也可以用图表示。在每种情况下，图都按如下基本相同的结构组织：

1. 横坐标列出不同的组或处理条件。通常包括自变量的不同水平或准自变量的不同值。

2. 纵坐标列出统计值。通常包括被比较的样本平均值。

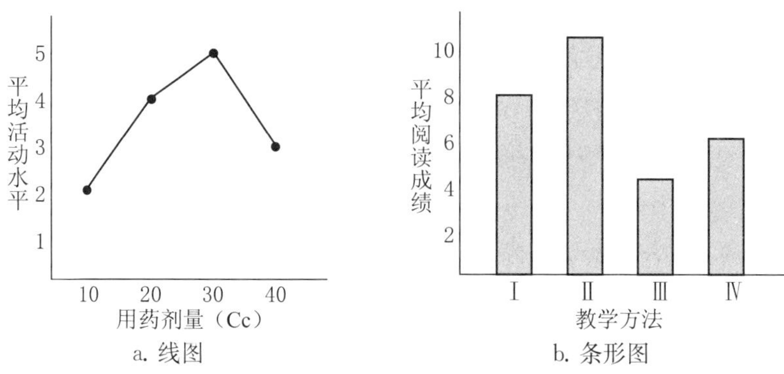

a. 线图　　b. 条形图

图 14-5　以图示呈现平均数和平均数的差异

图可以是**折线图**(line graph)，也可以是条形图，图 14-5 就是这两种类型的图，分别表示四种不同处理条件下的观测情况。在制作折线图时，我们在横坐标(每种处理条件)上方标出一个点，这个点的垂直位置与该处理条件下的平均值相对应，然后用直线把这些点连接起来。条形图只在每种处理条件上方以一个直条表示，直条的长度与不同处理方式下的观测结果相对应。按照惯例，当横坐标上的值来自等距量表或比率量表时，一般用折线图；当横坐标上的值来自称名量表或顺序量表时，一般用条形图。

类似的图也可用来表示样本中位数或样本百分数。图 14-6 就是这样的两个例子。图 14-6a 反映了三个由 30 岁男人组成的样本的收入中位数，三个样本代表三种不同的受教育水平。图 14-6b 反映了偏爱数字显示型手表的比例与年龄的关系的研究结果。三个样本代表三个不同的年龄组，询问被试他们是偏爱数字显示型手表，还是偏爱传统样式的手表。图显示了三个样本中偏爱数字显示型手表的人数比例。

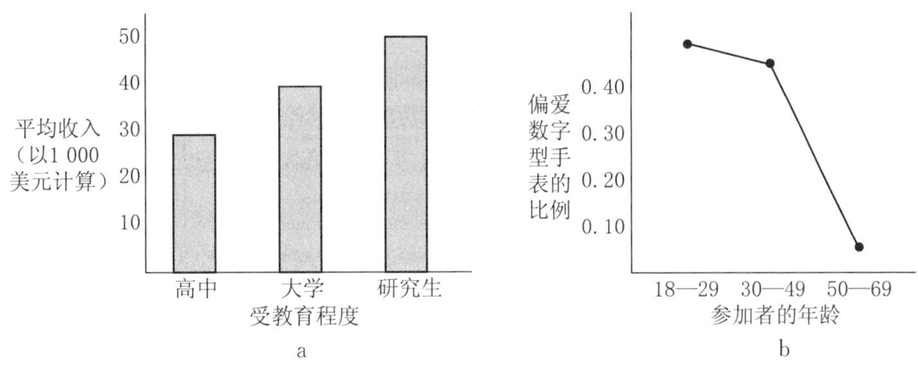

图 14-6 表示中位数(a)和比例值(b)的图

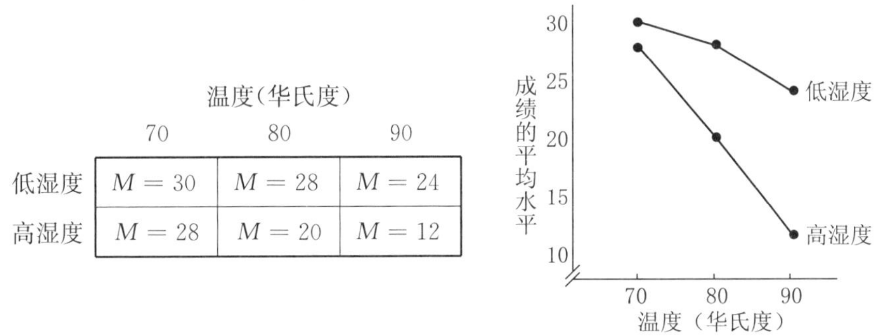

温度(华氏度)

	70	80	90
低湿度	$M=30$	$M=28$	$M=24$
高湿度	$M=28$	$M=20$	$M=12$

图 14-7 表示二因素设计的矩阵和图

析因研究(见第十三章)包括两个或更多自变量(或准自变量)。例如,研究者想测试温度和湿度对成绩的影响。在这个研究中,要操纵温度(变量 1)和湿度(变量 2),然后在不同的温度和湿度条件下,对成绩进行评估。这类实验的结构可以用矩阵表示,一个变量决定行,另一个变量决定列,矩阵中每一格对应一个具体的处理条件组合。图 14-7 给出这里描述的温度和湿度实验的一组假设数据。这个图还包括一个矩阵,该矩阵反映了不同处理条件下的平均成绩水平,并展示平均值在图中是怎样分布的。按照一般规则,在做二因素研究的图时,横坐标
列出自变量的值,纵坐标列出因变量的值。在图 14-7 中,横坐标是温度值,纵坐标是成绩平均 409
值。然后用坐标系中不同的线代表第二个自变量不同水平的平均值。该例中有两条直线分别代表两种湿度水平。从图 14-7 可以看出,较高的线代表矩阵上一行的平均水平,较低的线代表矩阵下一行的平均水平。该图显示了来自六种实验处理条件下的平均成绩,并可以对它们进行对比,找出其中的不同之处。

学习检测

用什么方法来描述来自称名量表和顺序量表的资料?

七、相关分析 410

到现在为止,我们讨论的统计方法都是为了描述一组数据或帮助研究者发现组间差异。

如研究者对自尊与任务成绩之间的关系感兴趣，可能会选择一个高自尊者样本和一个低自尊者样本（见第十二章），然后给每个被试分配任务，并测量其成绩。从这种研究得到的数据如表14-2a所示。从表中可以看到，研究者有两组数据，计算每组数据的平均数来描述，而两组平均数的差异能说明自尊与任务成绩之间的关系。

另一个可供选择的研究方法是相关性研究，这需要对每个被试的自尊和任务成绩情况进行测量（见第八章）。在这种情况下，研究者不比较两组样本分数，而比较一组样本中每个被试
411 的两个分数，如表14-2b所示。对于这种类型的数据，研究者要通过计算**相关**（correlation）来测量和描述两个变量间的关系。在本例中，用相关系数测量和描述自尊与任务成绩之间的关系。

表 14-2 评估自尊与作业成绩之间关系的两种方法

a. 用准实验方法评估两组被试成绩平均水平的差异

自尊高的组	自尊低的组
19	12
23	14
21	10
24	17
17	13
18	20
20	13
22	11
$M = 20.50$	$M = 13.75$

←— 作业成绩

b. 用相关法测量每个被试的两个变量，再计算相关

被试	自尊评分	作业成绩
A	62	13
B	84	20
C	89	22
D	73	16
E	66	11
F	75	18
G	71	14
H	80	21

←— 来自同一组被试的两组独立分数

相关研究的数据通常由每个被试的两个数据组成。按照惯例，这两个数据用 x 和 y 来表示。当把数据表示成图的形式时，这个图就叫**散点图**（scatter plot）。图14-8是表14-2b自尊与成绩之间关系的散点图。在这个散点图中，每个被试都以一个坐标点表示；点的横坐标对应 x 值（自尊），纵坐标对应 y 值（成绩）。散点图有助于考察两个变量间的关系特性。

相关可以评估和描述两个变量三方面关系特征：

1. 相关的方向。用相关符号（正或负）表示相关的方向。正相关表示两个变量 x 和 y 变化方向相同，x 增加，y 也增加。负相关表示 x 与 y 变化方向相反，即 x 增加，y 减少。

2. 相关的形态。相关的形态由相关的类型决定。皮尔逊相关，通常用字母 r 表示，用来估计线性（或直线）关系。迄今为止，皮尔逊相关是最常用的相关关系。斯皮尔曼相关，用字母 r_s 表示，实际上是皮尔逊相关应用于顺序数据（等级）。如果原始数据是来自等距量表或比率量表的数值型资料，我们可以将分数排序，然后计算斯皮尔曼相关。斯皮尔曼相关系数可以反映相关关系稳定的一致性程度。

3. 相关的程度或强度。相关的程度和强度用相关系数的数值来描述。相关系数为1.00，表示完全相关；相关系数为0.00，表示完全不相关。不同程度的相关关系在第八章

中探讨。

最后我们需要指出，相关的方向和强度是独立的。例如，$r=+0.85$ 和 $r=-0.85$ 相关强 412
度是一样的，皮尔逊相关系数 $r=+1.00$ 和 $r=-1.00$ 也都表示完全的线性相关关系。 413

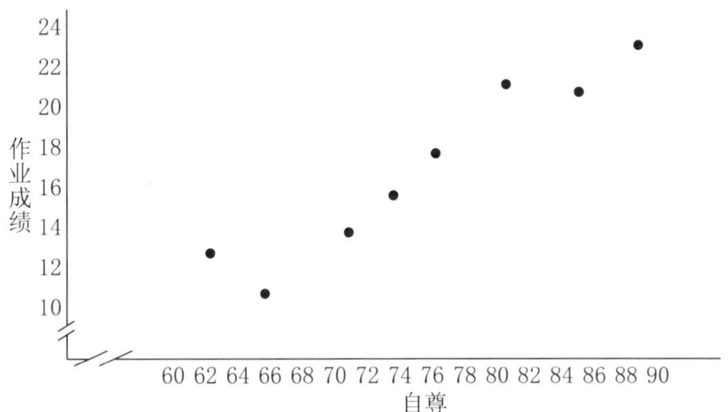

图 14-8　显示表 14-2b 中数据关系的散点图

数据显示出自尊与作业成绩一个强的正相关，皮尔逊相关系数为 $r=0.933$

皮尔逊相关和斯皮尔曼相关的计算实例参见附录 B。

学习检测

研究者在一个大学生样本中，得到学业成绩的平均等级与看电视时间的相关系数 $r=-0.72$。对这个样本来说，更可能获得高分的是那些看电视时间长的学生还是很少看电视的学生？请解释你的回答。

八、回归分析

皮尔逊相关描述的是两个变量间的线性相关。当两个变量存在线性相关时，计算出一个与数据点达到最佳拟合的直线方程是可能的。这个寻找线性方程的过程就叫**回归**(regression)，最终的方程被称为**回归方程**(regression equation)。

图 14-9 是反映 X 和 Y 数值的散点图，在图中所有数据点的中心，可以画出一条直线。这条直线非常有价值，因为它使两个变量之间的关系更加清晰，并且可以用于预测。也就是说，对于每个 X 值，根据这条直线，都可以找到一个可预测的 Y 值。

所有的直线方程都有相同的结构，可以表示为：

$$Y=bX+a$$

其中 a 和 b 是固定的常数。b 的值叫**斜率常量**(slope constant)，因为它描述的是回归线的 414
斜率(当 X 增加 1 个单位时，Y 的变化量)。a 的值叫 **Y 轴截距**(Y-intercept)，是回归线与 Y 轴交叉点对应的纵坐标。回归分析的过程就是确定 a 值和 b 值的过程，这样才能准确预测 Y 值。也就是说，回归分析要确定一个方程，根据这个方程，可确保预测的 Y 值与实际 Y 值的误差最小。

通常，回归方程有标准格式。X 和 Y 的初始值都要转化成 z 分数。在标准格式下的方程表示为 $Z_y = \beta Z_x$。其中，Z_y 和 Z_x 分别是 X 和 Y 的标准分（Z 分数），β 是标准化的斜率常量。在线性回归中，用一个变量（X）去预测另一个变量（Y），β 的地位就相当于皮尔逊相关系数。

除非有完全的线性相关（皮尔逊相关系数＝＋1.00 或－1.00），否则预测 Y 值与实际 Y 值之间总会有误差。每个点的误差大小都是不同的，但是平均误差与皮尔逊相关系数有直接联系。当相关系数接近 1.00（无论正负）时，数据点集中在直线附近，平均误差小；当相关系数接
415 近 0 时，数据点零散地分布在直线周围，平均误差大。相关系数的平方，即 r^2，描述了预测的总体准确性。r^2 也反映了通过回归方程预测的 Y 值方差占实测 Y 分数方差的比例。

九、多元回归

有些情况下，研究者需要用多个变量来做更好的预测。例如，用两个变量如学生的高中成绩和学术能力测试成绩预测大学成绩会比只用其中一个变量的预测准确得多。用多个变量，探索最准确的预测方程的过程叫**多元回归**（multiple regression），最终的方程叫**多元回归方程**（multiple-regression equation）。

当用两个变量（X_1 和 X_2）来预测 Y 值时，多元回归方程的一般表达式为：

$$Y = b_1 X_1 + b_2 X_2 + a$$

多元回归通过确定 a 值、b_1 值和 b_2 值，得到最准确的预测方程。用标准化的形式，方程变为：

$$Z_y = \beta_1 Z_{x1} + \beta_2 Z_{x2}$$

Z_y、Z_{x1}、Z_{x2} 分别是 Y、X_1、X_2 的标准值（Z 分数），β 为斜率常量。

和前面一样，预测的 Y 值与实际 Y 值之间通常会有误差。同样，r^2 也反映了通过一个预测变量预测的 Y 值方差占实际的 Y 值方差的比例，而 R^2 反映了通过回归方程预测的 Y 值方差占实测 Y 值方差的比例。有些情况下，研究者在初始回归方程中只用一个预测变量，然后加入第二个预测变量，并观察预测准确度提高的程度。在这种情况下，研究者会报告 ΔR^2 的值，ΔR^2 反映的是加入第二个预测变量后 R^2 的变化程度（增加值）。

第三节 推断性统计

虽然研究问题都是关于总体的问题，但实际的课题研究都是通过从总体抽取的一个相对
416 小的样本来实施（见第五章）。例如，研究者想了解婴儿期的社会经验是否会影响他们在青少年期的社会技能。为了回答这个问题，研究者可能会选择一个由 25 名青少年组成的样本，测

量他们的社会技能，并采访他们的父母以获得他们婴儿期的社会经验资料。可见，研究者是依靠 25 个人的样本研究的结果来反映总体。这个样本可以代表总体吗？如果换一个样本，结果还会一样吗？解决这些问题就是推断性统计的目的。

推断性统计的总体目标是通过样本提供的有限信息推断总体的情况。显然，这个目标包括对（样本）有限信息进行概括或推论，从而得出（总体）一般结论。这个过程的主要难点是**抽样误差**（sampling error）。简单地说，抽样误差意味着一个样本不能准确地反映它所属的总体，即从样本获得的信息与总体的实际情况之间存在差异或误差。

我们以图 14-9 来说明抽样误差的概念。图 14-9 中显示了一个由 1 000 名大学生构成的总体和两个从这个总体中抽取的由 5 名学生构成的样本。图 14-9 中也显示了一组总体参数和相应的样本统计量。首先，我们注意到，样本统计量与总体参数不相等，这就是抽样误差的基本概念，也就是在样本统计量和总体参数之间，总是存在些许不一致。此外，两个样本的统计量也不相同，这是抽样误差导致的另一个结果，也就是每个样本都由独特的个体构成，都有自己的分数和统计量。

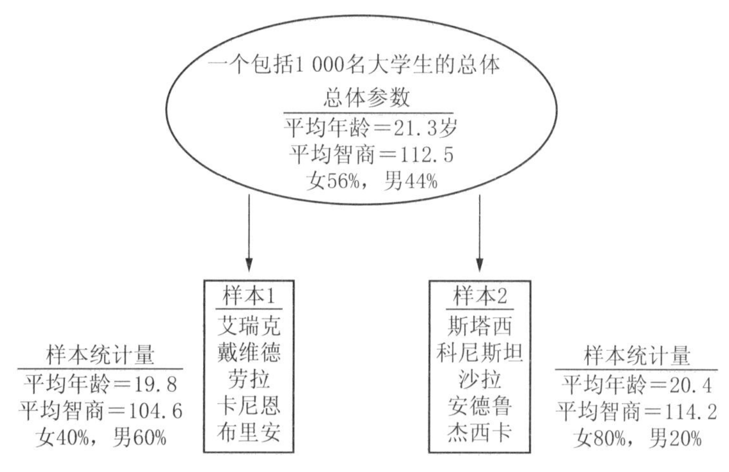

图 14-9　一个抽样误差的实例

从一个总体中抽取两个样本，两个样本的统计量互不相同，而它们也与相应的总体的参数不同。

推断性统计的基本问题，就是区分研究结果是由处理引起的，还是由抽样误差引起的。图 14-10 简单描绘了一个典型的研究结构的例子。在这个例子中，研究者探究学前儿童看含暴力内容的电视节目与攻击行为的关系。从总体抽出两组儿童（两个样本），一组看 30 分钟含暴力内容的电视节目，另一组看无暴力内容的电视节目。然后，在游戏中对两组儿童进行观察，研究者记录每个儿童攻击行为的数量，再计算每个样本的平均数（统计量）并对之进行比较。图 14-10 中，两个样本平均数相差 4.2 分。这时，研究者需要分析这个差异是由不同处理（不同的电视节目）引起，还是仅由抽样误差（就像图 14-9 所示的那种差异）引起。也就是说，这 4.2 417
分的差异是否能证明攻击行为是由看含暴力内容的电视节目造成？还是仅由抽样误差造成？推断性统计的作用就是帮助研究者回答此类问题。

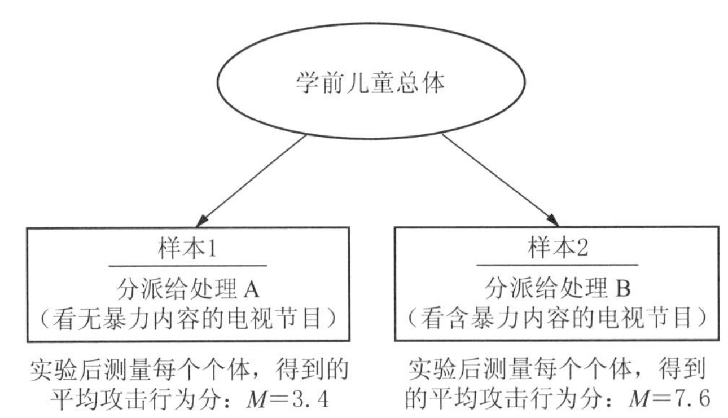

图 14-10　学前儿童看含暴力内容的电视节目与攻击行为的关系

一、假设检验

在第一章，我们对研究过程进行了总体概述，然后分步介绍这一过程。回忆一下这一过程的第二步——利用你的研究设想，形成一个具体的、可检验的研究假设，这个研究假设是对变量间关系的尝试性描述。然后计划和实施实验以验证这一假设是否正确。数据收集之后，就要用数据去检验原假设的可信度了。

我们已经说过，基本的研究问题和假设都和总体有关。但是，实际的研究结果都来自样
418 本，因此对一个假设进行评估，需要以样本信息为基础，得出关于总体的结论，这是推断统计的任务。最常用的推断程序是**假设检验**(hypothesis test)。简单地说，假设检验是一个系统的过程，用来确定样本数据是否能提供足够的证据支持原假设。

假设检验被看作是评估研究内部效度的技术(见第六章)。如果研究得到的结果有其他可能的解释，研究的内部效度就会受到影响。因为一项研究的结果只由随机因素(抽样误差)引起的可能性总是存在的，所以随机性就成为研究结果的一个可供选择的解释。在图 14-10 中，两组数据的平均值相差 4.2 分，这可能是由不同的处理造成，也可能是由于抽样误差造成。

419 假设检验的目的是排除随机性解释研究结果的可能。假设检验首先考虑，按照随机性可以合理地推断出什么样的结果，然后确保实际得到的结果与依照随机性可能得到的结果有显著差别，从而达到排除随机性解释的目的。

不同情况下，假设检验的细节虽然各不相同，但其逻辑基础是一致的，构成的基本要素也一样。在此，我们介绍假设检验的五种基本要素：

1. 零假设

零假设(null hypothesis)是关于当前样本所属总体与假设总体无区别的假设，它往往表示“什么也没有发生”。例如，在一个比较两种处理的实验中，零假设表明处理之间没有任何区别，总体平均数差异为零；在一个检验相关的实验中，零假设表示没有关系，总体的相关为零。根据零假设，样本中的任何模式都仅仅是随机性(抽样误差)。例如，在图 14-10 所示的研究情境中，零假设表示电视节目类型对学前儿童的攻击行为没有影响，也就是假设两个样本的 4.2 分之差只是抽样误差。

我们在第一章介绍了这样一种思想，即在研究过程的第二步提出一个好的假设。当时我们指出，一个好的假设，必须对相关或处理效应的存在做积极的陈述。零假设与备择假设正好相反，零假设认为处理没有任何效应，而备择假设则认为确实存在处理效应。备择假设的目的是收集足够的证据来证明处理效应的存在。假设检验的作用是对证据进行评估，确定实验结果是否足以拒绝零假设，并证明处理有效。

2. 样本统计量

我们用研究数据计算与零假设中参数对应的样本统计量（或统计资料）。例如，如果零假设是总体平均数无差异，那么样本统计量就将是两个样本平均数之间的差异。换句话说，如果 420
零假设是总体相关系数为零，那么样本统计量就将是研究中获得的样本相关系数。

3. 标准误

前面我们已经介绍了抽样误差的概念，它是样本统计量和相应参数间的自然差异。如图 14-9 所示，两个样本平均数（统计量）与总体平均数（参数）都不相等。一些样本是总体的代表，得出的统计量非常接近总体参数，但也有一些极端情况，一些没有代表性的样本，它们的统计量与总体参数相差很大。在大多数研究情境中，可以计算出抽样误差的平均值，即统计量和参数之间的平均差异，这个平均差异叫作**标准误**（standard error, *SE*）。

计算标准误的意义在于，它能够度量预期统计量与参数之间存在多大差异是合理的。样本是为了代表总体，但你不能指望它完全等同于总体。通常情况下，若样本统计量和总体参数之间存在差异，标准误可以告诉你这一差异有多大。

4. 检验统计量

检验统计量（test statistic）是以标准误为基线，比较样本统计量与零假设的数学技术。在假设检验中，很多时候，检验统计量是一个比率，其结构如下：

$$\text{检验统计量}=\frac{\text{样本统计量}-\text{来自零假设的参数}}{\text{标准误}}=\frac{\text{数据与假设之间的差异}}{\text{按随机性预测的差异}}$$

零假设表示研究的结果仅由随机性造成，如果此假设为真，那么实际结果（分子）与随机结果（分母）应该很接近，这时检验统计量的值接近 1.00。所以，当检验统计量的值接近 1.00 时，表示没有处理效应，没有差异或没有相关。也就是说，这个结果与零假设是一致的。 421

相反，如果存在真实的处理效应或者有相关，那么实际值应该显著大于随机值。在这种情况下，检验统计量应该得到一个远大于 1.00 的值。所以，一个较大的检验统计量的值（远大于 1.00）表明应该拒绝零假设。

5. *α* 水平（显著性水平）

假设检验的最后一个问题是 ***α* 水平**（alpha level）或**显著性水平**（level of significance）。α 水平为解释检验统计量提供了一个标准。如前所述，一个大于 1.00 的检验统计量表示所得结果大于可预期的随机值。然而，研究者通常要求所得结果不仅仅大于随机值，而且还要显著大于随机值，α 水平就是衡量这一显著性的标准。

不要忘记，假设检验的目的是排除随机性对结果作出合理解释的可能性。为了达到这个目的，研究者试图确定，哪些结果可能只是随机性导致的合理预期，哪些结果非常不可能或几乎不可能用随机性来解释。α 水平就是定义这个“极不可能”的概率值。也就是说，α 水平是零假设为真时，可能获得的样本结果的概率。依照惯例，α 水平要很低，通常是 0.05、0.01 或者 0.001。α 水平为 0.01 就意味着样本结果非常不可能在随机（没有任何处理效应）的情况下发生。

下面的情景可以具体形象地介绍 α 水平的概念及其在假设检验中的作用。

> 422 假如我从银行拿到一枚全新的硬币。零假设是这枚硬币质地均匀，没有误差，当它被反复投掷时，正面朝上的概率为 50%。我决定对此进行检验，α 水平定为 0.05，投掷次数为 100 次，记录正面朝上的次数。
>
> 根据零假设，在 100 次投掷中，我应该记录到 50 次正面朝上。不要忘记，样本肯定存在抽样误差，所以如果记录到 47 次或 52 次正面朝上，我也不会感到奇怪，但记录到超过 60 次正面朝上是不大可能的。实际上，在 100 次投掷中，有 60 次以上正面朝上的概率是 0.0228。这样一来，如果接受零假设（可能性小于 0.05），那么正面朝上的次数不可能超过 60 次。因此，如果我记录到超过 60 次正面朝上，那么我应该拒绝零假设，并得出这枚硬币质地不均匀的结论。

学习检测

研究者挑选了 25 名大学生样本，测量他们打出一条 16 字短信所用的时间，并记录他们学业成绩的平均绩点。研究者想考察学生的打字速度与学业成绩的平均绩点之间的关系。

a. 如果对于大学生总体来说，打字速度和学业成绩的平均绩点没有相关关系，那么你能预期该样本的相关系数刚好为 0 吗？给出你的答案并作出解释。

b. 不管研究者获得的样本相关系数是多少，零假设可以说明对应的总体相关系数的哪些问题？

二、报告假设检验的结果

假设检验的目的是证明从一项研究中得到的结果非常不可能是由随机造成的。这个“非常不可能”用 α 水平来衡量。当一项研究的结果满足 α 水平确定的标准时，就认为这是**显著的结果**（significant result）或**统计显著的结果**（statistically significant result）。例如，当两个样本平均数差异很大，差异由随机造成的概率小于 1%，这时我们就说它在 0.01 的显著性水平上有显著差异。请注意，显著性水平越小，意味着你对结果越有信心。例如，一个结果的显著性水平为 0.05，意味着结果随机发生的概率为 5%。而显著性水平为 0.01，则意味着结果随机发生的概率只有 1%。此外，如果研究结果不满足 α 水平规定的标准，那么就说这个结果是不显著的。

在文献中，显著性水平以 p 值表示。例如，一篇研究论文可能报告两种处理之间有 $p < 0.05$ 的显著性差异，这个 $p < 0.05$ 表示该结果由随机导致的概率小于 0.05。

当使用计算机计算统计量时，得到的结果通常是 p 的精确值。例如，用计算机进行的假设检验，可以算出两种处理的平均数差异的显著性为 $p=0.028$。在这种情况下，计算机确定，423
平均数差异由随机或抽样误差造成的概率为 0.028。根据这个结果，按照 0.05 的 α 水平，研究者可能：

拒绝零假设。换句话说，研究者拒绝用随机性来解释研究结果。

或者，得到一个 $p<0.05$ 或 $p=0.028$ 的显著性结果。以往的研究报告，都是用标准的显著性水平来确定随机的概率。在这个例子中，$p=0.028$ 小于标准的显著性水平 0.05，所以研究者可以说 $p<0.05$，表示研究结果用随机性来解释是非常不可能的(概率小于 0.05)。不过，最近的研究报告都给出准确的概率水平，此例中 $p=0.028$。如果计算机得到的结果是 $p=0.067$，那么研究者肯定得出这个结论，即这个结果在统计学上是不显著的。因为实际概率比标准的显著性水平 0.05 大，所以研究可能接受零假设。换句话说，研究者可能接受，这一研究结果有可能是由随机导致的，并报告这个结果不显著，$p>0.05$。

学习检测

1. 假设检验的目的是什么？
2. 当发现一个结果在 0.01 水平上显著时，意味着什么？
3. 假设研究者在假设检验中得到 $p=0.03$ 的计算结果，那么：

a. 在 0.05 的 α 水平上，研究者是拒绝还是接受零假设？

b. 在 0.01 的 α 水平上，研究者是拒绝还是接受零假设？

三、假设检验中的错误

因为假设检验是一个推断过程(用有限信息推出一般结论)，所以这个过程可能会导致错误的结论。具体来讲，一个样本总是提供有限的、不完全的，也可能是有偏差的总体信息。如果研究者被来自样本的信息误导，就可能做出不正确的推断。在假设检验中常出现两类错误：

第一类错误

当样本数据存在显著性效应，但总体没有这种显著性效应时，就会出现第一类错误。这种错误的发生，主要是由于研究者随机抽取的样本属于特别样本或极端样本。由于样本现实存 424
在处理效应，因此研究者得出总体也有显著效应的错误结论。这种类型的错误被称为**第一类错误**(type I error)。

请注意，发生第一类错误的结果是一个错误的报告，它将导致严重错误，所幸其发生概率很小，而且每个看过研究报告的人都会了解这种错误发生的实际概率。请记住，一个显著性的结果意味着它不大可能随机发生，但这并不意味着它不会随机发生。具体地说，一个显著性的结果总是伴随着一个 α 水平或一个准确的 p 值(如 $p<0.01$ 或者 $p=0.006$)。研究者通过报告 p 值，来承认结果由随机因素引起的可能性。换句话说，p 值或 α 水平确定了第一类错误发生的概率。

第二类错误

当样本数据没有表现出显著性效应，但实际上在总体中却存在这种显著效应时，就出现了第二类错误。第二类错误的发生多半是由于总体中的某种效应非常小，导致其在样本数据中未能表现出来。由于样本数据不足以拒绝零假设，所以研究者在实际存在效应的情况下，得出不存在显著效应的结论，这就是**第二类错误**(type Ⅱ error)。

第二类错误的后果是研究者不能探测到真实存在的效应。在这种情况下，研究者或许会坚信效应真实存在，只是没能在当前研究中呈现出来，进而决定改进实验，重新进行实验研究，也可能会认为效应不存在或效应太小，无法得到什么结果，进而放弃这一研究课题。

尽管第一类错误和第二类错误都是错误，但他们不是研究者粗心大意造成的，换句话说，并不存在某个原本应该注意而研究者却忽视的东西。实际上，这些错误是谨慎评估研究结果的直接结果，问题在于结果是有误导性的。例如，在总体中，男性和女性的平均智商没有差异。但是，有可能研究者随机选取的 25 名女性的智商分数格外高(或低)。请注意，研究者没有采
425 用有偏差的选择过程，有意选择有误差的样本。相反，研究者的选择纯粹是随机的。因此研究者发现女性智商显著高于男性时，也就犯了第一类错误。

学习检测

1. 请说明 α 水平与第一类错误的关系。
2. 请分别说明两种错误类型的后果。

四、影响假设检验结果的因素

在假设检验中，有多方面的因素可以帮助我们确定是否成功拒绝零假设并得到显著性效应的结论。如果一项检验的分数是数值型资料，那么通常会计算平均数或相关系数，那就有两个非常重要的因素：

1. 样本容量。
2. 分数的变异量，通常用样本方差来描述。

样本容量

假设检验的关键问题是：样本数据是否提供了存在真实的处理效应或相关效应的证据。一般来说，大样本得到的结果比小样本更有说服力。例如，假如一项研究发现，两种处理条件之间有 2 分之差，每种处理条件的样本容量是 4。因为每组只有 4 人，所以样本平均数被认为是相对不稳定的。每组当中只要再多一个人就可能改变这 2 分的差异量。样本容量为 4 时，2 分的差异可能是不显著的。相反，当样本容量为 100 时，结果就会有所不同，这时，样本平均数很稳定，增加一些被试也不会影响到平均数。因此，2 分的差异是显著的。一般来说，用大样本发现的平均数差异或者相关，比用小样本得到的相同结果，更可能达到显著性水平。最佳的样本容量要考虑不同处理效应的大小和方差的大小。不过，增加样本容量会增加正确预测处理效应的机会。

样本方差

简单地说，方差较小意味着个体的分数聚集在一起，接近平均数。在这种情况下，任何一个个体的分数都是具有代表性的。相反，方差较大意味着个体的分数比较分散，远离平均数。426
当方差较大时，所挑选的个体或个体组很可能是极端的，不具有代表性。因此，方差较大，样本统计量是无效且不稳定的。例如，当方差较大时，样本中再加 1 到 2 个个体会对平均值产生很大的影响。不要忘记，极端分数会歪曲平均数，并且在方差较大的情况下，极端分数非常普遍。总之，同样的样本平均数或相关系数，在方差较大时，这种结果不太可信且不大可能达到显著性水平。

第十章讨论个体差异时已经指出，方差过大会使数据的结构变得模糊。图 14-11 复制了图 10-3 和图 10-4，显示的是两项研究的结果。两项研究都使用被试间设计（独立样本）比较两 427
种处理条件，两项研究都发现两种处理条件之间有大约 10 分的平均数差异。图 14-11a，个体差异小，方差小，处理间 10 分的平均值差异明显；图 14-11b，个体差异和方差都大，不易看出差异。

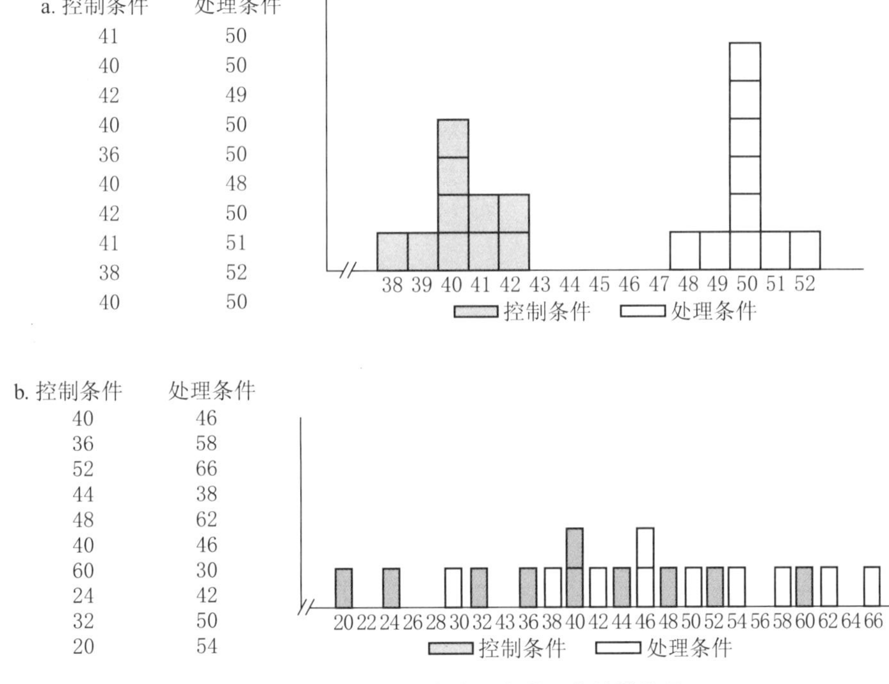

图 14-11 以两项研究结果来说明方差的作用

a. 当方差较小时，两种处理间的差异明显；
b. 当方差较大时，两种处理间的差异模糊。

图 14-11 呈现的方差效应可以通过两种假设检验来证实。两个独立样本的平均数差异最好用独立样本 t 检验。图 14-11a 中的数据（方差较小），t 检验表明，两个样本的平均数差异显著（$p<0.001$），平均数差异不可能由随机性导致；图 14-11b 中的数据（方差较大），t 检验表明，两个样本的平均数差异不显著（$p=0.084$），平均数差异可能是抽样误差所致。

同样是 10 分的平均数差异，当方差较小时，处理效应明显，差异显著(14-11a)；当方差较大时，处理效应不明显，差异不显著(14-11b)。也就是说，方差较大会减少获得统计显著结果的可能性。

五、以效应量弥补假设检验

前文提到假设检验结果的一个影响因素是样本容量。样本容量增大，得到显著结果的可能性就增大。因此，在样本容量足够大的情况下，一个很小的处理效应也可以达到统计学上的显著性水平。但是，显著的效应未必是大的效应，许多学者认为假设检验提供了不充分，不全面的结果分析(Loftu, 1996; Hunter, 1997; Killeen, 2005)。于是，有研究者强调在报告一个统计学上的显著性效应时，同时也要报告**效应量**(effect size)(见 Wilkinson & Task, 1999)。测量和报告效应量的目的是保证处理效应不受外界因素(如样本容量)的影响。所以，统计学家提出了几种计算标准效应量的方法。这里，着重介绍两个有代表性的例子，它们是测量和报告效应量的最常用的方法。

科恩 *d* 系数

科恩(Cohen, 1969)建议根据标准差来测量两种处理平均数的差异，以此使效应量的表示标准化。这个效应量的结果被定义为**科恩 *d* 系数**(Cohen's *d*)，其计算公式为：

$$d=\frac{\text{样本平均数的差异}}{\text{样本标准差}}$$

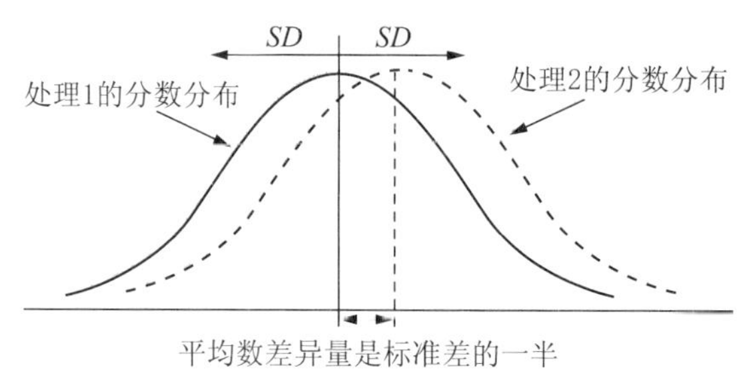

a

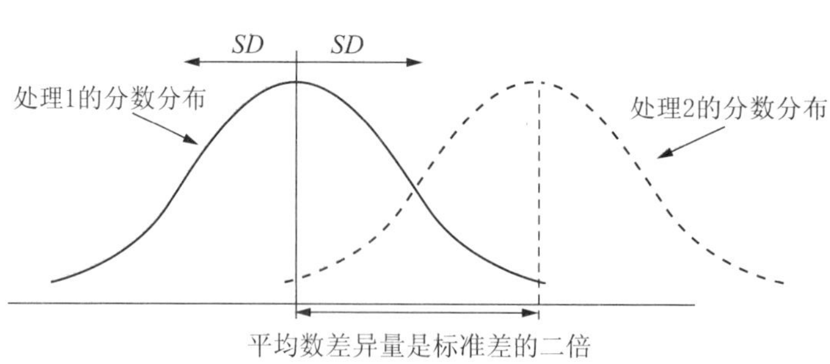

b

图 14-12 以科恩 *d* 系数测量效应量

例如，$d=2.00$ 就表示平均数的差异量是标准差的 2 倍，而 $d=0.5$ 则表示平均数的差异量 428
只有标准差的一半。想象两种处理条件下的分数对应两种频数分布，就能理解用科恩 d 系数
测量效应量的概念。科恩 d 系数表示两个分布之间距离的大小。例如，图 14-12a 中，科恩 d
系数为 0.50，左边的分布代表处理 1 的分数，并表示了其平均数和标准差；右边的分布代表处 429
理 2 的分数，两个分布的平均数之间的距离就相当于标准差的一半，也就是科恩 d 系数＝
0.50。图 14-12b 反映了科恩系数 d 为 2 时的情况，即两个平均数之间的距离是 2 个标准差。
科恩(cohen，1988)还给出了估计效应量的客观标准(见表 14-3)。另外，我们应该注意，科恩
系数主要应用于比较两种处理平均数的研究中。

我们还要注意的是，科恩最初按照总体平均数差异和总体标准差来定义效应量。当样本值用于估计总体参数时，将获得的值称为估计值 d 更准确，有时还用最先将样本值用于科恩的公式的统计学家的名字来命名(如 Glass 的 g，Hedges 的 g)。有关科恩 d 系数的计算实例见附录 B。

表 14-3　使用科恩 *d* 系数评估效应量的标准

d 的大小	效应量的评估
$0<d<0.2$	低效应(平均数差异小于 0.2 个标准差)
$0.2<d<0.8$	中等效应(平均数的差异在 0.5 个标准差左右)
$d>0.8$	高效应(平均数的差异大于 0.8 个标准差)

以方差百分比测量效应量(r^2 和 η^2)

如果两个变量间有稳定的相关关系，如果你已经知道一个变量的分数，那么你就能预测另一个变量分数的高低。例如，孩子的智商和母亲的智商存在正相关，如果你知道母亲的智商相对较高，那么你便可以预测这个孩子也有相对较高的智商。同样，如果两种处理条件之间有稳定的差异，你又知道被试接受的是何种处理，那么你就能预测他得分的高低。例如，假设一组被试接受一种可以有效降低胆固醇的新药，另一组被试接受无效的安慰剂。我们可以预测，那些服药者的胆固醇水平将比服安慰剂者的胆固醇水平低。

预测差异的能力构成了另一种计算效应量方法的基础，即计算**方差解释的百分数**(per-
centage of variance accounted for)。这通常需要计算一个变量方差的百分数，而这个变量又可
以通过了解第二个变量来预测。例如，在胆固醇实验中，被试都有不同的胆固醇水平，按统计 430
学术语，他们的胆固醇水平是变量。然而，有些变化可以通过了解被试是来自哪一组来预测。
服药条件下的被试胆固醇水平低于未服药的控制条件。通过准确测量可预测的变量的实际变
异量，我们就能得到实际效应量的测量结果。用 t 检验(比较两个样本平均数)和相关系数解
释的方差百分比通常用 r^2 表示，用方差分析(比较多个样本平均数)解释的方差百分比通常用
η^2 表示(希腊数字 eta 的平方)。在 t 检验中，r^2 可以通过 t 值和自由度计算得出，公式如下：

$$r^2=\frac{t^2}{t^2+df}$$

有关于 r^2 和 η^2 的计算实例见附录 B。评估效应量的标准见表 14-4(Cohen, 1988)。r^2 通常用于比较两种处理平均数或相关关系的研究中，η^2 用于比较两种以上处理的平均数差异的研究中。

表 14-4 使用 r^2 或 η^2 评估效应量的标准(方差解释的百分数)

r^2 或 η^2 大小	效应量的评估
r^2 或 $\eta^2=0.01$	低效应(大约 1%)
r^2 或 $\eta^2=0.09$	中等效应(大约 9%)
r^2 或 $\eta^2=0.25$	高效应(大约 25%或 25%以上)

学习检测

如果研究者报告，两种处理条件下的平均数有显著差异，除了报告效应量科恩 d 系数和方差百分比 r^2 外，还需要报告哪些信息?

置信区间

计算置信区间是另一种测量和描述处理效应大小和相关强弱的技术。置信区间是基于样
431 本统计量估计对应总体参数可能的取值范围。如果样本来自某一总体，你不可能期望样本的平均数正好等于总体平均数，但样本平均数应该是总体平均数估计的很好参照。比如，样本平均数为 85，那么总体平均数应该在 85 左右。同样的，样本相关系数为 0.64，那么总体的相关系数可能也在 0.64 左右。

因为样本统计量趋向于接近总体参数，所以可以把样本统计量作为相应总体参数的估计值。**置信区间**(confidence interval)是对一个未知总体参数的估计范围，这个范围接近于已知的样本统计量。例如，如果一个样本的平均数为 60，那么就可以估计总体平均数在 60 左右，比如在 60 左右 5 个点内，也就是说，它的区间范围可能是 55—65。总体平均数也可能在 60 左右的 10 个点内，即 50—70。你可能注意到，估计的准确性依赖于估计的区间的范围。如果样本平均数为 60，几乎可以保证总体平均数会在 30—90(60±30)之间。

研究者通过罗列在样本统计量左右的数字范围来构建置信区间。置信区间范围越大，研究者越能保证总体在区间范围内。值得注意的是，估计的准确性和可靠性总有一个平衡点。区间小，准确性高，可靠性低;区间大，准确性低，可靠性却高。

置信区间的范围由两个因素决定:样本统计量的标准误和研究者选择的可靠性水平。第一个因素，标准误可以反映样本统计量和总体参数的标准距离或者平均距离。标准误小，标准
432 距离小，置信区间范围小;相反，标准误大，置信区间的范围大。第二个因素，可靠性水平也会直接影响置信区间的范围。可靠性水平越高，置信区间的范围越大。通常，研究者会选择 90%或者 95%的可靠性水平来构建置信区间。若该置信区间有较好的准确性，则可以很好地估计总体参数。但是，如果准确性不够理想，那么研究者必须降低可靠性水平或者增加样本容量。

置信区间能很好地反映处理效应的大小。安德森等人(Anderson, Huston, Wright, &

Collins，1988)发现，童年看过《芝麻街》的高中生，成绩要好于没有看过的同学。假设看《芝麻街》组的平均分为93，对照组的平均分为85，则有8分的处理效应。也就是说，总体平均数的差异可能在8分左右。置信区间为处理效应大小提供了额外的信息。例如，95%的置信区间显示平均数差异在7—9(8±1)之间，则可以表明有稳定和一致的处理效应；若95%的置信区间变化范围为2—14(8±6)之间，则不能肯定有稳定和一致的处理效应。

最后，我们需要强调，和假设检验一样，置信区间受样本容量的影响。一般来说，样本容量大，标准误小，置信区间范围小，则更容易发现显著性结果。也正是由于受样本容量的影响，置信区间不是独立的效应量，不能替代科恩 d 系数或 r^2。

第四节　假设检验实例

现在，我们来讨论一些适用于不同研究条件的假设检验方法。这里我们只介绍一小部分检验方法，不过，这里描述的统计检验方法，包括学生研究项目或课堂作业所需的大部分内容。我们将假设检验划分成不同类型并对各种类型作简单介绍，目的在于帮助你决定在特定研究情境中应选择何种恰当的检验方法，并对检验结果进行解释。如果你使用计算机来完成假设检验的过程，那么知道这些信息就足够了。

如果你要靠自己手工计算，而不是借助计算机进行计算，可能需要参照附录B，我们在附录B中提供了许多不同的假设检验的数据实例，或者也可查阅统计学课本上的关于各种检验的详细说明。SPSS软件①可以计算描述性统计量，也可以进行假设检验。 433

一、各组分数的比较

第六章提到过，实验、准实验和非实验研究设计会产生类似的数据，可采用相似的统计分析方法。具体来看，三种研究设计都会比较不同组的分数，当分数是数值时，可计算和比较各组平均数；当分数是非数值时，可比较百分比和比例。本节介绍用于比较和评估组间分数差异的假设检验方法。

二、平均数差异的检验

许多研究中，数据是数值型分数，因此可以计算样本平均数。本节中所有的假设检验都是基于样本平均数来对总体平均数进行假设检验，而每一检验的目的都是查明所得样本平均数的差异量是否大于由抽样误差带来的差异水平。也就是说，样本数据是否提供了足够证据来证明随机误差之外的因素(如处理效应)导致了平均数间的差异。

---

① 就国内社会学科的学生来说，掌握SPSS使用，需要专门课程或详细指导书，建议需要了解有关SPSS操作的读者，可查阅邓铸、朱晓红编著的《心理统计学与SPSS应用》(北京师范大学出版社，2016年版)。——译者注

两个组的被试间检验

独立测量 t 检验(independent-measures t test)适合对两个组的被试间设计的平均数差异进行检验。两组被试分别代表两种不同的处理条件(例如,在一个实验设计中)或两个不同的总体(例如,在一个准实验设计中比较男性和女性)。检验中,首先计算每组平均数,然后利用样本平均数的差异来检验相应总体间平均数的差异,零假设表明两个总体平均数间差异为零。

统计量 t 是比率,它是样本平均数的实际差异与按照随机性预测的差异量之比。例如,统计量 $t=3$ 表示所得的样本平均数差异是按随机性估计的差异量的三倍。统计量 t 值(正或负)较大,表明差异显著。科恩 d 系数和用 r^2 测得的方差百分比都适用于测量独立测量 t 检验的效应量。

在研究报告中,独立测量 t 检验的结果可用如下形式表示:

$$t(28)=4.00,\ p=0.01,\ r^2=0.36$$

434 这个报告表示研究者所得 t 值为 4.00,其结果由抽样误差造成的可能性很小(概率等于 0.01),括号里的数是该检验的自由度(df)。对于这个检验来说,$df=(n_1-1)+(n_2-1)$,n_1 是其中一组被试的个数,n_2 是另一组被试的个数。p 值后面报告的是效应量,在这里计算的是 r^2。独立样本 t 检验的实例见附录 B。

双处理被试内检验

重复测量 t 检验(repeated-measures t test)适合对被试内研究设计中两种处理条件的比较进行检验。在被试内设计中,同一组被试要在两种不同的处理条件下被观测。计算两种处理条件下观测值的平均数,然后利用样本平均数差异来检验相应总体平均数的差异,零假设表明总体平均数差异为零。

同样,统计量 t 也是个比率,它是样本平均数差异与按照随机性预测的抽样差异之比。就像独立测量 t 检验一样,统计量 t 值较大表明存在显著性差异。对于重复测量 t 检验来说,科恩 d 系数和方差百分比都适用于测量重复测量 t 检验的效应量。在研究报告中,重复测量 t 检验的结果可表示为:

$$t(19)=2.40,\ p=0.04,\ d=0.21$$

报告显示,研究者所得 t 值为 2.40,表明其结果由抽样误差引起的可能性很小(概率为 0.04),括号里的数字为检验的自由度。对于这个检验来说,$df=n-1$,n 表示被试数。科恩 d 系数为 0.21。重复测量 t 检验的实例见附录 B。

多于两水平的单因素设计检验

当对多于两组,甚至更多组的平均数进行差异检验时,应该采用**方差分析**(analysis of variance),通常称为 ANOVA。当各组是由超过两个水平的因子界定时(如三个年龄组或三种气温条件),就要用**单因素方差分析**(single-factor analysis of variance, or one-way analysis of variance)。在这种检验中,需要计算出每组被试的平均数或每种处理条件的平均数,利用样本平均数差异来评估相应总体平均数差异的假设。这里零假设表示总体平均数无显著差异。

和统计量 t 一样，统计量 F 也是比率。分子是样本平均数的实际差异，分母是零假设为真 435
时按照随机性预测的样本平均数的差异量。然而，F 比率的分子和分母都是反映几组样本平均数差异的方差，分母叫作**误差方差**（error variance），它是按照随机因素预测的差异量。F 值大表明样本平均数差异明显大于按随机性估计的差异量，效应量是 η^2，它测量的是处理效应可以解释的方差百分比。基本上，它通过处理的离差平方和除以误差方差的离差平方和得到。

需要说明的是，单因素方差分析既可用于被试内设计，也可用于被试间设计，但对这两种设计来说，误差方差的计算方法不同，所以你必须明确你用的是哪种设计。

在研究报告中，单因素方差分析的结果一般表示成如下形式：

$$F(2,\ 36)=5.00,\ p=0.025,\ \eta^2=0.14$$

报告显示研究者所得 F 比率是 5.00，表明这种差异由随机因素引起的可能性很小。括号里的两个数字表示 F 比率的自由度（df），这两个数字中的第一个数表示组间自由度，大小由（$k-1$）确定，其中 k 表示实验处理的个数；第二个数表示误差方差的自由度，在 F 比率的计算中处于分母位置。在组间设计中，误差方差的自由度由 $(n_1-1)+(n_2-1)+(n_3-1)+\cdots$ 决定，其中 n_1 表示第一组人数，n_2 表示第二组人数，以此类推。对于被试内设计来说，误差方差的自由度由（$k-1$）乘（$n-1$）决定，其中 k 是处理的个数，n 是被试数。对于这个例子来说，η^2 的值是表示处理条件间的平均数差异可以解释 14%的方差。

事后检验

如果方差分析发现平均数差异显著，而研究比较的是一个因素两个以上水平，那么我们就需要进行**事后检验**（post hoc tests, or post tests）。这是非常必要的，因为方差分析只是确定平均数差异存在，却没有准确表明到底哪些平均数的差异显著，哪些不显著。一项研究有三个
处理水平，得到三个平均数和平均数差异，三个平均数分别为 $M_1=12$，$M_2=7$，$M_3=5$。平均 436
数差异分别为：

$$M_1-M_2=12-7=5$$
$$M_1-M_3=12-5=7$$
$$M_2-M_3=7-5=2$$

F 检验表明至少有一组平均数与其他两组差异显著，但却不知是哪组。事后检验的作用就是找出这个组，它的思路是重新对数据进行两两比较，有三个平均数，事后检验就依次比较 M_1 和 M_2，M_1 和 M_3，M_2 和 M_3，最终确定哪组平均数差异显著。

尽管事后检验能解决一些问题，但很遗憾的是，它们也产生一些问题。在一项研究中，我们通常会进行几次事后检验。每次事后检验都有它的 α 水平，也就有犯第一类错误的风险。如果研究者进行三次事后检验，$\alpha=0.05$，那么每次检验都有 5%的概率犯第一类错误。虽犯错误的概率不会相加，但是三次的检验会导致犯第一类错误的可能性增大。为了解决这个问题，研究者和统计学家设计了事后检验的不同方法。每种检验都有自己的控制第一类错误的方法和名称。如果你用 SPSS 进行方差分析并进行事后检验，那么你会有 15 种选择。每种方法都是可行的，目的也相同。你可以通过查询相应领域已发表的文章来决定该研究领域通用的方

法。单因素方差分析的实例见附录 B。

多因素型设计的检验

当一个研究设计包含两个或两个以上因素时,你必须用假设检验来估计平均数差异的显著性(参见第十三章)。最简单的例子,一个二因素设计需要用**二因素方差分析**(two-way analysis of variance, or two-factor analysis of variance)。二因素方差分析包括三个独立的假设检验:第一个假设检验用来评估第一个因子的主效应,第二个假设检验用来评估第二个因子的主效应,第三个假设检验用来评估交互效应。一般来说,其中一个假设检验的显著性与另外两个假设检验的显著性无关。方差分析也会得到三个独立的 η^2,分别测量的是主效应和交互效应的效应量。

二因素实验设计所得数据可以用矩阵形式表示,行给出一个因素的水平,列给出另一个因
437 素的水平。检验时,要计算出矩阵中每个单元的平均数,还要计算每行、每列的总体平均数。样本平均数的差异可用来评估相应总体平均数差异的三个假设。对所有三个假设检验来说,零假设都代表总体平均数之间无显著性差异。

一个要计算的方差是列平均数的方差,以测量一个因素各水平平均数差异的大小,另一个要计算的方差是误差方差,此方差是假定没有总体平均数差异时,预期由随机因素引起的样本平均数差异大小。一个因素的主效应用这两个方差之比得到 F 比率来评估。若 F 比率较大,则表明实际的平均数差异大于按随机性预测的差异,即这个因素具有显著的主效应。另一个因素的主效应则用矩阵中行的一系列平均数来计算。计算交互效应,首先要根据各单元平均数计算一个方差,然后用这个方差减去两个主效应的方差。用这个方差和误差方差之比计算出 F 比率,以确定交互效应的平均数差异是否显著大于按随机性预测的平均数差异。一个二因素方差分析的研究报告应包括三个独立的 F 比率和三个独立的 η^2 值。

二因素方差分析既适用于被试内设计,也适用于被试间设计,但对于这两种研究设计来说,误差方差的计算方法不同。被试间设计二因素方差分析的实例见附录 B。

三、比例的比较

用样本平均数或样本相关系数估计相应总体值的假设检验被称为**参数检验**(parametric test)。一般来说,参数检验需要样本数据是数值型资料(因此可以计算平均数和方差),对总体参数(如平均数差异等)假设进行检验。然而,很多研究中的资料不是数值型的,这时就不能计算样本平均数。相反,这些资料是由频数或比例组成的。那就要用**非参数检验**(nonparametric test)来判断两组之间是否存在显著性差异。非参数检验不要求数值型资料,不需要对特定的总体参数进行假设。例如,研究者可能发现,50 名被诊断为饮食障碍的女性中,只有 6 名女性(12%)有高自尊。相比较而言,控制组 50 名没有饮食障碍的女性中,有 24 名(48%)女性有高自尊(见表 14-4)。数据可以列入矩阵中,行为诊断水平,列为自尊水平。每个单元格的数字对应于不同种类或个体的频数或数量。表 14-4 中,26 名女性为低自尊没有饮食障碍者。虽然,这些资料是由频数或者比例构成,但我们仍可用**独立性卡方检验**(chi-square
438 test for independence)来判断两组之间是否有显著性差异(chi 是希腊字母 χ,而卡方的符号是 χ^2)

表 14-4　由频数构成的数据

	低自尊	高自尊	
没有饮食障碍	26	24	50
有饮食障碍	44	6	50

50 名有饮食障碍的女性和 50 名没有饮食障碍的女性，她们中有些是高自尊，有些是低自尊。

卡方检验的基本原理是，与样本平均数一样，不能期望样本比例能准确代表相应的总体情况。所以，从样本中得到的比例数与总体实际的比例数之间会存在一些差异。从样本数据中观察到的模式，能否解释为是随机的或由总体中的真实关系导致，就成了一个问题。

卡方检验的零假设是：在总体中，一组比例与其他组比例没有差异。请注意，假设并不包括任何具体的参数，比如总体平均数。相反，假设表达的是一组的总体分配与另一组的总体分配形状相同（比例相同）。在卡方检验中，首先要计算各样本的理论次数，它代表的是与零假设完全一致的理想的样本。然后，比较理论次数与实际观测次数，判断样本符合假设的程度。较大的卡方统计值，表明样本和假设之间差异大，意味着应该拒绝零假设。为了确定获得的卡方值是否足够大，你还需要计算自由度：

$$df=(C_1-1)(C_2-1)。$$

其中，C_1 是第一个变量的水平数，C_2 是第二个变量的水平数。

然后，将获得的卡方值与相应自由度下卡方分布查得的理论分布的卡方值进行比较。独立卡方检验的效应可以用测量相关的 phi 系数（Φ）或 phi 系数的校正系数克拉默 V（cramér's V）来表示。当数据是 2×2 矩阵时用 phi 系数，可以用卡方值和样本容量（n）直接计算出 phi 系数。 439

$$\Phi=\sqrt{\frac{\chi^2}{n}}$$

克拉默 V 值的计算用同样的基本公式，但要增加一个校正后的自由度（df^*）。这个自由度是用（C_1-1）或（C_2-1）中较小的那个来计算卡方检验的自由度值。

$$V=\sqrt{\frac{\chi^2}{n(df^*)}}$$

值得注意的是，Φ 值和 V 值本质上都是一种相关系数，某些情况下它们的平方就相当于 r^2 和 η^2。

在研究报告中，独立卡方检验的结果按如下形式报告：

$$X^2(3,\ n=40)=8.70,\ p=0.02,\ V=0.29$$

这个报告表明，研究者得到卡方检验的统计值为 8.70，其由随机性引起的可能性很小（发生概率为 0.02）。括号里的数字表明卡方统计量的自由度（df）为 3，并且这个研究有 40 个被试（$n=40$）。卡方检验的实例见附录 B。

四、关系评估:相关研究的统计检验

第六章提到,相关研究不包括对不同组分数的比较,它观测一组被试中每一个体的两个变量或两类分数,并探索这些分数之间的联系。如果分数是数值或等级,则通过计算相关系数来评估;若分数是非数值型,则通过卡方检验来评估。

评估相关

无论是皮尔逊相关还是斯皮尔曼相关,不能期望样本相关等于总体相关。在样本平均数和总体平均数之间会存在抽样误差。同样,在样本相关与总体相关之间也会存在抽样误差。
440 所以,虽然能用样本相关(r)来代表总体相关,但不意味着样本相关等于总体相关。特别是,一个样本的非零相关并不意味着在总体中真的存在非零相关。对研究者来说,要解决的问题就是确定是否有足够证据证明从样本获得的相关关系在总体中也存在。

在相关的假设检验中,零假设是指在总体中不存在相关,即总体相关为零。这种假设检验是用 t 检验或 F 检验。如果用 t 检验,假设检验计算的 t 值是一个比率,即实际样本相关与估计的随机因素造成的相关之比。t 值较大表明样本相关大于总体相关为零时估计的相关。如果用 F 检验,只需要把统计量 t 平方即可($F=t^2$)。在研究报告中,相关系数的显著性检验结果可以表示成如下的形式:

$$r=0.65,\ n=40,\ p<0.01$$

该报告表明,$n=40$ 的一组被试,样本相关 $r=0.65$,而这一结果由随机因素引起的可能性很小(发生概率小于 0.01)。注意,这个报告并未明确地指出采用了哪种检验(t 或 F)来评估相关系数显著性。该报告也未提到效应量,因为 r 本身(或 r^2)就是效应量。

相关系数检验实例见附录 B。

回归方程的显著性评估

我们都知道,即使两个变量总体无相关关系,它们的样本也可能出现非零相关。非零相关的数据可以构建回归方程,用于预测。但有可能,回归方程和相关系数是无意义的,得到的结果完全是由于抽样误差,不能代表任何真实的关系。因此,假设检验同样可以评估相关的显著性(真实的还是虚假的)和回归方程的合理性。

对回归进行假设检验的第一步是提出零假设。零假设的一种形式是,回归方程不能很好地预测 Y 值方差,也就是说回归方程只反映了样本误差,不代表 X 与 Y 之间的真实关系。方程所得的预测与随机性所得结果一致。零假设的另一种形式是,方程的斜率常量为 0。两种形式都强调 X 与 Y 没有相关关系(没有正相关或者负相关,斜率就为 0)。

441 假设检验用的是 F 检验,即可预测的方差(r^2 或 R^2)和不可预测的误差方差($1-r^2$ 或 $1-R^2$)的比率。若 F 值较大,则表明实际得到的预测方差大于按随机性预测的值。

回归研究报告应包括样本容量,b 和/或 β 值,r^2 或 R^2 值(效应量),显著性水平(如 $p<0.01$)。如果是多元回归方程,还要报告 ΔR^2 的值。

非数值型分数的相关评估

在相关研究中，可以通过对个体分类来测量两个变量，而不是获得每个人的数值型分数，这两个变量之间的关系可以用独立性卡方检验进行分析。之前，我们用比较两组女性（有无饮食障碍）自尊情况（高或低）的例子介绍了此种检验方法，在这里我们强调的是两组的差异。但是，同样的数据也可以被视为同一组被试中每个被试的两个分数，自尊分数和饮食障碍分数。从这个角度看，卡方检验解决的是饮食障碍与自尊之间关系是否显著的问题。卡方检验用于检验关系显著性的实例见附录 B。

学习检测

独立测量 t 检验的目的是确定被试间设计的两组平均数差异是否大于依照随机性估计的结果。换句话说，是否有充分的理由证明这些平均数差异是由随机性以外的因素引起？简单说明以下假设检验的目的：

a. 单因素方差分析。

b. 相关系数的显著性检验。

c. 独立组卡方检验。

第五节 研究中的特殊统计量

除了传统的用来分析资料的统计技术外，还有一些特殊的数学程序被提出来，用以帮助评估和解释研究结果。这些特殊的方法大多是用来解决测量程序，尤其是测量信度问题。回忆一下第四章的有关内容，信度是指测量的稳定性或一致性。更具体地说，信度意味着同一个体在相同条件下接受测量时，应该得到几乎完全一样的测量结果。

要注意的是，信度指两组测量间的关系，一般是通过计算相关来评估。不过，在有些情况 442
下，简单的相关并不是非常合适。为了适合这些特殊情况，研究者们提出一些新方法来对相关系数进行修正和调整。本节中，我们考察四种用来修正和调整信度测量的方法：斯皮尔曼—布朗公式、库德—理查森公式 20、克龙巴赫 α 系数以及科恩 kappa 系数。

一、斯皮尔曼—布朗公式

当用多个项目测量一个变量时，常常通过计算**分半信度**（split-half reliability）的方法来评估这个测验的内部一致性。分半信度背后的假设是：这个测验的所有项目测量的都是同一个变量，因此，每个项目的结果都应与其他项目存在相关。特别是，如果将测验一分为二，这半测验的分数应该与另一半的分数有相关。

有多种方法可以将一个测验一分为二。例如，对于一个有 20 个项目的测验，你可以先计算前 10 个项目的分数，然后再计算后 10 个项目的分数。你也可以分别计算奇数项和偶数项的分数。不管哪种情况，你都会得到两个分数，然后计算这两个分数的相关程度。相关越高，分半信度越好。

尽管计算相关性看起来是一个测量测验两部分关系的简单方法，但是这个方法有一个问题。尤其是，从同一被试得来的两个分半分数，仅仅用了一半的测验项目。通常，从一半测验项目得出的分数要比从全部测验得出的分数可靠性差（测验项目越少，就越有可能出现误差或歪曲实际数据）。因此，测得的分半信度（基于一半测验）往往低估整个测验的真实信度。现在已有多种方法可以解决这个问题，其中最常用的方法是**斯皮尔曼—布朗公式**（Spearman-Brown formula）。这个公式校正了两部分间的简单相关：

$$\text{Spearman-Brown } R = \frac{2r}{1+r}\text{，这里的 } r \text{ 是测验的分半相关}$$

举例来说，对一个有20个项目的测验来说，我们将测试分为两半，每半有10个项目，这样就得到两个分数。如果两个分数的分半相关 $r=0.80$，那么由斯皮尔曼—布朗公式可得修正相关：

$$\text{Spearman-Brown } R = \frac{2\times 0.80}{1+0.80} = \frac{1.60}{1.80} = 0.89$$

443 请注意，修正的意义在于增大原来的相关，以便更好地估计整个测试的真实信度。

二、库德—理查森公式20

如前文所述，可以用多种方法把一个测验平分为二，得到两组数据以计算分半信度。分半方法不同，你得到的信度也不同。为了解决这个问题，库德和理查森（Kuder & Richardson, 1937）提出一个公式，用来估计从所有可能的分半方法中得到的相关系数的平均数。这个公式是他们尝试的第20个公式，并且也是最好的一个，所以将它称为**库德—理查森公式20**（Kuder-Richardson formular 20，*K-R* 20）。

不过，库德—理查森公式20只限于二项分布的测验项目，如对/错、赞成/不赞成或是/否等，并且被试每个项目的答案都要用0和1表示。每个被试的分数是总分，即所有项目的总和。库德—理查森信度的测量通过以下公式得到：

$$K\text{-}R20 = \left(\frac{n}{n-1}\right)\left[\frac{SD^2 - \sum pq}{SD^2}\right]$$

公式中各部分定义如下：

字母 n 是测验的项目数，SD 是一组测验分数的标准差。对于每个项目来说，p 是那些答案代码为0的被试的比例，q 是那些答案代码为1的被试的比例（注意：对于每个项目来说，$p+q=1$）。$\sum pq$ 是所有项目中 p 和 q 乘积的总和。

K-R 20所得结果的范围在0—1.00之间，所得值越高，表明内部一致性或信度越高。

三、克龙巴赫 α 系数

因为库德—理查森公式 20 限于二项选择测验，所以克龙巴赫(Cronbach，1951)对 *K-R* 20 公式进行修正，使之可用于项目答案不止两项的测验，如有五个选项的利克特量表。克龙巴赫 α 系数的结构与 *K-R* 20 相似，它的计算公式如下：

$$\text{Cronbach's alpha}=\left(\frac{n}{n-1}\right)\left[\frac{SD^2-\sum \text{方差}}{SD^2}\right]$$

除方差总和，克龙巴赫 α 系数的公式中各部分与 *K-R* 20 公式一样。计算方差总和，首先 444
要分别计算每个项目的方差。例如，如果有 20 个被试，那么你要计算项目 1 的 20 个分数的方差，然后计算项目 2 的 20 个分数的方差，依此类推，最后把所有测验项目的方差加起来。

像 *K-R* 20 公式一样，克龙巴赫 α 系数也测量分半信度，方法也是估计所有可能的分半方法中得到的相关系数的平均数。克龙巴赫 α 系数所得结果的范围也在 0 与 1.00 之间。所得值越高，表明内部一致性或信度越高。

学习检测

请简要说明为何用相关测分半信度有可能低估整个测验的真实信度(提示：斯皮尔曼—布朗公式可以解决这个问题)？

请简要说明库德—理查森公式 20 和克龙巴赫 α 系数想解决的分半信度问题。

四、科恩 kappa 系数

当用行为观察的方法来进行测量时，常要确定评估者信度，以此来评估测量程序。评估者信度是同时观察、记录行为的两名独立观察者之间的一致性程度。决定评估者信度的最简单方法就是计算一致性百分比，可表示为：

$$\text{一致性百分比}=\frac{\text{一致性的观察数}}{\text{观察总数}}\times 100\%$$

假如两名观察者在 50 次观察中有 46 次是一致的，他们的一致性百分比为(46/50)×100%=92%。

简单计算一致性百分比可能存在一个问题，即所得的结果可能因随机因素而变化。也就是说，两名观察者可能仅仅因为随机而记录到相同的结果。举个极端的例子，如两名观察者原本是观察同一个孩子，结果却由于失误，导致实际上观察的是两个不同的孩子。即使他们观察的是两个不同的孩子，但还是有可能记录到同样的行为，所以两名观察者是“一致的”，但他们的一致只是随机因素造成的。

科恩 kappa 系数(Cohen's kappa)是一种试图纠正随机性结果的百分比测量方法(Cohen，1961)。它的计算方法如下：

$$\text{Cohen kappa 系数}=\frac{PA-PC}{1-PC}$$

445 公式中的元素：PA 是观察到的一致性百分比，PC 是从随机性中估计的一致性百分比。

我们用表 14-5 中的资料来计算科恩 kappa 系数。这组资料是两名观察者在 25 个观察时
446 段中对同一个孩子的观察记录。在每个观察时段中，观察者记录是或否，用来表明是否观察到
攻击行为。一致性百分比是指两名观察者得到相同记录的时段数。如表 14-5 中的数据所示，
在 25 个观察时段里，有 21 个观察时段是一致的。因此，一致性百分比为：

$$PA=(21/25)\times 100=84\%。$$

表 14-5 可用于计算评估者间信度的资料

（利用一致性百分比或科恩 Kappa 系数）

（两名观察者记录同一个体在 25 个观察时段内的行为，记录他们在每个时段内是否有攻击行为）

观察时段	观察者 1	观察者 2	一致性
1	是	是	一致
2	是	是	一致
3	是	否	不一致
4	否	否	一致
5	是	是	一致
6	是	是	一致
7	是	是	一致
8	是	是	一致
9	是	是	一致
10	否	否	一致
11	否	否	一致
12	否	否	一致
13	是	否	不一致
14	是	是	一致
15	是	是	一致
16	是	是	一致
17	是	是	一致
18	否	是	不一致
19	是	是	一致
20	是	是	一致
21	是	是	一致
22	是	否	不一致
23	是	是	一致
24	是	是	一致
25	是	是	一致

为了得到按照随机性预测的一致性比率（PC），我们必须要使用一个基本的概率法则：

假定两个独立事件 A 和 B，如果 A 发生的概率等于 p，B 发生的概率等于 q，那么 A 和 B 同时发生的概率就等于 p 与 q 的乘积。

例如，把两个硬币同时抛出，每个硬币正面朝上的概率为 0.50（$p=q=0.50$）。根据这个规则，两个硬币同时朝上的概率是 $p\times q=(0.50)(0.50)=0.25$。

把概率法则应用于表 14-5 中的数据，我们可以计算出两名观察者由于随机而同时说“是”的概率以及由于随机而同时说“否”的概率。对于该表中的数据来说，观察者 1 说“是”的概率为 20/25，即 0.80；观察者 2 说“是”的概率为 18/25，即 0.72。根据概率法则，两名观察者仅由于随机而同时说“是”的概率为：(0.80)(0.72)=0.576 或 57.6%。

同样，两名观察者仅因为随机性同时说“否”的概率为：(0.20)(0.28)=0.056 或 5.6%。

综合这两个值，我们可以得到两名观察者由于随机而一致的概率为：

$$P_C=57.6\%+5.6\%=63.2\%。$$

科恩 kappa 系数的值现在可以计算如下：

$$\text{kappa}=\frac{PA-PC}{1-PC}=\frac{84\%-63.2\%}{1-63.2\%}=\frac{20.8\%}{36.8\%}=56.5\%$$

因为两名观察者因随机而一致的概率较高，所以纠正随机后，一致性百分比大大降低了，即从纠正前的 84.0%降到纠正后的 56.5%。

学习检测

请简要说明为何两名观察者之间一致性百分比倾向于高估真实的一致性程度（提示：科恩 kappa 系数可以解决这个问题）。

本章小结 447

本章介绍了可以帮研究者描述和解释研究结果的一些统计分析方法。这些统计分析方法主要包括两大类：用于组织和概括研究结果的描述性统计以及帮助研究者从样本推测总体一般情况的推断性统计。

描述性统计包括建立统计分布表或图，以更有组织地反映数据的整体情况。数值型数据的分布情况，通常以集中量和差异量来表示。平均数是反映集中量的最常用指标，但是当平均数不是一个很好的代表值时，也可以用中位数和众数。差异量通常用标准差来衡量，它是平均数的离差平均值。方差是平均数离差平方的平均值。两个变量间的关系也可以用相关来测量和描述。皮尔逊相关可以测量数值型分数线性相关的方向和强度。斯皮尔曼相关可以测量顺序（等级）数据相关的方向和强度。如果将数值型分数转化为等级，那么斯皮尔曼相关可以测量相关关系在一个方向上的一致性程度。

在行为科学研究中，最常用的推断性统计是假设检验。零假设表明不存在处理效应或总体的两个变量间没有相关。根据零假设，任何出现在样本中的处理效应或相关，只是由于随机性或抽样误差造成。α 水平或显著性水平，规定了把结果归于随机因素的可接受的最大概率。我们还讨论了一些可以评估平均数差异、相关关系和比例差异显著性的假设检验。

本章最后介绍了用于估计测量信度的特殊统计程序，包括三种方法，斯皮尔曼—布朗公式、库德—理查森公式 20 和克龙巴赫 α 系数。这三种方法可用来测量分半信度。同时，它们也指出了一个普遍存在的问题，即分半信度只建立在一半测验项目上，所以常常会低估信度的真实水平。科恩 kappa 系数则提出了一种评估者信度的计算方法，科恩 kappa 系数也试图纠正由随机导致的高估评估者一致性的现象。

关键词

描述性统计
推断性统计
统计量
参数
集中量
平均数
448 中位数
多元回归

众数
差异量
标准差
方差
相关
抽样误差
假设检验
置信区间

标准误
检验统计量
α 水平或显著性水平
统计显著的结果
第一类错误
第二类错误
回归

练习题

1. 除关键词外，还应了解以下术语的定义：

频数分布	直方图	多边图
条形图	双峰分布	多峰分布
自由度	折线图	散点图
皮尔逊相关	方差解释的百分数（r^2 和 η^2）	零假设
效应量	科恩 d 系数	独立测量 t 检验
重复测量 t 检验	单因素方差分析	误差方差
二因素方差分析	独立性卡方检验	分半信度
斯皮尔曼—布朗公式	库德—理查森公式 20	克龙巴赫 α 系数
科恩 kappa 系数	斯皮尔曼相关	回归方程
斜率常量	Y 轴截距	多元回归方程
方差百分比	事后检验	参数检验
非参数检验		

2. 为什么在开展研究和收集数据之前，考虑统计分析方法是很重要的？

3. 根据下面频数分布表中的数据，制作一幅频数分布图。

X	f
5	2
4	3
3	5
2	1
1	1

4. 统计方法分为两类，描述性统计和推断性统计。请说出每种统计方法的基本作用。

5. 请给出抽样误差的定义，要求在定义中，要使用统计量和参数这两个术语。

6. a. 假设在一个分布中，平均数为 70，标准差为 4，请判断，分数 82 是极端值，还是接近分布中心的平均分（提示：先用平均数和标准差制作一幅频数分布图，然后找出数据 82 的位置）？

b. 假设在一个分布中，平均数为 70，标准差为 20，请判断分数 82 是极端值，还是接近分布中心的平均分？

7. 一个标准化的国际阅读成就测验，七年级学生的总体阅读平均分为 100。研究者抽取 449
25 名七年级学生组成一个样本，让他们接受特殊的阅读课程训练。六周后，样本中的学生重做阅读测验，平均分为 112。在这个样本基础上，研究者能否得出特殊的阅读训练课程提高了学生阅读成绩的结论？请说明理由（提示：如果特殊的阅读训练课程没有效果，那么样本平均数和总体平均数之间相差 6 分，该如何解释？）

8. 简要解释当某研究者报告“两种处理的平均数差异显著”时意味着什么？

9. 为以下研究情境选择一种合适的假设检验方法：

a. 研究者进行一项横断发展性研究，试图查明 8 岁和 10 岁儿童在词汇技能方面是否有显著差异。

b. 研究者得出结论，上心理学导论课的学生中，有 8%的男性患有色盲，而仅有 2%的女性患有色盲。色盲和性别之间是否有显著相关？

c. 研究者记录了 20 个参加夏令营的儿童每天耗糖量与活动水平，试图研究耗糖量与活动水平之间有无显著相关。

d. 研究者想要判断四周的疗程是否会让行为发生显著改变，他选取一个由 25 名被试组成的样本，在治疗前、治疗后和治疗后三个月，分别对被试进行测量。

e. 研究者想要查明一种新的数学教学方法是否显著好于旧方法。研究者猜新方法对小班教学非常效果，而对大班教学效果不好。研究比较了四组被试：实施新方法的小班组，实施新方法的大班组，实施旧方法的大班组和实施旧方法的小班组。

10. 琼斯博士得出 $p<0.05$ 的显著性结果，而史密斯博士得出 $p<0.01$ 的显著性结果，请问他们哪位应更确信得出的结果是真实的，而不是随机因素造成？请说明理由。

11. 下面四种统计方法分别用来处理不同的具体问题，请指出以下四种统计方法想要解决的问题：

a. 斯皮尔曼—布朗公式

b. 库德—理查森公式 20

c. 克龙巴赫 α 系数

d. 科恩 kappa 系数

训练活动

1. 编一组 10 个分数，使该组分数的平均数约等于 30，标准差约等于 5(提示：参照图 14-3，绘制一幅由组块堆成的图，图中 10 个方块应以 30 为中心，其中大多数方块在均值的一个标准差内，基本上所有方块在均值的两个标准差内。然后根据图列出这些分数)。如果你有 SPSS
450 或其他分析软件，请计算出这组分数的平均数和标准差。

2. 编制一组 10 对分数(X 值和 Y 值)，使 X 和 Y 的皮尔逊相关约等于 0.7(提示：参照图 14-8，绘制一幅散点图，要求表示出合适的正相关，并给数轴标出数据)。如果你有 SPSS 或者其他分析软件，请计算出这组分数的皮尔逊相关。

网络资源

访问本书的网站 www.cengage.com/international 可获取学习工具，包括术语表、抽认卡和网络测试。

第十五章 451

单被试研究设计

本章概览

研究过程的第六步是选择一种研究设计。本章详细讨论一种特殊的实验研究类型——单被试研究设计。我们介绍单被试研究设计的基本特点，对单被试研究设计数据的评估，单被试研究设计的不同类型及其优缺点。

- 引论
- 单元和单元转换
- ABAB 设计
- 多基线设计
- 其他单被试研究设计
- 单被试研究设计的优缺点

第一节　引论 452

顾名思义，**单被试研究设计**（single-subject research design）是指在整个研究过程中只能用一个被试的研究设计，通常也叫**个案设计**（single-case design）。我们使用实验术语来介绍这种单被试研究设计，是因为这种方法能确定变量间是否存在因果关系。尽管这种研究设计也可以使用成组被试，但这种研究设计的独特优点在于，可以让研究者在只处理、观测和测量一个被试的条件下，收集资料和解释资料。在一些实践领域中，研究者要解答一些因果关系，这种研究设计就变得特别有价值。例如，临床医生想要证实某种治疗方法是否真的能让患者的行为发生改变，学校心理学家想要证实某个咨询程序是否真的能帮到有学业困难的学生。

历史上，大部分单被试研究设计都是由行为主义者提出来的，用它来考察操作性条件。研究者操纵刺激或强化条件，观察并记录单个被试（通常使用实验老鼠）的行为。虽然这种设计一直为临床心理学家所采用，但使用的范围主要在行为领域，尤其是行为矫正领域。尽管这两个领域与行为主义有紧密联系，但单被试研究设计已经是一种可广泛使用的研究技术，而不只属于任何特殊的理论范畴。

和其他实验研究设计一样，单被试研究设计的目的是验证变量间的因果关系。一般来说，研究者会使用这种方法去验证他们提供或操纵的一种处理(变量 1)是否会引起被试反应(变量 2)的变化。虽然单被试研究设计是实验性质的,但从方法学来看,它总体上是把非实验的个案研究与时间序列设计(见第七章和第十二章)结合在一起。一方面,它像个案研究那样,集中考察单一个体,对某一独特个体的行为和体验进行详细描述;另一方面,它又像时间序列设计,在一个时间周期内完成一个观测序列。通常,要将处理前观测序列与处理间或处理后观测
453 序列进行对照。虽然与描述性个案研究及准实验时间序列研究很相似,但本章所介绍的单被试研究设计具有验证因果关系的功能,因此它属于真实验设计。

学习检测

单被试研究设计的目的是什么?

与其他实验研究设计不同,单被试研究设计的研究结果不能提供一组被试的分数,因此无法计算平均数、方差,也无法进行统计显著性检验。呈现与解释单被试研究设计的研究结果,常常依靠数据图的直观检查,比如图 15-1 是考察捣乱行为矫治效果的研究,这是假设的一个学生的行为表现。在行为矫治程序实施前,对该学生五天中的捣蛋行为进行观察和记录。图中横坐标数据代表观测的天数,纵坐标代表观测到的行为水平(捣蛋行为的数量),点代表对该学生一天的情况所作的观测和记录。从第六天开始实施行为矫治程序,同时记录他在实施治疗期间的行为情况(从第六天到第十天),图中第五天和第六天之间的垂直线表示矫治程序开始的时间,这条线左边的五个点,表示处理前观测到的行为情况,右边的五个点表示处理后的行为变化。还应注意,用直线将各个数据点连起来,有助于比较处理前后行为模式的改变。

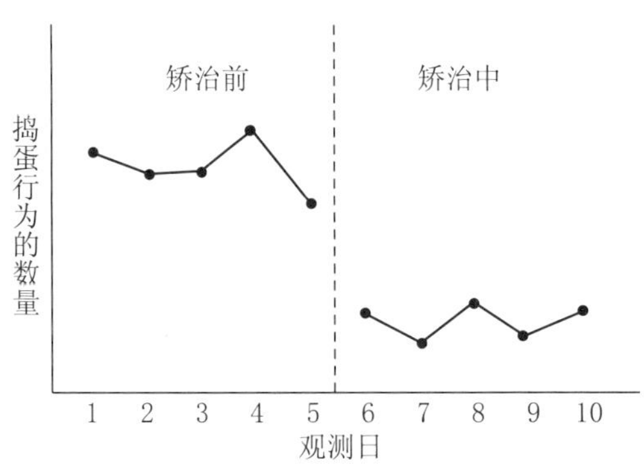

图 15-1 来自单被试研究的资料

由于不能采用传统的统计方法分析单被试研究的结果,研究者只能采取对图进行直观检查的方法来考察研究的结果,揭示其中的意义。比如在图 15-1 中,明显可以看到行为矫治程
454 序实施后,个体行为发生的改变。不过,只有曲线图还不足以得出令人信服的结论,还不能充分证明行为矫治程序真正发挥作用。因为,就此结果,我们可以提出两点疑问:

1. 由于实验没有对额外变量进行控制,所以结果并不是真实验的结果。特别是,个体行为改变也有可能是处理之外的其他变量引起。实验中存在许多额外变量,如天气、学生的家庭

环境、同伴关系等，这些额外变量的变化都有可能引起行为改变。研究者不能测量或控制所有潜在的混淆变量，所以实验结果难以确定处理是否一定有效。为了确认因果关系，单被试研究设计必须明确证实是实验处理而不是相伴发生的无关变量引起被试行为的改变。

2. 对图 15-1 中的结果进行解释时，存在的第二个问题是，处理前后的行为差异可能只是随机性变化的结果。请注意，在一天接着一天的观测中，变化一直存在，图中处理前后的变化，也许只是行为矫治及测量期间一种自然变化的结果。尽管结果显示，处理前的观测分数较高，而处理后的观测分数较低，可这种“模式”也许只是一种常态化的变异。你也可以将这个问题看作是传统的统计显著性问题。

在传统的分组设计中（比如组间设计或组内设计），研究者可以准确测量出预期的随机误差范围，然后可以借助假设检验来确认发现的数据间差异是否显著大于可能由随机误差导致的差异。但在单被试研究中，不存在分数组，研究者无法计算随机误差的范围，只能依靠图示使其他人相信处理的作用是显著的。因此，实验获得的数据必须是明确的、没有异议的，这是至关重要的。通过直观查看结果图，研究者可以发现处理效应（在后面，我们会讨论直观考察的原则）。

学习检测

在评估单被试研究结果时，传统的统计学（平均数、方差和假设检验）有什么作用？

第二节 单元和单元转换

在讨论具体的单被试研究设计之前，我们引入一个基本概念——**单元**（phase），并对它进行界定。单元是大多数单被试研究设计的基本构成成分。一个单元是在同一种条件下对被试 455
进行的一系列观察。例如，图 15-1中包含了两个单元，处理前连续五次观察构成一个单元，后五次观察（处理中）构成第二个单元。在单被试研究术语中，研究者尚未施加处理时的观察叫作**基线观察**（baseline observation），一系列的基线观察被称为一个**基线单元**（baseline phase）。类似地，研究者在施加处理过程中所作的观察叫作**处理观察**（treatment observation），一系列处理观察被称为一个**处理单元**（treatment phase）。按照惯例，用字母 A 代表基线单元，字母 B 代表处理单元。研究者用不同的字母表示不同的单元，用一连串字母表示连续的单元。例如，图 15-1 的研究可以用 AB 设计表示，也就是，研究包括一个基线单元（A）和一个处理单元（B）。

尽管，单被试研究设计常常用字母 B 代表处理单元，但在有些情境，特别是在包含两个或更多不同处理的研究中，第一个处理单元也可以用 B 表示，其他处理单元则用 C、D 等表示。同样，在一项研究中，如果有多个处理水平，那么基本处理用 B 表示，不同水平分别用 B_1、B_2 等表示。因此，A-B-B_1-A-C 的单被试研究设计，字母顺序表示研究者先做一系列基线观察，然后实施处理 B，进行观察，接着改用处理 B 的另一个水平 B_1（或许是因为处理 B 无效），然后撤销所有处理，回归基线，最后实施另一个不同的处理 C。

一、水平、趋势和稳定性

单被试研究设计中单元的作用在于建立被试在特定条件下的行为图景，这里的特定条件规定了一个单元。也就是说，构成一个单元的一系列观察能够描述被试行为的清晰模式。于
456 是，研究者可以通过实施或撤销处理来改变单元，以此显示被试行为在单元间的改变。不过，要验证被试行为模式的改变，首先必须建立单元内清晰的被试行为模式。

我们用**水平**(level)表示一种单元内的行为模式，水平只代表被试的反应值。如果一个单元内所有的观察都得到接近或相等的数值或水平，这表明被试在该观测单元内有一致或稳定的行为水平。如图 15-2a 所示，这里的数据表现出一种稳定的行为水平。尽管数值间也存在细微的差异，但大体呈直线。"稳定水平"使一个单元内的数据在图中形成一条水平线。

我们使用**趋势**(trend)表示另一种单元内的行为模式。趋势指单元内一系列观察值持续一致地增加或减少。如图 15-2b 所示，这里的数据表明，存在一种持续一致或稳定的行为趋势，图中的线向右倾斜上升，表示随时间推移，行为表现的观察值持续增加。

综上所述，我们可以用水平或趋势来描述一个单元内行为模式的变化，但关键因素是行为
457 模式的变化必须具有持续一致的特点。单被试研究设计不能用统计分析总结或解释结果，主要依靠视觉观察。它的基本要求是：用明确的水平或趋势构建清晰的图形。同时，数据的**稳定性**(stability)也至关重要。尽管稳定性没有明确的定义，但是稳定性一般指持续一致的水平或趋势，偏差相对较小。当数据偏差较小，几乎形成一条直线时，我们认为数据是稳定的，行为模式也很容易理解。事实上，不必用一条完美的直线来表示持续一致的稳定水平，实验允许有一些变异，但变异应该相对较小。

相反，如果从一次观察到下一次观察，结果出现很大差异，未出现清晰的行为模式，那么我们就说数据是不稳定的。如图 15-2c 所示，这里的数据很不稳定，意味着单被试研究设计失败。如果单元内数据十分杂乱，形成的模式就可能很不明确，因此研究者很难确定单元的变化(比如实施处理)是否会引起行为模式的改变。

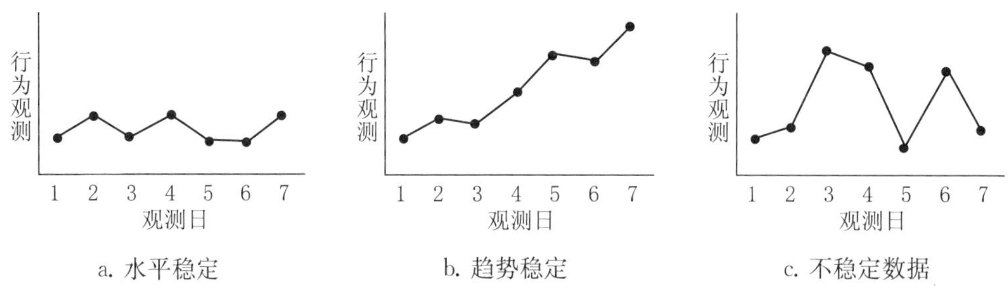

a. 水平稳定　　b. 趋势稳定　　c. 不稳定数据

图 15-2　单被试研究中一个观测单元内结果的三种模式

学习检测

为什么说观察单元内稳定的行为模式是必要的？

不稳定数据的处理

通常，在一段时间内，行为是相当一致的，这意味着一系列观测显示出前后一致的行为模式（即显示出行为上的一致性水平或一致性趋势）。然而，当数据不稳定时，我们就必须使用一些技巧来揭示其中的行为模式。

首先，你要学会耐心等待。也就是说，你要继续观察，希望数据能稳定下来，揭示出一个清楚、明确的行为模式。有时，由于观察本身也是一种新异刺激，被试会对其产生不可预测的行为变化。如果出现这种情况，那么最初几天的观察中，被试的行为会受到干扰，可能不稳定，持续几天后，新异性消失，被试会重新表现出正常的、前后一致的行为。

其次，你可以计算两个或更多观察数据的平均值。图 15-3a 显示了 10 天观测周期中的一系 458
列观测，由于每天的观测值有很大差异，导致一系列数据相对不稳定。图 15-3b 为了减少数据间的变异，求相邻两天观测值的平均值，这样得到的数据就更稳定了，构建的行为模式也更容易理解。类似地，也可以用相邻三天观测值或四天的观测值计算平均值。采用这种计算平均值的方法是为了减少数据之间的差异，产生一个更稳定的数据系列，被试的行为模式更容易显现出来。

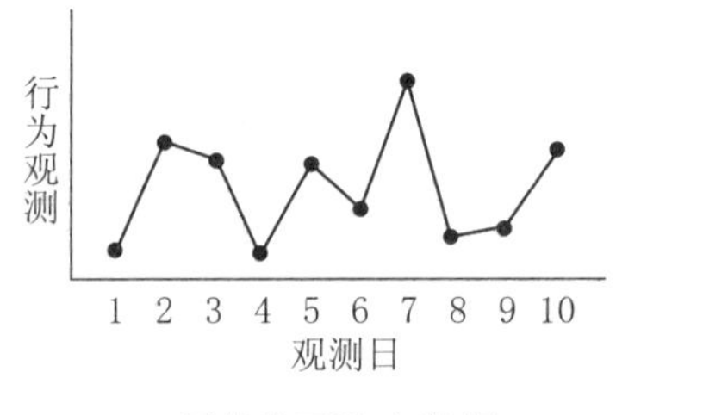

a. 原始的不稳定数据

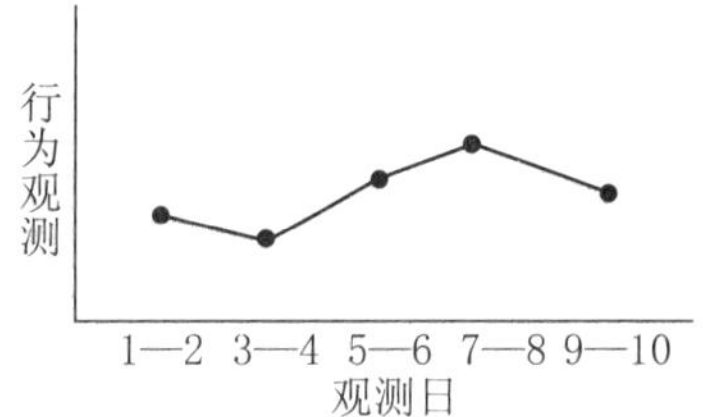

b. 将 2 天周期内的数据平均

图 15-3　通过将前后相邻数据平均会使数据变得稳定

最后，在不一致的行为中寻找模式。比如，研究者考察班级不团结行为，结果发现，有几天被试的不团结行为分数比较高，另几天不团结行为分数比较低，数据很不稳定。尽管如此，研究者进行更为周密地分析后发现，高分倾向在星期一、星期三、星期五出现，低分倾向在星期二、星期四出现。这里存在一个明显的问题，“星期二和星期四有什么不同吗?”查看课表后发现，学生在星期二和星期四上了体育课。或许体育课让学生消耗掉过剩的精力，使学生的行为变得较温和了。为了消除体育课的影响，研究者可以将观察时间提前到体育课前进行。或者也可以限定只在那些没有体育课的日子进行观察。一般，额外变量会导致数据不稳定，这时就需要我们鉴别和控制这些额外变量，使数据更为稳定。

观测单元的长度

为了建立单元内的行为模式（水平或趋势），保证数据的稳定性，一个观测单元最少也要包含三次观测。如图 15-2 所示，三个图中前两天的数据完全相同。图 15-2a 中，前两天数据之间的差异很小，这些微小的差异成为持续一致水平的一部分；图 15-2b 中的差异是持续一致趋势 459
的开始；图 15-2c 中，前两天数据之间的差异成为不稳定数据的一部分。如果只有两次观测，就不能提供足够的信息去确定一个行为变化模式，必须有更多的观察才能确定行为模式的水平、趋势和稳定性。要构建一个清晰的单元内行为模式，三次观察可能是最起码的要求，一般来说，进行五到六次观察也是需要的。换句话说，观测单元的长度是由建立清晰稳定的行为模式需要的数据观测点数所决定的。

二、单元转换

研究者收集到构建一个单元内清晰、稳定的行为模式所需要的数据后，就可以转换到下一个行为观测单元。**单元转换**(phase change)本质上是对自变量的操纵，它通过施加、撤出或改变处理来完成。单元转换启动了一个新的观察单元，研究者会在一个新的条件下获得一系列观测数据。

单元转换是为了验证增加或撤销一个处理是否会导致被试行为发生明显改变。如果单元转换前后被试的行为模式显示出显著性差异，单元转换的目的就达到了。比如，实施处理(单元转换)时被试的行为水平急剧下降，就提供了处理有效性的证据。

确定单元转换的时机

我们已经讨论过，是否开始一个新的单元主要取决于先前单元是否有清晰、明确的行为模式。当然，还有一些其他因素也能影响单元转换的时机。

首先，在考虑从基线单元向处理单元转换时需要注意，如果基线单元的数据趋势已经表明患者的行为正在改善时，研究者不宜采用新的处理单元对之进行干预，这既有临床上的理由，又有实验方面的理由。从临床的角度看，如果患者的行为已经得到改善，最简单和最安全的决定就是推迟采用另一处理单元，让这种改善持续下去。患者的行为得到改善可能也说明不需要立即进行干预。从实验的角度看，当被试的行为有改善趋势时，研究者实施一个新的处理只会使研究结果的解释变得模糊不清。具体地说，如果实施处理时行为继续得到改善，那么研究
460 者将无法确定持续的改善是新的处理引起，还是先前处理效应的延续。由于实验结果不能明确地证实处理的效应，因此实验的效度大大降低。

其次，如果基线数据显示存在高度危险或有威胁的行为，那么研究者就不能为了获得清晰的行为模式而等待第五次或第六次观测，应该立即施加处理(哪怕才完成一次或两次基线观测)，这是研究者或治疗者应有的道德责任。行为被控制后，研究者可以考虑回归基线单元(无处理)或开始新的处理单元，继续进行实验。

再次，处理单元内的数据可能表明单元转换的时机尚不成熟。比如，如果处理使被试行为发生了迅速、严重的功能退化，那么研究者或诊断者应立即停止、改变或调整处理，而不能等待一个清晰、明确的模式出现。

概括地说，要根据被试的反应来决定是否转换观测单元。如果根据被试的反应，研究者能构建出清晰的行为模式，那么单元转换是恰当的；如果被试反应出现了严重的问题，那么单元转换就是必须的。上述两种情况下，实验的一步步发展是由被试的反应控制的，不一定遵循研究者预先确定好的研究计划。单被试研究设计提供了一种非常灵活且适应性强的研究策

略，特别适合临床应用。本章第六节讨论单被试研究设计的优缺点时，我们将对此作详细阐述。

学习检测

决定单元转换时机的主要因素是什么？实验结果必须是什么模式才能使人相信单元转换导致行为变化？

三、视图审读技术

通常，单被试研究是为了证实操纵一个变量(处理)是否引起第二个变量(被试行为)的改变。具体而言，单被试研究是为了证实当实验转换到另一个处理单元时，基线单元已建立的行为模式是否会转变为另一种不同的行为模式。由于实验结果的解释完全依赖于对图形的视觉考察，因此从基线单元到处理单元的行为模式的变化显得尤为重要，而用图形显示这种变化是很容易的。行为模式变化越迅速、巨大，研究结果越可信。

然而，行为模式在多大程度上发生变化才能证明处理产生了效应呢？目前，我们还没有绝对客观的标准。单被试研究中，数据的视图审读是一项非常主观的任务，不同的观察者经常用不同的方式解释数据(DeProspero & Cohen, 1979)。因此，我们需要制定一个标准，帮助观察
者确定单元转换是否产生了真正的模式变化。卡兹丁(Kazdin, 1998)发现，单被试研究的数 461
据有四个具体特征，这四个特征有助于判断两个单元是否有显著变化。

1. 平均水平的变化。尽管不能计算单被试研究数据的平均数和方差，但是在一个单元内，行为的平均水平为研究者提供了一种简单、易懂的行为描述。图 15-4 是我们假定的一个单被试研究的数据，用虚线表示每个单元的平均值。数据显示，从一个单元到另一个单元，平均值有明显的差异，这表明两个单元之间确实存在差异。总的来说，平均水平的较大差异能很好地显示单元间存在的差异。

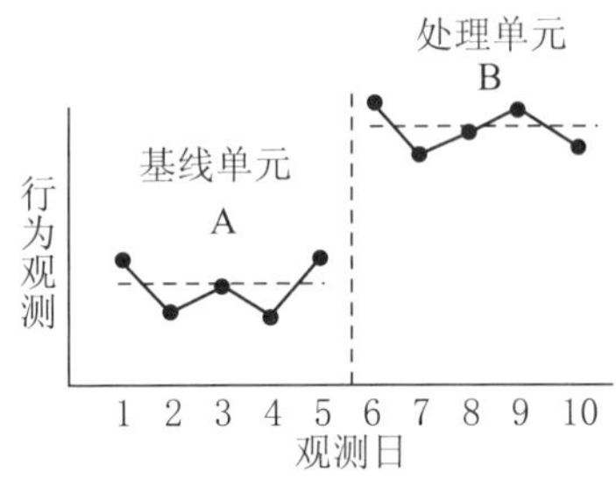

图 15-4　从一个单元到下一个单元水平的变化

每个观测单元的水平虚线对应于单元内观测的平均水平。两个水平线间的明显差异很好地显示了单元间的差异。还可注意到，基线单元的最后一个点与处理单元的第一个点有很大的差异，表明处理导致了被试的行为改变。

2. 水平立即发生改变。单元差异的另一个显示因子是条件改变时被试的最初反应。这需要对一个单元最后一次数据点与紧随其后的一个单元的首次数据点进行比较，如果二者差

异很大，则能很好地说明处理条件的加入或撤出立即带来了被试行为的改变。例如，在图 15-4 中，数据显示第一个基线单元的最后一次分数与第一个处理单元的第一次分数存在很大差异。很明显，处理的加入立即引起了被试的反应。

3. 趋势改变。如图 15-5 所示，前、后单元的趋势有显著差异，表明两个单元有明显不同。图 15-5a 中，行为模式从没有趋势（持续一致的水平）到清晰的、不断上升的趋势；图 15-5b 中的
462 数据看上去更令人信服，这里变化的趋势改变了，从上升转变为下降。清晰、明显的趋势变化是两个单元之间存在差异的有力证据。

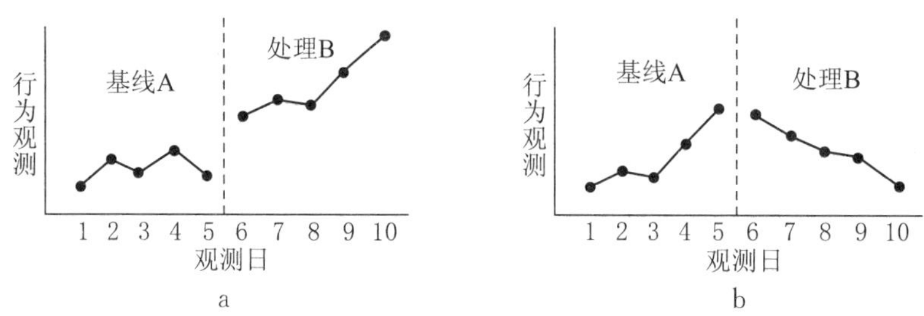

图 15-5 从一个观测单元到下一个观测单元数据变化趋势的不同

a. 从水平稳定到递增的趋势；b. 从递增到递减的趋势反转。

4. 趋势变化的延迟。要证明两个单元之间有差异，最令人信服的证据是数据模式呈现出较大的、即刻的改变。如果被试行为改变的时间与单元转换的时间相比有一个延迟，那么就会减弱因果关系解释的可信度。如图 15-6a 所示，施加处理时，被试行为立即发生改变，这证明处理影响了行为。然而在 15-6b 中，行为没有马上改变，虽然行为最终发生了变化，但这是在处理开始一段时间后才发生的，因此不能确定是处理影响了行为。

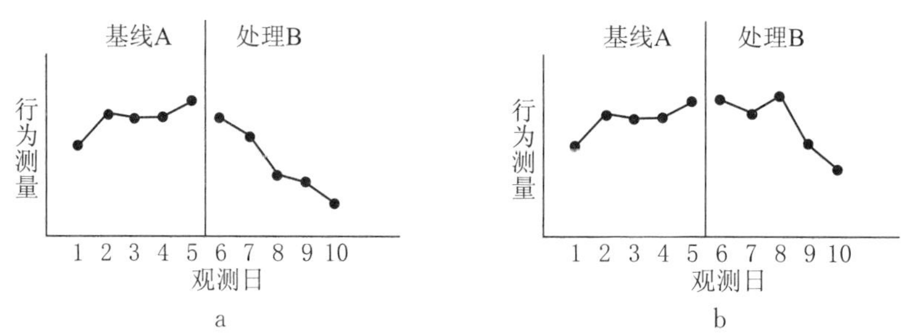

图 15-6 变化延迟对结果解释的影响

a. 实施处理时，行为变化趋势迅速改变，该模式能明确证明处理效应；b. 实施处理后，行为在基线水平保持若干天后，最终出现下降趋势，该模式不能明确证明行为趋势改变是处理所致。

463 第三节 ABAB 设计

我们已经介绍了单元的概念，单元是构成大多数单被试研究设计的基本成分。一个具体

的单被试研究设计包括一系列单元，我们可以用一系列字母来表示（比如，ABB$_1$AC）。字母的独特顺序代表一种独特的实验设计，因此单被试研究设计的数量可以是无限的。现在，我们要掌握 **ABAB 设计**（ABAB design），也就是轮回设计或反转设计，它在单被试研究中使用得较为普遍。至于更复杂的设计，将在本章第四节中再进行讨论。

正如字母所示，ABAB 设计包含四个单元：首先是基线单元（A），接着是处理单元（B），然 464
后是回归基线单元（A），最后是重复处理单元（B）。ABAB 设计的目的是为了验证处理是否导致行为改变。具体如下：

- 每一个处理单元中的行为模式与每一个基线单元中的行为模式有明显差异。这个验证对于建立处理与行为之间的因果关系是必要的。
- 实验中，从基线单元到处理单元和从处理单元到基线单元，每个单元的行为变化都是相同的。这是构建处理与行为之间因果关系的必要条件。也就是说，通过实施和撤销处理，实验者能按照意愿产生或终止某种行为。

单被试 ABAB 设计常会出现在多个领域中，例如，验证一种干预是否能有效改善孤独症儿童的社会交往（Koegel，Vernon，& Koegel，2009），一种治疗强迫症的食物疗法是否有效（Rucklidge，2009），代币制能否提高儿童对某种练习程序的坚持以减轻其所患的囊胞性纤维症（Bernard，Cohen，& Moffett，2009）。在各种情况下，研究所得结果可以表示成图 15-7 所示的模式。仔细观察该图，我们可以推断出处理和行为之间的因果关系。

1. 第一次单元转换（基线到处理）时，被试的行为模式都有了明显的变化。在这里，我们不能得出处理引起行为变化的结论，因为额外变量也会跟着处理同时发生变化，这也可能导致行为发生变化。例如，就在接受处理那天，被试早上起床感觉很不错，因为他感冒痊愈了。如果是这样的话，我们也可以认为，被试行为发生的变化是由身体健康方面的变化导致，而不是由处理条件导致。我们还不能肯定处理与行为之间的因果关系。

2. 第二次单元转换（处理到基线）时，被试的行为重新回到与基线单元观察的结果相同的水平。在实验中，我们把这种情况称为“逆转”或“回归基线”。实施处理时，行为发生变化，撤销处理后，行为又回到基线水平。这种返转的操作是很重要的，因为由此研究者可以建立处理
与行为改变间的因果关系。虽然在第二次单元转换时，额外变量仍可能影响行为，但我们更相 465
信是处理而不是额外变量导致了行为改变。在施加实验处理时被试行为发生改变，撤出实验处理时被试行为又返转到极限水平。在返回基线单元期间，被试行为不一定要严格地返回到初始的基线水平，但在返回基线单元时其行为必须明显且即刻表现出返回初始建立的基线水平的趋势。

3. 第三次单元转换（基线回到处理）时，被试的行为重新回到处理单元的水平，观察到与最初的单元转换相同的处理效应。实验中，通过重复进行 AB 单元，研究者确定处理与行为之间存在因果关系。在第一阶段，额外变量可能导致行为发生变化。在第二次实施处理时，行为
重复最初的结果，这说明随机误差或额外变量导致行为发生变化的可能性很小。总之，借助重 466
复，ABAB 设计使得由实验处理引起的行为改变被观察到的可能性最大化。

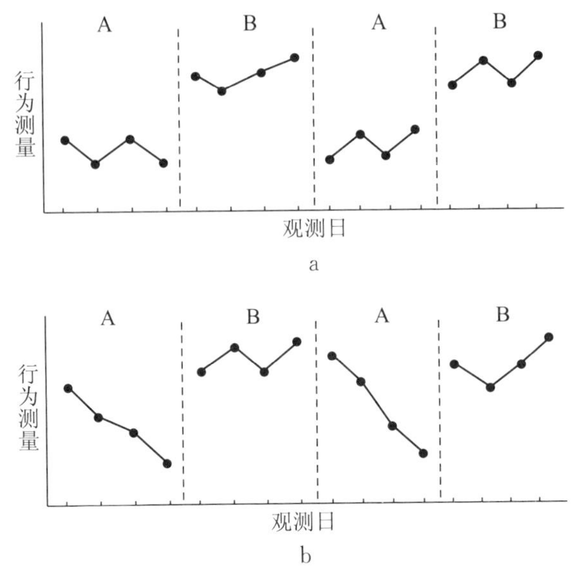

图 15-7　两例 ABAB 设计的理想结果

a. 实施处理时，行为水平有明显变化；撤除处理时，行为水平回到基线；再实施同样处理时，又表现出先前的效应。b. 实施处理效应的模式与 a 相似，只不过这里表现出来的效应主要是行为变化趋势的改变而非水平改变。

图 15-7a 显示每次引入或撤出实验处理时行为水平的变化，为处理与行为之间的因果关系提供了证据。其实，通过展示趋势变化也可以为因果关系提供证据，比如，在图 15-7b 中，引入实验处理可以使行为的下降趋势停止，撤出实验处理又导致行为回到下降趋势，再次引入实验处理则又使行为回到稳定水平。

ABAB 设计通常被用来证明某种处理有效。实际上，它也可以为某种处理无效提供证据。克雷格和卡恩斯(Craig & Kearns, 1995)运用 ABAB 设计评估针刺疗法对口吃的治疗作用，研究结果如图 15-8 所示，结果显示，被试的口吃频率在两个处理单元都保持在基线水平，从而有力地证明针刺治疗口吃无效。

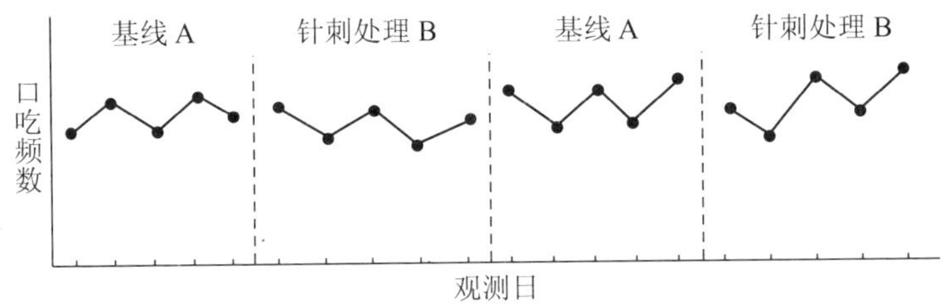

图 15-8　与克雷格和卡恩斯(Craig & Kearns, 1995)观测结果相似的假设数据

图中来自 ABAB 设计的研究结果未能清楚地显示出实验处理的效应，在整个研究过程中，口吃频数保持在基线水平，表明针刺对治疗口吃没有效果。

学习检测

请写出 ABAB 设计(轮回设计)的四个单元。如果研究是成功的，那么每一次单元转换时，研究者对被试的行为改变会有怎样的预期？

一、ABAB 设计的局限性 467

与其他实验设计一样，ABAB 设计可以可靠地验证操纵处理与对应的行为改变之间的因果关系。然而，因果关系的可靠性在很大程度上依赖于处理的反转(回归基线)。实验中，撤出处理会带来一些实践的和道德的问题，这在一定程度上限制了 ABAB 设计的应用范围，削弱了实验成功的概率。

ABAB 设计的第一个问题是撤出处理后，被试将有何反应。撤出处理可能不会改变被试的行为。也就是说，尽管实验者打算通过撤出处理的方式回到基线，但被试的行为可能未回到基线。从纯临床的角度看，这种现象并不是坏事，相反它是一个极好的结果。通过实施处理，临床诊断者矫治了一种问题行为；当撤出处理时，矫治效果得以延续，最终治愈了患者。可是，从实验的角度看，撤出处理后，如果被试没有反应，那么处理的可靠性会大大降低；如果处理的操纵没有让被试产生任何行为，那么研究者会怀疑处理的效应了。因此，ABAB 设计不适合用来评估那些能产生持久或长时间持续作用的处理。

到目前为止，我们把回归基线失败看作是绝对的全或无的问题来讨论。但实际上，它可能只是在一定程度上未能回归基线。也就是说，撤出处理时，被试产生了一定的反应，但不是完全或立即回归基线单元。撤出处理时，被试只要有一些显著的反应，就不会严重损害实验的可靠性。不过，可靠性一般依赖于被试反应的强度：反应越接近最初的基线，实验结果的可靠性越高。另外，实验的最后一个单元(再次引入实验处理)为研究者再次验证实验处理的可靠性提供了机会。如果第二次实施处理时，行为有了明显的改变，那么回归基线的问题就变得不那么重要了。

ABAB 设计的第二个问题是撤出有效处理的道德问题。ABAB 设计不但要求临床医生撤出某种已经显示疗效的治疗方案，而且撤出的意图是期望患者回归到治疗前的问题状态。尽管这种做法是 ABAB 设计本身不可分割的一部分，但有时这种做法不利于取得好的临床效果。涉及此类伦理问题时，我们需要征询患者、治疗者和家庭成员的意见，取得谅解后才能暂时停止治疗程序。我们虽然不能完全解决这个问题，但是可以将它的影响最小化或使之合理化：第一，向这些人保证，撤出治疗程序是暂时的，随后还会再次引入；第二，治疗程序最后总是要撤出的，因为患者终究还是要回归正常生活。从这个意义上说，回归基线单元可以被看作是 468
一个试验阶段，有助于评估治疗程序的有效性及其持久性。

学习检测

为什么说产生持续作用或长时效应的处理不适合 ABAB 设计？

二、ABAB 设计的变式

虽然研究者倾向于使用 ABAB 设计开始他们的研究，但在实施的过程中，可能需要加入新的处理或改变基线与处理单元的编排顺序。根据具体实验情境，通过变换基线与处理单元的顺序，可以构建的设计模式的数量是无法估量的。例如，一位研究者计划开展一项 ABAB

设计，但是被试在第一个处理单元内没什么反应，于是研究者变换出一个新的处理单元 C，这就出现了一项更复杂的单元转换设计。

尽管有无数种潜在的单元顺序，但并不是每一种顺序都能实际使用。真实的实验必须能够合理、明确地解释处理与行为之间的因果关系。在单被试研究设计中，当施加处理时，行为必须有明显的变化，而且能出现不止一次的重复变化。在具有两个或更多不同处理单元的实验中，按照这两条标准来考虑，会出现一些很有趣的结果。我们来看下面这个例子：

假设研究者开始使用传统的基线单元，接着施加处理 B，但被试的反应显示处理 B 的作用很小甚至没有。于是研究者调整了处理水平，施加处理 B_1，结果被试的反应还是很小或没有，研究者就需要实施另一种全新的处理 C。最终，数据显示行为发生了明显改变，证明处理 C 是有效的。这个单元顺序可以表示为 A-B-B_1-C，图 15-9a 的模式描述了这一实验的结果。尽管这些数据似乎显示处理 C 引起了行为改变，但这一结果也可以有其他的解释：

- 伴随处理 C 出现的额外变量，也有可能引起行为变化。
- 先前处理 B 或 B_1 的延迟作用可能引起行为变化。也就是说，处理 B 或 B_1 实际上是有效的，只是在实施处理几天后才表现出来。
- 处理 C 可能不是行为变化的直接原因，只是在处理 B 和 B_1 之后才有效。也就是说，处理 B 或 B_1 是行为变化的"催化剂"，它们使被试更善于接受处理 C。

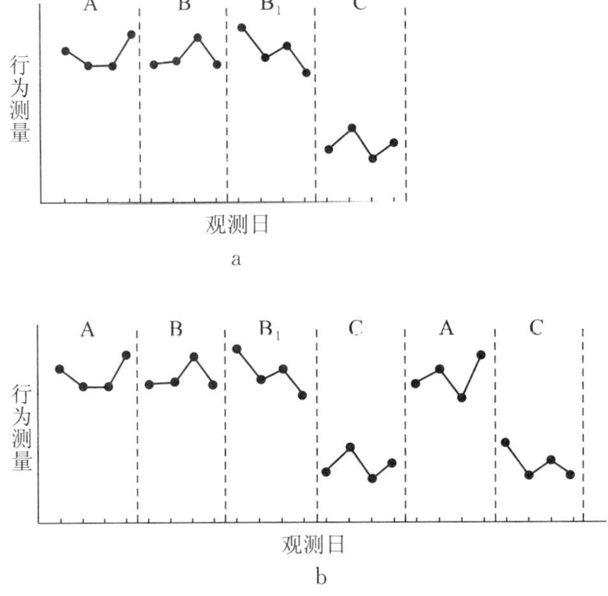

图 15-9 更复杂的单元变化设计的假设性结果

a. 第一个处理 B 和调整后的处理 B_1 未产生明显效应，但处理 C 引起了行为水平的明显改变；b. 通过回归基线单元和重复处理 C 将研究扩展。

469 为了使实验更加合理，结果的解释更加明确，研究者必须考虑上述情况。针对 ABB_1C 设计出现的问题，可以采用第二次回归基线的方法，使被试行为回归基线，接着重复实施处理 C，单元顺序变成 A-B-B_1-C-A-C。如果行为重复最初 A 和 C 单元的模式(如图 15-9b 所示),那么可以确定处理 C 引起了行为变化。然而,如果重复实施处理 C 后,被试的行为模式与最初处理 C 不同,那么可以确定处理 C 没有引起行为变化。同时,研究者要考虑先前处理是否会产生潜在的延迟作用或者是催化作用,比如,处理 B_1 可能对处理 C 的效应有促进作用,使其产生 470
了可观察到的作用。为了验证它,研究者可以采用实施处理 B、C 后,回归基线的方法。事实上,为了得到明确的因果关系,一个单被试研究设计可能需要 10 到 12 个单元。总之,是否开始新单元,取决于研究者在先前单元中观察到的反应模式。

琼斯和弗里曼(Jones & Friman, 1999)使用一个复杂单元转换设计评估昆虫恐惧症的干预效果,被试是一个 14 岁的男孩,叫麦克,他的学业因为恐惧昆虫而受到严重干扰。在基线单元(A)中,研究者测量了麦克在一个房间内完成数学问题的数量,这个房间里有三只活蟋蟀。接着,开始实施渐进暴露疗法(B),这种疗法通过逐渐提高被试在恐惧情境中的暴露程度,而达到逐渐减少被试恐惧程度的目的。研究者构建了一个分 11 步逐渐递进的暴露治疗程序,从让被试拿一个装有蟋蟀的罐子(步骤 1)到让被试直接拿一只蟋蟀 1 分钟(步骤 11)。治疗程序包括一个 15 至 20 分钟的练习单元。练习单元中,麦克可以选择开始的暴露程度,然后逐级升高,直到他拒绝继续。然而,做了 5 个单元后,很明显治疗根本没作用。于是,从这个时候开始,研究者给暴露治疗附加强化条件,以此构建了一个新单元,记为 BC(B 是指暴露治疗,C 是指附加强化条件)。强化物是可以用来兑换各种物品(糖、玩具)的积分或其他奖品。增加强化物使被试的学习成绩迅速提高。BC 单元后,接下来的几个练习单元,研究者撤出所有的治疗程序(返回到基线水平 A)。在最后单元,又回到暴露治疗并给予强化处理的单元。这个设计可以用符号表示成 A-B-BC-A-BC。琼斯和弗里曼的研究结果类似于图 15-10 所示的模式。

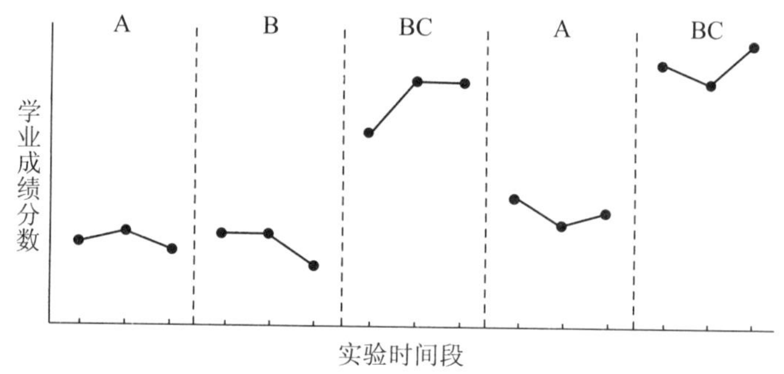

图 15-10 与琼斯和弗里曼(Jones & Friman, 1999)实验结果相似的数据变化模式

当渐进暴露治疗程序(B)本身对昆虫恐惧症无效时,附加强化物以构建一个联合处理 BC。

正如你能看到的,一个单被试研究设计可以很容易地发展成复杂的单元顺序,直到能清晰地揭示出因果关系。在研究进行的任何阶段,研究者都可以根据前期单元中观察到的被试行为模式决定下一个单元。

学习检测

在单元转换设计中,如何确认被试行为的变化是由处理而非随机误差造成的?

第四节　多基线设计

迄今，单被试研究设计应考虑的一个基本问题是逆转或回归基线，该成分是重复最初处理效应的必要条件。具体而言，轮回设计要求被试行为在撤销实验处理后能立即回归基线水平。然而撤销处理不仅牵涉伦理问题，而且只适合处理效应短暂的情况。为克服上述问题，可采用多基线设计，它不要求回归基线，因此非常适合处理效应持续时间长，甚至永不消退的情况。

多基线设计只需要一个单元转换——从基线到处理，然后对第二个被试或第二种行为重
471 复这一单元转换过程，以此提高处理效应的可信度。图 15-11 中假设的数据可以说明多基线设计的一般方法。它包括两个被试，但都表现出相同的问题行为。图的上半部分是第一个被试的数据，下半部分是第二个被试的数据。请留意，对两个被试来说，研究是同时开始的，即同时开始对两个被试的基线观测。在建立起两个被试的基线模式后，首先将处理单元施加于一个被试，与此同时，另一个被试继续接受基线观测。然后也将处理单元施加于第二个被试，但启动处理单元的时间不同于第一个被试。因此，这个研究包含了对两个被试的同时观测，但是两个被试接受处理前的基线周期不同。当一个多基线设计使用两个独立被试时，这种设计叫作**多基线交叉被试设计**(multiple-baseline across subjects)。

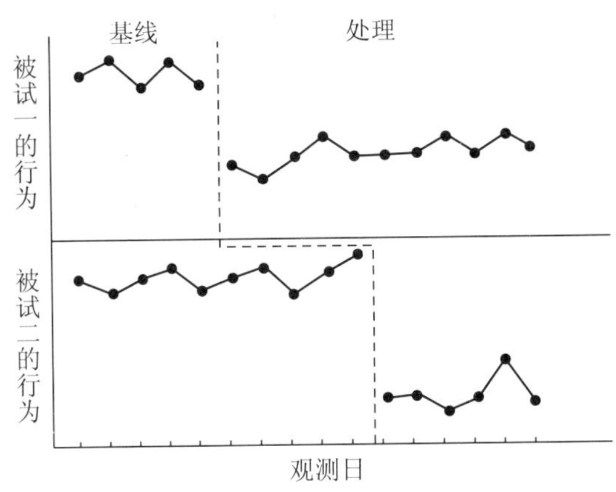

图 15-11　显示多基线设计的假设性数据

两个被试的基线单元是同时开始的，但其中一个被试的基线单元在另一个被试处理单元已经开始后仍持续一段时间。

正如上文提到的，也可以使用多基线设计对单个被试的两种或两种以上行为进行研究。多基线设计的单被试版本的关键在于：不同的行为是相互独立的(彼此互不影响)，研究者将一种实验处理施加于其中一种行为的同时，也可以对其他行为实施处理。比如，一个学生有破坏

行为(大声讲话或干扰其他学生)和攻击行为(作弄或挑衅其他同学)。对于每一种具体的问题行为,我们运用行为矫正技术分别对之进行处理。或者,在临床治疗中,一个患者患有几种不同的恐惧症,对于每一种恐惧症,我们可以采取一种心理脱敏技术专门对之进行治疗。这里要强调的是,要将不同的处理施加于不同的行为。当两种行为都建立起清晰、明确的基线模式 472
后,第一种行为接受处理,而第二种行为继续接受基线观察。这种实验设计和图 15-11 所示的研究模式大致相同,不同的是,对同一被试的不同行为进行研究时,图的上半部分对应于第一种行为,下半部分对应于第二种行为。这种研究设计使用同一被试的两种不同行为,因此可以叫作**多基线交叉行为设计**(multiple-baseline across behaviors)。

最后,多基线设计还可用于评估同一个人的同一种行为在两种不同情境中接受处理的效应。比如,一个孩子,无论在学校还是家都表现出破坏行为,这时,可以在两种不同环境中对其进行治疗。你可以同时在两种环境中进行基线观测,然后在两种情境的两个不同时刻分别施加处理。这时,我们把这种多基线设计叫作**多基线交叉情境设计**(multiple-baseline across situations)。

一、多基线设计的合理性 473

多基线设计的目的在于证明处理与行为改变间的因果关系。图 15-11 所示的假设性结果能很好地说明这一点。请注意,一项成功的多基线设计应符合下列标准,这些标准在本质上与前文讨论的 ABAB 设计的成功标准相同:

- 处理单元与基线单元的行为模式有显著差异。这对验证处理和行为间的因果关系十分重要,也就是说,实施处理时,行为发生了变化。
- 这一设计中至少包括了两次处理撤出时被试行为回到基线水平的证据。这种重复对确立处理和行为间的因果关系非常必要。人们可能会认为,首次处理时观察到的被试行为变化只不过是额外变量引起的随机效应,但是在不同的时间再次实施处理时行为变化重复出现的事实,大大削弱了这种“随机因素”的论点。

下面这个例子可以说明多基线设计的特点。路德维格和盖勒(Ludwig & Geller, 1991)设计了一个多基线设计,考察在送比萨饼的过程中,一门安全驾驶训练课程对驾驶员安全带使用是否有影响。被试是来自三家比萨饼店的员工。在最初的基线单元,研究者观察了三家比萨饼店驾驶员安全带的使用情况。几个星期后,研究者在第一家比萨饼店开始安全驾驶训练;过了 3 个星期后,研究者开始在第二家比萨饼店实施训练;第三家比萨饼店的驾驶员作为控制组,未参加训练。与研究结果相似的假设性结果在图 15-12 中呈现。实施处理后,第一、第二家比萨饼店的驾驶员使用安全带的比例发生了迅速、巨大的变化。由于行为变化(最初的处理)发生在不同的时间,我们应完全相信是安全驾驶训练课程使驾驶员的行为发生了改变。控制组的情况同样也能证明,实验中没有其他的额外变量(比如,警察要求使用安全带等)导致驾驶员的行为发生改变。

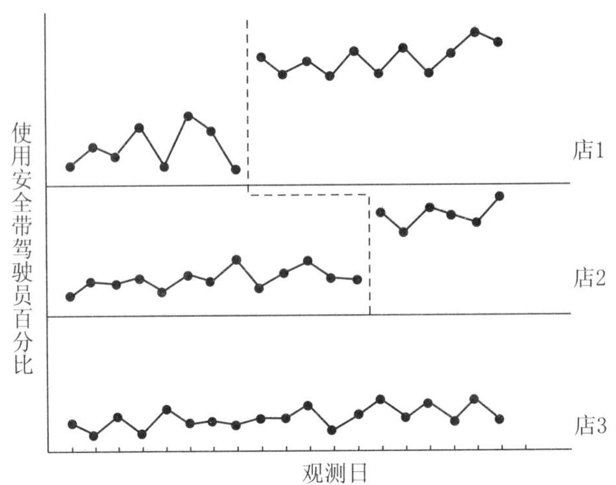

图 15-12 类似于路德维格和盖勒(Ludwig & Geller, 1991)所得研究结果的多基线设计的假设性结果

该研究评估了安全驾驶训练课程在三家比萨饼店的有效性。其中有两家店于不同时间开始训练，而第三家店则作为控制组，未接受训练。

学习检测

在什么情况下，你可以使用多基线设计代替 ABAB 设计？

474 ## 二、多基线设计的优缺点

多基线设计的主要优点是它不需要回归基线单元，因此很适合评估效应持久的实验处理。不过，当使用多基线设计来考察单一被试两种或两种以上行为，但这些行为又不独立时，就会存在相似的问题。对一种行为施加处理，就有泛化到另一种行为并导致其发生变化的危险。再者，这一问题还暴露了实验日的和治疗目的之间的矛盾。从临床的角度看，处理的价值在于
475 能产生普遍的影响，有助于改善众多不同的问题行为。但从实验的角度看，一个处理最好只影响某一特定行为。如果某种处理对两种行为都产生影响，那么处理的可信度就会降低。也就是说，观察到的行为变化既有可能是由处理导致，也有可能是由伴随处理的额外变量导致。

另外，被试之间或行为之间的差异会降低实验结果的清晰性。比如，在多基线交叉行为设计中，实施处理时，第一个行为可能会发生迅速、巨大的改变，而第二个行为只有很小的或渐进的改变。当这种情况发生时，由于两种行为模式不同，我们会因此怀疑处理是否产生了持续一致的作用。同样的问题，也会发生在不同的被试之间。例如，卡科德和格拉科维奇(Kercood & Grakovic, 2009)考察了彩色荧光笔对注意障碍学生学习成绩的影响。实验处理就是告诉学生在解决数学问题时可以使用彩色荧光笔。他们可以使用彩色荧光笔给问题中的重要部分做标记，可以根据难度水平给问题做彩色编码，或者按照他们喜欢的任意方式使用彩色荧光笔。研究分别记录了三个被试在施加处理前、后计算的准确性。与研究结果相似的某种简化结果呈现在图 15-13 中。仔细看下，你会发现前两个被试在使用荧光笔后成绩有明显增长，但第三个被试由于施加处理前的数据差异太大，难以看出实验处理带来的影响。这就是由于被

试之间的差异导致的对处理效应的质疑。

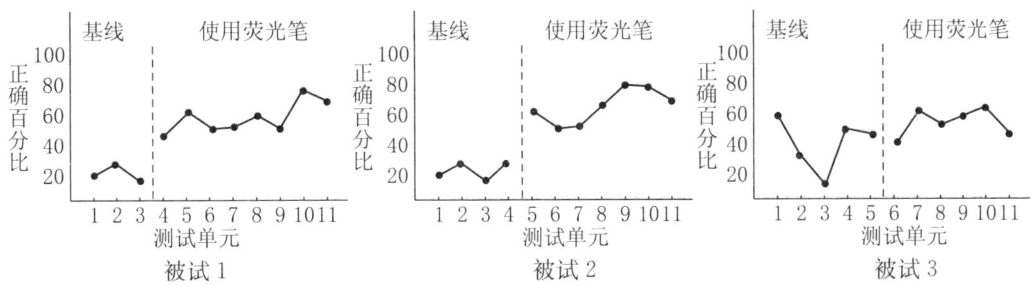

图 15-13 类似于卡科德和格拉科维奇(Kercood & Grakovic, 2009)所得研究结果的多基线设计的假设性结果

三个被试的多基线研究数据。三个被试中,有两个被试在使用荧光笔后,数学成绩有明显提高,第三个被试在基线单元数据不稳定,造成其实验结果可靠性下降。

学习检测

在解释处理实施后被试行为发生的变化时,多基线设计如何能排除随机误差或巧合因素的影响?

第五节 其他单被试研究设计

迄今,最常用的单被试研究设计是 ABAB 设计和多基线设计。不过,也有一些研究问题或研究情境,适合采用其他一些不同的单被试研究设计。本节中,我们介绍三种可供选用的单被试研究设计。

一、析取设计或成分分析设计

当一种实验处理由若干不同的、界定明确的成分构成时,可以使用单元转换设计来评估其中的各个成分对总的处理效应的贡献。一般的方法就是使用一系列的观测单元,在每一个单元加载或撤出一个处理成分。在这类设计中,一种处理被分解成若干独立的成分,因此这类设 476
计也叫**析取设计**(dismantling design)或**成分分析设计**(component-analysis design)。

进行析取设计研究有两种方法。第一种方法是:开始时先使用一个完整的处理单元(包含所有不同的处理成分),然后一个一个地撤出处理成分并观察处理效应的变化。第二种方法是:开始时先使用一个基线单元,然后一个一个地加载不同的处理成分并观察每一处理成分对总的处理效应的贡献。现在使用下面这个例子来说明析取设计。

有发展障碍或孤独症的个体常常缺乏交流能力,不善于表达自身的需要和愿望,经常 477
体会到挫折感,从而产生不恰当的行为,如侵犯、自虐和发脾气。我们可以采用功能性交流训练法来解决这一问题。训练通常包括两个部分:(a)通过强化来训练交流性反应(通常是手势或信号);(b)干预或惩罚不适当反应。瓦克尔等人(Wacker et al., 1990)开展了一项成分分析研究评估功能性交流训练中两种成分的相对贡献。被试博比,一个7岁男孩,有孤独症,几乎没有言语活动,同样也不用示意动作或手势进行交流。博比的问题行为是咬手,一个小时内,他会多次咬自己的手,严重时会咬出血。治疗过程包括两个部分:

1. 手势强化。研究者训练博比用一根手指触摸下巴,表示他想玩这些项目。如果他做出这样的手势,就给他提供项目让他自由选择。

2. 惩罚咬手。如果博比咬手,立即将玩的项目拿走。

与瓦克尔等人的研究结果相似的假设性结果呈现在图15-14中,这里只显示咬手情况的变化。可以看到,在第一个单元中,同时实施两种处理成分,咬手次数接近零。在第二个单元中,只进行手势强化,撤销惩罚,结果咬手次数明显增加。在第三单元中,再次施加两种处理成
478 分,咬手次数下降并接近于零。在第四个单元中,对咬手行为进行惩罚,撤销强化成分(忽视手势),结果咬手次数再次上升。在最后一个单元中,再同时施加两种处理成分,咬手次数减少并接近于零。如果用B代表强化成分,用C代表惩罚成分,这个研究可以用符号表达为BC-B-BC-C-BC。从这些数据得出的一般结论是:两种处理成分都很重要,撤出其中任何一个,被试的行为都会退化。

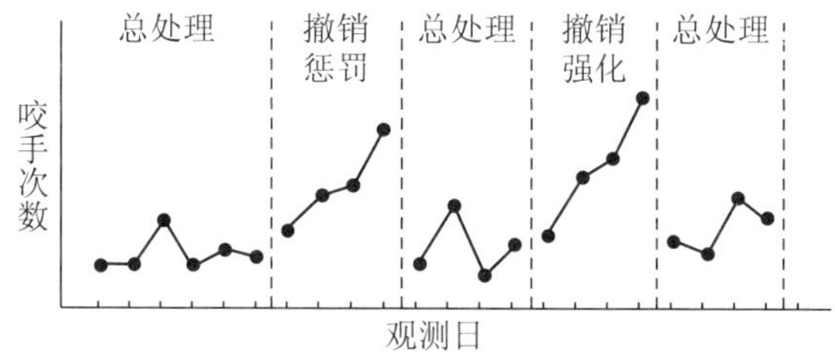

图15-14 类似于瓦克尔等人(Wacker et al., 1990)研究结果的成分分析设计的假设性结果
总处理包括惩罚成分和强化成分,当二者中的一个撤出时,咬手次数增加。

二、标准变换设计

有时,临床医生或研究者遇到的问题行为可以被量化为容易测量的、容易理解的一系列不同的值或水平。比如,吸烟行为就可以量化为每天吸多少包烟或多少根烟。在这些情况下,治疗程序要设定一系列目标水平或一套能被研究者控制的标准。就戒烟程序来说,临床医生可以设定这样一套标准:第一周每天抽2包烟,在接下来的两周把标准调整为每天抽1包烟,随着治疗程序的继续,被试的抽烟数也不断降低。治疗过程中,连续观察和记录被试的行为。如果被试的行为不断与设定的标准吻合并随标准的变化而改变,那么研究者有理由相信,标准(处理)变化是行为改变的原因,或者更确切地说,研究者施加的处理是被试行为改变的原因。我们把这种设计叫作**标准变换设计**(changing-criterion design)。

例如,瓦尔内斯和艾伦(Warnes & Allen, 2005)使用标准变换设计评估生物反馈疗法对一个女孩的呼吸道疾病的治疗效果。这个女孩患上一种病,她的肌肉过度紧张,在她吸气时感

觉声带被关闭，呼吸困难，仿佛要窒息了。治疗程序是：通过肌电图描记(electro-myographic)生物反馈技术向被试反馈当前肌肉的紧张度。在两节基线观测之后，研究者设置了一个低于基线水平均值的较容易达到的目标，要求被试努力放松肌肉，使其紧张度低于这个标准。如果连续三次测试，被试都能成功地保持在这个标准或低于这个标准，那么继续将标准降低 2 个点。如果在随后的测量中，被试的紧张度无法降到这个标准之下，那么就再做调整，将标准提高 1 个点。该研究的近似结果如图 15-15 所示，实验中设置的标准用水平虚线表示，被试肌肉的实际紧张度用实线连接的点表示。可以看到，被试肌肉紧张度随设置标准下降而下降，显示这些标准在行为控制方面是有效的。另外，可以看到，标准的改变是双向的(在不断调低的标准系列中还有一个是调高的)，被试的行为也会在两个方向上追随变化的标准。

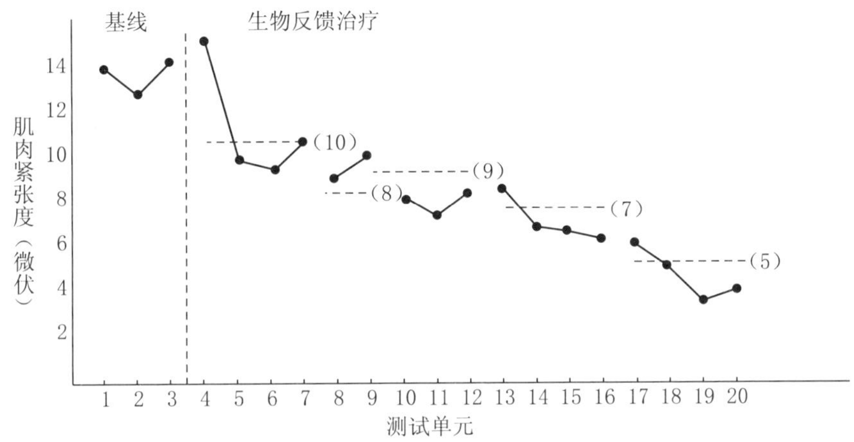

图 15-15 近似于瓦尔内斯和艾伦(Warnes & Allen, 2005)研究结果的标准变换设计

设置的标准用水平虚线和数字表示。有三个连续测量单元由于标准设置降低两个点而使测量结果等于标准或低于标准，有两个连续测量单元由于标准设置提高一个点而使测量结果高于标准。很明显，被试的反应是在追随标准转换。

当被试行为始终与标准保持一致或者说紧随标准变化而变化时，我们就有了最充分的证 479
据相信被试行为与处理标准间存在因果关系。相反，行为和处理标准的差异越大，认为二者间存在因果关系的理由就越不充分。不过，标准变换设计中也存在一个具体问题，即数据变化显示出来的是其自身变化的一般趋势，还是其追随标准而发生的变化，如何区分这一点？比如，研究者不断降低标准，同时被试的行为也在持续减少。在这种情况下，我们很难确定这是数据变化的一般趋势，还是数据追随标准而变化。解决这个问题有两种方法：第一，在一个标准序列中加入一个或多个后退步骤。比如，研究者在一个不断降低标准的实验序列中，突然加入一个调高的标准，如果被试的行为模式跟随这个标准发生改变，就可以为因果关系提供更充分的证据；第二，改变标准单元的时距。比如，将短时距单元与长时距单元随机编排，考察被试数据是否会出现不同于线性趋势的变化模式。

学习检测

请简要说明，在哪些情境中，我们可以用标准变换设计评估处理的作用？

三、交替处理设计

到目前为止，我们讨论的单被试研究设计都包含单元间对比，而单元是由具体时间段界定的。一个时间段内的反应组织在一起，构建出一个具体的模式，然后与其他时间段的模式进行对比。在这些设计中，研究者需要在一个较长的时间周期内实施处理条件（或基线条件）。相反，在**交替处理设计**（alternating-treatments design）中，研究者可以在两种处理条件间快速地转换，而不必经过一系列的观察以等到数据显示出一个水平、趋势或稳定性。由于交替处理设计中，每次实验或每个数据点都是相互分离的、单个的处理条件，所以这种设计也叫**不连续试验设计**（discrete-trials design）。

480 交替处理设计的实验程序是用随机化方法制订的，即分别对应于两种观察的两种处理要按照随机顺序编排，观察系列与这一随机的处理条件序列相对应。交替处理设计的基本要求如下：

1. 研究者或临床医生必须能快速随机地在两种处理条件间进行转换。
2. 被试的行为必须能够显示出对实施处理的即刻响应，因为对于一次反应来说，它没有机会发展成一个观察系列。

在交互处理设计中，研究者按照处理条件而不是时间段来对数据进行分组。在结果图示中，通常会用一条线把单元内各点连接起来，每个独立的实验条件单独用一条线表示。下面这个例子就是一个交替处理设计，并展示了交替处理设计的图示方法。

> 瑞安和赫姆斯（Ryan & Hemmes，2005）使用交替处理设计考察了家庭作业与学习的关系问题。被试是报名参加大学高级心理学课程的大学生。这一课程要求阅读、完成家庭作业以及每章测验。每个学生可以在两种安排中选择一种：(1)学分条件。要求学生完成家庭作业并在学期末获得5个学分；(2)无学分条件。不要求学生完成家庭作业，也不记录学分。两种条件下都会告诉学生，为了准备每章测验，老师会给他们安排家庭作业。老师鼓励学生完成这些家庭作业，全部完成的学生会收到书面反馈。不出所料，要求完成家庭作业组，几乎100%的学生都完成了家庭作业，而由自己决定是否完成家庭作业组，完成家庭作业的人数一般不超过25%。研究者感兴趣的变量是两种条件下学生的每章测验成绩。研究者呈现了19名被试的数据和全班同学的平均成绩。所有被试的结果显示出同样的模式，如图15-16所示。从图15-16可以看到，图中实线表示的学分条件下的学生，每章测验的分数高于虚线表示的无学分条件下的学生的每章测验成绩。显然，如果学生能完成家庭作业，特别是当这些作业与课程学习材料有直接关系时，学生的每章测验成绩会提高。

交替处理设计的一个优点是能及时、公平地评估两种处理的作用。对于特殊患者，如果临
481 床医生有两种（或更多）的治疗方案，但又无法确定最佳选择时，那么采用交替处理设计是合适的。交替处理设计只需要相对较少的系列观察，就能将处理间差异显示出来，而且临床医生也可以直接转换到更有效的处理上去。这种处理间转换通常每天都在发生，而这种设计还可以实现条件间的快速转换。比如，临床医生可以把1小时划分为一系列5分钟的观察周期，然后交替使用温和友好和冷淡疏离两种态度并观察患者的反应。交替处理设计的另一个优点是可

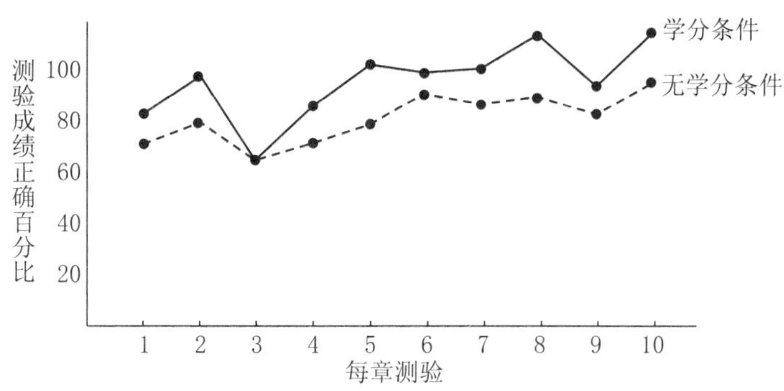

图 15-16 近似于瑞安和赫姆斯(Ryan & Hemmes, 2005)研究的交替处理设计的结果

实线反映的是要求完成家庭作业的学分条件下学生的测验成绩正确百分比，虚线反映的是自己随意确定是否完成家庭作业的无学分条件下学生的测验成绩正确百分比。

比较咨询师或处理条件自然转换的情境中不同处理技术的作用。比如，在学校或家庭咨询中，来访者通常会遇到两个或更多不同的咨询师或监护人，而他们往往又采用不同的处理方法。比如，有的咨询师会对学生发脾气表现出共情，而有的咨询师对此却视而不见。这类研究虽然容易产生混淆（不同人采用不同的处理方法），但在一定程度上，它有助于我们发现并选择更有效的解决问题行为的处理方法。

学习检测

如果一个或两个处理会产生长时间、持续的作用，交替处理设计是否有效？请说明原因。

第六节 单被试研究设计的优缺点

单被试研究设计与传统的组设计主要有三方面的不同。

1. 单被试研究设计只需要一个被试或非常小的被试组，这是二者最明显的不同。

2. 单被试研究设计比传统的组设计更灵活。单被试研究设计可以在实验进行的过程中 482
调整或完全改变设计，而不会严重影响设计的完整性。面对不同的被试集合，单被试研究设计也不需要处理条件标准化。

3. 在单被试研究设计中，研究者需要持续观察被试并进行相应的评估。在传统的组设计中，单个被试通常只接受一次或两次的观测，而在单被试研究设计中，单个被试通常要接受10—20次观察。

基于上述差异，和组设计相比，单被试研究设计既有优点，也有缺点。本节专门说明和讨论单被试研究设计的主要优缺点。

一、单被试研究设计的优点

单被试研究设计的第一个优点是只需要单个被试就可以验证处理和行为间的因果关系，

这有利于实验研究和临床实践的融合。正如第七章和第十章讨论的，由于要求和限制太多，传统的组设计不适用于临床治疗，临床医生不得不选择其他研究方法，如个案研究或准实验研究。但这些研究方法又不能有效地验证处理和行为间的因果关系，也不能科学地证明处理是否有效。如果采用单被试研究设计，研究者就可以摆脱此类困境。借助单被试研究设计，临床医生只要有单个患者或一小组患者，就能同时进行实验研究和实际治疗。在治疗过程中，通过记录、观察和制作图表，临床医生就能验证处理和结果间是否存在因果关系。在临床心理学领域，科学论证会使结果更有说服力。也就是说，临床医生必须能确认治疗方法是有效的。

单被试研究设计的第二个优点是它的灵活性。尽管研究者应根据预定的计划进行实验，但实验发展取决于被试的反应。比如，当处理不能引起被试的反应时，研究者就可以自由地变换处理或实施一个新处理，而不会因此破坏实验。这再次证明单被试研究设计非常适合临床实验研究。临床实践中，治疗者监测患者的反应，根据反应做出诊断决策。对于大多数单被试
483 研究设计而言，灵活性是有意义的。也就是说，研究者是否开始一种新的治疗、一个新的单元取决于被试对当前治疗或单元的反应。除此之外，单被试研究设计允许临床医生或研究者用个性化的处理方式来适应特殊患者的需要。由于单被试研究设计仅包含一个被试，对有不同需要、问题和反应的被试，研究者无须将处理标准化。

总之，单被试研究设计的优点是将临床实验研究和临床实践结合起来，将个案研究和真实验研究的优点结合起来。由于单被试研究设计能详细地描述实验要求和对单个被试实施处理，因此它有利于临床医生或研究者验证处理和反应的因果关系。

二、单被试研究设计的缺点

如前所述，单被试研究设计的优点之一是运用单个被试就可以验证可能存在的因果关系。从另一个角度看，这恰恰也是它的缺点，即这种因果关系只能被一个被试证明。研究者的问题在于是否可以将因果关系推广到其他个体，即提高设计的外部效度。不过，外部效度有限性的问题不是那么严重，因为事实上一项单被试的研究很少孤立存在，通常在实验前，研究者或临床医生会在许多个案中观察处理的效应。而且，处理和结果的因果关系也在其他一些非实验研究（如个案研究或准实验研究）中进行检验，这些来自其他方面研究的检验可以为处理效应的推广（外部效度）提供支持，同时，单被试研究可以验证处理效应的因果特性（内部效度）。

单被试研究设计的第二个缺点缘于多重、持续的观察。如果观察不是唐突的，没有经常中断被试的活动或使被试分心，那么我们就不必担心这一点。但是，如果被试知道研究者在进行持续的观察，那么这种“知道”可能会起到反作用，影响被试的反应并使研究的敏度下降（见第六章）。在这种情况下，被试的行为不仅可能受处理条件的影响，而且也有可能受测量程序的影响。用实验方法的术语来说，持续的观察会降低研究的内部效度。

另外，单被试研究设计不能进行统计检验。传统的组设计中，研究者可以运用标准的统计方法考察实验结果是处理引起的，还是随机误差引起的。相反，单被试研究设计主要采用直观
484 图示的方法来验证处理是否产生了效应。如果图示不够清晰，不同的人可能会对之有不同的

解释。比如,一个研究者认为处理作用明显,而其他研究者也许持相反的看法。从积极的方面看,由于单被试研究设计中研究者依靠图示报告结果,因此他就只能报告那些处理效应显著的结果,就是说处理效应必须足够大,被试才会认为产生了显而易见的因果关系。研究者通常会区分实践显著或临床显著和统计显著。实践显著意味着处理效应是可靠的、足够大的,以至于它具有实际的应用价值;相反,统计显著只是意味着观察到了效应,无论是大还是小,它都不可能是由随机误差引起的。用术语来表述就是:单被试研究的结果倾向于具有实践显著,一般不对其统计显著进行评估。

依靠图示验证处理效应是否显著会制约单被试研究设计的运用。具体地说,处理效应必须很大并且能迅速出现才可能产生清晰的图示。如果处理效应很小或出现较慢,得到的结果图示可能就很模糊,也不太可能出现在发表的研究报告中,因此用单被试研究设计就探测不到这种处理效应。从研究的角度看,这种取向很不幸,因为有许多真正存在的处理效应被忽略了;但从临床的角度看,单被试研究设计的这一特点意味着必须剔除那些作用很小的处理,只报告那些真正有效的处理。

学习检测

为什么临床心理学家更喜欢用单被试研究设计,而放弃传统的组设计?

本章小结

本章主要考察了单被试研究设计的特征。和其他实验研究设计一样,单被试研究设计的目的在于验证变量间的因果关系,它的本质特征是只使用单个被试,研究者在实施处理前、处理过程中或实施处理后对单个被试进行测量或观察。

单元是大多数单被试研究设计的基本构成成分,它是指在同一条件下对被试进行的一系列观察。研究者在基线单元(没有施加处理时)和处理单元(施加处理时)中观察被试行为,用单元中的行为模式对其进行描述。单元内被试的行为模式包括水平、趋势和稳定性。通过实施或撤销处理,研究者可以变换单元,这样做是为了验证实施或撤销一个处理能否使单元模式发生显著变化。

和其他实验设计不同,单被试研究设计不能用统计方法检验结果是否显著,研究者只能利 485
用图示来表达实验结果的意义。当实施处理时,图示中被试的行为必须有明显的变化,而且至少能重复一次,这样做是为了证实第一次变化不是由随机误差引起的。

由于对结果的解释完全依赖图的形状,这就要求从基线到处理,模式必须有明显的变化。然而,直观考察是非常主观的任务。以下四个方面可以帮助我们判断单元变化是否有意义:(1)平均水平的变化;(2)水平立即发生变化;(3)趋势改变;(4)趋势变化的延迟。

本章,我们讨论了不同类型的单被试研究设计,包括 ABAB 设计和更复杂的单元转换设计、多基线设计的各种变式以及其他不太常用的单被试研究设计。单被试研究设计的最主要优点是它可以依靠单个被试建立因果关系。此外，单被试研究设计的灵活性使之能更好地适用于临床和其他应用研究。单被试研究设计的主要缺点是，它的结果可能只对特定个体有效。

关键词

单被试研究设计或个案设计
单元
基线观察
基线单元
处理观察
水平
趋势
稳定性
单元转换
ABAB 设计或轮回设计
多基线设计
多基线交叉被试设计
多基线交叉行为设计
多基线交叉情境设计
析取设计或成分分析设计
标准变换设计
交替处理设计
不连续试验设计

练习题

1. 除关键词外，还应了解以下术语的定义：

统计显著　　实践显著　　临床显著

2. 说明单被试研究设计、个案研究、时间序列设计的相似性。
3. 在临床研究中，单被试研究设计为什么优于组设计？
4. 简述单被试研究设计和其他实验设计的主要区别。
5. 看图 15-1，请解释额外变量如何影响结果的内部效度？
6. 说明单被试研究设计与其他实验设计的主要区别。 486
7. 当数据不稳定时，有哪三种方法可以显示被试行为的稳定模式？
8. 单元转换的目的是什么？
9. 说明在单被试研究设计中，如何通过水平、趋势的变化来评估数据的变化？
10. 与 ABAB 设计相比，多基线设计的优势是什么？
11. 如何使用多基线设计以两个被试来评估某种行为干预的有效性。
12. 说明单元轮回在 ABAB 设计中的重要性。
13. 说明 ABAB 设计的优缺点。
14. 说明多基线设计的优缺点。

15. 说明析取设计的目的。
16. 说明标准变换设计的优缺点。
17. 总的来说，单被试研究设计的优缺点有哪些？
18. 说明交替处理设计的优缺点。

训练活动

1. 假设在一项 ABAB 设计中，一种处理能产生持久或持续的作用，请构造数据图表现该结果，并说明你所画的图为什么不能为实验处理和行为间的因果关系提供确定的证据。

2. 假设在一个复杂的治疗程序中，一种处理对行为毫无作用，请回答下面题目：

a. 如何运用析取设计证明该处理无效。

b. 制作一个图，以显示证明该处理无效的数据。

3. 假设一个研究者使用多基线设计来评估某种治疗方法对同一被试的两种问题行为的有效性。虽然该治疗方法是直接针对某一种问题行为的，但其对两种问题行为均有影响。请画图来显示这样的结果并说明你所画的图为什么不能为该治疗方法与两种行为之间的因果关系提供确定的证据？

网络资源

访问本书的网站 www.cengage.com/international 可获取学习工具，包括术语表、抽认卡和网络测试。

487 第十六章

撰写研究报告的 APA 格式

本章概览

本章讨论研究过程的第九步——报告研究结果，这主要是通过撰写研究报告来完成的。参照 APA 的统一格式，介绍研究报告的组成部分，并详细说明每一部分的内容，以备查阅。本章还讨论了撰写准备发表的稿件和研究草案的过程。

- 引论
- APA 通用指南：写作风格与样式
- 研究报告的组成部分
- 准备发表的稿件
- 撰写一份研究草案

488 第一节　引论

报告研究结果是整个研究过程的第九步（见第一章）。完成研究之后，研究者已经采集到所需要的数据并对其进行了分析，接着便是和那些有共同兴趣的同行分享成果的时候。这意味着你要撰写一份书面报告以便将其发表在科学杂志上，或者通过专业会议来展示研究成果。有时，你的研究报告可能只是为了按照课程要求而完成的课堂项目。不管怎样，研究报告体现了科学调查的基本性质：科学是公开的。因此，直到你把研究成果在科学界公开，你的研究才算完成。

完整的研究报告，要提供关于实验研究的三方面信息：

第一，你做了什么。报告要写明整个研究实施的过程，这一过程要描述得相当细致。

第二，你发现了什么。报告要对研究结果进行客观介绍和评估。通常，这包括写明采用的测量方法、统计分析手段以及对这些结果的解释等。

第三，你的研究与相关领域中的其他研究有什么联系。正如我们在第二章所提到的，一项质量较高的研究往往不是孤立的，而是缘起于已有的相关知识体系并在此基础上进一步发展。因此，研究报告应该体现当前研究与过去研究的关系。

刚开始，你会觉得研究报告的撰写比较难。不过，从以下几方面看，你或许不必过于担心。

首先，在整个研究过程中，你肯定会阅读并参考相关文献，这些文献都可以成为你撰写研究报告的范文。其次，如果你已经对研究过程中涉及的各方面情况进行了记录，那么你就为撰写正式的研究报告打下了良好基础。你参考的背景文献资料、如何使用研究文献、如何抽取研究样本、如何对每一被试施加处理，以及每一实验单元和每一被试的任务等的简单记录，都可以为你的研究报告勾画出一个大致框架。最后，你必须意识到研究报告是非常结构化的稿件，它必须由若干部分组成，每一部分的内容都有特殊的、明确的规定，你要根据每一部分的要求按部就班地介绍自己的研究过程。

在下一节中，我们介绍行为科学研究报告撰写的通用体例或样式，这种体例或样式经过多年发展已为研究者广泛接受，形成当前通用的报告撰写规则。这些规则详见《美国心理学会出版手册》(本章所介绍的皆依据该出版手册)。这些由美国心理学会提出的撰写规则(就是通常提到的 APA 格式)被行为科学界各出版社引用，但是它并不是通用的规则。如果你想要向一 489
个专业的杂志投稿并希望发表，你应该去查询该杂志的“作者指南”和投稿要求的其他相关信息。顺便说一下，你或许会发现撰写这样的研究报告与你以前的任何写作都非常不同。

需要提醒的是，本章内容只对 APA 格式中重要的方面进行简单概述，想要撰写完整的研究报告，还需查询《美国心理学会出版手册》。为了帮助作者了解 APA 格式与风格，美国心理学会出版了《掌握 APA 格式：学生用学习手册与训练指南》和一本简明指导书《关于 APA 格式的简单规则》。

学习检测

撰写研究报告的目的是什么？

第二节　APA 通用指南：写作风格与样式

虽然你的研究报告最终可能被发表，但一开始，你必须准备一份打印稿或一字一句誊写的稿件。《美国心理学会出版手册》为如何准备用于发表的稿件提供了详尽的说明。它介绍的方法已被广泛接受且适用于大部分科学写作。《美国心理学会出版手册》的目的是为科学研究报告建立一个规范的风格与样式，这样读者就可以避免被跑题或者个人化的写作风格干扰，直接准确地找到报告中的专业信息。

一、写作风格涉及的主要问题

研究报告的写作不同于其他创作性写作，它不具有让读者消遣和娱乐的功用，也不能试图让读者感到困惑、挑战和惊讶。相反，其目的在于提供一份关于你实验研究的简单而直接的描述和解释。《美国心理学会出版手册》中包含数百条写作规则和建议，能帮助你写出一份清楚而准确的稿件。在这里，我们不对其全部内容进行介绍，只呈现一些通用的规则。当你真的要动手撰写研究报告时，直接参照《美国心理学会出版手册》是最明智的。另外，在 www.apastyle.org 上你能查到一些关于《美国心理学会出版手册》的信息。现在，我们讨论写作风格的四个主要方面，或许对你有所帮助。

490 **非个人化的风格**

研究报告出自研究者之手，其中的表述自然被看成是研究者的发现或观点，所以文风上已无需个人化，应保持客观而不带个人色彩，尽量少用第一人称代词，如"我""我的"或"我们"等。忌用像"我认为……""我相信……""这对我很重要"之类的语句，可以使用"这些儿童接受了测试"等包含被动语义的表述，而不使用"我测试了这些儿童"。还可以将被试作为句子主语，如"这些儿童完成了问卷"。简言之，撰写研究报告是在客观陈述一项研究而不是在写个人心得。

动词时态

当描述或讨论过去的事件时，使用过去时态；如果事件在特定时刻没有发生或者持续到现在，使用现在完成时；当你罗列背景材料以引入你的研究时，当你描述实施研究的程序时，当你展示你的研究结果时，都要使用过去时态。介绍完研究程序和研究结果，你需要对结果进行讨论并提出研究结论，这时就要使用现在时。

避免有偏见的语言

科学成果是全人类的财富，它可以被各种文化背景下、有各种特征的人们所了解和共享，所以研究报告中的语言应该是价值中立和无偏见的，能为各种不同的人群接受，避免暗示和包含对某些群体的不适当评价。因此，在对被试的特征进行描述或讨论时，要避免隐含或涉及以下方面的偏见：性别偏向、人种或种族差异、身体缺陷或年龄等。为避免使用有偏见的语言，《美国心理学会出版手册》提出三条规则：第一，要使用精确的有专业水准的语言。举例来说，用专业术语代替一般术语来描述人种，如亚洲人或西班牙裔居民，韩国人或多米尼加人。第二，分类命名要谨慎，要以被试最能接受的方式命名。比如说，对"亚洲人"(Asian)、"黑人"(Black)、"非裔美国人"(African American)的表述最好分别用传统术语——"东方人"(Oriental)、"黑人"(Negro)和"美国黑人"(Afro-American)。第三，尊重参与研究的其他人或被试。举例来说，不要使用"被试被要求在研究中……"这种被动格式，而可以写"这些学生完成了调查"或"被试完成了……"等主动格式。

行文中，对于特殊人群的表述更要谨慎。比如，称"残疾者"不如称"残障人士"，称"精神分裂症的"不如称"被诊断为精神分裂症的"，称"老人"不如称"上年纪的人"或"老年人"。还要尽量避免使用"正常"一词，因为这似乎暗示了其他人"不正常"。

引用

在稿件中，你会引用其他科学家已发表的研究成果。这些研究成果包括：为你的假设提供背景资料、支持你的主张或坚持的"事实"资料，以及那些为你的研究奠定了知识基础的他人成果。正如第三章第四节论及的那样，把别人的思想和成果直接当成自己的思想和成果发表就
491 是抄袭——这严重违背学术界伦理规范，第三章有对剽窃的讨论。

因此，当你提及前人的研究发现时，你一定要提供这一资料的来源，即引用文献。引用文

献意味着你阅读了这份文献。依照惯例，你在引用文献时要提供所引文献的作者和文献出版或发表时间。虽然引用文献的具体方法有很多，但就英文研究报告写作而言，通用的格式有以下两种。

1. 在文中陈述一个事实或表述一个观点，然后在句中用括号标出引用文献的来源。要注意，文献作者的姓及文献出版或发表时间都要放在句子主体以外的括号里。如：

- 有研究证实，5 岁孩子的短时记忆非常有限(Jones, 2008)。
- 先前研究显示，人们对听觉刺激的反应快于对视觉刺激的反应(Smith & Jones, 2009)。

2. 你也许会把要引用的资料作为句子的主语，这时你只需在括号中注明文献出版或发表时间。要注意的是，作者的姓在句子主体内出现，文献出版或发表时间要括起来。如：

- 在一项有关的研究中，Jones(2008)发现……
- 在一项有关的研究中，Smith & Jones(2009)发现……

有多位作者时，注意把“&”放在最后一个作者的前面。下面还有一些常用的引用规则：

- 当一篇文献有一个或者两个作者时，你在文中每引用一次该文献，都要写出所有作者的姓和论文出版或发表时间。
- 当一篇文献有三到五个作者时，你在文中第一次引用该文献时，要写出所有作者的姓和论文出版或发表时间。在随后的引用中，你只需列举第一位作者的姓加“et al.”和论文出版或发表时间。例如：

在文中第一次引用：

研究证明字词回忆能力随着年龄增大而减少(Jones, Smith, & Brown, 2002)。

或者：

在一项相关研究中，Jones, Smith, & Brown(2002)发现……

随后文中再次引用时：

研究证明字词识别能力随年龄增大而减少(Jones et al., 2002)

- 当一篇文献有六位甚至更多的作者时，你只需要使用第一位作者的姓加“et al.”并 492
注明论文出版或发表时间。
- 当一个括号内引用多篇文献时，你要按第一作者姓字母的顺序排列并用分号隔开。例如，

几项研究(Jones, Smith, & Brown, 2002; Smith & Jones, 2009)发现……

不管使用上述哪一种方式，你都要在论文的最后给出文献列表，为读者提供引用文献的足够信息，方便读者参考和查阅。注意，APA 指南对引用有详细要求，你要列出作者姓与论文发表时间。特别要注意是，你不用列举作者的名字、完成研究的机构名称、文章的题目、期刊名或者卷数和页码等。此外，如果一份具体的论文已经在文章中引用过，那么随后再引用时，可以使用更为简化的引用形式。表 16-1 总结了首次和随后再引用的规则与实例。

而且，我们习惯于对引用的实证材料与理论或诠释性材料作适当区分。比如，你要报告一

项实证研究结果，就可以使用这样的格式：

Jones(2008)发现……

如果引用的是一种理论或推测，你就可以使用这样的格式：

Jones(2008)认为……

表 16-1 首次和随后再引用的规则和实例

作者人数	文中第一次引用	随后再次引用	首次引用带括号的形式	随后再次引用带括号的形式
1	Jones(2008)	Jones(2008)	(Jones, 2008)	(Jones, 2008)
2	Smith & Jones (2009)	Smith & Jones (2009)	(Smith & Jones, 2009)	(Smith & Jones, 2009)
3—5	Jones, Smith, & Brown(2002)	Jones et al.(2002)	(Jones, Smith, & Brown, 2002)	(Jones et al., 2002)
6—	Jones et al.(2007)	Jones et al.(2007)	(Jones et al., 2007)	(Jones et al., 2007)

在文献引用上也要把握一个总的原则，即引用总量应有所控制。特别是在实证研究报告
493 中，更要控制文献引用量。参考文献应该与你关心的研究有直接联系。你的目的是描述和解释你的研究，而不是为作者提供一个与你的研究毫不相关、总结了很多论文的文献报告。只选择那些对你的讨论真正有用和有贡献的文献。

还有，如果你能用自己的语言概括一个论点，最好不要广泛地借用他人的作品。直接引用可能是有益的，但你必须保证所引材料本质上的完整性才行。因此，直接引用的使用要更慎重。当你要直接引用其他文献时，除了要确认作者与论文出版或发表时间，你还必须提供页码(如果网络资源没有页码请提供章节号)。例如，少于 40 字的简短引用，要在每一处结尾标注引用标记。例如：

> 雷森赫夫特，维拉和怀斯曼(Resenhoeft, Villa, & Wiseman, 2008)报告被试认为没有文身的模特"比有文身的同一模特更有吸引力、更健壮、更聪明"(p. 594)。

超过 40 字的引用，要使用缩进以便与其他文字部分隔开，且不需要引用标记。举例来说：

> 这项调查涉及妇女与女孩遭受的暴力行为。为了保护参与调查的个人的隐私与安全，方特斯(Fontes, 2004, p.115)提出了几条建议，主要包括：
>
> 访谈者应该学会，如果访问被人打断则应终止或转移讨论话题。比如，可以准备一个涉及非敏感话题的妇女健康问卷，一旦访谈被打断就可以使用该问卷来转移话题。

请记住，无论什么时候，你对他人的作品进行解释或是直接引用，都要给他人以充分的尊重。

学习检测

《美国心理学会出版手册》指的是什么？它的作用是什么？

二、打印及排版规则

按照《美国心理学会出版手册》，打印稿件要符合以下排版要求：每页（每页大小是 22×28 厘米）行距加倍（表格与图形可以是单倍行距），所有的页边距不少于 2.5 厘米。此外，正文左边缘要平直。因为不允许在每一行的最后使用连字符断开单词，所以右边缘可能会变得不整齐，看上去很粗糙，但这没有关系。每一段的第一行要缩进 5—7 个字符且在整个稿件中要保持一致。APA 出版规则要求最好选用新罗马小四号字体。对稿件提出这样统一的排版要求是有意义的：首先，可以确保每一页上留有许多空白处，方便编辑、审稿人或教授评论或修正文稿；其次，统一排版密度能帮助编辑准确地估计文稿付印后所占的版面。 494

三、稿件的页面

除稿件的主体（介绍研究的正文部分）外，一项研究报告还必须包括其他几个部分才能组成一份完整的稿件。在第十六章第三节中我们将更详细地讨论这些组成成分。现在，我们只是看一下它们的排列顺序，要注意的是，每一部分都是另起一页：

标题页：标题、作者姓名和其他标识信息作为第 1 页。

摘要：研究报告的概要作为第 2 页。

正文：正文是研究报告的主体（包括四个部分：引言、方法、结果和讨论），这一部分从第 3 页开始。

参考文献：所有参考文献列在一起，而且另起一页。

表：每个表格都单独另起一页。

图：每个图单独放在一页。

附录（如果有）：每个附录都单独另起一页。

第三节 研究报告的组成部分

在上一节中，我们简单列出了一篇完整稿件的所有组成部分。下面，我们讨论其中每一部分的更详细的内容，并且根据绝大多数研究报告的结构，将稿件正文分解成几个小的部分加以讨论。

一、标题页

标题页是稿件的第一页，它包含四个方面的标识信息：页头标题与页码、论文标题、作者姓名和机构。

页头标题与页码

出版物的页头标题往往是一个缩写标题，一般不超过 50 个字符，包括空格和标点符号在内。在标题页，页头标题用短语在左侧空白处开始（稿件的缩写标题全部大写）。页码写在右侧空白。例如：

Running head(页头标题):SCHOOL SIZE AND CYBERBULLYING(学校规模与网络谩骂) 1

页头标题[不打出 Running head(页头标题)这几个字]和页码在稿件的后续页面上连续出
495 现。下一页的写法如:

SCHOOL SIZE AND CYBERBULLYING(学校规模与网络谩骂) 2

页码从标题页开始连续编码,这样可以方便编辑和审阅者用页数来锁定想要的词条。为了让页头标题和页码出现在稿件的每一页上,可以使用文字处理软件中的生成标题功能来生成,不要手动在每一页上复制这些信息。在一篇出版的文章中,读者可以用每页顶部的页头标题来标识文章。

论文标题

论文标题第一个字母大写。标题位于页面的正中间,左右居中。建议标题长度不超过 12 个单词。论文标题是对论文内容的精炼表述,应明确被考察的变量、理论及关系,既要尽可能完整、准确地概括研究的内容,又要避免使用多余的词语。你要记住,论文标题中使用的单词将成为他人查阅和检索你论文的关键线索,而且人们往往从根据论文标题的第一印象来决定是否继续阅读这篇论文的其余部分(我们在第二章第四节中谈到过这一问题)。以下是写论文标题的一些规则。

1. 避免不需要的词汇。以"一项关于……的研究"或"……之间的关系"这些语句作为论文标题好像很吸引人,实际却不会提供太多有用的信息,要毫不犹豫地删掉。

2. 如果可能,论文标题中的第一个词应该是与文章主题有特殊关系或者十分重要的词,如果你的主题涉及性别刻板印象,那么就试着以"性别刻板"开头。你的论文标题给读者提供的是关于论文的第一印象,而论文标题的第一个单词则给读者提供关于标题的第一印象。

3. 避免使用让人捉摸不透的标题。例如,报纸的头条经常使用让人捉摸不透的标题来吸引读者,但这种标题对研究报告来说是不适当的,因为它通常不能为读者提供关于论文内容的足够信息。

作者姓名和机构

紧挨着论文标题的是作者姓名,然后是研究实施的机构,即研究者在哪里或何时进行的研究。这部分内容的行距均为双倍行距。如果有多名作者,作者姓名的排序很重要。排在第一
496 位的作者一般是对研究作出主要贡献的人,然后按贡献大小依次排列其他作者的姓名。

作者信息放在标题页标题和机构的下面。Author Note(作者信息)这几个字居中,双倍行距的下一行列出作者的相关信息。通常,作者信息包括四个部分,每个部分首行缩进,提供关于作者的详细信息,主要包括:

- 所属部门
- 研究开展过程中所属部门的变更(如果有的话)。
- 研究的经费支持信息、对研究作出贡献与支持的其他人员信息,其他需要说明的特殊信息等。

● 提供联系人信息。读者想获得更详细的信息时，可以与联系人联系。你也许注意到，个人信息（如你的名字）只在标题页出现。编辑只需去掉标题页就可以当做是匿名稿件。匿名稿件可以让审稿人不被作者的名气所影响，公正地对待实验研究本身。因此，许多期刊杂志要求作者投电子版稿件。

为了显示 APA 格式的稿件标题页的全部内容，我们给出图 16-1：APA 格式的标题页。

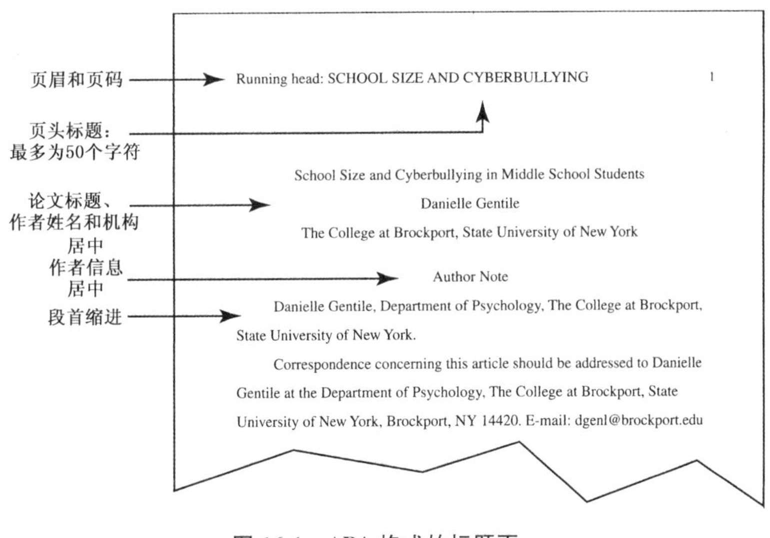

图 16-1　APA 格式的标题页

学习检测

请说明页头标题放在哪里，有什么作用。

二、摘要

摘要简明扼要地表述研究中做了什么、发现了什么。摘要单独放在稿件的第二页，在第二页顶部的中间位置输入 Abstract（摘要），概括性摘要内容另起一行，无缩进，且与标题 Abstract 保持双倍行距。尽管摘要出现在稿件的第二页，但它通常是在论文的其他部分写完以后才写的。摘要是研究报告最重要的一部分，除标题外，摘要是大多数研究者要阅读的部 497
分，而且他们也常常由此决定是否进一步查找和阅读全文（在第二章第四节中，我们也讨论过摘要写作的重要性，它往往是读者决定是否进一步阅读全文的关键）。

对于一项实证研究来说，摘要的篇幅应在 150—250 个词之间。摘要具有相对的独立性，不是对论文的补充或评价。对于实证性研究报告来说，摘要一般要介绍以下各项内容，当然，不一定要按照这个顺序来写：

1. 一句话概述研究问题。

2. 简单说明研究被试（要明确被试数量和相关特征）。

3. 简单描述研究方法和步骤。

4. 报告结果。

5. 陈述结论或意义。

APA 格式的摘要部分如图 16-2 所示。完整的稿件见附录 C。

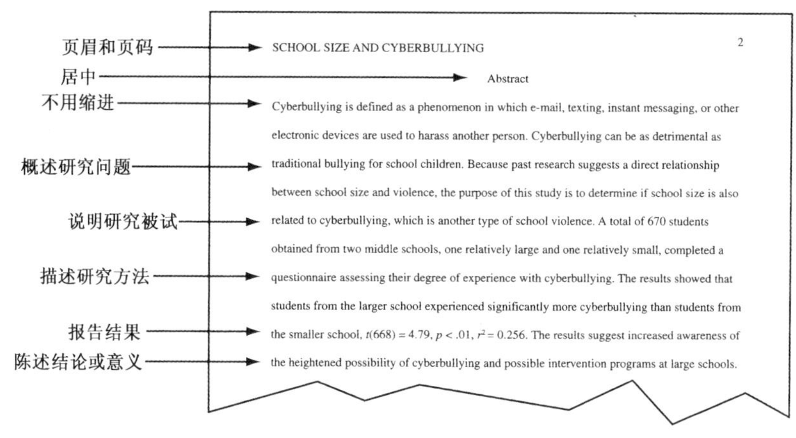

SCHOOL SIZE AND CYBERBULLYING 2

Abstract

Cyberbullying is defined as a phenomenon in which e-mail, texting, instant messaging, or other electronic devices are used to harass another person. Cyberbullying can be as detrimental as traditional bullying for school children. Because past research suggests a direct relationship between school size and violence, the purpose of this study is to determine if school size is also related to cyberbullying, which is another type of school violence. A total of 670 students obtained from two middle schools, one relatively large and one relatively small, completed a questionnaire assessing their degree of experience with cyberbullying. The results showed that students from the larger school experienced significantly more cyberbullying than students from the smaller school, $t(668) = 4.79$, $p < .01$, $r^2 = 0.256$. The results suggest increased awareness of the heightened possibility of cyberbullying and possible intervention programs at large schools.

图 16-2 APA 格式的摘要部分

498 **学习检测**

请说明摘要应包含哪些内容。

三、引言

研究报告主体或正文的第一部分是引言，主要是向读者介绍研究的背景和方向。引言应该明确提出你的研究所要解决的问题或疑惑，同时要解释你是如何发现这一问题以及解决这一问题的重要意义；引言应该明确你如何从某一领域中找到这个研究问题；引言应该明确你如何产生假设，如何将假设与研究设计联系起来；引言应该解释研究的意义。好的引言应该在几页之内就解释完以上所有问题。在打印稿件上，引言部分是从第三页开始的，并且把研究报告的标题居中，置于该页顶部的位置（与标题页完全一样），作为引言开始的标志。引言的第一段从下一行开始，有缩进。引言一般要包括以下四个部分，当然不一定都要按照这一顺序来安排，也不一定都要专门标明。

499 1. 一般首先要引入到论文的主题。用少数几个句子或段落描述研究问题，这个问题为何重要以及为何应该进行新的研究。

2. 紧接着对相关文献进行回顾。你只需要对那些与你的研究有关的文献进行回顾，而不需要提及该领域的所有资料。要采取整合的方式对文献进行概括，不能采取简单罗列的方式。对文献的回顾和概括，主要是为你的研究提供一种合理的解释和论据，就像你带领读者沿着一条逻辑路线进入研究主题一样。

3. 归根结底，引言要明确提出你的研究预备要解决的问题，表明研究问题或目的，清楚界定相关变量。文献回顾应该直接通向研究的目的及其合理性。

4. 简要说明你将如何获得研究问题的答案和用来评估研究假设的研究策略。简要勾画出研究使用的方法(方法细节在下一部分——"方法"中介绍)。这里简单介绍将要使用的方法,使读者有所准备。

如果引言写得好,在读完引言后,读者就能清楚地理解你想要解决的问题、提出问题的合理性,并对你如何回答问题有了基本的理解。图 16-3 显示了 APA 格式的引言部分。

学习检测

研究报告的引言一般包括哪些内容?

500

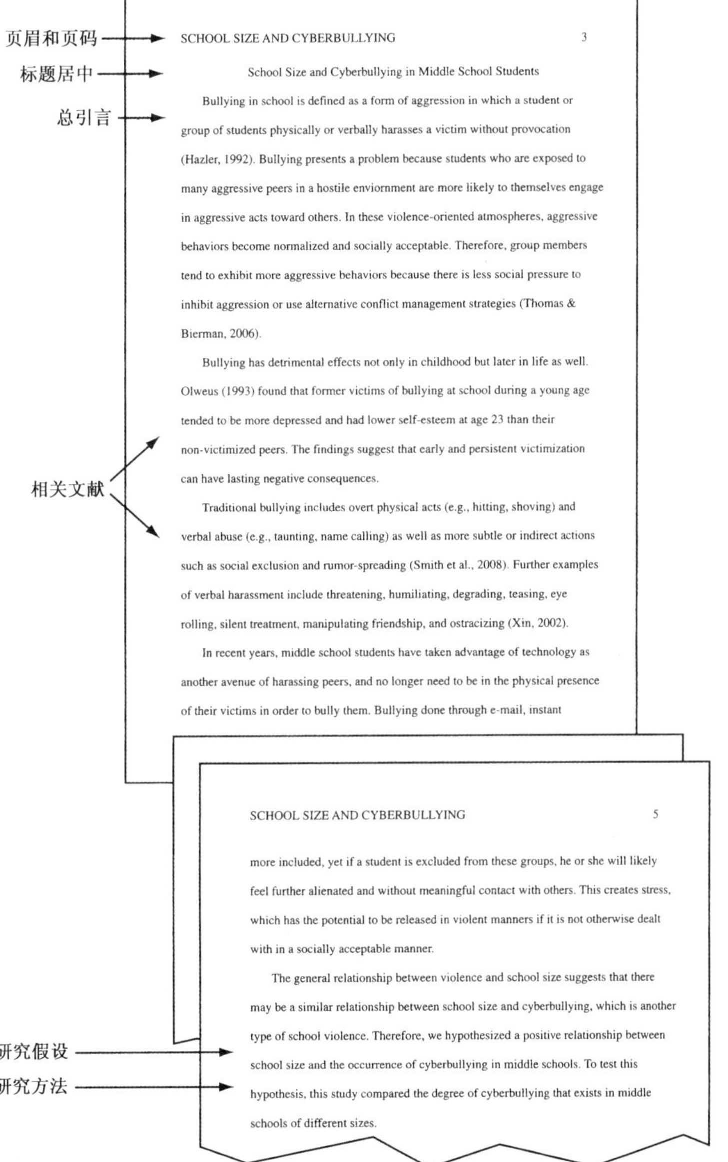

SCHOOL SIZE AND CYBERBULLYING 3

School Size and Cyberbullying in Middle School Students

Bullying in school is defined as a form of aggression in which a student or group of students physically or verbally harasses a victim without provocation (Hazler, 1992). Bullying presents a problem because students who are exposed to many aggressive peers in a hostile enviornment are more likely to themselves engage in aggressive acts toward others. In these violence-oriented atmospheres, aggressive behaviors become normalized and socially acceptable. Therefore, group members tend to exhibit more aggressive behaviors because there is less social pressure to inhibit aggression or use alternative conflict management strategies (Thomas & Bierman, 2006).

Bullying has detrimental effects not only in childhood but later in life as well. Olweus (1993) found that former victims of bullying at school during a young age tended to be more depressed and had lower self-esteem at age 23 than their non-victimized peers. The findings suggest that early and persistent victimization can have lasting negative consequences.

Traditional bullying includes overt physical acts (e.g., hitting, shoving) and verbal abuse (e.g., taunting, name calling) as well as more subtle or indirect actions such as social exclusion and rumor-spreading (Smith et al., 2008). Further examples of verbal harassment include threatening, humiliating, degrading, teasing, eye rolling, silent treatment, manipulating friendship, and ostracizing (Xin, 2002).

In recent years, middle school students have taken advantage of technology as another avenue of harassing peers, and no longer need to be in the physical presence of their victims in order to bully them. Bullying done through e-mail, instant

SCHOOL SIZE AND CYBERBULLYING 5

more included, yet if a student is excluded from these groups, he or she will likely feel further alienated and without meaningful contact with others. This creates stress, which has the potential to be released in violent manners if it is not otherwise dealt with in a socially acceptable manner.

The general relationship between violence and school size suggests that there may be a similar relationship between school size and cyberbullying, which is another type of school violence. Therefore, we hypothesized a positive relationship between school size and the occurrence of cyberbullying in middle schools. To test this hypothesis, this study compared the degree of cyberbullying that exists in middle schools of different sizes.

图 16-3 APA 格式的引言部分

501 ## 四、方法

研究报告正文的第二部分是方法。方法部分详细介绍了研究实施的过程。方法部分使其他研究人员能够清楚你的研究方法，从中获得的信息足以使他发现你的研究方法是否可以完全解决你提出的问题。方法部分也能让其他研究者复制你实验过程的关键步骤。方法部分紧随引言部分，也就是说，不用另起一页，在引言最后一行之后，下一个双倍行距行开始，输入标题 Method（方法）并使其黑体、居中。方法一般包括两个方面：主试或被试与主要步骤。每一部分的标题都用黑体，放在左边位置，只有第一个字母要大写。

方法的第一部分要写清楚研究被试是人类还是动物。这部分详细说明研究中涉及的样本。对于动物被试来说，一般要说明：(1)在研究中使用的动物数量；(2)它们的种群、种类和血统；(3)提供者；(4)这些动物是如何居住和处理的；(5)它们的具体特征，包括性别、重量、年龄等。对于人类被试来说，通常要说明：(1)被试数量；(2)如何抽样；(3)被试的基本人口统计特征，包括年龄、性别、种族；(4)与研究相关的其他特征（例如，智商或精神病理学特征）。

方法的第二部分是实验程序。实验程序是对研究过程的详细介绍，包括：(1)选择被试的程序；(2)数据收集的情境与位置；(3)向参与者支付的任何款项；(4)伦理标准与安全监控程序；(5)被试分组的方法或被试分配到实验条件的方法以及每一种条件下被试的人数；(6)给被试的指导语；(7)研究设计；(8)实验操作或干预；(9)使用的实验设备或材料。

如果实验很复杂或需要详细描述，则可以增加一小部分内容，用 Apparatus and Materials（设备与材料）做标题，描述研究使用的设备（如器材）或材料（如调查问卷）。有时在一份研究报告中同时包括这两个部分。在设备部分，普通的设备如椅子、桌子、秒表等不需要详细介绍，越是特殊的设备，越要给予详细说明。对于定制的设备，还要求有图形或图片。对于使用调查问卷的研究，方法的第二部分就是材料。材料部分包括：明确研究变量以及变量的操作定义。研究中用到的每份调查问卷都要有相应的介绍、出处以及对它的作用的说明（例如，它是用来
502 测量什么的）。当然也包括问卷的心理测量的性能（信度与效度的检验）。对于那些新编制的调查问卷，还必须将其放在附录里。

图 16-4 显示了 APA 格式的方法部分。完整的方法介绍与稿件的其他部分都在附录 C 中。注意稿件使用两个部分。

503 **学习检测**

研究报告的方法部分要具体说明哪些方面的内容？

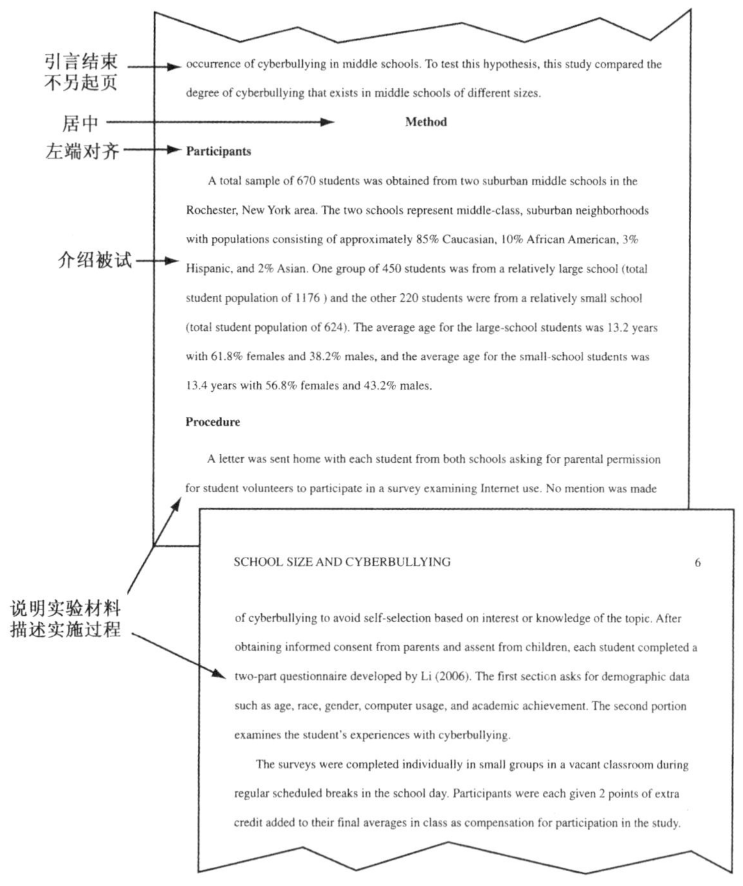

occurrence of cyberbullying in middle schools. To test this hypothesis, this study compared the degree of cyberbullying that exists in middle schools of different sizes.

Method

Participants

A total sample of 670 students was obtained from two suburban middle schools in the Rochester, New York area. The two schools represent middle-class, suburban neighborhoods with populations consisting of approximately 85% Caucasian, 10% African American, 3% Hispanic, and 2% Asian. One group of 450 students was from a relatively large school (total student population of 1176) and the other 220 students were from a relatively small school (total student population of 624). The average age for the large-school students was 13.2 years with 61.8% females and 38.2% males, and the average age for the small-school students was 13.4 years with 56.8% females and 43.2% males.

Procedure

A letter was sent home with each student from both schools asking for parental permission for student volunteers to participate in a survey examining Internet use. No mention was made

SCHOOL SIZE AND CYBERBULLYING 6

of cyberbullying to avoid self-selection based on interest or knowledge of the topic. After obtaining informed consent from parents and assent from children, each student completed a two-part questionnaire developed by Li (2006). The first section asks for demographic data such as age, race, gender, computer usage, and academic achievement. The second portion examines the student's experiences with cyberbullying.

The surveys were completed individually in small groups in a vacant classroom during regular scheduled breaks in the school day. Participants were each given 2 points of extra credit added to their final averages in class as compensation for participation in the study.

图 16-4 APA 格式的方法部分

五、结果

研究报告正文的第三部分是结果部分。结果部分要对资料进行概括和统计分析。结果部分紧跟方法部分，不用另起一页，即在方法部分的最后一行跳到下一个双倍行距行，而且标题 Results（结果）要居中。再向下跳一个双倍行距，开始结果部分的内容，结果部分的第一段首行缩进。

结果部分只提供完整的和无偏的数据报告，但仅仅只有结果而没有对数据的讨论。通常，结果部分首先从陈述研究的主要成果开始，然后给出基本的描述性统计结果（多是平均数和标准差），再给出推断性统计分析结果（一般是指假设检验的结果），最后给出效应量大小。如果研究较为复杂，最好用图或表的形式来呈现结果。但如果只有少数几个平均数和推断性统计分析结果，那么使用文字表述更经济些。这里提醒你注意，稿件的结果部分不能包含图和表，所有图和表都要附于稿件最后，而且要对图和表进行编号（例如，表 1 或图 1），文字表述中要根据这些编号来指称对应的图和表。

要报告统计学意义上的显著性，其陈述的内容要能给出以下信息：(1)使用的检验类型；

(2)自由度;(3)检验结果;(4)显著性水平;(5)效应的大小与方向。当报告显著性水平时,鼓励使用精确的概率值(大多是由计算机程序提供的),或者使用传统的 α 水平(0.05, 0.01, 0.001)作为参考点。例如:使用精确的概率值,可以这样报告结果:“结果显示,两组之间的差异显著,$F(1,\ 36)=4.37$, $p=0.006$, $\eta^2=0.12$”。使用传统的 α 水平,则可以这样报告结果:“结果显示,两组之间的差异显著,$F(1,\ 36)=4.37$, $p<0.01$, $\eta^2=0.12$”。图 16-5 显示了 APA 格式的结果部分。完整的结果介绍与稿件的剩余部分都在附录 C 中。

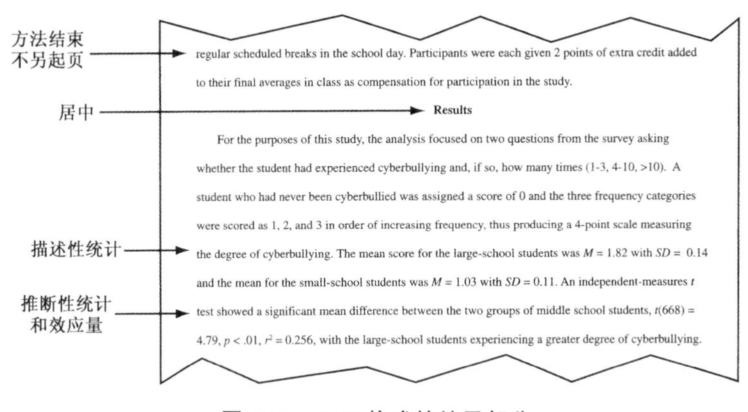

regular scheduled breaks in the school day. Participants were each given 2 points of extra credit added to their final averages in class as compensation for participation in the study.

Results

For the purposes of this study, the analysis focused on two questions from the survey asking whether the student had experienced cyberbullying and, if so, how many times (1-3, 4-10, >10). A student who had never been cyberbullied was assigned a score of 0 and the three frequency categories were scored as 1, 2, and 3 in order of increasing frequency, thus producing a 4-point scale measuring the degree of cyberbullying. The mean score for the large-school students was $M = 1.82$ with $SD = 0.14$ and the mean for the small-school students was $M = 1.03$ with $SD = 0.11$. An independent-measures t test showed a significant mean difference between the two groups of middle school students, $t(668) = 4.79$, $p < .01$, $r^2 = 0.256$, with the large-school students experiencing a greater degree of cyberbullying.

图 16-5 APA 格式的结果部分

六、讨论

研究报告正文的第四部分,也是最后一部分是讨论部分。在讨论部分,你要解释、评价和
504 讨论研究发现的意义。讨论部分紧随结果部分,不用另起一页,即在结果部分的最后一行跳到下一个双倍行距行,标题 Discussion(讨论)居中。讨论部分的第一段从下一个双倍行距行开始,首行缩进。

讨论应从假设的重述开始(回想一下你最初在引言部分结束前提出的假设),接着简要重述你的主要结果,指出它们是否支持你的假设。注意以句子的形式描述结果,这种形式并没有重复结果部分出现的统计数据。然后,将你的结果与其他研究者的结果联系起来,说明你的结果在多大程度上符合该领域现有的知识结构。通常,还要辨析研究的所有缺陷,特别是影响结果普遍性的因素。

你可以把讨论部分看作是引言部分的镜像。你可能还记得,引言是从一般到具体,利用相关文献中的已有项目将引言推向并聚焦在特定假设上。现在你反过来,从特定的假设开始(你结果中的相应部分),将其与已有文献联系起来。你不是简单重复引言中的表述,你可能会提到先前使用过的某些参考文献,你会发现这样做很有用,它能帮助建立你的结果与他人研究的新的连接点。

在讨论部分的最后一段,你的讨论内容可能已经超越实际得到的结果,并开始考虑这些结果的深层意义及其应用价值,这对应于研究过程的第十步:提炼或重构研究设想(见第一章)。你的结果也许支持或挑战现有理论,也许暗示了某种实际的改变(比如,日常人际交往),也许
505 会给以前的研究结果以新解释。这几方面中的每一方面都是讨论部分中很好的主题,它们可

以带来未来研究的新想法。

如果你的结果支持当初的假设，那么现在你可以将研究扩展到新的环境或不同的种群，这有可能检测你的发现的边界条件。如果你的结果不支持你的假设，那么你就要做更多的研究以找出其中的原因。提出问题——收集证据——提出新问题，这是一个永不休止的过程，这一过程是一般科学方法的一部分。研究问题的答案总是在向挑战敞开着大门。图 16-6 显示了 APA 格式的讨论部分。完整的讨论和稿件的其余部分在附录 C。

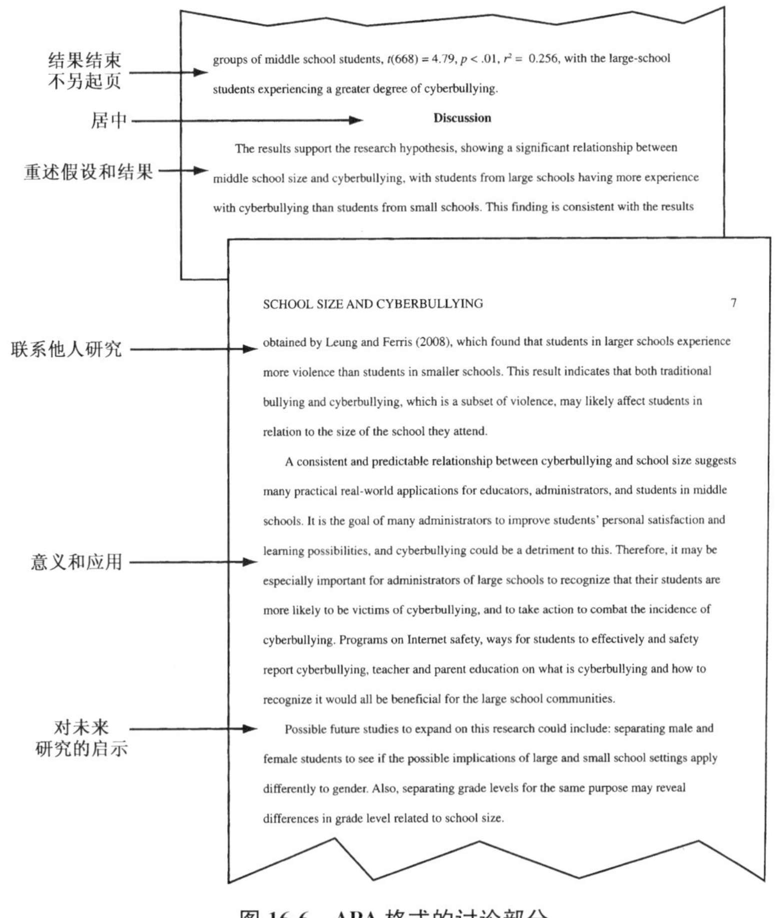

groups of middle school students, $t(668) = 4.79$, $p < .01$, $r^2 = 0.256$, with the large-school students experiencing a greater degree of cyberbullying.

Discussion

The results support the research hypothesis, showing a significant relationship between middle school size and cyberbullying, with students from large schools having more experience with cyberbullying than students from small schools. This finding is consistent with the results

SCHOOL SIZE AND CYBERBULLYING 7

obtained by Leung and Ferris (2008), which found that students in larger schools experience more violence than students in smaller schools. This result indicates that both traditional bullying and cyberbullying, which is a subset of violence, may likely affect students in relation to the size of the school they attend.

A consistent and predictable relationship between cyberbullying and school size suggests many practical real-world applications for educators, administrators, and students in middle schools. It is the goal of many administrators to improve students' personal satisfaction and learning possibilities, and cyberbullying could be a detriment to this. Therefore, it may be especially important for administrators of large schools to recognize that their students are more likely to be victims of cyberbullying, and to take action to combat the incidence of cyberbullying. Programs on Internet safety, ways for students to effectively and safety report cyberbullying, teacher and parent education on what is cyberbullying and how to recognize it would all be beneficial for the large school communities.

Possible future studies to expand on this research could include: separating male and female students to see if the possible implications of large and small school settings apply differently to gender. Also, separating grade levels for the same purpose may reveal differences in grade level related to school size.

图 16-6 APA 格式的讨论部分

学习检测

请确认下列这些信息应该属于研究报告的哪一部分：

- 有多少被试参加实验，他们的性格是什么样的？
- 为什么要开展此项研究？
- 实验是否使用了问卷或者不常用的施测工具？
- 实验是否得到了一个显著的统计结果？
- 实验结果有什么意义？它们如何应用？

七、参考文献

参考文献要另起一页，标题 Reference(参考文献)居中。参考文献部分要为稿件中的每一引用项提供完整的信息，而且要注意，参考文献里列举的项和论文里引用的项必须一一对应，即每个引用项都必须出现在参考文献列表里，而参考文献列表里的每一项又必须是被引用的。一般，参考文献按第一作者姓氏的字母顺序排列。第一作者姓氏字母相同时，独著类的先列，其他则依照时间先后顺序排列。图 16-7 显示了 APA 格式的参考文献部分。完整的参考文献和稿件的剩余部分在附录 C 中。

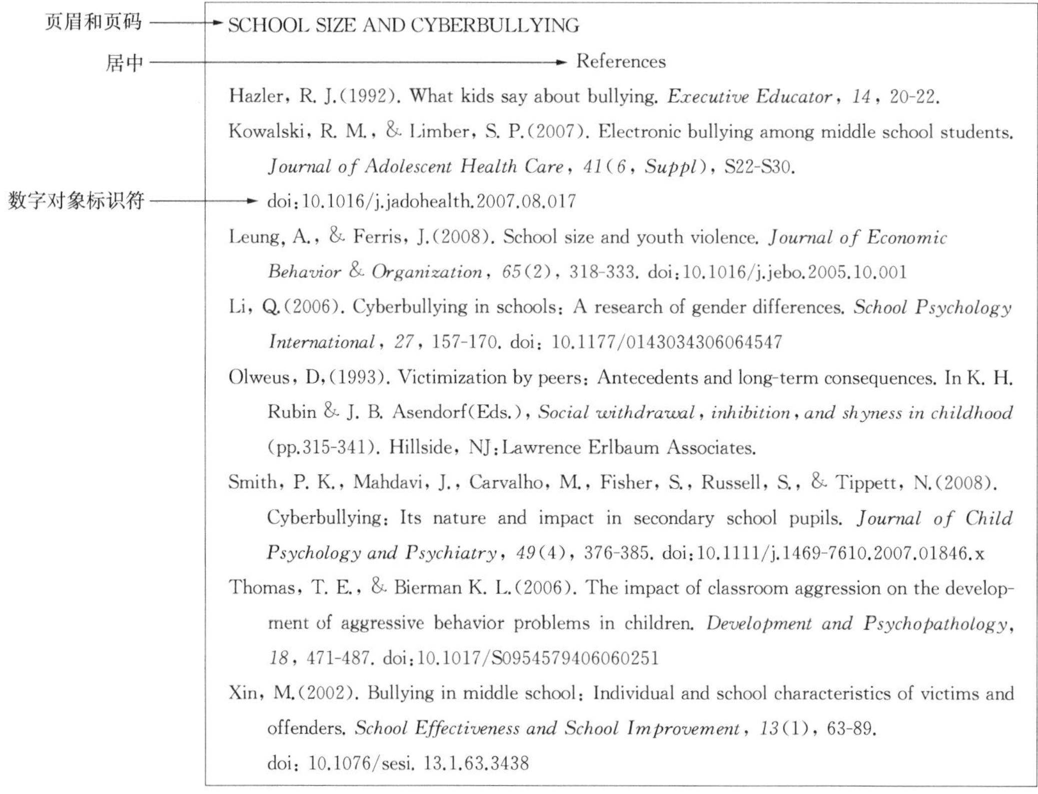

SCHOOL SIZE AND CYBERBULLYING

References

Hazler, R. J.(1992). What kids say about bullying. *Executive Educator*, *14*, 20-22.

Kowalski, R. M., & Limber, S. P.(2007). Electronic bullying among middle school students. *Journal of Adolescent Health Care*, *41*(*6*, *Suppl*), S22-S30. doi:10.1016/j.jadohealth.2007.08.017

Leung, A., & Ferris, J.(2008). School size and youth violence. *Journal of Economic Behavior & Organization*, *65*(2), 318-333. doi:10.1016/j.jebo.2005.10.001

Li, Q.(2006). Cyberbullying in schools: A research of gender differences. *School Psychology International*, *27*, 157-170. doi: 10.1177/0143034306064547

Olweus, D,(1993). Victimization by peers: Antecedents and long-term consequences. In K. H. Rubin & J. B. Asendorf(Eds.), *Social withdrawal, inhibition, and shyness in childhood* (pp.315-341). Hillside, NJ:Lawrence Erlbaum Associates.

Smith, P. K., Mahdavi, J., Carvalho, M., Fisher, S., Russell, S., & Tippett, N.(2008). Cyberbullying: Its nature and impact in secondary school pupils. *Journal of Child Psychology and Psychiatry*, *49*(4), 376-385. doi:10.1111/j.1469-7610.2007.01846.x

Thomas, T. E., & Bierman K. L.(2006). The impact of classroom aggression on the development of aggressive behavior problems in children. *Development and Psychopathology*, *18*, 471-487. doi:10.1017/S0954579406060251

Xin, M.(2002). Bullying in middle school: Individual and school characteristics of victims and offenders. *School Effectiveness and School Improvement*, *13*(1), 63-89. doi: 10.1076/sesi. 13.1.63.3438

图 16-7 APA 格式的参考文献部分

506 表 16-2 显示了通用的参考文献的标准书写格式及其范例。请留意，《美国心理学会出版手册》中列举了将近 100 种参考文献的书写格式。按照格式要求，需尽可能地引导读者熟知我
507 们所使用的相对持久的文献链接。许多出版社现在使用的唯一的数字对象识别码，是用来标识单个出版物的，该识别码提供对应项目的永久访问权。当能够获得数字对象识别码时，最好将其放在打印稿件和电子资源当中。数字对象识别码通常位于期刊文章第一页的顶部，或在《心理信息的详细记录》中。所有数字对象识别码都以数字 10 开始，如果没有数字对象识别码，出版社将提供期刊或书籍的网址。一般来说，除非其中的材料可能会随着时间的推移而变化，否则，不再需要包括数据库信息或检索日期等在内的数据库资源。

表 16-2 通用的参考文献的标准书写格式及其示例 508

已有数字对象识别码的期刊论文

先列出作者的姓和名，紧接着是出版年份，然后依次写出期刊文章的题目、期刊名（用斜体）、卷号（用斜体）和页码范围，最后以数字对象识别码结尾。示例：

McNall, L.A., & Roch, S.G. (2007). Effects of electronic monitoring types on perceptions of procedural justice, interpersonal justice, and privacy. *Journal of Applied Social Psychology*, *37*, 658-682.doi: 10.1111/j.1559-1816.2007.00179.x

暂无数字对象识别码的期刊论文

先列举每位作者的姓和名，之间用逗号分开。在最后列举的作者前使用 & 号，不用“AND”，然后在括号里标出出版年份。接着依次列出期刊文章标题、期刊名（用斜体）、卷号（用斜体）和页码范围。如果有网址，可附上。示例：

Mazur, J. E. (2007). Choice in a successive-encounters procedure and hyperbolic decay of reinforcement. *Journal of the Experimental Analysis of Behavior*, *88*, 73-86. Retrieved from http://seab.envmed.rochester.edu/jeab/articles/2007/jeab-88-01-0073.pdf

整本书，印刷版

从作者的姓和名开始，如果有多位作者，也按照期刊文章相同的方式排列。紧接着依次是出版年份和书名（用斜体）、出版地、出版人等。示例：

Gravetter, F. J., & Forzano, L. B.(2012). *Research methods for the behavioral sciences* (4th ed.). Belmont, CA: Wadsworth.

书中的一章或一篇

此类文献包括两种情况：一是某书中的一个章节，二是某书中的一篇论文。通常先列举章或篇的信息，从作者姓和名开始，与期刊文章的列举方式相同，然后在括号里写明出版年份，接着是章或篇标题。随后以“In”引导，开始列举书目出版信息，编排顺序依次是：编者姓和名、书名（用斜体）、所引用章节或文章的页码范围、出版地、出版者的姓和名等。示例：

Gillespie, J.F. (2003). Social competency, adolescence. In T.P.Gullotta & M.Bloom (Eds.), *Encyclopedia of primary prevention and health promotion* (pp.1004-1009). New York, NY: Kluwer Academic/Plenum.

八、表和图

稿件的最后提供所有用来阐述某种观点或呈现研究结果的表和图。一般，这些表和图是对文字内容的补充，它们不应该是文字内容的简单重复，也不应该完全独立于文字内容。相反，在文字表述中要用编号的形式提及每一个表和图，而且要使用文字表述对表和图中的重要信息给予说明。

表要按 APA 的格式要求制作，并且要单独作为一页，表的编号和标题要显示在所在页的
左上部。表的标题或表头应对表中包含的信息进行概括和说明。标题要斜体，三种信息可能 509
在表格下出现，用来进一步解释表格中的信息。普通的注释以 Note（注释）开头，斜体，以句号结尾。注释的是整个表格的情况，特殊注释涉及表格内以小写字母作上标（例如，[a]，[b]）的词条并且每一个注释都以对应的字母（上标小写字母）开头。概率注释确认了表格中数据报告的显著性，表格中的数据以星号来标注（例如 $^{*}p<0.05$，$^{**}p<0.01$）。表格既可以用单倍行距也可以用双倍行距以增加可读性。

根据 APA 格式的要求，这些最终形成的表和图将依次呈现，且每一张都是新的页面。图

的编号和文字说明直接置于图的下方，文字说明是对图的详细解释并作为图的标题。图和表中的编号和标题以斜体置于左侧空白处，在英文行文的论文中，单词 Figure 中只有 F 大写，标题其他部分紧跟其后。

九、附录

稿件还可以有附录材料。以附录的形式呈现详细的信息是一种有用的手段，因为如果将这些信息放在论文主体中，会打断论文的行文，所以将这些信息放在附录中。附录中一般呈现的内容有：一份测量问卷、一个计算机程序、对特殊的或复杂的设备的详细介绍以及给予被试的详细指示语。每一个附录都单独另起一页，标题 Appendix（附录）居中，如果有不止一个附录就依次用字母 A、B、C 等区分，按顺序标识，例如，Appendix A（附录 A）。

表 16-3 按顺序列出了完整研究报告的每一部分，可作为 APA 格式检查表。

510 **表 16-3　APA 格式检查表**

总的要求

- 双倍行距
- 2.5 厘米的页边距
- 左边字符对齐
- 每一段落的首行缩进 5—7 个字符
- 使用小四号的新罗马字体
- 每一页左上有缩写标题，右上有页码

标题页

- 缩写标题和页码
- 标题置顶
- 打出缩写标题：（包括冒号之前的部分）所有段落开头的标题均左端对齐
- 缩写标题最多为 50 个字符，包括空格和标点符号在内
- 在缩写标题同一行中的另一侧，向右对齐，输入页码。标题页的页码为 1
- 缩写标题往下几行，在上半页居中，打上标题
- 往下一个双倍行距，打出作者的姓名
- 再往下几行，居中，打出词汇：*Author Note*（作者信息）
- 再往下一行，给出被试四方面的信息

摘要

- 缩写标题和页码
- 居中打印：Abstract（摘要）
- 往下一个双倍行距，开始写摘要的内容
- 第一个段落无缩进
- 控制在 150—250 个词之间

引言

- 在第三页开始
- 居中打出论文标题
- 往下一个双倍行距，开始写正文部分

（续表）

方法 ● 引言部分写完后，不用换页，往下一个双倍行距，居中打印：Method（方法） ● 往下一个双倍行距，开始写方法部分内容 ● 常用的小标题一般包括：被试和程序
结果 ● 不用换页，直接往下一个双倍行距，居中打印：*Results*（结果） ● 再往下一个双倍行距开始写结果
讨论 ● 不用换页，直接往下一个双倍行距，居中打印：*Discussion*（讨论） ● 再往下一个双倍行距开始写讨论
参考文献 ● 另起一页开始 ● 不用换页，直接往下一个双倍行距，居中打印：*Reference*（参考文献） ● 再往下一个双倍行距开始列文献 ● 按照第一位作者的姓氏字母顺序排列文献 ● 撰写格式参见表 16-2
表 ● 每个表格均另起一页 ● 表格上边要有编号和标题 ● 表格中可单倍行距或双倍行距
图 ● 每个图均另起一页 ● 图的下边要有编号和文字说明或标题
附录 ● 每个附录均另起一页 ● 居中打印：*Appendix*（附录） ● 再往下一个双倍行距开始写内容 ● 有多个附录时，可以用 A、B、C 等区分

十、会议展示：论文与张贴

虽然我们之前的讨论都聚焦于准备一篇能够发表到学术期刊上的研究论文，但还有另一种替代方式，就是以会议论文或张贴的方式展示研究报告，这样其他学术团体也可以借鉴你的研究。当然，这类会议展示包括两个阶段：首先，把写好的研究摘要或概要提供给会议组织者发表在专业的通讯上；其次，参加学术会议时现场口头报告或者张贴展示。

显然，在一个会议上报告论文，一般只有一个多小时。在这一个多小时中，相关领域的几位研究者都可以报告他们的研究。会议上口头报告，不是指你大声朗读你的报告，而是要去掉多余细节，简单地将报告讲给听众。这包括准备一份每一部分信息都是按照 APA 格式来写的研究报告的幻灯片，它包括：你的主要领域介绍、研究的目标和合理性、提出的假设、采用的方

511 法、结果与结论。口头报告有严格的时间限制(通常 10 分钟到 20 分钟)。你应该用你的幻灯片多练习,直到你适应那个时间限制。你也应该准备一份研究摘要的副本,以便提供给那些感兴趣的人。

在会议上张贴展示也是很好的。会议主办方通常会在会议上提供一个张贴海报的空间,研究者可以将研究报告张贴在那里,每一个研究者都有一到两个小时的时间展示他们的研究。每一个研究者把准备好的论文副本像贴海报一样贴在指定位置,然后站在海报旁为想要看和提问的过路人提供帮助。尽管张贴海报在会议上是十分常见的,但《美国心理学会出版手册》没有为如何准备海报提供指导。因此,不同研究者之间有很大差异。如果会议主办方允许你张贴海报,那么他们会告诉你如何准备海报。此外,苏曼(Szuchman, 2011)为准备海报提供的几点建议或许是有帮助的。所有的海报应在 91 厘米外就能轻松地阅读。例如,海报正文的字号应该不小于小一号,标题和海报标题应该更大,也要设置易读的字体,例如,宋体和新罗马。你的海报应该有组织、有逻辑,以较少字数来展示,这样读者就能通过简短的介绍明白你研究的合理性、研究的目标或者假设、研究方法、研究结果和结论等。使用排列整齐的表格和图例。把彩色海报的每一页(或者保守点只用彩色的标题)贴在黑板上,一般专业制作的光滑的乙烯基海报可以轻松展开张贴。每个海报都有严格的空间限制(通常是 122 厘米高 182 厘米宽),你应该确保你的海报符合会议对海报面积的要求。你需要准备一些图钉,用来固定你的海报,也需要准备一些海报副本,提供给那些感兴趣的人。

512

第四节　准备发表的稿件

准备好研究报告后,你就要准备向科学杂志投稿,准备发表了。要记住,在一个科学共同体中交流你的研究,把你的发现公之于众,这在科学领域里是必要的。《美国心理学会出版手册》为如何准备手稿提供了详细信息,你也可以在《美国心理学会出版手册》的 8.07 中找到稿件发表的链接,或者点击 www.apa.org/journals/authors/manuscript_check.html 查找。不过,下列三步往往会给你带来一个好的开端。

首先,选择一种与你所报告的研究主题最吻合的杂志,绝大多数杂志都是集中在少数几个专门主题的。翻开当前发行的杂志或打开相关杂志的网页,你会了解到该种杂志需要什么样
513 的稿件。此外,现在还有一些杂志是专门为大学生发表研究报告而出版的,《现代心理学研究》(*Modern Psychological Studies*)就是一种这样的杂志。

其次,参阅杂志为作者提交报告时准备的说明和具体要求。这种说明或要求常常出现在杂志内,一般在杂志的网站上都能找到。有的杂志在每一期前封面内面都印有此类信息,也有的是每年有一期印有此类信息,那你就要找到这特别的一期。它直接告诉作者:杂志的一系列要求印在该杂志的什么地方,以及关于杂志内容的详细说明刊载于早期发行的哪一期等。在

你准备邮寄稿件时，要搞清楚杂志社需要几份稿件复印件。

最后，随同稿件，给杂志编辑附寄一封信。《美国心理学会出版手册》第五章对此信内容作了详细说明。

编辑部收到稿件后，编辑通常会告知作者，然后将稿件复印件分发给不同的审稿人，这些审稿人一般都是与你选题有关的领域中的专家。审稿人只对稿件作出专业评价并反馈给编辑，是录用还是退稿，或者建议修改，最终决定权在编辑手里。当然，需要指出的是，大部分稿件都会被退回，因为只能有少部分最优秀的稿件才能被发表出来。

第五节 撰写一份研究草案

尽管我们已经明确表示撰写研究报告是研究程序的第九步，但在研究实施前，大部分研究者都会写一份**研究草案**(research proposal)，这基本上是关于一项新研究的计划书。正如我们在研究过程概述(第一章)中指出的，收集数据之前，你必须：(1)发现问题，产生研究设想；(2)提出特定假设；(3)界定变量并且选择研究方法；(4)区分并选择个体；(5)选择实验方法；(6)确定实验设计；(7)确定如何分析和解释数据(见第十四章)等。

一、为什么要撰写研究草案?

研究草案普遍被用于下列各项情形：

- 研究者提交研究草案给政府和地方性基金机构，以便获得对研究课题的财政支持。
- 研究者为自己撰写研究草案，目的是为了帮助形成并改进研究思想，同时提醒自己注意那些容易被忽视的细节。
- 大学生会以研究论文为荣，且研究生要向论文委员会提交研究草案以便得到支持。
- 实验研究方法课要求学生写研究草案(即使不要求他们真的完成研究的操作)。

在上述每一种情况下，研究草案都会得到评估、反馈意见或修改建议。 514

和研究报告一样，一份好的研究草案的基本作用是要提供关于实验研究的三方面信息：

1. 准备做什么。草案应该比较细致地描述你完成实验研究必须的实施程序。

2. 预期的发现是什么。即提供对可能结果的描述。这里一般包括将使用何种测量方法、统计方法，以及将如何去解释这些可能的结果等。

3. 你计划的研究课题与相应领域中的其他知识有什么联系。研究草案应该展示将要进行的研究与其他已有知识成果之间的连结。

学习检测

请列举一种有必要撰写研究草案的情形。

二、怎样撰写研究草案?

撰写研究草案与撰写研究报告非常相似。第一,除动词的时态有所不同外,本章第二节中讨论过的 APA 格式指南在此同样适用。在研究草案中,描述研究时经常使用将来时,因为这都是你将要做的:(1)在引言最后,你介绍你的研究(比如说,“这一项研究的目的将是……”);(2)在方法部分中(比如说,“被试将会是……”“被试将完成……”);(3)在结论和讨论中(比如说,“预期的得分将会增加……”)。和研究报告不同的是,处于研究草案阶段时,你的实验研究还没有开始,因此不能用过去时态。

第二,在本章第三节,研究草案各部分的内容与本章第三节讨论过的研究报告的内容也一致,下面几点除外:

1. 在研究草案中,摘要是可有可无的。

2. 一般来说,研究草案对相关文献的介绍和回顾更广泛。

3. 关于结果和讨论的部分通常要代之以统计结果/讨论或数据分析的方法及其结果预
515 期。不管它的标题是什么,研究草案主体最后的部分应该包括以下内容:(1)数据如何收集和分析;(2)预期结果;(3)其他可能的结果;(4)预期结果的意义。

学习检测

研究草案和研究报告有什么异同?

本章小结

只有当你的研究发表了,你的研究过程才算完成。因此,当你完成了实验,收集并分析了数据之后,你就要准备发表一份研究报告了(这是整个研究过程的第九步)。简单地说,研究报告应该描述研究中做了什么,发现了什么,与该领域原有成果有什么联系。

《美国心理学会出版手册》体现了研究报告的撰写规则,可用于规范行为科学研究报告的格式与结构。《美国心理学会出版手册》为准备合适的稿件提供了详尽的说明。

尽管《美国心理学会出版手册》为完成一份清晰、准确的书面稿件提供了数以百计的规则和建议,但构成写作风格的四要素可能对你更有用:非个人化的风格、动词时态、避免有偏见的语言、合适的引用。同时还要注意把握正规格式的三个要点:文字编辑的一般规则、标题和稿件页次序、分页和页头标题等。

这里对研究报告的每部分内容都作了详细说明,也对为出版提供稿件和撰写研究草案作了简单介绍。

关键词

研究报告　　引用　　标题页

页头标题　　摘要　　引言

方法　　结果　　讨论

参考文献　　研究草案

练习题

1. 除关键字,还应了解以下术语的定义:

《美国心理学会出版手册》　　抄袭　　页眉

主试　　被试　　设备

材料　　程序　　附录

2. 在研究报告的标题页上主要包含哪些信息项? 516

3. 要想了解一项研究的理由,你应该阅读研究报告的哪一部分?

4. 研究报告的哪一部分是最后才写的? 为什么?

5. 研究报告的哪一部分通常包含大部分的引用? 为什么?

6. 在 1994 年,史蒂文・丝米特发表了一篇研究报告揭示幽默对人类的记忆有积极作用。写个句子来表达这一结果并引用 1994 年的这一研究报告。

7. 要想了解研究结果的实际意义,你应该阅读研究报告的哪一部分?

8. 研究报告的哪个部分为重复研究提供了有步骤的指导?

训练活动

1. 以下是按照 APA 格式出版的一些期刊:*American Psychologist*; *Behavioral Neuroscience*; *Developmental Psychology*; *Journal of Abnormal Psychology*; *Journal of Applied Psychology*; *Journal of Comparative Psychology*; *Journal of Consulting and Clinical Psychology*; *Journal of Counseling Psychology*; *Journal of Educational Psychology*; *Journal of Experimental Psychology: Animal Behavior Processes*; *Journal of Experimental Psychology: General*; *Journal of Experimental Psychology: Human Perception and Performance*; *Journal of Experimental Psychology: Learning, Memory, and Cognition*; *Journal of*

Family Psychology; *Neuropsychology*; *Personality Disorders*; *Professional Psychology*; *Psychological Assessment*; *Psychological Bulletin*; *Psychological Review*; *Psychology and Aging*; *Psychology, Public Policy, and Law*; *Psychology of Addictive Behaviors*; *Psychology of Violence*。

挑选一个你感兴趣的期刊,在图书馆中找到它,或者在像 PsycArticles 的全文数据库中寻找。查看该期刊,找到一篇综述研究的报告。一旦你找到了你的研究兴趣,照着下面的做:

a. 找到 APA 格式的完整的参考文献(见表 16-2)。

b. 找到对假设的描述或研究目标。文章的哪一部分通常包含这些内容?

c. 看一下作者对未来的研究是否有建议或者确认下在未来研究中会被纠正的近期的不足。文章的哪一部分包含这些建议?

d. 找出有多少被试参与实验,描述下他们的特性(年龄、性别等)。报告的哪一部分可以找到这些信息?

2. 心理学期刊和医学期刊在引用上是使用的不同格式。

a. 寻找一篇医学期刊,如 *Lancet*,或者 *Journal of Drug and Alcohol Abuse*,描述下这些期刊中参考文献是如何引用的。

b. 查找另一类(例如经济学、哲学与体育类)的期刊并描述它们的引用格式。

517

网络资源

访问本书的网站 www.cengage.com/international 可获取学习工具,包括术语表、抽认卡和网络测试。你还会发现一个关于统计和研究方法工作坊的链接。关于本章,建议你查看以下工作坊:APA 风格。

附录 A 519

随机数表及其用法说明

在正文中，我们常常讨论到采用诸如投掷硬币一类的随机过程从总体中选择被试，以及将被试分配到各组。不过，许多研究不喜欢使用投掷硬币的方法，而是使用随机数表。随机数表只是一个庞大的随机生成的数字(0—9)表，其间 5 个数字成为一组，并被排成行和栏。随机数表呈现在 363—364 页。(RAND, 2001)。

我们以下列两个实例来说明随机数表的使用过程。

实例 A

在这个例子中，我们使用随机数表从一个 197 人的总体中随机选择一个 20 人的样本。首先把总体中的每个人都编上从 1 到 197 的号，目的是从中随机选择 20 个号以标识样本中的 20 个人。按照下列步骤使用随机数表：

1. 由于你想要的数字从 001 到 197，限定在三位数的范围。但是，随机数表中的每组数字都是 5 位的，所以，你需要确定，在每一组五位数中如何确认三位数。比如，你可以使用前边的三位数、中间的三位数、最后的三位数，或其他一些顺序的三位数。

2. 随机选择一个起点。闭上眼，把你的一根手指或一支钢笔放在数表的一个位置。如果你的钢笔落在数表中的一个数字上，你就可以从这一点开始；如果落在别的地方，那么重新来。

3. 你的手指或钢笔落在哪一个数上，你可以考虑的第一个数也就被决定了。比如说，你 520
已经决定使用随机数的后三位，而你的钢笔落在第 19 行、第 3 栏的 14225 中的 4 上，那么你可以考虑的第一个数就是 225。

4. 不过，所有超出总体范围的数都要被略去。在本例中，任何大于 197 的数都是超出范围的，因此，225 不可用而被略去。

5. 继续沿着这一栏往下找来确定下一个数。在本例中，接下来可以考虑的三位数是 479，940 和 157，其中前两个数都超出范围而被略去，但 157 是可用的，于是编号为 157 的被试就被选到样本中来了。

6. 再沿着数字栏往下找，直到你选够了设计所要求的被试数。如果遇到已被选中的被试就掠过。当找到一栏的最下边时就转到下一栏的最上边继续找。

实例 B

在这个例子中，我们使用随机数表把被试分派到四种不同的处理条件。每一种处理条件被编上 1—4 的数字，而且被试也依次编为第一，第二，第三……，等等。目的是为了随机地捡出一个 1—4 之间的数来决定每个被试的实验条件。按照下列步骤使用随机数表：

1. 因为你想产生的数是 1—4，所以将选择限定在 1 位数，你要确定如何在每组 5 位数中选择一位数，比如你可以使用第一位数，第二位数，第三位数，等等。

2. 随机选定一个起点。闭上眼，把你的一根手指或一支钢笔放在数表的一个位置。如果你的手指或钢笔落在数表中的一个数字上，你就有了一个选择起点；如果落在别的地方，那么重新来。

3. 你的手指或钢笔落在哪一个数上，你可以考虑的第一个数也就被决定了。比如说，你已经决定使用随机数的第一位，而你的钢笔落在第 19 行、第 3 栏的 14225 中的 4 上，那么你可以考虑的第一个数就是 1。

4. 所有超出范围的数字都要被略去。本例中，要选择的范围是 1—4，所以数字 1 是可用的，于是第一位被试被安排到实验处理 1。

5. 要考虑的下一位数要继续沿着栏往下找。本例中，接下来可以考虑的三个数是 6、2 和 8，其中第一个和第三个数都超出了范围而略去，不过 2 是可用的，于是第二个被试就被编排到实验处理 2。

6. 沿着栏继续往下找，直到为每一位被试安排了处理条件。当沿着栏无法继续往下时就转到下一栏的最上边继续找。

下面是随机数表的一部分（摘自 RAND 公司，2001）。

521

附表 A1

附表 1 随机数表

Row/Col	(1)	(2)	(3)	(4)	(5)	(6)	(7)	(8)	(9)	(10)
00000	10097	32533	76520	13586	34673	54876	80959	09117	39292	74945
00001	37542	04805	64894	74296	24805	24037	20636	10402	00822	91665
00002	08422	68953	19645	09303	23209	02560	15953	34764	35080	33606
00003	99019	02529	09376	70715	38311	31165	88676	74397	04436	27659
00004	12807	99970	80157	36147	64032	36653	98951	16877	12171	76833
00005	66065	74717	34072	76850	36697	36170	65813	39885	11199	29170
00006	31060	10805	45571	82406	35303	42614	86799	07439	23403	09732
00007	85269	77602	02051	65692	68665	74818	73053	85247	18623	88579
00008	63573	32135	05325	47048	90553	57548	28468	28709	83491	25624
00009	73796	45753	03529	64778	35808	34282	60935	20344	35273	88435

（续表） 522

Row/Col	(1)	(2)	(3)	(4)	(5)	(6)	(7)	(8)	(9)	(10)
00010	98520	17767	14905	68607	22109	40558	60970	93433	50500	73998
00011	11805	05431	39808	27732	50725	68248	29405	24201	52775	67851
00012	83452	99634	06288	98083	13746	70078	18475	40610	68711	77817
00013	88685	40200	86507	58401	36766	67951	90364	76493	29609	11062
00014	99594	67348	87517	64969	91826	08928	93785	61368	23478	34113
00015	65481	17674	17468	50950	58047	76974	73039	57186	40218	16544
00016	80124	35635	17727	08015	45318	22374	21115	78253	14385	53763
00017	74350	99817	77402	77214	43236	00210	45421	64237	96286	02655
00018	69916	26803	66252	29148	36936	87203	76621	13990	94400	56418
00019	09893	20505	14225	68514	46427	56788	96297	78822	54382	14598
00020	91499	14523	68479	27686	46162	83554	94750	89923	37089	20048
00021	80336	94598	26940	36858	70297	34135	53140	33340	42050	82341
00022	44104	81949	85157	47954	32979	26575	57600	40881	22222	06413
00023	12550	73742	11100	02040	12860	74697	96644	89439	28707	25815
00024	63606	49329	16505	34484	40219	52563	43651	77082	07207	31790
00025	61196	90446	26457	47774	51924	33729	65394	59593	42582	60527
00026	15474	45266	95270	79953	59367	83848	82396	10118	33211	59466
00027	94557	28573	67897	54387	54622	44431	91190	42592	92927	45973
00028	42481	16213	97344	08721	16868	48767	03071	12059	25701	46670
00029	23523	78317	73208	89837	68935	91416	26252	29663	05522	82562
00030	04493	52494	75246	33824	45862	51025	61962	79335	65337	12472
00031	00549	97654	64051	88159	96119	63896	54692	82391	23287	29529
00032	35963	15307	26898	09354	38351	35462	77974	50024	90103	39333
00033	59808	08391	45427	26842	83609	49700	13021	24892	78565	20106
00034	46058	85236	01390	92286	77281	44077	93910	83647	70617	42941
00035	32179	00597	87379	25241	05567	07007	86743	17157	85394	11838
00036	69234	61406	20117	45204	15956	60000	18743	92423	97118	96338
00037	19565	41430	01758	75379	40419	21585	66674	36806	84962	85207
00038	45155	14938	19476	07246	43667	94543	59047	90033	20826	69541
00039	94864	31994	36168	10851	31888	81153	01540	35456	05014	51176
00040	98086	24826	45240	28404	44999	08896	39094	73407	35441	31880
00041	33185	16232	41941	50949	89435	48581	88695	41994	37548	73043
00042	80951	00406	96382	70774	20151	23387	25016	25298	94624	61171
00043	79752	49140	71961	28296	69861	02591	74852	20539	00387	59579
00044	18633	32537	98145	06571	31010	24674	05455	61427	77938	91936
00045	74029	43902	77557	32270	97790	17119	52527	58021	80814	51748
00046	54178	45611	80993	37143	05335	12969	56127	19255	36040	90324
00047	11664	49883	52079	84827	59381	71539	09973	33440	88461	23356
00048	48324	77928	31249	64710	02295	36870	32307	57546	15020	09994
00049	69074	94138	87637	91976	35584	04401	10518	21616	01848	76938

523 # 附录 B

统计分析实例和统计表

524 ## 描述性统计

平均数(mean)

计算平均数,首先要计算分数总和(用 $\sum X$ 表示),然后除以分数的个数(用 n 表示)。

分数:4, 2, 1, 5, 2, 2, 3, 4, 3, 2, 3, 1

$\sum X = 32,\ n = 12$　　平均数 $M = \frac{32}{12} = 2.67$

中位数(median)

计算中位数。首先要按顺序列出分数。如果分数的个数为奇数,那么中位数就是中间的那个数;如果分数的个数为偶数,那么中位数等于中间两个数的平均值。

分数:4, 2, 1, 5, 2, 2, 3, 4, 3, 2, 3, 1

按顺序排列:1, 1, 2, 2, 2, 2, 3, 3, 3, 4, 4, 5

中间两个分数是 2 和 3,中位数就是 2.5。

众数(mode)

众数就是出现频率最多的分数。

分数:4，2，1，5，2，2，3，4，3，2，3，1

分数 $X=2$ 出现的频率最多,所以众数是 2。

方差和 *SS*(变异平方和)

方差是所有分数到平均数距离平方的平均值,通常用符号 S^2 来表示。方差的计算分两步:

第一步:

计算每个分数到平均数的距离或叫离差,然后将每一个距离值平方并求其总和,其结果叫作 SS 或变异平方和、离差平方和。

分数	到平均数的距离	距离平方
5	1	1
6	2	4
1	−3	9
5	1	1
3	−1	1

SS(变异平方和、离差平方和)=16

对于这些分数:

$n=5 \quad \sum X=20$

$M=20/5=4$

注:*SS* 的值也可以用一个计算公式计算:

$$SS=\sum X^2-\frac{(\sum X)^2}{n}$$

X	X^2	525
5	25	
6	36	
1	1	
5	25	
3	9	
20	96	

$\sum X=20 \qquad SS=96-\frac{20^2}{5}=96-80=16$

$\sum X^2=96$

第二步:

SS 被$(n-1)$除即得到方差。$(n-1)$也叫作自由度,简写为 df。

对于我们一直使用的这组数值来说:

$$方差=S^2=\frac{SS}{n-1}=\frac{16}{4}=4$$

标准差(*SD*)

标准差就是方差的平方根,是对到平均数的标准距离的测量。

在方差实例中,我们计算得到的 5 个分数的方差是 4。对于这些分数来说,标准差是:

$$SD=\sqrt{4}=2$$

皮尔逊相关和回归分析

皮尔逊相关是对两个变量间线性相关的方向与强度的测量与描述。数据包括样本中每一个体两方面的测量(两个不同的变量)。回归分析的过程就是确定一条与 X 和 Y 分数点最佳拟合的直线。我们用下面的数据来演示皮尔逊相关和回归方程的计算(注:两个变量分别用 X 和 Y 代表,而且已经计算出分数 X 和分数 Y 的变异平方和 SS)。

X	Y
3	1
4	2
0	5
2	3
1	9

对于 X 分数,$M_X=2$, $SS_X=10$
对于 Y 分数,$M_Y=4$, $SS_Y=40$

526 除 X 分数和 Y 分数的 SS 以外,皮尔逊相关的计算还需要计算变异的总和或变异乘积,即 SP。SP 的值可以通过下列步骤直接计算:

1. 先计算每个人 X 和 Y 分数到其各自的平均数的距离,即离差,会带有+/-号。
2. 将两个距离分相乘得到每个人的乘积分数。
3. 求乘积的总和。

这个计算过程可以演示如下:

X	Y	X 分数的离差值	Y 分数的离差值	两个离差乘积
3	1	1	−3	−3
4	2	2	−2	−4
0	5	−2	1	−2
2	3	0	−1	0
1	9	−1	5	−5
				$SP=-14$

注:SP 的值也可以使用一个计算公式计算:

$$SP = \sum XY - \frac{(\sum X)(\sum Y)}{n}$$

就本例中的数字来说,

X	Y	XY
3	1	3
4	2	8
0	5	0
2	3	6
1	9	9
		$\sum XY = 26$

$$SP=26-\frac{(10)(20)}{5}=26-40=-14$$

皮尔逊相关用 r 表示,现在可以按下述方法进行计算了:

$$r=\frac{SP}{\sqrt{SS_X \times SS_Y}}$$

对于本例中的数据来说，

$$r=\frac{-14}{\sqrt{10\times 40}}=\frac{-14}{20}=-0.7$$

回归方程的一般形式是，$Y=bX+a$，这里的 b 和 a 可按下列公式计算： 527

$$b=r\cdot\frac{S_Y}{S_X}\text{或}b=\frac{SP}{SS_X}，a=M_Y-bM_X$$

这里的 r 是皮尔逊相关，S_X 是 X 分数的标准差，S_Y 是 Y 分数的标准差。

对于本例中的数据来说，

$$b=\frac{-14}{10}=-1.4，a=4-(-1.4)\cdot(2)=1.2$$

回归方程是：$Y=-1.4X+1.2$

斯皮尔曼相关

斯皮尔曼相关是对两个等级或排序变量间相关方向与强度的测量与描述。当然，这种相关计算方法也可以用于等距量表或比率量表测量的分数，以测量两个变量在一个方向上变化的一致性程度，这种情况下，需要先把分数排序，将其看作是等级的或排序的数据。斯皮尔曼相关的计算可以采用简单方法，把皮尔逊相关的计算公式直接应用于排序数据。我们用下面的数据来演示斯皮尔曼相关的计算(注：我们这里使用的是来自等距量表或比率量表的数值型分数)。

第一步是把数值型分数转换为等级分。就 X 值来说，最小的分数等级记为 1，第二小的分数等级记为 2，依此类推。然后把 Y 分数也转换为排序分。

原始分			等级分		
被试	X	Y	被试	X	Y
A	3	1	A	4	1
B	4	2	B	5	2
C	0	5	C	1	4
D	2	3	D	3	3
E	1	9	E	2	5

然后把皮尔逊相关应用于这些等级分数：

对于 X 等级分，$\sum X=15$，$M_X=3$，$SS_X=10$

对于 Y 等级分，$\sum Y=15$，$M_Y=3$，$SS_Y=10$

而每一被试的 X 等级分与 Y 等级分的乘积分别是 4、10、4、9 和 10，这些值求和得到 $\sum XY = 37$，然后利用公式计算得到 SP：

$$SP = \sum XY - \frac{(\sum X)(\sum Y)}{N} = 37 - \frac{15 \times 15}{5} = 37 - 45 = -8$$

528 最后计算斯皮尔曼相关，记为 r_S：

$$r_S = \frac{SP}{\sqrt{SS_X \times SS_Y}} = \frac{-8}{\sqrt{10 \times 10}} = -0.80$$

在分数已经被转换为等级分时，斯皮尔曼相关也可以使用专用公式来计算。我们还利用刚才这些等级分来演示使用专用公式计算斯皮尔曼相关。

这个专用公式是：

$r_S = 1.00 - \frac{6\sum D^2}{n(n^2-1)}$，公式中 D 是每一被试 X 的等级分与 Y 的等级分的差异量。

就刚才使用的等级分，可计算 D 值和 D^2 值，如下表：

被试	X	Y	D	D^2
A	4	1	3	9
B	5	2	3	9
C	1	4	3	9
D	3	3	0	0
E	2	5	3	9

$\sum D^2 = 36$

使用专用公式，我们得到：

$$r_S = 1.00 - \frac{6\sum D^2}{n(n^2-1)} = 1.00 - \frac{6 \times 36}{5 \times 24} = 1.00 - 1.80 = -0.80$$

可见，我们使用斯皮尔曼相关公式和普通的皮尔逊相关公式，得到了完全一样的结果。

推断性统计

独立测量 t 检验

独立测量 t 检验是一种用于评估两个独立组平均数差异的假设检验方法。这种检验需要计算一个 t 值统计量，然后查对一个检验表以确定得到的 t 值是不是大到足够显示出显著的平均数差异。下面的样本数据被用于演示独立测量 t 检验的过程[注意：每个组的数据用分数
529 个数(n)、平均数(M)、变异平方和(SS)和自由度($df = n - 1$)来描述]。

组 1	组 2
$n_1=10$	$n_2=5$
$M_1=44$	$M_2=40$
$SS_1=280$	$SS_2=110$
$df_1=9$	$df_2=4$

统计量 t 的计算需要分以下三步：

第一步：两个样本的合并方差

$$S_p^2=\frac{SS_1+SS_2}{df_1+df_2}=\frac{280+110}{9+4}=\frac{390}{13}=30$$

或者，如果已经计算出了方差或标准差和自由度，也可以利用以下这个公式进行计算：

$$S_p^2=\frac{df_1\cdot(S_1^2)+df_2\cdot(S_2^2)}{df_1+df_2}$$

第二步：计算标准误(t 值统计量的分母)

$$SE=\sqrt{\frac{S_p^2}{n_1}+\frac{S_p^2}{n_2}}=\sqrt{\frac{30}{10}+\frac{30}{5}}=\sqrt{3+6}=3$$

第三步：计算统计量 t

$$t=\frac{M_1-M_2}{SE}=\frac{44-40}{3}=1.33$$

查对 t 分布表来确定得到的 t 值，即 $t=1.33$ 是不是大到足以显示出平均数的显著差异。t 值的自由度等于两组自由度的总和

$$df=df_1+df_2$$

对于本例来说，$df=9+4=13$。查 t 分布表知道，平均数差异要达到 $\alpha<0.05$ 的显著性水 530
平，所需要的最小 t 值为 2.160，而这里计算得到的 t 值未满足这一标准，所以得出两组平均数的差异未达到显著性水平的结论。

独立测量 t 检验中的效应量

除报告平均数差异的统计显著性以外，一般还要报告效应量。就独立测量 t 检验来说，可以使用科恩 d 系数和 r^2 测量效应量。第一种方法需要计算一个标准化的平均数差异量，第二种方法需要计算被平均数差异解释的方差的比例(或百分数)。

科恩 d 系数是一个对平均数差异量的标准测量，其计算公式是：

$$d=\frac{M_1-M_2}{SD}=\frac{M_1-M_2}{\sqrt{S_p^2}}$$

对于独立测量 t 检验来说，标准差要通过联合方差的平方根来计算。我们使用前一个例题的数据来演示这一计算过程：

$$d=\frac{M_1-M_2}{\sqrt{S_p^2}}=\frac{44-40}{\sqrt{30}}=\frac{4}{5.48}=0.73$$

被解释方差所占的比例用 r^2 表示，其计算方法是：

$$r^2=\frac{t^2}{t^2+df}$$

就上例独立测量 t 检验的演示数据来说，可以得到 $t=1.33$，$df=13$。所以：

$$r^2=\frac{1.33^2}{1.33^2+13}=\frac{1.77}{14.77}=0.12$$

重复测量 t 检验

重复测量 t 检验是一种用于评估来自同一被试组两个分数集合的平均数差异的假设检验方法。这种检验需要计算 t 值统计量，然后查 t 分布表以确定得到的 t 值是不是大到足以显示出平均数的显著差异。我们使用下例中的数据来演示重复测量 t 检验的过程。请注意，我们先计算每个人两个分数的差异量，用第二个数减去第一个数。这里的符号（+/−）是重要的。

531

被试	在条件 1 的分数	在条件 2 的分数	差异量
A	20	22	+2
B	24	23	−1
C	18	24	+6
D	21	24	+3
E	26	28	+2
F	19	25	+6

t 值统计量的计算分三步：

第一步：计算被试两项测试结果差异量的平均数和方差

对于本例的数据，有 $n=6$ 个差异分数，其平均数 $M=3.00$，方差 $S^2=7.2$。

第二步：计算标准误（t 值统计量的分母）

$$SE=\sqrt{\frac{S^2}{n}}=\sqrt{\frac{7.2}{6}}=1.10$$

第三步：计算 t 值统计量

$$t=\frac{M}{SE}=\frac{3.00}{1.10}=2.73$$

查 t 分布表来确定得到的 t 值，即 $t=2.73$ 是不是大到足以显示出平均数的显著差异。t 值的自由度等于 $n-1$。

对于本例来说，$df=6-1=5$。t 分布表显示，平均数差异要达到 $\alpha<0.05$ 的显著性水平，

所需要的最小 t 值为 2.571，而这里计算得到的 t 值超过这一标准，所以得出两个测量条件下得到的平均数差异性达到了显著水平的结论。

重复测量 t 检验中的效应量

与独立测量检验一样，可以使用科恩 d 系数和 r^2 测量效应量。科恩 d 系数是一个对平均数差异量的标准测量，其计算公式是：

$$d=\frac{M}{SD}=\frac{M}{\sqrt{S^2}}$$

对于重复测量 t 检验来说，标准差要通过方差的平方根来计算。我们使用刚才这个例题 532
的数据来演示计算过程：

$$d=\frac{M}{\sqrt{S^2}}=\frac{3}{\sqrt{7.2}}=\frac{3}{2.68}=1.12$$

被解释方差所占的比例用 r^2 表示，其计算方法是：

$$r^2=\frac{t^2}{t^2+df}$$

就上例重复测量 t 检验的演示数据来说，可以得到 $t=2.73$，$df=5$。所以：

$$r^2=\frac{2.73^2}{2.73^2+5}=\frac{7.45}{12.45}=0.60$$

单因素方差分析(独立测量)

单因素方差分析是一种用于评估两个或两个以上独立组平均数差异的假设检验方法，这里的各个组是由同一个变量或因子的独立值规定的。这种检验需要计算一个 F 比率，然后查一个 F 分布表以确定 F 比率是否大到足以显示出平均数的差异达到显著性水平。我们用下面这个例子来演示单因素方差分析的过程。[注意，每个组的数据用分数个数(n)、平均数(M)、变异平方和(SS)和自由度($df=n-1$)来描述。还要注意，我们已经计算得到了全部 15 个($n=15$)分数的总和($\sum X$)和总平方和($\sum X^2$)。]

处理 1:组 1	处理 2:组 2	处理 3:组 3
0	1	2
2	5	5
1	2	6
5	4	9
2	8	8
$n=5$	$n=5$	$n=5$
$M=2$	$M=4$	$M=6$
$SS=14$	$SS=30$	$SS=30$
$df=4$	$df=4$	$df=4$

$n=15$
$\sum X=60$
$\sum X^2=354$

533 用于分析的 F 比率是两个方差的比值：

$$F=\frac{\text{处理间方差}}{\text{处理内方差}}$$

这里，每个方差计算公式为：

$$S^2=MS=\frac{SS}{df}$$

首先计算总体分数集合的 SS 和 df，然后把它分解成两个成分：组间和组内。接下来就可以计算用于计算方差的 SS 和 df 值。对 SS 和 df 的分析可以如下图所示：

我们按照三个步骤来演示方差分析的过程，首先是分析 SS 值，然后分析 df 值，最后使用 SS 和 df 值计算两个方差及其 F 比率。

第一步：分析 SS（变异平方和）

使用一个计算公式，可以得到全体分数的 SS_T：

$$SS_T=\sum X^2-\frac{(\sum X)^2}{N}=354-\frac{60^2}{15}=114$$

处理内的 SS 值可以从每一个处理内部计算的 SS 值直接求和得到：

$$SS_W=\sum SS=14+30+30=74$$

最后，处理间 SS 值可以通过减法得到：

$$SS_B=SS_t-SS_W=114-74=40$$

534 **第二步：分析 df（自由度）**

总的分数集合的自由度可以简单地计算得到：

$$df_T=N-1=14$$

被试内 df 可以从每个处理内部的 df 值直接得到：

$$df_w=\Sigma df=4+4+4=12$$

最后，处理间 df 可以从减法得到：

$$df_B=df_T-df_w=14-12=2$$

第三步：计算两个方差和 F 比率

$$处理间方差 = SS_B/df_B = 40/2 = 20$$

$$处理内方差 = SS_w/df_w = 74/12 = 6.17$$

于是 F 比率为：$F = \frac{处理间方差}{处理内方差} = \frac{20.00}{6.17} = 3.24$

查对 F 分布表来确定得到的 F 比率，即 $F = 3.24$ 是不是大到足以显示出显著性的差异。F 比率有两个自由度，一个是分子方差自由度，一个是分母方差自由度。在本例中，其分子自由度为 2，分母自由度为 12，结合在一起，F 比率的自由度为 $df = (2,\ 12)$。

F 分布表显示，平均数差异要达到 $\alpha < 0.05$ 的显著性水平，所需最小 F 值为 3.88，而我们计算得到的 F 值未能满足这一标准，所以得出三种测量条件下得到的平均数差异性未达到显著性水平的结论。

单因素组间测量方差分析中效应量的计算

方差分析时，效应量一般用 η^2（希腊字母，一般读作 eta 方）来测量，是指被组间平均数差异解释的方差比例。就刚刚完成的这个方差分析来说，η^2 可计算如下： 535

$$\eta^2 = \frac{SS_B}{SS_T} = \frac{40}{114} = 0.35$$

单因素方差分析（重复测量）

重复测量方差分析的目的与前述实例中独立测量方差分析的目的完全一样，不过，重复测量方差分析是在所有分数集合来自同一组被试时使用。为了演示重复测量的方差分析过程，我们使用在独立测量分析中使用过的数据，但要注意，现在这些分数假定来自同一组被试，每个被试都要进行三次测量，而且还计算了 5 个被试中每个被试的平均数。

被试	处理 1	处理 2	处理 3	被试平均数
A	0	1	2	1
B	2	5	5	4
C	1	2	6	3
D	5	4	9	6
E	2	8	8	6
	$n=5$	$n=5$	$n=5$	
	$M=2$	$M=4$	$M=6$	
	$SS=14$	$SS=30$	$SS=30$	
	$df=4$	$df=4$	$df=4$	

$n=15$

$\sum X = 60$

$\sum X^2 = 354$

重复测量方差分析中的大部分计算都与独立测量方差分析的计算相同的。但是因为重复测量，我们可以测量被试差异量，并且将其从计算 F 比率的分母中分离出去，因此重复测量分析的 F 比率的结构如下：

$$F=\frac{\text{处理间方差}}{\text{误差方差(个体差异被分离出去)}}$$

其中每个方差的计算方法是：

$$S^2=MS=\frac{SS}{df}$$

536 计算方差中使用的 SS 和 df 的值可以通过两个阶段来计算。第一个阶段与独立测量分析的过程一致，可以如下图所示：

第二阶段是通过测量和分离被试间的差异对处理内成分进行分析。

分析的第一阶段与前述的独立测量中的分析相同，得到下列同样的结果。

总体变异平方和 $SS_T=114$　　总体自由度 $df_T=14$

处理间变异平方和 $SS_B=40$　　处理间自由度 $df_B=2$

处理内变异平方和 $SS_W=74$　　处理内自由度 $df_W=12$

第二阶段需要计算被试间的变异平方和与自由度，然后将其从相应的处理内变异平方和与自由度中分离出去，这样就可以得到计算 F 比率的分母方差对应的变异平方和与自由度。

使用符号 k 表示处理条件数。被试间变异平方和的计算方法是：

被试间变异平方和 $SS_S=k\times$ 被试平均数差异的变异平方和 SS

我们首先来计算一组被试平均数差异的变异平方和。下表列出了这些被试平均数及其平方值，然后使用计算公式得到变异平方和。

X	X^2
1	1
4	16
3	9
6	36
6	36

$\sum X=20$　　$\sum X^2=98$

$$SS=98-(20)^2/5=98-80=18$$

按照这些数据，有三个处理条件，所以： 537

$$被试间变异平方和\ SS_S=3\times18=54$$

一组被试数 $n=5$，所以自由度：

$$被试间自由度\ df_S=n-1=4$$

完成第二个阶段，可以得到：

$$\begin{aligned}误差变异平方和\ SS_E &=SS_W-SS_S\\&=74-54\\&=20\end{aligned}$$

$$\begin{aligned}误差自由度\ df_E &=df_W-df_S\\&=12-4\\&=8\end{aligned}$$

最后，得到两个方差和 F 比率：

$$处理间方差=SS_B/df_B=40/2=20.00$$

$$误差项方差=SS_E/df_E=20/8=2.50$$

使用这些结果，得到 F 比率：

$$F=处理间方差/误差项方差=20.00/2.50=8.00$$

查对 F 分布表来确定得到的 F 比率，即 $F=8.00$ 是不是大到足以显示出显著性差异。F 比率有两个自由度，一个是分子方差自由度，一个是分母方差自由度。在我们的例子中，其分子自由度为 2，分母的自由度为 8，结合在一起，F 比率的自由度为 $df=(2, 8)$。

F 分布表显示，平均数差异要达到 $\alpha<0.05$ 的显著性水平，所需要的最小 F 值为 4.46；平均数差异要达到 $\alpha<0.01$ 的显著性水平，所需要的最小 F 值为 8.65，而我们计算得到的 $F=8.00$ 大于 4.46 但小于 8.65，于是得出达到 0.05 的显著性水平的结论。

单因素重复测量方差分析中效应量的计算

对于重复测量方差分析来说，计算效应量之前要先将被试间变异量从总变异量中分离出去，剩余部分作为分母，处理间变异量作为分子。就刚才这个例子，η^2 的计算如下：

$$\eta^2=\frac{SS_B}{SS_T-SS_S}=\frac{40}{114-54}=0.67$$

二因素方差分析（独立测量） 538

二因素方差分析是一种用来评估二因素研究中平均数差异的假设检验方法。研究中不同的组可以用矩阵中的一个单元格（cell）来代表，其中一个因子的一个水平决定了该单元格所在的行，另一个因子的一个水平决定了该单元格所在的列。这一检验过程需要计算三个相互单独的 F 比率：第一个 F 比率评估第一个因子的主效应，第二 F 比率评估第二个因子的主效应，第三个 F 比率评估两个因子的交互效应。我们用下面的例子来演示二因素方差分析的过程。[注意：每个组的数据用分数个数(n)、平均数(M)、变异平方和(SS)和自由度($df=n-1$)来描述；还有，我们已经计算得到了矩阵中每一行(因子 A 的每一个水平)的总平均数和每一列(因子 B 的每一个水平)的总平均数；最后，我们还已经计算了全部 30 个($n=30$)分数的总和($\sum X$)与总平方和($\sum X^2$)。]

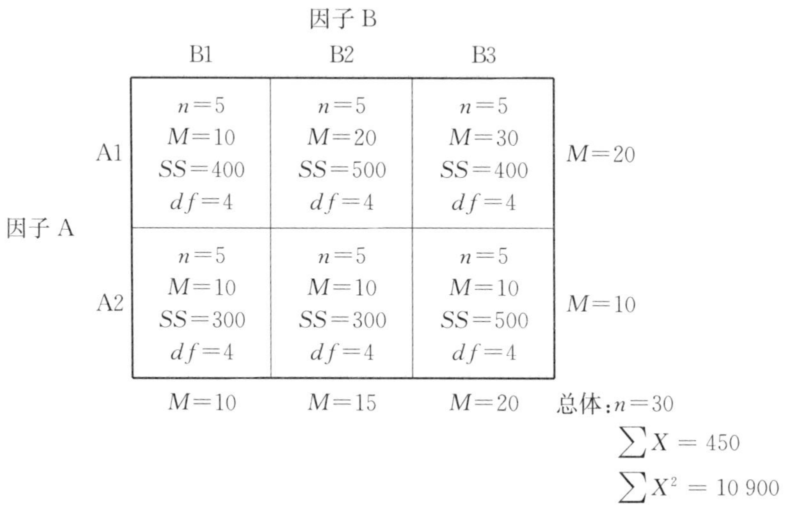

		因子 B B1	B2	B3	
因子 A	A1	$n=5$ $M=10$ $SS=400$ $df=4$	$n=5$ $M=20$ $SS=500$ $df=4$	$n=5$ $M=30$ $SS=400$ $df=4$	$M=20$
	A2	$n=5$ $M=10$ $SS=300$ $df=4$	$n=5$ $M=10$ $SS=300$ $df=4$	$n=5$ $M=10$ $SS=500$ $df=4$	$M=10$
		$M=10$	$M=15$	$M=20$	总体：$n=30$ $\sum X=450$ $\sum X^2=10\,900$

二因素方差分析过程包括两个阶段。第一个阶段与单因素方差分析一样，这时要把矩阵中的每一单元格看作一个独立的处理条件。在此阶段，首先计算全部数据集合的总的变异平方和和总的自由度，然后将其分解为两部分，即处理间和处理内。此阶段，SS 和 df 的分析可以表示成下图的形式：

539 在分析的第二个阶段，处理间平方和和处理间自由度被进一步分解为因子 A 的主效应部分、因子 B 的主效应部分和交互效应部分。这一阶段可以图示如下：

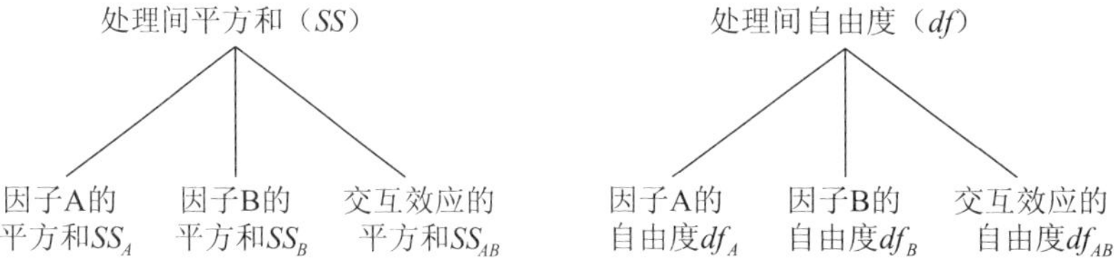

我们按照三个步骤来演示二因素方差分析的过程，前两步对应于分析的两个阶段，第三步是计算方差和 F 比率。

第一步:将总体变异平方和和自由度分解为处理间和处理内的两部分

总体变异平方和是对全部30个分数($n=30$)的变异测量,可以使用计算公式得到:

$$SS_T=\sum X^2-\frac{(\sum X)^2}{n}=10\,900-\frac{450^2}{30}=4\,150$$

处理内变异平方和可以直接从各个处理条件内(矩阵中的单元格内)的变异平方和得到:

$$SS_W=\sum SS=400+500+400+300+300+500=2\,400$$

最后,处理间变异平方和可以通过减法得到:

$$SS_{Between}=SS_T-SS_W=4\,150-2\,400=1\,750$$

全部分数集合的自由度可以很简单地计算出来:

$$df_T=N-1=29$$

处理内自由度可以直接从各个处理条件内(矩阵中的单元格内)的自由度得到:

$$df_W=\sum df=4+4+4+4+4+4=24$$

最后,处理间自由度可以通过减法得到: 540

$$df_{Between}=df_T-df_W=29-24=5$$

第二步:将处理间变异平方和和自由度分解为独立的三部分

这三个部分对应于因子A的主效应、因子B的主效应和交互效应。

对应于因子A的变异平方和可以通过对应于A_1和A_2的总平均数来计算(两行的平均数),这里的每一个平均数从一15个分数的集合(三个组,每组5个分数)计算得到。于是,对应于因子A的变异平方和可以通过下列方法计算得到:

$$SS_A=15\times(A_1\text{ 和 }A_2\text{ 平均数的变异平方和})$$

首先计算这些平均数的变异平方和。下表列出了相应的平均数及其平方,使用计算公式计算得到变异平方和SS:

X	X^2
20	400
10	100
30	500

$\sum X=30$

$\sum X^2=500$

$$SS=500-(30)^2/2$$
$$=500-450$$
$$=50$$

将得到的SS值乘以15即得到对应于因子A的主效应的变异平方和:

$$SS_A=15\times50=750$$

对应于因子B的变异平方和可以通过对应于B_1、B_2和B_3的总平均数来计算,这里的每一个平均数从一 10 个分数的集合(两个组，每组 5 个分数)计算得到。于是，对应于因子 B 的变异平方和可以通过下列方法计算得到：

$$SS_B = 10 \times (\text{B}_1\text{、B}_2 \text{ 和 } \text{B}_3 \text{ 的平均数的变异平方和})$$

首先计算这些平均数的变异平方和。下表列出了相应的平均数及其平方，使用计算公式计算得到变异平方和 SS：

X	X^2
10	100
15	225
20	400
45	725

$$\sum X = 45 \qquad \sum X^2 = 725$$

$$SS = 725 - (45)^2/2 = 725 - 675 = 50$$

将得到的 SS 值乘以 10 即得到对应于因子 B 的主效应的变异平方和：

$$SS_B = 10 \times 50 = 500$$

541 最后，通过减法计算交互效应的变异平方和：

$$SS_{AB} = SS_{Between} - SS_A - SS_B = 1750 - 750 - 500 = 500$$

因子 A 只有两个平均数，其自由度为：

$$df_A = 2 - 1 = 1$$

因子 B 有三个平均数，其自由度为：

$$df_B = 3 - 1 = 2$$

通过减法得到交互效应的自由度：

$$df_{AB} = df_{Between} - df_A - df_B = 5 - 1 - 2 = 2$$

第二步：方差和 F 比率

对应于因子 A 的方差 $= SS_A / df_A = 750/1 = 750$

对应于因子 B 的方差 $= SS_B / df_B = 500/2 = 250$

对应于交互效应的方差 $= SS_{AB} / df_{AB} = 500/2 = 250$

在 F 比率计算中作为分母项的处理内方差 $= SS_W / df_W = 2\,400/24 = 100$

最后，可以得到三个 F 比率：

对应于因子 A 主效应的 F 比率：

$$F_A = \text{对应于因子 A 的方差/处理内方差} = 750/100 = 7.50$$

对应于因子 B 主效应的 F 比率：

$$F_B = \text{对应于因子 B 的方差/处理内方差} = 250/100 = 2.50$$

对应于交互效应的 F 比率：

$$F_{AB} = \text{对应于交互效应的方差}/\text{处理内方差} = 250/100 = 2.50$$

查 F 分布表来确定得到的 F 比率是不是大到足以显示出显著性的差异。每个 F 比率都有两个自由度,一个是分子方差自由度,一个是分母方差自由度。在我们的例子中,对应于因 542
子 A 的 F 比率的分子自由度为 1,分母的自由度为 24,结合在一起,F 比率的自由度为 $df=(1, 24)$。这时,F 值分布表显示,平均数差异要达到 $\alpha<0.05$ 的显著性水平,所需要的最小 F 值为 4.26;平均数差异要达到 $\alpha<0.01$ 的显著性水平,所需要的最小 F 值为 7.82,所以我们计算得到的 F 比率超过 0.05 水平(但未达到 0.01 水平),于是得到结论说因子 A 的两个水平间平均数的差异性达到了 0.05 的显著性水平,即因子 A 的主效应显著。

对于因子 B 和交互效应来说,F 比率的自由度均为 $df=(2, 24)$。查 F 分布表,显示平均数差异要达到 $\alpha<0.05$ 的显著性水平,所需要的最小 F 值为 3.40,我们得到的因子 B 和交互效应对应的 F 比率均未满足这一条件,于是我们得到结论说因子 B 的主效应以及两个因子的交互效应均不显著。

二因素方差分析中效应量的测量

除报告平均数差异的显著性水平以外,还建议你提供平均数的差异量。在二因素方差分析之后,效应量测量的常用方法是计算两个主效应和一个交互效应中平均数差异所能解释的方差的比例,其结果被称为 η^2(希腊字母 eta 方)。我们使用前述二因素方差分析例子中的数据来演示 η^2 计算过程。

对应于因子 A 的主效应,η^2 的计算方法如下： 543

$$\eta^2 = \text{对应于因子 A 的变异平方和 } SS_A/(\text{对应于因子 A 的变异平方和 } SS_A + \text{处理内变异平方和 } SS_W)$$

对于我们所举的二因素实验的数据来说,

$$\text{对应于因子 A 的效应量} = \eta^2 = 750/(750 + 2\,400) = 0.238$$

同样,我们也可以计算对应于因子 B 的效应量 η^2

$$\text{对应于因子 B 的效应量} = \eta^2 = 500/(500 + 2\,400) = 0.17$$

最后,我们计算对应于交互效应的效应量 η^2

$$\text{对应于交互效应的效应量} = \eta^2 = 500/(500 + 2\,400) = 0.17$$

相关的显著性

相关的显著性检验用于确定相关系数是否大到足以证明总体中存在一个真实的、非零的相关。为了演示相关的显著性检验的过程,我们假定一位研究者在一个 25 人样本中得到一个

$r=+0.41$ 的相关系数。

相关的显著性检验所依据的 t 值统计量的计算方法是：

$$t=\frac{r}{\sqrt{\frac{1-r^2}{df}}}\text{，这里的自由度是 } df=n-2$$

在我们的例子中，$r=0.41$，$r^2=0.17$，自由度 $df=23$。于是得到：

$$t=\frac{r}{\sqrt{\frac{1-r^2}{df}}}=\frac{0.41}{\sqrt{\frac{1-0.17}{23}}}=2.16$$

查 t 值表以确定得到的 t 值是不是大到足以能够证明相关的显著性。当 $df=23$ 时，达到 0.05 显著性水平所需要的最小 t 值为 2.069。我们得到的 t 值超出这一标准，所以得到的结论是两个变量间的相关系数达到了显著性水平。

回归方程的显著性(回归分析)

回归方程的显著性检验是确定方程解释的方差所占 Y 的总方差的比例，或者说，它确定方差中的系数是否与 0 有显著性差异。为了演示这一检验过程，我们假定某研究者得到的回
544 归方程有两个预测变量($k=2$)，判定系数 $R^2=0.30$，测量样本为 25。

回归分析与方差分析有些相似，也要计算一个 F 比率，它等于预测方差(分子)与未被预测方差(分母)的比率。变异量 SS 和自由度 df 的计算结构如下：

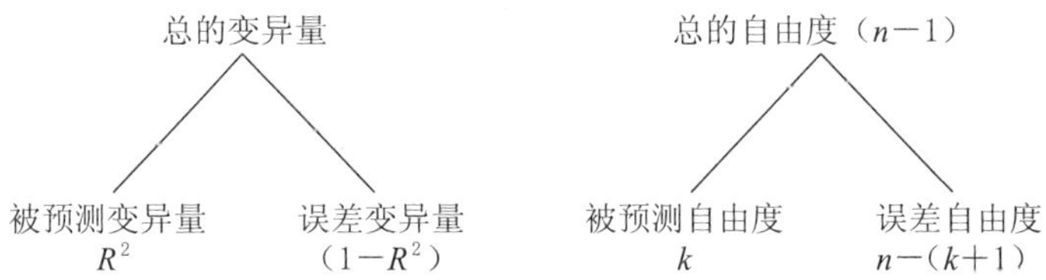

就这个演示的例子来说，$R^2=0.30$，$n=25$，$k=2$。于是可计算预测方差和误差方差：

$$\text{预测方差}=\frac{\text{被预测变异量 } SS}{\text{被预测自由度 } df}=\frac{R^2}{k}=\frac{0.30}{2}=0.15$$

$$\text{误差方差}=\frac{\text{误差变异量 } SS}{\text{误差自由度 } df}=\frac{(1-R^2)}{n-(k+1)}=\frac{0.70}{22}=0.032$$

然后计算检验统计量 F 比率：

$$F=\frac{\text{预测方差}}{\text{误差方差}}=\frac{0.15}{0.032}=4.69$$

然后查 F 表来确定其是否达到了显著性水平。因为自由度 $df=(2, 22)$，显著性水平达到 0.05 时需要的最小 F 值为 3.44，本例中的 F 值达到了这个标准，即可得到结论：回归方程达到了显著性水平。

独立性卡方检验

独立性卡方检验是一种用于评估两个测量称名量表或顺序量表的变量之间关系的假设检验方法，或者是用于评估两个独立组中比例关系差异性的假设检验。我们使用下列数据来演示独立性卡方检验的过程，这些数据反映了一个 200 人样本中的频数分布。根据性格（内向和外向）和颜色偏好（红、黄、绿、蓝）两个变量对每个人进行归类，单元格中的数字代表了相应人格特征和颜色偏好的人的数量，如内向且喜爱红色的有 10 人。这里的频数值被称为是观测频数或 f_o 值。

颜色偏好 545

	红	黄	绿	蓝	合计
内向	10	3	15	22	50
外向	90	17	25	18	150
合计	100	20	40	40	

针对这样的数据，零假设的设定有两种方式：

1. 人格与颜色偏好没有关系。
2. 对于内向与外向性格的人来说，颜色偏好的分布是相同的。

第一步：

卡方检验的第一步是计算一个假设的频数集合，这个频数集合反映了当样本中的频数分布与零假设完全一致时的情形。这些假设的频数被称为期望频数（expected frequencies）或 f_E 值。对于矩阵中的每一单元格来说，其期望频数可以通过下列方法计算：

$$f_E=\frac{\text{所在行总数}\times\text{所在列总数}}{\text{总数量}}$$

比如矩阵中最上边一行左边的一个单元格，所在行为第一行，其总数为 50；所在的列为第一列，其总数为 100；在整个研究中被试的总数是 200 人，所以这个单元格中的期望频数为：

$$f_E=\frac{50\times100}{200}=25$$

以下矩阵就是一个完全的期望频数集合。

颜色偏好

	红	黄	绿	蓝	合计
内向	25	5	10	10	50
外向	75	15	30	30	150
合计	100	20	40	40	

第二步：

卡方检验的第二步是计算卡方值（χ^2），它提供了一种对观测到的频数分布（实际数据）在多大程度上与期望分布（假设）吻合的测量。卡方的计算公式为：

$$\chi^2=\sum\frac{(f_O-f_E)^2}{f_E}$$

546 根据我们例子中的数据，一步一步地计算如下：

1. 求出矩阵中每一单元格的期望频数与观测频数之间的差异。

2. 将差异值平方。

3. 用期望频数去除差异量的平方值。

4. 求每一类别中上述计算得到的结果总和。

f_O	f_E	(f_O-f_E)	$(f_O-f_E)^2$	$(f_O-f_E)^2/f_E$
10	25	15	225	9.00
3	5	2	4	0.80
15	10	5	25	2.50
22	10	12	144	14.40
90	75	15	225	3.00
17	15	2	4	0.27
25	30	5	25	0.83
18	30	12	144	4.80

$\chi^2=35.60$

查卡方分布表来确定 $\chi^2=35.60$ 是不是大到足以证明统计学上的显著性。卡方统计量的自由度按以下方式计算：

$$df=(C_1-1)(C_2-1)$$

其中 C_1 是第一个自变量的分类数，C_2 是第二个自变量的分类数。就我们的数据来说，

$$df=(2-1)(4-1)=3$$

当 $df=3$ 时，$\alpha<0.01$ 显著性水平所要求的最小卡方值是 $\chi^2=11.34$，本例中得到卡方值超过这一标准，所以根据我们所使用的零假设，可以得到结论：

a. 人格与颜色偏好存在显著性关系。

或

b. 内向性格的人的颜色偏好与外向性格的人有显著不同。

独立性卡方检验的效应量

当两个变量均有两个水平，分别可以将个案划分为两个类别时，其数据可以用 2×2 矩阵显示，效应量可以用 Φ 系数测量。Φ 系数可以直接用 χ^2 进行计算。

$$\Phi=\sqrt{\frac{\chi^2}{n}}$$

如果两个变量中的任何一个超过了两个类别，可以使用克莱默系数来测量效应量，它是在
547 Φ 系数的基础上进行了自由度的矫正，即取 (C_1-1) 与 (C_2-1) 中较小的那个为修正后的自由度 df^*。就我们刚刚分析的这个卡方计算来说，我们得到的 $\chi^2=35.60$，样本容量 $n=200$，两个分类变量中一个是 2 水平，一个是 4 水平，所以 $df^*=1$。则该例中的克莱默系数计算如下：

$$V=\sqrt{\frac{\chi^2}{n(df^*)}}=\sqrt{\frac{35.60}{200\times 1}}=\sqrt{0.178}=0.422$$

统计表 548

表 B.1 t 分布表

t 分布表(单、双侧检验)

df	最大 t 值的概率(双侧界限)								
	0.5	0.4	0.3	0.2	0.1	0.05	0.02	0.01	0.001
1	1.000	1.376	1.963	3.078	6.314	12.706	31.821	63.657	636.619
2	0.816	1.061	1.386	1.886	2.920	4.303	6.965	9.925	31.598
3	0.765	0.978	1.250	1.638	2.353	3.182	4.541	5.841	12.941
4	0.741	0.941	1.190	1.533	2.132	2.776	3.747	4.604	8.610
5	0.727	0.920	1.156	1.476	2.015	2.571	3.365	4.032	6.859
6	0.718	0.906	1.134	1.440	1.943	2.447	3.143	3.707	5.959
7	0.711	0.896	1.119	1.415	1.896	2.365	2.998	3.499	5.405
8	0.706	0.889	1.108	1.397	1.860	2.306	2.896	3.355	5.041
9	0.703	0.883	1.100	1.383	1.833	2.262	2.821	3.250	4.781
10	0.700	0.879	1.093	1.372	1.812	2.228	2.764	3.169	4.587
11	0.697	0.876	1.088	1.363	1.796	2.201	2.718	3.106	4.437
12	0.695	0.873	1.083	1.356	1.782	2.179	2.681	3.055	4.318
13	0.694	0.870	1.079	1.350	1.771	2.160	2.650	3.012	4.221
14	0.692	0.868	1.076	1.345	1.761	2.145	2.624	2.977	4.140
15	0.691	0.866	1.074	1.341	1.753	2.131	2.602	2.947	4.073
16	0.690	0.865	1.071	1.337	1.746	2.120	2.583	2.921	4.015
17	0.689	0.863	1.069	1.333	1.740	2.110	2.567	2.898	3.965
18	0.688	0.862	1.067	1.330	1.734	2.101	2.552	2.878	3.922
19	0.688	0.861	1.066	1.328	1.729	2.093	2.539	2.861	3.883
20	0.687	0.860	1.064	1.325	1.725	2.086	2.528	2.845	3.850
21	0.686	0.859	1.063	1.323	1.721	2.080	2.518	2.831	3.819
22	0.686	0.858	1.061	1.321	1.717	2.074	2.508	2.819	3.792
23	0.685	0.858	1.060	1.319	1.714	2.069	2.500	2.807	3.767
24	0.685	0.857	1.059	1.318	1.711	2.064	2.492	2.797	3.745
25	0.684	0.856	1.058	1.316	1.708	2.060	2.485	2.787	3.725
26	0.684	0.856	1.058	1.315	1.706	2.056	2.479	2.779	3.707
27	0.684	0.855	1.057	1.314	1.703	2.052	2.473	2.771	3.690
28	0.683	0.855	1.056	1.313	1.701	2.048	2.467	2.763	3.674
29	0.683	0.854	1.055	1.311	1.699	2.045	2.462	2.756	3.659
30	0.683	0.854	1.055	1.310	1.697	2.042	2.457	2.750	3.646
40	0.681	0.851	1.050	1.303	1.684	2.021	2.423	2.704	3.551
60	0.679	0.848	1.046	1.296	1.671	2.000	2.390	2.660	3.460
120	0.677	0.845	1.041	1.289	1.658	1.980	2.358	2.617	3.373
∞	0.674	0.842	1.036	1.282	1.645	1.960	2.326	2.576	3.291
df	0.25	0.2	0.15	0.1	0.05	0.025	0.01	0.005	0.000 5
	更大 t 值的概率(单侧界限)								

表B.2 F分布表

F 分布表(双侧检验)

(表内横行数值上面 $\alpha=0.05$,下面 $\alpha=0.01$)

分母 df	分子自由度 df 1	2	3	4	5	6	7	8	9	10	12	15	20	24	30	40	60	120	∞
1	647.8 16 211.0	799.5 20 000.0	864.2 21 615.0	899.6 22 500.0	921.8 23 056.0	937.1 23 437.0	948.2 23 715.0	956.7 23 925.0	963.3 24 091.0	968.6 24 224	976.7 24 426.0	984.9 24 630.0	993.1 24 836.0	997.2 24 940.0	1 001.0 25 044.0	1 006.0 25 148.0	1 010.0 25 253.0	1 014.0 25 359.0	1 018.0 2 546.5
2	38.51 199.5	39.00 199.0	39.17 199.2	39.25 199.2	39.30 199.3	39.33 199.3	39.36 199.4	39.37 199.4	39.39 199.4	39.40 199.4	39.41 199.4	39.43 199.4	39.45 199.4	39.46 199.5	39.46 199.5	39.47 199.5	39.48 199.5	39.49 199.5	39.50 199.50
3	17.44 55.55	16.04 49.80	15.44 47.47	15.10 46.19	14.88 45.39	14.73 44.84	14.62 44.43	14.54 44.13	14.47 43.88	14.42 43.69	14.34 43.39	14.25 43.08	14.17 42.78	14.12 42.62	14.08 42.47	14.04 42.31	13.99 42.15	13.95 41.99	13.90 41.83
4	12.22 31.33	10.65 26.28	9.98 24.26	9.60 23.15	9.36 22.46	9.20 21.97	9.07 21.62	8.98 21.35	8.90 21.14	8.84 20.97	8.75 20.70	8.66 20.44	8.56 20.17	8.51 20.03	8.46 19.89	8.41 19.75	8.36 19.61	8.31 19.47	8.26 19.32
5	10.01 22.78	8.43 18.31	7.76 16.53	7.39 15.56	7.15 14.94	6.98 14.51	6.85 14.20	6.76 13.96	6.68 13.77	6.62 13.62	6.52 13.38	6.43 13.15	6.33 12.90	6.28 12.78	6.23 12.66	6.18 12.53	6.12 12.40	6.07 12.27	6.02 12.14
6	8.81 18.63	7.26 14.54	6.60 12.92	6.23 12.03	5.99 11.46	5.82 11.07	5.70 10.79	5.60 10.57	5.52 10.39	5.46 10.25	5.37 10.03	5.27 9.81	5.17 9.59	5.12 9.47	5.07 9.36	5.01 9.24	4.96 9.12	4.90 9.00	4.85 8.88
7	8.07 16.24	6.54 12.40	5.89 10.88	5.52 10.05	5.29 9.52	5.12 9.16	4.99 8.89	4.90 8.68	4.82 8.51	4.76 8.38	4.67 8.18	4.57 7.97	4.47 7.75	4.42 7.65	4.36 7.53	4.31 7.42	4.25 7.31	4.20 7.19	4.14 7.08
8	7.57 14.69	6.06 11.04	5.42 9.60	5.05 8.81	4.82 8.30	4.65 7.95	4.53 7.69	4.43 7.50	4.36 7.34	4.30 7.21	4.20 7.01	4.10 6.81	4.00 6.61	3.95 6.50	3.89 6.40	3.84 6.29	3.78 6.18	3.73 6.06	3.67 5.95
9	7.21 13.61	5.71 10.11	5.08 8.72	4.72 7.96	4.48 7.47	4.32 7.13	4.20 6.88	4.10 6.69	4.03 6.54	3.96 6.42	3.87 6.23	3.77 6.03	3.67 5.83	3.61 5.73	3.56 5.62	3.51 5.52	3.45 5.41	3.39 5.30	3.33 5.19

（续表）

分母 df	分子自由度 df																		
	1	2	3	4	5	6	7	8	9	10	12	15	20	24	30	40	60	120	∞
10	6.94	5.46	4.83	4.47	4.24	4.07	3.95	3.85	3.78	3.72	3.62	3.52	3.42	3.37	3.31	3.26	3.20	3.14	3.08
	12.83	9.43	8.08	7.34	6.87	6.54	6.30	6.12	5.97	5.85	5.66	5.47	5.27	5.17	5.07	4.97	4.86	4.75	4.64
12	6.55	5.10	4.47	4.12	3.89	3.73	3.61	3.51	3.44	3.37	3.28	3.18	3.07	3.02	2.96	2.91	2.85	2.79	2.72
	11.75	8.51	7.23	6.52	6.07	5.76	5.52	5.35	5.20	5.09	4.91	4.72	4.53	4.43	4.33	4.23	4.12	4.01	3.90
15	6.20	4.77	4.15	3.80	3.58	3.41	3.29	3.20	3.12	3.06	2.96	2.86	2.76	2.70	2.64	2.59	2.52	2.46	2.40
	10.80	7.70	6.48	5.80	5.37	5.07	4.85	4.67	4.54	4.42	4.25	4.07	3.88	3.79	3.69	3.58	3.48	3.37	3.26
20	5.87	4.46	3.86	3.51	3.29	3.13	3.01	2.91	2.84	2.77	2.68	2.57	2.46	2.41	2.35	2.29	2.22	2.16	2.09
	9.94	6.99	5.82	5.17	4.76	4.47	4.26	4.09	3.96	3.85	3.68	3.50	3.32	3.22	3.12	3.02	2.92	2.81	2.69
24	5.72	4.32	3.72	3.38	3.15	2.99	2.87	2.78	2.70	2.64	2.54	2.44	2.33	2.27	2.21	2.15	2.08	2.01	1.94
	9.55	6.66	5.52	4.89	4.49	4.20	3.83	3.99	3.69	3.59	3.42	3.25	3.06	2.97	2.87	2.77	2.66	2.55	2.43
30	5.57	4.18	3.59	3.25	3.03	2.87	2.75	2.65	2.57	2.51	2.41	2.31	2.20	2.14	2.07	2.01	1.94	1.87	1.79
	9.18	6.35	5.24	4.62	4.23	3.95	3.74	3.58	3.45	3.34	3.18	3.01	2.82	2.73	2.63	2.52	2.42	2.30	2.18
40	5.42	4.05	3.46	3.13	2.90	2.74	2.62	2.53	2.45	2.39	2.29	2.18	2.07	2.01	1.94	1.88	1.80	1.72	1.64
	8.83	6.07	4.98	4.37	3.99	3.71	3.51	3.35	3.22	3.12	2.95	2.78	2.60	2.50	2.40	2.30	2.18	2.06	1.93
60	5.29	3.93	3.34	3.01	2.79	2.63	2.51	2.41	2.33	2.27	2.17	2.06	1.94	1.88	1.82	1.74	1.67	1.58	1.48
	8.49	5.79	4.73	4.14	3.76	3.49	3.29	3.13	3.01	2.90	2.74	2.57	2.39	2.29	2.19	2.08	1.96	1.83	1.69
120	5.15	3.80	3.23	2.89	2.67	2.52	2.39	2.30	2.22	2.16	2.05	1.94	1.82	1.76	1.69	1.61	1.53	1.43	1.31
	8.18	5.54	4.50	3.92	3.55	3.28	3.09	2.93	2.81	2.71	2.54	2.37	2.19	2.09	1.98	1.87	1.75	1.61	1.43
∞	5.02	3.69	3.12	2.79	2.57	2.41	2.29	2.19	2.11	2.05	1.94	1.83	1.71	1.64	1.57	1.48	1.39	1.27	1.00
	7.88	5.30	4.28	3.72	3.35	3.09	2.90	2.74	2.62	2.52	2.36	2.19	2.00	1.90	1.79	1.67	1.53	1.36	1.00

F 分布表(单侧检测)

分母 df	α	分子 df 1	2	3	4	5	6	7	8	9	10	11	12	14	16	20	24	30	40	50	75	100	200	500	∞
1	0.05	161	200	216	225	230	234	237	239	241	242	243	244	245	246	248	249	250	251	252	253	253	254	254	254
	0.01	4 052	4 999	5 403	5 625	5 764	5 859	5 928	5 981	6 022	6 056	6 082	6 016	6 142	6 169	6 208	6 234	6 258	6 286	6 302	6 323	6 334	6 352	6 361	6 366
2	0.05	18.51	19.00	19.16	19.25	19.30	19.33	19.36	19.37	19.38	19.39	19.40	19.41	19.42	19.43	19.44	19.45	19.46	19.47	19.47	19.48	19.49	19.49	19.50	19.50
	0.01	98.49	99.01	99.17	99.25	99.30	99.33	99.34	99.36	99.38	99.40	99.41	99.42	99.43	99.44	99.45	99.46	99.47	99.48	99.48	99.49	99.49	99.49	99.50	99.50
3	0.05	10.13	9.55	9.28	9.12	9.01	8.94	8.88	8.84	8.81	8.78	8.76	8.74	8.71	8.69	8.66	8.64	8.62	8.60	8.58	8.57	8.56	8.54	8.54	8.53
	0.01	34.12	30.81	29.46	28.71	28.24	27.91	27.67	27.49	27.34	27.23	27.13	27.05	26.92	26.83	26.69	26.60	26.50	26.41	26.30	26.27	26.23	26.18	26.14	26.12
4	0.05	7.71	6.94	9.59	6.39	6.26	6.16	6.09	6.04	6.00	5.96	5.93	5.91	5.87	5.84	5.80	5.77	5.74	5.71	5.70	5.68	5.66	5.65	5.64	5.63
	0.01	21.20	18.00	16.69	15.98	15.52	15.21	14.98	14.80	14.66	14.54	14.45	14.37	14.24	14.15	14.02	13.93	13.83	13.74	13.69	13.61	13.57	13.52	13.48	13.46
5	0.05	6.61	5.79	5.41	5.19	5.05	4.95	4.88	4.82	4.78	4.74	4.70	4.68	4.64	4.60	4.56	4.53	4.50	4.46	4.44	4.42	4.40	4.38	4.40	4.36
	0.01	16.26	13.27	12.06	11.39	10.97	10.67	10.45	10.27	10.15	10.05	9.96	9.89	9.77	9.68	9.55	9.47	9.38	9.29	9.24	9.17	9.13	9.07	9.04	9.02
6	0.05	5.99	5.14	4.76	4.53	4.39	4.28	4.21	4.15	4.10	4.06	4.03	4.00	3.96	3.92	3.87	3.84	3.81	3.77	3.75	3.72	3.71	3.69	3.68	3.67
	0.01	13.74	10.92	9.78	9.15	8.75	8.47	8.26	8.10	7.98	7.87	7.79	7.72	7.60	7.52	7.39	7.31	7.23	7.14	7.09	7.02	6.99	6.94	6.90	6.88
7	0.05	5.59	4.74	4.35	4.12	3.97	3.87	3.79	3.73	3.68	3.63	3.60	3.57	3.52	3.49	3.44	3.41	3.38	3.34	3.32	3.29	3.28	3.25	3.24	3.23
	0.01	12.25	9.55	8.45	7.85	7.46	7.19	7.00	6.84	6.71	6.62	6.54	6.47	6.35	6.27	6.15	6.07	5.98	5.90	5.85	5.78	5.75	5.70	5.67	5.65
8	0.05	5.32	4.46	4.07	3.84	3.69	3.58	3.50	3.44	3.39	3.34	3.31	3.28	3.23	3.20	3.15	3.12	3.08	3.05	3.03	3.00	2.98	2.96	2.94	2.93
	0.01	11.26	8.65	7.59	7.01	6.63	6.37	6.19	6.03	5.91	5.82	5.74	5.67	5.56	5.48	5.36	5.28	5.20	5.11	5.06	5.00	4.96	4.91	4.88	2.86
9	0.05	5.12	4.26	3.86	3.63	3.48	3.37	3.29	3.23	3.18	3.13	3.10	3.07	3.02	2.98	2.93	2.90	2.86	2.82	2.80	2.77	2.76	2.73	2.72	2.71
	0.01	10.56	8.02	6.99	6.42	6.06	5.80	5.62	5.47	5.35	5.26	5.18	5.11	5.00	4.92	4.80	4.73	4.64	4.56	4.51	4.45	4.41	4.36	4.33	4.31
10	0.05	4.96	4.10	3.71	3.48	3.33	3.22	3.14	3.07	3.02	2.97	2.94	2.91	2.86	2.82	2.77	2.74	2.70	2.67	2.64	2.61	2.59	2.56	2.55	2.54
	0.01	10.04	7.56	6.55	5.99	5.64	5.39	5.21	5.06	4.95	4.85	4.78	4.71	4.60	4.52	4.41	4.33	4.25	4.17	4.12	4.05	4.01	3.96	3.93	3.91
11	0.05	4.84	3.98	3.59	3.36	3.20	3.09	3.01	2.95	2.90	2.86	2.82	2.79	2.74	2.70	2.65	2.61	2.57	2.53	2.50	2.47	2.45	2.42	2.41	2.40
	0.01	9.65	7.20	6.22	5.67	5.32	5.07	4.88	4.74	4.63	4.54	4.46	4.40	4.29	4.21	4.10	4.02	3.94	3.86	3.80	3.74	3.70	3.66	3.62	3.60
12	0.05	4.75	3.88	3.49	3.26	3.11	3.00	2.92	2.85	2.80	2.76	2.72	2.96	2.64	2.60	2.54	2.50	2.46	2.42	2.40	2.36	2.35	2.32	2.31	2.30
	0.01	9.33	6.93	5.95	5.41	5.06	4.82	4.65	4.50	4.39	4.30	4.22	4.16	4.05	3.98	3.86	3.78	3.70	3.61	3.56	3.49	3.46	3.41	3.38	3.36
13	0.05	4.67	3.80	3.41	3.18	3.02	2.92	2.84	2.77	2.72	2.67	2.63	2.60	2.55	2.51	2.46	2.42	2.38	2.34	2.32	2.28	2.26	2.24	2.22	2.21
	0.01	9.07	6.70	5.74	5.20	4.86	4.62	4.44	4.30	4.19	4.10	4.02	3.96	3.85	3.78	3.67	3.59	3.51	3.42	3.37	3.30	3.27	3.21	3.18	3.16

（续表）

分母 df	α	分子 df 1	2	3	4	5	6	7	8	9	10	11	12	14	16	20	24	30	40	50	75	100	200	500	∞
14	0.05	4.60	3.74	3.34	3.11	2.96	2.85	2.77	2.70	2.65	2.60	2.56	2.53	2.48	2.44	2.39	2.35	2.31	2.27	2.24	2.21	2.19	2.16	2.14	2.13
	0.01	8.86	6.51	5.56	5.03	4.69	4.46	4.28	4.14	4.03	3.94	3.86	3.80	3.70	3.62	3.51	3.43	3.34	3.26	3.21	3.14	3.11	3.06	3.02	3.00
15	0.05	4.54	3.68	3.29	3.00	2.90	2.79	2.70	2.64	2.59	2.55	2.51	2.48	2.43	2.39	2.33	2.29	2.25	2.21	2.18	2.15	2.12	2.10	2.08	2.07
	0.01	8.68	6.36	5.42	4.89	4.56	4.32	4.14	4.00	3.89	3.80	3.73	3.67	3.56	3.48	3.36	3.29	3.20	3.12	3.07	3.00	2.97	2.92	2.89	2.87
16	0.05	4.49	3.63	3.24	3.01	2.85	2.74	2.66	2.59	2.54	2.49	2.45	2.42	2.37	2.33	2.28	2.24	2.20	2.16	2.13	2.09	2.07	2.04	2.02	2.01
	0.01	8.53	6.23	5.29	4.77	4.44	4.20	4.03	3.89	3.78	3.69	3.61	3.55	3.45	3.37	3.25	3.18	3.10	3.01	2.96	2.89	2.86	2.80	2.77	2.75
17	0.05	4.45	3.59	3.20	2.96	2.81	2.70	2.62	2.55	2.50	2.45	2.41	2.38	2.33	2.29	2.23	2.19	2.15	2.11	2.08	2.04	2.02	1.99	1.97	1.96
	0.01	8.40	6.11	5.18	4.67	4.34	4.10	3.93	3.79	3.68	3.59	3.52	3.45	3.35	3.27	3.16	3.08	3.00	2.92	2.86	2.79	2.76	2.70	2.67	2.65
18	0.05	4.41	3.55	3.16	2.93	2.77	2.66	2.58	2.51	2.46	2.41	2.37	2.34	2.29	2.25	2.19	2.15	2.11	2.07	2.04	2.00	1.98	1.95	1.93	1.92
	0.01	8.28	6.01	5.09	4.58	4.25	4.01	3.85	3.71	3.60	3.51	3.44	3.37	3.27	3.19	3.07	3.00	2.91	2.83	2.78	2.71	2.68	2.62	2.59	2.57
19	0.05	4.38	3.52	3.13	2.90	2.74	2.63	2.55	2.48	2.43	2.38	2.34	2.31	2.26	2.21	2.15	2.11	2.07	2.02	2.00	1.96	1.94	1.91	1.90	1.88
	0.01	8.18	5.93	5.01	4.50	4.17	3.94	3.77	3.63	3.52	3.43	3.36	3.30	3.19	3.12	3.00	2.92	2.84	2.76	2.70	2.63	2.60	2.54	2.51	2.49
20	0.05	4.35	3.49	3.10	2.87	2.71	2.60	2.52	2.45	2.40	2.35	2.31	2.28	2.23	2.18	2.12	2.08	2.04	1.99	1.96	1.92	1.90	1.87	1.85	1.84
	0.01	8.10	5.85	4.94	4.43	4.10	3.87	3.71	3.56	3.45	3.37	3.30	3.23	3.13	3.05	2.94	2.86	2.77	2.69	2.63	2.56	2.53	2.47	2.44	2.42
21	0.05	4.32	3.47	3.07	2.84	2.68	2.57	2.49	2.42	2.37	2.32	2.28	2.25	2.20	2.15	2.09	2.05	2.00	1.96	1.93	1.89	1.87	1.84	1.82	1.81
	0.01	8.02	5.78	4.87	4.37	4.04	3.81	3.65	3.51	3.40	3.31	3.24	3.17	3.07	2.99	2.88	2.80	2.72	2.63	2.58	2.51	2.47	2.42	2.38	2.36
22	0.05	4.30	3.44	3.05	2.82	2.66	2.55	2.47	2.40	2.35	2.30	2.26	2.23	2.18	2.13	2.07	2.03	1.98	1.93	1.91	1.87	1.84	1.81	1.80	1.78
	0.01	7.94	5.72	4.82	4.31	3.99	3.76	3.59	3.45	3.35	3.26	3.18	3.12	3.02	2.94	2.83	2.75	2.67	2.58	2.53	2.46	2.42	2.37	2.33	2.31
23	0.05	4.28	3.42	3.03	2.80	2.64	2.53	2.45	2.38	2.32	2.28	2.24	2.20	2.14	2.10	2.04	2.00	1.96	1.91	1.88	1.84	1.82	1.79	1.77	1.76
	0.01	7.88	5.66	4.76	4.26	3.94	3.71	3.54	3.41	3.30	3.21	3.14	3.07	2.97	2.89	2.78	2.70	2.62	2.53	2.48	2.41	2.37	2.32	2.28	2.26
24	0.05	4.26	3.40	3.01	2.78	2.62	2.51	2.43	2.36	2.30	2.26	2.22	2.18	2.13	2.09	2.02	1.98	1.94	1.89	1.86	1.82	1.80	1.76	1.74	1.73
	0.01	7.82	5.61	4.72	4.22	3.90	3.67	3.50	3.36	3.25	3.17	3.09	3.03	2.93	2.85	2.74	2.66	2.58	2.49	2.44	2.36	2.33	2.27	2.23	2.21
25	0.05	4.24	3.38	2.99	2.76	2.60	2.49	2.41	2.34	2.28	2.24	2.20	2.16	2.11	2.06	2.00	1.96	1.92	1.87	1.84	1.80	1.77	1.74	1.72	1.71
	0.01	7.77	5.57	4.68	4.18	3.86	3.63	3.46	3.32	3.21	3.13	3.05	2.99	2.89	2.81	2.70	2.62	2.54	2.45	2.40	2.32	2.29	2.23	2.19	2.17
26	0.05	4.22	3.37	2.89	2.74	2.59	2.47	2.39	2.32	2.27	2.22	2.18	2.15	2.10	2.05	1.99	1.95	1.90	1.85	1.82	1.78	1.76	1.72	1.70	1.69
	0.01	5.72	5.53	4.64	4.14	3.82	3.59	3.42	3.29	3.17	3.09	3.02	2.96	2.86	2.77	2.66	2.58	2.50	2.41	2.36	2.28	2.25	2.19	2.15	2.13
27	0.05	4.21	3.35	2.96	2.73	2.57	2.46	2.37	2.30	2.25	2.20	2.16	2.13	2.08	2.03	1.97	1.93	1.88	1.84	1.80	1.76	1.74	1.71	1.68	1.67
	0.01	7.68	5.49	4.60	4.11	3.79	3.56	3.39	3.26	3.14	3.06	2.98	2.93	2.83	2.74	2.63	2.55	2.47	2.38	2.33	2.25	2.21	2.16	2.12	2.10

F_{max}的临界值(哈特莱方差齐性检验)

F_{max}=最大σ^2/最小σ^2

σ^2的df	σ	k=变异数的数目										
		2	3	4	5	6	7	8	9	10	11	12
4	0.05	9.60	15.5	20.6	25.2	29.5	33.6	37.5	41.4	44.6	48.0	51.4
	0.01	23.2	37.0	49.0	59.0	69.0	79.0	89.0	97.0	106.0	113.0	120.0
5	0.05	7.15	10.8	18.7	16.3	18.7	20.8	22.9	24.7	26.5	28.2	29.9
	0.01	14.9	22.0	28.0	33.0	38.0	42.0	46.0	50.0	54.0	57.0	60.0
6	0.05	5.82	8.38	10.4	12.1	13.7	15.0	16.3	17.5	18.6	19.7	20.7
	0.01	11.1	15.5	19.1	22.0	25.0	27.0	30.0	32.0	34.0	36.0	37.0
7	0.05	4.99	6.94	8.44	9.70	10.8	11.8	12.7	13.5	14.3	15.1	15.8
	0.01	8.89	12.1	14.5	16.5	18.4	20.0	22.0	23.0	24.0	26.0	27.0
8	0.05	4.43	6.00	7.18	8.12	9.03	9.78	10.5	11.1	11.7	12.2	12.7
	0.01	7.50	9.9	11.7	13.2	14.5	15.8	16.9	17.9	18.9	19.8	21.0
9	0.05	4.03	5.34	6.31	7.11	7.80	8.41	8.95	9.45	9.91	10.3	10.7
	0.01	6.54	8.5	9.9	11.1	12.1	13.1	13.9	14.7	15.3	16.0	16.6
10	0.05	3.72	4.85	5.67	6.34	6.92	7.42	7.87	8.28	8.66	9.01	9.34
	0.01	5.85	7.4	8.6	9.6	10.4	11.1	11.8	12.4	12.9	13.4	13.9
12	0.05	3.28	4.16	4.79	5.30	5.72	6.09	6.42	6.72	7.00	7.25	7.48
	0.01	4.91	6.1	6.9	7.6	8.2	8.7	9.1	9.5	9.9	10.2	10.6
15	0.05	2.86	3.54	4.01	4.37	4.68	4.95	5.19	5.40	5.59	5.77	5.93
	0.01	4.07	4.9	5.5	6.0	6.4	6.7	7.1	7.3	7.5	7.8	8.0
20	0.05	2.46	2.95	3.29	3.54	3.76	3.94	4.10	4.24	4.37	4.49	4.59
	0.01	3.32	3.8	4.3	4.6	4.9	5.1	5.3	5.5	5.6	5.8	5.9
30	0.05	2.07	2.40	2.61	2.78	2.91	3.02	3.12	3.21	3.29	3.36	3.39
	0.01	2.63	3.0	3.3	3.4	3.6	3.7	3.8	3.9	4.0	4.1	4.2
60	0.05	1.67	1.85	1.96	2.04	2.11	2.17	2.22	2.26	2.30	2.33	2.36
	0.01	1.96	2.2	2.3	2.4	2.4	2.5	2.5	2.6	2.6	2.7	2.7
∞	0.05	1.00	1.00	1.00	1.00	1.00	1.00	1.00	1.00	1.00	1.00	1.00
	0.01	1.00	1.00	1.00	1.00	1.00	1.00	1.00	1.00	1.00	1.00	1.00

表 B.3 卡方分布表

χ^2 分布临界值表

df	χ^2 大于表内所列 χ^2 值的概率												
	0.995	0.990	0.975	0.950	0.900	0.750	0.500	0.250	0.100	0.050	0.025	0.010	0.005
1	0.000 04	0.000 16	0.000 98	0.003 9	0.015 8	0.102	0.455	1.32	2.71	3.84	5.02	6.63	7.88
2	0.010 0	0.020 1	0.050 6	0.103	0.211	0.575	1.39	2.77	4.61	5.99	7.38	9.21	10.6
3	0.071 7	0.115	0.216	0.352	0.584	1.21	2.37	4.11	6.25	7.81	9.35	11.3	12.8
4	0.207	0.297	0.484	0.711	1.06	1.92	3.36	5.39	7.78	9.49	11.1	13.3	14.9
5	0.412	0.554	0.831	1.15	1.61	2.67	4.35	6.63	9.24	11.1	12.8	15.1	16.7
6	0.676	0.872	1.24	1.64	2.20	3.45	5.35	7.84	10.6	12.6	14.4	16.8	18.5
7	0.989	1.24	1.69	2.17	2.83	4.25	6.35	9.04	12.0	14.1	16.0	18.5	20.3
8	1.34	1.66	2.18	2.73	3.49	5.07	7.34	10.2	13.4	15.5	17.5	20.1	22.0
9	1.73	2.09	2.70	3.33	4.17	5.90	8.34	11.4	14.7	16.9	19.0	21.7	23.6
10	2.16	2.56	3.25	3.94	4.87	6.74	9.34	12.5	16.0	18.3	20.5	23.2	25.2
11	2.60	3.05	3.82	4.57	5.58	7.58	10.3	13.7	17.3	19.7	21.9	24.7	26.8
12	3.07	3.57	4.40	5.23	6.30	8.44	11.3	14.8	18.5	21.0	23.3	26.2	28.3
13	3.57	4.11	5.01	5.89	7.04	9.30	12.3	16.0	19.8	22.4	24.7	27.7	29.8
14	4.07	4.66	5.63	6.57	7.79	10.2	13.3	17.1	21.1	23.7	26.1	29.1	31.3
15	4.60	5.23	6.25	7.26	8.55	11.0	14.3	18.2	22.3	25.0	27.5	30.6	32.8
16	5.14	5.81	6.91	7.96	9.31	11.9	15.3	19.4	23.5	26.3	28.8	32.0	34.3

(续表)

df	χ^2 大于表内所列 χ^2 值的概率												
	0.995	0.990	0.975	0.950	0.900	0.750	0.500	0.250	0.100	0.050	0.025	0.010	0.005
17	5.70	6.41	7.56	8.67	10.1	12.8	16.3	20.5	24.8	27.6	30.2	33.4	35.7
18	6.26	7.01	8.23	9.39	10.9	13.7	17.3	21.6	26.0	28.9	31.5	34.8	37.2
19	6.84	7.63	8.91	10.1	11.7	14.6	18.3	22.7	27.2	30.1	32.9	36.2	38.6
20	7.43	8.29	9.59	10.9	12.4	15.5	19.3	23.8	28.4	31.4	34.2	37.6	40.0
21	8.03	8.90	10.3	11.6	13.2	16.3	20.3	24.9	29.6	32.7	35.5	38.9	41.4
22	8.64	9.54	11.0	12.3	14.0	17.2	21.3	26.0	30.8	33.9	36.8	40.3	42.8
23	9.26	10.2	11.7	13.1	14.8	18.1	22.3	27.1	32.0	35.2	38.1	41.6	44.2
24	9.89	10.9	12.4	13.8	15.7	19.0	23.3	28.2	33.2	36.4	39.4	43.0	45.6
25	10.5	11.5	13.1	14.6	16.5	19.9	24.3	29.3	34.4	37.7	40.6	44.3	46.9
26	11.2	12.2	13.8	15.4	17.3	20.8	25.3	30.4	35.6	38.9	41.9	45.6	48.3
27	11.8	12.9	14.6	16.2	18.1	21.7	26.3	31.5	36.7	40.1	43.2	47.0	49.6
28	12.5	13.6	15.3	16.9	18.9	22.7	27.3	32.6	37.9	41.3	44.5	48.3	51.0
29	13.1	14.3	16.0	17.7	19.8	23.6	28.8	33.7	39.1	42.6	45.7	49.6	52.3
30	13.8	15.0	16.8	18.5	20.6	24.5	29.3	34.8	40.3	43.8	47.0	50.9	53.7
40	20.7	22.2	24.4	26.5	29.1	33.7	39.3	45.6	51.8	55.8	59.3	63.7	66.8
50	28.0	29.7	32.4	34.8	37.7	42.9	49.3	56.3	63.2	67.5	71.4	76.2	79.5
60	35.5	37.5	40.5	43.2	46.5	52.3	59.3	67.0	74.4	79.1	83.3	88.4	92.0

附录 C

用于发表的研究报告 APA 格式示例

附录 C 呈现的是用于发表的研究报告 APA 格式样例，参照的是《美国心理学会出版手册》。这份手稿来自纽约州立大学布罗克波特学院研究生丹妮尔·金泰尔(Danielle Gentile)的课程作业，我们用它来显示 APA 格式研究报告手稿的页面设计，以及每一部分的写作内容。稿件每一部分的图示及讨论，参见第十六章。

Running head: SCHOOL SIZE AND CYBERBULLYING 1

School Size and Cyberbullying in Middle School Students

Danielle Gentile

The College at Brockport, State University of New York

Author Note

Danielle Gentile, Department of Psychology, The College at Brockport, State University of New York.

Correspondence concerning this article should be addressed to Danielle Gentile at the Department of Psychology, The College at Brockport, State University of New York, Brockport, NY 14420.

E-mail: dgenl@brockport.edu

Abstract

Cyberbullying is defined as a phenomenon in which e-mail, texting, instant messaging, or other electronic devices are used to harass another person. Cyberbullying can be as detrimental as traditional bullying for school children. Because past research suggests a direct relationship between school size and violence, the purpose of this study is to determine if school size is also related to cyberbullying, which is another type of school violence. A total of 670 students obtained from two middle schools, one relatively large and one relatively small, completed a questionnaire assessing their degree of experience with cyberbullying. The results showed that students from the larger school experienced significantly more cyberbullying than students from the smaller school, $t(668) = 4.79, p < .01$, $r^2 = 0.256$. The results suggest increased awareness of the heightened possibility of cyberbullying and possible intervention programs at large schools.

School Size and Cyberbullying in Middle School Students

Bullying in school is defined as a form of aggression in which a student or group of students physically or verbally harasses a victim without provocation (Hazler, 1992). Bullying presents a problem because students who are exposed to many aggressive peers in a hostile environment are more likely themselves to engage in aggressive acts towards others. In these violence oriented atmospheres, aggressive behaviors become normalized and socially acceptable. Therefore, group members tend to exhibit more aggressive behaviors because there is less social pressure to inhibit aggression or use alternative conflict management strategies (Thomas & Bierman, 2006).

Bullying has detrimental effects not only in childhood but later in life as well. Olweus (1993) found that former victims of bullying at school during a young age tended to be more depressed and had lower self-esteem at age 23 than their non-victimized peers. The findings suggest that early and persistent victimization can have lasting negative consequences.

Traditional bullying includes overt physical acts (e.g., hitting, shoving) and verbal abuse (e.g., taunting, name calling) as well as more subtle or indirect actions such as social exclusion and rumor-spreading (Smith et al., 2008). Further examples of verbal harassment include threatening, humiliating, degrading, teasing, eye rolling, silent treatment, manipulating friendship, and ostracizing (Xin, 2002).

In recent years, middle school students have taken advantage of technology as another avenue of harassing peers, and no longer need to be in the physical presence of their victims in order to bully them. Bullying done through e-mail, instant messaging, in chat rooms, on web sites, and through text and picture messaging to cell phones has been defined as cyberbullying or electronic bullying (Kowalski & Limber, 2007).

Cyberbullying presents a more difficult challenge for teachers, parents, and administrators than traditional bullying because adults often are unaware that it is even happening (Li, 2006). Furthermore, many victims who experience cyberbullying do not know who the perpetrator is, making it impossible to take action against the attacker. Victims often have no way of knowing whether the perpetrator is an individual or group of individuals, leading to further anxiety. Children may wonder if each person they meet could potentially be the perpetrator (Kowalski & Limber, 2007). Further complicating the management of cyberbulllying is the fact that much of it occurs outside of school premises. Some schools have tried to combat the issue by banning mobile phones and Internet use, but only 20% of students studied reported that this is an effective way to stop cyberbullying (Smith et al., 2008).

Previous research on school violence may provide some clues concerning the variables that are related to cyberbullying. For example, Leung and Ferris (2008) found a significant relationship between youth violence and school size, with a tendency for larger schools to have more violent acts than smaller schools. After controlling for other variables which could affect violence such as family situation, friends and peers, it was found that schools in excess of 2000 students were 22 percent more likely than smaller schools to have students who engage in serious violence. The authors suggest that large school size increases feelings of alienation and isolation in students because the number of interactions with strangers rather than friends is increased. In order to combat the feeling of isolation, students form groups in which they can feel more included, yet if a student is excluded from these groups, he or she will likely feel further alienated and without meaningful contact with others. This creates stress, which has the potential to be released in violent manners if it is not otherwise dealt with in a socially acceptable manner.

The general relationship between violence and school size suggests that there may be a similar relationship between school size and cyberbullying, which is another type of school violence. Therefore, we hypothesized a positive relationship between school size and the occurrence of cyberbullying in middle schools. To test this hypothesis, this study compared the degree of cyberbullying that exists in middle schools of different sizes.

Method

Participants

A total sample of 670 students was obtained from two suburban middle schools in the Rochester, New York area. The two schools represent middle-class, suburban neighborhoods with populations consisting of approximately 85% Caucasian, 10% African American, 3% Hispanic, and 2% Asian. One group of 450 students was from a relatively large school (total student population of 1176) and the other 220 students were from a relatively small school (total student population of 624). The average age for the large-school students was 13.2 years with 61.8% females and 38.2% males, and the average age for the small-school students was 13.4 years with 56.8% females and 43.2% males.

Procedure

A letter was sent home with each student from both schools asking for parental permission for student volunteers to participate in a survey examining internet use. No mention was made of cyberbulling to avoid self-selection based on interest or knowledge of the topic. After obtaining informed consent from parents and assent from children, each student completed a two-part questionnaire developed by Li (2006). The first section asks for demographic data such as age, race, gender, computer usage, and academic achievement. The second portion examines the student's experiences with cyberbullying. The surveys were completed individually in small groups in a vacant classroom during regular scheduled breaks in the school day. Participants were each given 2 points of extra credit added to their final averages in class as compensation for participation in the study.

Results

For purposes of this study, the analysis focused on two questions from the survey asking whether the student had experienced cyberbullying and, if so, how many times (1-3, 4-10, >10). A student who had never been cyberbullied was assigned a score of 0 and the three frequency categories were scored as 1, 2, and 3 in order of increasing frequency, thus producing a 4-point scale measuring the degree of cyberbullying. The mean score for the large-school students was $M = 1.82$ with $SD = 0.14$ and the mean for the small-school students was $M = 1.03$ with $SD = 0.11$. An independent-measures *t* test showed a significant mean difference between the two groups of middle school students, $t(668) = 4.79$, $p < .01$, $r^2 = 0.256$, with the large-school students experiencing a greater degree of cyberbullying.

Discussion

The results support the research hypothesis, showing a significant relationship between middle school size and cyberbullying, with students from large schools having more experience with cyberbullying than students from small schools. This finding is consistent with the results obtained by Leung and Ferris (2008), which found that students in larger schools experience more violence than students in smaller schools. This result indicates that both traditional bullying and cyberbullying, which is a subset of violence, may likely affect students in relation to the size of the school they attend.

A consistent and predictable relationship between cyberbullying and school size suggests many practical real-world applications for educators, administrators, and students in middle schools. It is the goal of many administrators to improve student's personal satisfaction and learning possibilities, and cyberbullying could be a detriment to this. Therefore, it may be especially important for administrators of large schools to recognize that their students are more likely to be victims of cyberbullying, and to take action to combat the incidence of cyberbullying. Programs on Internet safety, ways for students to effectively and safely report cyberbullying, teacher and parent education on what is cyberbullying and how to recognize it would all be beneficial for large school communities.

Possible future studies to expand on this research could include: separating male and female students to see if the possible implications of large and small school settings apply differently to gender. Also, separating grade levels for the same purpose may reveal differences in grade level related to school size.

References

Hazler, R. J. (1992). What kids say about bullying. *Executive Educator, 14,* 20-22.

Kowalski, R. M., & Limber, S. P. (2007). Electronic bullying among middle school students. *Journal of Adolescent Health Care, 41 (6, Suppl),* S22-S30. doi:10.1016/j.jadohealth.2007.08.017

Leung, A., & Ferris, J. (2008). School size and youth violence. *Journal of Economic Behavior & Organization, 65*(2), 318-333. doi:10.1016/j.jebo.2005.10.001

Li, Q. (2006). Cyberbullying in schools: A research of gender differences. *School Psychology International, 27,* 157-170. doi:10.1177/0143034306064547

Olweus, D. (1993). Victimization by peers: Antecedents and long-term consequences. In K. H. Rubin & J. B. Asendorf (Eds.), *Social withdrawal, inhibition, and shyness in childhood* (pp. 315-341). Hillside, NJ: Lawrence Erlbaum Associates.

Smith, P. K., Mahdavi, J., Carvalho, M., Fisher, S., Russell, S., & Tippett, N. (2008). Cyberbullying: Its nature and impact in secondary school pupils. *Journal of Child Psychology and Psychiatry, 49* (4), 376-385. doi:10.1111/j.1469-7610.2007.01846.x

Thomas, T. E., & Bierman K. L. (2006). The impact of classroom aggression on the development of aggressive behavior problems in children. *Development and Psychopathology, 18,* 471-487. doi:10.1017/S0954579406060251

Xin, M. (2002) Bullying in middle school: Individual and school characteristics of victims and offenders. *School Effectiveness and School Improvement, 13* (1), 63-89. doi:10.1076/sesi.13.1.63.3438

术语表

ABAB设计(ABAB design)：也叫轮回设计，是单被试单元轮转设计中的一种。它包括四个单元：基线单元、处理单元、回归基线单元、重复处理单元，其目的在于验证施加处理是否引起被试行为的改变。

α水平(alpha level)**或显著性水平**(level of significance)：假设检验的α水平或显著性水平是指研究结果仅由随机波动得来的最大可能性。如一个假设检验的α水平为0.01，意味着该检验要求结果由于随机波动造成的可能性小于1%(0.01)。

安慰剂控制组(placebo control group)：是被试只接受安慰剂而不接受真正的实验处理的情境。

安慰剂效应(placebo effect)：是指被试对那些没有真正药物效果的药剂的积极反应，产生这种反应的原因仅仅是由于被试认为药物有效。

保密性(confidentiality)：就是严格确保研究被试信息的私密性。

被动欺骗(passive deception)：是对信息的隐瞒或省略。研究者有意省略不告诉被试关于研究的某些信息。

被试内研究设计(within-subjects research design)：也称为**重复测量实验设计**(repeated-measures experimental design)，指在所有处理条件下观察和测量同一被试组，寻找同一组被试在处理条件间的差异。设计必须满足实验法的其他要求，如操纵自变量和控制额外变量。

被试匹配设计(matched-subjects design)：不同组中的被试具有一一对应的匹配关系，这时就构成了被试匹配设计。

变量(variable)：就不同个体来说，可以发生改变或有不同取值的特征或条件就是变量。如每一天都在发生变化的气候、经济条件、健康状态等，还有像两个人在人格、智力、年龄、性别、自尊、身高、体重等方面的差异。

标题页(title page)：是稿件的第一页，包括页头标题与页码、论文标题、作者姓名和机构等。

标准变换设计(changing-criterion design)：是由一系列单元构成的，每个单元由一个特定的标准来规定，而这些标准决定着行为的目标水平。从一个单元到下一个单元，行为的标准也在改变。如果被试的行为水平随着规定的标准而变化，那么我们认为处理是成功和有效的。

标准差(standard deviation)：是方差的平方根，它通过计算与平均数的平均距离来度量数据的差异性。

标准误(standard error)：是对样本统计量和相应总体参数的标准距离或平均距离的度量。

表面效度(face validity)：这是一种不太严密的效度形式。当一个测验从表面上看像是测量它所要测量的，就说该测验具有表面效度。

不等控制组后测设计(posttest-only nonequivalent control group design)：是指对两个不等被试组进行比较，其中一个组在接受处理后被测量，另一个未接受处理的组也同时接受测量。这一设计属于非实验研究设计。

不等控制组前测—后测设计(pretest-posttest nonequivalent control group design)：是指比较两个不等组。一个组被测量两次——即实施处理前后各测一次；另一组也被测量两次，但两次之间不施加任何处理。这种设计试图减少内部效度受到的影响，被归为准实验研究设计。

不等控制组设计(nonequivalent control group design)：是指使用现成的组，其中一组作为处理条件组，另一组作为控制条件组。在这种设计中，研究者不能随机分配各组被试。

不等组设计(nonequivalent group design)：在研究者无法操纵被试分组的情形下形成不同被试组的研究设计，各个被试组可能是不相等的。具体地说，研究者不能采取随机分组的方法构建被试组。

参考文献(reference)：研究报告的参考文献部分要列举报告中所有引用文献的完整信息，一般是按第一作者姓氏的字母顺序编排。

参数(parameter)：是描述总体的概括值，其中最常见的就是总体的平均数。

参与观察(participant observation)：是指研究者参与到被观察对象的活动中，对其行为进行观察和记录。

操纵(manipulation)：是由界定要研究的自变量的值和创设与这些被界定的值相一致的一些处理条件组成。

操纵检查(manipulation check)：是研究者实施实验处理以外的一种附加措施，目的在于测量被试如何认识和解释操纵并因此受到的影响。

操作定义(operational definition)：是测量和定义构念的程序。一个操作定义确定了一个具体的测量程序(一套操作步骤)，用来测量一种外部的、可观察的行为并将这一测量的结果作为构念的定义和测量。

测试效应(testing effect)：也叫作顺序效应，被试在一种处理条件下(参加测试或被测试)的测试经验，对后续处理条件下的测试分数有影响。此类效应可能会损害研究的内部效度，因为观察到的差异可能是由测试效应引起而不是由处理条件引起。

差异量(variability)：是反映一组数据离散程度的量。

抄袭(plagiarism)：将别人的思想或成果作为自己的发表。

成熟因素(maturation)：是指发生在实验测试期间，被试在生理或心理方面发生的任何可能影响被试分数的变化。成熟因素会损害内部效度，因为观测到的处理间差异可能由成熟因素而不是处理引起。

重测信度(test-retest reliability)：通过比较同一组个体先后两次相同测量的分数，并计算这两个分数的相关而确定的信度被称为重测信度。如果在两次测量中使用两种不同版本的测量工具，那么这一信度就被称为复本信度。

抽样(sampling)：是选择参加研究的个体的过程。

抽样误差(sampling error)：是样本统计量与相应的总体参数之间存在的差异或误差。

处理单元(treatment phase)：一系列的处理观察，以字母B表示。

处理观察(treatment observation)：指在实施处理时，研究者所作的观察。

处理条件(treatment conditions)：是操纵变量的某一具体的情景或环境特征。一个实验包含两个或两个以上与操纵变量的数值不同的处理条件。

代表性(representativeness)：指一个样本的特征反映总体特征的准确度。

代表性样本(representative sample)：指与总体有同样特征的样本。

代间效应(cohort effect/generation effect)：是指由于除年龄外的其他独特特点或经历而造成的年龄组间(或代间)差异。

单被试研究设计(single-subject research design)**或个案设计**(single-case design)：是指研究者使用来自一个被试的研究结果来证明因果关系的设计。如果要做成实验性研究，这些设计必须包含自变量的操纵和额外变量的控制，以避免出现研究结果解释的不确定性。

单盲研究(single-blind research)：如果研究者不知道预期的结果，这种研究叫作单盲研究。

单元(phase)：指同一种条件下对被试进行的一系列观察。

单元转换(phase change)：通过施加撤出或改变处理来改变观测条件。

单组前测—后测设计(one-group pretest-posttest design)：是指对唯一被试组中的每一被试，处理前测量一次，处理后再测量一次。这种类型的研究属于非实验研究设计。

档案研究(archival research)：是指通过历史记录(档案)来研究过去发生的行为或事件。

抵消平衡(counterbalancing)：被试内设计中，抵消平衡是在被试间实施的，它使得处理条件在时间方面得到了匹配。抵消平衡的目标是让被试以各种不同的可能顺序接受处理，而且采用每一种可能顺序的被试数相同，以此打乱与处理时间或顺序有关的任何系统性关系，消除潜在的混淆变量。

地板效应(floor effect)：测量分数集中在量表的低分端，以至分数减少的可能性很小或没有减少的可能。

第二类错误(type II error)：总体中实际存在某种效应，但样本数据却未能显示这种显著性效应的证据，这时就会发生第二类错误。这种错误通常是由于效应太小，以至它不能从样本数据中显示出来。

第一类错误(type I error)：发生于当研究者发现了有显著性效应的证据，而实际上在总体中并不存在这种显著性效应的情况。发生这种错误是由于研究者随机抽取的极端样本在本没有显著性效应的情况下表现出了显著性效应。

调查性研究设计(survey research design)：仅仅把调查结果用来进行描述的研究。

动物使用与关怀委员会(Institutional Animal Care and Use Committee，IACUC)：一个审查所有非人类被试研究计划的委员会。任何关于非人类被试的研究在实施之前都必须获得该机构的许可。

对内部效度的损害(threat to internal validity)：研究中导致对结果有其他解释的因素。

对效度的损害(threat to validty)：研究中，任何导致研究质量或结果精确性下降的因素，都是对效度的损害。

多基线交叉被试设计(multiple-baseline across subjects)：最初的两个基线单元分别对应于两个被试的多基线设计。

多基线交叉行为设计(multiple-baseline across behaviors)：最初的两个基线单元分别对应于同一被试两种不同行为的多基线设计。

多基线交叉情境设计(multiple-baseline across situations)：最初的两个基线单元分别对应于同一行为不同表现环境的多基线设计。

多基线设计(multiple-baseline design)：指同时开始两个基线单元，然后对第一个基线单元启动处理单元，与此同时，另一个基线观测继续进行，一段时间后，对第二个基线单元启动处理单元。

多元回归(multiple regression)：用多个预测变量探索最准确预测Y值的直线方程的计算过程。

额外变量(extraneous variable)：除了自变量和因变量以外的其他变量。

二次文献(secondary source)：是对他人工作的描写或概述，其撰写人并不是所讨论的研究或观察的直接参加者。

发散效度(divergent validity)：使用两种不同的方法测量两个不同构念来证实的效度。这里每个构念都必须具有汇聚效度，但是用相同的方法测量这两个不同的构念所得到的分数间存在低相关或没有相关。

发展性研究设计(developmental research design)：是指用于考察与年龄有关的行为变化的方法。

方差(variance)：是反映数据差异量的指标，其计算方法是，首先计算每个数据与平均数的离差，平方之并求其平均值。方差是离差平方的均数。

方法(method)：是研究报告的一部分，它要说明的是研究如何进行，包括被试、设备与材料、研究实施的步骤等。

非概率抽样(nonprobability sampling)：当总体不完全清楚，每一个体被选中的概率也不确定时，依据诸如常识或容易度等进行的抽样。该种抽样也要尽量避免偏差以保证样本的代表性。

非实验法和准实验法(nonexperimental and quasi-experimental strategy)：像真实验一样，非实验法和准实验法一般要比较来自不同的组或条件下测量的分数。但这种设计用不可操纵的变量来确定要比较的组或条件，而这里不可操纵的变量通常是被试特征变量（如性别的男和女）或时间变量（如处理前和处理后）。两种方法的主要区别在于，非实验法很少甚至没有试图降低内部效度受到的损害，准实验法会尽量减少内部效度受到的损害。

分半信度（split-half reliability）：将一份问卷或测验项目分两半，计算每一半的单独得分，然后计算一组被试两半得分间的一致性程度。

分组偏差（assignment bias）：在被试分组过程中，导致各组被试有明显特征差异，叫作分组偏差。

负相关（negative relationship）：两个变量在不同的方向中改变，随着一个变量的增加，另一个变量反而减小。

概率抽样（probability sampling）：在概率抽样中，整个总体是清楚的，总体中的每一个体都有确定的被选中概率，而且抽样是基于概率的随机过程。

个案研究设计（case study design）：包括深度研究及对单一个体（或一个小组）的详细描述，个案研究可包括研究者的干预处理。如果不包括研究者的干预处理，通常被称为**个案史**（case history）。

个体差异（individual differences）：一个被试与另一个被试不同的个体特征。

构念（constructs）：是一个理论中有助于解释和预测行为的假想特征或机制。

构想效度（construct validity）：当一个测量程序得到的分数与变量本身的作用方式完全一致，就证实该测量程序具有构想效度。构念效度建立在很多研究基础上，这些研究使用相同的测量程序，通过这些新研究逐渐积累起构念效度。

观察性研究设计（observational research design）：研究者系统观察和记录个体行为，从而对其进行描述。

惯常法（method of tenacity）：因为一直相信或迷信某种观点而将其看作是正确的方法。

归纳或归纳推理（induction or inductive reasoning）：以一个相对较小的具体观察集合为基础来形成对一个更大的所有可能的观察集合的一般描述。如我看到过的蔷薇都有刺，我就从这个观察得出一般结论说所有的蔷薇都有刺。

横断发展性研究设计（cross-sectional developmental research design）：是指使用不同的被试组，每组被试代表一个不同的年龄或年龄段，在同一时间测量和比较这些被试组。

后延效应（carryover effect）：由于参加先前处理而导致行为或成绩上的改变。当一种处理条件引起了被试改变，而这种改变影响他们在后续处理中的分数时，就出现了后延效应。

回归（regression）：用一个预测变量（X）预测另一个变量（Y）的统计过程。

汇聚效度（convergent validity）：当针对同一构念的两种不同测量方法所得到的分数具有高度相关时，就证实了汇聚效度。

混合设计（combined strategy）：将两种不同的研究方法结合在一起构成的析因设计。较普遍的例子是一个实验因子用实验法，另一个实验因子用准实验法或非实验法的析因设计。

混合设计（mixed design）：是指在一个析因设计中，同时包含两种不同的实验设计。常见的混合设计是由一个被试间因子和一个被试内因子构成的。

混淆变量（confounding variable）：是随两个研究变量发生系统性变化的额外变量（通常未被监控）。混淆变量提供了观察到的两个变量关系的另一种解释，因此会损害内部效度。

获取知识的方法（methods of aquiring knowledge）：一般来说，人们用来解答疑难问题（或获得新知识）的各种方法被统称为获取知识的方法。

基础研究（basic research）：为了回答理论问题或获取新知识的研究。

基线单元（baseline phase）：指一系列的基线观察，以字母A表示。

基线观察（baseline observation）：指在没有实施处理时，研究者所做的观察。

集中量（central tendency）：是通过找出一个数据来反映整组数据分布的集中情况的统计量。集中量的目的是确定一个最典型的或者是最能代表整组数据的值。

假设（hypothesis）：在科学研究中，假设是对两个或更多个变量之间关系的描述或解释，它不是最后的结论，还需要接受检验和严格的评估。如一位研究者可能假设人格与抽烟之间存在一种关系，还有研究者可能假设冬天昏暗、沉闷的环境导致抑郁。

假设检验（hypothesis test）：是对利用样本数据估计总体数据的可靠性进行检验的过程。假设检验试图区分样本数据的两种模式：（1）表现在总体中的各变量间关系的数据模式；（2）由随机性造成的数据模式。

检验统计量（test statistic）：是以标准误为基线，比较样本统计量与零假设的数学技术。一般地，检验统计量的值越大，表示样本与假设之间的差异越大，并导致拒绝零假设。

交叉评估者信度（inter-rater reliability）：同时独立对行为进行记录的两名观察者之间的一致性程度。

交互效应（interaction effect）：是指一个因子的效应依赖于另一个因子的不同水平。

交替处理设计（alternating-treatments design），也叫**不连续试验设计**（discrete-trials design），指研究者可以随机地编排两种处理条件的实施顺序，并作相应的观察。

结果（results）：研究报告的结果部分要呈现研究资料及其统计分析的总的情况。

经验法（empirical method）：也被称为**经验论**（empiricism），是使用观察或直接的感觉经验获得知识的方法。

决定系数（coefficient of determination）：是相关系数的平方，是指因变量的变异中可由自变量变化来解释的程度。

科学方法（scientific method）：是获取知识的一种方法，它利用观察提出假设，从假设提出逻辑预测，然后通过系统的观察对假设进行经验性检验。通常，新的观察又会导致一个新的假设，如此循环不止。

可检验的假设(testable hypothesis)：一个假设涉及的所有变量、事件或人都是真实的，因此可以被限定和观察。这一假设就是可检验的。

可拒绝的假设(refutable hypothesis)：一个可被证明为错误的假设。就是说，这一假设能接受结果与预测存在差异的可能性。

控制组(control group)：是指实验中的无处理条件。

累积误差(progressive error)：是指与时间有关而与特定处理无关的因素引起的被试行为或成绩上的变化。常见的累积误差有练习效应和疲劳效应。

理论(theories)：在行为科学中，理论是关于特定行为基本机制的论述。理论能够组织和连接不同的与行为相关的观察，好的理论还能对行为进行预测。

量化研究(quantitative research)：对被试进行测量获得数值型资料，并使用统计分析进行总结和解释。

论据(argument)：在逻辑上结合可以导出结论的一系列前提陈述。

描述性统计(descriptive statistics)：是帮助研究者组织、概括和简化研究资料的方法。

模拟(simulation)：是实验中创设的情境，它模拟要研究的自然环境或几乎与其完全相同。被试在这种环境中的行为表现比较正常。

内部效度(internal validity)：如果一项研究可以对研究结果提供唯一的、确定的解释，它就具有高内部效度。

内容分析(content analysis)：是运用行为观察的方法来评估文学、电影、电视节目或其他媒体中记录的行为或事件的过程。

能动性(reactivity)：当被试知道自己正在参与研究或知道自己正在被测量时，改变其自然行为。

匿名性(anonymity)：就是确保每个被试的姓名不与研究中从他那里获得的信息和测量资料直接相联系。

匹配(matching)：是指在组间分配被试时，使某一特定变量在组间保持平衡或匹配，目的是建立相等(或大体相等)的组。或者，研究者根据被试在有关变量上的相同或相近特征而将其分到不同实验组，这样可以形成配对组。

平均数(mean)：是反映集中量的一种指标，其计算方法是把所有数据相加再除以数据个数，也叫作算术平均数。

欺骗(deception)：是在研究者完全有意地隐瞒信息或误导被试对有关研究的看法时发生的现象。它有两种形式，主动欺骗和被动欺骗。

欺诈(fraud)：研究者明显是竭力欺骗和错误地呈现研究数据。

前提陈述(premise statements)：在逻辑推理中，已知或假设为真的事实或假设。

区分性研究设计(differential research design)：是指仅比较现成组之间的差异的研究设计。区分性研究设计中，研究者不是随机地分配各组的被试，而是根据被试特点如性别、种族或人格特征自然地分配各组被试，然后测量并比较各组被试获得的一系列分数。研究的目的是确定两组被试的分数是否存在差异。区分性研究设计属于非实验研究设计。

趋势(trend)：指单元内一系列观察值持续一致地增加或减少。

权威法(method of authority)：依赖研究领域中某一专家的意见和信息解答问题的方法。

人为观察(contrived observation)：也叫**结构观察**(structured observation)，是指通过专门的任务安排来诱发特定行为并对其进行观察的方法。

任务解释(debriefing)：在实验后，特别是在使用了欺骗程序后给予被试有关研究目的的解释。

设备因素(instrumentation)：是指随时间推移，测量设备发生的变化。设备因素会降低内部效度，因为观测到的处理条件间差异，有可能是由测量设备变化引起，而不是处理引起。

时间序列设计(time-series design)：是指实施处理或事件发生前和实施处理或事件发生后都对被试进行一系列的观测。其中，处理是由研究者操纵或管理的，而事件是研究者不能操纵的外部事件。

实验(experiment)：目的在于说明一个变量的变化是由另一个变量的变化直接引起的。

实验法(experimental strategy)：其目的是建立两个变量间的因果关系。为此，实验中操纵一个变量，测量第二个变量，控制其他变量。

实验室(laboratory)：是明显为科学研究设置的能将被试置于人为控制条件下进行观察的房间或空间。

实验组(experimental group)：是指实验中的处理情境。

双盲研究(double-blind research)：如果研究者和被试都不知道预期的结果，这种研究叫作双盲研究。

水平(level)：指一系列观测得到的大致相同的数值。在图示中，一系列数据点聚集在一条水平线附近。

顺序效应(order effect)：当被试在一系列处理条件下经历一系列测量时，它们在系列中任一点上的行为或表现可能受到先前发生的事件或经历的影响，这种影响被称为顺序效应，包括后延效应和累积误差。

随机分配(random assignment)：运用随机化过程将被试分配到不同处理条件中。

随机化过程(random process)：从可能结果的集合中产生一个结果的过程。每一次产生的结果都不可预知，而且这个过程要保证每一可能结果发生的概率相等。

随机化(randomization)：用随机化过程来避免两个变量之间系统关系的方法。

讨论(discussion)：该部分重述假设，概括并解释结果，然后对结果隐含的意义及可能应用进行讨论。

天花板效应(ceiling effect)：测量分数集中在量表的高端，以至分数提高的可能性很小或没有提高的可能。

田野(field)：将被试置于自然情景下进行观察的场所。

田野研究(field study)：是在自然环境中进行的研究。

同代人(cohort):是指出生在大体相同的时间并在相似的环境中成长的被试。

统计回归(statistical regression)**或平均数回归**(regression toward the mean):是一种数学现象。当第一次测量出现极端分数(高或低),第二次测量就会出现分数向平均数靠近的倾向。回归损害内部效度,因为从一种处理到另一种处理,被试分数上的变化可能由回归而不是处理引起。

统计量(statistics):是描述样本的概括值,其中最常见的就是样本的平均数。

推断性统计(inferential statistics):是使用从样本得到的结果来推断总体一般情况的方法。

推理法或理性论(rational method or rationalism):通过逻辑推理寻求问题答案的方法。

稳定性(stability):指一系列观察呈现出持续一致的水平或趋势的程度。数据变化稳定,表明变异较小,从而形成完美的持续一致的模式。

无处理控制组(no-treatment control group):被试不接受任何实验处理而被评估的处理条件。

析取设计或成分分析设计(dismantling design or component-analysis design):由一系列观测单元构成,而在每一观测单元中加载或撤出某复杂处理中的某一成分,这样可以确定每一处理成分在整个处理效应中的贡献。

析因设计(factorial design):包含两个或更多因子的研究设计。

显著的结果(significant result)**或统计显著的结果**(statistically significant result):一个显著的结果或统计显著的结果意味着它非常不可能是由随机性引起的。一个显著的结果通常伴随着一个α水平,α水平规定了研究结果仅由随机性引起的最大可能性。

相关(correlation):这是一个统计值,用来度量和描述两个变量相关的方向和强度。

相关(correlation)**或相关系数**(correlation coefficient):是描述和刻画两个变量关系的一个数值,符号(+/-)表示相关方向,数值(0.0—1.0)表示相关的大小,皮尔逊相关或斯皮尔曼相关表示相关的类型。

效标效度(concurrent validity):使用新编制的测量程序和已被证明有效的过去的测量程序对同一变量进行测量,如果得到的分数具有直接相关,就证实这个新的测量程序具有效标效度。

效度(validity):研究的效度是指研究对目标问题的准确回答程度。或者,一个测量程序的效度就是这个测量过程对它要测量变量的测量程度。

信度(reliability):测量的信度就是测量的稳定性或一致性。如果同样的个体在同样的条件下接受测量,一个可信的测量程序应该得到相同(或相近)的测量结果。

信赖法(method of faith):是权威法的一种变体,人们毫不怀疑地信任权威人物,因此在没有任何怀疑或批判的情况下接受来自这个权威人物的信息。

需求特征(demand characteristics):指的是一项研究的潜在线索和特征:(1)暗示被试研究假设和目的;(2)在某一方面影响被试的反应和行为。

选择偏差(selection bias):是以增加有偏样本可能性的方式选择被试时出现的偏差。

研究报告(research report):是描述实验研究过程及其成果的书面文件,它所要清晰表达的内容主要包括研究目标、引发研究的相关文献背景、实验研究方法、研究结果与分析,以及对研究结果的讨论和解释等。

研究程序(research procedure):是对研究具体实施过程精确的、逐步的描述。

研究方法(research strategy):是由研究想要回答的问题类型决定的研究的一般方法。

研究伦理学(research ethics):关于研究者的伦理责任,研究者必须对那些受其研究过程或研究报告影响的所有人诚实和尊重。研究者通常受一些伦理规则的制约,这有助于他们作出适当的决策和选择适当的行动。美国心理学会制订了一系列关于心理学研究中的伦理准则(APA, 1992)。

研究设计(research disign):是实施研究的总体计划。研究设计要明确研究是采用一组被试还是单一被试,是进行组内比较还是组间比较,以及研究几个变量等。

演绎或演绎推理(deduction or deductive reasoning):使用一个一般性的陈述作为基础得出一个关于具体实例的结论。

样本(sample):就是选自总体,通常想要其在研究中代表总体的个体子集。

页头标题(running head):是研究报告的缩写标题,不能超过50个字符。在打印稿件中,页头标题只出现在标题页,而当文章发表时,页头标题会出现在每一页的顶部。

因变量(dependent variable):在每种处理条件下测量的变量被称为因变量。

因子(factor):实验中的一个自变量就叫作一个因子。

引言(introduction):是研究报告正文的第一部分,是研究问题的逻辑展开,一般涉及对相关背景文献的回顾、对研究问题或假设的陈述、对将要使用的研究方法及假设检验的简单表述等。

引用(citation):如果在一项研究报告中提及某一特定研究事实或观点,就必须明确说明该文献的作者和发表年代,同时在论文最后的参考文献列表中给出该文献的详细信息。

应用研究(applied research):回答或解决实际问题的研究。

有偏样本(biased sample):指与总体有不同特征的样本。

有限的随机分配(restricted random assignment):为保证各组的预定特征(如容量相等),而使实验分组过程受到限制。

预测变量(predictor variable)**与标准变量**(criterion variable):通过相关研究证明两个变量间存在相关,研究者就可以使用较熟知的变量来预测和解释第二个变量。在这种情况下,第一个变量被称为预测变量,被解释和预测的第二个变量被称为标准变量。

预测效度(predictive validity):当一个构念的测量能准确地预测行为(根据理论),就证实了该测量具有预测效度。

原始文献(primary source):是由实际进行研究和观察的人撰写的关于观察和研究结果的第一手报告。

摘要(abstract):对研究的简短概述,主要说明研究中做了什么、发现了什么,篇幅一般为150—250个单词。

正相关(positive relationship):两个变量在同一方向中改变,一个变量增加,另一个变量也随之增加。

知会同意(informed consent):知会同意原则要求研究者向个体提供关于研究的所有可以提供的信息,以使其能作出是否参加研究的合理的、周到的决定。

直觉法(method of intuition):是基于预感或本能的感觉而接受信息的方法。

质性研究(qualitative research):以观察为基础,使用叙述报告进行总结和解释。

置信区间(confidence interval):是基于样本统计量估计对应总体参数可能的取值范围。

中位数(median):是把按顺序排列的一组数据一分为二的那个值。

众数(mode):是一组数据中出现频率最高的数据。

主动欺骗(active deception):是故意给被试呈现有关研究的误导信息。

主效应(main effect):一个因子各水平下平均数的差异叫作因子的主效应。研究者用矩阵形式说明实验研究的结果,第一个因子构成表的行,第二个因子构成表的列,那么行之间平均值的差异叫第一个因子的主效应,列之间平均值的差异叫第二个因子的主效应。

准自变量(quasi-independent variable):在非实验和准实验研究中,用于区分要比较的不同被试组或要比较的不同分数组的变量叫准自变量。

自变量(independent variable):研究者操纵的变量。行为科学研究中,被试被安排在自变量创设的两个或两个以上处理条件下接受观测。

自然观察(naturalistic observation):也称**非参与观察**(nonparticipant observation),研究者在自然情境下尽可能隐蔽地进行观察和记录。

总体(population):是研究者感兴趣的个体全集。通常,不会让整个总体都参与到研究过程中,但研究结果却要推广到整个总体。

纵向发展性研究设计(longitudinal developmental research design):是指在一段时间内通过一系列观测或测量考察发展情况。通常是在不同的年龄时期对同一被试组进行追踪和测量。

参考文献

Allport, G. W. (1961). *Pattern and growth in personality.* New York: Holt, Reinhart, and Winston.

American Psychological Association. (1973). Ethical principles in the conduct of research with human participants. *American Psychologist, 28,* 79–80. doi:10.1037/h0038067

American Psychological Association. (1996). *Guidelines for the ethical conduct in the care and use of animals.* Retrieved from http://www.apa.org/science/rcr/guide-lines.pdf

American Psychological Association. (2001). *Publication manual of the American Psychological Association* (5th ed.). Washington, DC: APA.

American Psychological Association. (2016). Revision of ethical standard 3.04 of the "Ethical Principles of Psychologists and Code of Conduct"(2002, as amended 2010). *American Psychologist, 71,* 900.

American Psychological Association. (2007). *APA style guide to electronic references.* Retrieved from http:// www .apastyle.org/elecref.html

Anderson, D. R., Huston, A. C., Wright, J. C., & Collins, P. A. (1998). Initial findings on the long term impact of Sesame Street and educational television for children: The recontact study. In R. Noll & M. Price (Eds.), *A communication cornucopia: Markle Foundation essays on information policy* (pp. 279–296). Washington, DC: Brookings Institution.

Aronson, E., & Carlsmith, J. M. (1968). Experimentation in social psychology. In G. Lindzey & E. Aronson (Eds.), *Handbook of social psychology* (2nd ed., Vol. 2, pp. 1–79). Reading, MA: Addison-Wesley.

Asch, S. (1956). Studies of independence and conformity: A minority of one against a unanimous majority. *Psychological Monographs, 76*(9, Whole No. 416), 1–70.

Badenhausen, K., Ozanian, M. K., & Settimi, C. (Eds.). (2010). The business of baseball. Retrieved September 8, 2010, from http://www.forbes.com.

Bahrick, H. P., & Hall, L. K. (1991). Lifetime maintenance of high school mathematics content. *Journal of Experimental Psychology: General, 120,* 20–33. doi:10.1037/0096-3445.120.1.20

Baldwin, E. (1993). The case for animal research in psychology. *Journal of Social Issues, 49,* 121–131.

Baltes, P. B., & Schaie, K. W. (1974). The myth of the twilight years. *Psychology Today, 8,* 35–40.

Barnard, N. D., & Kaufman, S. R. (1997). Animal research is wasteful and misleading. *Scientific American, 276,* 80–82.

Baumrind, D. (1985). Research using intentional deception: Ethical issues revisited. *American Psychologist, 40,* 165–174. doi:10.1037/0003-066X.40.2.165

Bernard, R. S., Cohen, L. L., & Moffett. K. (2009). A token economy for exercise adherence in pediatric cystic fibrosis: A single-subject analysis. *Journal of Pediatric Psychology, 34,* 354-365. doi:10.1093/jpepsy/jsn101

Bhattacharjee, Y. (Ed.). (2008). Memorable. *Science, 322,* 1765-1765.

Bordens, K. S., & Horowitz, I. A. (1983). Information processing in joined and severed trials. *Journal of Applied Social Psychology, 13,* 351–370.

Botting, J. H., & Morrison, A. R. (1997). Animal research is vital to medicine. *Scientific American, 276,* 83–85.

Bouhuys, A. L., Bloem, G. M., & Groothuis, T. G. G. (1995). Induction of depressed and elated mood by music influences the perception of facial emotional expressions in healthy subjects. *Journal of Affective Disorders, 33,* 215–226. doi:10.1016/0165-0327(94)00092-N

Bowd, A. J., & Shapiro, K. D. (1993). The case against animal research in psychology. *Journal of Social Issues, 49,* 133–142.

Brennan, K. A., & Morris, K. A. (1997). Attachment styles, self-esteem, and patterns of seeking feedback from romantic partners. *Personality and Social Psychology Bulletin, 23,* 23-31. doi:10.1177/0146167297231003

Broadhead, W. E., Kaplan, B. H., James, S. A., Wagner, E. H., Schoenbach, V. I., Grimson, R., Heyden, S., Tibblin, G., & Gehlbach, S. H. (1983). The epidemiologic evidence for a relationship between social support and health. *American Journal of Epidemiology, 117,* 521–537.

Bryan, J. H., & Test, M. A. (1967). Models and helping: Naturalistic studies in aiding behavior. *Journal of Personality and Social Psychology, 6,* 400–407. doi:10.1037/h0024826

Camara, W., & Echternacht, G. (2000). *The SAT I and high school grades: Utility in predicting success in college* (College Board Report No. RN-10). New York: College Entrance Examination Board.

Campbell, D. T., & Fiske, D. W. (1959). Convergent and discriminant validation by the multitrait-multimethod matrix. *Psychological Bulletin, 56,* 81-105. doi:10.1037/h0046016

Campbell, D. T., & Stanley, J. C. (1963). *Experimental and quasi-experimental designs for research.* Chicago: Rand McNally.

Cialdini, R. B., Reno, R. R., & Kallgren, C. A. (1990). A focus theory of normative conduct: Recycling the concept of norms to reduce littering in public places. *Journal of Personality and Social Psychology, 58,* 1015–1026. doi:10.1037/0022-3514.58.6.1015

Clark, D. M., & Tessdale, J. D. (1985). Constraints on the effects of mood on memory. *Journal of Personality and Social Psychology, 48,* 1595-1608. doi:10.1037/0022-3514.48.6.1595

Cohen, J. (1960). A coefficient of agreement for nominal scales. *Educational and Psychological Measurement, 20,* 37–46. doi:10.1177/001316446002000104

Cohen, J. (1988). *Statistical power analysis for the behavioral sciences* (2nd ed.). New York: Academic Press.

Cohn, E. J., & Rotton, J. (2000). Weather, disorderly conduct, and assaults: From social contact to social avoidance. *Environment and Behavior, 32,* 651–673. doi: 10.1177/00139160021972720

Collins, R. L., Elliott, M. N., Berry, S. H., Kanouse, D. E., Kunkel, D., Hunter, S. B., & Miu, A. (2004). Watching sex on television predicts adolescent initiation of sexual behavior. *Pediatrics, 114,* e280–289.

Collins, R. L., & Ellickson, P. L. (2004). Integrating four theories of adolescent smoking. *Substance Use & Misuse, 39,* 179–209. doi:10.1081/JA-120028487

Crafts, L. W., & Gilbert, R. W. (1934). The effect of punishment during learning upon retention. *Journal of Experimental Psychology, 17,* 73–84. doi:10.1037/h0072744

Craig, A. R., & Kearns, M. (1995). Results of a traditional acupuncture intervention for stuttering. *Journal of Speech & Hearing Research, 38,* 572–578.

Craik, F. I. M., & Lockhart, R. S. (1972). Levels of processing: A framework for memory research. *Journal of Verbal Learning and Verbal Behavior, 11,* 671–684. doi: 10.1016/S0022-5371(72)80001-X

Cronbach, L. J. (1951). Coefficient alpha and the internal structure of tests. *Psychometrika, 16,* 297–334. doi:10.1007/BF02310555

DeGoede, K. M., Ashton-Miller, J. A., Liao, J. M., & Alexander, N. B. (2001). How quickly can healthy adults move their hands to intercept an approaching object? Age and gender effects. *Journals of Gerontology: Series A: Biological Sciences and Medical Sciences, 56,* 584–588.

DeProspero, A., & Cohen, S. (1979). Inconsistent visual analyses of intrasubject data. *Journal of Applied Behavior Analysis, 12,* 573–579. doi:10.1901/jaba.1979.12-573

Dillman, D. A., Clark, J. R., & Sinclair, M. A. (1995). How prenotice letters, stamped return envelopes, and reminder postcards affect mailback responses rates for census questionnaires. *Survey Methodology, 21,* 1-7.

Dillman, D. A., Smyth, J. D., & Christian, L. M. (2009). *Internet, mail, and mixed-mode surveys: The tailored design method.* Hoboken, NJ: John Wiley & Sons, Inc.

Downs, D. S., & Abwender, D. (2002). Neuropsychological impairment in soccer athletes. *Journal of Sports Medicine and Physical Fitness, 42,* 103–107.

Eysenck, H. J. (1999). *Intelligence: A new look.* New Brunswick, NJ: Transaction.

Dunn, C. M., & Chadwick, G. (1999). *Protecting study volunteers in research: A manual for investigative sites.* Boston: CenterWatch.

Feeney, J. A. (2004). Transfer of attachment from parents to romantic partners: Effects of individual and relationship variables. *Journal of Family Studies, 10,* 220-238.

Ferguson, E. D., & Schmitt, S. (1988). Gender linked stereotypes and motivation affect performance in the prisoner's dilemma game. *Perceptual and Motor Skills, 66,* 703–714.

Feshbach, S., & Singer, R. (1971). *Television and aggression.* San Francisco: Jossey-Bass.

Fisher, C. B., & Fyrberg, D. (1994). Participant partners: College students weigh the costs and benefits of deceptive research. *American Psychologist, 49,* 417–425. doi:10.1037/0003-066X.49.5.417

Fontes, L. A. (2004). Ethics in violence against women research: The sensitive, the dangerous, and the overlooked. *Ethics and Behavior, 14,* 141-174. doi:10.1207/s15327019eb1402

Fossey, D. (1983). *Gorillas in the mist.* Boston: Houghton Mifflin Company.

Freedman, R., Coombs, L. C., & Chang, M. (1974). Trends in family size preferences and practice of family planning: Taiwan, 1965–1970. *Studies in Family Planning, 3,* 281-296.

Gillespie, J. F. (1999). The why, what, how and when of effective faculty use of Institutional Review Boards. In G. Chastain, & R. E. Landrum (Eds.), *Protecting human subjects* (pp. 157–177). Washington, DC: APA.

Gluck, J. P., & Bell, J. (2003). Ethical issues in the use of animals in biomedical and psychopharmacological research. *Psychopharmacology, 171,* 6–12. doi:10.1007/s00213-003-1478-y

Goldie, J., Schwartz, L., McConnachie, A., & Morrison, J. (2001). Impact of a new course on students' potential behavior on encountering ethical dilemmas. *Medical Education, Special Issue, 35,* 295–302. doi:10.1046/j.1365-2923.2001.00872.x

Goodall, J. (1971). *In the shadow of man.* Boston: Houghton Mifflin.

Goodall, J. (1986). *The chimpanzees of Gombe: Patterns of behavior.* Cambridge, MA: Harvard University Press.

Green, L., Fry, A. F., & Myerson, J. (1994). Discounting of delayed rewards: A life-span comparison. *Psychological Science, 5,* 33–36. doi:10.1111/j.1467-9280.1994.tb00610.x

Hallam, S., Price, J., & Katsarou, G. (2002). The effects of background music on primary school pupils' task performance. *Educational Studies, 28,* 111–122. doi:10.1080/03055690220124551

Haney, C., Banks, C., & Zimbardo, P. (1973). Interpersonal dynamics in a simulated prison. *International Journal of Criminology and Penology, 1,* 69–97.

Harmon, T. M., Nelson, R. O., & Hayes, S. C. (1980). Self-monitoring of mood versus activity by depressed clients. *Journal of Consulting and Clinical Psychology, 48,* 30–38. doi:10.1037/0022-006X.48.1.30

Herbert, J. D., Lilienfeld, S. O., Lohr, J. M., Montgomery, R. W., O'Donohue, W. T., Rosen, G. M., & Tolin, D. F. (2000). Science and pseudoscience in the development of eye movement desensitization and reprocessing: Implications for clinical psychology. Clinical Psychology Review, 20, 945-971. doi:10.1016/S0272-7358(99)00017-3

Holmes, D. S. (1976a). Debriefing after psychological experiments I: Effectiveness of post-deception dehoaxing. *American Psychologist, 31,* 858–867. doi:10.1037/0003-066X.31.12.858

Holmes, D. S. (1976b). Debriefing after psychological experiments II: Effectiveness of post-deception desensitizing. *American Psychologist, 31,* 868–875. doi:10.1037/0003-066X.31.12.868

Horn, J. L., & Donaldson, G. (1976). On the myth of intellectual decline in adulthood. *American Psychologist, 31,* 701–719. doi:10.1037/0003-066X.31.10.701

Hornstein, H. A., Fisch, E., & Holmes, M. (1968). Influence of a model's feeling about his behavior and his relevance as a comparison on other observers' helping behavior. *Journal of Personality and Social Psychology, 10,* 222–226. doi:10.1037/h0026568

Huck, S. W., & Sandler, H. M. (1979). *Rival hypotheses: Alternative explanations of data based conclusions.* New York: Harper & Row.

Hughes, C., Cutting, A. L., & Dunn, J. (2001). Acting nasty in the face of failure? Longitudinal observations of "hard-to-manage" children playing a rigged competitive game with a friend. *Journal of Abnormal Child Psychology, 25,* 403–416. doi:10.1023/A:1010495319182

Hughes, C., Oksanen, H., Taylor, A., Jackson, J., Murray, L., Caspi, A., & Moffitt, T. E. (2002). "I'm gonna beat you!" SNAP! An observational paradigm for assessing young children's disruptive behaviour in competitive play. *Journal of Child Psychology & Psychiatry & Allied Disciplines, 43,* 507–516. doi:10.1111/1469-7610.00041

Hunter, J. E. (1997). Needed: A ban on the significance test. *Psychological Science, 8,* 3–7. doi:10.1111/j.1467-9280.1997.tb00534.x

Ijuin, M., Homma, A., Mimura, M., Kitamura, S., Kawai, Y., Imai, Y., & Gondo, Y. (2008). Validation of the 7-minute screen for the detection of early-stage Alzheimer's disease. *Dementia and Geriatric Cognitive Disorders, 25,* 248-255. doi:10.1159/000115972

James, J. M., & Bolstein, R. (1992). Large monetary incentives and their effect on mail survey response rates. *Public Opinion Quarterly, 56,* 442–453. doi:10.1086/269336

Jeffres, L. W. (1997). *Mass media effects* (2nd ed.). Prospect Heights, IL: Waveland.

Jones, J. H. (1981). *Bad blood: The Tuskegee syphilis experiment.* New York: Free Press.

Jones, K. M., & Friman, P. C. (1999). A case study of behavioral assessment and treatment of insect phobia. *Journal of Applied Behavior Analysis, 32,* 95–98. doi:10.1901/jaba.1999.32-95

Jones, J. T., Pelham, B. W., Carvallo, M., & Mirenberg, M. C. (2004). How do I love thee, let me count the Js: Implicit egotism and interpersonal attraction. *Journal of Personality and Social Behavior, 87,* 665–683. doi:10.1037/0022-3514.87.5.665

Kamin, L. J. (1974). *The science and politics of IQ.* Potomac, MD: Lawrence Erlbaum.

Kassin, S. M., & Kiechel, K. (1996). The social psychology of false confessions: Compliance, internalization, and confabulation. *Psychological Science, 7,* 125–128. doi:10.1111/j.1467-9280.1996.tb00344.x

Katz, J. (1972). *Experimentation with human beings.* New York: Russell Sage Foundation.

Kazdin, A. E. (2003). *Research design in clinical psychology* (4th ed.). Boston: Allyn and Bacon.

Kent, R. N., Wilson, G. T., & Nelson, R. (1972). Effects of false heart-rate feedback on avoidance behavior: An investigation of "cognitive desensitization." *Behavior Therapy, 3,* 1–6. doi:10.1016/S0005-7894(72)80046-7

Kercood, S., & Grskovic, J. A. (2009). The effects of highlighting on the math computation performance and off-task behavior of students with attention problems. *Education & Treatment of Children, 32,* 231-241.

Killeen, P. R. (2005). An alternative to null-hypothesis significance tests. *Psychological Science, 16,* 345–353. doi:10.1111/j.0956-7976.2005.01538.x

Kling, K. C., Hyde, J. S., Showers, C. J., & Buswell, B. N. (1999). Gender differences in self-esteem: A meta-analysis. *Psychological Bulletin, 125,* 470–500. doi:10.1037/0033-2909.125.4.470

Klohnen, E. C., & Luo, S. (2003). Interpersonal attraction and personality: What is attractive-self similarity, ideal similarity, complementarity, or attachment security? *Journal of Personality and Social Psychology, 83,* 709–722. doi:10.1037/0022-3514.85.4.709

Koegel, R. L., Vernon, T. W., & Koegel, L. K. (2009). Improving social initiations in young children with autism using reinforcers with embedded social interactions. *Journal of Autism and Developmental Disorders, 39,* 1240-1251. doi:10.1007/s10803-009-0732-5

Kuder, G. F., & Richardson, M. W. (1937). The theory of estimation of test reliability. *Psychometrika, 2,* 151–160. doi:10.1007/BF02288391

Kuo, M., Adlaf, E. M., Lee, H., Gliksman, L., Demers, A., & Wechsler, H. (2002). More Canadian students drink but American students drink more: Comparing college alcohol use in two countries. *Addiction, 97,* 1583–1592. doi:10.1046/j.1360-0443.2002.00240.x

La Vaque, T. J., & Rossiter, T. (2001). The ethical use of placebo controls in clinical research: The declaration of Helsinki. *Psychophysiology & Biofeedback, 26,* 23–37. doi: 10.1023/A:1009563504319

Li, C., Pentz, M. A., & Chou, C. (2002). Parental substance use as a modifier of adolescent substance use risk. *Addiction, 97,* 1537–1550. doi:10.1046/j.1360-0443.2002.00238.x

Liguori, A., & Robinson, J. H. (2001). Caffeine antagonism of alcohol-induced driving impairment. *Drug and Alcohol Dependence, 63,* 123–129. doi:10.1016/S0376-8716(00)00196-4

Likert, R. (1932). A technique for the measurement of attitudes. *Archives of Psychology* (No. 140), *55*.

Lilienfeld, S. O., Lynn, S. J., & Lohr, J. M. (2003). Science and pseudoscience in clinical psychology: Initial thoughts, reflections, and considerations. In S. O. Lilienfeld, S. J. Lynn, & J. M. Lohr (Eds.), *Science and pseudoscience in clinical psychology* (pp. 1-11). New York: The Guilford Press.

Loftus, G. R. (1996). Psychology will be a much better science when we change the way we analyze data. *Current Directions in Psychological Science, 5*, 161-171. doi:10.1111/1467-8721.ep11512376

Loftus, E. F., & Palmer, J. C. (1974). Reconstruction of automobile destruction: An example of the interaction between language and memory. *Journal of Verbal Learning & Verbal Behavior, 13*, 585-589. doi:10.1016/S0022-5371(74)80011-3

Logue, A. W. (1991). *The psychology of eating and drinking: An introduction* (2nd ed.). New York: W. H. Freeman and Company.

Lord, F. M. (1953). On the statistical treatment of football numbers. *American Psychologist, 8*, 750-751. doi:10.1037/h0063675

Ludwig, T. D., & Geller, E. S. (1991). Improving the driving practices of pizza deliverers: Response generalization and moderating effects of driving history. *Journal of Applied Behavior Analysis, 24*, 31–44. doi:10.1901/jaba.1991.24-31

Maloney, D. M. (1984). *Protection of human research subjects: A practical guide to federal laws and regulations.* New York: Plenum Press.

McClelland, D. C. (1958). Risk taking in children with high and low need for achievement. In J. W. Atkinson (Ed.), *Motives in fantasy, action, and society* (pp. 306–321). New York: Van Nostrand.

McKenna, K. Y., & Bargh, J. A. (2000). Plan 9 from cyberspace: The implications of the Internet for personality and social psychology. *Personality and Social Psychology Review, 4*, 57-75. doi:10.1207/S15327957PSPR0401_6

McMahon, S. R., Rimsza, M. E., & Bay, R. C. (1997). Patients can dose liquid medication accurately. *Pediatrics, 100*, 330–333.

Melton, G. B., Levine, R. J., Koocher, G. P., Rosenthal, R., & Thompson, W. C. (1988). Community consultation in socially sensitive research: Lessons from clinical trials in treatments for AIDS. *American Psychologist, 43*, 573–581. doi:10.1037/0003-066X.43.7.573

Milgram, S. (1963). Behavioral study of obedience. *Journal of Abnormal and Social Psychology, 67*, 371–378. doi:10.1037/h0040525

Mitchell, M. L., Jolley, J. M., & O'Shea, R. P. (2007). *Writing for psychology* (2nd ed.). Belmont, CA: Thomson Wadsworth.

Mitchell, K. J., Wolak, J., & Finkelhor, D. (2007). Trends in youth reports of sexual solicitations, harassment and unwanted exposure to pornography on the internet. *Journal of Adolescent Health, 40*, 116–126. doi:10.1016/j.jadohealth.2006.05.021

Myers, A., & Hansen, C. (2006). *Experimental psychology* (6th ed.). Belmont, CA: Wadsworth.

National Commission for the Protection of Human Subjects in Biomedical and Behavioral Research (1979). *Ethical principles and guidelines for the protection of human subjects of research.* Retrieved from http://www.hhs.gov/ohrp/humansubjects/guidance/belmont.htm

National Research Council. (1996). *Guide for the care and use of laboratory animals.* Washington, DC: National Academy Press.

Ng, D. M., & Jeffery, R. W. (2003). Relationships between perceived stress and health behaviors in a sample of working adults. *Health Psychology, 22*, 638–642. doi:10.1037/0278-6133.22.6.638

Nicks, S. D., Korn, J. H., & Mainieri, T. (1997). The rise and fall of deception in social psychology and personality research. *Ethics and Behavior, 7*, 69–77. doi:10.1207/s15327019eb0701

Norman, G. (2010). Likert scales, levels of measurement and the "laws" of statistics. Retrieved from http://www.springerlink.com/content/p111562668125341/

Office of Laboratory Animal Welfare. (2002). *Public health service policy on humans and use of laboratory animals.* Retrieved from http://grants.nih.gov/grants/olaw/references/phspol.htm

O'Hara, R., Brooks, J. O., Friedman, L., Schroder, C. M., Morgan, K. S., & Kraemer, H. C. (2007). Long-term effects of mnemonic training in community-dwelling older adults. *Journal of Psychiatric Research, 4*, 585–590. doi:10.1016/j.jpsychires.2006.04.010

Oppenheimer, L. (2006). The belief in a just world and subjective perceptions of society: A developmental perspective. *Journal of Adolescence, 29*, 655–669. doi:10.1016/j.adolescence.2005.08.014

Orne, M. T. (1962). On the social psychology of the psychological experiment: With particular reference to demand characteristics and their implications. *American Psychologist, 17*, 776–783. doi:10.1037/h0043424

Page, R. M., Hammermeister, J. J., & Scanlan, A. (2000). Everybody's not doing it: Misperceptions of college students' sexual activity. *American Journal of Health Behavior, 24*, 387–394.

Piliavin, I. M., Rodin, J., & Piliavin, J. A. (1969). Good samaritanism: An underground phenomenon. *Journal of Personality and Social Psychology, 13*, 289–299. doi:10.1037/h0028433

Piliavin, J. A., & Piliavin, I. (1972). Effects of blood on reactions to a victim. *Journal of Personality and Social Psychology, 23*, 353–361. doi:10.1037/h0033166

Pope, H. G., Ionescu-Pioggia, M., & Pope, K. W. (2001). Drug use and life style among college undergraduates: A 30-year longitudinal study. *American Journal of Psychiatry, Special Issue, 158*, 1519–1521. doi:10.1176/appi.ajp.158.9.1519

Posner, R. A. (2007). *The little book of plagiarism.* New York: Pantheon Books.

Posner, M. I., & Badgaiyan, R. D. (1998). Attention and neural networks. In R. W. Parks & D. S. Levine (Eds.), *Fundamentals of neural network modeling: Neuropsychology and cognitive neuroscience* (pp. 61–76). Cambridge, MA: The MIT Press.

Quirin, M., Kazén, M., & Kuhl, J. (2009). When nonsense sounds happy or helpless: The implicit positive and negative affect test (IPANAT). *Journal of Personality and Social Psychology, 97*, 500-516. doi:10.1037/a0016063

Rahe, R. H., & Arthur, R. J. (1978). Life change and illness studies: Past history and future directions. *Journal of Human Stress, 4*, 3–15.

Ray, W. J. (2000). *Methods: Toward a science of behavior and experience* (6th ed.). Bellmont, CA: Wadsworth.

Rea, L. M., & Parker, R. A. (2005). *Designing and conducting survey research: A comprehensive guide.* San Francisco: Jossey-Bass.

Reich, W. T. (Ed.). (1995). *Encyclopedia of bioethics: Revised edition* (vol. 3). New York: Simon & Schuster.

Ring, K., Wallston, K., & Corey, M. (1970). Mode of debriefing as a factor affecting subjective reaction to a Milgram-type obedience experiment: An ethical inquiry. *Representative Research in Social Psychology (University of North Carolina, Department of Psychology), 1,* 67–88.

Romanov, L. (2006). *Car carma.* Toronto: InsuranceHotline.com.

Rosenhan, D. L. (1973). On being sane in insane places. *Science, 179,* 250–258.

Rosenthal, R., & Fode, K. L. (1963). The effect of experimenter bias on the performance of the albino rat. *Behavioral Science, 8,* 183–189.

Rosenthal, R., & Rosnow, R. (1975). *The volunteer subject.* New York: John Wiley & Sons.

Rosnow, R., & Rosenthal, R. (1997). *People studying people: Artifacts and ethics in behavioral research.* New York: W. H. Freeman & Company.

Rosnow, R. L., & Rosnow, M. (2006). *Writing papers in psychology: A student guide to research papers, essays, proposals, posters, and handouts* (7th ed.). Belmont, CA: Thomson Wadsworth.

Rubin, Z. (1985). Deceiving ourselves about deception. Comment on Smith and Richardson's "Amelioration of deception and harm in psychological research." *Journal of Personality and Social Psychology, 48,* 252–253. doi:10.1037/0022-3514.48.1.252

Rucklidge, J. J. (2009). Successful treatment of OCD with a micronutrient formula following partial response to cognitive behavioral therapy (CBT): A case study. *Journal of Anxiety Disorders, 23,* 836-840. doi:10.1016/j.janxdis.2009.02.012

Ryan, C. S., & Hemmes, N. S. (2005). Effects of the contingency for homework submission on homework submission and quiz performance in a college course. *Journal of Applied Behavior Analysis, 38,* 79-88. doi:10.1901/jaba.2005.123-03

Sales, B. D., & Folkman, S. (2000). *Ethics in research with human participants.* Washington, DC: APA.

Schmidt, S. R. (1994). Effects of humor on sentence memory. *Journal of Experimental Psychology: Learning, Memory, & Cognition, 20,* 953–967. doi:10.1037/0278-7393.20.4.953

Scoville, W. B., & Milner, B. (1957). Loss of recent memory after bilateral hippocampal lesions. *Journal of Neurology, Neurosurgery, and Psychiatry, 20,* 11–21. doi:10.1136/jnnp.20.1.11

Sears, D. (1986). College sophomores in the laboratory: Influences of a narrow data base on social psychology's view of human nature. *Journal of Personality and Social Psychology, 51,* 515–530. doi:10.1037/0022-3514.51.3.515

Shanahan, F. (1984, October). *BAT overview and preliminary results of selected subtests.* Paper presented at the annual meeting of the Human Factors in Aviation Screening and Performance Prediction Sub-Technical Advisory Group of the Human Factors Engineering Technical Advisory Group, San Antonio, TX.

Shapiro, A. K., & Morris, L. A. (1978). The placebo effect in medical and psychological therapies. In S. L. Garfield & A. E. Bergin (Eds.), *Handbook of psychotherapy and behavior change: An empirical analysis* (2nd ed.). (pp. 369–410). New York: Wiley.

Shrauger, J. S. (1972). Self-esteem and reactions to being observed by others. *Journal of Personality and Social Psychology, 23,* 192–200. doi:10.1037/h0033046

Siegel, J. M. (1990). Stressful life events and use of physician services among the elderly: The moderating role of pet ownership. *Journal of Personality and Social Psychology, 58,* 1081–1086. doi:10.1037/0022-3514.58.6.1081

Skjoeveland, O. (2001). Effects of street parks on social interactions among neighbors. *Journal of Architectural and Planning Research, Special Issue, 18,* 131–147.

Smith, S. S., & Richardson, D. (1983). Amelioration of deception and harm in psychological research: The important role of debriefing. *Journal of Personality and Social Psychology, 44,* 1075–1082. doi:10.1037/0022-3514.44.5.1075

Stanley, B., Sieber, J., & Melton, G. (1996). *Research ethics: A psychological approach.* Lincoln, NE: University of Nebraska Press.

Stephens, R., Atkins, J., & Kingston, A. (2009). Swearing as a response to pain. *NeuroReport: For Rapid Communication of Neuroscience Research, 20,* 1056-1060. doi:10.1097/WNR.0b013e32832e64b1

Strack, F., Martin, L. L., & Stepper, S. (1988). Inhibiting and facilitating conditions of the human smile: A nonobtrusive test of the facial feedback hypothesis. *Journal of Personality and Social Psychology, 54,* 768–777. doi:10.1037/0022-3514.54.5.768

Sun, Y. (2001). Family environment and adolescents' well-being before and after parents' marital disruption: A longitudinal analysis. *Journal of Marriage and Family, 63,* 697–713. doi:10.1111/j.1741-3737.2001.00697.x

Szuchman, L. T. (2008). *Writing with style: APA style made easy* (4th ed.). Belmont, CA: Thomson Wadsworth.

Teasdale, J. D., & Fogarty, S. J. (1979). Differential effects of induced mood on retrieval of pleasant and unpleasant events from episodic memory. *Journal of Abnormal Psychology, 88,* 248–257. doi:10.1037/0021-843X.88.3.248

Thigpen, C. H., & Cleckley, H. M. (1954). A case of multiple personality. *Journal of Abnormal and Social Psychology, 49,* 135–151.

Thigpen, C. H., & Cleckley, H. M. (1957). *Three faces of Eve.* New York: McGraw-Hill.

Thompson, T., Webber, K., & Montgomery, I. (2002). Performance and persistence of worriers and non-worriers following success and failure feedback. *Personality & Individual Differences, 33,* 837–848. doi:10.1016/S0191-8869(01)00076-9

Tomer, J. F. (1987). Productivity through intra-firm cooperation: A behavioral economic analysis. *Journal of Behavioral Economics, 16,* 83–95.

Trockel, M. T., Barnes, M. D., & Egget, D. L. (2000). Health-related variables and academic performance among first-year college students: Implications for sleep and other behaviors. *Journal of American College Health, 49,* 125-131.

Tversky, A., & Kahneman, D. (1973). Availability: A heuristic for judging frequency and probability. *Cognitive Psychology, 5,* 207–232. doi:10.1016/0010-0285(73)90033-9

Tyson, G. A., Schlachter, A., & Cooper, S. (1988). Game playing strategy as an indicator of racial prejudice among South African students. *Journal of Social Psychology, 128,* 473–485.

Valins, S., & Ray, A. A. (1967). Effects of cognitive desensitization on avoidance behavior. *Journal of Personality and Social Psychology, 7,* 345–350. doi:10.1037/h0025239

Van Tilburg, M. A. L., & Vingerhoets, A. (2002). The effects of alcohol on mood induced by an emotional film: A study among women. *Journal of Psychosomatic Research, 53,* 805–809. doi:10.1016/S0022-3999(02)00325-2

Wacker, D. P., Steege, M. W., Northup, J., Sasso, G., Berg, W., Reimers, T., Cooper, L., Cigrand, K., & Donn, L. (1990). A component analysis of functional communication training across three topographies of severe behavior problems. *Journal of Applied Behavior Analysis, 23,* 417–429. doi:10.1901/jaba.1990.23-417

Wager, T. D., & Smith, E. E. (2003). Neuroimaging studies of working memory: A meta-analysis. *Cognitive, Affective & Behavioral Neuroscience, 3,* 255–274. doi:10.3758/CABN.3.4.255

Wager, T. D., Rilling, J. K., Smith, E. E., Sokolik, A., Casey, K. L., Davidson, R. J., Kosslyn, S. M., Rose, R. M., & Cohen, J. D. (2004). Placebo-induced changes in fMRI in the anticipation and experience of pain. *Science, 303,* 1162–1167.

Warnes, E., & Allen, K. D. (2005) Biofeedback treatment of paradoxical vocal fold motion and respiratory distress in an adolescent girl. *Journal of Applied Behavior Analysis, 38,* 529-532. doi:10.1901/jaba.2005.26-05

Weber, S. J., & Cook, T. D. (1972). Subject effects in laboratory research: An examination of subject roles, demand characteristics, and valid inferences. *Psychological Bulletin, 77,* 273–295. doi:10.1037/h0032351

Wilkinson, L., & Task Force on Statistical Inference. (1999). Statistical methods in psychology journals. *American Psychologist, 54,* 594–604. doi:10.1037/0003-066X.54.8.594

Wolak, J., Mitchell, K. J., & Finkelhor, D. (2002). Close online relationships in a national sample of adolescents. *Adolescence, 37,* 441–455.

Wolosin, R., Sherman, S., & Mynat, C. (1972). Perceived social influence in a conformity situation. *Journal of Personality and Social Psychology, 23,* 184–191. doi: 10.1037/h0033041

Wood, W., Wong, F. Y., & Chachere, J. G. (1991). Effects of television violence on viewers' aggression in unconstrained social-interaction. *Psychological Bulletin, 109,* 371–383. doi: 10.1037/0033-2909.109.3.371

Wright, K. B. (2005). Researching Internet-based populations: Advantages and disadvantages of online survey research, online questionnaire authoring software packages, and Web survey services. *Journal of Computer-Mediated Communication, 10*(3), article 11. Retrieved from: http://jcmc.indiana.edu/vol10/issue3/wright.html

Young, S. N. (2002). The ethics of placebo in clinical psychopharmacology: The urgent need for consistent regulation. *Journal of Psychiatry & Neuroscience, 27,* 319–321.

人名索引*

* 本索引中，人名之后的数字为英文版页码，现为中文版的页边码，提示可在本页边码中检索该人名。——译者注

主题索引*

* 本索引中，索引主题之后的数字为英文版页码，现为中文版的页边码，提示可在本页边码中检索相关内容。——译者注

图书在版编目(CIP)数据

行为科学研究方法:第四版/(美)弗雷德里克·
J.格拉维特,(美)罗妮安·B.佛泽诺著;邓铸主译.—
上海:上海教育出版社,2020.4
上教心理学教材系列
ISBN 978-7-5444-9526-4

Ⅰ.①行… Ⅱ.①弗… ②罗… ③邓… Ⅲ.①行为科学-研究方法-高等学校-教材 Ⅳ.①C-03

中国版本图书馆 CIP 数据核字(2020)第 045995 号

责任编辑 王 蕾
书籍设计 郑 艺

上教心理学教材系列
行为科学研究方法(第四版)
Xingweikexue Yanjiufangfa(Disiban)
[美]弗雷德里克·J.格拉维特 罗妮安·B.佛泽诺 著
邓 铸 主译 邓 铸 张 宁 邓海燕 审校

出版发行 上海教育出版社有限公司
官 网 www.seph.com.cn
地 址 上海市永福路 123 号
邮 编 200031
印 刷 昆山亭林印刷责任有限公司
开 本 787×1092 1/16 印张 28.5 插页 1
字 数 638 千字
版 次 2020 年 5 月第 1 版
印 次 2020 年 5 月第 1 次印刷
书 号 ISBN 978-7-5444-9526-4/B·0167
定 价 89.00 元

如发现质量问题,读者可向本社调换 电话:021-64377165